U0635142

XIANDAI
ZHIYE JIAOYU
TANSUO

现代职业
教育探索

天津市教育委员会职业技术教育中心 / 编

天津出版传媒集团

天津人民出版社

图书在版编目(CIP)数据

现代职业教育探索 / 天津市教育委员会职业技术教育中心编. —— 天津:
天津人民出版社, 2018.12
ISBN 978-7-201-13586-1

Ⅰ.①现… Ⅱ.①天… Ⅲ.①职业教育–研究–中国
Ⅳ.①G719.2

中国版本图书馆 CIP 数据核字(2018)第 116973 号

现代职业教育探索

XIANDAI ZHIYEJIAOYU TANSUO

出　　版	天津人民出版社
出 版 人	刘　庆
地　　址	天津市和平区西康路 35 号康岳大厦
邮政编码	300051
邮购电话	(022)23332469
网　　址	http://www.tjrmcbs.com
电子信箱	tjrmcbs@126.com
责任编辑	李　荣
装帧设计	明轩文化・王　烨
印　　刷	三河市华润印刷有限公司
经　　销	新华书店
开　　本	787 毫米×1092 毫米　1/16
印　　张	41.75
字　　数	548 千字
版次印次	2018 年 12 月第 1 版　2018 年 12 月第 1 次印刷
定　　价	65.00 元

现代职业教育探索

编 委 会

主　　任：吕景泉

委　　员：(按姓氏音序排列)

目　录

职业教育理论研究

"五大理念"
引领国家现代职业教育改革创新示范区发展

吕景泉

党的十八届五中全会提出的"创新、协调、绿色、开放、共享"发展理念，是我国"十三五"乃至更长时期的发展思路、发展方向和发展着力点。"五大理念"是一个有机整体，创新是发展的基点，协调是发展的节奏，绿色是发展的底色，开放是发展的格局，共享是发展的目标。

2015年，在刘延东副总理的见证指导下，天津继国家第一个职业教育试验区、国家唯一的职业教育示范区之后，天津市政府和教育部又签署了国家职业教育示范区升级版协议。"国家现代职业教育改革创新示范区"建设将会成为天津职业教育"十三五"发展建设的重要任务和光荣使命。

示范区升级版建设的总目标是"服务国家发展战略和区域经济社会发展需求，在健全职业教育体制机制、创新职业教育模式、完善职业教育制度、建设现代职业教育体系方面走在全国前列，努力实现职业教育与经济、社会同步规划，与产业建设同步实施，与技术进步同步升级，创造可复制、可借鉴、可推广的经验做法，成为制度创新的新高地、体系建设的新引擎、国际合作的新窗口、区域协同的新平台、质量提升的新支点，为建设具有中国特色、世界水平的现代职业教育作出新的贡献。"我们将它归纳为"4前列–3同步–3可–5新"。4前列是实现目标的制度机制要求，3同步是实现目标的产教路径要求，3可是完成目标的成果标准要求，5新是完成目标的引领示范要求。

我们认为,五大理念既是指引我国未来发展全局的核心理念,也是天津市职业教育改革发展、建设国家现代职业教育改革创新示范区的指导思想和基本原则,具有重大的现实意义和深远的历史意义。

一、以创新发展理念引领天津职教的体制机制创新

全会提出,坚持创新发展,必须把创新摆在国家发展全局的核心位置,不断推进理论创新、制度创新、科技创新、文化创新等各方面创新,让创新贯穿党和国家一切工作,让创新在全社会蔚然成风。体制机制创新是天津职业教育实现教育发展创新的关键,其重点包括加强统筹管理,完善办学体制和保障制度,建立有效机制等等。

(一)发挥政府推动和市场引导,探索职教集团化办学

天津自 2003 年建立第一个职教集团,以"共建(自愿协约联合体)、互补(功能互补联合体)、共享(利益共享联合体)、双赢(持续发展联合体)"为原则,已先后组建 19 个中、高职教育教学相衔接,学历教育与职工培训相结合的"集约化、规模化"行业型、区域型、社区型职教集团,每个职教集团的在校生规模都达到万人以上,有力地支撑了天津经济社会升级转型发展。实践证明,开展职业教育集团化办学是深化产教融合、校企合作,激发职业教育办学活力,促进优质资源开放共享的重大举措;是推进现代职业教育体系建设,系统培养技术技能人才,完善职业教育人才多样化成长渠道的重要载体;是服务经济发展方式转变,促进技术技能积累与创新,同步推进职业教育与经济社会发展的有力支撑。

发展现代职业教育,要把深入推进集团化办学作为重要方向。充分发挥政府对职业教育集团化办学的统筹规划、综合协调、政策保障和监督管理作用,鼓励多元主体组建职业教育集团,进一步扩大职教集团的覆盖面,转型升级职教集团,提升集团的人才培养水平、经济贡献份额和协同发展能力,是天津实施国家职教示范区升级版建设任务的重要路径。依托天津职业院校、行业部门、企业、科研院所和社会组织,组建能够服务区域经济社会发展,与天津产业结构和社会发展特点相适应的职业教育集团,大力

"五大理念"
引领国家现代职业教育改革创新示范区发展

吕景泉

党的十八届五中全会提出的"创新、协调、绿色、开放、共享"发展理念，是我国"十三五"乃至更长时期的发展思路、发展方向和发展着力点。"五大理念"是一个有机整体，创新是发展的基点，协调是发展的节奏，绿色是发展的底色，开放是发展的格局，共享是发展的目标。

2015年，在刘延东副总理的见证指导下，天津继国家第一个职业教育试验区、国家唯一的职业教育示范区之后，天津市政府和教育部又签署了国家职业教育示范区升级版协议。"国家现代职业教育改革创新示范区"建设将会成为天津职业教育"十三五"发展建设的重要任务和光荣使命。

示范区升级版建设的总目标是"服务国家发展战略和区域经济社会发展需求，在健全职业教育体制机制、创新职业教育模式、完善职业教育制度、建设现代职业教育体系方面走在全国前列，努力实现职业教育与经济、社会同步规划，与产业建设同步实施，与技术进步同步升级，创造可复制、可借鉴、可推广的经验做法，成为制度创新的新高地、体系建设的新引擎、国际合作的新窗口、区域协同的新平台、质量提升的新支点，为建设具有中国特色、世界水平的现代职业教育作出新的贡献。"我们将它归纳为"4前列-3同步-3可-5新"。4前列是实现目标的制度机制要求，3同步是实现目标的产教路径要求，3可是完成目标的成果标准要求，5新是完成目标的引领示范要求。

我们认为,五大理念既是指引我国未来发展全局的核心理念,也是天津市职业教育改革发展、建设国家现代职业教育改革创新示范区的指导思想和基本原则,具有重大的现实意义和深远的历史意义。

一、以创新发展理念引领天津职教的体制机制创新

全会提出,坚持创新发展,必须把创新摆在国家发展全局的核心位置,不断推进理论创新、制度创新、科技创新、文化创新等各方面创新,让创新贯穿党和国家一切工作,让创新在全社会蔚然成风。体制机制创新是天津职业教育实现教育发展创新的关键,其重点包括加强统筹管理,完善办学体制和保障制度,建立有效机制等等。

(一)发挥政府推动和市场引导,探索职教集团化办学

天津自 2003 年建立第一个职教集团,以"共建(自愿协约联合体)、互补(功能互补联合体)、共享(利益共享联合体)、双赢(持续发展联合体)"为原则,已先后组建 19 个中、高职教育教学相衔接,学历教育与职工培训相结合的"集约化、规模化"行业型、区域型、社区型职教集团,每个职教集团的在校生规模都达到万人以上,有力地支撑了天津经济社会升级转型发展。实践证明,开展职业教育集团化办学是深化产教融合、校企合作,激发职业教育办学活力,促进优质资源开放共享的重大举措;是推进现代职业教育体系建设,系统培养技术技能人才,完善职业教育人才多样化成长渠道的重要载体;是服务经济发展方式转变,促进技术技能积累与创新,同步推进职业教育与经济社会发展的有力支撑。

发展现代职业教育,要把深入推进集团化办学作为重要方向。充分发挥政府对职业教育集团化办学的统筹规划、综合协调、政策保障和监督管理作用,鼓励多元主体组建职业教育集团,进一步扩大职教集团的覆盖面,转型升级职教集团,提升集团的人才培养水平、经济贡献份额和协同发展能力,是天津实施国家职教示范区升级版建设任务的重要路径。依托天津职业院校、行业部门、企业、科研院所和社会组织,组建能够服务区域经济社会发展,与天津产业结构和社会发展特点相适应的职业教育集团,大力

发展面向现代农业、先进制造业、现代服务业、战略性新兴产业的职业教育集团,建设一批由大型企业和行业龙头企业与职业院校共同牵头组建的行业主导型职业教育集团,依托京津冀三地的职业教育资源,组建若干个服务国家重大发展战略的跨区域、跨行业的复合型职业教育集团,增建服务终身教育的区域性职教集团。到 2020 年,初步建成 10 个左右国家骨干性职教集团,新增 2~3 个社区型区域职教集团,全市职教集团达到 30 个,带动形成 30 个教育学习型企业。

坚持天津行业企业办学主体地位,健全职业教育集团运行机制,完善职业教育集团的内部治理结构和决策机制,提升内部聚集能力,促进集团成员的深度合作和协同发展是关键。

(二)构建"两完善、一增长、一加强"行业办学的管理运行机制

1999 年,天津市按照中央的部署进行政府机构改革,使一些行业主管部门退出政府序列,转制为企业性质的集团公司。市政府提出各职业院校继续依托行业企业管理的体制不变,财政性教育经费的渠道不变,经费额度不减,由教育行政部门加强统筹和宏观管理。体制改革中,形成"两不变、一不减、一加强",使我市以行业企业办学为主的职教办学体制特色得以保持。

但是,随着天津职业教育的发展,这种体制机制也越来越呈现出瓶颈性制约,部分行业企业对于谋划院校发展、改革教学管理、加强班子建设、紧密产教融合、增加经费投入等方面,缺乏主动性和自觉性,随意性较大,缺乏制度性约束。比如,有的行业企业对于职业教育的发展和管理不甚了解;有的行业企业效益不佳,对主管院校所培养人才需求度不高,谋划发展被疏忽;有的行业企业在院校班子建设方面,存在着人员配置不符合领导职业教育教学发展的素质、能力要求等现象。

进一步完善以行业企业办学为主的办学体制,完善以财政经费投入为主的保障体制,建立职业院校生均经费或公用经费动态增长机制,加强教育行政部门统筹管理,建立"两完善、一增长、一加强"的行业办学体制是大

势所趋。

针对"两不变",即"依托行业企业管理的体制不变,财政性教育经费的渠道不变",探索"两完善"。探索建立完善行业企业主体办学有约束力的符合现代职业教育发展要求的业绩政绩考核制度。强化行业企业对于所管院校发展的责任,强化院校领导班子选聘、调整、考核商会教育行政部门意见机制,加强在同类院校间领导班子成员的调整和交流力度。探索完善在保持财政性教育经费渠道通畅的基础上,强化行业企业结合考核对于院校的经常性可持续经费和政策支持,健全政府、行业、企业及其他社会力量依法筹集经费的多元投入机制。

针对"一不减",即经费额度不减,探索"一增长"。按照教育部和财政部要求,生均经费拨款参照经济社会发展,每年适量递增。探索以改革和绩效为导向的职业院校生均拨款制度,在逐步提高生均拨款水平基础上,根据职业院校实际,以专业教育成本核算为依据,实行差异化生均拨款,形成激励相容、奖优扶优的机制,充分发挥财政资金的激励导向作用。

针对"一加强",即继续加强教育行政部门对于行业企业主管院校的考核、指导、统筹和管理,探索加强职业院校办学水平、教学质量、学校管理等方面的第三方评价机制。加强评估的客观性、专业性和权威性,这是协调与调整的主题。

(三)创新发展本科层次职业教育,加快构建现代职教体系

在市委、市政府和教育部的领导下,借助国家现代职教示范区优势,2015 年 11 月,教育部正式批准"天津中德应用技术大学"成立,这是我国第一所应用技术大学,更是我国在职业教育体系内创新设立的第一所大学。

学校定位于培养区域经济社会发展所需要的应用型、技术技能型人才,既实施本科层次应用技术教育,又实施专科层次高等职业教育;重点探索中职、高职、本科职业教育的人才培养通道,为构建和完善天津现代职教体系服务;创新人才培养模式,实施高端技术技能人才协同培养计划,办出特色,办出水平,为天津市的经济发展和社会进步做贡献。对于它的发展要

素归纳为：

1.服务创新发展高等职业教育,学校将紧紧围绕本科层次职业教育的探索发展

"十三五"期间,以高素质的技术应用型和职业技能型专门人才培养目标为依据,加强院校建设,开展国际一流、校企融合、服务产业内涵建设,同时,实施"合作联盟制、专业组群式、动态遴选型",创造条件,积极探索校校合作协同育人。

2.服务构建现代职教体系,学校将紧紧围绕"中高本硕衔接"系统化技术技能人才培养发展

"十三五"期间,重点加强"3+4"中职本科、"3+2"高职本科衔接培养,探索现代职教体系中的本硕衔接培养。

3.服务优势专业对接产业,学校将紧紧围绕装备制造类、信息通讯类、航空航天等产业开展专业建设

"十三五"期间,形成机械、自动化、信息、航空等专业组群,优先发展校校合作协同育人联盟中条件好、需求大、质量高的专业群。

4.服务人才培养模式改革,学校将紧紧围绕国际水平的"双元制"高端技术技能人才培养发展

"十三五"期间,以形成校企合作、协同育人、共同发展的长效机制为着力点,联合国际知名企业共建工程实践创新中心、研发中心和创新创业孵化器,推行项目教学、工作过程导向教学等模式,广泛开展国际化专业办学。

天津中德应用技术大学是国家示范区升级版建设中本科层次职业教育人才培养的一种创新探索。天津还将继续推动部分本科高校向应用技术型高校转型发展,培养高端制造业和现代服务业发展急需的高层次应用技术人才,探索中国特色应用技术大学发展道路,为全国其他地区提供经验和示范。到2020年,建设8~10所对区域产业转型升级、创新驱动发展有重大支撑作用的应用型大学,一批普通本科院校应用型专业、若干个专业学位研究生学位点的基本格局。加大推进力度,实施"产教融合工程"的高端

技术技能人才协同培养计划。

二、以协调发展理念引领天津职教自身与外部的协调发展

全会提出,坚持协调发展,必须牢牢把握中国特色社会主义事业总体布局,正确处理发展中的重大关系,在增强国家硬实力的同时注重提升国家软实力,不断增强发展整体性。增强发展协调性,必须在协调发展中拓宽发展空间,在加强薄弱领域中增强发展后劲。

协调是持续健康发展的内在要求,现代职业教育体系的建设要求从教育事业发展的总体布局出发,正确处理发展中的重大关系,推动职业教育自身与外部的协调发展,包含三层含义:不同层次职业教育之间的协调发展,职业教育与经济社会发展之间的协调发展,职业教育与现代教育体系内部不同层次不同类型教育之间的协调发展。

(一)职业教育自身及其与各级各类教育之间的协调发展

《现代职业教育体系建设规划》提出,我国未来职业教育改革发展的目标是:形成适应发展需求、产教深度融合、中职高职衔接、职业教育与普通教育相互沟通,体现终身教育理念,具有中国特色、世界水平的现代职业教育体系。职业教育自身及其与各级各类教育之间的协调发展,关键是要明确不同层次职业教育的功能定位,搭建职业教育自身、职业教育与普通教育、职业教育与终身教育之间相互衔接与沟通的桥梁。

职业教育自身的协调发展。建立和完善从中职、高职、应用型本科到专业学位研究生教育的技术技能人才系统化培养体系,探索符合职业教育特点的学位制度和人才培养模式改革;深化招生考试制度改革,加快推进高等职业教育分类招考,探索和完善自主招生、中高职贯通培养等考试招生办法,以及多种模式的中、高、本、硕衔接培养机制,提高高等职业院校招收中等职业学校毕业生和本科高等学校招收职业院校毕业生的比例,使职业学校与普通学校毕业生拥有同等升学机会,打通职业院校学生从中职、专科高职、应用型本科到专业学位研究生的上升通道。

职业教育与普通教育协调发展。优化职业教育与普通教育比例结构,实现普通高中与中等职业学校招生规模大体相当。积极探索综合高中试点工作。通过建立弹性学制与学分转换制度,促进普通高中和中职教育学生的有序流动。

职业教育与终身教育协调发展。以开放大学为平台,以区县政府为责任主体,以社区型区域职教集团为骨架,以区县社区学院或职成教中心为骨干,以街道社区学校或乡镇街成人文化技术学校为支撑,形成时时能学、处处可学、人人皆学的终身教育体系。推动开放大学和职业院校向社会开放学习资源,与社区深度融合,建立职业院校与社区联动机制,促进职前教育和职后教育有效衔接。

(二)职业教育与经济社会之间的协调发展

天津职业教育与外部协调发展包含与天津市经济社会协调发展和与京津冀区域协调发展两个方面。

与天津市经济社会协调发展的重点在于,充分利用天津市的职业教育资源,围绕我市主导产业、现代服务业和战略新兴产业的发展,对接重大工程、重大建设项目,强化专业群对接产业群建设,为我市优势主导产业,培养高素质应用型技术技能人才。围绕天津市新的城市功能发展定位,优化职业教育的专业结构和布局,加强服务类专业建设,解决目前服务类专业建设不足问题。

与京津冀协调发展的关键在于,围绕京津冀协同发展规划纲要,加速推进京津冀三地职业教育在资源建设、人才培养、师资培训、质量评价和院校管理等方面的协同发展,有序承接北京的优质教育资源外迁,实现京津冀职业教育互利共赢、协同发展。主要任务包括:进一步完善和提升在天津构筑的京津冀协同发展装备制造业、现代服务业、养老健康业、新能源等8个现代职业教育产教对接平台,继续搭建区域间的文化产业、民族教育等12个产教对接平台;构建京津冀协同发展现代职业教育的对话交流合作机制、项目协同创新机制、校企合作联动机制,消除职业教育跨区域发展壁垒,推动三地在现代职教重大理论、发展战略、发展规划、关键举措和实践探索方面合作协商,建立共研、共建、共用、共享、共赢的协同机制和交流平台。

三、以绿色发展理念引领天津职教的内涵质量发展

绿色是永续发展的必要条件和人民对美好生活追求的重要体现。天津市职业教育的绿色发展,就是要遵循学生教师的成长规律、职业教育的发展规律和天津经济社会转型的升级规律,培养具有强烈社会责任感和可持续发展能力的、适应经济社会需求的短过渡期或无过渡期技术技能人才。

(一)坚持立德树人,实施素质教育

培育和践行社会主义核心价值观,全面加强职业精神和职业道德教育,把中华优秀传统文化和创新创业教育内容,纳入学生发展核心素养和学业质量标准,推动其进教材、进课堂、进头脑。结合职业教育教学的特点,推动德育与专业教学和教育的有机融合,促进知识体系和价值体系的有机统一、专业内容和科学方法的有机统一,培养有社会责任感、有创新精神、有实践本领的一代新人。

(二)注重内涵发展,提高教育质量

国务院印发的《关于加快发展现代职业教育的决定》明确提出,要建立符合职业教育特点的学位制度,原则上中等职业学校不升格为或并入高等职业院校,专科高等职业院校不升格为或并入本科高等学校,形成定位清晰、科学合理的职业教育层次结构,这一决定是落实现代职业教育体系建设的要求,也是对过去职业院校盲目升格的一种纠偏。天津职业院校要坚持国际合作依托、校企合作支撑、信息职教互加,瞄准需求定位,瞄准特色优势,深谋专业布局,深播产教要素,精致打造品牌,精心锻造文化,办一流职教。

到 2020 年,天津职业教育将通过现代化建设和国际化提升工程,建设20 所左右世界先进水平的职业院校。

(三)开展实践探索,提升社会贡献度

提高对经济社会发展贡献度是天津职业教育发展的重中之重。要深化人才培养模式改革,推进校企合作办学、合作育人、合作发展平台建设,开展校企联合招生、联合培养现代学徒制试点;改革职业教育教学模式,推行项目教学、案例教学、工作过程导向教学和工程实践创新项目教学;提高专业建设和课程建设标准,以人才培养对接用人需求、专业设置对接产业需求、课程内容对接职业标准、教学过程对接生产过程、毕业证书对接职业资格证书为切入点,深化教学内容改革,完善专业课程体系。

加强高素质"双师型"教师队伍建设,制定职业教育专业领军人物条件标准,重点推进专业组群领军人物培养,选聘"能工巧匠"式创新拔尖人才作为专业组群领军人物。建立职业院校教师与企业工程技术人员的双向聘用机制,加大职业教育境外招才引智力度,打造国内外专兼结合的教学团队,优化教师结构;完善职业院校教师管理制度,制定与职业教育发展相适应的职业院校教师评聘管理制度和教师培训制度,全面提升职业院校师资队伍的建设水平。

到 2020 年,重点打造 150 个优质特色专业,建设 1000 门优质特色课程,开发 800 种优质特色教材。重点建设 150 个示范性校外实习实训基地。重点培养 20 位"名校长"和 200 位左右"名师"。选聘 3000 名"能工巧匠"到职业院校任教。

四、以开放发展理念引领天津职教的开放办学与国际化进程

全会提出,坚持开放发展,必须顺应我国经济深度融入世界经济的趋势,奉行互利共赢的开放战略,发展更高层次的开放型经济,积极参与全球经济治理和公共产品供给,提高我国在全球经济治理中的制度性话语权,构建广泛的利益共同体。开创对外开放新局面,必须丰富对外开放内涵,提高对外开放水平,协同推进战略互信、经贸合作、人文交流,努力形成深度融合的互利合作格局。

职业教育作为与经济社会发展联系最为紧密的一种类型教育,人才培养目标、办学模式、教学内容等各个要素都要与经济结构、产业结构和职业结构的调整变化相适应,都要与技术进步、岗位升级、社会发展相协调,因此向全社会开放办学,建立广泛的国际交流与合作是职业教育的发展趋势和责任要求。

(一)提升职业教育国际化水平

天津职业教育经过国家职业教育改革创新试验区和示范区连续十年的建设,职业教育的国际化发展已经走过了单纯借鉴引进、学习了解国外职业教育理念和教学经验模式的初级阶段,步入了从低水平国际交流与合作迈向高水平国际交流与合作的发展阶段,国际优质职业教育资源的输入和天津职业教育优质资源的输出成为这一发展阶段的基本特征。

在输入方面,一是继续以提升国际化综合要素深度融入教育教学全过程为着力点,将国际先进工艺流程、产品标准、技术标准、服务标准等融入教学,推进国际化职业院校的建设。二是继续学习借鉴世界技能大赛、国际化技能赛事的比赛制度和运行模式,加强全国职业院校技能大赛国际化环境建设,把天津的全国职业院校技能大赛主赛场建设成为职业院校教学成果的展示中心、新技术新工艺新设备新技能的体验中心、产教融合校企合作的重要载体,提升大赛的国际参与度和影响力,并建设我国职业院校参加世界技能大赛的培训基地。到2020年,建设并实施100个国际化专业教学标准,培养大批具有国际竞争力的技术技能人才。

在输出方面,一是要围绕国家"一带一路"战略,配合中国装备"走出去"和国际产能合作,开发配套教学标准和教学资源,培养具有国际视野、通晓国际规则的国际化技术技能人才,为国家海外发展战略输送人才。二是以天津市职业教育资源为依托,通过合作办学等形式将天津的优秀职业教育技术和职业文化,采取学历教育与职业培训的方式输出国门与世界分享,搭建天津市职业教育与世界对话与交流的桥梁;同时,借助海外办学,使其成为天津职业教育在国外的一种技术技能服务、技术文化传承交流合作的展示窗口,直接促进输入国对我国技术技能、企业标准的认知、理解与接纳,助推中国企业提升国际竞争力,服务国家"一带一路"发展战略。到2020年,通过鼓励有条件学校积极拓展海外职业教育市场,在境外建设10

个左右"鲁班工坊"。

(二)面向全社会开放办学

面向社区开放学习资源,服务终身教育。通过举办各种形式短期职业教育、继续教育和文化生活类课程,实现职业教育与社区发展融合。到2020年,建立学习认证、学分银行公共服务平台,提高社区型职教集团信息化建设水平,构建城乡一体化的终身学习体系。

面向普通教育开放,推进普职教育深度融合。将职业院校建设成为职业素养、职业技术、职业技能的学习和体验中心、校外教育服务中心,支持普通高中有计划地开设职业体验、职业生涯规划等课程。到2020年,支持建设1000个职业教育体验项目和工程实践创新项目。

面向企业开放技术培训,服务产业发展。推进"百万技能人才培训福利计划",建立以"职业培训包"为基础的培训制度,提高培训质量和效率,形成促进经济转型升级、提高劳动者素质、稳定就业、改善民生的新局面。到2020年,职业院校完成高水平标准化社会培训60万人次以上。

五、以共享发展理念引领天津职教的均衡发展与区域合作

全会提出,坚持共享发展,必须坚持发展为了人民、发展依靠人民、发展成果由人民共享,作出更有效的制度安排,使全体人民在共建共享发展中有更多获得感,增强发展动力,增进人民团结,朝着共同富裕方向稳步前进。

教育公平是社会公平的基础,提供相对均衡、相对优质的职业教育,实现国家示范区升级版建设成果在全国范围内互鉴推广应用,是共享理念在天津职业教育发展上的基本体现,包括共享平台的建设与共享机制的完善。

(一)建立健全共享机制

深化海河教育园区资源共享机制建设与改革,实施园区资源共享建设计划,深化校际间优势资源互补协同合作,开展专业群对接产业群建设,整体优化园区内院校专业结构布局。同时,建立天津不同区县之间职教资源共享机制,实现天津优质职业教育资源在天津市不同区县之间、城乡之间的合理分享、科学流动,带动相对弱势区域特别是涉农区县提高职业教育水平;建立天津与其他省市之间职教资源共享机制,将天津国家职业教育改革创新示范区的建设经验和成果与其他地区(河北、宁夏、辽宁等 12 个省区)实现共享共用共赢。

(二)建设和完善共享平台

充分利用国家现代职业教育改革创新示范区的职业教育资源,实施职业院校信息化基础设施建设计划,建立国家级数字化资源开发与制作基地,形成为国家示范区服务的数字化资源平台群;结合职业院校科学化、规范化、精细化管理,建设职业教育信息化管理平台,实现职业院校在教学、实训、科研、管理、服务等方面的资源共享。

建设京津冀职业教育共享共建平台,一是建立教学资源合作开发平台,推动京津冀三地职业院校合作开发职业教育的专业课程,编写教材;利用现代信息技术,建设职业教育数字化课程资源库,实现优质职业教育教学资源在京津冀三地的全覆盖。建立教学资源开放共享平台,实现三地的图书文献、数据、实习实训基地的共建共享共用,建设区域性实践教学虚拟仿真教学平台,提高资源利用效率。

建立国家职业教育改革试验区(示范区)联盟的信息交流平台,完善职业教育协同发展联盟组织和运行机制。通过定期召开职业教育协作发展论坛、职业院校产教融合对接会,建立职业教育协同发展网站,畅通信息交流,分享就业市场信息、实习岗位信息、学校动态信息、科研项目信息等等,为联盟职业院校间的合作,为联盟的政、行、企、校、研要素融合提供支撑。未来 5 年,在天津重点建设国家职业教育发展博物馆、全国职业院校技能大赛主赛场,建设国家职业教育数字化教学资源开发与制作中心、国家职业教育质量监测评估中心、国家中西部地区职业教育师资培训中心等项目。

在新常态下,贯彻落实发展新理念,扎实推进工作新实践。天津职业教育站在了新的发展起点,面临新机遇和新挑战。制定并实施好"十三五"职业教育规划和国家示范区升级版建设方案,将国家战略需求、示范升级契机、职教探索需要、天津职教实际、区域产业转型、资源优化集聚,以国际化、校企化、体系化、系统化、终身化、协同化"六化"为视野,从职业院校品牌建设、专业组群建设、课程资源建设、师资团队建设、基地条件建设、赛项平台建设"六项建设任务"入手,形成整体合力,推进国家现代职业教育改革创新示范区又好又快建设发展。

(作者单位:天津市教育委员会)

"鲁班工坊"——职业教育服务"一带一路"的新作为

吕景泉

　　"鲁班工坊"是天津市教委贯彻落实习近平总书记关于职业教育的重要指示精神,依据"国家现代职业教育创新改革示范区"建设协议,在教育部职成司王继平同志具体策划指导下,探索优质职业教育走出去,服务国家"一带一路",配合国际产能合作,培养当地合作国家熟悉中国技术、了解中国工艺、认知中国产品的技术技能人才,是一种创新型职业教育国际化服务项目。

　　"鲁班工坊"创立之初就得到了时任副总理刘延东和教育部领导、市委市政府的大力支持和肯定。2016 年 12 月 2 日,在北京召开"推进职业教育现代化座谈会",时任副总理刘延东对国家现代职教示范区,在境外建设首个"鲁班工坊"给予肯定。2017 年 5 月 8 日,时任副总理刘延东在天津参加全国职业院校技能大赛开赛式,接见泰国"鲁班工坊"建设项目的两国院校长,并提出"鲁班工坊"是中国对外人文交流机制的组成部分。

　　2016 年 12 月 12 日,陈宝生部长在福州召开"现代职业教育发展推进会"上提出美国有爱因斯坦,也有爱迪生;中国要有孔子,更要有鲁班,对于"鲁班工坊"给予肯定。

一、"鲁班工坊"的缘起

　　2015 年 7 月,在时任副总理刘延东见证下,教育部与天津市人民政府共同签署共建"国家现代职业教育改革创新示范区"协议,围绕国家"一带一路",确立了示范区建设任务之一是提高职业教育国际化水平,创建职业教育国际化新窗口。"鲁班工坊"国际化项目便是在此背景下产生的。

2015 年 9 月,在教育部职成司指导下,天津市教委正式启动在海外设立"鲁班工坊"前期研究和方案设计工作,市教委直接领导,成立由高职院校、市教育科学研究院和市职教中心等科研力量组成的研究团队,出台"鲁班工坊"实施方案,明确了"鲁班工坊"发展定位、主要任务、建设原则和保障措施。

2016 年 3 月 8 日,中国第一个境外"鲁班工坊"在泰国大城技术学院正式落成启运。

二、"鲁班工坊"的内涵

(一)发展定位

鲁班是中国二千五百年前的工匠、发明家,已成为古代劳动人民勤劳、智慧的象征,是中国古代技能大师的代表。

"鲁班工坊"将天津作为现代职教示范区的优秀职业技术和教学成果,采取学历教育与职业培训的方式输出国门与世界分享,搭建起中国职业教育与世界合作交流的实体桥梁。

"鲁班工坊"紧紧围绕所在国家的产业和我国"一带一路"建设对接需求,以天津"国家现代职业教育改革创新示范区"优质资源为支撑,以建立院校合作基础上的技术技能人才培养项目机构为载体,以天津研发的国际化专业教学标准为依据,以工程实践创新项目为教学模式,将中国优质职业教育和中国优质产品技术向合作国输出,培养当地熟悉中国技术、产品、标准的技术技能人才。

(二)建设原则

"鲁班工坊"建设秉持平等合作、开放包容、互学互鉴、互利共赢的精神,坚持共研、共建、共享、共用、共赢的"五共"机制,其建设原则包括:

平等合作原则。基于合作方对于中国职业教育和技术装备、专业标准认同,双方平等合作,共同商讨合作方式、项目实施与专业建设。

因地制宜原则。根据不同国家的政治、经济、社会环境以及技术技能水平,在统一标准框架下,充分考虑合作方的诉求,建设国别特点鲜明的"鲁班工坊"。

优质优先原则。优先选择国际化水平较高的优质专业、优质课程、优质教师、优质资源和通用性技术技能率先输出,保障"鲁班工坊"的教育质量和品牌。

强能重技原则。在遴选优质技术装备基础上,强化国赛"装备"输出,强化中国职业院校技能大赛与当地院校合作,强化中国职业教育理念模式认同基础上的相互借鉴,为所在国家培养急需的技术技能人才。

产教融合原则。发挥天津职业教育行业办学优势,实施产业、行业、企业、职业、专业的"五业联动",发挥政、行、企、校、研的"五方携手",凝聚合力,高标准、品牌化实施项目。

（三）教育模式

依托天津职业院校国际化专业教学标准和国家级教学成果奖成果经验（工程实践创新项目教学模式）进行设计,天津职业院校对外方教师进行团队化项目集训,境外"鲁班工坊"主体由合作国家院校按照中国标准和要求组织实施,采用中国现代职教理念,突出天津职教校企合作、国际合作内涵性成果运用,呈现"互联网+"职业教育的远程教学实践,致力于培养当地学生的专业职业能力、综合实践能力和创意创新能力。

三、"鲁班工坊"的模式

"鲁班工坊"任务是要服务"一带一路",服务国际产能合作和中国企业走出去,培养高素质的国际化技术技能人才,同时,分享中国职业教育成果和中国特色职教办学模式。"鲁班工坊"的建设模式主要有:

（一）依托职业院校校际间国际合作创办"鲁班工坊"

在天津职业院校对外国际合作办学、合作交流的基础上,在海外遴选优质合作院校创建"鲁班工坊"。首个泰国"鲁班工坊"采用此种模式。

（二）配合中国企业和产品走出去战略创设"鲁班工坊"

与承揽海外大型工程的企业或国（境）外办厂、收购的企业合作,在国

(境)外的适宜职业院校和机构创建"鲁班工坊",致力于培养本土化的技术技能人才,满足国(境)外企业发展的需要。印度"鲁班工坊"建设就是伴随国有大型企业走出去的,在设立之初就实现国际背景下产教融合,与五家印度的中资企业同时签署职业教育订单培养协议。

(三)依托政府间的战略合作创建"鲁班工坊"

"鲁班工坊"建设纳入国家外交和政府间合作的战略规划,充分发挥其作为人文交流机制的重要作用,通过政府间的战略合作和政策来创建"鲁班工坊"。明年,筹划建设"澜湄合作"框架下的柬埔寨职业教育项目属于此列。

四、"鲁班工坊"的效果

(一)"鲁班工坊"的建设进程

天津自海外建设首个"鲁班工坊"以来,加快"鲁班工坊"的建设布局和步伐,截至目前,正式建立4个"鲁班工坊":

2016年3月8日,天津渤海职业技术学院依托渤海化工集团在泰国大成技术学院设立第一个"鲁班工坊"。

2017年5月18日,天津市第二商业校依托天津食品集团在英国奇切斯特学院设立"鲁班工坊"。

2017年12月8日,天津轻工职业技术学院和天津机电职业技术学院依托天津渤海轻工集团、天津百利机电集团在印度金奈理工学院设立"鲁班工坊"。

2017年12月12日,天津东丽区职业教育中心学校依托行业企业在印尼东爪哇省波诺罗戈市职业学校建立印尼"鲁班工坊"。

(二)"鲁班工坊"的建设成效

1.泰国"鲁班工坊"

天津渤海职业技术学院先后选派了2批专业骨干教师到泰国开展教学培训、技术培训和现场指导,共组织了60余名师生到泰国开展技术交流和学访。同时,在天津为泰国院校培养了"机电一体化技术"专业骨干。在渤海学院成立了"中泰职业教育研究中心",在泰国大成学院成立了"工程实践创新项目教学研究中心",由天津和泰国的职教研究专家、教师共同组成团队,开展中泰职业教育领域的研究,开发中泰职业教育国际化专业标准。2016年,泰国大城府省长布拉雍,泰国大城工业联盟总裁叟穆王等泰国政府、企业代表和泰国13所职业院校,天津教委相关委局、天津10所院校、20余家企业达成"天津共识",协同共建工程实践创新项目基地。借助"鲁班工坊",多家企业与泰国职业院校签订了科技服务协议。

泰国诗琳通公主、泰国大城府布拉雍省长、泰国国家职业教育委员会秘书长等官员全力支持"鲁班工坊"的开发建设,2017年向天津市教委吕景泉副主任和渤海学院颁发了"诗琳通公主纪念奖章",以表彰泰国"鲁班工坊"为20多所当地职业院校和东南亚许多国家的职业教育培养技能人才发挥了重要作用。

泰国"鲁班工坊"除为泰国师生学习训练外,还对东盟国家职业院校师生开放,目前已累计交流培训319人。马来西亚和印度尼西亚学生专门来"鲁班工坊"学习电脑鼠和自动生产线技术,学生回国后参加国家自动化生产线技能大赛获得一等奖。两名泰国学生在"鲁班工坊"学习后,获得2016年11月在马来西亚吉隆坡举办的第11届东盟技能大赛"工业自动化系统"竞赛奖牌。目前,泰国"鲁班工坊"在整个东南亚地区产生了巨大示范效应。

2017年8月28日,泰国职业教育委员会(教育部)组织专家审评,渤海学院的"机电一体化专业"教学标准获得一致通过,成为泰国教育行政部门认可的学历教学标准。

2.英国"鲁班工坊"

2017年5月,由天津市第二商业学校(天津市烹饪技术学校)和英国奇切斯特学院合作建立的"鲁班工坊"正式揭牌运行。这是天津在海外建立的第二个"鲁班工坊",也是在欧洲建立的首个"鲁班工坊",学校开展"中餐烹饪技术"专业教学。英国奇切斯特学院是英国顶尖的职业学校。天津二商学校凭借5位国家级烹饪大师、5位市级烹饪大师,对英籍教师开展专项培训,开发了 1032 学时的国际化数字教学资源,建立了空中课堂。天津食品集团的优质产品也随"鲁班工坊"登陆英国。

2017 年 8 月,英方学历资格认证机构专家一行来津,最终确定"中餐烹饪技术"专业教学标准符合英国教学质量体系,颁发了国家学历资格认证证书,这标志着"中餐烹饪技术"正式进入英国学历教育。"中餐烹饪技术"将于 2018 年 4 月在英国国家职业教育框架中正式上架。学生获得的相关文凭证书将有"鲁班"二字标识,名称为鲁班中餐烹调师三级学历。英国国家职业教育资格体系存在于欧洲学历资格体系中,因此,该学历将自动获得欧洲诸国的承认。

3. 印度"鲁班工坊"

在印度金奈理工学院建立的"鲁班工坊"设置 3D、数控、机器人和新能源 4 个制造类专业,是世界上两个最多人口发展中国家的职业教育合作项目。经过一年多紧张建设,今年 12 月 8 日,隆重举行揭牌及启运仪式。首批建设的两个国际化专业已经得到印度教育行政部门的认可,印度"鲁班工坊"与中国在印的 5 个国有大型企业中材国际工程印度公司、中国天津市天锻压力机有限公司,上市公司巨轮(印度)有限公司,中天科技印度公司、异龙生物科技(印)有限公司签署了学生订单培养协议书,共同培养当地熟悉中国技术、产品、标准的,企业急需的技能人才。

4. 印度尼西亚"鲁班工坊"

2013 年 10 月,习近平主席在印度尼西亚首次向世界发出共建"21 世纪海上丝绸之路"的倡议。通过一年半时间交流、协商、教师培养和管理培训,在项目启动仪式上(12 月 12 日),印度尼西亚"鲁班工坊"以"汽车技术"中等职业教育为依托,同时布局了新能源、智能制造、EPIP 等项目,成为印度尼西亚教育行政部门、行业企业界、职校师生、印度尼西亚华人的追捧"明星",成为合作方波诺罗戈市职业学校的最大"骄傲"。

5. 巴基斯坦"鲁班工坊"

2018 年 7 月 18 日,由天津现代职业技术学院和巴基斯坦旁遮普省技术教育与职业培训局(TEVTA)合作建立的"鲁班工坊"在巴基斯坦旁遮普省拉合尔市也正式落成并启动运营。由巴基斯坦区域职业教育主管部门牵头与中方院校共同成立,并且辐射该区域百余所职业院校,支撑周边"鲁巴工业园区"的工坊,未来将产生良好的作用。

"鲁班工坊"建设着眼于服务国家战略,依托于天津行业企业办学优势,通过项目实施,提升了职业院校的国际合作能力,拓宽了院校管理者、教师和学生的视野,增强了中国职业教育的自信,带动了职业院校的内涵质量建设,加强了国际视野下的校企合作、产教融合能力;更为重要的,通过实践,落实了教育部关于职业院校要服务国家战略,服务中国制造2025的要求,在新时代彰显了职业教育的作为,天津国家示范区的作为。

五、面临的问题

其一,"鲁班工坊"在海外办学不仅承担着职业教育"走出去",对外分享我国职业教育经验成果,提升企业海外员工素质,服务当地国家技术技能人才培养与培训;同时承担着传递中国职业文化、中国职教理念、教学模式的任务。"鲁班工坊"项目需要政府部门的协同支持,通力合作。

其二,规划设计在境外一个国家原则上建立一个"鲁班工坊",目前,"鲁班工坊"的项目经费主要由被输入国的合作学校、国内外企业和中方学校承担。其中中方学校承担国内教师的海外费用、补贴以及外方师资培训费等,中国相关的国内外企业以最大的优惠方式(或者赠与)为海外合作学校提供教学设备,外方合作学校提供场地以及工坊校舍的建设费用等。作为一种全新的海外办学模式,"鲁班工坊"的建设面临初期开办的设立资金以及后期运营发展资金两个方面的需求。

其三,"鲁班工坊"的建设与发展,需要构建相应的质量评价指标体系,定期开展对海外"鲁班工坊"建设情况和人才培养状况的评价工作,以确保其优质高效运行。

六、进一步工作

根据中共中央办公厅、国务院办公厅《关于做好新时期教育对外开放工作的若干意见》,教育部关于《推进共建"一带一路"教育行动》,以及《天津市人民政府关于加快发展现代职业教育的意见》,天津市将采取有力措施鼓励有条件的职业院校到海外建立"鲁班工坊",输出和分享国家现代职业教育改革创新示范区优质成果,服务国家"一带一路"。几项具体工作:

(一)落实市政府要求。围绕"一带一路",加强并完成"鲁班工坊"海外布局和建设任务落实《天津市人民政府关于加快发展现代职业教育的意见》提出的要求,围绕"一带一路",加强"鲁班工坊"海外布局,到 2020 年,完成在境外建设 10 个左右高水平"鲁班工坊"任务。

(二)建立相应的组织管理和服务措施。强化统筹协调,建立国家现代职业教育改革创新示范区推进"鲁班工坊"建设工作小组,教委牵头,相关单位和行业企业共同组成,建立工作联动推进机制,形成绿色通道。

(三)健全政策支撑和保障体系。将开展"鲁班工坊"建设作为市委市政府"双一流"建设中,建设"世界一流职业教育"评价职业院校国际化水平的重要标度,并作为职业院校提升办学能力建设项目的主要绩效指标;为"鲁班工坊"建设校每年分配享受政府全额奖学金的留学生名额;扩大职业院校教师对外合作和交流的规模;加强"鲁班工坊"的理论研究和宣传工作。

(四)启动专项支持和长效保障。在职业教育专项经费中增加"鲁班工坊"专项建设资金,按照每个"鲁班工坊",支持输出校提升承担海外合作方师资培训和学生交流的能力;在教育信息化专项经费中设置专项资金,已经启动""鲁班工坊"信息化管理与服务平台"建设。对已建成"鲁班工坊",每 3 年实施一次绩效评价,评价合格的给予输出校相应奖励。

(五)加强国际化专业教学标准建设。高水平国际化专业教学标准是"鲁班工坊"发展的基础。天津市在教育部《关于借鉴国外先进经验开展职业教育部分专业教学标准开发试点工作》的基础上,以提升国际化综合要素深度融入教育教学全过程为着力点,加大"鲁班工坊"课程、教材和资源建设力度,到 2020 年天津国际化专业教学标准的规模将达到 100 个左右,为"鲁班工坊"开展学历职业教育和培训奠定雄厚基础。

（六）创设"鲁班工坊"研究与推广中心。在教育部职成司指导下,市教委在渤海职业技术学院设立一主体、多支点、国内国际联动的政策研究、资源开发、指导评价机构,对"鲁班工坊"需求与流程、规范与标准、模式与机制、质量与评价、宣传与推广等进行系统研究,持续优化建设。同时,在泰国"鲁班工坊"建立中泰职业教育教学研究中心、天津职业院校学生海外(泰国)实践拓展基地的基础上,着力建设中英、中印、中国和印尼职业教育教学研发中心,开展中外职业教育教学比较研究。

（七）探索构建以境外"鲁班工坊"为依托,以英国中职教育、泰国高职教育、印度应用本科职业教育为骨架的"中高本硕"贯通的国际化技术技能人才培养体系,搭建国内外技术技能人才培养交流与合作平台,充分发挥巴基斯坦"鲁班工坊"支持当地中国企业的功能与作用。2018 年,将支持天津铁道职业学院,联合轨道交通企业在非洲建立"鲁班工坊";支持天津中德应用技术大学,借助"澜湄职业技术培训中心"项目在柬埔寨理工学院设立"鲁班工坊",并进一步构建在欧洲、非洲、美洲等地建立项目布局。

2018 年 3 月天津市颁布了《加快融入丝绸之路经济带和 21 世纪海上丝绸之路建设行动方案》的通知,争取外交部和教育部支持,在天津海河教育园的天津机电职业技术学院(国家中西部地区职业教育师资培训中心总服务平台)设立中——东盟职业教育师资培训中心项目。

（八）服务天津全国职业院校技能大赛永久主赛区,推进"国赛"对接"世赛",探索赛项国际化服务天津作为全国职业院校技能大赛的永久主赛区,推进"国赛"对接"世赛",探索赛项国际化。在泰国的"鲁班工坊"已经连续两届成为中国职业院校技能大赛的延伸赛场,2018 年,印度"鲁班工坊"也将成为国赛的延伸赛场。同时,发挥"全国职业院校技能大赛成果转化中心"作用,进一步提升技能大赛的国际影响。

（作者单位:天津市教育委员会）

论职业教育的供给侧结构性改革

吕景泉

中央财经领导小组第十一次会议上"供给侧改革"的概念由习近平总书记首次提出,其含义是在适度扩大总需求的同时,着力加强供给侧结构性改革,着力提高供给体系质量和效率,增强经济持续增长动力,推动我国社会生产力水平整体跃升。这一理念的提出意味着我国发展模式的重大调整。

供给侧结构性改革的提出主要是源于解决进入新常态的中国经济,面临的一系列新的突出矛盾和问题。问题一:结构性的有效供给不足,2014年我国产量居世界第一的工业产品已超过250种,部分行业产能严重过剩,呈现中低端产品过剩、高端产品供给不足的状况,比如平板玻璃严重过剩,但电子用的平板玻璃等还不能生产。问题二:有效供给跟进不到位,2015年新兴消费需求不断扩大,中国游客出境游消费达1.1万亿元,其中大部分用在购物,消费品供给规模有余而品质不足,比如人们要出国去买奶粉、买马桶盖甚至药品、牙膏,衣食住行消费实现了基本满足后,老百姓的消费升级加快,向个性化、高端化、服务化发展,新需求多。

基于此,经济发展进入"新常态"后,未来改革的用力方向将不全在需求侧,而在供给侧的结构。改革的着力点是从供给侧入手,着力加强供给侧结构性改革,矫正要素配置扭曲,扩大有效供给,提高供给结构适应性和灵活性,提高全要素生产率。政策的着眼点,在于供给侧、结构性、体制性矛盾的病根。通过进行供给侧结构性改革,更好地使资源从过剩领域转移到符合市场需求的领域,从过剩产业转移到有市场需求的产业,资源重新得到优化再配置。

一、供给侧结构性改革在职业教育领域的必要性

教育的结构是指基础教育、职业技术教育、高等教育和成人教育的各种不同类型和层次的教育组合和各自比例构成,包括教育纵向系统的层级与层级之间的比例关系和相互衔接,以及教育横向系统的类型与类型之间的比例关系和相互联系,具有多层次性和多方面性。对各级各类教育内部而言,又有各自的教育类型结构、教育层次结构和专业设置结构。

合理的教育结构对经济和社会发展、经济结构的合理化有重要作用,调整教育结构是提高教育经济效益的重要途径。

从供给侧结构角度分析,我国教育供给侧结构的发展水平存在很多问题,基础教育发展不够均衡,多样性多元化不够强;高等教育人才培养应用性和针对性不够强;成人教育办学功能在弱化和转型的焦虑交织中;职业教育办学质量、吸引力在提升和形成过程中;各种教育类型和层次的组合和比例不尽科学合理等等。

职业教育作为整个国民教育体系的重要组成部分,是与经济发展结合最为紧密的教育类型,职业教育承担着为国家经济社会发展提供大批技术技能人才的重要任务,这一本质属性也决定了合理的职业教育供给体系结构对于解决当前经济社会发展、经济结构合理化及转型升级对技术技能型人才需求问题起着非常重要的作用。

我国进入从中等偏上收入国家行列之后,随着经济结构调整的步伐和城市化进程的加快,经济长期积累的结构性矛盾相当突出,问题方方面面,与教育联系紧密的突出问题是结构性失业问题日益严重。目前我国结构性失业的压力比总量性失业压力更大,结构性失业的问题不仅增加了总量性失业问题治理的难度,而且与总量性失业问题共同加剧了我国失业问题的进一步发展。主要表现在:沿海发达地区出现"民工荒"的同时,中西部地区却是劳动力供大于求;全国范围的"技工荒"表现明显,技术工人、专业技术人员、高级技术人员的供给不能适应经济发展需求而形成巨大缺口;职业能力和职业意识欠缺成为大学生"毕业难就业"问题的主要原因;下岗失业人员再就业困难,形成"离岗不离厂"特殊现象;中高层次经营管理、高端技术技能应用型、精通国际规则外向型的"人才荒"愈演愈烈。当前我国的结构性失业,无论是民工荒、技工荒,大学生难就业、中高级人才荒,还是下岗失业人员的再就业,这些都为我国的经济发展带来许多不利因素。我国本来是世界上人口大国,存在着明显的劳动力资源优势,但却出现结构性失业,这无疑是人力资源的巨大浪费。因此,改革职业教育发展模式,进行职业教育供给侧结构性改革是当前职业教育的重要任务。

二、职业教育供给侧结构性改革的方向和领域

职业教育供给侧结构性改革的核心任务是从职业教育发展过程中存在的问题与需求出发,促进职业教育内涵发展,推进职业教育结构调整,实现要素配置的合理化,扩大职业教育的有效供给,满足经济转型发展在规模、结构和质量等方面提出的需求,实现职业教育的可持续发展。伴随我国有关发展职业教育相关政策及发展规划的出台,职业教育面临的挑战与机遇并存,针对当前职业教育存在的各种问题,供给侧结构性改革的重点应包括以下几个方面:

(一)构建中国特色现代职业教育体系

加快发展现代职业教育是党中央、国务院作出的重大战略决策。现代职业教育是服务经济社会发展需要,面向经济社会发展和生产服务一线,培养高素质劳动者和技术技能人才并促进全体劳动者可持续职业发展的教育类型。建立现代职业教育体系,对打造中国经济升级版,创造更大人才红利,促进就业和改善民生,加强社会建设和文化建设,满足人民群众生产生活多样化的需求,实现中华民族伟大复兴的中国梦都具有重要意义。抓住发展机遇,站在经济、社会和教育发展全局的高度,以战略眼光、现代理念和国际视野建设现代职业教育体系,加快发展现代职业教育,是建设人力资源强国的必然选择。

因此，要按照加快经济发展方式转变的总体要求，适应新常态、服务新常态，引领新常态，以立德树人为根本，以服务发展为宗旨，以促进就业为导向，深化体制机制改革，统筹发挥好政府和市场的作用，系统设计现代职业教育的体系框架、结构布局和运行机制，应对供给侧结构性改革，推动教育制度创新和结构调整，培养数以亿计的工程师、高级技工和高素质职业人才，传承技术技能，促进就业创业，为建设人力资源强国和创新型国家提供人才支撑。

现代职业教育体系的建设目标是，到 2020 年，形成适应发展需求、产教深度融合、中职高职衔接、职业教育与普通教育相互沟通，体现终身教育理念，具有中国特色、世界水平的现代职业教育体系，建立人才培养立交桥，形成合理教育结构，推动现代教育体系基本建立、教育现代化基本实现。现代职业教育体系的基本特征体现在六个方面：第一，它是一个教育类型，而不是教育层次；第二，它是以就业为导向的教育，不是简单以升学为目的；第三，它肩负着构建科学合理教育结构的功能，这种教育直接有利于提升人力资本的素质；第四，它是不断契合产业发展和产业升值的教育；第五，它也是因材施教的教育，这种教育让每个人都能够通过教育来改变自身的命运；第六，它体现了终身教育理念，搭建了职业可持续发展的"立交桥"。

建立现代职业教育体系是深化教育综合改革、构建科学合理教育结构、实现教育现代化的重要突破口和切入点。要让现代职业教育理念深入人心，让行业企业和职业院校共同推进的技术技能积累创新机制基本形成，让职业教育体系的层次、结构更加科学，让院校布局和专业设置适应经济社会需求，让现代职业教育的基本制度、运行机制、重大政策更加完善，这些职业教育体系化建设目标的实现就是中国职业教育的百年梦想。

(二)改善职业院校专业布局结构

职业院校要科学合理设置专业。职业院校要结合自身优势，科学定位，紧贴市场、紧贴产业、紧贴职业设置专业,重点设置区域经济社会发展急需的鼓励类产业相关专业,减少或取消设置限制类、淘汰类产业相关专业。一定要注重传统产业相关专业改革建设和转型淘汰, 服务传统产业向高端化、低碳化、智能化、服务化发展。要围绕"互联网+"行动、《中国制造2025》要求,适应新技术、新模式、新业态发展实际,积极发展新兴产业相关专业;同时,也要避免盲目建设、重复建设和过度建设。

优化服务产业发展的专业布局结构。教育行政部门要统筹管理区域专业设置,建立专业设置动态调整机制,专业设置预警机制,围绕区域产业转型升级,加强宏观调控,努力形成与区域产业分布形态相适应的专业布局结构。对接"一带一路"、京津冀协同发展等国家战略,建设适应需求、特色鲜明、效益显著的专业群。同时,要建立区域间协同发展机制,形成东、中、西部专业发展良性互动格局。

推动国家产业发展急需的专业建设。围绕现代农业、先进制造业、现代服务业和战略性新兴产业发展需要,积极推进现代农业技术、高端智能化装备制造、绿色清洁能源、现代轨道交通与物流、电商与旅游、健康养老服务、文化创意产业等相关专业建设,服务制造性生产业集中向智能化和集约化提质发展,推动生产性服务业向专业化和价值链高端延伸,适应生活性服务业向精细化和高品质转变。

(三)建设现代职业教育课程体系

1.加强文化基础教育

发挥人文学科的独特育人优势,加强公共基础课与专业课间的相互融通和配合,注重学生文化素质、科学素养、综合职业能力和可持续发展能力培养,为学生实现更高质量就业和职业生涯更好发展奠定基础。

2.加强中华优秀传统文化教育

充分挖掘和利用本地中华优秀传统文化教育资源,开设专题的地方课程和校本课程,开设经典诵读、中华礼仪、传统技艺等文化必修课,拓宽选修课、通识课覆盖面。

3.加强职业技能和职业精神融合培养教育

探索有效途径,形成常态化、长效化的职业精神培育机制,重视崇尚劳动、敬业守信、创新务实等精神的培养。利用实习实训教学环节,增强学生安全意识、纪律意识,培养良好的职业道德,教育引导学生树立立足岗位、增强本领、服务群众、奉献社会的职业理想,增强对职业理念、职业责任和职业使命的认识与理解。

4.推进专业课程教学紧贴技术进步和生产实际

对接最新职业标准、行业标准和岗位规范,紧贴岗位实际工作过程,调整课程结构,更新课程内容,深化多种模式的课程改革。推行"双证书"制度,把职业岗位所需要的知识、技能和职业素养融入相关专业教学中。

5.开展针对有效的实践性教学

公共基础课和专业课都要加强实践性教学,实践性教学课时原则上要占总课时数一半以上。推行认识实习、跟岗实习、顶岗实习等多种实习形式,强化以育人为目标的实习实训考核评价。加强实习教学、管理和服务,保证学生实习岗位与其所学专业面向的岗位群基本一致。加大对学生创新创业实践活动的支持和保障力度。

6.建立产业技术进步驱动课程改革机制

适应经济发展、产业升级和技术进步需要,建立国家职业标准与专业教学标准联动开发机制。按照科技发展水平和职业资格标准设计课程结构和内容。通过用人单位直接参与课程设计、评价和国际先进课程的引进,提高职业教育课程教学对技术进步的反应速度。

7.建立真实应用驱动教学改革机制

职业院校按照真实环境真学真做掌握真本领的要求开展教学活动。推动教学内容改革,按照企业真实的技术和装备水平设计理论、技术和实训课程;推动教学流程改革,依据生产服务的真实业务流程设计教学空间和课程模块;推动教学方法改革,通过真实案例、真实项目激发学习者的学习兴趣、探究兴趣和职业兴趣。

8.建立职业教育质量年度报告制度

进一步提高年度质量报告的量化程度、可比性和可读性,强化对报告发布情况和撰写质量的监督管理。开展教学诊断和改进工作,针对职业院校不同发展阶段特点确定诊改重点。探索行业组织开展专业层面的教学诊改试点,以行业企业用人标准为依据,通过结果评价、结论排名、建议反馈的形式,倒逼职业院校的专业教学改革与建设。

(四)建立"双师型"教师培养培训体系

建立健全高校与地方政府、行业企业、职业院校协同培养教师的新机制,探索高层次"双师型"教师培养模式,推进高水平应用型大学和大中型企业共建职业教育"双师型"教师培养基地,探索"学历教育+企业实训"的培养办法。完善以老带新的青年教师培养机制。

加强教师专业技能、实践教学、信息技术应用和教学研究能力提升,提高具备"双师"素质的专业课教师比例。启动五年一周期的教师全员培训制度,实行新任教师先实践、后上岗和教师定期实践制度,培养造就一批教学名师和专业带头人。

加强专业骨干教师培训,重视公共基础课、实习实训、职业指导教师和兼职教师培训。加强兼职教师的职业教育教学规律与教学方法培训;支持兼职教师或合作企业牵头教学研究项目、组织实施教学改革。鼓励职业院校专业骨干教师同时成为企业培训师,驾驭学校、企业"两个讲台"。

(五)推进职业教育国际化进程

引进境外优质资源。加强与信誉良好的国际组织、跨国企业以及职业教育发达国家开展交流与合作,探索中外合作办学的新途径、新模式。学习和引进国际先进成熟适用的职业标准、专业课程、教材体系和数字化教育资源;选择类型相同、专业相近的国(境)外高水平院校联合开发课程,共建专业、实验室或实训基地,建立教师交流、学生交换、学分互认等合作关系。

配合国家"一带一路"战略,助力优质产能走出去,扩大与"一带一路"沿线国家的职业教育合作。发掘和服务"走出去"企业的需求,培养具有国际视野、通晓国际规则的技术技能人才和中国企业海外生产经营需要的本土人才。将国际先进工艺流程、产品标准、技术标准、服务标准、管理方法等引入教学内容;与拓展国际业务的大型企业联合办学,共建国际化人才培养基地;发挥职业院校国际化专业、双语化课程和双师型教师优势,探索在海外设立"鲁班工坊",配合"走出去"企业面向当地员工开展技术技能培训和学历职业教育。

加强全国职业院校技能大赛国际化环境建设,对接世界技能大赛,引入国际化优质赛项,把大赛建设成为职业院校教学成果的展示中心、新技术新工艺新设备新技能的体验中心、产教融合校企合作的重要载体,提升大赛的国际参与度和影响力。建设我国职业院校师生参加世界技能大赛的培养培训基地。

(六)实施职业教育信息化计划

将信息化作为现代职业教育体系建设的重要基础,推进信息化平台体系建设,加快数字化专业课程体系建设。实施职业院校信息化基础设施建设计划,加强职业教育信息化管理平台和数字化资源平台建设。

顺应"互联网+"的发展趋势,应用信息技术改造传统教学,促进泛在、移动、个性化学习方式的形成。开发性虚拟仿真实训系统,替代在现场实习安排困难或危险性高的专业领域;开发仿真教学软件,优化教学中难以理解的复杂结构复杂运动。推广教学过程与生产过程实时互动的远程教学。

建设数字教育资源共建共享体系。完善职业院校数字化建设标准,建立区域性职业教育数字资源共建共享联盟。探索建立高效率低成本的资源可持续开发、应用、共享、交易服务模式和运作机制,探索"互联网+"在职业教育教学、实训、科研、管理、服务等方面的全方位应用,使中国职业教育的信息技术应用达到世界先进水平。

三、职业教育供给侧结构性改革的再思考

职业教育供给侧结构性改革是一项系统工程,涉及职业教育改革的多个方面,既有职业教育体系内部的问题,也有职业教育体系外部的问题,因此,除了上述核心要素改革之外,还需要从制度供给方面提供保障支持。

(一)完善法规体系促进校企合作

产教融合、校企合作培养技术技能人才是国际职业教育成功国家的共同规律。长期的实践表明,我国职业教育校企合作中存在的诸多障碍都是源于缺乏国家层面的法律制度,当前迫切需要从教育、经济、劳动三个领域修改现有法律和新增相关的法律,加快建立国家层面的宏观性法律框架,为职业教育产教融合校企合作制度实施提供保障。

(二)深化分类招生考试制度综合改革

根据《国务院关于深化考试招生制度改革的实施意见》,深化推进职业教育分类招生考试制度改革,建立符合职业教育培养规律和特点的人才选拔模式,促进素质教育的实施,由政府统筹管理、学生自主选择、学校多元录取、社会有效监督的中国特色职业教育考试招生制度。

(三)创新管理模式建立现代学校制度

创新职业教育管理体制机制,加强职业教育统筹管理,强化联席会议机制,落实各部门职责,完善政府统筹、分口管理、协调发展的职业教育管理体制。

建立健全现代职业学校制度,完善职业院校理事会或董事会制度、职代会制度等学校内部治理,提升职业院校治理能力。完善现有职业教育集团的治理结构、发展机制,建立健全以契约为基础的、责权利分明的行业职教集团董事会或者理事会制度。

建立第三方评估制度。围绕社会经济发展以及区域协同发展战略,建立职业教育的人才需求和预测制度、毕业生跟踪调查制度、质量监测和评价制度等基础性服务支撑系统。

(作者单位:天津市教育委员会)

五业联动:职业教育科学发展的新途径

吕景泉

近年来,随着国家现代职业教育改革创新示范区建设的深入发展,随着推进产教融合、校企合作的新形态,一个新的名词,一种新的发展势态,正在影响着津沽大地、京津冀区域乃至全国部分省市的职业教育,这就是"五业联动"。作为一种新的发展势态,五业联动产生于职业教育改革实践中,并传承了天津职教文化传统,对于优化现代职业教育的办学结构及专业与课程建设,发挥了理念引领和机制创新作用。

如何深刻理解五业联动内涵及其发展势态,如何优化五业联动的结构,如何更有效地发挥其功能,并利用这种新的势态促进职业教育改革创新和科学发展?需要我们进一步关注并深入思考。

一、一个新的概念及其前世今生

(一)何谓五业联动

目前,五业联动并没有一个严格的、精确的界定。一般而言,它指的是一种根植于产业发展,对接行业和企业需求,服务职业岗位及个人职业发展需要,落地于专业建设的职业教育办学新模式。其内涵可以具体表述为:职业院校以就业为导向,以职业能力为本位,在专业建设方面与产业、行业、企业、职业等要素密切联系,通过整合资源,相互对接、协同联动,将专业建设的各项内容落实到教学与实训的各个环节,从而实现办学结构和效能优化的一种办学模式。可以说,依据现代产业的发展趋势和人的发展需求,特别强调职业院校与"五业"共同确立人才培养目标和规格,联合开发教学内容和模式,合作探索具有中国特色的现代职业教育科学发展途径,是这种新型办学模式的显著特点和创新之处。可以说,五业联动是落实产教融合、校企合作向纵深、向内涵推进的可靠载体、可用模式,更是现代职业教育高质量发展和有效服务经济社会的有效途径。

理论上,人们通常把职业教育视为一种与经济发展结合最为紧密,承担着教育供给、技术技能人才培养的教育;然而现实中,企业家却对参与职业教育的兴趣不高,校企合作呈现"一头热"。为什么会是这样?这是因为职业教育原有的办学结构不能适应和满足经济发展的需求。例如,职业教育的专业设置必须与产业升级对接,但是相当多的职业院校专业设置依然雷同或者与生产脱节;又如,职业教育的教师、实训设备必须跟上企业生产的要求,但很多职业院校的双师型师资队伍和生产性实训条件常常不能适应技术技能人才培养要求;再如,职业院校毕业生的专业知识、职业能力、职业精神必须与岗位需求适应,但职业教育的人才培养标准和规格往往滞后于产业发展的需求。这些现象,其仅仅反映的是学校和企业之间不协调的表象,而技术技能型人才的供需脱节、职教资源的供需错配等办学结构性矛盾才是产生这些错位的实质。

根据现代系统论的基本原理,结构是组成客观事物诸要素的结合方式,功能则是系统在与外界作用过程中所具有的适应环境、改变环境的反应能力。结构是功能的基础并决定功能,功能对结构有相对独立性和反作用。据此,我们可以认为,要解决职业教育办学结构与社会经济发展的不适应问题,需要职业教育站在技术技能型人才供给侧的角度,与人才需求侧的多元利益诉求方联手合作、协调联动。也就是说,职业教育需要在这种联手合作中,寻找到自身结构中的不合理因素并加以调整和改善,以顺应产业结构不断调整和升级的经济发展环境;职业院校需要在这种协调联动中,强化职教要素和资源的精准配置机制,提高教育质量,发挥职业教育的技术技能型人才培养这一社会功能,以提升技术技能人才高效供给能力。

于是,五业联动作为一种改革理念,自然地承担起了引导人们优化现代职业教育办学结构,适应并反作用于社会经济变革能力的责任。

实践中,透过专业建设与五业对接和联动,职业院校不仅优化了办学结构,而且逐步建立和发展出一系列有效的协同与合作运行机制。从效果看,五业联动一则促进了职业教育适应产业升级与新兴职业需求。即根据区域产业结构的调整及其对人力资源的需求变化,主动契合产业转型升级、区域经济发展和新兴职业的要求,修正"结构性缺失"并不断地优化专业布局和课程设置,不断创新教学及实训手段,提升培养技术技能型人才培养能力和服务产业发展的能力,进而引领产业可持续发展。二则促进了技术技能型人才的供给从"需求侧拉动"到"供给侧推动"根本转变。即根据人的职业发展要求,坚持就业导向特色,因材施教地引导学生通过教育改变自身命运,通过职业教育搭建的"立交桥",学会终身学习,学会不断优化自己的知识、能力、素质结构,学会不断拓宽就业的弹性和适应性,进而实现个人职业可持续发展,并促进高等职业教育人才供给链与经济产业链的无缝对接。

一个优秀的系统结构,透过优化的排列组合,可以高效地发挥"整体大于部分之和"的功能。五业联动作为一种职业教育供给侧的改革,它促使职业院校充分利用现有的条件,对准新常态下新的突出矛盾这个"靶心",针对一些办学的结构性不适应问题,从供给侧入手优化和升级自身的结构,创新并培育与五业发展相适应的教学与管理运行机制,使之与所担负的社会功能更加配适,更有效地提升技术技能型人才培育质量,更好地服务社会经济的转型升级。这既是新常态下社会经济可持续发展对职业教育的必然要求,也是职业教育供给侧结构性改革的内在逻辑。

(二)五业联动溯源

五业联动作为一个新生概念,并不是凭空生成。它的出现,与天津职业教育发展的深厚历史积淀和职教文化传统密切关联。天津是一个务实的城市,代表近代工业文明的实业,很早就出现并集聚天津。天津的教育也是务实的,近代中国"工学并举"的理念源自天津,《辞海》中关于清末实业学堂和学校的解释也源自天津。天津不仅首开中国实业教育先河,而且在近代开创了众多第一。1879 年,中国第一所北洋电报学堂创办于天津。此后,立兵船之本的北洋水师学堂,培养陆军和铁路人才的北洋武备学堂,培养工业技术人才的北洋工业学堂,培养财会人才的天津中等商业学堂也都第一时间登陆天津。在中国职业教育发展史上,天津职业教育始终是浓墨重彩,具有重要的先导地位。

天津职业教育在现代锻造了特色和辉煌。中华人民共和国成立之初,天津确立了职业教育新学制;20 世纪 50 年代末,天津"半工半读"教育日出海河,领跑全国,创设了技术教育的示范模式;21 世纪之交,天津"工学结合、校企合作、产教融合"的职业教育办学实践,构筑起了应用型人才成长立交桥,确立了职业教育办学的"天津模式",引领了全国职业教育改革;2005 年,天津市与教育部共建首个"国家职业教育改革试验区";2010 年,与教育部共建,升级为唯一"国家职业教育改革创新示范区";2015 年,再度升级为唯一的"国家现代职业教育改革创新示范区",一个具有时代特征和天津特色的高标准现代职业教育体系已经在天津形成。回首往昔,无论工学并举的实业教育思想萌芽,或是半工半读的教育实践,还是以培养高素质产业大军为本、工学结合的全新职教理念,天津职业教育的发展始终贯穿着一条清晰的思想脉络,这就是:务实求真,传承鼎新,锐意改革,持续创新。正是得益于这种勇于开创和善于改革的职教文化传统,天津在职教发展的新常态下,又一次提出了"五业联动",多元并举,合力推进职教发展的改革思路,举起了职业教育办学体制结构性改革的大旗。曾经走过的历程告诉我们:职业教育永远是与产业发展相互依存的教育类型,只有在服务产业发展的过程中,不间断地理顺自身与社会各行各业的关系,不间断地优化自身作为人才培养供给侧的办学结构, 才能顺应社会经济的大趋势。当今产业结构调整和社会经济升级换代的发展现实告诉我们:作为一种与经济发展结合最为紧密的教育,职业院校只有与五业不间断地协调、联动,不间断地提升为五业服务的质量,不间断地向社会输送优质的技术技能型人才,才能实现五业共赢,才能共同构筑美好的世界。从秉承工学并举理念,到开创半工半读制度,到塑造工学结合天津职教发展模式,再到举起"五业联动"改革职业教育办学体制的大旗,天津职教人承前启后,一步一个脚印,一岁一个台阶,既积累了发展的经验,更将创造新的发展奇迹。

追溯职业教育发生发展的社会根源,可以看到,职业教育的结构不是自在的,而是人为设计的,存在着一种可持续的科学安排。人们总是根据人的发展需要和经济社会发展要求及提供的条件,去选择、配置职业教育资源,建立一定的职业教育办学结构,并通过理论与实训教学过程,塑造受教育者的职业素质和技能,最终通过人的因素,去实现职业教育适应和反作用于社会经济变革的社会功能。在这种办学结构的设计和安排过程中,天津职业教育既做"拓荒牛",也当"千里马",还争当"领头羊",不仅逐步构建了现代职教新体系,而且领跑了职教改革发展。

二、五业联动现象的生态学解析及其改革要义

五业联动作为一种教育现象,能够从改革大潮中脱颖而出,成为职业教育改革的关键举措,并进一步加以科学设计,表明它除了符合事物发展的一般规律,还符合改革发展的实际需求,具有一定的理论基础与现实意义。

(一)五业联动的教育生态理论基础

作为研究教育与其环境之间互动关系的科学,教育生态学的一个研究范畴,就是探讨最优化的教育生态结构、功能及其实现条件。以这门学科的视角来看,五业联动这种职业教育办学现象,契合了教育生态学所强调的生态系统及其动态平衡原理、环境适应和自组织发展机制。

1.系统及动态平衡原理

生态系统=生物群落+环境条件,以此推论,教育生态学者认为:教育与环境是一个彼此不可分割的自然整体。如果我们把整个国民经济理解为一个巨大的社会经济体系,那么这个体系就是职业教育的生存环境,职业教育与这个社会经济环境中的有关结构共同构成了一个联动的生态系统。在这个生态系统中,职业教育组织与环境条件,例如,职业院校与五业之间必然产生各种联系与依存、作用与适应等相互关系。

生态系统是开放的,其稳定和发展,取决于物质、能量、信息的交换状况。一般地,如果输入大于输出,生物量增加;反之生物量减少。这种动态平衡又取决于系统自身的调节能力,输入与输出值超越"生态阈限值"的上限或下限,系统都将崩溃。据此,我们可以认为:作为社会系统中的一个开放的生态子系统,职业教育组织与环境条件,例如,职业院校与五业之间必然发生一系列物质、能量、信息交换过程,并对这些交换过程加以协调,以保持职业教育生态系统的动态平衡和可持续发展。

2.环境适应和自组织发展机制

生态系统由主体和环境组成。主体与环境之间互为依存和互为适应的过程,构成了生态系统的发生与发展。相对于职业教育组织这个主体而言,其重要的环境条件除了物质环境、社会环境、文化环境等因素外,在社会经济发展的一些特定阶段,环境条件中的部分敏感因素,将会对主体提出特别需求。例如,在当前社会经济转型升级、供给侧结构改革的形势下,产业、行业、企业、职业这些因素,就会对职业院校的专业建设提出新的要求。对此,职业院校的专业建设必须与之相适应,否则就可能被淘汰出局。

生态系统的发展取决于系统的自组织能力与环境合力的协同动作。职业教育这个生态系统内外充满许多彼此关联的子系统,它们在不断地与环境条件中的旁系统进行物质、能量、信息交换过程中,逐步发展出反馈机制,并以此来实现自身的生存策略选择以及系统内部结构的自我组织和自我优化。例如,把职业院校的专业建设和办学结构调整与产业、行业、企业、职业这些因素结合起来,形成源自内部的自组织能力与源自外部的环境合力的协同动作。实施五业联动的发展策略,整合系统内外所有能够利用的有效资源,必将推动职业教育生态系统实现由低到高、由旧质到新质的发展进化,必将使职业教育的产教融合由概念向行动,由理念向实践的发展深化,必将使职业教育与经济社会发展同步、与科技发展同步、与产业发展同步,使职业教育来源于真实实践,服务现实需要,引导人力资源发展同向。

(二)五业联动的改革价值及现实意义

前教育部部长袁贵仁曾经指出,我国职业教育发展的弱项在校企合作。因此,校企合作是今后一个时期职业教育改革发展的重点,是我们应当下大功夫、也必须下大功夫去探索和解决的难点。透过专业建设与产业、行业、企业、职业的有机互动,五业联动在办学结构方面使学校和企业两种不同教育生态资源和环境得到充分利用,使学校的人才培养与企业的用人机制、学生的职业发展有机结合起来,对于破解校企合作的实践难题,是一种另辟蹊径的改革创新,具有显著的改革价值和意义。

1.改革价值:创新职业院校制度建设

首先,五业联动作为职业院校办学结构的依托,是一种实现产业、行业、企业共赢的办学管理创新。它进一步强化校企合作,要求校企互相渗透、互相介入、互相支持;要求职业院校与产业、行业、企业资源互用、优势互补、利益共享、责任共担,以便在制度建设方面实现职业院校和企业的管理现代化。它既促使校企发挥各自优势,工学结合加快企业自有人才的教育与培训,又促使职业院校与产业、行业、企业结成共同体,产教融合共同培养社会与市场需要的高技术技能型人才,从而更有效地促进职业教育与社会生产力可持续发展。其次,五业联动作为职业院校专业建设的组织结构支撑,有助于产、学、研合作促进职业院校专业教学创新。它进一步调动职业院校和产业、行业、企业所拥有的智力资源,通过协调、合作,共同促进科技理论与制造技术相结合,实现生产技术的新组合。既针对产业升级中的关键技术进行联合攻关,又结合生产实践需要对现行的专业设置进行改革调整,对部分教学内容、教学标准和教学方法进行重新甄选和共同开发,从而不断促进产业、行业、企业的技术进步,不断促使职业院校的专业教学与社会生产发展更加配适。再次,五业联动作为人的职业发展平台,有益于技术技能型人才培养的教学模式创新。它通过职业院校教师,产业、行业、企业的工程技术人员、市场营销人员和生产工人之间的互相沟通与交流,实现了新的师资力量组合,进而建构了一种多元师资参与的教学模式。既为职业院校的教学与实训提供了最新的生产知识、技术与信息,又为学生了解和体验最新科技动态、新技术研制及新产品生产过程、生产供需与政策法规信息提供了稳定渠道和有效的组织管理。从而使学生的成长环境更接近生产一线,为学生日后的职业发展打下更坚实的专业基础。

2.现实意义:系统提升技术技能型人才的供给能力

我们如果把供给侧理解为整个国民经济的生态链之一,那么职业教育就是这条生态链上不可或缺的技术技能型人才的供给环节,它与社会经济生态构成了一个联动的体系。五业联动作为一项系统工程,其核心在于职业教育更好地服务于社会经济的转型升级;其要义在于促使职业教育自身的结构及所担负的社会功能与经济社会的发展更加配适。

大量的实践证明:五业联动虽然发端于职业教育,但这种教育现象却反映了多元生产要素重新进行组合的历程,映衬了职业院校在与办学环境的生态互动中,促进自身与产业、行业、企业的制度创新和技术创新的过程。

一方面,产业、行业、企业通过与职业院校的结合组成了利益与发展共同体,透过频繁的多元沟通、协调、联动,实现了生产要素新组合与互补。这种由生产一线需求驱动的职业教育供给侧结构性改革,不仅使生产部门提升了技术水平,获得了经济效益,并且使职业院校依据社会经济发展、产业转型升级和新兴职业的要求,主动契合产业结构的调整变化,积极优化自身的办学结构和专业结构,从而进一步提升了科技理论水平和教学实训质量,提升了技术技能型人才培养能力和服务产业、行业、企业发展的能力。

另一方面,职业院校也在与产业、行业、企业的结合、合作、融合过程中,根据人的职业发展要求,进行了新一轮专业布局、课程设置和专业教学模式更新。通过五业联动搭建的职业发展"立交桥",引导学生学会不断优化自己的知识、能力、素质结构,不断拓宽就业的弹性和自适应性,学会终身学习,进而实现个人职业的可持续发展。这种坚持就业导向,以人才供给为内驱力的供需结构改革,通过职业教育人才供给链与经济产业链的无缝对接,实现了技术技能型人才供给从"需求侧的拉动"到"供给侧的推动"根本转变。

三、五业联动的天津实践与推动策略

有效的改革举措必然立足改革实践,必须落实到改革的具体环节。作为国家现代职业教育改革创新示范区,为持续释放高标准建设的活力和领先发展的魅力,天津职业教育不仅提出了五业联动这一改革举措,并且在实施过程中,积累了自己独特的实践经验,创新了自己特有的推动策略。

(一)五业联动的天津践行

五业联动在天津职业教育的改革实践,主要体现在以下方面:

1.组建行业职业教育教学指导委员会,形成联动机制

为探索专业与产业、行业、企业、职业相互对接的五业联动的办学结构,建立健全政府主导、行业指导、企业参与的职业教育办学机制,强化行业在现代职业教育体系建设和职业教育改革发展中的指导作用,推进中等和高等职业教育协调发展,加快构建现代职业教育体系,天津市陆续组建了电子信息、生物医药、装备制造等 20 个市级行业大类职业教育教学指导委员会。截至 2017 年,天津市教委会同市相关委办局已经成立了 6 个市级行业大类职业教育教学指导委员会。这些行指委由天津市教委和市行业主管部门或行业组织牵头管理,对相关行业(专业)职业教育教学工作进行研究、咨询、指导和服务。

2.成立多类型"集约化、规模化"职教集团,搭建联动平台

自 2003 年建立第一个职教集团以来,天津市充分发挥行业办学优势,已先后成立了 22 个中高职教育教学相衔接,学历教育与职工培训相结合的"集约化、规模化"的行业型、区域型、社区型职教集团。每个职教集团内部都建立了校企合作董事会、校企合作执行委员会和专业建设委员会"三级

贯通式"管理体制。此外,还搭建了一批不同层级、不同专业、跨行业、跨区域的职业院校联盟,初步形成了以联盟为纽带,职业院校相互支撑、相互协同,抱团谋发展、合作求超越的改革创新态势。这些举措使职业院校专业结构与主导产业对接度达到 90%。这些职教集团的在校生规模都超万人,有力地支撑了天津及区域经济的升级换代和转型发展。

3.以主导产业结构调整驱动专业建设,建设联动专业组群

为服务国家一带一路、京津冀协调发展、天津自贸区建设和滨海新区开发开放等重大战略,天津职业教育围绕优势主导产业、高端制造业、战略新兴产业和现代服务业的升级和发展,通过五业联动建立了以产业结构调整驱动专业建设的宏观协调机制,并通过市教委和各高职院校共同搭建的专业设置信息发布平台,面向市场引导职业院校压缩供过于求的教学专业以及办学质量与需求不适应的专业,支持校企合作设置反映未来产业变革和技术进步趋势的新专业,实现了专业建设的动态预警和及时调整。一个以重点专业为龙头、相关专业为支撑,不同院校互为错位补充的专业布局,以优势专业群对接主导产业群的产教融合的专业建设新格局正在形成。目前,全市高职开设专业 730 余个,中职开设专业 18 大类、113 个,全部覆盖了天津市 8 大优势主导产业、战略新兴产业和现代服务业。同时,通过信息化工程,全市职业院校特色专业建设正在稳步推进。

4.实施职业院校优质教学资源建设工程,打造联动精品课程

根据京津冀协同发展规划和天津市核心支柱产业发展需要,天津职业教育以服务为宗旨,以就业为导向,通过五业联动集结优势教育教学资源,实施了贴近岗位需求、对接现代工艺流程的职业院校精品课程资源建设工程,持续建设优质课程,开发特色教材。目前,全市职业院校共打造了 54 门国家级精品课程、47 门国家级精品资源共享课程、6 个国家职业教育专业教学资源库、169 门市级精品课程,形成了围绕工作岗位、现代工艺、技术升级、全新内容的现代课程体系。这一精品课程体系不仅扩大学生选择专业和课程的自主权,促进了职业院校专业教学的有效性;而且强化了职业教

育服务产业发展的实效性,有力地支撑了天津市优势支柱产业和滨海新区的发展。

5.携手行业企业,参照国际工艺流程,建立联动教学标准

当前,中国制造正在向中国创造转变,中国速度正在向中国质量转变,中国产品正在向中国品牌转变。这些历史性变化,把"标准"问题提到了引领质量的新高度。为提升职业教育办学和教学的质量标准对社会生产的契合度和引领作用,天津市透过五业联动机制实施了多种措施:一是大力支持职业院校参与国际、国家和行业标准的制(修)订;鼓励专业教学团队开展国际化专业教学标准研究和实验。二是努力弘扬我国职业教育文化优良传统,在消化、融合国际化专业教学标准的基础上,组织多元研究力量在教学实践中创新并发展符合中国国情、具有天津特色的专业设置标准和课程教学标准。三是推行"走出去"发展战略,在继续完善全市原有 50 个国际化专业教学标准的基础上,依托和扩大原有 131 个国际化专业教学标准试点班,再开发新的标准,将国际先进工艺流程、产品标准、技术标准、服务标准等引入教学和实训,配合"走出去"的企业培养具有国际视野、通晓国际规则的本土化技术技能人才,增强天津职业教育的国际竞争实力。

(二)五业联动的策略创新

为有效落实五业联动,天津市设计并实施了多项推动策略:

1.坚持政府主导,探索形成五方携手推进的新机制

五业联动由于涉及面较广,牵扯的利益诉求较多。面对一项复杂而又精细的生态系统工程,为实现五业内部各要素的动态平衡和整体的自组织发展,必须有一种权威而强大的协调和推动力量,而此力量及其相应的责任担当非政府莫属。在推动五业联动的过程中,天津市教委联合相关行政部门、行业和单位,探索形成了"政、行、企、校、研"五方携手推进职教发展新机制。这种机制以政府的敢于担当,勇做推手为强有力后盾,强调多部门、多机构统筹协调,进一步明确了政府的主导、统筹责任,行业和企业的参与、指导、评价作用,职业院校的人才培养职能,研究机构的支撑、服务功

能。五方权责清晰、定位明确，形成了事业发展命运共同体，有效保障了资源共享、责任共担、过程共管、互利共赢的五业联动育人模式，从而有效促进了学生、学校、企业、产业以及相关利益诉求方的共赢。

2.注重顶层设计，与职业教育示范区建设方案同步实施

实施庞大的社会工程必须注重顶层设计。天津市高度重视五业联动的设计和规划。在国家现代职业教育改革创新示范区建设方案中，市教委就明确提出：一是实施优势专业培育与主导产业需求对接计划。要求在新一轮专业设置改革之中，全面形成优势专业群对接主导产业群的新格局。二是实施专业课程内容与职业标准对接计划。要求依据京津冀产业布局协同发展规划和天津市支柱产业发展需要，开发建设一批优质特色教材和课程，促进职业院校专业教学和服务产业发展的实效性。三是实施专业教学过程与真实生产过程对接计划。要求以专业教学标准为依据、以企业岗位技能要求为导向、以实践创新能力培养为核心，构建与生产过程无缝对接的课程教学体系，建立产业、行业、企业、学校培养技术技能人才的共育链。四是实施职业院校科研创新与企业技术创新对接计划。引导职业院校与行业、企业共建技术中心和校外实习实训基地，提升职业院校服务企业技术创新水平。

3.加大宣传力度，营造职业教育高标准发展的社会氛围

为使五业联动政策的设计缘起、执行策略和实施效应深入人心，天津市一方面大力宣传相关发展政策及国家现代职业教育示范区建设的典型经验和做法，并以活动周等形式建立职业教育宣传的长效机制，引导全社会切实转变教育观、人才观、择业观，促进形成"劳动光荣、技能宝贵、创造伟大"的良好社会氛围，重塑支持职业教育、褒扬技术技能人才、同等尊重学术型技能型两类人才的良好环境；另一方面由市教委主导，连续举办"五业联动—深度对接"高端讲堂20期，邀请国内外行业企业专家围绕职教优势专业群对接优势产业群等问题，具体介绍产业、行业、企业、职业、专业"五业联动"的探索过程，理论内涵和运作模式，分析经济发展趋势，剖析产

业对技术技能人才需求。这些宣传活动,有力促进了五业内部人力资源建设机制,产教融合互动双赢机制,资金和资源的多元投入和调整机制,信息和资源的有效沟通与共享机制建设,为国家现代职业教育示范区建设和职业教育的高标准领先发展增添了新的活力。

4.强化质量文化,打造产教融合、德技并修育人环境

质量文化是全社会的质量共识和质量观念,是一种衡量质量目标的核心价值标准。为引导人们对国家现代职业教育示范区建设形成全新的质量共识,天津市透过五业联动实施了一系列质量文化的培育对策:

弘扬技能大赛竞技文化。作为全国职业院校技能大赛的永久性主赛场和举办城市,天津努力倡导大赛的竞技文化和竞技精神,努力通过技能大赛促进竞技的价值取向和质量目标的实现。

推动企业文化与校园文化深度融合。现代职教文化本质上是学校文化与企业文化的融合,天津通过引入现代企业文化精神,构建现代学校章程,重塑校园文化等途径,搭建校企文化深度融合的平台,使教育的过程成为培育文化的过程,使职业学校成为创新现代职教文化的场所。

加强德育文化建设。文化培育是院校德育的重要抓手,天津通过在课程体系建设中融入民族优秀文化和现代工业文明元素,使职业教育以德为先、追求技艺的文化得以弘扬光大;通过学风、教风、考风、班风、校风"五风"建设,创新"安教乐道"品牌,探索"工程实践创新项目(EPIP)"教学试验,构建德育文化活动体系。

固化推广国家职业教育试验区、示范区建设成果。试验区、示范区建设创造了很多业绩,积累了很多经验,天津有关部门组织人力、物力,对此进行了有序分析和整理,对优秀的教育教学成果进行固化并加以推广,从而使这些职教文化积淀、转化,成为教育事业科学可持续发展的质量保障

(作者单位:天津市教育委员会)

职业教育推进区域协调发展的有效途径

吕景泉

党的十九大报告全面深刻阐释了"贯彻新发展理念,建设现代化经济体系",将"实施区域协调发展战略"作为重点内容之一。进入新时代,该战略是不断化解人民日益增长的美好生活需要和不平衡、不充分发展之间矛盾的重要路径。

作为与现代经济社会发展最为密切的教育类型——职业教育,通过培养高素质技术技能人才,能够从根本上推动区域协调发展,提升欠发达地区社会生产力,培育其可持续发展能力,从而缩小区域间不平衡、不充分的发展差距。因此,在区域协调发展战略思维下,精准落实职业教育提升人力资本的有效功能和作用,并且在实践中找准职业教育促进区域协调发展的定位,是当前宣传贯彻落实党的十九大精神,提升职业教育服务经济社会发展能力的关键性要求。

一、新时代开启职业教育推进区域协调发展的新征程

在新时代中国特色社会主义伟大事业中,区域协调发展被赋予新的时代使命。一切发展最终都取决于人的发展,党的十九大报告明确指出"人民是历史的创造者,是决定党和国家前途命运的根本力量"、要"着力加快建设实体经济、科技创新、现代金融、人力资源协同发展的产业体系"。也正是立足于此,明确强调建设教育强国是中华民族伟大复兴的基础工程,必须把教育事业放在优先位置。可以说,在新时代,通过职业教育提升人力资源

水平,对于落实区域协调发展具有重要的基础性作用。

(一)职业教育必须推进"五业联动",立足需求、服务发展

区域协调发展,必须实事求是,立足于不同区域的发展现状、发展需求,破解不同的发展难题,抓重点、补短板、强弱项。因此,职业教育必须紧贴当地经济社会转型需求,紧跟改革创新发展步伐,紧扣民生服务改善脉搏,紧随城市品牌提升节奏,面向人人、强化服务意识和服务功能。尽管不同区域差异明显,但职业教育在服务发展时,必须强调"支撑经济转型,服务支柱产业;支撑创新发展,服务中小企业;支撑民生改善,服务技能培训;支撑城市品牌,服务国内国际"的理念和模式,不断推进产业、行业、企业、职业和专业相互联动、协同发展,通过"五业联动"实现职业教育与经济、社会同步规划,与产业建设同步实施,与技术进步同步升级,落实"产教融合、校企合作",推进区域发展。

(二)职业教育必须实现"五方携手",持续培养多样化技术技能人才

区域协调发展的根本在于差异化共同发展,任何不切实际、理想化的趋同都不符合区域协调的要求。因此,根据不同区域的发展要求,职业教育要在技术技能人才保障、人才转型、人才转移、人才升级方面发挥其不可替代的培养多样化技术技能人才的作用。党的十九大报告中明确指出:"使绝大多数城乡新增劳动力接受高中阶段教育、更多接受高等教育",就是进一步明确中、高等职业教育在城乡新增劳动力入职、转型、转移等方面的重要作用。

与其他教育类型不同,经过多年的实践探索和理论研究,应该说,政府、行业、企业、院校、研究机构"五方携手"是落实好职业教育人才培养功能的核心机制。通过这一有效机制,能更好地判断不同区域产业发展趋势及技术技能人才需求,分析产业结构调整与升级状况,把握技术技能人才需求类型变化,实现职教专业群对接产业群;切实推行校企联合招生、联合培养的"现代学徒制";切实激发职业教育集团和院校联盟的活力;切实创新校企合作育人的途径与方式,建立多方参与、双元主体、校企联动机制,

从而使不同区域的职业教育培育出适应当地发展需求的多样化人才。

（三）职业教育必须构建"五共机制"，形成区域职业教育协调发展新机制

区域协调发展要建新机制，也要求职业教育促进区域协调发展必须构建自身的新机制。建立共研、共建、共用、共享、共赢的职业教育协同机制和交流平台是多年来经过证实的有效途径。

实践证明，不同区域，如革命老区、民族地区、边疆地区、贫困地区，京津冀、长江经济带等，各地推动、支撑职业教育发展的资源和基础各有特点、存在差异，甚至还各有优势。职业教育在推进区域协调发展进程中，就是要充分整合不同区域的需求和特色，如天津在建设"鲁班工坊"时，就将地处东北老工业基地、长江经济带等区域的职业教育设备充分吸收纳入，实现了区域职业教育优质资源的共用，只有这样，才能真正地促进共同发展。

二、脱贫攻坚、职教帮扶：职业教育东西协作的关键

党的十九大报告将加大对短板区域的扶持摆在重要位置。明确提出"加大力度支持革命老区、民族地区、边疆地区、贫困地区加快发展""深入实施东西部扶贫协作"，要坚定不移实施精准脱贫，确保到 2020 年解决区域性整体贫困，不断增强落后地区的自我发展能力。

职业教育具有消除贫困，增强落后地区自我发展能力的功能，这已经得到世界公认。联合国教科文组织在世界欠发达地区坚持推进职业教育，旨在提高当地技术技能水平不断消除贫困。根据我国目前的发展需求，在当前及今后一段时间内，脱贫攻坚、职教帮扶必将是职业教育东西协作的关键。为此，东部发达地区务必要强化认识、提高站位、深度谋划、注重实效，严格按照"六个精准，五个一批"的要求，充分借助自身在职业教育改革发展中积累的成果和优质资源，以"倾心、聚力、精准、重效"作为指导思想，全力实施"脱贫攻坚、职教帮扶"。

（一）加强顶层设计、汇聚优质资源、形成帮扶模式

职教帮扶要坚持大格局，全面加强顶层设计，汇聚优质资源，抓重点、

强弱项、补短板,形成富有成效的帮扶模式。

如果剖析此方面的天津经验,可以看到,天津市教委在落实职教帮扶任务时,充分汇聚国家现代职业教育改革创新示范区的优质资源和建设成果,全面对口帮扶疆、藏、青、陇等地职业教育,通过精准设计帮扶方案,分类实施帮扶计划,力求做到针对性强、实际效果好。

在帮扶过程中,天津市针对帮扶对象,首先进行"五层次"设计,即分析当地产业结构、谋划专业组群布局、制订专业建设方案、培养专业骨干教师、共享优质教育教学资源。从"有啥给啥转变为缺啥补啥",从"授人以鱼"转变为"授人以渔",从"理念分享"到"成果共享",从"自主行动"到"系统推动",从"分散帮扶"到"聚力帮扶",从"挂职支教"到"整体输出"。

依托天津"国家现代职业教育改革创新示范区"的整体实力,充分发挥"国家中西部地区职业教育师资培训中心"的作用,构建起区域系统援建、品牌整体输出、专业结对共建、师资轮岗培训、学生订制培养等5种有效职教帮扶模式。针对中西部职教师资的培训需求和特点,我们探索并实施了标准化教授、定制化传授、岗位化实授、转岗化选授、跟踪化精授等"五授"方式,将外部"输血"式扶贫与内部"造血"式脱贫相结合,使其通过自身"造血",巩固"输血"成果,激发中西部职业教育发展的内生动力。

可以说,天津在实施"脱贫攻坚、职教帮扶"中走出了一条具有天津特色的"一中心、五层、五式、五授"的职教精准扶贫之路。

(二)搭建优质平台、扶教先扶师

职业教育落实东西协作,必须要将扶贫同扶志、扶智相结合,在这方面职业教育也大有可为。天津市明确提出职教帮扶必须要实施"扶贫先扶教、扶教先扶师"的策略。为从根本上落实此项工作,2016年5月,在教育部的大力支持下,天津市教委推动"国家中西部地区职业教育师资培训中心"在天津建成并正式启用。同年底,教育部等6部委印发《教育脱贫攻坚"十三五"规划》,从单纯扶贫转向综合扶智,国家中西部地区职业教育师资培训中心可谓生逢其时,也成为天津落实职教扶贫的一个重要抓手。为了做实职教帮扶、师资先行,必须构建坚实的服务平台,并且不断强化其职能和作用,"国家中西部地区职业教育师资培训中心总服务平台"投入 2 座独体建筑,总计 1.4 万平方米,配套设施健全,可同时为 400 名学员提供培训服务,具有课程设计、资源开发、音视制作、师资培训等服务职能,可开展"菜单式""定制式"和"模块式"灵活多样的标准化培训,借助全国及区域内教育资源优势,形成"1+N"的"中心+分中心"培训服务运行模式,截至当前已培训中西部地区职教师资超过万人次。

为了强化这一平台的作用,天津市财政专项支持 480 万,建设"国家职业教育中西部师资培训管理服务平台"。该平台利用网络技术、数据库技术与云计算技术,整合天津职教优质资源,汇集全国职教名师和企业专家,从时间上贯穿培训全过程,空间上联结各分中心和中西部地区各教育部门,是集管理、服务、展示、学习为一体的跨区域、多层次、全天候的综合信息平台,将大幅提高中西部师资培训中心的管理水平、服务能力,全面展示中心的创新模式与培训效果,充分发挥中西部师资培训中心的示范作用和辐射效应。

(三)精准重效、助力帮扶地区能力提升

在东西协作的职教帮扶工作中,绝不能"头痛医头,脚痛医脚",而要针对不同地区研究长期帮扶对策,建立长效机制,着眼着力于帮扶地区的能力提升。天津就构建起区域系统援建等 5 种职教帮扶模式,有效地提升被帮扶地区职业教育的育人能力,从而提升服务产业发展的能力。在区域系统援建方面,天津市在津疆协作扶贫攻坚工作中,从发展规划、基础建设、专业设置、师资队伍、实训基地建设等方面提供全方位系统帮扶援建,天津市教委组织专家组五赴和田推进新疆和田职业技术学院建设。

在品牌整体输出方面,天津市教委与承德市政府签署了《对口支援建设天津中德应用技术大学承德分校》协议,承德分校整体移植天津中德应用技术大学"中国特色、双元特点"办学理念、办学模式和管理模式。第 2 期 30 名来自承德技师学院的教师和管理者在天津中德应用技术大学接受为期半年的沉浸式培训。

在专业结对共建方面，天津职业院校与中西部地区院校在专业层面进行优势互补，在联合招生、师资培训、专业建设、技能大赛、校企合作等方面开展教育扶贫对口支援。如天津交通职业技术学院结对帮扶共建西藏昌都市职业技术学校汽车检测与维修技术专业。

在师资订制培训方面，天津针对西部需求，以"需求为导向"进行教师定制培训，培训中西部地区职教师资近万人次，对宁夏37所职业院校教师的培训实现全覆盖。

在学生定向培养方面，天津市牵手中西部地区中职学校、重点缺工企事业单位，创新"以招生促招工、稳就业"的学生定向培养模式。如2014年以来，天津职业大学为西部的600余名学生进行岗位技能培训；天津职业院校引导近200名新疆学生学成后回疆从事双语教学工作。

不久前，在教育部职成司召开的"京津冀对口帮扶青龙县、威县职业教育与成人教育发展工作对接会"上，天津市教委与两县达成深度合作意向。目前，天津交通职业学院青龙分院已经挂牌；为落实职业教育东西协作行动计划滇西实施方案，天津市对口帮扶红河哈尼族彝族自治州、怒江傈僳族自治州工作正在进行中。

职业教育落实东西协作任务，重中之重就在于提升西部地区技术技能人才的培育水平，增强当地职业教育支持产业发展的能力。可以说，在打赢脱贫攻坚的战役中，职教帮扶是最具有可持续发展功能的途径。

三、先动先行、服务支撑：京津冀协同发展中的职教作为

京津冀协同发展方面，以疏解非首都功能为"牛鼻子"，明确在交通互联、生态环保、产业转移3个重点领域率先协同，北京城市副中心建设加快推进，高起点规划、高标准建设雄安新区。

推动京津冀协同发展是重大国家战略，职业教育的协同发展既是京津冀协同发展应有的题中之意，更是京津冀协同发展战略得以落实的重要支撑。在全力推进京津冀职业教育协同发展的过程中，天津坚持三地"一盘棋"的指导思想,以区域整体定位为基础,以国家现代职业教育改革创新示范区建设为引擎,发挥区域职业教育的比较优势,聚焦协同发展亟待解决的现实问题,着力构建京津冀职业教育协同发展的有效模式。

(一)构建京津冀职业教育行政部门协作机制

政府引导是三地职业教育协同发展的关键。为此,天津会同京、冀,商定职业教育协同发展规划。天津市教委在 2014 年 7—8 月间,率先邀请北京市教委、河北省教育厅分管职业教育的领导、院校和教研团队深入沟通对接,协商制订了三地职教战略合作框架,初步形成了京津冀职业教育协同发展的交流合作机制。

2014 年 8 月 23 日—24 日,由天津发起,京津冀三地教育行政部门"搭台",来自京津冀三地的政府、行业、企业、高校、科研机构等 140 余家机构共同 "唱戏","京津冀协同发展现代职业教育·现代服务业产教对接会"在天津举行。会议最终达成共识:决定通过共建"京津冀一体化"人力资源需求信息共用共享平台、共建"京津冀一体化"产教融合校企合作区域性平台、共育"京津冀一体化"现代服务业创新创业型人才、共建"京津冀一体化"师资与学生交流交换平台、共建"京津冀一体化"现代服务业区域性研究平台五大举措,建立"京津冀协同发展现代职业教育与现代服务业"对话机制、"京津冀一体化现代服务业"区域项目协同创新机制、"京津冀一体化现代服务业"科学研究区域共研机制、"京津冀一体化现代服务业"校企合作区域联动机制等 4 项机制,共同促进京津冀现代职业教育协同发展。

对接河北省,确定全面合作框架,开展具体协作。2015 年 5 月,天津市教委与河北省教育厅签署《天津市河北省关于加强津冀两地职业教育与职业培训合作协议框架》,双方根据协议将搭建产教对接平台,鼓励支持有条件的优质职业院校到相应的产业转移地开展跨区域联合办学,探索组建跨区域职教集团,积极推进两地构建现代职业教育体系。

与此同时, 天津市教委与河北省石家庄市签订职业教育合作协议,双方商定,发挥天津市国家职业教育改革创新示范区的辐射引领功能,合作培养区域产业发展急需的技术技能人才,天津将石家庄作为国家职业教育改革创新示范区建设成果推广的合作区,在职业教育领域开展全方位合作,带动石家庄市现代职业教育加快发展;天津市教委还与邯郸市教育局签订合作协议,全面支持两地职业院校协同发展。

(二)搭建京津冀职业教育科研、教研协同发展平台

实践探索、理论研究、经验总结、成果推广是京津冀职业教育协同发展的必然路径。因此,职业教育的协同创新要求科研、教研的协同创新先行。

在纪念习近平总书记发表京津冀协同发展重要讲话两周年之际,由天津市教委推动,在2016年2月由天津市教育科学研究院职业教育与成人教育研究所、北京教育科学研究院职业教育与成人教育研究所和河北省职业技术教育研究所共同签署《京津冀职业教育协同发展科研组织合作协议》,联合成立"京津冀职业教育协同发展研究中心",并设置北京、天津和河北3个分研究中心,在建立三地职业教育科研合作机制的前提下,围绕国家现代职业教育改革创新示范区任务,在重大理论、发展战略和发展规划上,开展具有实证性、前瞻性、系统性研究,指导三地发展现代职业教育的实践探索。

京津冀职业教育的协同发展,要科研先行,教研紧随,在构建区域现代职业教育体系的基础上,全面深入推进现代职业教育教学和课程体系的研究与构建。为此,北京、天津和河北联合于2016年10月发起成立了京津冀职业教育教学协同发展联盟,由北京教育科学研究院职成教研中心、天津市教委职教中心、河北省职教研究所共同发布了《京津冀职业教育教学协同发展章程》,启动了教学领域的三地协同发展进程。

(三)"五业联动""五方携手"推进京津冀产教深度融合

天津围绕三地产业布局的调整和定位,找准各方利益结合点,确立产业、行业、企业、职业与专业的"五业联动"大思路,全面推进政、行、企、校、研"五方携手",有效推进产教融合,全面提升京津冀职业教育协同发展的水平。

天津首创"五业联动"职业教育发展思路。从 2014 年 8 月开始,天津市教委定期举办"五业联动"高端讲堂共 16 期,研判产业、行业发展趋势,分析企业、职业人才需求,明确学校、专业建设规划,构建产教、校企、工学的多元、深度融合新机制。

"五方携手"的落实有效地促进了三地多个产业的校企深度融合。2014 年 8 月,以"京津冀协同发展现代职业教育·现代服务业产教对接会"的召开作为标志,天津率先在现代服务业开启了京津冀职业教育产教对接的先声。之后,"京津冀协同发展现代职业教育·养老服务业产教对接活动"于 2015 年 5 月在天津举行,成立了"京津冀养老专业人才培养产教协作会",在相关政府部门和科研院所的支持下,京津冀职业院校、养老企业在养老人才、智力、技术、设备等方面进行资源共享和优势互补;同月,"京津冀卫生职业教育协同发展联盟"由天津医学高等专科学校发起,并联合三地 18 家卫生职业院校、医疗机构和企业成立;"京津冀模具现代职业教育集团"于 2016 年 5 月在天津成立,天津轻工职业技术学院作为院校牵头方,天津汽车模具股份有限公司为常务理事长单位,包括京津冀三地模具协会、院校及训练(培训)中心、企业及科研院所共 65 家理事单位,全面深化了三地模具行业的产教融合程度;"中国养老产教联盟(中国养老职教集团)"于 2016 年 5 月借"京津冀协同发展现代职业教育·养老服务产教对接会"在天津城市职业学院成立,联盟单位达 340 家,并正式组建"全国民政行指委京津冀养老专业人才培养产教协作会",发挥平台作用,将京津冀院校的教育资源和全国养老产业企业进行对接,搭建京津冀不同院校相同专业群对接多企业、多岗位的产教融合模式;"京津冀·晋甘蒙职业教育与新能源汽车产业对话高峰论坛"于 2017 年 1 月在天津举行,来自甘肃、内蒙古等中西部省份的新成员加入中国北方科教科普仪器产业创新联盟,京津冀新能源产业和职业教育一体化建设加速,建设成果辐射周边省份,三地协同发展的模式拓展为更多省份间的共建、共享和共同发展。

经过天津市教委的大力推进,京津冀相继构筑了装备制造业、养老服务业、新能源产业、石油化工产业、生态环保产业、健康卫生、交通运输等12个产教对接平台,初步形成三地协同发展现代职业教育的对话交流、项目协同、校企合作的联动机制,形成了共研、共建、共用、共享、共赢的合作格局和氛围,有效地推进三地之间实现产业、行业、企业、职业与专业的"五业联动"格局。

(四)建立京津冀职业院校间互通、共建、共享机制

天津高职院校发挥自身优势,面对河北输出优质培训资源。2014年11月,天津职业大学与唐山市教育局正式签署战略合作框架协议,联合开展津唐职业教育发展研究和校际共建的同时,着力开展职业教育干部教师培训和交流,并建立津唐劳动力输转平台,通过岗前培训、技能培训、技能鉴定等做法转移唐山市富余劳动力和大中专院校毕业生到天津就业。2016年4月,天津职业大学与石家庄市教育局签署了中职校长、骨干教师培养培训合作协议,对石家庄市教育局所属的中职学校校长、专业骨干近200人进行专项培训。

津冀两地中职学校构建紧密型共同体。天津市第一轻工业学校与邯郸市第六职业中学、峰峰矿区职教中心、馆陶县职教中心、磁县职教中心、成安县职教中心,天津市仪表无线电工业学校与邯郸市工业学校、邯郸市理工学校、武安市职教中心、永年区职教中心、鸡泽县职教中心,天津第一商业学校与保定市职教中心、邯郸市第二职业中学、保定市雄县职教中心等,相继建立了校际合作共同体,探索中职学校跨省联合培养人才和中高职衔接的创新模式。

启动京津冀职业院校技能大赛赛项建设工作。自2014年开始,在天津市职业院校技能大赛"护理技能""纯电动汽车装调与维护技术"等赛项中,连续举办京津冀院校师生交流切磋赛,尝试探索三地职业院校技能大赛的新模式,取得初步成效。

京津冀职业院校间互通、共建、共享机制的构建,实现了三地跨区域教师、学生与学校发展等多层次的融合,有效地推进了学校办学模式、师资培

养、教育教学与评价方式等领域的内涵式互鉴。

针对雄安新区建设需求,天津职业教育积极发力。2017年7月,天津职业大学与雄安新区管委会城乡统筹组签订战略合作协议,挂牌建设"天津职业大学雄安新区培训基地",开展多方面的职业教育合作;2017年9月,天津市第一商业学校与河北省雄县职业技术教育中心签署协议,双方将共建天津市第一商业学校雄县分校,并在办学模式、专业设置、师资培养、教育教学等方面进行全方位合作;天津市第二商业学校也积极参与承担雄安新区职业教育师资培训工作。

在构建京津冀职业教育协同发展协同创新、有效合作方面,"天津实践"率先启动、步伐坚定、初见成效;在推进三地职业教育协同进行资源建设、协同实施人才培养、协同开展师资培训、协同改善院校管理等方面开创了良好的局面。

未来,京津冀职业教育协同发展面临更多的任务和挑战,需要三地在共识的基础上,以党的十九大精神为指引,抓住协同要义,突破协同瓶颈,创新协同路径。

第一,要统筹规划,推进协同持续发展。协同发展的关键是持续。京津冀职业教育协同发展不仅关系到三地职业教育自身发展,而且关系到三地产业结构调整和产业布局,关系到三地技术技能人力资源的供给,将影响京津冀城市群建设。既是当务之急,又是长远大计。要从国家层面统筹设计,整体规划,设立协调机构,建立协同机制,形成联动制度;要进一步厘清三地职业教育发展的融合点,明确三地职业教育协同发展的路线图,组织编制《京津冀职业教育协同发展中长期规划》,实现职业教育与产业转型升级发展的联动和同步。

第二,要加强监测,推进协同深度发展。协同发展的生命是质量。要将协同发展的质量放在首位,加强质量监测。建立三地职业教育协同发展数据研究与监测中心,研制三地职业教育协同发展监测指标体系,即时采集三地职业教育发展情况,进行数据挖掘,对三地职业教育协同发展进程、协同程度、发展质量、协同效益进行跟踪、监测、评估，形成"京津冀职业教育协同发展年度报告"。整合行业、行政部门信息资源，研究建立三地职业教育人才需求预测、就业预警管理信息系统，及时传递产业发展变化及岗位要求信息，预测产业发展对技术技能人才需求变化，提高三地职业教育人才培养的前瞻性，增强职业教育协同效应。

第三，要协同创新，推进协同健康发展。健康发展的基础是共赢。凝聚三地职业教育的合力，发挥三地职业教育的内在动力，推进协同健康发展。深化"五方携手""五业联动"机制，加大职业教育与产业发展的深度对接，加大职业院校与企业需求的深度对接，加大职业课程与岗位要求的深度对接，在构建现代职业教育体系和完善终身教育体系方面持续创新。充分发挥已有协同平台、资源与联盟的作用，加强三地科研、教研与职业院校教育教学的联动，实施职业教育信息化、国际化合作，围绕三地职业院校间学分互认转换、三地联合招生等方面开展试点探索、联合攻关，使科研和教研真正成为三地职业教育协同发展的先导。

四、沿线布点、人文职教："一带一路"建设中的"鲁班工坊"

实施区域协调发展，要坚持陆海统筹，加快建设海洋强国。而"一带一路"倡议成为我国全面提升开放型经济水平、构建新型国际关系和打造人类命运共同体的重要支撑，也是打通海洋强国之路的重要部分。它对于我国推进区域协调发展战略也具有重要意义和价值。职业教育在推进"一带一路"建设中也具有重要作用，随着"一带一路"建设，一批重大工程和国际产能合作项目相继在沿线国家落地和发展，迫切需要中国职业教育走出去，支撑和服务"一带一路"建设对技术技能人才的需求。

由天津率先建成的职业教育国际合作的新模式——"鲁班工坊"，就是在教育部的指导下，为响应国家"一带一路"倡议，配合中国装备"走出去"和国际产能合作，探索创建的职业教育国际合作交流新窗口。"鲁班工坊"秉持"和平合作、开放包容、互学互鉴、互利共赢"的"一带一路"理念，探索实践，先行先试，输出中国职业教育优秀成果，服务中国企业走出去，探索

"职业教育+国际产能合作"的新途径,是独具中国特色的、具有国际影响力的现代职业教育品牌。

在教育部指导下,2016 年,天津渤海职业技术学院率先提出并在泰国建成我国首个境外"鲁班工坊",全方位探索并初步形成输出职业教育优质资源、服务"一带一路"建设的有效路径;2017 年,天津市第二商业学校在英国建立我国首家由中等职业学校输出的"鲁班工坊",并将专业人才培养标准纳入英国国家职业资格框架体系,成功实现职业教育标准的境外输出与国际认证;2017 年 12 月 8 日,由天津轻工职业技术学院和天津机电职业技术学院共同建立的中国—印度"鲁班工坊",在印度金奈理工学院正式揭牌启运。

印度"鲁班工坊"还与在印 5 家中资企业签订订单培养协议,培养企业急需的技术技能人才,真正实现了职业教育伴随中国企业走出去,服务国际产能,深化国际校企合作功能;2017 年 12 月 12 日,由天津市东丽区职教中心与东爪哇省波诺罗戈市第二职业技术学校共建的中国—印度尼西亚"鲁班工坊"正式启运,该工坊将围绕着汽车维修专业、智能制造、新能源技术、工程实践创新项目(EPIP 项目)共同交流和学习,提升教学质量和人才培养水平,服务当地经济发展。

2018 年 7 月 18 日,由天津现代职业技术学院和巴基斯坦旁遮普省技术教育与职业培训局(TEVTA)合作建立的"鲁班工坊"在巴基斯坦旁遮普省拉合尔市也正式落成并启动运营。

"鲁班工坊"建设得到党和国家领导高度肯定,已成为我国对外人文交流机制的重要组成部分。在推进人文交流内涵发展,强化教育对外开放高端引领,需要创新载体。"鲁班工坊"在传播中国职业教育和工匠精神、共同提升技术技能人才培养质量、构建中国特色职业教育话语体系等方面承担重要使命。发挥"鲁班工坊"在"一带一路"建设中提供技术技能人才支撑作用,深入实施"一带一路"教育行动,助推国际产能合作,必将产生良好的国际影响;"鲁班工坊"是促进职业教育国际化的重要措施。它围绕"一带一路"建设需求,在境外建设"鲁班工坊",输出天津职业教育优质资源和教学标准,将开启职业教育国际合作交流中构建和打造"中国模式"的新时代;"鲁班工坊"是做大做强天津职业教育优势的重要抓手。在境外设立"鲁班工坊",作为"国家职教示范区"的重要建设成果,坚持"以用立业"汇聚职教优势,对接国家重大战略、服务国内国际、支撑城市品牌,必将不断叫响叫亮天津职业教育品牌;"鲁班工坊"也是多样文明交流互鉴的重要方式,是一个国家开放包容的重要体现,是培养高素质技术技能人才、服务国家战略的重要途径,也是深化中外人文交流、提升国家软实力的重要载体。

未来,将进一步做实做强泰国"鲁班工坊",将其作为境外"鲁班工坊"的首席基地,全方位探索"鲁班工坊"发展模式、路径,切实使之发挥旗舰与标杆作用;巩固推广英国、印度、印度尼西亚巴基斯坦"鲁班工坊"的建设成果。并且持续支持在"一带一路"沿线继续建设"鲁班工坊"。

蓝图已绘就、奋进正当时。党的十九大报告指出,历史车轮滚滚向前,时代潮流浩浩荡荡,职业教育应当在推进区域协调发展中发挥更大的作用,这不仅是职业教育的功能,更是职业教育肩负的历史使命!

(作者单位:天津市教育委员会)

服务国家　迈向雄健

——中国职业教育的 150 年

吕景泉　米　靖

中国近现代 150 年是一篇跌宕起伏的伟大史诗。职业教育伴随着一个半世纪的强国梦,走出了一条具有中国特色的现代职业教育发展之路,在时光流转中留下清晰的历史印迹。今天,我们编发此稿,为的是梳理中国职业教育走过的 150 年历程,纪念先行者,鼓励后来人。希望职业教育,为服务于国家发展战略开拓前行,为实现中华民族伟大复兴的中国梦继续努力。

一、晚清:职教发轫,抵御外侮

19 世纪 60 年代至 90 年代,面对列强入侵,晚清政府被迫"师夷长技",推行洋务运动以"求强""求富"。兴办洋务教育,学习"西文""西艺",着力培养翻译、外交、律例、科技、电报、矿务、冶炼、机械制造、水陆军事等方面的专门技术人才成为当时要务。1866 年,左宗棠奏请设立福州船政局,附设船政学堂,是为中国近代学校职业教育的开端。之后,具有实业教育性质的农、工、商、铁路、电报、蚕桑等各类学堂纷纷兴起。如张之洞所说"不讲农工商之学,则中国地虽广,民虽众,终无解于土满人满之讥矣",确是当时情形之反映。虽然实业教育学制未定,各类学堂缺乏体系,但中国教育近代化的历程由此开启。

1902 年颁定的近代首个学制《钦定学堂章程》虽未实施,但却将农工商矿等学堂首次统称为实业学堂。1904 年正式颁行的《奏定学堂章程》建立实业教育系统,分为纵向和横向两个体系,明确各级各类实业学堂的入学条件、修习年限和培养目标。地方推进实业教育亦有清晰认识和举措,时任直隶工艺总局总办、有"北洋实业权师"之称的周学熙提出著名的"工艺非学不兴,学非工艺不显"的"工学并举"方略。

民国初年,实利主义教育受到高度重视并被列为教育宗旨之一。蔡元培在《对于教育方针之意见》中强调:"实利主义教育,固亦当务之急者也。"当时的民国政府颁行《壬子癸丑学制》和《实业学校令》《实业学校规程》,将实业学堂改称为实业学校,实业教育职业化的趋势日益明显。当时,民族实业家倡导和推进实业教育蔚然成风。曾任南京临时政府实业总长、近代民族实业家的典型代表张謇谓实业教育可达成救国之目的,"以实业辅助教育,以教育改良实业""苟欲兴工,必先兴学"。实业与教育必须齐头并进、共同发展成为那个时代的重要认识。到1916年,全国实业学校525所,学生30089人。

二、民国:职业教育,正式确立

"职业教育"一词始见于1904年山西农林学堂总办姚文栋所论"与国民最有关系者,一为普通教育,一为职业教育,二者相成而不相背",意虽精到,但却飞鸿一瞥。直到民国时期,民族资本主义的大发展不断推动传统产业结构发生变革,对职业人才的培养提出诸多新要求;欧美职业教育的飞速发展又给国内有识之士以全新启示,国人始将职业教育作为重要教育类型加以关注。

黄炎培是中国职业教育理论和实践探索者的典型代表。他明确指出仅在普通教育基础上强调实用根本无法解决中国问题,"今后之富国政策将取径于职业教育"。1917年,他联合47位同仁发起成立中华职业教育社,引领和推进职业教育调查、研究和实践。由此,"职业教育"开始取代"实业教育"一词,并为社会所认可。

民国时期的职业教育思潮蓬勃兴盛。陆费逵、陈独秀、蔡元培、黄炎培、陶行知、晏阳初、梁漱溟、蒋梦麟、顾树森、邹韬奋、廖世承、何清儒、潘菽、郑文汉等大批知识精英,虽然学术地位崇高、贡献巨大、社会活动广泛,但都曾对职业教育产生过浓厚的兴趣,进行过深入的研究,贡献过重要的成果。许多成果,时至今日仍然不失其熠熠夺目的学术光彩。

黄炎培在上海创办的中华职业学校、梁漱溟的"邹平乡农学校"、陶行知的"晓庄学校"以及晏阳初的"定县教育实验"等具有深远历史与现实意义的教育探索,则是职业教育平民主义指导思想转化为实践的典范,其影响甚至远播海外。

1922年颁行的新学制,用职业学校取代实业学校,作为教育类型的职业教育在近现代中国正式确立。1929年颁布的《专科学校组织法》和《专科学校规程》是对职业教育制度进行的局部调整。1932年颁布的《职业学校法》则是对职业教育制度进行的全面充实和完备,职业教育制度不断中国化和本土化。

民国时期的中国现代职业教育,从无到有,几乎与世界现代职业教育同步并生。然而,军阀更迭、社会动荡、抗战军兴等时代因素又使职业教育步履维艰,无法持续稳定地发展,不仅时而停滞倒退,甚至许多发展成效刚刚显露便被破坏殆尽。

三、新中国:职教发展,服务国家

中华人民共和国成立之初,百废待兴,发展职业教育、培养急需的技术人才,成为迫切的国家任务。具有临时宪法性质的《中国人民政治协商会议共同纲领》,在涉及教育方针时明确提出"注重技术教育"。随后,构建起中等专业教育、技工教育、农业中学(职业中学)相结合的中等职业教育制度。到20世纪五六十年代,中等职业学校数量虽适应不同时期经济社会的需求有所增减,但总体而言达到了遍布城乡的程度。改革开放之后,中国经济进入快速发展通道,国家确立大力发展职业教育的方针。

这一期间,一方面调整了中等教育结构,着重推进中等职业教育的发展;另一方面建立了以职工大学、技术专科学校为主的高层次职业教育。特别是到20世纪90年代末,伴随高等教育扩招,国家把高等职业教育作为发展重点,专科层次的职业教育蓬勃兴起。1996 年颁布实施《中华人民共和国职业教育法》,将"建立、健全职业学校教育与职业培训并举,并与其他教育相互沟通、协调发展的职业教育体系"的发展思路,以法律的形式正式确立。

21 世纪初,国家重申大力发展职业教育的战略方针。2002 年 7 月,"全国职业教育工作会议"首次以国务院名义召开。面对新世纪之初职业教育的诸多问题和挑战,会议重申"大力发展职业教育"的战略方针,确定重点推进职业教育管理体制、办学体制、教育教学、学校人事制度和劳动就业制度等五项改革。党的十六大之后,中央提出把高技能人才培养作为人才培养的工作重点。这以后,落实大力发展和培育高素质技能人才成为职业教育发展的主旋律。"职业院校要坚持以服务为宗旨,以就业为导向,面向社会、面向市场办学",成为职业教育界的办学理念和办学方针。

2005 年 11 月,以国务院名义第二次召开全国职业教育工作会议,首次提出发展中国特色职业教育,建立和完善中国特色现代职业教育体系,明确职业教育作为经济社会发展的重要基础和教育工作的战略重点,确立了走中国特色职业教育发展道路的国家战略。

四、当前时代:史无前例,鼓舞人心

经历坎坷发展,中国职业教育取得了令全世界为之感佩的成就——世界上规模最大的职业教育体系形成——职业院校达到 13300 多所,在校生近 3000 万人,每年毕业生近 1000 万人,就业率达到或超过 90%。20 年来,职业院校毕业生超过 1.3 亿名,各级政府累计培训各类从业人员 2 亿多人次。技能人才成长的立交桥也初步成型,教育公平和终身发展得到保障。近十年,全国建成 1200 所示范性职业院校、近 5000 个实训基地,中等职业学校免学费政策惠及 90% 的学生,中、高职学校奖助学金制度覆盖面持续增加,农村、贫困和民族地区职业教育也得到加强。

同时,职业教育推行和落实多项重大改革举措:组建行业职业教育教学指导委员会,颁布并修订中等和高等职业院校专业目录和专业标准,积极探索职业教育集团化办学……职业教育保持着良好的发展势头。

面向未来,《国家中长期教育改革与发展规划纲要(2010—2020 年)》明确了职业教育十年内涵建设、质量提升的发展目标与任务。2014 年,国务院召开全国职业教育工作会议。会议总结中国特色职业教育发展道路的成功经验,提出加快发展现代职业教育的重大举措。当前,落实《现代职业教育体系建设规划》,进行试点探索、有序推进,建设现代职业教育,步伐稳健,成绩斐然。

新世纪以来的中国职业教育无论在外延还是内涵, 广度还是深度,规模还是质量,都是史无前例和鼓舞人心的。这不仅是我国教育改革与发展大潮中的主要亮点之一,而且是世界教育进程中深具特色、影响广泛的重要实践体系。

2014 年 6 月,习近平总书记对职业教育作出重要批示,指出"职业教育是国民教育体系和人力资源开发的重要组成部分,是广大青年打开通往成功成才大门的重要途径,肩负着培养多样化人才、传承技术技能、促进就业创业的重要职责"。这是中华民族历经 150 年艰难探索,对现代职业教育的关键性历史论断。

如今,"劳动光荣、技能宝贵、创造伟大"正成为新的时代风尚。现代职业教育要培育数以亿计具有专业技能与工匠精神的高素质劳动者和技术技能人才,支撑"中国制造 2025""一带一路"战略,在实现中华民族伟大复兴的中国梦进程中发挥决定性作用!

当前, 职业教育为经济转型和产业结构调整输送了大批高素质劳动者;产教融合机制和工学结合人才培养模式日益完善;"双师型"教师队伍培养培训体系构建完善。一个具有中国特色、世界水平的职业教育发展格局已然成型。

机遇与挑战总是并存。当前,职业教育的发展水平仍然无法完全适应经济转型升级、产业结构调整对技术技能人才的强烈需求和人民群众巨大的就业发展需求;职业教育法律法规仍不完备,管理体制仍需理顺;国家资格框架体系尚待构建;职业院校基础能力仍然薄弱且极不均衡;教师队伍专业化程度亟待提高;行业企业参与职业教育的体制机制需要完善;职业教育内部及与普通教育之间的沟通衔接尚不畅通;人才培养质量的保障尚待科学化……

五、中国职业教育必须克难攻艰,突破前行!

回首凝眸,150 年的道路磨炼了中国职业教育的历史自信、全球视野和国际胸怀。朝着崭新的目标,中国职业教育正稳步奋进。

(作者单位:天津市教育委员会　天津市教委职业技术教育中心)

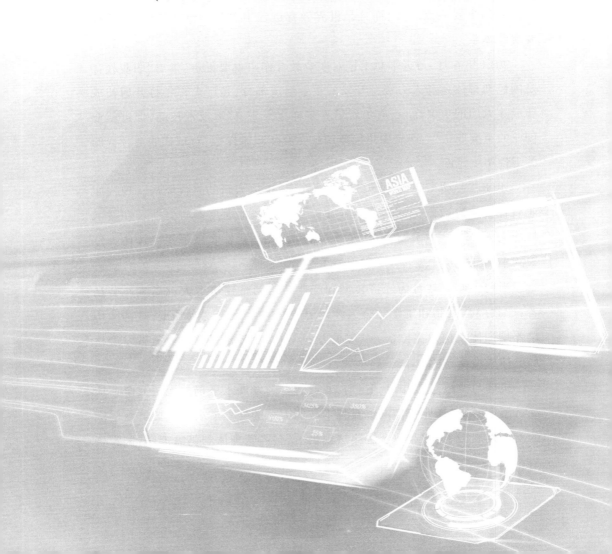

"鲁班工坊"——职业教育国际化发展新支点

吕景泉　杨　延　芮福宏　杨荣敏　于兰平

伴随世界经济全球化的不断深入,以及国家"一带一路"战略的实施,教育的服务功能日益重要,为此国家相继出台系列文件,推动我国教育的国际化发展。中办、国办发布《关于做好新时期教育对外开放工作的若干意见》;教育部发布《推进共建"一带一路"教育行动》,明确提出要大力提升教育对外开放治理水平,完善教育对外开放布局,加强与大国、周边国家、发展中国家、多边组织的务实合作,充分发挥教育在"一带一路"建设中的重要作用,形成重点推进、合作共赢的教育对外开放局面。作为国家现代职业教育改革创新示范区,天津职业教育努力开拓创新,加快推进职业教育国际化,提升职业教育国际化水平,为我国职业教育改革探索可复制、可借鉴、可推广的职业教育国际化经验。

一、从低水平迈向高水平,天津职教国际化发展步入新阶段

经过国家职业教育改革创新试验区和示范区连续十年的建设,以及国家级现代职业教育改革创新示范区建设的逐步深化,目前天津职业教育的国际化发展已经走过了学习了解国外先进职业教育理念和教学模式的初级阶段,步入了从低水平国际交流与合作迈向高水平国际交流与合作的发展阶段,国际优质职业教育资源的输入和天津市职业教育资源的输出成为目前阶段的基本特征。

在输入方面,以提升国际化综合要素深度融入教育教学全过程为着力

点,将国际先进工艺流程、产品标准、技术标准、服务标准等融入教学,推进国际化优质示范性职业院校的建设。同时,学习借鉴世界技能大赛的比赛制度和运行模式,加强全国职业院校技能大赛国际化环境建设,将天津主办的全国职业院校技能大赛主赛场建设成为职业院校教学成果的展示中心、新技术新工艺新设备新技能的体验中心、产教融合校企合作的重要载体,有效地提升了大赛的国际参与度和影响力,并将其建设成为我国参加世界技能大赛的培训基地。

在输出方面,围绕国家"一带一路"战略,配合中国装备"走出去"和国际产能合作,开发配套教学标准和教学资源,培养具有国际视野、通晓国际规则的国际化技术技能人才,为国家海外发展战略输送人才,并以天津职业教育的资源为依托,探索创新国际合作与交流的新模式。

二、创建"鲁班工坊",打造国际合作与交流新窗口

2016年3月天津渤海职业技术学院与泰国大城府大城学院共同建立了"鲁班工坊",这是我国在海外设立的首个职业教育领域的"孔子学院"。标志着天津国家现代职业教育改革创新示范区,围绕国家 "一带一路"战略,配合中国装备"走出去"和国际产能合作,正式启动把天津市的优秀职业教育成果输出国门与世界分享计划。

"鲁班工坊"是天津市教委依据教育部与天津市共建《国家现代职业教育创新改革示范区》的协议要求,提出的一个旨在助力天津职业教育走出去,服务企业走出去的创新型国际化职业教育服务项目,是以鲁班的"大国工匠"形象为依托,将天津作为国家现代职业教育改革创新示范区的优秀职业技术和职业文化,采取学历教育与职业培训的方式输出国门与世界分享,搭建起的天津职业教育与世界对话与交流的实体桥梁。

"鲁班工坊"的发展定位在于,服务于输入国的社会经济发展,增进人类福祉;服务于我国企业的产能输出和服务输出,助力国家发展;服务于天津市职业教育国际化发展,推动职教交流;服务于职业院校师资和专业建设,提升内涵质量。"鲁班工坊"作为国际性的职业教育与职业培训机构,将结合我国的输出产品和输出服务,采取多种方式,在输入地开展职业教育和技术技能培养培训,提高当地的技术服务水平,促进我国企业的服务输出和产品输出。

作为我国职业教育在国外的一种技术技能服务、技术文化传承的交流合作窗口,"鲁班工坊"的意义是巨大的,其建设与发展将直接促进输入国对我国技术技能、企业标准的认知、理解与接纳,提升中国企业在国际上的竞争力,服务国家"一带一路"发展战略,以及落实《中国制造2025》规划中国家重点产业国际化布局战略。

三、集中优势资源,创立中国职教品牌

天津泰国首个"鲁班工坊"是以工程实践创新项目建设为核心理念和主线建设的,致力于培养学生的职业素质、综合实践能力和创新能力。泰国"鲁班工坊"集中了天津的优质职业教育资源,充分反映天津职业教育改革创新示范区的现代教学组织理念,突出天津职业教育校企合作、国际合作内涵性成果,呈现"互联网+"现代智能制造的教学载体应用,形成了独具中国特色的、具有国际竞争力的职业教育品牌。

泰国"鲁班工坊"的教学是依托天津职业院校国际化专业建设的国家级教学成果奖的获奖成果——"工程实践创新项目"来进行设计的。课堂教学选用天津职业院校开发的"工程实践创新项目教程"双语国际化教材,并根据泰国大城学院现有专业特点,由中泰两国的专业教师共同开发教学项目并组织实施教学。教学活动以工程实践创新项目为载体实现综合职业能力的培养,分四大部分:能力源创新课程套件,实现培养学生创新能力、动手能力、协作能力的综合训练;机器人部分,主要是安全生产、智能生成机器人的应用能力培养,包括救火机器人、防化工泄露机器人、引导机器人、仿生机器人的使用和调试等;电脑鼠走迷宫项目是将电脑鼠走迷宫项目融入单片机课程中或者相关课程之中,培养学生自主创新意识和创新思维;软件仿真、硬件仿真和实物制作多项功能融合为一体的目的,则是为培养学生创新能力搭建硬件平台。

　　"鲁班工坊"的设计采用人性化的设计和布局方式,坊内的背景设计、摆件和音乐都是中国元素,突出融入中国文化特色。工坊分室内与室外两个部分,室内部分为工程实践创新教学区,整个教学活动又分成多个独立的小区域, 分别是仿生机器人学习体验区、电脑鼠走迷宫学习竞赛区、POWERON 创新套件实训区、自动化生产线教学区和中泰教师教研办公区。室外部分则是新能源技术区,配备有全国职业院校技能大赛主赛区使用的天津产新能源汽车和充电桩等整套服务装备,所有项目的技术标准都达到了相关领域的国际先进水平。

四、高标准培养人才,扩大职教海外影响力

　　为了保障泰国"鲁班工坊"的教育质量,天津渤海职业技术学院不仅在教学设计、课程设置、教材开发、师资培训等方面上给予全方位的质量保障,同时借助现代信息技术,在泰国的"鲁班工坊"内设立空中课堂,视频微课,实现天津渤海职业技术学院的课堂跨区域与泰国的"鲁班工坊"课堂教学相同步化,保证了泰国"鲁班工坊"的高标准人才培养质量。今年11月,泰国大城学院的师生代表队通过"鲁班工坊"自动化装备训练,获得第十一届东盟职业技能大赛一等奖。截至目前,泰国鲁国工坊的培训规模已达到千余人次,不仅泰国大城学院以及所在地的其他学校的学生获得了高质量的中国职业教育,而且还吸引了周边其他国家的学生慕名前来求学,形成了强大的影响力。

　　在建设定位上除了教学功能以外,承接技能大赛也是"鲁班工坊"的重要功能,泰国大城学院的"鲁班工坊"不仅是当地区域进行职业教育教学活动的场所,同时也是我国每年一度的职业院校技能大赛的延伸场馆,"鲁班工坊"相关设备的技术水平与国内或国际相关项目的竞赛标准是等同的,具备开展国际邀请赛、对抗赛和友谊赛的条件,"鲁班工坊"因此成为泰国及其周边国家培养和选拔优秀技术技能人才的场所,同时借助这一方式也进一步推动了我国职业院校技能大赛的国际化发展。

五、扩大规模丰富内涵,探索"鲁班工坊"的多种发展模式

"鲁班工坊"是我国职业教育走向国际的重要载体,是我国职业院校海外办学和国际合作办学的独特形式,因此扩大建设规模是"鲁班工坊"未来发展的重要任务。目前第二个高职教育的"鲁班工坊"正在建设中,天津市已将"鲁班工坊"项目列入天津市教育发展的重点工程,在《天津市人民政府关于加快发展现代职业教育的意见》中明确提出,要鼓励有条件的学校积极拓展海外职业教育市场,到 2020 年天津要在境外建设 10 个"鲁班工坊"。

除了规模扩大之外,拓展"鲁班工坊"的建设内涵也是"鲁班工坊"未来发展的重要任务。泰国首个"鲁班工坊"的建立是以工程实践创新项目为主要载体的,但是在未来的发展过程中,天津海外"鲁班工坊"的建设内容将不仅局限于此,教育内容还将包括基于输入国社会经济发展需求的技术技能培训,中国国家职业资格培训,所在国职教师资培养培训,与天津职业院校相近层次的学历教育等多项内容。具体的建设模式也是多种多样,主要的建设模式将包括以下几种:

依托职业院校间的校际合作。在天津职业院校国际合作办学和国际合作交流的基础上,与输入地的院校合作创建"鲁班工坊"。

依托中国企业和产品走出去。与承揽海外大型工程的企业或国(境)外办厂、收购的企业合作,在国(境)外的适宜职业院校和机构创建"鲁班工坊",致力于培养本土化的技术技能人才,满足国(境)外企业发展的需要。

依托留学生教育。加大留学生奖学金的支持力度,改革和创新留学生的招生模式,与国(境)外院校联合培养留学生,在联合培养院校建立"鲁班工坊",承担留学生教育的部分职能。

依托政府间的战略合作。从国家层面,将"鲁班工坊"建设纳入中国外交战略,通过政府间的战略合作和政策来推动"鲁班工坊"的创建。

依托实践教学资源的输出。通过职业教育的教学仪器设备和实训设备的输出,与输出地的职业院校和职业培训机构建立基于项目合作的"鲁班工坊"。

六、实施综合改革，保障"鲁班工坊"的可持续发展

迈向国际化的"鲁班工坊"，其核心竞争力源自于职业教育与职业培训的教育教学水平，源自于支持其可持续发展的制度保障，因此教育管理、教学资源、师资质量等相关制度建设至关重要，需要实施综合化的改革。

（一）强化政府统筹管理，完善顶层设计

受到政治、经济、文化和宗教信仰等因素的影响，在国外办学有很多不确定性因素，要求在办学体制机制、管理方式和管理制度等方面适应所在国家的特点，确保我国职业教育的教育项目输出。天津市教委通过强化政府的统筹管理职责，整合了天津市高职院校的各种教育资源以及科研力量，根据"鲁班工坊"建设的实际需求，出台"鲁班工坊"的具体实施方案，明确"鲁班工坊"建设必须坚持的四个基本原则，有效地保障了"鲁班工坊"项目的顺利实施，四个基本原则包括：

平等合作原则。平等合作是我国国际教育合作的重要原则，是保持合作双方独立性和平等性的重要方式。"鲁班工坊"的建设过程以平等合作为准则，共同商讨合作方式、项目实施等问题。

因地制宜原则。各个国家的经济发展水平、技术技能水平和政治环境都存在巨大差异，"鲁班工坊"的具体建设标准将积极吸纳合作单位的诉求，不断形成和完善统一建设标准。

优质优先原则。优质的国际化教育资源和技术技能是树立"鲁班工坊"品牌的重要影响因素。在项目实施初期，职业教育资源合作与输出，将优先围绕国际化的优质专业、优质课程、优质教师、优质资源和通用性技术技能资源，优先向天津职业院校合作基础好的不同国别的院校单位推行，扎实实施，保障"鲁班工坊"的教育质量和品牌。

强能重技原则。实践训练是职业教育发展的核心，也是"鲁班工坊"增强吸引力的重要方面，在技术和装备输出的基础上，要坚持将理论与实践训练等优秀的教育教学模式进行不断强化和运用，满足需求方国家对技术技能型人才的需求。

正是由于完善的顶层设计,使得"鲁班工坊"建设过程中,在发展定位、内涵意义、建设原则、发展模式、保障机制与配套政策都有据可依,有效地提高了"鲁班工坊"的国际化管理水平,保障了海外"鲁班工坊"建设的规范化、科学化。

(二)开发国际化专业,提升国际输出能力

"鲁班工坊"的建设离不开相关专业建设的支持,高水平国际化的专业是"鲁班工坊"发展的基础,天津市在国际化专业建设过程中已经取得了初步成效。按照教育部《关于借鉴国外先进经验开展职业教育部分专业教学标准开发试点工作的通知》(教职成司函〔2012〕86号)要求,天津市教育委员会以天津市高等职业教育为主体,以提升国际化综合要素深度融入教育教学全过程为着力点,将国际先进工艺流程、产品标准、技术标准、服务标准等要素与我国职业教育教学相互结合,参照国际先进专业建设标准、课程标准、资格证书标准,研究制定国际化的专业教学标准。经过3年的开发与实践,遴选了50个紧贴先进制造业、战略性新兴产业、现代服务业等重点领域的专业,目前已经完成这些专业的国际化专业教学标准的开发工作。"十三五"期间,天津市还将启动新一轮国际化专业建设工程,到2020年天津国际化专业建设的规模将达到100个左右,这将为"鲁班工坊"开展技术技能培训与学历职业教育奠定雄厚的基础。

(三)深化中外合作,完善综合服务体系

除了需要有国际化的专业教育体系,"鲁班工坊"的发展还需要有服务体系的支持,管理问题、师资问题、语言问题、教材本土化问题等等都是影响"鲁班工坊"持续发展的主要因素,因此开发建设完善的综合服务体系是"鲁班工坊"发展的关键。一是师资培养,天津泰国"鲁班工坊"在建设之初,采取国内教师直接到泰国任教和泰国教师来国内集中培训两种方式,完成"鲁班工坊"指导教师的培训工作,有效地保障了师资水平;二是教材的再开发,泰国"鲁班工坊"的工程实践创新项目教材是以天津高职院校的教学水平和学生能力水平为依据开发的,与泰国目前的教学水平和学生能力有一定差异,为此泰国专业教师与天津高职学院教师通力合作,从泰国职业教育的实际出发对原有教材进行了调整,编制出泰文版的相应教材,有效地保障了"鲁班工坊"的教学顺利实施。

(四)强化科研引领,促进"鲁班工坊"的成果深化与交流推广

注重科研引领是"鲁班工坊"建设的重要特征,在天津市教委的直接领导下,天津市成立由高职院校、教科院和职教中心等科研力量组成的专业研究团队,围绕"鲁班工坊"的实施与成果推广设立专项课题,并列入天津市教育科学"十三五"发展规划。在学校层面则通过设立研究中心来强化科研,如随着泰国"鲁班工坊"合作项目的不断深化,在天津渤海职业技术学院建立了中泰职业教育研究中心,中心由天津和泰国的职业教育研究专家、学者共同组成研究开发团队,双方共同开展中泰职业教育领域的研究,开发中泰职业教育国际化标准。同时,研究中心还为中泰职业教育国际化专业建设提供决策咨询、推广和宣传等服务,并通过组织开展中泰职业教育学术、教学交流活动等推广先进技术教育,推动中泰两国职业教育的交流与发展。

(作者单位:天津市教育委员会 天津市教育科学研究院 天津渤海职业技术学院)

职教肇始 筑梦百年

——中华职业教育社与中国现代职业教育学的发轫

吕景泉 米 靖

黄炎培先生于一百年前联合 47 位同仁发起成立中华职业教育社,中国近现代社会的"实业教育"由此被"职业教育"所取代。它缔造的宣传和研究职业教育的学术共同体,在职业教育的基础理论、先进思想和发展模式等方面积极探索创新,开创性地奠定了中国现代职业教育学的基础,其影响绵延至今。

一、确立和传播现代职业教育的思想基础

主张实用主义,构建职业教育和就业之间的内在关联。黄炎培于 1913 年发表《学校教育采用实用主义之商榷》一文,批判教育脱离实践、脱离生产,提倡教育要适用于实际生活,强调教育应以实用为归旨。作为中华职教社主要创建者的蔡元培亦是倡导"实利主义教育"的中坚人物,他突出实利主义教育的首要地位和重要意义,认为"实利主义之教育,以人民生计为普通教育之中坚。……我国地宝不发,实业界之组织尚幼稚,人民失业者至多,而国甚贫。实利主义之教育,固亦当务之急者也"。"实用主义教育"和"实利主义教育"虽表述不同,其实质一致,其历史价值与意义在于否定了将改革教育和振兴实业统一关系割裂开的错误认识,否定了忽视教育和就业统一关系的片面观点。这是我国职业教育理论肇始的思想基础,也是中华职教社成立的理论基石。

践行生利主义,揭示职业教育服务产业发展的规律。中华职教社创立

之初，黄炎培就规定职业教育要为发展生产力而服务。1918 年，职教社特约撰述员陶行知发表《生利主义之职业教育》一文，系统阐述职业之作用在于生利，职业教育应倡导生利主义。"生利主义"一是"生有利之物"，二是"生有利之事"。即职业教育的目的不仅是为个人谋温饱，还要培养为人民和国家"生利"之人。因为掌握技术之人才可促进工、农、商、矿等各业，推进国家生产的发展。生利原则说明了"人人有业"的合理性，也正是因为为社会做贡献、为人群服务，而使从业者"人人乐业"。因而生利主义是职业教育的宗旨与核心，职教社初创之时就充分地揭示了这一规律。

倡导平民主义，强调职业教育面向人人的本质。黄炎培曾在《办职业教育须下三大决心》中提出"办职业教育，须下决心为大多数平民谋幸福。……如果办职业教育而不知道着眼在大多数平民身上，他的教育无有是处"。职教社创建之时曾在《宣言书》里乐观地预言开展职业教育，"十年而后，倘获睹夫欧美今日之盛大，学校无不用之才，社会无不学之执业，国无不教之民，民无不乐之生，乃至野无旷土，肆无窳器，市无游氓。因之而社会国家秩序于以大宁，基础于以确立"的良好局面。职业教育面向全社会、面向每个人，是"为大多数平民谋幸福"的教育，从一开始，职教社就明确了这一宗旨，也揭示了职业教育的内在规律。

二、构建和阐释本土职业教育理论体系

黄炎培和中华职教社的同仁一方面吸收和吸引国外职业教育理论，另一方面则不断推进职业教育理论的本土化和综合化。

构建本土化的职业教育理论。中华职业教育社在向西方学习和吸收职业教育理论的过程中，形成了以黄炎培职业教育思想为代表的中国职业教育理论，系统构建和阐释了职业教育的含义、目的、办学方针及教学策略等方面。

1917 年，黄炎培在《职业教育》一文中指出，职业教育有广义和狭义之分。同年，在《职业教育析疑》一文中又将职业教育与实业教育进行区分。1928 年商务印书馆出版《教育大辞书》，黄炎培对职业教育进行了全面、准确界定,"用教育方法,使人人一方获得生活之供给与乐趣,一方尽其对群之义务,名曰职业教育",揭示出职业教育促进人与社会同步发展的规律,深刻精准。

《中华职业教育社宣言》中明示"职业教育之目的,一方为人计,曰以供青年谋生之所急;一方又为事计,曰以供社会分业之所需也"。黄炎培在1918年发表的《职业教育浅谈》中把职业教育目的扩展成三项,即"为个人谋生之准备,一也;为个人服务社会之准备,二也;为世界、国家增进生产力之准备,三也"。后又增加一项,职业教育目的被确定为四条:一是谋个性之发展;二是为个人谋生之准备;三是为个人服务社会之准备;四是为国家及世界增进生产力之准备。最终黄炎培把职业教育目的精炼地概括为"使无业者有业,使有业者乐业",个人谋生和职业乐趣相结合,个人需求和社会发展相统一,这个带有根本性的指导思想,影响深远。

关于职业教育的办学方针,黄炎培在《提出大职业教育主义征求同志意见》一文中提出"只从职业学校做工夫,不能发达职业教育;只从教育界做工夫,不能发达职业教育;只从农、工、商职业界做工夫,不能发达职业教育"。明确指出发展职业教育不能仅仅就教育论教育、就职业论职业,必须加强与社会各界和各行各业的联系并建立广泛互动,为此他提出"大职业教育主义"观念,形成职业教育"社会化"的方针。

至于职业教育的教学策略,中华职教社坚持"身心同步"的总原则。一方面注重职业技能训练,提出了"手脑并用""做学合一""理论与实际并行"等教学原则;另一方面注重职业道德培养,提出了"敬业乐群""劳工神圣"的道德规范。将培养学生职业技能和形成职业道德结合起来,构建完满的人格。

推进职业教育学科体系的综合化。中华职教社创立之初就注重对职业教育多个分支的研究,在职业心理学、农村职业教育、女子职业教育、军人职业训练、残疾职业教育等领域都进行了深入探索。如在职业心理学领域的探索具有明显的开创性,职教社的骨干杨贤江、邹涛奋、庄泽宣等编译当时西方的职业心理学、职业心理测量及职业指导等方面的著作,系统整理和具体介绍欧美研究成果,并提倡和注重职业心理学的应用。中华职业学校成立之初就运用教育与心理测量理论与方法,来了解学生的个性特点、能力倾向等素质。

三、论证并探索职业教育的有效实践模式

中华职教社领导人之一江恒源指出"我们认定职业教育的全部,是以职业学校教育、职业补习教育、职业指导三件来构成"。在理论研究与实践探索相互促进的进程中,开创了职业教育的实践模式。

探索并形成职业院校教育的雏形。中华职教社在近代先后创办多所职业学校,号称"最富有试验性学校"是 1918 年在上海创办的中华职业学校。学校先后设立了铁工、木工、机械制图、纽扣、商业等科,主要为民族工商业培养中级技术和管理人才。该校初级班招收高小毕业生,高级班招收初中毕业生,学制均为三年。课程分为职业专门学科(直接课程)、职业基本学科(间接课程)、普通学科三类。中华职业学校特别重视知识学习和劳动与实习,学生在毕业之前要轮流到各个工场实习,在实际劳动中学习知识、掌握技能。这种办学风格对日后职业学校的影响巨大,也对职业教育发展起到早期示范作用。

发起职业指导的理论与实践探索。中华职教社把职业指导作为沟通教育和社会的一个重要渠道,全面引入当时国际上盛行的职业指导理论,重视并开展职业指导的实践推进工作。1919 年,《教育与职业》特意出了《职业指导专号》;1920 年,组建了职业指导部;1923 年,出版职业指导丛书;1924年起,开展全国性的"一星期职业指导活动";1927 年,职教社创办了上海职业指导所,是我国第一个对就业问题免费提供社会服务的机构。1929 年,职教社还成立了海外职业指导部,推荐人才去南洋工作。抗战期间,中华职教社在重庆、桂林、贵阳等地成立职业指导所,面向社会免费开展职业指导服务,努力"使求人者得人,求事者得事"。职业指导的影响波及全国,得到了社会的广泛认可。

研究并建立职业补习学校体系。职业补习学校是利用业余时间对在职工作者进行培训的一种重要形式。职教社成立之初,就特别注重对补习教育的研究,不断构建起完备的理论体系并加以实施。1921 年中华职业学校在艺徒班的基础上设立工商补习夜校,之后每年秋季都开设一段时期的补习教育直到 1926 年秋季。1929 年 8 月,中华职教社创办职业专修夜校,继续试办职业补习教育。之后陆续开办夜校、晨校和"通问学塾"。1932 年,中华职教社决定把职业教育工作重点转移到提倡和创办职业补习学校上来,通过了大规模举办职业补习教育的决定,制定了开展职业补习教育的全盘规划。1933 年,职教社把职工补习晨校、职业专修夜校、通问学塾和附属的业余图书馆合并,成立第一中华职业补习学校。随后 5 年时间里又创办了 6 所中华职业补习学校,影响广大,遍及全国。1933 年当时的教育部公布《职业补习学校规程》,标志着职业补习作为职业教育的一种模式已经渐趋成熟。抗战时期,在上海、重庆、桂林、昆明、贵阳等地也相继成立了多所中华职业补习学校,影响深远。

百年回眸话当初,承继先贤泽后世。中华职业教育社对 20 世纪现代职业教育学的产生和发展起到了无可替代的启蒙和促进作用,奠定了中国职业教育话语体系的坚实根基。

(作者单位:天津市教育委员会 天津市教委职业技术教育中心)

德技并修与文化建设

立德树人　促学校特色发展

李　鑫

发展中等职业教育作为推进整个教育事业科学发展的战略突破口,努力培养高素质劳动者和技能型人才,为经济和社会发展作出更大贡献,是当前和今后一个时期最为紧迫的任务。作为国家经济社会发展急需的高素质劳动者和技能型人才,中职学生的德育工作显得尤为重要。做好中职学校的德育工作,在学校工作中起着导向和保证作用,在培养德技双优人才方面发挥着引领和优先的作用。天津市东丽区职业教育中心学校是天津市东丽区唯一一所全日制中等职业学校。面对不断变化的教育对象,学校能够及时调整德育工作思路,积极应对具体情况,做到因势利导、因材施教,注重创新德育形式,丰富德育内容,不断提高德育工作的吸引力和感染力,增强德育工作的针对性和实效性。特别是面对近年来随着职教新生入学分数普遍降低,管理难度越来越大的不利局面,学校始终坚持"育人为本,德育为先",把立德树人作为职业教育的根本任务,注重改革探索、开拓创新,实施全员育人、全程育人,致力于培养和塑造学生美好品德,开启学生智慧人生,引导学生快乐学习,促进学生健康成长。不断完善德育管理机制,提高德育工作的科学性。经过不懈的探索,在加强学生日常行为规范教育和培养学生良好的行为习惯、学习习惯方面,遵循职教学生自身的特点和发展规律,逐渐走出了一条具有我校特色的德育工作新路子。

一、加强全学校对德育紧迫性的认识

(一)从中职学校学生心理现状来看

一般说来,中职学生有下列类型:入学成绩差,存在厌学情绪;有些是独生子女,入学后不能适应集体生活;有些家庭经济比较困难,他们有些自卑、不合群;有些是单亲家庭,父母的离异使得他们的心灵受到了伤害;中职学生还存在着人际交往等方面的问题。据调查显示,许多中职学生都存在着心理健康的问题。来校就读的学生在学习、能力、素质等方面普遍低于普通高中生。很多学生把许多不良行为带进校园:上课进进出出、吃东西,碰到老师熟视无睹、乱扔垃圾、说脏话、旷课、逃学、聚众斗殴、违反规章制度等现象非常普遍。这给中职学校的德育工作增加了难度,增强了紧迫感。所以中职学校德育工作要"面向全体,因人而异",根据学生个体的不同,有针对性、有所侧重地开展德育工作。

(二)从家庭教育看

现在独生子女家庭多,很多学生的父母在外工作,他们跟爷爷奶奶生活,由于缺少父母的管束,加上隔代的溺爱,使孩子变得自私、缺乏同情心、大手大脚、好吃懒做、不思进取、怕苦怕累,经受不起大的挫折,缺乏独立生活能力和社会活动能力,也给中职学校的德育增加了难度。

(三)从社会环境看

不良思想文化对学校德育工作产生了很大的冲击。现在,学生接受信息渠道加宽,容量进一步加大,社会一些不良风气,特别是影视或网络的传入,洪水猛兽般腐蚀着我们青少年的思想,使学生的价值观呈多元化趋向,拜金主义、个人享乐主义等消极情绪时有存在,甚至有部分学生半夜爬围墙出校门,到网吧通宵上网。加上社会上某些人的认识偏差,"中职无用论"使他们厌学情绪普遍高涨。因此,如何管好学生,使他们勤学、好学,培养他们正确的人生观、价值观,成为中职学校德育工作的重大课题。

二、加强物质文化建设,努力构建良好的育人环境

(一)创建优美校园环境氛围,充分发挥环境的育人功能

近年来,为创建优美的校园环境,我校投资百万元用于校园文化环境建设,绿地、树木覆盖了整个校园,走廊、亭台点缀于花草绿荫之中,雕塑、围栏更显文化气息。为营造浓厚育人环境氛围,让每一面墙都成为育人的场所。主教学楼、实训楼、图书馆、体育馆、宿舍、食堂等场所的环境都精心设计、布置,校风、教风、学风、名人警句、优秀学生图片、《中职生公约》《日常行为规范》、社会主义核心价值观内容随处可见,每面墙的语言、图像都成为激励教育学生的阵地。随着社会信息化时代的到来,以教育信息化带动教育现代化已成为学校发展的必然趋势,近年来,我校陆续添加了许多现代化的硬件设备,这些设施为我校德育信息化发展提供了一个平台。例如,主教学楼门口及畅洋楼的电子屏、楼内的四联屏、覆盖全校的广播系统,滚动播放学生活动风采、优秀学生展示等内容,充分发挥了信息化手段在德育工作中的作用。

(二)构建各具特色的班级文化,让每个角落都释放教育的智慧

班级是学生学习的主要场所,班级环境文化是一面镜子,体现着一个班级的精神风貌,我校在班级环境文化建设方面极为重视。学校充分利用国家级示范校建设和市基础能力建设与布局调整专项资金,加大对校园文化建设的投资,同时学校自筹一定资金投入其中,建成了符合国家要求并具有专业特色的班级文化。学校鼓励各班在教室内部的环境布置上,要将企业文化融入班级文化建设中,体现专业特点,提倡班级环境企业化。这样学生才能触景生情,激发对本专业的热爱和对"职业人"的向往。通过班容设计评比活动的开展,促进了班级文化的建设。目前除校训、国旗、《中职生日常行为规范》《礼仪规范》、触控一体机、电视、公示栏、储物柜统一在教室布置外,教室后墙设有一面标准规格的黑板,教室楼道外墙设有班级展示栏,学生在教师的组织下,每周、每月都可就不同专题进行文化宣传和文学创作,有效地提高了学生的动手实践能力和艺术欣赏能力。许多班级将企

业管理理念、企业文化、员工虚拟工资表、企业奖惩条例等用挂图的方式清晰地展示在教室墙上。各具特色的班级文化亦在各教室均有体现，不仅为学生营造了优美舒适的教育教学环境，更让学生通过不断重复的视觉和思维冲击，使其素养在潜移默化的教育中得以提升，最终达到学习知识、修炼心态、提高技能、创造价值的目的。

三、完善制度文化建设，保障德育工作顺利开展

俗话说"没有规矩不成方圆"。完善的制度是一切工作得以顺利开展的重要保障。德育工作是塑造学生高尚的灵魂、健全的人格、顽强的意志的基础工作，尤其是由于传统思想的影响，普遍存在着"重智育，轻德育"的思想，没有严格的规章制度，德育工作的开展将流于形式。为此，我校始终把建章立制放在德育工作的首位，狠抓制度落实。建立了德育工作例会制度，通过召开德育工作例会，总结研讨情况，布置任务，制定措施；建立德育工作考核激励机制；制定完善了班主任和班集体德育工作量化考核机制；建立先进个人奖励机制，把德育工作考核结果纳入学校量化考核之中。各项制度的落实保证了德育工作的有效开展，形成了全员共识、全员落实、深入开展的良好局面。

(一)培养教师全员育人理念，提高德育工作实效性

落实"全员育人"制度，是因为学校每个员工都有育人责任，而且每个员工都在影响学生的成长。所以，必须整合"全员"力量，形成合力"负责"机制。长期以来，学校倡导"人人都是德育工作者"，让全体教师参与德育工作，整合德育资源。实行"区域"管理，在容易出现问题的"盲区"，在平时问题多发时段的课间，将学校楼内楼外分划出若干个区域，安排所有员工，轮流持证上岗。也就是说每位教师都有一份责任田，负责示范、引导、提醒、监督，可以让缺点在第一时间矫正，使事故在萌芽状态消除。就拿学生想开心、老师特揪心的"午休"来说，如今老大难已经不再难。几年的实践，有效地形成了良好的教育教学秩序，促进了学生良好行为习惯的养成，同时有效控制了校园重大违纪事件的发生。

此外,为深化全员德育工作,实行了"德育导师"制度。专门选聘了一批经验丰富的老师,在对新入学的学生观察分析的基础上,按照"一带二"比例,由他们"认领"问题学生,及早疏导、矫正,防止破罐破摔。这可不是一般意义的"帮带"。有见面仪式,有聘任证书,有工作规定,有记录手册……德育导师一般在本班任课且有一定教育管理经验的教师中产生。他们分别认领本班2~3名"特别关注生",根据学校制定的《德育导师手册》要求,开展诸如定期谈心、帮教、指导等方面的工作。德育导师制的开展深化了全员德育工作,同时为班主任开展好对学生的教育管理工作增强了有力的辅助作用。德育导师要做好以下工作:一是成长档案管理,为每位学生建立成长档案,每月进行分析、总结。二是家访联络,定期或不定期访问学生家庭。三是经常谈心,通过心与心的对话,导师从思想、生活、心理、行为、学习上全面了解学生情况。通过整合多种资源、动员各方力量,真正形成了"全员育人"的局面。导师制的实行不仅促进了学生的发展,还给教师带来了深深的触动,使教师们更加注重自身整体素质的提高。每次"转变"都是案例,每个案例都很感人,放"卫星"的也不乏其人,有个学生竟然以546分的优异成绩考入天津大学。就是这个学生,当年是拿着179分中考成绩进入学校,经过三年的努力,他从暴力倾向、排斥他人,到关心集体、投入活动,一直到入选升旗仪式主持人,参加志愿者服务。其实,不管是升学还是就业,他和他们感受了学校"三年"的温暖,体验了自己"努力"的过程。

(二)奖惩兼备,激励学生的上进心

学校每学期不但要表扬诸如三好生、优秀学生干部,还会特别表彰单项进步生,对在某一方面有进步的学生也大加表扬及奖励,每年拿5万元作为奖励,有效提高了学生的上进心。对于学生违纪和严重违纪现象,从不手软,从落实制度有效性入手,该批评的批评该处理的处理,让广大学生深知,触犯学校制度会受到制度的处罚,从而形成了制度的威严性。推优秀、树典型。利用"优秀中职生""优秀团员、团干部""突出进步生""三好班集体""优秀学生干部""三好学生""最美中职生"等的公开评选,作为激励学生及班级争当先进的有效方式。

(三)确保制度落实,真正做到"德育为先"

要想带动学生全面发展,就必须建立乘势而上"全面跟进"的制度保障机制。"班级一日精细化管理"——要求班级学生人人有事做,事事有人做。各班深入落实,形成了学生自我管理、自我约束机制,学生主体地位得到了加强,促进了全体学生精神面貌的改观,受到了上级领导及相关单位领导的好评。"五星班集体评比活动"——守纪星、风采星、仪表星、红旗星、卫生星,系主任认真指导、班主任认真落实、团学联检查,各项评比活动如火如荼地有序开展,提高了班级学生的集体意识。"五证考核制度"——学生在校三年,经过严格的量化考核,可以陆续取得行为习惯、仪容仪表、文化理论、专业技能、顶岗实习等五项合格证书。五证俱全方可取得中专毕业证书。如果缺少"五证"之一,学校视情况予以缓发、停发毕业证书。当然,学校也会定期安排学生培训、补考。两者从硬性挂钩,到一证否决,显现了素质教育、机动学制的现代元素——决定毕业的条件,不再是在校时间,应该看综合素养。注重住校生生活管理。制定一系列学生管理制度,如《住校生入住制度》《一日生活管理制度》《纪律管理规定》《宿舍内务及卫生管理规定》《晚自习管理规定》《住校生签离制度》《优秀宿舍及个人表彰评定办法和处罚制度》等等,各项制度的实施促进住校生正常的学习和学生的身心健康,保证学校教育教学工作的顺利进行。

学生五证考核情况对比表

项目学年度	仪容仪表合格证(%)	行为规范合格证(%)	技能考核合格证(%)	文化理论合格证(%)	顶岗实习合格证(%)
2014–2015	96	92	96	94.5	97
2015–2016	97	94	98.5	96.2	98

(四)"团学联动"制度,增强学生干部战斗力

校团学联和系团学联,校团委和系团总支到各班团支部,层层联动实

施,协调行动,收到"步调一致才能得胜利"的效果。加强对团学联学生干部的评价、考核工作。制订了《团学联干部管理制度》《团学联干部评价考核方案》,积极调整团学联干部的组织运行机制,利用授课、座谈、拓展培训、测评等形式,针对团学工作的思路、方法、管理能力等方面进行培训,指导学生干部协助、参与学校管理能力、方法的提升。发挥了学生干部自我管理、自我提高、自我发展的重要作用。

四、大力开展精神文化建设,丰富德育工作内涵

(一)提高活动效果,促进学生健康成长

为了营造一个"处处德育、时时德育"的氛围,学校因势利导,在学生专业课学习之余,开展丰富多彩的活动。一是节日、纪念日主题教育活动,如在清明节、教师节组织学生征文比赛,清明节祭扫烈士墓,五四青年节、元旦组织文艺演出等等;二是礼仪常规教育活动,从认知和行为两个方面对学生进行教育和引导,例如开展的礼仪操比赛和礼仪知识竞赛等,学生在活动中增强文明意识;三是体育艺术教育活动,我们坚持每年举办一届校园艺术节、合唱节、风筝节等丰富校园生活,培养学生能力,发展学生个性,陶冶学生情操;四是社会实践教育活动,我校学生志愿者队,不仅活跃在校园学雷锋基地、我校承办的各类大赛的赛场及各类大型活动中,还坚持到社区活动站、到小学校、到退伍老军人家里进行志愿服务活动,让学生走出校园,在实践中得到锻炼成长,也得到了社会的认可;五是主题教育活动,充分利用各种主题文化活动从学生的安全、道德、责任等方面进行教育,例如每年学雷锋月,十八岁成人仪式,引导学生树立责任意识,十一月以安全为主题对学生进行安全教育等;六是值周爱校活动,以班级为单位进行值周,每学期每班有一周时间主要负责校园环境卫生,通过值周增强学生的主人翁意识和集体荣誉观念,培养学生参与学校管理的能力,让学生在实践中实现人生情操的纯净。

一个艺术节,连续两个月。月有主题,系自为战。学生参与率达到80%,活动项目超过60个。展厅里的书法、绘画、剪纸、雕塑,舞台上的戏剧、相声、合唱、演奏,校园里的横标、海报、屏幕,无不诉说着学生内心的深刻变化。当大家看到"T"台上进行礼仪展示的学生,"走"出国际范儿的时候,看到菊展里"推"出文化创意的学生,"引"来企业家的时候,无不为之惊叹。每年大规模、系列化的"每年百项活动",已经成为学校"品牌"。

(二)以各级各类竞赛为载体,增强德育工作的针对性

我校每年都积极组织学生参加全国文明风采及区、市级文艺展演等竞赛活动,以该类活动为平台展示学生精神风貌和才华,成为全程全员全方位育人的有效载体,增强了德育工作的凝聚力。各项竞赛活动每次接到上级文件通知后,都会制订备战方案,成立以德育处为中心、各系部为单位的领导小组,实行项目责任制的工作原则,实施"学校筹划—系部复赛—校级决赛—优送市赛—争进国赛"的工作过程,层层筛选,优中选优,以重点提升我校参赛作品水平。组织参加各级各类大赛既为学生们提供了一个放松大脑、放飞心情的空间,培养了兴趣、发挥了特长、提高了能力、促进了专业学习,也为学生提供了一个施展才华、塑造形象的舞台,同时也让他们受到了一次极好的艺术教育和美的熏陶。

(三)大力开展社团文化,为德育工作注入活力

学校党总支高度重视学生社团活动,制定了《东丽区职业教育中心学校学生社团活动制度》《东丽区职业教育中心学校学生社团量化考核细则》《东丽区职业教育中心学校社团指导教师聘用管理规定》等。学生社团面向全校六个系、十二个专业、四千多学生招收学员,共组建包括文学、艺术、体育、民族、实践、公益服务六大领域等近20个社团,社团人员达五百余人。学校聘请有专业技术的教师作为社团指导教师,同时也鼓励校内外专业人士到我校进行指导与交流,尤其邀请技艺精湛的行家里手对社团予以技术支持。学校努力建设社团活动基地,让每个社团有活动场所、活动室;此外学校鼓励各个社团与其他学校学生社团交流,给予充分的经费支持。社团每学期初举办大型公开纳新活动,学年末举办社团文化节。社团管理采用量化考核制度,成立了社团联合会负责日常的管理及规范,每学期末进行

社团评比,根据日常考核情况评选出精品社团、优秀社团及特色社团。近年来,读书社、TV Show社团先后被评为市级优秀社团。篮球社取得东丽湖杯篮球比赛第二名;曲艺社李欣阳、陈赫铭两名同学拜天津曲艺名家李树凯老师为师;舞蹈社、合唱社成员积极参加校文明风采大赛及区、市级文艺展演;手工社创新活动内容,聘请校外教师参与指导教学;广播社刘春景社长参加天津市文艺展演主持人项目荣获二等奖。

(四)加强心理健康教育,重视对学生心理疏导工作

积极开展心理健康知识的普及工作。学校心理咨询室定期向学生开放,每月出一期心理健康专刊《心报》,每两周组织各班心理委员开展活动,组织学生开展手抄报比赛,定期进行心理问卷调查,每年"5.25"举办心运动会,大型纸杯舞的展示。各班心灵大使在班级中作用的发挥、心理健康宣传日的开展、心理问题学生的排查,对团体、个体学生的辅导都使心理健康知识得到改善及深入到了每个学生心灵中。东丽区青春健康俱乐部落户到我校,为我们教育学生又提供了新的渠道,负责教师积极筹备主动工作,已初成"青春健康俱乐部同伴社讲师团""青春大讲堂"雏形,几次活动的开展对学生的青春期教育摸索出了基本方向。调试学生的不正常心理,引导学生向正常健康方向发展,收到良好的效果。

(五)培育学生创新意识,双创工作初显成效

职业教育凸显发展的今天,创新创业工作已成为职业教育发展的必由之路,将双创工作快速融入职业教育,可以使学校的教育成果与地方经济结构调整、与产业转型升级无缝对接。一年来,内挖资源、外联机遇,激发师生创新思维,唤醒创业意识,营造双创氛围,取得了显著的成效。为学生提供培训与体验的机会,先后举办了创新创业研讨会、技术导师聘任仪式和"创业讲堂"系列讲座,邀请到多位知名院士、企业家和创业成功人士到校为师生做创业经验分享和培训。依托大赛激发学生创新创业能力,组织师生参加各级创新创业比赛。带领师生走出校门,拓宽视野,学校先后组织师生代表参观了北京中关村自主创新示范区、天津市东丽区创新创业学院、

天津市瑞傲特科技有限公司等创业基地,参加了"ebay 天津"青年跨境电商出口创业大赛暨青年跨境电商人才训练营启动仪式和无界空间创业论坛,参加了清华大学"创客日"和国际创客教育高峰论坛。大力推进创新创业工作室的建设,引进前沿创客理念,将电路安全监控网、机器人、VR 虚拟设备及创业体验虚拟平台等技术产品植入创新创业工作室,并开展风投、天使基金等资本运作讲座,为学生搭建创新体验、创业项目孵化的平台。加大媒体宣传力度,多形式传播我校创新创业教育成果。学校广播站开设"创意先锋"专栏,时时解读创新创业政策、分享创业经典案例。此外,多家媒体到我校对双创教育进行采访。东丽新闻播出了我校创业讲堂系列活动,《天津教育报》刊登了《孵化具有创新创业潜力的人才——东丽区职业教育中心学校抓好创新创业教育》一文。

学校的学生管理工作成效显著。在全国"彩虹杯创新创业创意"大赛中荣获全国二等奖 2 个、全国三等奖 1 个、天津市一等奖 3 个、天津市三等奖 1 个。在天津市学校文艺展演活动中荣获二等奖 1 个、三等奖 5 个。在东丽区青少年法治安全教育系列活动中荣获一等奖 3 个、二等奖 5 个、三等奖 5 个。在"京津冀"职业学校创新创业大赛中获银奖。参加东丽区第 30 届文艺展演活动,舞蹈、时尚舞、键盘合奏等 8 项专场比赛荣获一等奖 4 个、二等奖 5 个。在东丽区中小学第 30 届校园艺术节书画比赛中荣获一等奖 3 个、二等奖 2 个、三等奖 6 个。在 2015 东丽区法制安全教育系列活动中获一等奖 4 个、二等奖 5 个、三等奖 6 个。巩世德、徐长赫两位同学的作品在"弘扬祖国优秀传统文化,唱响社会主义核心价值观"系列活动之一的2015 天津市东丽区师生书画展中被评为获奖提名作品。去年底,付珊老师获天津市首届中职班主任大赛一等奖,并被推荐参加全国比赛;学生任爽以第二名的总成绩荣获天津市"最美中职生"标兵称号,并被评为全国"最美中职生"。

(作者单位:天津市东丽区职业教育中心学校)

职教匠心　技能天下

——坚持把立德树人贯穿学生培育全程

张文娟

习近平总书记在全国高校思想政治工作会议上立足全局和战略高度，就事关我国高等教育事业发展和高校思想政治工作的一系列重大理论和实践问题发表重要讲话，强调高校思想政治工作关系高校培养什么样的人、如何培养人以及为谁培养人这个根本问题。"要坚持把立德树人作为中心环节，把思想政治工作贯穿教育教学全过程，实现全程育人、全方位育人，努力开创我国高等教育事业发展新局面"。这对于办好中国特色社会主义大学，推进党和国家事业发展，具有重大而深远的意义。

作为高等教育半壁江山的高等职业教育已进入新阶段，其面临升级专业设置架构、优化人才、培养模式、强化服务发展功能、提升人才培养质量的新常态，要努力实现以规模扩张为主的外延式发展向以质量提升为核心的内涵式发展转变。质量提升的关键是促进学生的全面发展，既重视专业技能训练，更重视品德和职业道德教育；既重视单一就业能力的提高，更重视普适职业能力的培养；既训练学生掌握熟练技术技能，又培育坚定的职业精神；不仅使学生能够胜任单一工作岗位，还能适应职业岗位群；不仅使学生成为技能精湛的蓝领工人，而且成为职业道德高尚、工作作风严谨的高素质人才。

一、以"立德树人"为核心，营造学生成长成才的良好氛围

立德树人，是中国特色社会主义教育事业的根本任务，是办好中国特

色社会主义大学的立身之本,是培养德智体美全面发展的社会主义事业建设者和接班人的本质要求。作为高等职业院校,要进一步明确新形势下高校思想政治工作,必须坚持把立德树人作为中心环节,以提高大学生思想政治素质为根本价值取向,以加强师资队伍建设为关键所在,"因事而化、因时而进、因势而新",不断提升高校思想政治工作的能力和水平。

(一)坚持"育人为本"的人文关怀理念

科学发展的本质和核心就是坚持以人为本,促进全面发展。高职院校落实科学发展观,就是要以学生为核心,坚持"育人为本",注重学生教育管理的人文关怀,充分发挥高职院校学生教育管理的育人功能,促进学生健康成长,全面发展。

天津机电职业技术学院根据社会、企业对学生素质能力要求和学生特点,由简单的教育管理行为转化为深入细致的教育服务。首先要求学生工作者要转化观念,转变角色,勇于从管理者向服务者转化,树立为学生服务的思想,把"为学生成长成才服务"作为工作的基本出发点,实现服务型的学生工作。坚持制度建设,将学生管理服务制度作为人才培养制度中的重要组成部分,在制度设计上将管理服务工作与育人工作相结合。

其次,构建了以学生发展为中心的管理服务模式。在日常教育管理工作中,充分调动学生的积极性,发挥其主观能动作用,一方面树立了学生主人翁意识,促进了各方面工作的开展,另一方面促进了其综合素质的提高和能力的提升,进而实现其全面发展。

(二)坚持"三结合"原则,培育学生匠人匠心

衡量职业教育的第一标准就是人才培养质量。提高人才培养质量,首先就是要确立科学的教育理念,以观念的转变带动职业院校人才培养质量的提升。在坚持"育人为本"为核心的人才培养理念的前提下,要处理好教育与教学、管理以及服务之间的关系,把学生健康成长作为学校各项工作的根本出发点和落脚点。

天津机电职业技术学院坚持把教育与教学相结合、教育与管理相结

合、教育与服务相结合作为学院学生教育管理工作的基本原则,把工匠精神的培养贯穿教育教学过程中, 多年来在加强和改进学生思想政治教育,提升学生职业能力和职业品质, 尤其是改善学生自我教育与管理等方面,做了一些有益尝试, 探索出一些具有学院特色的自我教育管理的新途径、新方式和新方法。

1.领导重视,高屋建瓴,明确方向

自学院成立以来,学院领导就提出要创新人才培养体制机制,创造全员育人氛围,要坚持从培养高素质技术技能型人才出发,把科学精神、思想品德、实践能力和人文素养贯穿于人才培养的全过程。通过挖掘并整合学生教育管理资源, 配套制定完善了加强和改善学生教育管理的政策和制度,营造了适应学生自我教育管理的环境条件和文化氛围。学生工作覆盖面扩大,思想教育主阵地被牢牢把握,学生服务国家人民的社会责任感、勇于探索的创新精神和善于解决问题的实践能力得到了提升。

2.拓展学生教育管理职能,加强学生教育分类指导

由于高职院校生源结构不同,使学生呈现多元文化、多元社会心理的特点。因此,学校要按照教育规律,推进学校学生教育管理部门工作职能转变和拓展。要针对不同学生特点和需求,加以分类指导,具体情况具体分析。

天津机电职业技术学院学生教育管理职能部门,根据学生培养目标和学生的需求,主动深入学生中。把自身工作职能与学生自我教育管理的载体有机融合,有效地促进了学生自我教育管理平台的搭建,为健全学生组织、培养学生骨干、锻炼学生干部队伍创造了工作条件,同时,通过扩展职能部门的服务内容,拓宽工作的服务范围,改进服务的方式方法,逐渐把以往偏重形式和过程的外在说教式的管理教育,转变为以学生为中心,根据不同学生特点的启发式自主教育模式, 进一步提高了教育和管理的针对性、有效性,起到了良好的效果。

3.发挥辅导员职业导师作用,建立新型师生关系

"十二五"以来,高等职业院校迅速发展,随之在学校教育和学生管理

方面出现了许多诸如学生素质良莠不齐、责任感弱、学习能力差、缺乏事业追求和人生规划等问题,使得原有辅导员、班主任管理模式难以适应学生多层次、多需求的状况,必须在日常教育管理中,拓展辅导员职业导师功能,发挥其在学生思想教育及专业引导上的优势,强化对学生进行个性化指导。天津机电职业技术学院通过选聘思想素质好、专业能力对口、具有较强学生管理经验的教师和管理干部作为学生指导教师和辅导员,进行学生日常教育和管理,通过深入学生群体,了解学生个性需求,发挥其对专业引导作用,明确了学生的职业倾向和职业目的,使学生在学习过程中更有针对性,提升了学生的学习能力、专业能力和综合素质能力。

(三)坚持"四自主"能力培养,全面提升学生综合素质水平

天津机电职业技术学院始终把培养和锻炼提高学生的自主学习、自主激励、自主管理、自主约束(简称"四自主")的能力和水平作为学院学生工作的宗旨。多年来,在加强和改进大学生思想政治教育,尤其是在改善学生自我教育与管理等方面,通过良好和谐的学生管理氛围,探索了一些学生自我教育管理的新途径、新方法。

1.整合教育资源,建立健全思想政治教育体系

2007年学院总结多年的学生思想政治教育的经验,把各方面思想政治教育资源整合,之后又多次进行了调整和完善,形成了全方位加强和改进学生思想政治教育的合力,不断提高了学生思想政治教育的吸引力、感染力,增强了学生思想政治教育的针对性、实效性。制订了遵循高职学生成长成才规律,着眼于三年人才培养全过程的思想政治教育工作方案,注重利用各种纪念日开展生动活泼的思想教育活动,分学年、学期安排思想政治教育活动内容,使学生思想政治教育工作更具系统性、规范性、灵活性、多样性。

2.搭建学生教育管理平台,营造良好育人文化氛围

天津机电职业技术学院在进行"四自主"教育过程中,搭建了四个平台即学生院长助理平台、学生政治辅导员平台、宿舍学生管理委员会平台、学

生社团平台,为学生综合素质能力的提升,营造了良好的育人文化氛围。

(1)学生院长助理平台建设。为加强学生的民主管理,发挥学生"四自主"作用,学院从2006年首次进行学生院长助理选拔,至今已经11年。学生院长助理充分发挥桥梁与纽带作用,积极反映学生呼声,组织带领学生开展各项有益身心活动,努力完成好各项工作任务,为学生各方面素质提升发挥了重要作用,也为学院建设贡献了力量。

(2)学生政治辅导员平台建设。天津机电职业技术学院多年来坚持在高年级学生中选取骨干和优秀学生担任一年级新生政治辅导员,收到了良好的效果,这支队伍在大学生思想政治教育中起着重要的作用。学生政治辅导员具有双重身份,一是学生,二是老师,能够更贴近、贴紧大学生实际,更有针对性,更能引领大学生的思想。

(3)学生宿舍管理委员会平台建设。学生素质是学校育人环境的重要组成部分,对学生的健康成长有重要影响。学院成立了学生宿舍管理委员会,参与学生宿舍日常管理。一方面,提高了宿舍管理工作的针对性和有效性,使学生最基层信息能够很顺畅反馈上来,另一方面,提升了学生自我管理能力,充分发挥优秀学生的榜样作用,营造了良好的宿舍文化氛围。如何充分利用学生公寓渗透职业特色文化元素,渗透社会主义核心价值观教育,对于优化校园育人环境,促进高职学生文明素养养成和全面提升综合素质具有重要意义。天津机电职业技术学院公寓管理引入企业5S管理模式,即整理、整顿、清扫、清洁、素养五个方面,学生公寓内物品采取定制管理,和企业文化进行对接,在公寓文化中融入职业教育特色,提升学生的专业素养,有效提升学生的职业素质。

(4)学生社团平台建设。学生社团是学校素质教育的重要载体,天津机电职业技术学院团委和学生会、社团联合会结合学院的实际情况成立了30余个学生社团,这些社团成为学生"认识自我、展示自我、发展自我"的舞台,激发了学生的"自主潜能",强化了学生的"自我意识",促进了学生"四自主"能力的提升,从而养成学生乐于学习、勤于思考、大胆创新的好习惯,在社团中,学生还可以将所学的专业知识服务于社会,从而起到开阔视野、拓展实施面、不断提高专业技能的效果。

二、围绕育人中心环节,构建全员全过程全方位育人格局

思想政治教育工作是人才培养的生命线,天津机电职业技术学院多年来统筹思想政治工作全局,进行顶层设计,树立"大思政"理念,围绕育人的中心环节,构建全员全过程全方位育人格局。

(一)构建一体化运行的体制机制,集聚主渠道与主阵地育人合力

学院党委统筹思想政治工作全局,进行顶层设计,树立"大思政"理念,构建一体化运行的体制机制。一是学院选拔优秀的辅导员、党务工作者担任思想政治课兼职教师,双方共同研究学生,把握学生心理发展规律、接受机制规律和成长成才规律;二是学院组织选派优秀专任教师任学生兼职班主任,指导学生职业发展规划和技能学习,实现综合素质全面提升;三是学院构建了符合学院特色的人才培养机制和模式,深化产教融合、校企合作,全面实施素质教育,科学合理设置课程,将职业道德、人文素养教育贯穿培养全过程。

(二)积极探索多渠道育人模式,实现全员全过程全方位育人

天津机电职业技术学院坚持把立德树人作为中心环节,把思想政治工作贯穿教育教学全过程,实现全程育人、全方位育人。在充分考虑学院学生特点以及培育主体和培育环境的特点的基础上,积极探索和发挥课堂教学的主渠道作用、社会实践的养成作用、校园文化的熏陶作用、网络舆论的导向作用和教师队伍的示范作用的多渠道育人模式,全力打通"进头脑"的"最后一千米"。

全员育人:要求育人的"全员性"。一方面,学院通过加强育人工作的机制和制度建设,形成了权责明确、分工合理、密切配合、各司其职、运行顺畅的教书育人、管理育人、服务育人的工作格局,把育人工作变成学院每位教职工应尽职责、义务和自觉行动,实现"人人都是育人工作者"的目标。另一方面"全员育人"涵盖了除学校以外的家庭、社会以及学生自己等因素所组

成的全方位的大的育人系统。学院通过与企业共同制定人才培养目标，深化校企合作，并将学生在校期间表现积极通过"家访"形式与家长共同探讨对学生的培育等形式，与社会、家庭一起构筑了全员育人的大环境，营造了全员育人的氛围。自 2015 年暑期开始，学院教师已经走访西部贫困地区 200 余名学生家庭。通过走访掌握了学生情况的第一手材料，加深了对学生成长的家庭生活环境和教育环境的认识。为学生管理工作中更好地开展落实贫困生认定、加强学业困难学生教育等工作提供了极大帮助，为学生进一步做好学业生涯规划和未来的职业规划指明了方向和目标，实现了师生共情、家校共识。同时，对未家访的学生，会采取电话访、QQ 访、书信访等多种形式进行沟通，与学生家长保持密切联系，充分调动各方面的主动性和积极性，形成推动学生全面发展的强大合力。

全过程育人：要求育人工作的"全阶段"。育人过程贯穿了从新生入学到毕业顶岗实习、就业的全部阶段。逐步形成了教会学生成事、培养学生成才、激励学生成功的年级递进顺序，每个阶段和过程都有明确的育人目标以及考核评价方法，实现了全过程控制和全过程管理。学院以学生成长、成才为出发点和落脚点，以提高学生综合素质为核心，通过个性化地关注学生成长过程，锻炼和培养学生的自我管理能力、创新能力等。坚持教育引导的整体性和一贯性原则，学生入学伊始至毕业，针对学生成长的不同时期，从学习、工作和生活等各个方面入手，采取有针对性的导航服务，更好助力学生全面发展。以《学生综合素质评价手册》为依托，关注学生在校期间的综合表现，实现学生综合素质量化考核。

全方位育人：要求实现学生教育环节的"全覆盖"。教育环节包括教书育人、管理育人、服务育人、党团组织育人、学生会组织育人、学生社团育人，及课堂教学、校园文化活动、社会实践活动，学校与家庭、用人单位的配合等若干有效途径，各项工作、各个岗位及其人员均有教育的责任和相关的分工。加强各级团学组织建设，完善学生班主任助理平台、宿舍学生管理委员会平台、学生社团平台、学生志愿者平台搭建，提高学生自我教育、自我管理、自我约束、自我服务能力。定期召开学生代表座谈会,设立行政接待日等,进一步拓宽了学院师生的沟通渠道,完善了信息反馈体系,为实现全方位育人提供有效信息。

三、占领思想政治教育阵地,创新育人方式和方法

"育人为本、德育为先"。学院将学生思想政治教育工作作为一项系统工程,不断创新育人方式和方法,不断强化理论武装、校园文化、实践育人、先进典型培育、心理健康和思想政治队伍"六大阵地"建设,充分发挥各自的特点与功能,突出重点和层次,以思想理论阵地建设为基础,构建立体体系,促进思想政治教育工作辅助载体和手段的建设。实现了思想政治教育工作的目标、内容通过思想政治教育阵地在教育、管理和组织等方面发挥作用,调动了学生的自觉性、积极性和创造力。

强化理论武装,加强思想建设。学院持续深入抓好全体教师的经常性学习教育活动,依托德育工作报告会、思政工作交流会等形式推动如何在新形势下加强学生德育教育理论学习经常化、常态化,使全体教师以符合时代特征、贴近学生特点的新理论武装头脑,更好地达到育人目的。学院注重师德师风建设,紧抓第一课堂育人阵地,利用课前5分钟结合专业知识充分开展职业道德、社会公德等教育活动,收到良好效果。

强化实践育人,增强工作实效。积极探索和建立社会实践的保障体系和长效机制,使社会实践与思想教育、专业学习、志愿服务、勤工助学等相结合,建立爱国主义教育基地、社区服务基地等,精心组织开展特色鲜明、内容丰富的社会实践活动。学院全年组织学生参加社会调查、勤工助学、志愿者服务、公益活动、技能竞赛等多项实践活动多次,在增强学生的历史使命感和社会责任感,提升学生报效祖国、奉献社会的综合素质与能力方面,效果显著。学院青年志愿者协会的"公益服务 你我同行"项目于2015年获得天津市百项志愿服务项目铜奖。

强化先进典型培育宣传,加强正面激励。学院团委每年举办以"弘扬五四精神"为主题的庆祝建团活动,树立典型表彰先进,充分发挥优秀学

生榜样作用。学院注重挖掘优秀学生典型,利用各种宣传阵地、宣传媒体、宣传手段,采取学生喜闻乐见的方式,不断扩大先进典型的影响力和感召力,使宣传工作深入人心,引领学生形成良好风尚。"技术能手"授予仪式、天津市创新创业奖学金获得者表彰会等在强化先进典型培育工作中取得较好效果。

强化学生心理健康教育工作,引导学生阳光健康成长。通过心理健康月、择业心理讲座、新老生交流会、心理社团联谊等活动,引导学生健康心理、健康生活。重视心理健康普查工作,建立了"三级筛查,三级关注"的心理健康监测与教育体系。

强化思政队伍建设,提高思政教育工作水平。选派优秀专任教师任学生兼职班主任,壮大思政教育队伍。开展辅导员、班主任工作交流、能力培训等活动,全面提升专兼职学管教师业务能力。

四、发挥校园文化育人功能,全面提升学生综合素质水平

高职院校校园文化是指高职院校在长期的办学实践、教育教学管理中形成的具有高职特色的精神成果、集体意识和文化氛围,包括学校的办学理念、人才培养目标、价值观念、道德规范、办学传统以及校风校貌等。其中价值观念是高职校园文化的核心,校园精神是高职校园文化的灵魂,而学生的文化素质、教师的文化素养、学校的文化品位则是高职校园文化的表征。高职校园文化对全体师生员工的道德修养、价值观念、生活态度、思维方式和行为习惯等诸多方面产生直接或间接的影响,对实现育人目标具有不可替代的作用。能够通过育人活动的开展,教育、熏陶、感染高职学生,让校园文化以潜移默化的方式影响学生的思想意识和言行举止,提升学生文化素质,陶冶学生情操,引导学生树立良知、责任、进取、诚信、感恩、包容、创新等美德,使高职学生在价值观的选择中辨是非、知荣辱,有所为有所不为。

(一)创新办学理念,教育中实现文化育人和技能育人有机结合

天津机电职业技术学院坚持围绕"培养什么样的人""如何培养高素质

技术技能人才"的问题,转变办学理念,提升高职教育文化育人的自觉性,回归教育的本质、本体性。学院在人才培养上努力实现突破,突出文化和技能的结合,注重文化的传承和对学生可持续发展力、人文理想、社会责任感和人格的培养。职业技能是硬实力,文化素养是软实力。文化是学生将来立足社会、生存发展的根基,只有正确处理技能和文化的关系,把握高职教育发展的正确方向,重视高职教育的内涵和质量诉求,才能培养出高素质技术技能人才。

(二)优化教育教学主渠道作用,突出"五风"文化育人功能

教育教学是学校进行文化传承和育人的主渠道,当前多数高职院校为了在短短的三年时间让学生更多地掌握专业技能,保证和提升专业课教学效果,在一定程度上减少或缩短了人文等课程,或者将其转换为选修课程,影响了高职院校对学生的文化素质教育,学校文化育人的办学职能被架空。

要实现校园文化育人的目标,必须优化教育教学的主渠道作用,既要突出培养学生就业的岗位技能,又要保证人文课程的比重,重视学生的可持续发展。天津机电职业技术学院坚持将"校风、教风、学风、班风、考风"教育与学校文化相结合,与教育教学工作相结合,做到思想到位、行动统一,使学院五风建设寓于各项活动和管理中,使师生员工在工作、学习中自然地参与、受到教育,从而达到润物细无声、潜移默化的作用,将五风的要求落实到全院师生的一言一行之中,促进学院内涵发展。同时在教学内容和教学方式上注重与素质教育衔接,利用课堂对学生进行补偿性教育。注重人文课程内容的调整和优化,实现文化育人的三维目标,即知识、技能和态度、情感、价值观教育。

(三)实施校园文化活动品牌工程,促进学生全面发展

作为学校课堂教育的补充和延伸,校园文化活动是大学生素质拓展的重要载体。校园文化是育人工作的重要途径,也是服务学生的重要手段。文化育人具有影响广泛、润物无声的效果,使广大学生在参与活动中受到潜

移默化的影响,知识渴求得到满足,精神生活得到充实,道德境界得到升华,综合素质得到提高。

1.校园文化艺术节

天津机电职业技术学院校园文化艺术节活动的开展具有深厚的基础和广泛的影响,已经成为学生课外活动的一个品牌。校园文化艺术节活动在每年 9 月至 12 月开展,文化艺术节坚持以先进文化为导向,紧扣时代主题,突出高雅艺术,展现学生风采,追求活动实效。活动按照"科学规划,项目管理,统筹实施"的原则,由学院学工部、团委主办,各级团学组织和各系部承办,最大限度调动学生的积极性、参与性,营造特色鲜明的校园文化。

2.校园职业技能节

以社团专业技能文化节为载体,创新活动形式,为学生搭建学习、展示、竞技的平台。在为期一个月的时间里,由各系部组织所属专业社团开展涵盖 5 个专业、16 场不同专业类型校级竞赛的预赛和决赛, 并参加天津市和全国技能大赛。

经过多年的积累和沉淀,学生以在技能大赛中展现良好的技能水平、取得佳绩为荣耀,努力学习专业知识,提高自己的技能水平已蔚然成风。学院积极引导校内各级各类学生社团组织开展活动,积极与市赛、国赛对接,形成了一套具有学院特色的多层次、多元化、以竞赛为手段的人才培养体系。

3.志愿服务活动

青年志愿者活动是一项崇高而光荣的事业,它体现了青年人的蓬勃朝气与活力,培养了青年人的友爱奉献精神。天津机电职业技术学院青年志愿者协会成立于 2003 年,隶属于学院团委。目前有青年志愿者 2300 余人,年均开展志愿服务 60 余次。为更好地发挥志愿服务功能,进一步拓展青年志愿者的社会实践活动空间,结合学院实际情况与就近居委会、养老院进行协商,最终建立红桥区翠溪园社区、福康养老院等多个青年志愿者校外实践基地。

2015 年天津机电职业技术学院启动了"公益服务　你我同行"志愿服务项目活动。在活动中,坚持理论学习与实践活动相结合,坚持校内活动与社会服务相结合,组织青年志愿者学生多次在校内、外开展志愿服务活动。禁烟巡查、卫生清扫、看望孤寡老人、天津站指引服务等,每一项活动都得到了认可与肯定。通过此次"公益服务　你我同行"志愿服务项目活动的开展,强化了青年志愿者服务社会、服务他人、服务自我的意识,鼓励和吸引了更多的青年学生积极参与到青年志愿者服务队伍中来,为丰富校园文化生活,全面提高学生综合素质发挥了重要作用。

总之,全国高校思想政治工作会议为高等职业院校的发展指明了发展方向,为职业教育人才培养确定了目标。高等职业院校要坚持立德树人为中心,将思想政治教育贯穿教育教学全过程,实现全程育人、全方位育人,努力开创高等职业教育事业发展的新局面。

(作者单位:天津机电职业技术学院)

立德树人强素质　服务社会显特色

——天津城市职业学院现代职业教育探索

天津城市职业学院

天津城市职业学院作为全国首家、天津市唯一一所社区型高职院校，坚持"一主两翼"的办学格局，以"职业教育社区化、社区教育职业化"为办学特色，秉承"自强、实干、团结、创新"的学院精神，在天津市内六区的职业教育、社区教育，终身学习指导服务和学习型社会建设中，发挥了龙头带动作用。学院一直坚持"立足河北区、服务天津、面向全国、特色发展"的办学定位，建设"落地生根"的职业教育专业，开展"职教惠民"社区教育、终身学习服务，培养了大量技术技能型人才。学院曾被教育部专家组誉为"天津职业教育三大亮点之一"；被天津市政府评为"天津市职业教育先进单位"、天津市高水平示范性高职院校。

自 2015 年 7 月教育部与天津市政府签署协议共建全国首个"国家现代职业教育改革创新示范区"以来，学院严格对照《现代职业教育体系建设规划(2014—2020 年)》，全面完成国家现代职业教育改革创新示范区各项建设任务，积极开展优质校建设，先后被评为天津市优质校建设单位，天津市国内一流、世界先进水平高职院校建设单位，全国"事迹特别突出的优秀成人继续教育院校(培训机构)"称号。

一、立德树人强化学生素质

(一)发挥课程主渠道，落实立德树人

学院按照《高等学校思想政治理论课建设标准》(教社科〔2016〕3 号)、

《国务院办公厅关于强化学校体育促进学生身心健康全面发展的意见》等文件精神,落实《高等职业教育创新发展行动计划(2015—2018 年)》建设任务,着力于思想政治理论课程教学改革。思政课实践教学,从学院功能特色出发,提出了"学生社会实践社区化"的工作思路,学生在实践中了解了社会、锻炼了能力、开阔了眼界,并在老师的引导下反思社区实践中看到的现象和问题,形成了大量的实践成果、调研项目和课题,在历年的"挑战杯"课外学术科技作品竞赛以及大学生思政公开课大赛中屡获佳绩。

1.改革思政课程教学内容与方法

思政课程教学团队通过学习、研究,不断改革教学内容与方法,增强思政课程的针对性和有效性。引入发生在学生身边的鲜活案例,实施情境化、项目化的课堂教学模式。借助多媒体教学资源模拟、再现各专业组群的典型职业活动情境,让学生在获取概念性认知的基础上,能在相应的情境中演练、体验职业道德、职业素养的基本要求,加深对于课程内容的理解,并能进一步作出正确的职业行为判断与践行。

2.聘请知名教授开展讲座

学院设立天津城市职业学院思想政治理论课特聘教授岗位,聘请全国高职院校思想政治理论课联盟秘书长、天津高职院校思政课程教学带头人张泽玲为特聘教授,每学期为学院师生开展思想政治教育方面高端讲座,对学院思政专职教师的教学、科研、课改等工作进行具体指导。另一方面学院还聘请了知名专家、学者、劳模为学生举办时事主题报告会 4 次。

3.开展多种形式的思政课程竞赛

学院组织开展了职教集团思政教师"精彩一课"大赛、思政课程信息化教学设计竞赛、大学生思想政治理论课公开课大赛等活动。参赛老师分析教材、学生以及上级要求,从教学方法、教学过程、教学效果等方面阐述教学设计。通过专家点评、互相借鉴、反复切磋促进了学院中青教师教学水平的提升。

4.重视马克思主义理论的研究

学院聘请天津工业大学的黄燕教授为客座教授，联合集团内 6 个成员单位，成立了"马克思主义理论研究学院"，以马克思主义理论学习研究、师资队伍建设、学科发展和人才培养为核心，不断提高思想政治理论教育的质量和效果，向更高的目标奋进。

5.实施青年马克思主义者培养工程

学院成立了大学生马克思主义理论学习社团，以团学骨干、入党申请人、入党积极分子、预备党员等为主要参与群体。理论社团以学习、研究、宣传、实践马克思主义理论为主旨，培养社团成员对马克思主义理论相关内容的学习兴趣，帮助其更自觉地投入到马克思主义理论的学习当中，主动接受马克思主义的熏陶。学院思政课教师作为本社团指导教师，组织、指导学生开展系列活动。

(二)实施"四位一体"，创新学生素养培养模式

1."塑城市学院学子形象"主题教育活动

在全体学生中连续 6 年开展以"修儒雅礼仪　书优美汉字　讲标准普通话　练计算机技能"等为主要内容的"塑城市学院学子形象"主题教育活动，采用学分制，并将礼仪课、硬笔书法课、普通话课列为学院公共必修课，纳入教学计划中，取证率达到 100%，全面提升了学生基本职业能力和综合素质。

在第四届全国全民健身操舞大赛总决赛，我院代表队获得全国大赛特等奖。推荐优秀社团参加"天津市优秀社团评选"，摄影社和爵士舞蹈社被评为市级优秀社团；以"践行核心价值观　职业形象我代言"为主题，开展校园文化节并优化活动版块，在巩固"企业文化进校园""校园辩论会""书香校园"和"新生班班诵"等品牌活动基础上，打造校园好声音、主持人、话剧和演讲大赛等贴近学生生活与思想的活动版块，凸显了文化育人的教育实效。

2."社区社会实践"纳入人才培养方案

"社区社会实践"成为育人优势,学院将社会实践纳入人才培养方案,每年组织全体学生深入河北区 10 个街道 111 个社区开展实践活动,开展活动宣讲、教育培训、扶贫助残、专业实践等社会实践活动 3000 余人次。围绕社区实践项目,学生参与 2016 年"挑战杯"大学生课外学术科技作品竞赛获得 2 个三等奖。并建立了天津城市职业学院大学生社区社会实践基地和志愿服务讲解团,开展社会主义核心价值观宣讲、十九大精神进社区宣讲、河北区百年文化宣讲等 21 场次。

3.普及提升学生身心健康教育活动

学院是天津市首批心理健康教育达标校,依托天津市心理健康教育标准化中心,每年开展新生普查 1600 余人次,定期举办"5.25 身心活力健康节"活动、心理健康知识普及活动,对全院学生实施心理问题危机零预警。2017 年心理剧《不屈的生命》获得"关爱心灵,共享阳光"天津第十二届大学生心理剧展演区三等奖。

4.重视学生就业创业能力素养教育

学院分年级开设就业创业课程,三年来,6 人次获得天津市创新创业奖学金。学院是天津市首批具有大学生众创空间单位,众创空间聚集了大学生创客 101 名、创业团队 25 个,学生注册的企业带动了 22 名大学生就业。参与创新创业活动学生达 1713 人次,占在校生人数的 35%。

(三)优秀传统文化,浸润学生心灵

学院将学生职业精神的养成贯穿于人才培养全过程。发挥课堂主渠道的作用,不仅在每一门专业课程中融入职业精神的培养,而且在全院范围内开设选修课程,传承中国传统文化与工艺,注重培养工匠精神。

1.国内外民间艺术传承走进身边

学院引进了国际版画界享有盛名的刘硕海大师、中国结编织艺术大师吕敏、天津民协剪纸艺委会会长李强、天津京绣传人陈净、泥人张彩塑技师张蕾等中国民间传统工艺大师,开设版画、烙画、中国结艺编织、西洋古典船模制作、剪纸、刺绣、泥人张彩塑、沙画、经典诗文诵读、美与中国文化等10门文化艺术、手工制作类课程。2017年面向36个专业2680名学生开展了专业选修课程和全校公共选修课。

2.昆曲艺术传承走进课堂

学院成立了昆曲工作室，聘请北方昆曲剧院国家一级演员顾卫英为《幼儿发展与健康管理》专业客座教授，兼学院的昆曲工作室指导教师。2017年连续两学期在学院开设昆曲鉴赏课程32学时，220名学生接受高雅艺术的教育和熏陶，潜移默化地陶冶情操、净化心灵。

3.非遗文化传承走进校园

学院举办了主题为"非遗文化进校园"系列活动，受益学生达1160人次。邀请天津市非物质文化遗产保护协会会长李治邦教授为学院学生基本职业素养名师工作室客座教授，开展天津非遗文化主题讲座。同时在学生中举办非遗文化传承大赛。通过系列活动，学生对中国非物质文化遗产有了深入的了解。

4.红色文化传承进心灵

学院以"红色经典文化"为主要内容，举办班班参与、人人诵读的"班班诵"活动。2017年共有42个班级参赛，经过初赛、复赛，选拔出10个班级进入决赛，参赛班级满怀激情地朗诵了《木兰诗》《满江红》《轩辕赋》《浩浩中国情 山水诗画意》《追月》等经典诗文，彰显华夏文明，弘扬民族气概，展示自我风采。

(四)十余年爱心文化，融合传承教育

天津城市职业学院建校多年来始终围绕"以人为本，立德树人"的育人目标，创立形成了"爱心一助一"师德建设品牌项目。此项活动是以解决学生实际困难为初衷，以党员教师与贫困学生结对为主要形式，以增强党员宗旨意识和优化师德师风为主要目标的一项重要活动，是学院多年来师德建设工作在实践中创新与发展的集中体现。

1.爱心基金帮助困难学生

学院自 2005 年开始,设立了"爱心基金",包括:爱心奖学金、爱心助学金,搭建了"爱心文化"的重要载体和实践平台,并号召教师关心帮扶身边的困难学生。每年都会收到上万元捐款,得到了全院师生的大力支持和热心关注。

2.开展爱心一助一活动

学院自 2006 年起,在全体教职工中开展以"心手相牵·传递关爱"为主题的系列爱心助学活动。其中之一就是"一助一"活动,即党员领导干部、教师与困难生结成帮扶对子,老师在精神上、经济上对困难生进行长期、定向指导与帮助,直至学生顺利毕业离校。截至目前,已经帮助 1115名学生。

"爱心一助一"活动是从学院事业发展和教师个人成长角度着眼,在充分调研的基础上,提出的党建和师德建设的新思路、新方法。活动最为成功之处是大批的青年教师在活动中实现了自我教育,升华了品德、锤炼了师德、提升了素养。党员、教师不断强化宗旨意识,在实践中充分发挥了党员的示范引领作用。

二、服务社会彰显学院特色

(一)服务企业发展

1.为企业管理与技术发展服务

学院继续推行专任教师企业实践卡制度,百余名教师深入企业开展社会服务,申报了"智能身份识别实训柜"等专利 3 项。物流管理专业教师面向天津物产集团及下属子公司,开展了国际先进供应链风险的识别、分析及应对方法的专题培训。面向天津市对口援建的四川广安市相关政府部门包括市政府研究室、市电商物流办、市交通运输局等部门相关人员,开展了由大数据、云计算、物联网等新技术引发的智慧物流行业发展分析的专题培训。同时也承担了天津朝华中电物流有限公司、天津助友重工机械设备制造有限公司、天津博泰金属有限公司等三家企业的 ISO 9001 质量管理体系转版工作,完成体系手册 3 部,程序文件 70 余个,为提升物流企业质量管理水平,完成体系认证工作打下了坚实基础,受到企业高度认可。

2.为企业员工开展技术培训

学院继续落实"天津市百万技能人才培训福利计划",2016 年,开展电子商务师、助理物流师等职业技能取证 2187 人次;开展社会工作者、岗财会与统计从业人员培训 12567 人次;为 113 名退役士兵提供岗位技能培训 1040 人次,被天津市河北区双拥工作领导小组办公室设立为"河北区退役士兵职业教育和技能培训基地";组织社会生源开展养老护理员在职人员技能培训、资格取证 30 人;为天津市家政公司开展家政职业经理人培训 400 人次;为天津市计算机职业中专的 320 名学生开展"学生职业素养"教育培训 6600 人次。

2017 年,学院为合作企业开展了电子商务师、养老护理员、育婴员等 16 个技能工种取证培训工作。对 76 名退役士兵召开推动会,提供岗位技能培训 390 人次;开展在职统计人员岗位知识培训和统计岗位的从业人员继续教育培训等方面的培训 1364 人次;为会计从业人员继续教育提供培训 540 人次;与天津市便民专线服务中心合作,为其 140 名新员工入职培训 8400 人次。

(二)服务学习型城市建设

1.开展老年教育

学院建有独立校舍的老年大学,招生 50 个专业、120 个班,在校生 2600 余人。为进一步在区域内营造老有所教、老有所学、老有所为、老有所乐的氛围,将老年大学点办到社区日间照料中心、养老院,主动融入养老服务,开启养教结合的探索之路。目前已经建立了 19 家养教结合办学基地;学院还将社区内松散的老年群众团体组织起来,成立区老龄教育促进会,构建"老年教育组织网",使其为区老年大学下属的延伸性老年教育群众组织;"指尖上的老年大学"手机学习,被天津市教委评为"2016 年天津市终身学习品牌项目"。《婴幼儿卫生与保健》《婴幼儿活动观察与指导》被评为全国老年远程教育优秀教材。

2.开展社区教育

学院通过对社区近 8000 名居民的学习需求调查，调整社区居民学习课程内容,依托河北区构建的三级教育网络,利用多种载体开展教育活动,受到社会各界的肯定。2016 年,河北区 10 个街道 5 万余名居民在"天津市社区教育网"实名注册,进行网上学习;面向市民推广了河北区"易家园"市民学习成果认定和微信公众号"E 家园城社区"。3000 名在校生继续深入居委会开展顶岗实习和社会实践活动,不仅满足了社区活动的需要,而且提升了学生的社会活动能力、岗位技能。举办京津沪地区成人高校第十九届协作会、环渤海地区社区教育协作组织第十届研讨会、天津市市民终身学习活动周等大型活动,赢得了良好办学声誉。在活动周期间,举办了 16 项普惠百姓的特色项目,惠及百姓 3 万余人。我区 91 岁的李春兰老人被评为2016 年度全国"事迹特别感人百姓学习之星",对我区全民终身学习活动的不断开展起到示范引领、榜样激励的作用。

2017 年,学院在河北区居民文化站、铁东路社区建设了 2 个数字体验中心,开通了 e 家园终身学习网,开展数字化学习社区建设。安排近百名教师和 3000 多名学生深入社区居委会开展社区社会实践与服务活动。全民终身学习活动周活动期间共组织 50 余项普惠百姓的特色项目活动,市民参与活动人数近 3.2 万人。

3.开展普职融通

在职业教育活动周和全民终身学习活动周期间,学院以工程实践创新项目为抓手,课程和师资向普通中学开放,服务普职融合。2016 年,机电系师生共同走进河北区木斋中学和 48 中学,以"普教职教携手,共创美好明天"为主题,向中学生展示职业院校的职业技能和职业文化,使之感受职业教育特色与魅力,激励在校学生尊重职业、尊重技术技能、尊重工匠。

2017 年,学院机电一体化技术、动漫设计与制作等 5 个专业深入河北区木斋中学、昆一小学、各幼儿园等 10 余所学校开展 "我的小车　跑起来——工程实践创新中学生邀请赛""精品生活,啡尝体验——咖啡制作体验"等活动,辐射 300 余名青少年,使其了解职业岗位,培养动手实践能力与创新意识,感受职业教育特色与魅力。

通过多种形式和内容的职教展示、交流和服务活动,让社会了解职教、体验职教、参与职教、共享职教成果,持续传播职教正能量,弘扬时代风尚、营造社会氛围,提升职业教育社会影响力和吸引力。

(三)服务精准脱贫

1.对中西部学生的重点帮扶

学院在缩减总体招生计划的情况下,保持了国家支援中西部地区招生协作计划不变,面向南疆单列计划。2017 年,在云南、贵州、四川、甘肃等多个地区招收学生比例达 22%。学院通过爱心助学金、爱心奖学金、老年专业减免学费、爱心一助一帮扶等措施,对中西部困难学生帮扶。在学院就业工作中,对中西部学生进行重点帮扶,建立单独台账,优先推荐中西部困难学生就业。

2.对中西部职业教育的帮扶

《幼儿发展与健康管理》专业作为国际化专业教学标准建设专业,有着国内外专兼结合教师团队,一流的实训基地,集聚了优质教育资源。2016 年 7 月,被遴选成为天津市中西部职业教育师资培训中心分中心之一。分中心先后承接了两期共 60 名鄂尔多斯市所属学校教师学员,开展了专家讲座、实践演练、参观学习等专业培训项目。确立了"定制式"培训模式。

为更好地实现天津与中西部宁夏回族自治区的职业教育师资交流的机会,我院选派社会事业系陈元姝老师来到宁夏幼儿师范高等专科学校,向学校介绍了幼儿发展与健康管理专业、社区管理与服务等特色专业建设及发展历程,介绍经验的同时进行实地交流。同时承接了 1 名宁夏幼儿师范高等专科学校的舞蹈教师培养,该教师通过随堂听课、座谈、参观校内外实训基地、专业教师研讨、舞蹈课授课及节目排练等项目活动安排,拓展了专业视野,提升了执教能力水平。

2017 年，学院与天水市卫生学校、天水农业学校、清水县教育、甘肃省玛曲县、鄂尔多斯市职业院校达成合作意向，帮助其提升教师水平与学生培养质量。学院选派 2 名教师赴甘肃省玛曲县开展《高原低氧气候中健康养生问题及创业能力培养》的专题讲座，并进行了为期一周的交流支教活动。面向鄂尔多斯市职业院校开展《学前教育》专业教师培养工作。共承担了 5 个院校 22 名教师为期 50 天的挂职锻炼，学院从教学内容改革、信息化教学手段实施、校企合作开展、教学研究申报等多方面对其进行培养。

2018 年初，天津城市职业学院组织专家和教师团队到河北省威县民政局、教育局进行了考察对接，确定通过派遣优秀行业专家来威县对当地"三保"人员（保安、保洁、保姆）以及养老院一线护理人员进行专业培训、部分培训人员到天津大型养老机构实训观摩等做法，来提升威县培训人员的视野和专业实操水平，提高威县"三保"人员和养老护理员的整体质量，扩大就业渠道，完成当地人民脱贫攻坚的任务。

(四)服务京津冀协同发展

天津城市职业学院依托京津冀养老专业人才培养产教协作会的平台，积极贯彻落实中共中央《京津冀协同发展规划纲要》、国务院《关于加快发展现代职业教育的决定》和国务院办公厅《老年教育发展规划(2016—2020年)》要求，进一步推进京津冀职成教育协同发展，加快老年服务人才培养和老年教育工作步伐。

1.促进京津冀养老职业教育产教对接

2015 年 5 月，在教育部职成司、全国民政行业指导委员会的支持下，在天津市教委的具体指导下，组织成立了"京津冀养老专业人才培养产教协作会"，京津冀 47 家院校和企业、社会组织成为协作会会员单位。从 2015年起连续三年举办"京津冀协同发展养老人才培养产教论坛"，教育、民政、人力社保、卫计、妇联等相关部门领导以及京津冀养老服务业知名企业和开设相关专业的本科、高职、中职院校代表年均近 150 人参加研讨。同时，通过产教对接论坛,举办不同主题的养老论坛,形成京津冀养老产教融合的"天津共识";发布了京津冀养老专业人才培养产教协作会网页,并由协作会成员单位同方知网(北京)技术有限公司发布"京津冀协同工作平台";天津唐邦科技有限公司推出了协同创新科技项目、北京劳动职业学院发布了京津冀养老专业规划教材建设项目;京津冀十一家养老机构、养老设施配套企业、养老服务平台企业和居家养老服务单位成为京津冀养老专业人才培养产教协作会成员单位共享的"现代学徒制实践教学基地"合作企业;组织成立天津城市职业学院职教集团老年教育指导中心;组织成立天津市养老行业职业教育教学指导委员会。

2.推动京津冀继续教育和老年教育协同发展

2017 年在全民终身学习活动周期间召开 "2017 年京津冀老年教育推动会"。推动会邀请京津冀三地老年教育专家、三地兄弟院校的领导及代表参加,就京津冀协同推动老年教育、社区教育战略发展等方面进行了交流、学习、经验分享,天津城市职业学院职教集团老年教育指导中心特聘三位专家作主旨报告。"京津冀老年教育汇报展演"一并举行,展示了北京、天津、河北三地老年大学选送的优秀作品。百余名三地老年艺术表演者齐聚一堂汇报展演,彰显三地老年教育协同发展的累累硕果。

3.联合科研机构开展京津冀国际养老交流与合作

与北京市科学技术研究院、河北工业大学、河北经贸大学共同发起成立了"京津冀康养产业技术协同创新中心",组织和参与"第三届老年服务科学与创新国际论坛""2017 年金砖国家老龄会议" 等高端国际会议以及2017 年津台养老协作论坛;组织澳大利亚、芬兰和西班牙等国家及中国台湾的 9 人养老专家团队访问交流;聘请欧盟和中国台湾的专家讲授欧盟老年护理国际课程,中国台湾体适能和失智症管理教练课程,有效促进了京津冀老年专业的国际交流与合作。

用准军事化素质教育创建德育教育新模式

杨国强　王金成　刘美廷　李晗芳

党的十九大在肯定十八大以来职业教育快速发展的同时,提出要建设知识型、技能型、创新型劳动大军,可见国家需求大批的职业型和技能型人才。近年来,高职教育模式通过产教融合、校企合作、工学结合等途径有效地推动了学生专业与技能的发展,但高职教育人才培养中不但要注重"才"的培养,更要关注"人"的身心发展,体现立德树人的根本任务。

天津海运职业学院立足于航海类院校,以"立德树人"为根本,坚持社会需求为导向、能力培养为主线、应用型人才培养为目标,在遵循教书育人和学生成长成才规律的基础上,完善德育教育体系规划,围绕建设学院大德育格局,聚焦核心素养,逐步探索出"塑行·育心·树人"德育育人模式,有效推动了学生成长成才,得到了社会与企业的高度认可。

一、用准军事化素质教育创建德育教育新模式的必要性

(一)是培养和塑造航海类专业人才的需要

由于航海从业人员受国际公约制约,工作环境恶劣艰苦,且长期远离国土,远离家乡,远离亲人,工作中要具备较强的服从意识、团队精神及安全责任意识,需要具备高度的意志品质、忠于职守的责任感和使命感;战争时期还肩负着"第二海军"任务的国防性。因此,20世纪60年代初,周恩来总理就特别强调指出:"航海类院校的军事化管理非搞起来不可。"1988年交通部下发的《关于部属高校航海类专业学生实行准军事化管理的通知》

明确指出,我国航海类专业学生实行准军事化管理,根据专业特殊需要,参照军事管理的方法实施一套适合于培养航运技术人才的学生管理制度。

(二)是提高社会对技术技能人才德育模式认可的需要

高技术技能人才不仅要具有较高的技术和扎实的基础理论,更要具备吃苦耐劳和持之以恒的精神。当代大学生大多数为独生子女,他们身上都不同程度地存在"独生子女病",并表现在以自我为中心、团队意识差、缺乏吃苦精神三个方面。因此有必要用准军事化素质教育构建职业院校德育教育,培养学生爱国、爱岗、坚毅、乐观的良好品德,德技并修,提高社会对技术技能人才德育模式的认可。

(三)是针对当前职业院校学生特点强化素养教育的需要

现阶段的青年学生受时代、家庭和社会的影响,具有独特的发展特点。尤其是进入职业院校学习的学生,自我意识比较强,缺乏社会责任心和学习自觉性,没有良好的学习、生活和品性习惯,思想活跃,发展规划不明确,缺乏合作精神,团队意识淡薄,意志力薄弱、抗挫能力差、自卑,缺乏吃苦耐劳的精神,航海类专业学生更需要具备较强的服从与团队意识,拥有坚毅的意志品质。然而职业培养需要具有双重性,既要培养学生的高尚情操,又要兼顾学生的职业技能。

用准军事化素质教育创建职业院校德育教育新模式,力求使学生成为具备优秀思想道德品质、文明素养,具有良好生活习惯、学习习惯、行为习惯和一定军事素养的社会需求的有用人才。学院以培育和践行社会主义核心价值观为引领,以社会责任感、创新精神和实践能力培养为核心,积极构建"全员育人,全过程育人,全方位育人"的"大思政"教育格局,不断增强大学生思想政治教育的针对性、实效性和吸引力、感染力。

二、用准军事化素质教育创建德育教育新模式的举措

(一)创新德育教育载体,促进办学特色内涵发展

1.强化共识,精准发力,创新德育教育内涵

教育的根本目的是培养有道德、有理想、有社会责任感的人才,育人是

教育的根本初衷之所在。我院用准军事化素质教育,积极创新德育教育内涵,将理想信念教育具体化,将一日生活规范化教育、礼仪教育、仪式感教育、国防教育、诚信教育、辅导员大讲堂、感恩教育等纳入德育教育内容,实现立德树人的根本任务,体现德育为先的根本宗旨,体现德育教育之"大"。形成了思政教师、辅导员为主体的专业化大德育教师队伍,以教学目标的形式加以贯彻落实,针对学生特点,逐步形成了德育教育内容持续更新,教育方式不断多样化和多元化,使德育教育做到了因事而化、因时而进、因势而新。

2.以目标建设为载体,构建一体化育人模式

学院在全体学生中实施准军事化素质养成教育,并将准军事化素质养成教育作为一门必修素质教育课程,纳入学生德育考核体系,使学院德育工作有章可循,有法可依,构建一体化育人,形成了全方位育人的浓厚氛围。素质教育及考核内容包括:早操、课前站队、日常行为规范、内务标准、班级队列、学生违纪、晚点名等,并先后制定修订了《天津海运职业学院准军事化管理规定》《天津海运职业学院学生军事化素质考评管理办法》《学生宿舍内务标准实施细则》等30余项管理制度,确保了准军事化素质育人的高效性和可持续性,保证学生能够每日坚持,教育有章可循,有制可遵,有据可依,有度可评,为提高学生的德育素质创设了持续稳定有力的养成教育环境。

德育教育针对不同年级学生形成不同的培养内容。为新生重点培养一日生活养成,让学生在教育内容上了解,在行动上遵循;通过具体实操,深化学生对一日生活规范的认识,帮助学生树立良好行为习惯,提高学生的自我管理、自我教育意识,达到"塑行"目标;针对大二学生,将一日生活规范的行为效果根植于专业学习中,提高学生大局意识、团队协作意识及进取精神,实现"育心"目标;针对大三学生,建立大三学生专项教育方案,巩固德育教育成果,强调学生自身榜样作用,倡导"让优秀成为习惯",注重学生综合素养提升,实现"树人"目标。

3.开展特色教育活动,丰富德育教育内涵,打造德育品牌

引入带有明显特征的、适宜并能彰显学生青春个性的特色教育活动,深化准军事化素质教育与校园文化的有机融合。多年来学院坚持重大节日、每周开展全体在校学生参与的主题升旗活动,将社会主义核心价值观教育落在实处;开展流动书院、思政情景剧等特色活动,弘扬社会主义核心价值观;成立龙舟队、礼仪特色社团、军旅文化研究会等,激发学生进取精神和协作意识;组建预备役连队,学院与部队联谊锻造军魂、军纪、军仪、军威,培育骨干队伍,播撒爱国种子;举办军事化素质成果展演和文化系列活动,展现学生良好形象,加强其人际交往和校园的适应能力。

针对每年对毕业生追踪调查反馈,在保证学生良好服从性和团队意识的同时,克服学生创新性不足,为学生搭建彰显青春个性的舞台,尽展青春活力。每年开展两次宿舍文化节,活跃校园文化,丰富了校园生活,调动学生积极性和参与性,促进了校园精神文明建设;开展了"525"(我爱我)、"320"(咱爱您)、创新性开展心理测评与素质拓展等心理健康教育活动,优化学生心理素质;建立航海文化研究会,深化对国际海洋公约的学习,激发学生专业学习热情,传承海洋文明;以"旗语"表演作为弘扬航海文化特色项目加以传承,将专业特色引入文娱活动;开展"一系一精品、一系一特色、一系一面旗"等系部精品特色活动,彰显学生风采,深化准军事化素质教育的内涵;建立教育与管理协同育人和考核联动机制,实现立德根本。

(二)聚焦核心素养,建设以融合重构为主的课程体系

1.推进课程结构建设,培育核心素养,引领教学质量稳固提高

核心素养是一个人成长过程中最关键、最必要的素养,是知识、技能和态度等的综合表现,是在"立德树人"的理念下,对"培养什么人,怎样培养人"的回应。在有限的三年时间里,最大限度地塑造学生良好品德,体现学校的育人目标对课程结构的决定性指导。

用准军事化素质教育创建的德育教育新模式,与课程体系相结合,学

工部与社科部积极合作，设立素质教育教研室开展大德育课程建设，全面开设国防军事理论、礼仪教育、心理健康教育、就业指导、创新创业基础、中华优秀传统文化等课程。设立了五个平行的素质教育教研室，组建了一支30余人的师资队伍，将这五大类课程分别落实于每个学期，每门素质教育课程设立2学分32~36学时，从课程设置、教学思想、教学内容、教学环境等诸方面体现养成教育。由于授课人员包括专职思政教师、辅导员、思政行政人员，因此课程体系翔实全面，凸显德育教育内容。十一年来的素质教育课程，扩充了我院德育课程体系建设，实现具有学校办学特色、教务处人才培养方案、社科部和学工部协同育人的立体化德育模式，在"塑行·育心·树人"的思路中探索并形成德育教育教学模式。

2.围绕育人目标，多维度集成教育载体，拓宽育人渠道

将课堂思政与社会调研、公益志愿服务、爱心助困等实践活动相结合；将课堂教学与网络课程学习相结合，采取慕课教学新模式，探索"O2O"教学新方法；开创性地开展军地合作，学院先后与天津市东丽区国防教育基地、天津欢乐谷拓展运动社会实践基地、66356部队、66261部队、天津陆军预备役高炮师第二团等单位建立了校外爱国主义教育基地、军事训练基地，与津南养老院、津南思承书院等10余所单位建立公益服务基地，与天津邮轮母港、天津东疆海事局等50多家单位建立实习实训基地等。人才培养方案中明确要求学生每学期实践课时不得少于总学时的50%；一年级学生必须完成16学时的认知实习，三年级学生必须完成600学时的顶岗实习，从而有效落实学生对专业学习、专业认同、职业认同及职业承诺的全过程，在课内课外实现浸润式德育教育效果。

在多维度集成教育载体、拓宽育人渠道的过程中，促进了教育理念的转变，培养了一批既会教书，又会育人的优秀教师，教师队伍潜心教学，用心育人，本着对教育本质的感悟，打造了一批让学生认同度高的有情怀有温度的教育教学方法，构建高职和谐德育有效途径体系，提高了德育的针对性和实效性。

三、用准军事化素质教育创建德育教育新模式的创新点

(一)率先形成 "三证融通" 办学方针

依据航海类专业人才培养目标,率先提出"工学结合、三证融通、军事化管理、礼仪教育"的办学方针,将准军事化素质考核列入人才培养方案,不分专业,全校、全员、全面对学生施行准军事化素质教育,形成了海运特色的育人文化氛围。学生须具备与专业相关的职业资格证书和军事化素质教育合格证书方可获得学历毕业证书。注重学生职业意志的培养,帮助学生实现知行合一,德技并修,群己互砺。

(二)首创性地建立大德育教育队伍

首创性地实现了区别于国内其他航海类院校,对航海类和非航海类专业的所有在校学生实施准军事素质教育。在思政辅导员队伍中不仅设立辅导员岗位,还设立军事辅导员岗位,从部队和军事院校中招录优秀人员与毕业生,辅助学院开展准军事化素质教育,不断提高军事化管理效能。同时,配备专任教师构成的班导师,从而形成辅导员、军事辅导员、班导师协同工作的德育队伍。辅导员执行 24 小时值班制度,下级向上级及时报告工作,军事辅导员与辅导员共同组成学生管理团队,保证第一时间准确了解和掌握学生情况和处理学生突发事件。班导师配合系部开展班级专业认知教育,配合辅导员开展思政德育教育。

在全院范围内建立大队—区队—中队—小队四级管理体系,即系部是大队,每个辅导员率领的班级构成区队,每个班级是一个中队,每个宿舍都是一个小队。在这样的管理体系中,积极培养学生骨干,充分信任并为学生骨干创设条件,设立辅导员助理,让他们开展对低年级学生的引领,辅助辅导员开展德育工作。此外,学院和各系建立了学生国旗护卫队、督察队、卫生部和训练部、生活部等学生社团组织,并与天津陆军预备役高炮师第二团联合组建了独立建制预备役连队,以实现准军事化素质教育典型的引领,激发学生自我管理,调动学生积极性,提高学生骨干能力,增强学生集体荣誉感和使命感,也提高了校园德育氛围,增强育人效果。

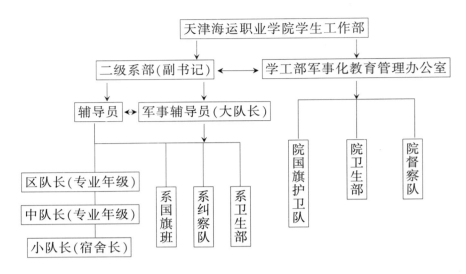

天津海运职业学院准军事化管理组织架构示意图

(三)探索集成教育多维度载体育人新途径

创新德育教育模式,丰富德育教育体系规划,围绕大的德育格局,将准军事化素质教育与课程思政相结合,与思政活动相结合,与爱心助困等感恩实践活动相结合,与心理健康教育相结合。丰富教育手段,多维度浸润式育人,设立五大类素质教育课程,增加课程思政的多样性,提高课程思政的有效性,在教学、活动、实习实践等渠道实现"德技并修"。

四、用准军事化素质教育创建德育教育新模式的成效

(一)丰富德育教育内涵,打造人文校园,形成育人新模式

用准军事化素质教育创建的大德育教育,培养了学生"用铁的纪律锻造金的品质"的精神,锤炼了学生爱岗敬业、吃苦耐劳、忠于职守的职业品质,每年都有大批学生得到实习单位的高度认可,目前已有数十名学生成为船长、轮机长等高级船员,在各行各业的重要岗位中起着举足轻重的作用。

在富有准军事化素质教育特色的育人文化中,形成了制度文化、精神文化和行为文化,完善了准军事化素质考核、行为规范、内务标准等不同模

块的 30 余项制度,确保了准军事化素质育人的高效性和可持续性。2011 年我院在招生中引入在 2008 年汶川地震中受难双腿截肢的学生郑海洋,在学院大德育教育环境下,这名学生不断成长,并通过自己的努力自主创业实现人生自立。构成文明养成,知行合一的行为文化,涌现多名优秀的学生,2011 级李峰同学、2016 级陈毅、陈子超、卫仁强、袁守振同学拾金不昧,2013 级王豆豆同学见义勇为并英勇救人的行为,都得到了《城市快报》、津南区电视台等多家媒体的报道和赞扬;学院龙舟队自 2011 年成立以来,在相继参加的 "中华龙舟大赛""京津冀龙舟邀请赛""全国青少年锦标赛"等国家级、地市级多项赛事中均荣获佳绩;校园"海纳百川,同舟同济"的精神文化帮助学生将德育成果内化于心,促使学生外化于行,建校以来没有出现一例受资助的学生在毕业后不按时偿还银行贷款,也没有出现一起因心理问题而导致的学生自杀、伤人等恶性安全事件;面对困难学生,全院师生伸出援手,每月平均教职员工为困难学生进行爱心捐款数额达 1.5 万余元,十一年来总计捐款数额达 160 余万。在面对学生患有重大疾病的时候,全院师生积极筹款,为学生募捐,有效帮助学生及时脱离生命危险。彰显出具有海运特色的大德育教育品牌。

(二)提升核心素养,带动学生全面发展,打造素质教育品牌

学院积极组织青年学生参加包括 "全国职业院校技能大赛""天津夏季达沃斯""第九届全国大学生运动会""第六届东亚运动会"和"雷锋精神 热血传承"无偿献血活动等志愿服务活动,并结合专业学习组织航海类学生参加海上溢油应急反应志愿服务队。全国政协副主席、国家民族事务委员会主任王正伟在学院出席"2013 年全国民族地区职业院校学生才艺比赛展演活动闭幕式"时,对学院全力协办比赛展演活动的志愿奉献精神给予了高度评价。从 2010 年开始,学院先后有 6 名学生成为由团中央组织的大学生志愿服务西部计划的志愿者到甘肃、云南和西藏参加志愿服务。

用准军事化素质教育创建大德育教育的全过程,不断明确了学生的职业生涯规划,激发学习动力,提高学业效能感,以赛促学,提高了学生的核

心竞争力,得到用人单位的普遍好评。用人企业反馈毕业生在自我管理能力、时间管理能力、服从意识、执行力等方面表现优异。第三方机构调查显示,我院毕业生在月平均工资水平、基本工作能力满意度、就业竞争力及岗位晋升速度等方面均高于全国职业院校平均水平,毕业生在一线工作中所展现出的吃苦耐劳、忠于职守的品质尤为突出。企业普遍评价我院毕业生"高素质、上手快、留得住、有潜力"。

在 2016 年对 85 家用人单位开展的跟踪调查中显示,95%的用人单位与学院合作多年,用人单位表示来校招聘的主要原因是学院的往届毕业生工作表现优异。从 5 个方面的 17 项内容进行调查,用人单位综合满意率达到 100%,高度认可毕业生的综合素质和工作态度,对毕业生的"安全意识""服从意识""执行力""心理健康"和"学习能力"等方面的表现认同感较高。

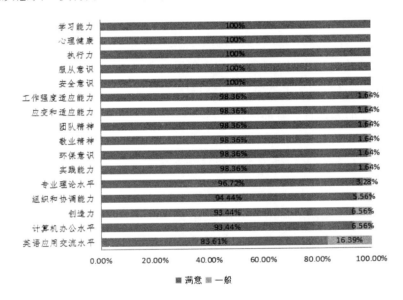

2016 年用人单位跟踪调查反馈结果

(三)深化特色建设,提升学院声誉地位,社会影响力不断提升

学院连续多次受到全国交通运输职业委员会的邀请,参加素质教育年会,并就有关准军事化素质教育实施办法、全员全程全方位德育育人模式

等主题进行交流分享。同时,天津电视台、《天津日报》等多家主流媒体对学院的准军事化素质教育的育人模式及相关活动进行宣传报道。全国 20 余个省市如广州航海学院、天津音乐学院、江苏海事职业学院等 150 余家本专科院校来我院参观学习,并借鉴推广。企业高度赞赏学院育人模式,委托学院开展员工素质拓展培训,每年近 200 学时。该成果至今惠及我院每一届学生,近五年有 20 余所各层次院校来我院学访,惠及学访院校学生近 10 万人,社会培训人员近万人。

(四)开展特色教育,厚植爱国土壤,培育家国情怀

学院以准军事化素质教育为载体,增强了学生的国防意识和爱国热情,学生将自己职业梦想纳入强军梦、中国梦,从军报国的决心和信心都增强。自 2006 年建校以来,我院已经向部队输送 300 多名优秀大学生。近三年,学院航海类专业 50 余名毕业生踏入军营,成为北海舰队、南海舰队及公安海警的一员,应征直招士官入伍人数排名天津市高校前列。他们中的同学因其良好的身心素质和在校期间养成的良好的意志品质,在进入到新兵训练后,成为部队的骨干,有的直接被选入了海军陆战队;2010 年入伍学生高洪超,因在退伍复学后表现优异,毕业后直接留校担任我院航运经济系军事辅导员;2013 年入伍的王永超同学光荣成为航母辽宁舰的一员。2015 年,学院与南海舰队签订了 50 名海军定向培养直招士官,开辟了天津市高职院校定向培养直招士官的新纪元。学院多次荣获"国防教育先进单位"和"双拥共建单位"等荣誉称号,2012 年组建的预备役连队,始终保持了"先进预备役连队"的荣誉称号。

(五)采撷育人效果,营造育人环境,营造和谐校园文化

通过开展一日生活规范、"六个文明"(学生行为文明、语言文明、宿舍文明、课堂文明、网络文明、就餐文明)、主题教育周、班会、消防演练、主题升旗、签订安全责任书,完善安全防范机制,落实安全管理制度与措施,有效提高全体学生的文明素质和安全意识,确保了学院稳定和谐。

用准军事化素质教育创建大德育教育模式的过程中,深入开展学生安

全文明和法制教育活动,结合海上专业学生的国际海上公约要求,设立课程质量管理体系,将安全的德育教育理念贯彻于课程,对每一门课程的开设进行严格的审查。学院连续五年都获得海河教育园区"平安校园"称号。

(六)形成富有航海类院校特色的学生风貌与校园文化

在用准军事化素质创建德育教育模式的过程中,有效地培养了学生的三种能力,即适应能力、动手能力和管理能力;四种精神,即团队精神、敬业精神、创新精神以及吃苦耐劳精神;五种意识,即质量意识、责任意识、服从意识、安全意识和危机意识。同时这种育人模式也形成了精神文化、制度文化、物质文化和行为文化。具有准军事化素质教育色彩的德育育人环境,熏陶学生逐渐形成了讲文明、懂礼貌、举止端庄、令行禁止、纪律严明、张弛有度的良好行为;学生在参加集体活动的时候能够做到行动快捷、精神振作、队伍整齐、步调一致;保证课堂秩序井然有序,氛围活跃;学生宿舍整齐划一、环境洁净明亮;学生举止庄重典雅,自然大方;学生精神振作、蓬勃向上、乐观通达。整个校园呈现"学校不是军校,胜似军校;学生不是军人,胜似军人"。

(作者单位:天津海运职业学院)

以就业为导向全方位打造沉浸式
"工匠精神"教育的实践探索

白君华　王　喆

随着我国经济的高速发展,针对我校的硬件设施和教学理念也存在着与企业需求不相适应的现象,借助创建国家级示范校的机遇,我校全面贯彻落实党的十八大以来对职业教育的政策精神,在布局国家示范校建设资源的顶层设计上,积极推进校企合作,创新"现代学徒制"人才培养模式,进行了一系列的软硬件建设。同时,党的十八大报告首次提出"把立德树人作为教育的根本任务",在党的十九大报告中,习近平总书记再次强调"要全面贯彻党的教育方针,落实立德树人根本任务,发展素质教育"。我校自建校以来一直秉承精益求精、爱岗敬业的传统匠人精神,并始终以"立德"与"树人"的目标全方位开展德育教育,培养出一代又一代天津职业人,为天津市的经济发展作出了应有的贡献。

针对如何解决学生厌学、职业素养不高、缺乏创新创业能力等实际问题,学校在原有国家级示范校德育特色项目的建设基础上,着重创新提出"全员德育"的理念,全体教职工都主动自觉地参与德育建设,让师生都沉浸在充满"工匠精神"的大德育氛围中。为此,学校一方面狠抓制度规范和硬件保障,不断完善教师和学生的行为规范,保证沉浸式德育教育的效果;另一方面对教室和学生活动场所进行信息化改造,提升校园软硬件水平,为学生创造沉浸式"工匠精神"教育场景。

党的十九大报告中明确提出:"弘扬劳模精神和工匠精神,营造劳动光荣的社会风尚和精益求精的敬业风气。"让我们看到了国家高度重视"工匠精神"的决心,也进一步明确了职业教育的责任与使命。同时,学校将弘扬社会主义核心价值观作为学校德育工作的灵魂和主线,贯穿于学校教育教学的全过程,深化课程育人、实践育人和文化育人的立体化育人体系,形成了"内容系统化""目标层次化""方法多样化"和"人员网络化"的具有本校特色的德育工作模式。

在推进沉浸式"工匠精神"教育过程中,我们不断提升学校的办学能力,向着国际化道路不断推进,并带动其他兄弟院校协同发展,在习近平新时代共同为天津的经济发展作出贡献。

一、规范学校管理制度,保障"全员德育参与"有效落实

(一)规范奖惩制度、调整组织结构,调动师生德育参与的积极性

学校完善了学校德育工作管理机制,实现德育工作规范化、科学化,全面构建全员德育网络,深入落实"人人都是德育工作者、处处都有德育教育"的德育工作方针,形成了"全员、全程、全面"育人的德育思想;切实推进学生思想道德建设,营造了学校德育管理齐抓共管的新局面。

同时,制定了《德育全员参与实施办法》《德育全员参与先进个人评选奖励办法》和《德育全员参与的学期总结制度》等,明确教职工的德育参与责任与具体要求,对涌现的先进个人实施物质和精神鼓励,提高教职工德育参与的积极性。在组织结构上,设立以校长为组长的学校德育工作领导小组,成立常设性的议事协调机构——德育工作领导小组办公室,整合学校德育资源,增强学校德育工作的计划性和协调性。成立学校德育工作研究会和班主任工作研究会,聚合各层次德育人员智慧,形成学校的德育工作合力。

(二)学习优秀企业管理制度,规范学生管理

贴近职业岗位的实训环境、氛围和管理模式都在潜移默化地熏陶学生职业行为规范和职业素养的形成,帮助学生顺利实现学生到职业人的角色转换。我校从制度层面上,对学生实行半军事化管理,设立严明的奖惩措施

并严格执行。在实训车间引入企业化管理模式和企业人才,使技能训练完全符合现代企业生产要求,并不断深化德育课程和学科德育的教育功能,引导教师从课程育人、教学过程育人,来提升课堂教学德育实效,对人才培养模式进行创新。

同时,实施沉浸式"工匠精神"教育的首先任务是培养教师的"工匠精神",通过教师打造沉浸式"工匠精神"教育的氛围,潜移默化地对学生产生影响作用。为此,我校积极改革人才评价机制,用"工匠精神"的标准对教师的教书、育人、服务、师德等多方面进行客观评价,将"工匠精神"的内容与教师日常工作结合起来,细化成指标和项目,使行为有章可循,使标准明确清晰,通过考核进行打分评价,真正让"工匠精神"时刻对教师行为产生积极的影响作用,全校上下共同营造"尊重劳动,崇尚技能"的良好氛围。

(三)"以学生为中心",师生共同参与学校管理

学校秉承传承"工匠精神""一切以学生为中心"的宗旨,不断加强德育队伍的建设,不断提高德育工作水平。一方面,我们发挥班主任的主体作用,完善班会、专题培训等工作,让班主任真正发挥校内第一德育工作者的作用,从生活到学习、从言行到习惯,全部渗透德育管理,潜移默化培养学生。同时,落实"全员德育参与",德育、理论、实训教学要与"工匠精神"教育相结合,宿管、食堂、图书馆及行政人员"人人都是德育工作者,处处都有德育工作",使技能教学与"工匠精神"有效融合于大德育体系下,有效地提升了学生的职业素养。另一方面,我们充分发挥学、团干部的德育功能,发挥学生自我教育、自我管理、自我激励作用,使学、团干部成为学生常规管理的主力军。学校成立学生组织"启航班",建立了学校与班主任及学生的良好链接。通过团代会和教代会倾听学生和教师的心声,使学校的各项政策符合广大师生的利益。以科学、民主为基础,依靠教代会、团代会,并建立班主任学生助理"启航班",让师生共同参与学校管理、考核等工作。

二、开展特色教育教学活动,营造沉浸式"工匠精神"教育氛围

(一)狠抓教学改革,开展沉浸式"工匠精神"教育

作为国家级示范校,我校长期以来坚持"立德树人""德育为先"的人才培养宗旨。德育课采取"模块化"教学,2014 年开始,中职一年级的德育课加入《工匠精神读本》模块,帮助学生树立榜样和职业自信。我校的中职学生通过四个学期的德育课程教育,逐渐懂得了什么是职业,如何成为一名合格的技师,进而成为"大国工匠",实现自己的人生价值。专业理论课和实习课教师在教学中也要求融入"工匠精神"教育并在教案中体现德育价值。

同时,将德育教育润物细无声地融入日常专业技能实训环节。培养学生良好的工作习惯、操作习惯、行为习惯是实习实训教学的重要内容。为此,学校要求各专业任课教师在教学环节中都要融入德育内容,都要围绕"工匠精神"的培养开展教学活动。小到工量卡具的摆放,设备、工区卫生的打扫,大到操作精度的保证、工艺流程的完善,都融入"工匠精神"的内容,教育学生在学习、工作各个环节都应精益求精,都要一丝不苟,都要追求极致。培养一名学生是综合性的,不能只注重某一方面,学生的成长更是全面的,是需要我们耐心、细致地在教育过程中一点一滴的挖掘和培养。

(二)重视主题德育活动,推进沉浸式"工匠精神"教育

一是素质教育周,开学第一课,体验职业价值。自 2013 年起,我校将每学期的开学第一周定为素质教育周。教育周以班级为单位,参观实习场,听老师傅或者大赛获奖的选手讲获奖经历,体验职业的内涵,树立正确的职业观。通过素质教育周学生的违纪率大幅下降,更加明确脚踏实地地学习技能才能实现自己的人生价值。

二是晨午检站队培养学生"工匠精神"。我校实行半军事化管理,早上7 点 30 分至 8 点进行晨检活动,中午 1 点 10 分至 1 点 30 分进行午检站队,并齐声展示系部口号。学生们以班级为单位站队检查出勤、仪容仪表、站姿、遵守纪律情况,由学校统一打分。无论寒暑除了极其特殊的天气外,学生都要进行晨午检,纠正学生仪容仪表、举止行为的陋习,锻炼了学生的

意志力,大幅提升了学生的综合素质,为学生就业面试打下了良好的德育基础。

三是师生共建美丽校园活动培养学生吃苦耐劳的精神。学校开展了师生共建美丽校园活动。把校园中人们最容易忽略的死角拿来,作为各个班级美化活动的对象。学生通过辛苦的劳动,意识到了自己乱丢垃圾的行为给他人带来的不便,也体会到清洁工人的辛苦。既让校园变得美丽还锻炼了学生吃苦耐劳的精神,为工作中应用"工匠精神"打下基础。

四是开展社团活动,培养学生动手能力,引导学生技能报国。2013年以来,学校加大学生社团建设力度,涌现出了手工 DIY 社团、"能力源"机器人社团等一批优秀社团。学生们在社团活动中,不仅了解了许多专业的前沿知识,找到了自己努力的方向和人生的价值,也体会到团队的力量。通过社团活动,学生们更加热爱自己所学的专业,也锻炼了自己执着专注、精益求精的"工匠精神",为今后就业、创业奠定了良好的基础。

三、着力提升校园硬件设施建设,为沉浸式"工匠精神"教育创造物质条件

(一)校园环境设施突出"工匠精神"传承

为营造"匠心传承"氛围,我校加大校园景观建设力度,统一建设风格。在校园醒目的地方设立景观石,镌刻校训等富有文化气息的碑文,体现我校传承"工匠精神"的校园文化。在教学楼走廊、校园宣传栏橱窗等宣传窗口,张贴学生活动照片、表彰先进学生,于无声中传递正能量;教室宿舍的橱窗也设立学生生活照陈列和优秀宿舍照片,用智慧和真情督促提醒学生,伴随学生成长。在学生教室根据不同专业张贴操作安全细则。在实习车间张贴 6S 操作流程,督促学生牢记安全生产细则,严格按照要求执行。把企业的文化嫁接到实习培训中使在校生提前熟悉并适应企业生产。

(二)搭建信息化平台,丰富学生"工匠精神"体验教育途径

1.建设德育影音资源库,提升校园信息化水平

2014年示范校建设期间,我校为加强德育教育建设了德育影音资源

库,硬件上引进最先进的视音频播放系统及会议音响灯光配套系统,并建立 501 部影片,主题突出爱国主义教育、大国工匠事迹,实现体验式德育教育。使学生通过观看视频体验"工匠精神",获得职业素养全面提升,从而提高未来就业创业水平。

2.打造信息化交流平台,用新技术宣传"工匠精神"

示范校建设以来,我校先后打造了学校的主题网页、微信公众号、百度贴吧等信息化平台,方便学生、教师交流经验、发布教育信息。组织青年教师兼职网页编辑,学生作为社会实践辅助教师管理平台,使国家的大政方针政策和党的文件精神的宣传更加接地气。学生以自己喜闻乐见的形式学习知识、受到师傅们"工匠精神"的熏陶,了解国家政策和党的理论指导,无形中提升了学生的职业素养和综合能力。

(三)建设学生活动场所,实现沉浸式"工匠精神"教育

2014 年学校投资兴建了心理咨询室,引进专业仪器,培养具有心理咨询资格的双师,重点解决学生厌学、早恋、叛逆等不良行为,还为技能大赛选手做赛前心理辅导,取得良好效果。同时,学校还对团员活动场所和学生活动场所进行改造,建成人造草坪足球场、乒乓球室、形体活动室等多个学生课余活动场所。极大地丰富了学生的课余活动,有效地引导学生将精力发挥到健康向上的活动中,降低了学生违法、违纪率,使校园充满了正能量。改善了教师与学生的关系,对传承"工匠精神"起到了促进作用。

四、总结实施沉浸式德育教育特点,进一步创新德育工作思路和模式

(一)"全员德育参与"落到实处

我校以示范校建设为契机,创新地提出"人人都是德育工作者,处处都有德育工作"。以"立德树人"为宗旨,积极为学生和教师搭建展示自我才能的平台。建立校德育办公室,加强对德育全员参与的领导力量;明确德育全员参与的责任与要求,增强师生参与的主动性;规范奖惩措施,调动和激发师生德育参与的积极性;德育体验基地建设和活动的开展,为德育全员参与构建了有效的载体。

（二）"沉浸式德育"特点突出

我校"二室、三园、四中心"德育体验基地的建设，以及丰富多彩的德育活动的开展，将抽象的德育变成了全方位"沉浸式"教育。教职工通过美丽校园建设活动，提高了自身的"工匠精神"，身体力行地投入到学校德育工作中来。学生从被动的教育对象，转变为德育的主体，在参与活动的过程中得到启发、教育，逐步培养自己良好的职业素养。

（三）学生社团活动效果显著

我校的社团工作十分成熟规范，学校制定了《社团管理办法》、学生社团检查、考核办法等规范，团委成立社团部明确对社团的具体要求；各社团有自己的《章程》，学生自主管理规范并接受学校检查。许多社团都培养学生的动手能力，例如能力源机器人社团在学校的各种庆祝活动中担任航拍工作，既锻炼了学生的专业技能又培养了学生的执着专注的"工匠精神"。

五、突出辐射示范作用，将沉浸式德育教育成果推广应用

（一）开发丰富的德育资源建设，实现应用共享

本成果于 2014 年 3 月开始实施，面向全校学生进行推广应用，4 年来累计汇集学生共计 9700 人。2014 年至 2017 年，我校德育教师先后编写了 10 多本教材，完善了德育教育信息模块、课件案例、微课等资源。2017 年 5 月承办的天津市"5.25 心理健康活动月"开幕式，同年 10 月参加的首届全国职业院校心理健康教育论坛活动，2017 年挂牌成为天津市职业技术师范大学本科生培养基地、天津大学职业技术教育学研究生培养基地，进一步扩大了成果的应用与推广。

（二）提高综合素质，稳定就业

自 2014 年起通过实施德育体验基地建设，至今有学生社团 14 个，学生组织 13 个，参与人数达 600 人。自 2016 年实行学生顶岗实习前综合评价测试，2012 年与 2017 年相比，整体合格率由 89% 提高到 97%，学生就业率由 90% 提升至 98%，就业稳定率由 80% 提高至 95%。

（三）参与各类比赛活动，屡获佳绩

自 2014 年以来，我校师生在全国"工匠精神"教育、"工匠精神与职业院校德育工作"、市级以上技能大赛等比赛中；获全国创新创业比赛一等奖 1 个，天津市创新创业一等奖 2 个；承担市教委组织的"工匠精神"课题研究一项。

（四）多维辐射推广，示范引领

2015 年和 2016 年，学校作为天津市中职学校代表分别前往宁夏和鄂尔多斯进行经验分享。选派两名教师前往宁夏进行专业教学的对口支援。先后承担了鄂尔多斯市职业院校专业骨干教师培训、甘肃和宁夏地区挂职校长锻炼、天津市电子计算机职专学生等岗位实习等工作。2016 年 5 月，我校接待泰国吉拉达王宫学校的泰国留学生来我校开展体验式学习，将学院专业实训的教育特色进行国际化辐射推广。

六、对沉浸式"工匠精神"教育的反思与规划

（一）进一步解放思想达成共识

在实践过程中，创新思路是开展沉浸式"工匠精神"教育的前提和宗旨。虽然我们开展了很多工作，但是在解放教师思想，创新教育途径，总结育人规律等方面还存在空白，还有很多需要我们进一步探索和实践的内容。工匠的涌现离不开职业教育，我国要建设教育强国，需要培养爱因斯坦，更需要培养鲁班。

（二）打铁务必自身硬

学校教师清楚地认识到：要培养出"大国工匠"型的学生，首先要锤炼自己成为"大国工匠"型的师傅。只有守在机床旁、蹲在车间里，精准对接企业用工需求，才能为职业教育赢得应有尊重。因此，进一步培养教师的"工匠精神"，从专注技能培养、夯实岗位基础等方面我们还将进一步加大工作力度，狠下功夫。

（三）举全校之力让成果更丰硕

我们将竭力让本成果研究从学校顶层设计及各个关键环节步步推

进,让每名教师、每名学生都参与、都受益,始终不断地以就业为导向,将沉浸式"工匠精神"教育工作真正落到实处、作出实效,培养出更多的"大国工匠"。

(作者单位:天津市劳动保护学校)

德育为先　立德树人

天津市民族中等职业技术学校

党的十八大报告提出，要"把立德树人作为教育的根本任务，培养德智体美全面发展的社会主义建设者和接班人"。这一根本任务，事关教育事业的长远发展，事关国家的前途命运和民族的未来发展。同时立德树人，也为学校和教师工作进一步指明了方向。民族中专是天津市唯一一所少数民族中职学校，学生来自24个省、市、自治区，有15个民族，自2011年承担内地新疆班任务，每年2个班80人。建校二十余年来，一直秉承"办人民满意教育"的宗旨，全体教职工锐意进取，扎实工作，在长期的教育实践过程中，积极探索，不断创新，取得了显著的办学成果。学校连续四次受到国务院表彰，多次受到教育部、国家民委表彰，是天津市民族团结进步创建示范单位、天津市教育系统思想政治工作先进单位，北辰区三八红旗集体。

一、完善德育机制，形成工作合力

学校德育工作是一个系统工程，是学校工作的重中之重。我校根据实际情况，广泛征求意见，制定了《班级量化管理细则》《班主任评价方案》等有关德育管理制度15项，进一步促进了我校德育工作的制度化、经常化，使学校的德育工作有了强有力的制度保证；成立了以"德育副校长—德育处—年级组—班主任—学生；教学副校长—教务处—教研组长—教师—学生；党总支书记—党支部—团委（学生会）—团支部—学生""三线五级"的德育管理网络机制,进行分线管理,分级落实,齐抓共管,德育工作人员做到分工不分家,既团结协作,又能独立地开展工作。我校在建立、健全规章制度的同时,狠抓制度的落实与执行,每天对学生的日常行为进行检查评比,做到每天检查登记,每周小结公布,每月汇总公布,并把考核结果纳入班级量化考评,收到了较好的效果。

二、加强德育队伍建设,提升管理能力水平

我校在加强教师队伍建设方面,十分注重教师自身素质的提高。一是用立德树人的理念强化全员德育的思想,树立全新的教师角色。职业学校教师不仅仅是教学生知识和技能,更要教会学生做人的道理,先成人后成才。教师要做学生的楷模。重点培养一支思想政治理论水平高、业务能力强的中青年班主任队伍,鼓励班主任学习新的教育教学理念,总结并形成自己的一套班主任工作方法、途径、经验,大力宣传先进,形成班主任交流机制,依照标准,进行考核,奖励优秀,形成一支优秀班主任和德育教师队伍。学校设立班主任荣誉日,将每年9月份最后一周的星期二作为班主任荣誉日,表扬先进,提升班主任地位,肯定班主任工作在学校总体教育教学中的重要性,鼓励优秀教师担任班主任工作。

二是加强教师的业务培训。学校十分重视教师的教育理论学习和业务培训工作,采取请进来、走出去的办法进行培训。如聆听过全国著名德育专家蒋乃平老先生的讲座,参加全国骨干班主任培训和市级骨干班主任培训。

三是师徒结对,共同进步。以老带新、以优带新已成为德育队伍建设的常态,使青年班主任迅速成长。

四是完善各项规章制度。学校在原有制度的基础上,结合本校实际,重新修订了《教师量化考评细则》《德育工作制度》等规章制度,把教师的教学实绩、教学常规、工作纪律等纳入《教师量化考评细则》之中,通过制度规范教师的言行,强化教师队伍建设,使教师切实起到为人师表的表率作用。

三、实施专题教育,德育教育全覆盖

(一)以文化润物无声

加强校园文化建设。学校精心设计的文化展示凸显民族职业学校的特色,每层楼一个主题的法制教育、民族团结教育、职业理想教育、传统文化教育,让学生时刻接受潜移默化的教育。学校还结合重大节庆日、传统节日,突出校园文化活动的知识性、趣味性和实践性;发挥学生运动会、社团、艺术节等已有平台的作用,有效地把思想教育融入具体活动中去;完善集欣赏、研讨、培训和实践为一体的校园文化活动体系,进一步整合学校和社会的文化艺术资源,引导学生营造和谐的校园人际关系,如每年的艺术节,对学生既是一种艺术熏陶,又增加了班级凝聚力,还活跃了校园文化生活,给学生搭建了展示自我的舞台,产生浓厚的荣誉感和自豪感,特别是增加了学生的自信心。学校结合每个阶段主题开展手抄报展示活动,板报评选活动,演讲比赛、歌舞展示等学生喜闻乐见的活动,寓教育于活动之中。学校文化中强化对学生社会主义核心价值观的教育,要求学生不仅会背,还要践行,结合文明城区建设,学校利用大屏幕、多媒体设备、橱窗、围栏、学校网站、微信平台等设施和媒体广泛宣传,营造氛围。学生每天观看学生公约和市民守则,每天看到悬挂在进教学楼显著位置的规范仪表,正衣冠、律行为,收到良好效果,学校已成为师生们的学园、乐园和家园。

(二)发挥学生干部作用,培养优秀人才

学校德育处、团委齐抓共管,形成合力。加强团支部、学生会、学生社团的建设与管理,让学生参与学校管理,发挥积极作用。利用优秀社团,如仁爱社、机器人社团、模拟法庭、模拟政协、无人机社团等全面推进我校社团建设工作,打造我校特色社团活动。利用五四青年节、职教周、艺术节、十一国庆节、国际志愿者日等,组织开展宣誓签字、文艺会演、歌咏比赛、志愿服务等活动,让学生通过亲身参与、体验,践行社会主义核心价值观。每年竞选学生会干部,做好宣传工作,让学生勇于竞聘,保证参与此项活动的学生数量。这也是中职学校学生的特点,因为这些学生上学以来做过学生干部

的太少,多数学生觉得竞聘与己无关。学生们通过参加竞选活动,提振了士气,增强了信心。学校还成立了学生会新疆班分会。学校团委指导学生会干部承担起工作责任,谋划好工作思路,通过一届带着一届干,取得良好效果。各班团支部书记、班长及班委会成员工作积极主动,班委会积极配合,形成良性管理模式。实践证明,学生干部的作用不可小觑。

(三)强化法制教育,人人知法守法

法制教育是学校德育工作的重要内容,也是素质教育的重要组成部分。我校坚持以教育为本,以预防为主的工作理念,建立健全学校法制教育机构,成立了德育副校长、德育主任和各班主任为组员的法制领导小组,定期对学生进行法制教育。聘请天穆派出所民警做学校法制副校长,每学期为学生讲法制课。我校与北辰区司法局共建,成为北辰区青少年法制教育基地。教学楼一楼建成法制教育长廊。每学期,我校学生观摩北辰法院的公开审判,在学校组织学生开展模拟法庭进校园活动,我校还与和平区检察院共建天津市第一所少数民族青少年法制教育基地,通过一次次活动,进一步强化了学生的法律意识,收到很好效果。此外,我校还利用板报、班会和校园广播对学生进行法律法规教育,从严从细从实地把学校的法制教育落在了实处,从未出现学生违法行为。

(四)规范行为习惯,培养良好素养

学校从《班级量化考评细则》和《中学生日常行为规范》入手,重点从养成教育、学习习惯、社会公德和文明礼貌等方面进行教育。具体做法如下:

1.开学月、抓开局

学校将每年3月和9月作为行为规范教育月,营造"养成良好习惯,规范文明行为"的浓厚氛围,利用电子屏、板报等设施、媒体共同宣传,召开主题班会交流讨论,让学生讲如何规范,形成自我规范、互相监督制约的氛围。

2.找契机、勤学习

利用开学典礼、入学教育、班会和团会课,组织学生认真学习《中学生日常行为规范》,对学生进行行为习惯教育。德育处对学生文明行为等方面加大了检查力度,发现问题及时处理,并把检查结果纳入班级量化考评之中。

3.形式新、重效果

通过校园广播、国旗下讲话,以讲故事的形式向学生进行文明习惯教育。践行《中职学生文明公约》,开展各类喜闻乐见的活动,学习践行公约,还将《公约》编成歌曲,在校园中传唱。学生们主动遵守、践行《公约》,收到良好效果。

4.建队伍、促规范

形成班主任、德育处、宿舍管理和学生自我管理四支队伍的合力。培养自我管理、自我教育、自我服务、自我约束的"四自"精神,德育处对学生文明行为等方面加大了检查力度,检查结果纳入班级量化考评之中。特别加强对宿舍的各项评比活动,营造和睦温馨舒适的家的氛围。校园内已形成"人人懂礼貌、讲文明、懂礼仪"的风气。

(五)注重心理健康教育,培养健全人格

创建心理健康教育项目。开展心理健康教育与咨询活动,加强学校、年级、班级心理危机干预的三级网络建设,定期开展心理健康教育活动,做好个别学生心理咨询与辅导,营造温馨学习环境。

加强学生生命教育。以生命教育为依托,重点开展中职生的心理健康指导,加强青春期教育、安全教育,提高学生的自我保护意识和能力。使全体教师树立心理健康教育理念,使之辐射到每一个课堂,营造有利于学生身心发展的安全文明的校园环境,促进学生健康成长。

强化对心理健康专职教师和专业化辅导员的岗位培训,绝大多数班主任持有心理健康辅导员证书。

(六)安全教育常抓不懈

学校采取讲座、板报、手抄报、国旗下讲话、逃生演练等多种形式对学生加强交通安全、食品安全、消防安全等教育,每月第一个周二大课间是我校逃生演练时间,保证3分钟全部撤离到操场。不仅训练撤离,还训练如何从操场进教学楼,按班进入,秩序井然。

(七)构建绿色网站,加强文明上网教育

充分利用学校网站、微信平台、校讯通等新媒体资源,立足于提高网上德育的吸引力和感召力,积极开展网络道德教育。加强校园网信息安全管理。加强网上评论员和学生自我管理队伍的建设,切实提高网络管理水平。净化网络环境,保证上网安全。

(八)家校结合,形成育人合力

学校致力于学校—家庭—社会三个环节的有效沟通,开展家庭教育研究,举办家长学校,开设讲座和心理咨询。学校成立了家长委员会,成为与学生、学校和家长联系的纽带,对学校管理提出指导性建议。举办家长学校,每学期召开家长会,对家长培养教育孩子的方法进行培训,聘请教育子女方法得当的家长做经验介绍,我校仁爱社的师生多次在家长会上展示学习成果,引领家长正确的育子理念。家长还参与评教评学工作,对任课教师进行师德师风考评,促进了学校各项工作健康发展、顺利运行。班主任与家长沟通紧密,定期向家长汇报学生在校表现,班主任的反馈做到客观公正,既讲成绩也讲不足,让家长全面了解孩子在校情况。

(九)职业理想和职业道德教育

一是以德育课为主阵地,对学生加强职业理想和职业道德教育,"我的梦"与"中国梦"紧密相连,践行社会主义核心价值观,做好职业生涯规划,做有理想、有追求的青年,增强学生的社会责任感。通过设计、演讲、学习身边优秀典型等活动,为学生的理想人生奠基。

二是加强实训实习期间德育教育,利用行业、企业和生产一线的资源优势,深入开展以爱岗敬业、诚实守信为重点的职业道德教育,学校安排专人负责此项工作,企业有专人负责学生管理工作,校企双方共同评价学生。

(十)加强爱国主义和民族团结教育

我们对学生着力加强"五个认同""三个离不开"的教育,突出育人特色,以"一校两课"为载体,即青年党校、民族团结教育课和国学课,帮助学生树立远大理想,认同中华民族传统文化,加强各民族同学之间的交流、交往、交融,还在同学中建立"手拉手、结对子"活动,汉族学生与少数民族学生结对子,一方面帮助少数民族学生说汉语,另一方面,促进不同民族之间进行文化交流。今年国庆前夕,我校举行了"庆祝国庆 喜迎十九大胜利召开 国旗护卫队展示活动",成为本市第一所规范化升旗仪式学校。全国升旗手总教官、天安门国旗护卫队第八任班长赵新风出席会议并为学生开展国旗知识讲座。《中国教育报》《天津日报》等多家媒体报道了活动盛况。加强感恩教育,培养学生们的爱党、爱国情怀,珍惜今天的好机会,努力学习,报效家乡、报效祖国。每年组织新疆班学生到天安门参加升旗仪式,登长城,领略世界上最伟大建筑之风范,加强爱国主业教育。

办好青年党校。深入贯彻落实党的十九大精神"三进",即"进课堂、进教材、进学生头脑",新疆班学生以党的十九大报告为汉语教材,逐字逐句学习、理解、记忆。党总支书记亲自为学生上党课,将广大青年紧密团结在党组织周围,用最先进的理论引导广大学生青年树立远大理想、刻苦学习,为实现中华民族伟大复兴的中国梦而努力奋斗。

四、德育成效

在市教委和北辰区教育局领导的大力支持下,我校德育工作成效显著。

（一）打造一支队伍

尊重人人、学生为本的育人理念基本树立。认同学生的主体地位,了解学生、尊重学生、服务学生。正视中职学生的特点,充分关注个体差异,做到"一把钥匙开一把锁"。涌现出一大批想当班主任、能当班主任、当好班主任的优秀教师。形成每个班级不甘示弱,永争第一的良性竞争氛围。三年来,有1人获得市级优秀班主任荣誉称号,涌现出3个市级优秀班集体,我校团委荣获"天津市五四红旗团委"荣誉称号。

（二）教育针对性更强

1.以德育课为核心、其他课程相互配合的教学模式日益优化

优化课程体系,逐步建立以职业生涯规划等五门德育课为主,时事政

策教育、民族团结教育、国学等专题教育为辅,其他文化课和专业课相互配合补充的格局。在教育内容上,明确以理想信念教育、民族精神和时代精神教育、道德和法制教育、就业创业教育、生涯发展教育、生命教育为重点,并按学年段各有侧重。在教学方法上,按照贴近学生思想实际、贴近学生现实生活、贴近学生认知水平、贴近学生职业成长需要以及贴近社会热点问题的"五贴近"原则,着重以学生的身边事为切入点,学生们认识和分析问题的能力得到提高。

2.以实践活动为重点的育人方式逐步完善

学校按照市场和企业需求,将学校教育内容与企业岗位要求进行对接,并积极利用行业、企业和专业的优势,以技能大赛、校园文化建设、岗位实习等活动为载体,加强学生的实践体验,促进学生的知识内化、情感认同和行为习惯养成,实现了从"中学生"到"准职业人"的转变。

3.学生得到社会和用人单位认同

学生参与社区、街道等社会公益活动和社会实践活动,参加社会培训,取得职业资格证书,实现学生素质教育与职业能力培养紧密结合,工学结合、校企合作人才培养模式,助推了学生全面提升职业素养,受到企业高度评价。学校团委以十八岁成人仪式为契机,开展系列成人教育、生涯导航行动等活动,学生思想道德建设进一步加强。形成了社会—家长—学校三结合的德育教育网络。

(三)德育科研取得丰硕成果

教师撰写论文数百篇,30多篇论文获得市级以上奖励或发表,有两项课题立项为市级"十三五"科研课题,学校编撰了《民族中专优秀论文集》。

(四)学生能力显著提升

由于各班实行干部轮换制,很多学生得到锻炼,特别是学生会成员,分工合作,承担了学生管理工作,检查及时、落实到位。学校还成立了学生会新疆班分会,并已成为学生管理的中坚力量。2015和2016年,陈友贞、巴哈尔古丽同学荣获"天津市最美中职生标兵""全国最美中职生"荣誉称号,加伊得尔同学在全国中职生文明风采大赛中获一等奖。很多同学获天津市大赛一、二等奖。集体舞项目每年代表北辰区参加天津市文艺展演获一、二等奖,在全国民族中学文艺展演中获二等奖。丰富多彩的社团活动结硕果,学生的动漫作品、葫芦烙画、十字绣、钻石绣等作品将由学校永久收藏,足球队、排球队、篮球队每次均在区高中组竞赛中获一、二名,非洲鼓、古筝、吉他等历次演出成功,200人大型集体舞在北辰区运动会开幕式演出。在天津市春季高考中, 每年都有1~3名学生考入天津大学本科,2017年3人考入天大本科,45人进入本科录取分数线。2018年春季高考101人进入本科分数线,每年参加考试的学生100%升入高职本科院校。

(五)青年学生理想信念更加坚定

青年党校发挥重要作用,党总支书记亲自为学生讲党课,让学生了解党的基本知识,如何向党组织靠拢,如何申请入党等。通过学习,有30多名同学向党组织提交了入党申请书。学校党总支还开展"党员下班"活动,每班保证有1~2名党员作为联系人,帮助班主任做学生思想工作。党的十九大结束后,我校对全校学生宣讲党的十九大精神,会后,立即在全校掀起学习贯彻党的十九大精神热潮,板报、手抄报、主题班会、演讲等各项活动蓬勃开展,同学们深刻认识到青年强则国强的道理。

当前整个社会正处于转型时期,价值取向的多元化、信息渠道的多元化和中职学生结构的多元化都给中职德育工作带来了挑战。面对新形势,我们学校的德育工作仍然任重道远,还要不断探索中职学校德育工作更加有效的途径和方法。

以高职院校志愿服务为载体探索立德树人的有效途径

——以天津铁道职业技术学院春暑运志愿服务为例

杨鹏山　　郎雪鸥

教育兴则人才兴,教育强则国家强。习近平总书记在党的十九大报告中提出,"要全面贯彻党的教育方针,落实立德树人根本任务,发展素质教育,推进教育公平,培养德智体美全面发展的社会主义建设者和接班人"。在全国高校思想政治工作会议上,习近平总书记强调,"高校思想政治工作关系高校培养什么样的人、如何培养人以及为谁培养人这个根本问题。要坚持把立德树人作为中心环节,把思想政治工作贯穿教育教学全过程,实现全程育人、全方位育人,努力开创我国高等教育事业发展新局面"。

如今,大学生志愿服务在精神实质及效能上恰好符合高等教育中"立德树人"的各项要求。中华优秀传统文化、社会主义核心价值观和"立德树人"之间也具有极强的耦合性。因此,结合职业院校专业特色,结合我院铁路特色的交通运输类志愿服务成为我院进行"立德树人"培育的鲜活载体和有效途径。

一、"立德树人"的概述

(一)立德树人的内涵

立德树人,既是一个永恒的主题,也是一个时代的主题。总书记强调"国无德不兴,人无德不立",因为树人是教育的根本,只有立德,才能成人;只有在"以人为本"的时代,教育才能回归人。

立德树人首先是"立德"，在古代主要是指人的思想道德操守较高，也只有具备了较高的道德操守以及良好的品质，人生之路方能走的长远。"树人"这一观念也是中华传统文化中流传至今的经典思想观念，最早提出这一概念并进行解读的是管仲，他的树人思想中蕴含了丰富的智慧，其中既包含着一定的道德教育以及职业教育，还对终身教育这一理念进行了阐述，十分具有前瞻性，并且与实际生活贴近。将立德与树人这两个概念合二为一，即"立德树人"的概念主要包含着内、外两个层面的意思。首先，立德树人的内在含义指个体内部的自我品格修养及精神境界的提高，主要强调的是作为一个人最根本的道德修养；立德树人外在的含义理解为社会对于个人的基本道德以及行为操守、品格的无形规范以及约束力，树人的概念主要强调的是人才培养方面的要求。

(二)立德树人的目标分析

习近平总书记在全国高校思想政治工作会议上强调，高校立身之本在于立德树人。要坚持把立德树人作为中心环节，把思想政治工作贯穿教育教学全过程，实现全程育人、全方位育人。通过不断学习领悟习近平总书记教育思想，我们深切感到，高校的一切工作必须紧紧围绕立德树人这一根本任务展开，必须强化"四个意识"，坚定"四个自信"，牢记"四个服务"，坚定不移走中国特色高等教育发展道路，努力办好中国特色社会主义大学。立德树人究其根本还是指在教育的过程中要培养出怎样的人才以及人才的培养方式，这也是立德树人的重要发展目标。所以在今后学生的教育过程中不仅要培养、提高学生的专业技能水平，还要提高大局意识、道德品质以及社会责任感，使其能够全身心地积极投入到党和国家需要的地方，运用专业所学贡献自己的一分力量。由此可见，传统的教育方式可能不够适应立德树人的目标要求，为此，需要创新培养学生综合素质的方式方法，而大学生志愿服务经过实践证明已经成为立德树人教育过程中的重要载体。

(三)立德树人的现状分析

现今，许多高职院校都在如火如荼地开展着立德树人的教育实践活动,发展形势良好,但由于种种原因的限制,立德树人的教育理念在发展的过程中还是存在着诸多的问题。首先,互联网以及对外开放的深入发展,使得当前的社会环境呈现出一种多元文化碰撞、交叠的现象,这使得立德树人的外部发展环境不够乐观;此外,就是高校内部体制的惯性思维,使得立德树人教育理念的推进实践面临着严重的阻力;再者,立德树人的教育理念在实践过程中面临着形式主义倾向,主要表现为:立德树人在教育实践的过程中形式单一、缺乏有效的教学设计、学校经费投入不足等方面。

二、志愿服务现状

(一)志愿服务现状

志愿服务指的是服务者在社会中开展的无偿性、自愿性的非营利以及非职业化的活动。当前,大学生的志愿服务活动在高校非常普遍,他们利用课外充裕的时间在社会中通过无偿、自愿的服务,播撒自己爱心的种子,向社会传递出"奉献、友爱、互助、进步"的正能量。在这一过程中不仅可以分担社会以及国家发展的一点责任,还有助于青年自身的健康成长以及"三观"的培养和树立。据调查,当前高职院校学生开展的大学生志愿服务多是在学校团委或是团委指导下的青年志愿者协会开展的一些公益活动。这些志愿服务活动在某种程度上丰富了大学生的业余生活,增强了实践能力,还能够让其体会到自身价值所在,提高了存在感以及责任意识。

(二)天津铁道职业技术学院志愿服务情况

本文主要以铁道职业技术学院为例,探讨高职院校志愿服务活动的情况。天津铁道职业技术学院青年志愿者协会自 2009 年成立以来,学生志愿服务的队伍逐年扩张,当前我院登记注册的志愿服务者人数已高达 4488 人。铁道职业技术学院青年志愿者协会在协会内有明确的职能分工,不同职能部门负责的领域各不相同。在实际志愿服务活动开展的过程中主要是以小队的形式进行志愿活动。青年志愿者协会以社会实践和志愿活动为支点,搭建实践育人平台。平时带领志愿者积极开展校内外活动,主要包括:春暑运志愿服务活动、第十三届全运会志愿服务活动、河北省涞源县支教扶贫志愿服务、启智小学志愿服务活动、与1路津塔公交站志愿服务活动、慰问环卫工人及养老院等。按照团中央的"1+5"模式(即一种工作机制：结对+接力，五项服务内容：亲情陪伴、学业辅导、自护教育、爱心捐赠、感受城市)培养学生立足自身、认知社会、专业延伸、服务社会的能力。

协会开展的活动形式多样，不断开拓服务的领域，扩大服务面，得到了社会各界的充分肯定，产生了良好的社会影响。为积极践行社会主义核心价值观作出了当代大学生的贡献，一定程度上形成了良好的社会风气和舆论导向。包括中央一套、十三套、天津电视台，今晚报、中央人民政府网、人民网、天津教育报、天津青年报、中国科技网、新华网在内的多家媒体进行了专题采访报道。获得了2012—2013年度天津市青年志愿者工作优秀组织奖，2014—2015年度、2016—2017年度天津市优秀青年志愿服务集体等荣誉称号。其中，我院"服务京津冀协同发展、志愿奉献情洒春运"志愿服务队荣获全国2018年暖冬行动优秀团队荣誉称号。

铁道职业技术学院在开展志愿服务活动过程中最富有特点的举措就是根据不同的专业特色来输出志愿服务，使每一位志愿者在志愿服务的活动过程中都能够发挥出他们最大的专业效能。通过这种方式，使得铁道学院的志愿活动既能够服务他人，又能进一步提升自身的技能实践水平。在实践服务的过程中，铁道职业技术学院的学生始终本着服务他人的发展理念，为学院的健康文明发展贡献出一分力量。

三、天津铁道职业技术学院春暑运志愿服务情况

天津铁道职业技术学院自2008年以来，始终立足于结合专业特色的志愿服务，迄今已经十载。自2008年至今，我院长期坚持在天津站、天津西站、北京站、北京南站、12306客户服务中心、燕郊站等京津冀地区组织开展暑期志愿服务，除此之外，学生们也广泛参与到兰州站、兰州西站、德州站、上海站、南昌站、郑州站、张掖西站、太原站等站点的春运志愿服务中。2017年，铁道运输系选派了30余名志愿者在天津站，62名志愿者赴北京站，城市轨道交通学院选派了46名志愿者赴廊坊站、玉田站、三河站、滦县站等车站开展实名制验票与售票的志愿服务,获得了广大旅客及车站职工的一致好评,受到了中央电视台、天津电视台、人民日报、中国教育报、今晚报等各大媒体的宣传报道。

(一)建立春暑运志愿服务体系

2008 年,在面临天津站扩建工程完工,京津城际即将开通,北京奥运会即将开幕的情况下,各火车站点安保级别提升,铁路公安处人员紧缺。天津铁道职业技术学院为支援公安处,7 月初选派了 50 名志愿者赴北京站协助安检,直到奥运会结束。同学们克服了劳动强度大、任务要求高、天气炎热等重重困难,圆满完成了公安处交予的各项工作任务,得到了铁路公安处和社会各界的认可。

随着京津城际的开通,2009 年春运期间,天津站、北京南站、12306 客户服务中心全都面临人员紧缺的情况,应其要求,我院决定为其选派志愿者支援工作,从事验票、检票、接听客服电话等工作。为方便志愿者顺利完成工作,我们选派了铁道运营类学生支援春运工作,同学们将在校学的理论知识与现场实际相结合,得到了实践锻炼,同时也学到了很多在校没有的现场经验,以一名正式工作人员的标准圆满地完成了任务。

2012 年春运期间,北京站是全国唯一一个实名制验票的试点,学院选派了 300 余名学生支援北京站实名制验票工作。学生们在没有任何经验可以借鉴,在各大新闻媒体集中关注的强压下,学生们在试错中总结经验,在实践中尝试创新,在强压下不断成长。值班教师每天定时组织志愿者们总结交流经验,讨论在保证不出错的前提下如何提高验票速度,最后总结了"接、验、核、盖、还"五步操作,最终学生们做到在 4 秒中完成一次验票。学院领导对此事高度重视,特安排每日两名指导老师与学生同吃、同住、同工作,圆满完成了支援北京站的实名制验票工作,得到了北京局、北京站领导的表扬,中央电视台、新华网等主流媒体都对我们的志愿服务进行了报道。

2012 年之后,我院的志愿服务一直在进行中。9 年来,我院学生共计约 4000 多人支援了天津站、天津西站、北京南站、北京站等二十余站点的春运工作,在服务京津冀协调发展中作出了贡献。志愿者们在志愿服务的岗位上挥洒着汗水与青春,用所学专业知识帮助车站检票及客运服务,他们用实际行动弘扬着奉献、友爱、互助、进步的志愿者精神。

(二)志愿服务效能

1.红旗高展,忠魂不灭

通过志愿服务,学生们的思想道德水平有所提升。我们利用学生志愿服务的休班期间组织学生观看了升旗仪式,参观了国家博物馆、铁道博物馆等。观看了铁路发展史,铁道博物馆内"车、机、工、电、辆"各工种从最原始到最先进的设备都有,各专业同学互相讲解,普及了铁路知识,丰富了业余生活,也舒缓了志愿服务的紧张心情。

我院实行半军事化管理,坚持班前集体点名、列队上岗、班后总结。工作中务必认真负责、一丝不苟的工作态度(任何人从验票口通过必须提供相关证件)。我们从宿舍就寝点名,统一就餐,外出请假、集体活动列队行走等方面制定制度,严格落实。坚持每天晚上召开交流会,一天遇到的问题一起交流讨论,如常用英语、国际列车票如何验等。

2.铁院志愿,知行合一

在志愿服务过程中,培养了学生的工匠精神。开展了与全国劳动模范李素萍及北京站青年技术能手、我院优秀毕业生座谈交流,学习他们如何在平凡的工作岗位上作出不平凡的事。今年春运学生在工作日记中写道:我问师傅,在寒冷的冬天,您是怎样坚持在爱心通道工作的?回答"这是我的工作"。老职工的敬业精神感染着每一位学生。学生在校期间学的理论知识到现场得到锻炼,如少部分铁道运输类专业学生从事售票工作,要求票款不能少,少了自己补,多了要上交,考验了学生的基本功,学生基本能做到"严账"。

火车站的志愿服务,不仅仅对学生有很大的教育意义,而且也锻炼了学生吃苦耐劳的精神。这些在家很少吃苦的90后学生,在活动中表现得非常坚强,不怕苦不怕累,表现出色。一天三班倒的单调与繁重的工作量,如同千斤巨石,时时刻刻积压在我们的心头。整日紧绷的神经,和时刻挂在嘴角的笑容形成鲜明对比。尽管学子们在日复一日、千篇一律的工作中身心俱疲,但是面对旅客,他们将自己的疲惫深深藏起,依然用一种积极阳光的心态面对旅客,耐心的解答旅客的疑问,帮助旅客排忧解难。

3.奉献爱心,薪火相传

培养了学生无私奉献的传承精神。每个班组有的在室内验票,有的在室外爱心通道维护秩序,可以说冬天冷夏天热,规定是两个小时一换班,同学们都互相争着去爱心通道。去年 7 月 24 日,北京下暴雨,旅客都要进入站内,现场混乱,爱心通道的同学已经被雨水淋透,其他同学要换班时,同学说"我已经都湿了,还是让我来吧"。学生在休息时间志愿到站内帮助有需要的人,开展爱心服务。验票的学生每个班次要验 18000~20000 张票,有因排队人多烦躁骂街的、有无票要进站且无理取闹的、有说谢谢的,工作期间都要沟通交流,笑脸相送。

四、志愿服务未来发展

参加过北京站春暑运的同学,毕业后都能很快适应单位的要求,2014年毕业生潘晨现任侯马北工务段团委副书记,2015 年毕业生黄殿祥获全路新长征突击手,2016 年毕业生吴凡分配到北京站由于工作成绩突出借调北京站党委工作。

今年春运期间我院与北京站签订了实践协议,于忠武院长去北京站为实践基地揭牌。习总书记指出,青年学生既多读有字之书,也多读无字之书,北京站春暑运就是一本很好的无字之书。春暑运工作获得 2015 年天津青年志愿服务"百项示范项目"金奖,全国铜奖,2017 年荣获了 2016—2017年度的"天津市优秀志愿服务集体",今年更是获得了 2018 年全国暖冬行动志愿服务优秀团队的荣誉称号。未来,铁院会继续坚持每年的春暑运志愿服务,力争在品牌中寻得创新,在志愿服务中实现教育"立德树人"的根本任务,为服务京津冀协同发展作出贡献,做天津的一张靓丽名片。

落实立德树人,核心在于促进学生的全面发展。促进人的全面发展是中国特色社会主义的本质要求，教育是促进人的全面发展的根本途径。我们落实立德树人根本任务，就要从促进人的全面发展出发，坚持围绕学生、关照学生、服务学生，把思想政治素质放在首位，抓好思想引领，引导广大学生做到"四个正确认识"。通过志愿服务这个第二课堂建设，形成协同育人效应。探索设立志愿服务板块的实践学分，将其融入实践育人的全过程中。

（作者单位：天津铁道职业技术学院）

现代职业教育体系

天津职业大学——天津科技大学
联合培养技术应用型、高端技能型人才

天津职业大学

2012 年,天津市教委启动联合培养技术应用型、高端技能型本科人才的试点工作,旨在积极推进国家职业教育改革创新示范区建设,加快培养高端技能型人才,为搭建职业教育立交桥提供有益尝试,构建现代职业教育体系。天津职业大学作为首批试点单位,与天津科技大学联合培养包装工程、化学工程与工艺和物流工程三个专业,与天津商业大学联合培养酒店管理专业,共计四个专业。

目前与天津科技大学联合培养已招收 5 届学生,其中 2013 级在校生 192 人,2014 级在校生 207 人,2015 级在校生 203 人,2016 级在校生 200 人;与天津商业大学联合培养已招收 1 届学生,2016 级在校生 63 人,与两校联合培养在校学生合计 865 人。2016 届毕业生 201 人,194 人获得毕业证书,获得率 97%;194 人获得学位证书,获得率 97%。

现将本校联合培养的各专业情况总结如下:

一、专业背景和发展情况

包装技术与设计、应用化工技术、物流管理、酒店管理等专业为天津职业大学示范校重点建设专业,自 2006 年至今,累计投入专业建设资金 2380 万元,生均设备总值 1.11 万元,位居天津市高校前列。包装技术与设计专业实施以产养学机制,校企合作建立包装实训基地。与企业真实生产环境接轨,与企业紧密联手,通过多渠道、多途径建设,形成了一定规模的规范化、生产型、开放性的校内外实验实训基地,为国内同类高职院校起到示范引领作用。应用化工技术专业构建了"教学、培训、鉴定、科研、生产、服务'六位一体'"实境化工"教学工厂"。解决了化工类学生企业顶岗实训以参观为主、生产性实训难、危险系数大等难题;教师实践经验差、兼职教师管理难、企业顶岗实训影响生产等难题;开放教学与产业运作不理想、企业管理与学校机制对接不理想、课程开发与企业项目融合不理想等难题。物流管理专业发展建设中,已建成规模适宜专业实训的校内基地,建设资金总额363万元,建设面积1530平方米,覆盖专业核心课程,训练学生仓储与配送、物流信息技术、国际物流等各项技能,提升了专业综合能力,培养了学生职业素质。酒店管理专业建有国内一流的酒店综合学训中心,面积约2500平方米,包括酒店前厅学训室,中、西、日餐厅学训室,咖啡学训室,茶艺学训室,调酒学训室,客房学训室,说明性厨房,操作性厨房,旅游综合学训室,达到了国内领先、"教学做一体"的目标,并具备6种职业资格证书培训和考核鉴定的能力,为旅游酒店管理专业的旅行住宿服务、餐饮服务等学训提供了保障。

随着国家职业教育改革示范区的建设,各专业积累了许多优秀成果和教学资源。紧跟地区经济发展变化和地区行业发展需要,各专业积极与相关大中型和民营企业联系,随着前期调研和教学活动的不断实施,逐步提高与行业、企业的合作紧密度。

二、培养方案和课程设置

各专业依据行业发展和企业实际调研结果,结合本地区高校本科及高职人才培养特点,制订了联合培养技术应用型、高端技能型人才培养方案,突出职业教育的优秀教学成果,实行以工作岗位群和工作过程为依托,强化动手能力的提高,满足未来地区发展的需要。在各联合培养本科专业的人才培养方案中,增加了职业资格高级证书的培训及考核要求,实现本科毕业生的双证书(毕业证书、职业资格证书)管理,提高学生的动手操作技能,缩短学生与就业岗位的距离。

在课程设置方面,与普通本科专业相比增加了实践学时比例,采用"教学做一体"的课程教学模式,利用各专业先进的工艺设备进行现场实训,提高学生的工程实践能力。增设创业基础公共类必修课程,使学生掌握创业的基础知识和基本理论,熟悉创业的基本流程和基本方法,了解创业的法律法规和相关政策,激发学生的创业意识,提高学生的社会责任感、创新精神和创业能力,促进了学生创业就业和全面发展。开设大学语文课程,选聘教学经验丰富的专任教师授课,实现学生人文素养和综合素质的全面提升。

在教学模式方面,各专业在专业核心课程的教学实施中引入"教学做一体"的教学模式,注重理论与实践相结合,将生产实际中的工作任务引入课堂,提高学生学习的针对性、直观性,提高学生的实践操作能力,学生对这种课程教学模式的评价成绩均在 95 分以上,学生这类课程学习积极性较高。实践教学多在实验室或实训车间进行,通过实训室职场氛围的营造,增加了同学们对专业设备的直观认识,并通过设备的运行操作与维护,提高了学生对知识的掌握及运用能力。

三、师资队伍建设

经过学校和各专业的积极努力,逐步形成了以本校骨干教师为主,本科高校教师及企业、行业能工巧匠为辅的教师队伍。联合培养专业专任教师共有 35 人。其中博士 2 人,硕士 24 人;教授 6 人,副教授 12 人。获得高级技师 7 人,技师 12 人。兼职教师共有 16 人。其中博士 1 人,硕士 10 人,本科 2 人,具有中级职称 6 人,高级职称 8 人。

学校坚持外引内培的建设方针,采取以老带新的青年教师培养机制、教师轮训制度、专业教师国内企业调研培训等方式,强化"四双四能"教师队伍建设。"四双"建设:教师具有双师资质,提升理论实践双教能力、双语教学能力和教师双职业资格证书比例;"四能"建设:提升课程开发能力、信息化教学设计能力、信息化教学实施能力和科技创新服务能力。

四、人才培养与管理模式

在高职院校进行培养,包括理论教学、实践教学和第二课堂学习等。学校教务处、督导室、学院设专人负责联合培养工作。天津职业大学教务处与合作院校教务处积极沟通,建立两校联合培养办公室,认真完成各项教学管理工作。学校精选教学能力强、有丰富教学经验的优秀教师来承担联合培养的基础课教学任务,并聘请了天津科技大学及其他高校或企业的能工巧匠来校讲课。每学期举行学校和学院的期中教学座谈会,教务处积极协调各部门来解决同学们和老师们提出的问题。

五、首届联合培养毕业生的毕业环节工作

为了更加顺利地开展联合培养毕业环节工作,2014 年上半年教务处就组织各专业积极联系天津科技大学相关专业,就指导教师资格、指导学生人数、论文字数等内容进行深入沟通,初步形成了本校联合培养各专业的毕业环节文件。此项工作主要依据《天津科技大学毕业设计工作手册》(2010 版),各专业结合实际情况,按照学校提出的以毕业设计为主,毕业论文为辅;强调与企业深入合作,共同指导学生进行有应用性的项目研究方向;并聘请天津科技大学教师指导毕业论文或毕业设计。学校积极筹措资金为各专业增添了新的硬件设备和软件系统供学生进行毕业设计(论文)使用。圆满完成首届本科毕业生的论文撰写、答辩等环节,学生顺利取得天津科技大学的毕业证书和学士学位证书。

六、研究生推免工作

经过与天津科技大学协商,联合培养学生同样具有推荐免试攻读硕士研究生资格。经过认真组织,层层筛选,最终我校 2016 届、2017 届共有 5 名同学获得天津科技大学硕士研究生的推免资格,并顺利被天津科技大学录取。在天津市的联合培养本科专业中位居前列。

七、参与技能竞赛情况

2013 年在全国大学生数学建模竞赛中 2012 级化学工程与工艺专业同学获得团队二等奖;2014 年有 2 名同学获得天津市大学生数学竞赛优秀奖;在 2015 年全国大学生数学建模竞赛中,物流管理专业同学获得天津市一等奖。在 2016 年全国大学生数学建模竞赛中,化学工程与工艺专业同学

获得天津市二等奖。

化学工程与工艺专业学生参与开发的智能化玻璃仿真模拟装置,在全国职业院校学生技能作品展洽会获优秀学生作品一等奖;包装工程专业学生对于参加行业等各类技能大赛积极性很高,包括全国包装创意设计大赛、"济丰杯"校园包装设计创意大赛等,2014 年获全国包装创意大赛二等奖 1 项,2015 年 15 人参加 2015 年全国包装创意大赛,有 1 人获得一等奖。

八、加强职业资格证书培训与考证

表一　天津科技大学联合培养专业 2016 届毕业生职业资格证书获取率

专业名称	证书名称	证书等级	证书获取率
包装工程	图形图像操作员	中级	100%
	图形图像操作员	高级	100%
	印品整饰工	初级	94%
化学工程与工艺	化工总控工	高级	100%
物流工程(物流管理)	助理物流师	高级	57%
	助理采购师	高级	100%

从表一可知,联合培养 2016 届包装工程专业 63 名学生获得了图形图像操作员(photoshop)中、高级和印品整饰工初级职业资格证书,获取职业资格证书比率为分别 100%、100%、94%。

2016 届化学工程与工艺专业学生全部获得了化工总控工高级职业资格证书,获取职业资格证书比率为 100%。

2016 届物流工程专业 70 名学生有 40 名同学取得助理物流师职业资格证书,70 名同学取得助理采购师职业资格证书,获得职业资格证书比率分别为 57%、100%。

在离校前,每位同学至少获得一类职业资格证书,为到相关岗位就业奠定了基础。

九、选取课程开展无纸化考核和过程化考核

为了充分发挥信息技术对于课程考核改革的作用,根据马克思主义基本原理课程的特点,从2013级开始采用无纸化考试,建立课程题库。同学们可以利用课下的空闲时间不断练习,从而增强对课本知识的理解和记忆,进而提高课程的学习效果。大学计算机基础课程的主要内容是对计算机的使用和完成一定的作业任务,教师经过认真研究,仔细设计了针对各个教学知识点的任务,并在教学过程中依据同学的完成情况进行考核,提高了同学们对课程的积极参与度。

十、学生工作方面

(一)基础管理方面

每学期开学初定期开展联合培养学生思想动态调查工作,做好敏感时期、重大事件发生时期学生思想的疏导和调研工作,实施突发事件报告制度,做到"早发现、早研判、早报告、早预防、早处理",切实维护学校安全稳定。

在每月月末更新联合培养学生基本信息台账,对于学习困难、心理困难、家庭经济困难等学生加强关注,做好分类指导工作。在寒暑假、国庆节等节假日开学后,进行联合培养学生返校统计,直至全部学生返校为止。

针对联培学生中存在的问题,分类指导,有针对性地开展约谈和事件跟踪,并有针对性地开展思想教育活动。

(二)学风建设方面

严格考勤制度和早自习制度,通过新生入学教育、学籍学纪考试、军训等强化学生养成教育,促使学生养成良好的学习习惯。

单独组织召开联合培养学生国家奖学金、市级奖学金竞评会,激发其团结进取、积极向上、拼搏进取的意识。

选树优秀联合培养学生作为典型,以纪念"一二·九"运动为契机,召开隆重的表彰大会,对优秀学生进行表彰,同时加强对优秀学生事迹的宣传,并组织优秀学生进行巡讲,在联合培养学生中形成"表彰先进、学习先进、争做先进"的浓厚氛围。

2012 年以来,每学期召开一次社会实践学习互动,先后举办学习促进会、参观滨海企业、"师友护航,携手筑梦""点亮梦想,学长领航"等学风建设活动,帮助联合培养学生增强克服困难的决心,合理规划大学学业生涯。

(三)素质教育方面

1.不断加强联合培养学生素质教育

针对联合培养学生特点和联合培养教育模式,按照主体性、全面性、科学性原则,制订了校院两级素质教育方案,明确联合培养学生教育目标,并开展相关素质教育活动,教育活动涵盖基本素质教育、职业素质教育和通用能力教育,促进联合培养学生能力提升。

2.不断加强联合培养学生思想政治教育

利用清明节、烈士纪念日、五四运动、国家公祭日、国家宪法日开展主题纪念活动,弘扬民族精神和爱国主义精神;以传统节庆日、时事热点等为契机,利用党团课、座谈会、主题团日、教育基地参观等形式,引导联合培养学生成为"爱国、敬业、诚信、友善"的践行者。

3.加强联合培养学生感恩教育

今年首届联合培养学生毕业,学校与天津科技大学联合制订了《天津科技大学·天津职业大学 2016 届联合培养毕业生离校工作方案》,加强联合培养学生文明离校教育和感恩教育,并于 6 月 25 日,召开了隆重的毕业典礼暨学位授予仪式,对联合培养学生进行最后一公里的教育。

十一、就业方面

(一)顺畅沟通,确保进度标准同步

为促进首届联合培养本科毕业生顺利就业,学校就业中心和相关学院及早谋划、提前准备,与科技大学就业中心、对应学院通过 QQ 群等多种形式,搭建畅通的沟通渠道,随时跟进科技大学关于就业工作的时间节点、工作标准、任务要求,配合做好科技大学就业周报、系统培训、工作推动以及求职补贴申报等工作,保证联合培养毕业生就业工作与科技大学同标准、同要求、同进度。

(二)专场招聘,提高岗位有效性

以专场招聘会为基础,结合重点企业专场宣讲面试推荐,保证联合培养岗位数量和质量,提高就业岗位针对性。为提高毕业生的就业积极性,2016年寒假期间,学校就业中心、联合培养专业所属院系主动出击,与各人才服务部门和用人单位对接联系,了解企业需求。2016年3月9日,邀请到天津汇源印刷有限公司、天津天塑集团等60家用人单位来校举办联合培养毕业生的专场招聘会,提供针对性就业岗位500余个。

2015年10月,学校带领全体联合培养毕业生统一参加了科技大学首场校园招聘会,让毕业生初步感受就业氛围,引导他们树立积极就业的心态。通过QQ群等渠道与科技大学就业中心及相关学院保持交流,科技大学发布的岗位招聘信息都会第一时间在我校同步发布,保证为联合培养毕业生提供足够的就业岗位信息。

(三)多样指导,提高就业创业能力

在就业创业指导必修课程基础上,依托新媒体,开发了微信公众平台,辅以大屏幕、校讯通、宣传栏、学生社团就业导航报等,努力延伸就业创业指导服务,为毕业生提供全方位的指导。利用生涯规划大赛、创业大赛、创业训练营等形式,为学生搭建锻炼平台,提高学生就业创业能力。对报考选调生、公招考试等特殊类型就业形式的毕业生开展针对性指导和帮扶,提高报考效果。

2016届学生已就业191人,就业率95.02%。其中考取选调生1人,升学3人,签就业协议形式就业51人,其他录用形式就业136人。主要就业单位为天津宸泰化工有限公司、天津伊利乳业有限责任公司、天津长荣印刷设备股份有限公司、天津宜药印务有限公司、天津塑力线缆集团有限公司、中国邮政储蓄银行股份有限公司天津分行、中国邮政速递物流股份有限公司、中国光大银行股份有限公司等。

十二、联合培养办学的思考

联合培养办学一方面使培养出的人才更能适应社会的需求,特别是与我国经济结构转型升级协调联动；另一方面还能进一步促进现代职业教育体系的建立，推动中国高等教育的发展。结合实际办学情况，为进一步推进联合培养办学向着纵深发展，需要在师资队伍、资源共享等几个方面攻坚克难。一是本科院校教师理论基础相对实际应用能力要强，高职教师的实践能力要优于理论基础，因此二者应该取长补短，进行师资力量改革，建立教师联合教学、备课和教研机制；二是本科和高职院校在教学资源方面各有侧重和优势，应取长补短，资源共享，提高资源利用率，为培养高端应用型人才提供条件保障；三是随着社会经济的发展，联合培养办学过程中还会出现很多新形势下或计划中未预料到的新问题，这也对联合培养办学的方针、策略方面提出了新考验，需要办学双方加强沟通和协作，真正实现共同育人。

天津轻工职业技术学院—天津工业大学联合培养技术应用型、高端技能型人才

天津轻工职业技术学院

　　天津轻工职业技术学院是公办全日制高职学院,坐落在天津海河教育园区。根据区域社会经济发展及产业结构调整对人才的需求,为积极推进国家职业教育改革创新示范区建设,加快构建现代职业教育体系,根据《关于在我市市属本科院校和高职院校中开展联合培养技术应用型、高端技能型人才试点工作的通知》(津教委〔2012〕35号)的要求,天津工业大学、天津轻工职业技术学院联合培养技术应用型、高端技能型人才。按照职业人才成长规律,以校企合作为基础、校校联合为优势,强化学生职业素质、理论知识、技能水平等综合能力的提升,实现两个达标(既达到天津工业大学本科毕业的要求和学士学位授予的要求,同时也达到用人单位的要求),最终达到三个满意(学生及家长满意、企业满意、社会满意)。

　　从2012年起,天津工业大学、天津轻工职业技术学院开展联合培养技术应用型、高端技能型机械工程及自动化(模具设计与制造方向,联合培养)专业人才试点工作。2013年根据教育部本科专业目录调整文件要求,2013级联合培养技能本科专业名称改为机械工程(模具设计与制造方向,联合培养)专业。我院共招收5届本科班,每个年级一个自然班,首届2012级42名学生已经毕业,目前在校生共158名。

　　一、行业企业,深度调研,课程设置,灵活实用

　　在设立本科班之前,我们针对天津市模具行业和重点模具企业进行了

广泛、深入的调研。通过调研发现,模具企业除了需要各种专业岗位技术人才之外,还需要大量的生产管理、现场技术支持、模具质量控制、模具售后服务、冲压现场技术员等岗位的技术应用型人才,这类人才的培养还属于本科院校和高职院校之间的一个真空地带。目前这类人才都是由企业自行选拔、培养,培养周期长,投入大。因此企业希望高校模具专业能够培养技术服务方面的专业技能型人才,以缩短企业的培养周期,降低培养成本。根据社会调研与专家论证,构建以"模具设计与制造方向准技师"能力培养为主线的学生模具设计、加工制造、质量检测分析、模具组装与调试、模具管理技术服务等能力体系。根据职业教育的特点,按职业岗位培养技能型人才的职业能力需求,基于工作过程导向的设计思路,选取中等复杂程度模具的设计、制造管理、技术服务作为模具专业的载体,实现由工作领域到学习领域的转化。在教学设计上充分考虑学生学习积极性的提高和创造性的发展。在教学中采用"做中学、做中教"的教学模式,既教会了学生实际加工模具零件的能力又培养了学生的团队精神,使学生增强自信心和责任感,从而全面提高学生的综合素质。以企业岗位能力为目标,实现理论与实践相融合的项目教学方法,以真实的工作情境或任务为载体,让每个学生都有个性发展,充分展示自身的价值。

通过整合模具制造企业所必需的岗位能力及素质,形成职业核心能力,由专业教师和企业专家一起研讨、归纳与选择,根据职业成长及认知规律递进的原则将所需核心能力转换为课程,设置具有支撑这些岗位能力的相关知识与技能课程,融入行业、企业、职业要素的教学内容,创建与行业、企业合作构架工作过程系统化课程体系。既突出职业技能培养,又充分考虑了学生的可持续发展能力。

二、高度重视,多级联动,制度先行,设施先进

学校教务处、学工部、招生办公室、机械工程学院专门成立技能型本科协调办公室,由教务处处长担任办公室主任,负责与工大的衔接工作,每年开学初与工大相关部门召开联席会。学校机械学院单独设立本科管理科室,并为每个本科班配备单独的专职辅导员和班导师,负责对学生的专业进行指导以及学生事务的管理,学校也定期召开各有关部门协调会,对各项新问题及时研讨,并与工大对口部门协商解决。

按照工大本科教学和学生管理的要求,结合学校的实际,制定了本科班教学各个环节的操作规范50余项和工作用表40余个;5套完整的人才培养方案、10余套装订成册的本科课程标准、1套完整的文件制度汇编、5套学生手册,保障了教育教学的顺利开展。

每个本科班均有独立固定的教室并统一安排在相对安静的教学楼四楼,配备全新的桌椅、电脑、投影仪、交互白板等教学设备,每间教室无线网络全覆盖;每间教室配有独立的读书角,每年学校至少给每班购置50余册最新的模具专业、英语学习的各类书籍。优美舒适的环境为学生专心地学习提供了保障。

三、优先遴选,外引内培,政策激励,保障师资

在联合培养本科班师资的配备上,学校始终坚持高标准、严要求的遴选原则。试办初期由工大选派优质基础课教师来校任教,我院配备1名助教;专业课教师由我院遴选副高级及以上职称、教学经验丰富、教学评价优良的本校教师或来自企业高级及以上工程师任教,工大派学科带头人与我院选定的教师一一对接并定期教研,共同制定课程标准,共同研讨教学内容和教学方法,经过1年的帮带配合,达到双促进、双提高的效果。

随着招生班级的不断增加,为增强本科班教师教学水平和技术能力,近三年派出教师参加各类培训、国培以及挂职锻炼40余人次;引进优秀人才10人,其中基础课引入重点大学毕业的硕士研究生5人,专业课引入企业经验丰富的技术工程师4人,引入模具专业博士研究生1人。为激励教师勇于承担本科课程,学校从2012年开始对承担本科教学的教师工作量按1.5倍计算,并在学校的各类评优、评先进中予以优先考虑,激励优秀教师融入本科教学的师资队伍。

四、源头抓起,多方助力,成绩显现,持续发展

按照联合培养《学士学位授予工作实施细则》中对学士学位授予条件

的要求:学生大学英语四级成绩要达到425分或四级成绩与外语类课程平均学分成绩相加超过455分。从学生高考英语成绩进行分析,绝大部分学生成绩在90分(及格线)以下。在军训期间针对本科班学生就做好大学英语四级的摸底测试,开学后按照学生的薄弱环节,为增强学生的听、说、读、写能力,学校加大对学生英语教学的投入,如每学期增加2节/周的辅修英语课程;专门聘请外籍教师,2节/周的外教口语强化课程;每学期聘请"新东方""英卓"资深英语教师强化四级训练,并开设考前辅导;同时通过英语社团活动、英语演讲比赛等形式,提高学生整体英语水平,确保四级的通过。截至目前13级本科班40人中17人通过大学英语四级,3人通过大学英语六级,17人绩点计算后通过学位授予条件的英语成绩;12级本科班18人通过大学英语四级,42人全部毕业,33人取得工学学士。通过强化英语教学,为学生考研、专业英语学习及今后在外企就业奠定了良好的语言基础。

12级本科班在天津市联合培养本科生高等数学竞赛中获得二等奖的成绩。

五、加强动手,双证培养,以赛促建,成绩喜人

将行业、企业、职业要素融入课程内容,在教学中采用"做中学、做中教"的教学模式,除加大基础实验环节外,更加强调的是校内外实习实训,整体提高学生设计、加工、应用、创新的能力。目前,12级本科学生42人均取得三维CAD高级工程师证书和模具工中级证书;13级本科学生40人均取得三维CAD高级工程师证书,20人自愿选取模具工高级证书,取证率均达到100%。取证、培训及鉴定均享受了天津市百万技能人才培训福利计划的补贴。

学校鼓励学生参加各类、各级技能大赛,并结合专业社团的训练培养,截至目前共有28人次获奖。2015年,在全国首届电切削技能竞赛中,1人获得线切割加工(学生组)第二名;在"GF加工方案杯"全国职业院校模具技能大赛中,3人获得二等奖,6人获得三等奖;在2016年全国机械行业职业院校技能大赛——高职模具数字化设计与制造技术技能大赛中6人获得三等奖；此外我校根据本科班学生的知识和能力特点设计并承办 2015 年、2016 年两届本科组注塑模具 CAD/CAE 与主要零件加工赛项比赛，此赛项和天津市高职高专院校学生技能大赛同时开赛，得到市教委和本科院校的支持和关注。在比赛中，除我院本科班 12 名学生参赛外，还吸引来自天津工业大学、天津职业技术师范大学的 18 名学生同台竞技，最终我院本科班学生获得一等奖 4 人，二等奖 6 人，三等奖 2 人，获奖人数位列参赛院校之首。

六、固化成果，总结经验，共同研究，形成范式

我院本着"平等协商，互惠互利，优势互补，共同发展"的原则，与天津职业技术师范大学联合成立了职业教育研究中心，并将"四年制应用型本科技术技能人才培养模式的研究与实践——以天津轻工职业技术学院模具专业为例"课题，确定为首批重点立项的课题之一，由天津职业技术师范大学职业教育学院孙翠香博士(教授)作为第一负责人，我校机械工程学院院长周树银教授、天津工业大学机械学院副院长杨涛教授为主要参与人，课题研究时间为一年，预计投入 8 万元经费，在联合培养机制体制创新、师资队伍建设、课程体系搭建以及实验实训基地建设等方面归纳成果、凝练特色、形成模式，为今后应用技术大学转型升级提供可复制的范式。同时将此课题申报了"十三五"期间天津市教育科学规划重点课题。

七、机制保障，两校共研，校企共带，真题实作

针对 12 级本科毕业生的毕业设计、顶岗实习问题，与工大设专题进行研讨，并聘请工大机械学院副院长杨涛和有关专家为我校首次带毕业设计的指导教师进行专题讲座；学校成立由企业、本科、高职专家组成的顶岗实习及毕业设计领导小组，负责遴选导师、基地以及答辩等工作；经过就业办及机械工程学院共同努力，与阿奇夏米尔国际贸易有限公司、天津汽车模具有限公司、天津津兆机电开发有限公司等多家企业签订实习协议，共同确定一对一的顶岗实习方案。同时阿奇夏米尔国际贸易有限公司、天津汽车模具有限公司、天津津兆机电开发有限公司都是和我院校企深度融合、紧密合作的企业，也是我院校企合作董事会成员单位。

由校方和企业方指导教师共同根据当前行业的生产特点和发展趋势提出毕业设计(论文)课题的题目;学生带着题目,在企业顶岗实习岗位中,充分调研、积累素材、锻炼技能。学生通过调研、文献检索,自主学习,拟订毕业设计(论文)方案,在校内指导教师和企业指导教师共同指导下,完成企业真实案例的工艺分析、工艺计算及结构设计。

最终 12 级本科班 42 名学生均顺利完成毕业设计并通过答辩,其中 1 名同学获得推荐代表天津工业大学参加由天津大学主办的"广数杯"本科优秀毕业设计大赛,获得三等奖。13 级本科班 40 人在我院就业办、机械工程学院的共同努力下,目前已经完成第一阶段下厂实习环节,每位学生按照专业对口、就业意向选择实习企业。

八、技能夯实,顺利毕业,企业青睐,促推经济

2016 年 7 月,42 名同学全部顺利毕业,33 名同学取得学士学位证书,就业率达到 100%,毕业率、就业率、学位证书取得率在天津市首届 10 个联合培养本科班中名列前茅,天津电视台两次对我院技能型本科培养的做法、学生受企业的青睐等事迹予以报道。

在就业形势严峻的情况下,2016 年年初学院召开相关几个部门的专题研讨会,专门研究 12 模具技能型本科班的毕业实习及就业工作。按照会议的要求,我们积极作了部署,积极联系企业,做好企业的信息发布,为企业来校宣讲面试提供教室,组织学生听企业宣讲,为录用学生联系车辆等。有的同学实习后留在了企业,在毕业设计工作的后期我们又联系企业推荐学生就业。经过努力,通过学校推荐及学生自己联系等方式使全班 42 名学生都找到了工作。

学生毕业后,学院坚持毕业跟踪调查制度。用人单位对首届本科毕业生满意度很高,反映学生在企业工作岗位适应性强,实际动手能力较强,领悟能力和学习能力强,用人单位表示比较欢迎。这为我们后续的本科生培养奠定了良好的基础。

天津交通职业学院—天津师范大学
联合培养技术应用型、高端技能型人才

天津交通职业学院

一、合作背景

2012年根据天津市教委《关于在我市市属本科院校和高职院校中开展联合培养技术应用型、高端技能型人才试点工作的通知》(津教委〔2012〕35号)精神,为积极推进国家职业教育改革创新示范区建设,加快构建天津市现代职业教育体系,天津交通职业学院(以下简称我院)与天津师范大学(以下简称师大)在物流管理专业,开展联合培养技术应用型、高端技能型人才试点工作。

(一)优质专业"优势互补"

师大物流管理专业始建于2004年,2007年被列为学校首批建设的特色专业,2010年被评为天津市品牌专业,人力资源与社会保障部"电子商务就业创新服务工程——物流实践教学基地"。

我院物流管理专业始建于2003年,2006年被天津市教委批准为高职高专院校改革试点专业,2010年国家骨干高职院校重点建设专业,2012年天津市高水平示范性高等职业院校重点建设专业,天津市"滨海新区技能型紧缺人才培养基地"。

1.培养特色互补

师大物流管理专业培养具备物流管理、规划、设计等较强实务运作能力的高级现代物流管理人才,侧重中层管理人员,注重系统理论和研究方法培养。

我院物流管理专业培养具备物流核心环节作业管理能力，从事应用现代物流管理方法与技术，实施现代物流运作方案的高素质技术技能人才，侧重基层管理人员，注重操作技能培养。

2.师资力量互补

师大物流管理专业师资具备较强的理论功底和科研能力，高级职称教师占 50%以上，博士学位教师占 50%以上。

我院物流管理专业师资具备较强的职业经验和动手能力，企业工作经历教师 100%，"双师型"教师 100%。

(二)联合培养"协议保障"

2012 年 5 月 14 日我院与师大签署了"联合培养技术应用型、高端技能型人才培养协议书"，2016 年 6 月 28 日两校领导又续签了合作协议。

协议中明确了双方在联合培养工作中的权利和义务，天津师范大学负责落实招生计划和组织招生录取工作；负责学生的学籍管理、档案管理；负责审查毕业资格和学士学位资格，为符合毕业条件的学生颁发本科文凭，为取得学士学位申请资格的学生授予学士学位；对符合师大相关要求与规范的优秀毕业生，可按比例参加师大免试硕士生的推荐等。

天津交通职业学院全面负责组织实施市教委审核通过的人才培养方案；负责配置实施人才培养方案所需的全部教育教学资源；负责实习实训的教学组织与管理；负责联系合作企业，签订校企合作协议，在联合培养学生中开展订单培养；负责本专业学生的顶岗实习和就业推荐工作；负责联合培养学生的学生管理和思想教育工作；负责联合培养学生的生活管理工作等。

5 年来，联合培养协议始终指导着各项工作的有序开展，为联合培养的顺利实施提供了保障。

二、专业发展

自我院与师大在物流管理专业开展联合培养技术应用型、高端技能型人才试点工作,至今已有近 5 年时间。5 年来,我们在市教委指导下,双方领导高度重视,始终保持着融洽合作关系,已实现招生 5 个教学班,累计培养学生 198 人。

2012 年 05 月	两校签署联合培养协议
2012 年 05 月	物流管理(联合培养)专业人才培养方案通过专家论证
2012 年 08 月	专业人才培养方案、教学大纲完成教委备案
2012 年 10 月	首届联合培养开学典礼
2013 年 06 月	物流研习社本科分社成立
2014 年 03 月	联合培养学生参加 Lobiex 德国物流培训项目
2014 年 04 月	两校物流管理专业开展校际教研
2014 年 07 月	企业专家为联合培养学生进行物流新技术讲座
2014 年 09 月	两校领导共同召开联合培养工作会议

2014 年 12 月 ○ 首届联合培养学生进入企业
开展为期两周课程学习

2015 年 05 月 ○ 首届联合培养学生首次亮相职场

2015 年 10 月 ○ 联合培养学生荣获"卓尔杯"
天津市青年电子商务创业大赛一等奖

2015 年 11 月 ○ 刘玥同学被推荐免试攻读硕士研究生

2015 年 12 月 ○ 宋伟获评师大管理学院创新创业榜样

2015 年 12 月 ○ 2013 级学生团队在第三届"优优汇联杯"
全国电子商务实战技能大赛中获得了
本科组优秀方案设计奖。

2016 年 01 月 ○ 在市教委联合培养总结会上发言

2016 年 04 月 ○ 首届联合培养学生毕业论文答辩

2016 年 06 月 ○ 首届联合培养学生毕业典礼

2016 年 06 月 ○ 我院与师大续签联合培养协议

2016 年 10 月 ○ 2014 级学生团队在全国交通运输职业院校
物流创新大赛——物流创意模型组合设计
赛项中获得"最佳创意"奖

2016 年 12 月 ○ 联合培养本科学生获"天津市大学生
创客马拉松"创业大赛二等奖

三、人才培养

(一)培养目标

在对天津市物流人才需求深入分析的基础上,认真听取了企业对物流人才的需求及人才培养的建议,并根据天津市物流人才培养现状,从企业岗位需求上对人才培养目标进行了分析。确定了应用型本科教育技术应用型人才的培养目标,采用"厚技术,专口径"的培养方法,定位于第三方物流企业的技术管理岗位和制造业的物流管理岗位。

图1 人才培养目标

(二)课程体系

应用型本科所培养技术应用人才,需要熟悉中观规划和设计,能对微观战术性规划和设计作出快速反应,略知宏观战略性决策知识,能熟练进行物流作业过程的优化和物流装备需求决策。课程体系设计分为工具层面和业务层面,工具层面主要包括综合管理技术和一般管理技术相关课程,业务层面主要包括通用技术能力和岗位技术能力相关课程。

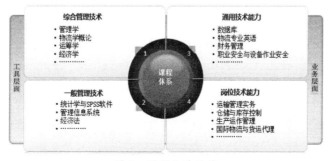

图2 课程体系设计

(三)实践体系

实践体系根据培养能力目标不同分为三个阶段。第一阶段在于强化训练学生的具体作业岗位操作技能,体现在主干课程;第二阶段在于强化训练学生的各岗位作业流程控制与管理能力,体现在物流操作技能训练;第三阶段在于培养学生的整体物流流程管理控制理念与成本绩效优化意识,体现在物流优化方案设计、岗位实践、毕业顶岗实习。

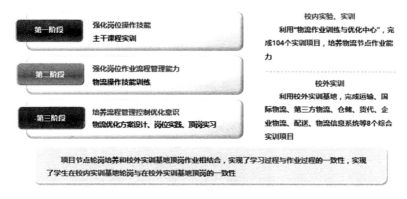

图 3　实践体系设计

四、师资队伍

为了保证应用本科教学质量和特色,学院对联合培养本科生的教师提出了较高的要求,由国家级教学名师领衔的国家级教学团队作为主要师资力量。任课教师具有较强的责任心、高尚的师德水平。其中,专业核心课教师需具有高级以上职称,实践课程需具有中级以上职称或来自行业企业的能工巧匠。

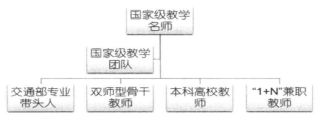

图 4　师资队伍结构

5 年来，共计聘请任课教师 247 人次，其中副高级及以上职称 169 人次，占 68.4%，中级职称 59 人次，占 23.9%。聘请来自天津大学、天津师范大学、天津工业大学等本科高校的教师 69 人次，占 27.9%。同时，我们还在专业主干课程和实践课程中，采用"1+N"教学模式，聘请企业专家为学生讲授专业知识，使学生能够更好地贴近实际应用。并组织参加德国 LOBIEX 物流专项人才培训，拓展学生国际视野。

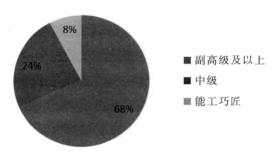

图 5　任课教师职称分布情况

五、培养成果

(一)培养质量名企认可

2015 年 5 月 16 日，我院主办了"2015 名企实习，成功非我莫属"主题活动，吸引了天士力控股集团有限公司、招商局物流(天津)有限公司、中国邮政速递物流股份有限公司、深圳市德邦物流有限公司等多家知名企业前来揽才。2016 年又新增天津中外运化工国际物流有限公司、华润天津医药有限公司、唯智信息技术（上海）股份有限公司等知名企业为实习单位。2012、2013 级学生顶岗实习率和就业率均达到了 100%。

德邦物流华北地区人事总监代利俊表示，这批学生给了她耳目一新的感觉，"以前招聘学生，面试中会更多介绍自己能干什么，但是这批学生在面试中会根据现场问题当即利用专业知识给出方案"。

此次首届联合培养学生首次亮相，受到了本市《天津日报》《天津教育报》《每日新报》《渤海早报》《今晚报》等多家主流媒体的关注。并在头版上刊登了题为《未来现场作业工程师当场被"点赞"》的宣传报道，收到了良好的宣传效果。

(二)优秀生保送研究生

2012 级学生刘玥、2013 级学生徐瑞凭借其在校期间的优异表现,获得了我院与师大的共同认可,分别被推荐 2016 年、2017 年优秀本科毕业生免试攻读硕士研究生,刘玥同学现已在师大开始了研一的学习。

(三)创新创业屡获佳绩

5 年中,共有 4 支学生团队分别在各级各类创新创业大赛中获奖。

2015 年 10 月 31 日,联合培养 2012 级学生宋伟、武少华、赵熠林组建的"思源"团队,在天津市商务委员会、天津市人力资源和社会保障局、共青团天津市委员会共同举办的"卓尔杯"天津市青年电子商务创业大赛中,与来自电子商务企业、本科高校等单位的 527 个团队 2838 名对手,历经初赛、复赛、决赛 3 个环节和 7 个月的努力奋斗,脱颖而出,获得大赛唯一的一等奖和 5 万元奖金。宋伟同学被师大管理学院评为"创新创业"榜样。

2015 年 12 月,在第三届"优优汇联杯"全国电子商务实战技能大赛中,联合培养本科 2013 级学生黄沛、王玉、王冠男、杨维瀚、陈恺昫组建的"U越工作室"团队,获得了本科组三等奖和优秀方案设计奖。

2016 年 10 月,在全国交通运输职业院校物流创新大赛——物流创意模型组合设计赛项中,由 2014 级李学川、赵雅琦同学组成的"U 越创意团队",与来自江西、辽宁、安徽、南京、武汉等地区的参赛团队进行了激烈角逐,最终获得了"最佳创意"大奖。

2016 年 12 月 24 日,在市委教育工委、市教委、天津广播电视台主办,天津经济广播、中国经济广播、中国经济广播新媒体基地承办的"天津市大学生创客马拉松"创业大赛中,我院宋伟再创佳绩,其创建的"天津景瑞思科技有限公司",经过海选、复赛、决赛 3 个环节,历时 1 年的努力奋斗,与来自全市高职院校、本科高校以及初创企业等单位所报名的 1200 个项目进行强强对决,最终获得了大赛二等奖。

（四）在校学习收获颇丰

5年来，累计297人次获评师大各项奖学金、奖励，毕业生职业资格证书获取率100%。还有部分学生取得采购师、国家级内审员、会计、计算机等各类证书。

表1 联合培养学生获自己各项奖学金、奖励

序号	奖励名称	人次
1	天津市人民政府奖学金	2
2	天津市大学生创新创业奖学金	1
3	特等奖学金	22
4	一等奖学金	41
5	专业奖学金	11
6	二等奖学金	63
7	三等奖学金	88
8	校级优秀学生干部	2
9	校级三好学生	19
10	院级三好学生	34
11	院级优秀学生干部	13
12	天津师范大学管理学院创新创业榜样	1

（五）首届学生顺利毕业

2016年6月15日，两校领导、老师在师大共同见证了首届联合培养学生的毕业典礼并为学生授予学位，向圆满完成学业、即将踏上新征程的同学们表示祝贺并向毕业生们表达了殷殷嘱托与期盼。首届学生毕业率100%，学位授予率81.4%，也为联合培养技术应用型、高端技能型人才试点工作交上一份答卷。

（六）培养经验全国推广

专业带头人、国家级教学名师薛威教授在全国物流职业教育教学指导委员会主办的"第七届全国职业院校物流专业教学研讨会"上，作了题为《建设职业教育人才培养立交桥的探索与思考——以我院物流管理专业为例》的发言，引起了与会代表的强烈反响，对我院职业教育立交桥的建设给予高度评价。

六、经验总结

(一)领导重视,融洽合作

在市教委指导下,双方领导高度重视联合培养工作,成立校、院两级管理机构,建立校、院、系(专业)三级交流机制,签订《联合培养协议书》,明确双方义务,为联合培养工作顺利开展奠定了坚实基础。

校级交流 两校领导坚持每学期召开工作会议,共同磋商解决相关问题,为后续管理工作的开展奠定政策基础

院级交流 院级管理工作中,每月根据工作需要随时保持沟通,对日常工作和学生问题认真完成、及时解决,为联合培养的稳步前进保驾护航。

系(专业)交流 专业骨干校际联合教研,就人才培养目标、课程设置、课程内容等专业问题深入研讨,不断完善人才培养方案。

图6 校、院、系(专业)三级交流机制

(二)师大各方,全力支持

师大从校长到各职能部门、二级学院,均给予联合培养本科工作极大的支持。教务处、管理学院、学生处等多个部门协助解决了系统对接、课程选修、方案论证、招生宣传等问题,保障了各项工作的顺利开展。

(三)遵守协议,有效对接

两校联合培养领导小组和办公室基于《联合培养协议书》,开展了招生、制度、管理、系统等方面工作的有效对接,保障了人才培养工作有序开展。

1.招生对接

招生准备阶段,共同编制招生简章和入学须知;宣传咨询阶段,共同接待考生咨询;录取报到阶段,协作完成录取工作。

2.制度对接

共同制定《天津师范大学天津交通职业学院联合培养本科学生学籍管理规定》;全面执行《天津师范大学学位授予工作细则》《本科生课程修读实

施细则》《本科生学业预警实施办法》等教学管理规定,及我院相关学生管理制度。

3.管理对接

(1)沟通对接。两所学校始终坚持"共同管理、分工实施",在学生管理和教学管理两个方面保持着月沟通、学期会议制。

(2)部门对接。我院设立本科办公室,专职负责联合培养本科的各项管理工作,对接师大相关职能部门和管理学院。

(3)职责对接。师大负责学生在校期间各项权益如奖助学金发放、低保减免审核、户口迁移办理、学生学籍管理、信息采集等工作。我院负责教学组织、学生考勤、综合测评、奖励评定、违纪处罚、党员发展等管理工作,并根据联合培养本科学生的特点,安排住宿、课余运动等。

4.系统对接

师大智能教务管理系统正式开放"交通学院入口",联合培养本科所有课程成绩均可通过此平台登录师大教务管理系统,一方面方便了学生成绩查询,另一方面为学生学籍管理、毕业资格审核提供了便利。实现了从线下管理到线上平台的全方位对接。

(四)配置资源,搭建平台

1.配置教学环境资源

提供多功能专用教室,无线网络全覆盖,支持 24 小时在线学习;共享两校图书馆图书资源和网络数据库资源;拥有以物联网技术为支撑的现代物流实验实训基地;开发围绕国际物流、第三方物流、企业物流等 8 类、30 余个校外实训基地。

2.搭建科学研究学习平台

(1)成立物流研习社本科分社,组织专业讲座和学习小组,开展知识竞赛,并服务于全国物流技能大赛和国际邀请赛。

(2)成立"U 越工作室",为特定物流企业设计现场作业优化方案,组织参加专业竞赛和社会实践活动。

（3）吸收三年级部分学生参与学院物流研究所主持的重点项目建设，物流企业专项课题及专业教学资源库建设。

3.搭建宣传服务平台

2014年，由联合培养学生自主设计的专业网页投入使用，该网页设置专业介绍、教育教学、学生活动、师资队伍等6个模块，同时链接两校教务系统和网络数据库。

2015年，联合培养微信公众平台"U越联合培养"搭建完成并投入使用，利用平台发布通知、校内咨询，推送行业前沿动态。

（五）有序实施，多方监控

1.有序组织教学

为严格实施物流管理（联合培养）专业人才培养方案，专业带头人按学期主持集体教研，与任课教师一起分析研讨课程教学目标，确保课程教学有效衔接，保证专业培养的整体性。同时保持与师大物流管理专业教师教学研讨交流，取长补短，确保专业人才的错位培养和质量把控。

学院本科教学部负责组织教学安排、开展学业预警、奖助学金评定、硕士研究生推免等工作，为人才培养方案有序实施提供管理保障。

2.严格过程管理

组建了以学院教学院长、教学督导员、分院院长和专业带头人为成员的本科教学质量监控小组，全面参与授课教师说课、听课，坚持每日教学巡视，发现问题及时与任课教师、班主任及相关管理部门沟通，帮助调整教学方法和管理手段，保证培养目标顺利达成。

3.开展学生活动

"U越工作室"作为联合培养本科专业社团，每学期坚持主办不少于4项专业活动。组织到物流企业参观拓展学生视野，聘请行业企业专家开展专业讲座丰富学生知识，举办校际专业联谊促进专业交流，开展专业技能比赛强化学生实践动手能力等。学生通过专业活动增进了对专业的认知，也在活动中提升了与人交流、协作等职业核心能力。

4.多元评价质量

采用学期学生座谈会、教师座谈会、学期工作总结、质量报告等多元手段对联合培养本科进行质量评价,保证评价结果的全面性和有效性。同时,通过督导、三方评价反馈信息的分析与研究,对人才培养过程中存在的问题进行针对性整改,不断提高人才培养质量。

天津现代职业技术学院—天津商业大学联合培养技术应用型、高端技能型人才

天津现代职业技术学院

高职院校与本科院校联合培养四年制本科层次高素质技术技能型人才,是加快推进现代职业教育体系建设,探索系统培养技能型人才制度的有益探索。2012 年,天津市作为国家职业教育改革创新示范区,率先在全国拉开了现代职业教育体系建设试点工作帷幕,出台了《关于在我市市属本科院校和高职院校中开展联合培养技术应用型、高端技能型人才试点工作的通知》(津教委〔2012〕35 号),批准 6 所市属本科院校和 6 所高职院校以"一对一"方式试点联合培养四年制本科专业人才。

天津现代职业技术学院作为试点高职院校之一,选择学校最具职业教育特色和办学实力的机械设计制造及其自动化专业,与天津商业大学开展联合培养项目。联合培养四年制本科瞄准技术应用型、高端技能型人才培养方向,集约本科教育、高职教育优势,依托行业企业,在本科教育中注重学生职业能力培养,造就兼具专业理论素养和较高实践操作能力的高素质技术技能型人才。在市教委具体指导下,在本科院校、合作企业和我校共同努力下,我校联合培养四年制本科专业在人才培养、课程设置、教学形式、教学团队建设及毕业设计等方面进行了深入研究和有益尝试,取得了预期成效。2016 年首届毕业生以多样化毕业去向、高对口率就业顺利毕业,学校首轮联合培养四年制本科教育教学任务圆满完成,学校在专业建设过程中形成的"三方联动"人才培养模式得到基本确立,对于系统化培养高端技能

型人才,具有一定借鉴意义。

一、"三方联动"专业建设体系满足高端技能人才培养需要

所谓"三方联动"是指由普通本科院校、高职院校和行业企业三方组成联合培养四年制本科专业办学主体。三方根据人才培养目标在专业建设和人才培养过程中各司其职、优势互补,将学生技术应用能力和职业素养提升融入本科教育的理论课程和科学研究能力培养之中,在人才培养中更加注重学生专业技术应用和职业技能的培养。

联合培养四年制本科专业建设伊始,我校就联合本科高校天津商业大学、天津职业技术师范大学和精密机械专业校企合作单位,建立了以本科高校专业带头人、行业企业专家和我院"四年制本科专业团队"共同组成的"精密机械技术联合培养四年制本科专业指导委员会"。专业指导委员会明确本科、高职院校在指导委员会中的职能,建立校企合作的保障机制和有效运行机制,积极支持、引导本科院校和合作企业参与办学和人才培养全过程。专业指导委员会跟踪产业前沿,组织深入相关行业企业了解行业企业对人才技术应用和岗位技能提升等方面要求,并结合四年制本科技术应用人才培养要求准确定位,确定人才培养模式,组建联合培养师资团队,明确人才培养路径,制定人才培养质量标准,为联合培养四年制本科专业首次试水保驾护航。

(一)"三位一体"人才培养模式基本确立

与普通高校同类专业从学科系统性与完备性的角度设置课程、实施教学,培养机械设计制造及其自动化领域的通用人才不同,我校与天津商业大学联合培养四年制本科机械设计制造及其自动化专业着眼于精密机械技术方向,定位于精密机械产品——中高档钟表的设计、制造、维修与销售,从钟表类企业用人需求与岗位资格标准出发,在确保本科专业基础课教学标准的前提下,与天津海鸥表业集团有限责任公司合作,采取"专本融通、校企合作"的人才培养模式,培养熟悉国内外精密机械技术和钟表行业各类中高档钟表的艺术造型特征、结构和材料特点;掌握运用各类精密仪器与工具进行设计、加工、装配、检测、维修和销售中高档钟表的技能;能够运用外语进行交流,具有科学管理理念与人文艺术素养;具备深厚基础理论、专业知识和良好职业素养的,从事精密机械工程领域内设计、制造、维护、管理和服务的技术应用型、高端技能型人才。

(二)"三元互通"课程体系满足综合素质技术技能人才培养需要

联合培养四年制本科课程体系设计既突出学生职业能力培养,又兼顾学生可持续发展,打造"基础扎实"与"专业精深"的课程体系。

1.在基础课程方面

强调基本素养,夯实专业基础,保证公共基础和专业基础"双基课程"合理比例,聘请本科院校教授来校讲授专业核心课程和大学英语、高等数学等基础学科,提高学生对"双基课程"的重视程度,助推学生升学梦想。

2.在专业课程设置方面

采用工作过程导向的学习领域课程,培养学生的综合职业能力。通过广泛的企业调研, 对钟表行业的典型岗位及其典型工作任务进行了系统分析与总结。在此基础上,与天津海鸥表业集团有限公司按职业成长规律与认知规律将典型工作任务转化与序化为本专业相应的学习领域课程体系, 同时共同制定了专业核心学习领域课程的标准。最后根据学校与企业的现有教学条件,把学习领域细化为用于教学的学习情境。

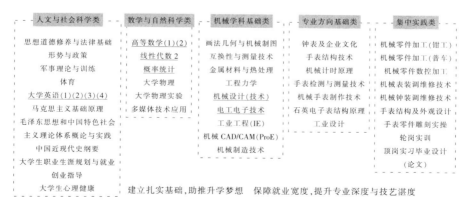

图 1 联合培养专业课程体系简图

3.在职业能力提升方面

注重加强学生职业化素养、职业行为规范培养,实现学生与员工的身份融合、学习与操作的行为融合、教学与生产的实践融合、人才培养与产品生产的过程融合,使学生工作后能迅速适应企业的文化氛围,从而缩短从"学生"到"职业人"的快速转变。

经过深入分析联合培养四年制本科培养目标和培养路径,进一步明确了机械设计制造及自动化(精密机械技术方向)联合培养本科专业毕业标准:

(1)突出职业性。考取国家计时仪器仪表类、精密机械加工类(中)高级职业资格证书。

(2)突出实践性。安排企业轮岗实训,依托企业实际岗位实现专业技能培养与实践需要对接。

(3)突出研究性。从企业实际项目或岗位实践案例中选定毕业设计课题方向,按照本科院校毕业论文标准撰写毕业论文并组织答辩。

图2　围绕技术实用型人才培养目标,严格把控毕业环节

(三)"三环节融合"教学过程实现人才培养知行合一

联合培养四年制本科专业按学生职业能力成长规律设计教学过程,将工学交替—现代学徒制—双导师制毕业设计三大重要教育环节贯穿教育过程始终,实现了本科教育和高职教育的充分融合,体现了系统化培养技术技能人才的属性。

1.工学交替

"校企合作、工学结合"是职业教育的本质特征。相比于高职层次学生前 2.5 年在职业院校系统学习理论知识与相关技能,毕业最后半年到企业集中顶岗实习的人才培养模式,联合培养四年制本科全程采用工学交替的教学形式,学生从一年级开始就在学院和企业间工学交替式地学习与工作,随着在校专业知识学习不断深入,职业能力也完成从职业认知—岗位见习—轮岗实习到顶岗工作的不断提升,实现职业能力持续累积的目的。学生综合职业素质和适岗能力较普通高校本科学生具有明显职业竞争力。

表 1　工学交替教学安排明细表

学期	地点	培养目标	开设课程
1	企业	企业及其文化、岗位及专业认知	钟表文化与企业文化
	学校	钟表历史、名表及其文化的认知	钟表文化与企业文化
2	企业	企业管理、岗位及专业认知	钟表文化与企业文化
	学校	运用普通机床加工精密机械零件	精密机械零件加工
3	学校	数控车床加工认知与手表轴类零件精密加工 数控铣床加工的认知与手表夹板类零件的加工操作	手表零件数控加工
		机械手表装调技术的认知与基本运用 机械手表装调技术的运用	机械手表装调维修技术
	企业	运用自动车加工精密机械零件	精密机械零件加工
4	企业	机械手表装调技术的实践	机械手表装调维修技术
		手表轴类零件精密加工的实践	手表零件数控加工
	学校	机械手表装调技术的运用与反思	机械手表装调维修技术
		精密机床加工认知与手表夹板类零件加工	手表零件数控加工
5	学校	机械手表维修技术的认知	机械手表装调维修技术
	企业	夹板类手表零件加工的实践	手表零件数控加工
		机械手表装调技术的实践	机械手表装调维修技术
6	企业	海鸥机械手表维修技术的实践	机械手表装调维修技术
	学校	国际机械手表维修技术的认知	机械手表装调维修技术
7	企业	瑞士机械手表维修技术的实践	机械手表装调维修技术
		综合能力培养	轮岗实训
8	企业	顶岗实习	顶岗实习与毕业设计
	学校	毕业设计与答辩	顶岗实习与毕业设计

2.现代学徒制

现代学徒制是培养高端技能人才的重要方式。为进一步创新联合培养四年制本科人才培养形式,在教学过程中突出"工匠精神"培育,助推学生专业技能的提升。学校把国家骨干校建设成果——"海鸥学徒制"广泛应用于联合培养四年制本科教学。严格按照现代学徒制制定的"五双五定"实施策略组织教学活动。"五双"即明确"学校和企业双主体、学生和学徒(企业准员工)双身份、教师和师傅双导师、校内和校外实训双基地、学校教师和企业师傅双评价"。"五定"即实现"学校与企业、学生与学校、学生与企业之间定协议;校企双方的教学标准、师傅聘用标准、学徒选拔标准、学徒待遇标准、实训基地建设标准、中期与出师考试标准等定标准;根据岗位和培养方向确定企业师傅;根据培养方向和学徒特长特点确定培养岗位;根据企业生产项目、岗位实践案例和学生职业方向确定毕业设计课题"。

通过实施现代学徒制,学生对职业认知和岗位要求有了最直接认识,实现了由专业到职业的过渡,为学生高质量对口就业奠定坚实基础。

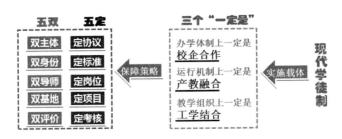

图 3　现代学徒制实施精髓简图

3.双导师制毕业设计

联合培养四年制本科学生毕业设计是检验教育成果的重要环节。突出职业教育工学结合特色,毕业设计课题来源于企业岗位,服务于生产实际是体现本专业人才培养质量的重要标志之一。机械设计制造及其自动化专业(精密机械技术方向)2012级联合培养本科班,是我校与天津商业大学联合招生试点专业的首届毕业班。通过精密机械技术联合培养四年制本科专业指导委员会多次探讨、反复协商,最终确定毕业设计采取"双导师制"指导毕业论文方案。即一个毕业生有两个导师指导,校内一个导师,校外一个导师。

校内导师一般从学院专任教师中选聘,要求具有扎实的专业知识和合理的知识结构,了解本专业的培养目标,熟悉本专业人才培养方案,具有较强的专业学习指导能力,具有副高级以上职称,有较强的实践能力,具备双师素质。校内导师的职责主要包括协助企业导师拟定毕业设计课题,下达任务书;指导学生收集和阅读有关的参考材料,撰写开题报告,必要时介绍参考书目;指导学生制定进行课题研究和撰写毕业论文的具体进度、计划,并定期检查学生执行进度计划的情况;正确指导和引导学生拟定论文提纲,定期解答学生提出的疑难问题;指导学生撰写论文(设计说明书)初稿,指出其中存在的问题,提出修改建议,指导学生多次修改形成终稿;审阅论文。

校外导师一般从企业专业技术人员中选聘,要求由丰富的企业实践能力,专业知识丰富、工作能力强、职业道德好的企业技术骨干担任。校外导师的主要职责侧重于帮助和指导学生从企业实际项目或岗位生产案例中选定毕业设计课题,做到"真题真做",通过毕业设计学习解决工作中实际问题的思路、方法;指导学生根据选题方向进行专业技能方面实务操作,分析工艺问题并指导解决方案;引导学生从实践环节中找到理论知识不足,有针对性地开展学习研究,增强对已学知识的实践应用能力培养;提高学生的岗位实践能力,不断提升综合职业素养。

既然联合培养四年制本科学生毕业设计选题来自于企业岗位实践项目或案例,那么在毕业设计中沿用现代学徒制的"双导师制",既是日常教学形式的一种延续,更是满足毕业设计课题研究的一种必然要求。毕业设计校内外导师相互合作、知识技能优势互补,不仅能很好地解决学生毕业设计过程中可能出现的各种技术问题和知识盲点,更能够通过毕业设计增进校内外导师之间的交流与学习,既有利于企业导师更好地融入教学工作中来,也增进了校内教师对企业岗位生产技术要求的理解和把握,便于不断改进教学内容和方法,实现教学过程与生产过程良性对接。

二、专兼融合师资团队有效提升学生职业素质

联合培养四年制本科专业来自本科院校一线教师和企业专业技术人员的兼职师资队伍,是保证该专业教育教学质量的关键因素,校企专兼职融合的多元师资团队建设为高质量实施人才培养方案提供了重要保障。

(一)专本融合的师资团队建设彰显本科教育学术特质

聘请天津商业大学、天津职业技术师范大学等本科院校教师亲临学院执教,对于提高联合培养四年制本科学生归属感十分重要。同时通过定期组织本校与联办本科院校教师间交流教研,较好地实现人才培养理念的相互融合和学科教学有效衔接,有利于促进人才培养目标达成。

(二)校企共建的"双师"团队突出高职教育职业属性

坚持把行业企业的资源和能工巧匠请进课堂。联合培养四年制本科建设得到了中国钟表协会与天津渤海轻工投资集团有限公司的高度认可与支持。前者在本专业人才培养方案制订过程中提供了准确的行业用人标准和需求,推荐了包括北京手表厂等在内的国内多家一线表业集团参与专业建设方案开发与研制,建设前期的行业企业调研为我们了解与把握钟表行业的现状与发展趋势提供了广阔的视角。渤海轻工投资集团有限公司支持下属企业天津海鸥表业集团有限公司为专业建设提供人力物力支持,扶植校企深入开展现代学徒制试点工作,并把企业的专业技术人员和国家级装调表大师请进校园,建立"钟表装调大师工作室",近距离指导实践教学。

(三)特色引进的外教环节拓展学生的国际视野

学院积极引进与利用国外优势资源,通过钟表协会邀请瑞士钟表大师丹尼尔来校讲学,与瑞士汝拉州钟表职业培训学校结成紧密合作关系等国际交流合作,不仅为我们的高端技能型人才培养提供了更高的平台,还为我们学习国际学徒制成熟做法提供了很多宝贵的、实用的经验。该校作为瑞士一所公立职业院校,始终以现代学徒制培养模式为瑞士钟表行业输送不同层次高级技术、管理人才,该校实施现代学徒制所取得的经验、实施路径和评价考核体系为我校制定联合培养四年制本科专业人才培养计划提供了参考与依据,也为高端技能型人才与国际标准接轨提供了可能。

三、校内、外实训基地互补双赢助力学生职业能力全面提升

全面系统的实践教学环节设计是培养高端技能型人才的核心内容。联合培养四年制本科遵循人才培养规律,依托校内外实训基地,设计了过程渐进—技术累积式的专业实践实训路径。

(一)校内实训基地注重学生职业意识和基本技能培养

引企入校是企业基因植入校园的有效途径。我校于2015年7月引入天津君士潜海计时仪器有限公司,该公司是从事潜水手表的专业生产企业,在校建成了手表机芯及外观装配车间、手表外观(表盘、表壳)生产加工车间,共建了实践教学体系。学生在校期间的教学实习实训与校内企业生产经营联系起来,由企业参与共同完成学生校内的实习实训活动。在教学中融入企业岗位专业技能和职业标准,实现校企深度融合。借助企业有利因素,弥补了本专业在手表外观造型设计及加工生产实训教学的空白。企业、学校、学生各得所需,实现"三方共赢"。同时通过在校内建设手表文化走廊等将企业文化引入校园,营造浓厚的职场文化氛围,实现工业文化进校园,工厂文化进课堂,帮助学生从深度上、广度上加强对专业—职业—企业的理解和感知,增强职业亲切感与认同感,为学生实现"学生—员工"打下基础。

(二)校外实训基地帮助学生职业能力系统提升

为接近实践生产环节,帮助学生系统了解企业生产流程,我校发挥行业办学优势,与同属渤海轻工投资集团的海鸥表业产教深度融合,建立了"现代—海鸥"育人共同体。一方面学校根据企业生产需要与企业合作建设了一条企业生产线作为我校学生实岗锻炼的平台,一方面与企业签订现代学徒制合作培养协议,由企业为学生学徒提供轮岗实习岗位,并在岗位师傅指导下尽快掌握岗位技能要求,真正做到,为学生系统了解和熟悉各岗位技能和产品标准创造了难得机会。

四、积极严谨治学态度收获喜人教育成果

联合培养四年制本科在天津市范围内招收参加秋季普通高考的考生，按照本科二批 B 阶段录取，学制 4 年。我校自 2012 年首次招生以来，迄今已有 5 届学生累计 253 人，历届录取平均分数 435 分。相对于我校普通高职学生较高的录取成绩，和该专业不同于普通本科高校的"专本融通、校企合作"人才培养模式，首届 53 名毕业学生在四年的学习过程中取得了骄人成绩并全部顺利毕业，走向更加自信的未来。回顾过去 4 年培养历程，对照联合培养四年制本科人才培养目标，我们深深感到，联合培养四年制本科是培养技术应用型、高端技能型人才的有效途径。

（一）高端表芯生产线欢迎联合培养四年制本科生

海鸥表业与瑞士 Fossil 公司合作开发了一条高端腕表 STP-11 型机械机芯装配生产线，对装配员工综合素质要求极为严格。由于我院联合培养四年制本科学生，在海鸥学徒阶段经历了精密零件加工、夹板制造、动件加工、手表装调等岗位轮岗实习，对零件设计、加工、打磨、装配等制造过程有了深入学习和技能把握，在参加"STP-11 型机械机芯装配车间"员工选拔测试中，该专业学生细致严谨的工作态度、精益求精的产品质量意识和熟练的操作技能得到企业面试人员的充分肯定，26 名学生以其对专业的热爱和对专业技能精益求精的追求赢得了这份高质量工作，圆满完成符合瑞士 Fossil 品牌标准的 20000 余只优等机芯的装调工作。学生在实践中不仅掌握了国际先进装调表设备使用方法和装调工艺标准，涵养了可贵的"工匠精神"，也实现了"懂理论—会技术—精技能"的能力提升，毕业后全部充满职业自豪感地进入到国内一线钟表企业就业。

（二）学生综合职业素养与能力在比赛中充分体现

近年来联合培养四年制本科专业学生在多个赛项中崭露头角，工学结合人才培养方式大大地提升了学生综合职业素养和创新创造能力。

2012 级雷浩、芦敬凯同学在 2015 年全国职业院校学生技术技能创新

成果交流赛优秀项目——玫瑰金镶钻秒盘旋转腕表作品荣获国家二等奖。

2013级高世鹏同学带领2名专科学生参加2015年"TI杯"全国大学生电子设计大赛(天津赛区)——风力控制系统作品荣获本科组二等奖。

2013级范忠序、罗帅同学在"2016·中国台湾国际发明设计比赛"中,其作品"ST3D10·秒盘旋转系列表",获得金奖。

2013级同学刘亚楠的"机械表无卡度可平衡调整摆轮及其微调装置"成功申报2016年度国家实用新型专利,该专利克服现有技术中无卡度机械表手表调整走时复杂且容易使摆轮不平衡的情况,提供一种便于调整且能够保证调整前后手表摆轮平衡不变的结构。

2014级同学赵伟栋率领的"时光手表"创客团队与2016级师博文同学带领的"3D打印"创客团队,在天津电视台"圆梦津城第五届青年创业大赛"总决赛比赛中发挥出色,分别斩获三等奖和优秀奖。

(三)扎实学识为学生毕业多样化选择提供可能

联合培养四年制本科专业不仅造就了学生精湛的职业技能,同样也为学生继续攻读研究生或出国留学、工作打下良好基础。首届2012级53名毕业生中,有1名同学考取天津理工大学攻读硕士研究生,有3名同学远赴德国、澳大利亚等国家工作或学习深造,90%以上的同学毕业找到理想工作岗位。

综上所述,联合培养四年制本科专业历经5年的建设与实践,学校已经基本建立了完整的课程体系,探索出一条符合中国职业教育客观实际的"四年制高职本科人才培养模式",取得了一定的经验与成绩。回头总结过去、抬头展望未来,从"现代学徒制"的人才出口建设到联合培养内涵资源的深入挖掘,需要我们低下头来具体改进的东西还有很多,需要做的工作还很多。

天津电子信息职业技术学院—天津理工大学联合培养技术应用型、高端技能型人才

天津电子信息职业技术学院

一、背景和发展情况

2012年9月，为贯彻《关于在我市市属本科院校和高职院校中开展联合培养技术应用型、高端技能型人才试点工作的通知》(津教委〔2012〕35号)精神，推进国家职业教育改革创新示范区建设，加快构建天津市现代职业教育体系，经与天津理工大学友好协商，电子信息工程(通信技术方向)专业作为我院首批招生专业开始联合培养四年制本科试点工作。学院和理工大学领导高度重视此项联合培养工作，不断探索联合培养新模式，学院本着探索职业教育体系，为行业企业培养更多的技术技能型人才的基本建设方针，继续抓内涵、上层次，做了大量的基础性改革工作。经过5年的不断探索与实践，联合培养本科班得到学生和家长一致认可，收获了良好的口碑，连续5年招生，现有在校生119人，近几年招生学生踊跃报名，录取分数线也在不断攀升。

二、机制体制建设

领导高度重视，机制、体制不断健全和完善。为切实做好联合培养工作，不断提高教育教学质量和人才培养质量，学院成立了"联合培养专家委员会"，下设"联合培养教研室"和"联合培养校企合作工作办公室"。两个部门主要是在专家委员会指导下负责人才培养方案和工学结合、校企合作的落实工作，对教学、学生工作进行指导、检查及协调。2012年10月，我院与

中兴通讯再次签署长期合作协议,为联合培养工作提供了保障。5年来,中兴通讯股份有限公司工程技术人员作为我院外聘专职教师进行了职业素质模块课程的讲授,将企业氛围直接引入课堂。

学院还专门成立了"联合培养办公室"负责联合培养教学运行、组织与协调,四年制本科教学文件的编制以及学生管理等工作。经过近五年的探索与实践,共编制各类教学管理文件115个。2015年9月完成了与天津理工大学的教学管理系统的对接,学生成绩全部录入理工大学教学管理系统进行统一管理。

三、培养方案和课程体系

确定人才培养方案和课程体系,体现职业教育本科特色。通过社会调研、分析就业岗位(群),以及专业需求和自身优势,我们认真思考总结了四年制高职与三年制高职以及普通本科的区别,教学模式、课程设置、师资建设等也都是围绕培养目标而制定的。联合培养技术技能型人才教育与三年制高职教育相比:当就业岗位或岗位群需要掌握的职业技能和能力必须以四年制教育的科学文化为基础时,则就需要通过四年制应用人才的培养途径培养人才;四年制教育应是加重基础科目的学习以及实践能力的培养,拓宽专业适应面;四年制教育应加强文化基础课程建设,加强学生岗位群所需的文化素质,为学生毕业后适应岗位的迅速变化,保持可持续发展能力而提供足够的保证。我们于2012年6月第一次形成人才培养方案,联合培养专家委员会成员及时召开座谈会对人才培养方案进行了审定,根据专家意见不断修订,经过9次修订,最终确定了四年制人才培养目标,从而形成人才培养方案和课程体系。此后,学院每年都会通过调研、专家论证进行人培养方案的修订,保证制订一套切实可行、与时俱进的四年制本科人才培养方案。2016年,联合培养本科人才培养方案已试行一轮,在相关专家的多次论证下,再次根据理工大学的培养方案编制原则进行了人才培养方案的修订,在保证职业教育特色的前提下,更加贴近本科层次的培养要求。

在课程体系的规划过程中,我们将所有课程划分为五大模块,分别是通识课程模块、职业能力基础模块、职业能力模块、集中性教学实践环节和职业素质模块。整个课程体系中,注重实践教学环节,充分体现职业教育特色,满足了四年制教育培养的首先是应用型教育。课程体系设计过程中,既考虑了理论知识要扎实、全面,又注重了培养学生动手能力和在现场能处理比较高级技术问题的能力。

为了满足学生个性发展需求,加强学生实践的同时,也考虑到保证学生的可持续发展,在选修课中开设《高等数学Ⅲ》等课程,同时,在每年的人才培养方案修订时也会充分考虑通信技术发展迅速、知识更新较快的因素,在课程设置时也会根据新技术的发展进行调整,例如,在培养方案的修订过程中新增虚拟化和云存储、大数据综合应用训练等课程,自 13 级起新增现代通信新技术讲座课程,每年都会聘请企业工程技术人员进行讲授,让学生了解当前社会发展最新通信技术,课程设计体现出与时俱进的特点。

四、师资队伍

加强师资队伍建设,保证人才培养方案的有效落实。通过联合培养工作的开展建设本科教学团队,重点培养骨干教师,旨在提升教师教育教学理念和能力。经过联合培养专家委员会指导,对专业基础课程采取主讲+助教的方式进行,结合本科院校理论功底扎实和高职院校动手实践能力强的特点,聘请本科教师作为主讲,主要进行理论知识的讲解,高职院校教师作为助教,主要负责实训课程的指导,讲授理论部分时,高职教师旁听,协助本科教师完成作业批改,课下解决学生问题等。通过旁听,教师学习本科教师的教育教学理念,提升自己的理论水平,带动高职院校整体理论教学水平的提升。采取此种教学方式,分别利用教师的优势,以此来提高教学质量。在"引入"高校知名教师到我院教学的同时,我们也"走出去",到高校取经,分别到天津理工大学和天津中环信息学院进行经验交流和观摩教学。教学过程中,注重与天津理工大学完成课程对接,基础理论教学实践环节到理工大学完成,由理工大学实验教师指导完成,我院任课教师在教学过程中也会与理工大学教师不断地交流学习,提升自己,不断完善基础理论实践环节,以此带动整体教学团队教学水平的提高。

五、人才培养模式

联合培养技术技能型人才是一新的事物,没有经验可借鉴,需要我们开创性工作,不断探索和创新。2012年首次招生前,我们在充分学习和调研的基础上,明确高职、普通本科和四年制应用型人才三者的区别及内在联系,认真分析四年制应用人才需求、确定优势,将三者有机融合,形成人才培养方案和体系,努力在人才培养过程中把优势转化成培养结果。

2012年初,天津市启动联合培养教育改革试点工作,此后我们开展了广泛的社会调研,共调研天津市及周边通信相关企业,认真分析行业背景现状及社会对各层次人才需求。通过调研和对专业岗位群分析,发现当今社会两大现象:一方面经济社会发展大量需要的,在生产、管理、服务第一线工作的技术应用型人才严重短缺;另一方面普通本专科院校培养的"设计型""工程师型"人才过剩,就业困难,造成人才培养的浪费。通过对电子信息行业多次深入调研,更加明确了联合培养本科的培养目标,那就是:具有扎实的基本理论知识、基本技能和基本素质,又可胜任一线工作实践等复杂的技能型岗位及管理型岗位工作的可持续发展的技术应用型人才。根据培养目标,形成了"以培养工程技术应用人才为导向"的本科层次技术应用型人才培养模式。

六、理论和实践教学

加强基础理论教学,高等数学、大学英语、大学物理等课程均采取教考分离,保障了基础教学质量。12级学生在联合培养本科数学竞赛中获得了第一的好成绩。潘泽宇同学在16年研究生入学考试中,数学120分,英语66分,以总分370分获得研究生入学资格。

在整个培养过程中,将行业、职业标准融入教学全过程,并借鉴理工大学基础理论课程实践经验,结合我院实践条件的优势进行联合培养本科班的实习实训改革,要求所有集中实训环节都要有实际项目作支撑,真正做好理论联系实际,课程实施的同时学生可以根据所学课程考取职业资格证书,目前 12 级和 13 级学生的取证率达到 100%。

为了让学生能够对电子信息行业有一个初步认知,为学生开设企业训练、生产实习等课程。通过实际深入到企业进行企业训练,增强学生对专业的认识。由于在实习过程中表现出色,12 级毕业生中有 2 名同学被推荐到铁塔公司进行毕业实习,6 名同学到邮电设计院实习,其中 2 名学生因在实习过程中表现出色,被邮电设计院破格录用;钟学璞、李乐娃等 8 名学生由于在中国电信津南分公司的生产实习活动中表现出色,获得了"团中央—中国电信大学生双创先锋"荣誉称号。

联合培养本科班的顶岗实习课程是重点体现应用型人才培养教育特色的一门课程,要求所有同学毕业设计在顶岗实习中完成,并且顶岗实习的岗位必须和专业对口,并为每一名同学分配顶岗实习校内指导老师,每周至少一次与校外指导老师进行沟通联系跟踪学生实习情况,同时,校内指导老师也利用此机会走出去,到学生实习单位进行参观学习,真正将顶岗实习做到实处。2015 年,M-ICT 技术应用中心的建立更是为联合培养本科班的实践教学实施提供了良好的契机。依托 M-ICT 技术应用中心,由企业工程技术人员作为企业指导教师,学院专业教师配合共同完成了首届毕业班 16 名同学的毕业设计、顶岗实习相关工作。

为了体现多样化教学的特色,分别开设电子信息工程技术专业研修、学科竞赛和科技立项课程。电子信息工程技术专业研修课程是在学生有一定的专业知识基础上,在学业导师的辅导下,通过让学生实际接触电子信息工程专业相关技术,深入实验室体验真实的实训环境,完成一系列电子信息工程相关专业实践教学辅助工作,深层次地完成电子信息工程专业研修的一个体验过程。学科竞赛和科技立项课程鼓励学生通过参加竞赛或参与实际项目提升专业能力,12 级全体学生在刘南平老师的指导下以分组的形式参加"助学杯"电子设计竞赛,完成"手指型心率计"等7 个项目。

七、毕业就业情况

2016年,联合培养试点班迎来首届毕业生,在四年的人才培养过程中,不断探索联合培养教学模式,严格把控每一个教学环节,首届联合培养毕业生41人,毕业率达100%,学位授予率达95%。其中,有14名同学学分绩点达到3.0以上,16名学生达到2.5以上,11名学生达到2.0以上, 最高学分绩点达3.6,均达到理工大学学位授予学分绩点标准。学分绩点分布情况如图1所示。

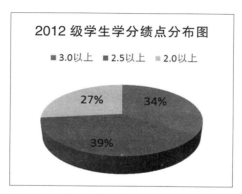

图 1　学分绩点分布情况

在四年的培养过程中注重对学生进行职业规划的引导,通过多样化的企业实践提升学生对专业的认识水平,从而确定自身的发展方向,尤其在毕业设计环节,通过对学生推荐实习单位,让学生在顶岗实习中完成毕业设计,更是让学生将所学的知识、技能与岗位需求相对应,提升了学生的就业竞争力,首届毕业生就业率达97.5%。其中,张健兴同学参加中兴通讯在天津大学举办的校园招聘会时,与来自天津大学等211、985院校的学生进行竞聘,最终以扎实的专业能力脱颖而出,被中兴通讯北京研究所录用;赵悦、翟润涵同学通过层层面试进入邮电设计院实习,在进行学生顶岗实习推荐时,邮电设计院明确表示可以接收实习,由于其他因素限制不接收就业,最终由于两位同学的出色表现,被邮电设计院破格录用;陈国放同学通过了"三支一扶"考试,目前就任于天津市武清区水务局。首届毕业生毕业

后我院一直对学生的就业情况进行跟踪，截至目前毕业生的平均月薪在4000元以上,学生的薪金水平分布如下:

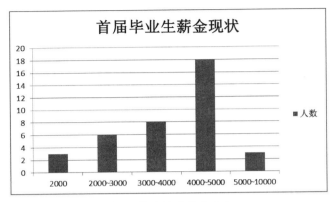

图 2 　学生就业薪金现状

八、质量保障

教学质量管理工作,主要是在联合培养专家委员会的指导下,监督、检查教学质量和教学环节,起到教学督导的作用。首先根据给定的规范文件进行日常教学工作的检查,包括期中教学检查和教材反馈等,学期中对本学期开设的课程进行了教学检查和教材反馈, 教务员认真总结了反馈意见,并召开会议将意见反馈于任课教师,研讨了教学中出现的问题,提出了解决方法。同时,为了严格把控教学质量,要求每一位任课教师要对本学期的课程进行期中考试,阶段性总结学生学习状况。

为了能够及时反馈教学成果,联合培养办公室定期组织任课教师召开座谈会,主要以研讨的方式,及时获取学生的学习信息,同时也为各位任课老师搭建一个交流平台,能够互相交流授课经验、学生状态,并及时反馈。同时,定期召开学生座谈会,从学生的角度了解学习情况、任课老师的授课状态,多方面了解并进行阶段性总结,根据反馈意见及时找到解决办法,受到学生的好评。

为加强联合培养四年制本科教学管理,特聘请理工大学、我院和第三方本科院校的教授专家成立教学指导委员会与督导组来引导教学,加强督导与检查。5 年来,共听课 72 次,听课人次达 228 人次;组织会议 54 次(包括导师启动仪式、开学典礼、教学工作会议、导师工作会议、学生座谈会、实习动员会、数学竞赛动员会、助教工作总结会、工作研讨会)。同时,根据学生情况对学生进行问卷调查,随时关注学生思想动态,并通过学生调查结果分析教师教学质量。

九、特色做法

(一)建立混编师资团队,保证人才培养方案的有效落实

建设联合培养四年制本科混编教学团队,重点培养骨干教师。教学团队中不仅有理工大学等本科院校的知名教授,也有来自企业的技术人员,部分专业基础课程聘请理工大学知名教授作为主讲,由我院年轻教师担任助教,较快地提升了我院教师教学水平。

依托学院现有的校企合作平台,引入知名企业的工程技术人员直接参与专业课程、综合实训以及毕业设计的教学过程。例如,2012 级学生电信工程施工与监理课程实施期间正值学院 M-ICT 技术应用中心的建设时期,为了便于学生更加生动地了解电信工程项目实施的过程,将课堂引入施工现场,并由该项目的项目监理担任该课程的讲授工作,教学效果显著。

(二)启动学业导师制,因材施教

为了更好地引导学生进行职业规划,自 12 级学生入学起实施学业导师制,学业导师主要从学生的专业思想教育、专业指导、创新能力、学业规划以及就业规划等方面进行指导。学业导师每周与学生联系一次,及时了解学生近况,并将交流情况记录至《学业导师记录手册》中,联合培养办公室定期召开学业导师座谈会,交流学生学习状况。学业导师也会利用业余时间带领学生参与实际项目的设计与研发,学生自感受益匪浅。在学业导师实施过程中不断探索新模式,自 15 级起,改变了学业导师指导方式,以"基础能力→专业知识→职业方向"分阶段配备学业导师。即大一以引导学生转变学习方法,适应大学生活为重点;大二主要引导学生了解专业,掌握专业基础知识;大三指导学生职业规划。根据不同的培养阶段调整学业导

师,以利于学生在每个阶段的快速成长。

(三)在顶岗实习中完成毕业设计,突出职业教育特色

2015 年 9 月, 为了更好地指导首届联合培养本科班学生完成毕业设计,成立了理工大学与学院负责人共同组成的答辩委员会。为了更好地突出职业教育特色,通过为学生推荐实习岗位,让学生在顶岗实习中完成毕业设计,毕业设计课题按照理工大学要求实施一人一题。毕业设计环节充分利用产教融合平台,利用 M-ICT 技术应用中心混编研发团队以及承接实际工程项目课题,由驻校企业工程技术人员作为毕业设计指导教师,学院青年教师作为校内指导老师,让学生通过毕业设计参与实际项目的开发与交付,实现与工作岗位的无缝对接。同时,6 名在邮电设计院实习和 2 名在铁塔公司实习的学生由企业师傅直接指导毕业设计, 学院教师辅助指导,实现毕业设计的"真题、真做"。

十、小结

与天津理工大学开展联合培养工作近五个年头,经过不断的探索与实践,在各方面取得一定的成效。

积极探索具有职业教育优势的本科层次人才培养理念和实现途径,并在几年的实践中不断地实践与完善,形成一套适合当前社会发展需求的人才培养体系。

积极做好四年制联合培养本科教育教学工作的同时,带动了三年制高职的教学水平、管理水平更上一个台阶。

联合培养工作开展过程中,注重加强与天津理工大学之间的教科研活动,积极实现课程之间的互补与对接,师资队伍整体水平进一步提升。

"现代—海鸥"利益共同体
运用现代学徒制培养高端制表匠

易艳明　　李国桢

一、成果简介

本教学成果以我校国家骨干校建设项目为契机,联合国表龙头企业天津海鸥表业集团有限公司(简称海鸥),将校企共同创办的精密机械技术专业(钟表方向)所实施的"2+1"接力式育人模式升级为校企全程式、全面化、交融性运行的"现代学徒制"育人模式。在新模式下,校企结成"现代—海鸥"利益共同体,积极借鉴钟表王国瑞士与德国考察取得的相关经验,结合校企现实与潜在可能性,形成了以"六双六定"为标志性特征和基本策略的校企一体化人才培养模式;构建了教学内容对接与补充、教学空间对偶与交融、师资队伍多元与协作、教学时间交替与衔接的四维"校企交替、工学结合"的教学运行机制。

校企实践形成的中国特色现代学徒制育人模式被教育部誉为"海鸥学徒制",有效地将精湛技艺、工匠精神和技术创新能力一体化传递给学生,助力学生在国际创新发明大赛、专利申请、国家各类比赛中崭露头角,高质量毕业生实现着海鸥高端机械表装配技术工人队伍的升级。作为教育部首批现代学徒制试点单位,海鸥学徒制还作为典型案例屡屡在国际与国家各类会议上做经验分享,被《中国教育报》、德国《腕表》、中国教育台、天津卫视等媒体争相报道。

海鸥副总工/现代学院特聘教授　　　　"现代—海鸥"利益共同体队代表
李蕴勤发言

图1　海鸥学徒制作为典型案例在全国职业教育现代学徒制试点工作推进会中分享

二、成果主要解决的教学问题及解决教学问题的方法

（一）解决了企业育人主体与学生双身份的问题

长时间以来，"学校热，企业冷"是中国职业教育校企合作之路的真实写照。虽有个别省市通过立法撬动企业参与职业教育，但终因可操作性差，沦为没有刚性约束力的"软法"。"现代学徒制"作为职业教育校企合作的高级形态，要求企业不能仅仅扮演职业教育需求方或配合方的角色，更应该成为全程参与教学的、名副其实的育人主体，与学校共同完成人才培养工作。在此过程中，被培养者不仅是学校的学生，还是企业的学徒，但在现实实习实践中，被培养者的后一身份常常演变为企业的廉价劳动力。

为破解上述问题，2011年我校与海鸥启动全新的现代学徒制联合育人机制时，最首要的是通过《校企联合育人协议》确立海鸥为合法育人主体。与此同时，校企双方共赴瑞士、德国考察其钟表匠培养内容与模式，并通过课题立项的方式，让海鸥成为育人工作的研究者；校企形成共同的育人观和人才培养目标后，为之开发《校企一体化专业人才培养方案》和相互衔接与补充的《学校课堂教学标准》与《企业岗位教学标准》，这使得海鸥成为育人工作的设计者。在育人过程中，海鸥必须依据培养方案与相关标准，将厂区内某一专供瑞表机芯零部件制造和装调的车间打造成2个具有教学与生产双重功能的专用教学基地，精选4个技术含金量较高、工作任务较综合的生产车间作为轮岗锻炼与定岗深化的教学场地，并选拔适当的师傅和工程师任课等,使得海鸥成为育人一线的实施者;由海鸥组织的、衡定学生职业能力发展水平的中期考试与出师考试,使得海鸥成为育人成果的鉴定者。

对于被培养者的双身份建立,校企在签订《校企联合育人协议书》基础上,由学校先行招生,随后校企通过浓郁钟表文化环境的熏陶、下厂参观和生动专业讲座的感染,激发学生认同并选择这个职业;在此过程中,海鸥也考察学生的行为能力,看其是否适合从事这一行业,以避免双向选择的盲目性。经过相互了解,海鸥于第二学期末组织面试,每年选拔 30 人进入学徒项目。入选学生需与海鸥签订有关企业培训时间、内容与薪资待遇、出师等方面的《企业学徒协议书》,与学校还要签订有关学习时间、内容、奖学金与毕业等方面的《学校培养协议书》。上述两份协议书既确立了学生受法律保护的双重身份,也规范了校企联合招生招工的操作流程与方式,使这项工作得以制度化、程序化。

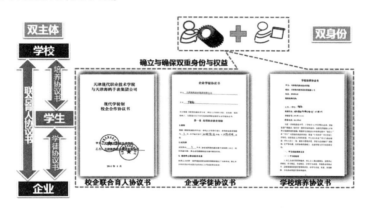

图 2 三份协议明确与保障三方权利与责任

(二)解决了校企交替式教学的科学性问题

现代学徒制要求校企必须以职业能力成长规律选取与序化教学内容,并配以合适的师资、场地与设备传递给学生。然而以营利为根本目的的企业,往往容易陷入短期利益的追逐中,而学校经常为了校企合作的"运行"而不得不舍弃育人规律,选择顺应企业需求的做法,例如旺入淡出的校企交替式教学组织模式。

对此,我院与海鸥始终以人才培养方案和两套相互衔接与补充的教学标准为出发点,按钟表匠职业成长规律科学地编排与固化三年的校企交替式教学组织,杜绝工学结合的随意性或无效性。其中第一学期为文化感受与企业体验,即海鸥高管、国家级钟表大师通过讲座形式让学生了解钟表发展史和行业前沿技术等,并让学生走进海鸥,通过企业师傅的实地展示与讲解,现场感受与感知企业环境与文化,了解各工作岗位的任务与职责,提升和丰富感性认识;第二至第四学期实现基本技能向综合技能的发展,在海鸥专职师傅、驻校技师和学校教师的深度合作下,根据钟表行业标准,共同设计与制定核心职业能力的实训项目,将企业生产任务转变为学生实训内容,使教学过程成为企业生产产品和创造价值的过程,实现学生员工一体化;第五学期安排轮训锻炼,让学生依次在海鸥 4 个核心车间的真实场景中全面实战体验各车间的综合工作任务;第六学期根据学生职业能力发展的特点与特长,确定其未来工作岗位,并通过 18 周的定岗深化学习,成长为该岗位的能手。

(三)解决了企业教学质量难以保障的问题

追逐利益最大化是企业的天然属性,因此保障企业教学质量是构建现代学徒制人才培养模式的关键。为落实企业育人主体所承担教学责任,保障课程教学质量,校企双方实施了下列措施:

1.专建基地

海鸥开辟专用区域,按瑞士标准建立了手表装配维修和自动车加工 2 个教学基地,并各配备 2 名专职师傅,其中手表装配教学基地承担着瑞士某一品牌手表机芯机构的装配任务,使得学徒既可以慢下来跟随师傅完成企业教学标准中规定的内容,还可以在适量的实战任务中掌握瑞表装配标准,提升熟练度与技巧。

2. 精挑实岗

根据 8 周轮岗锻炼和 18 周定岗深化教学内容的要求,海鸥精选了机芯装配车间、成表装配车间、夹板车间、精密零件加工 4 个车间,按 1:3 的比例为学徒选配技师级别及以上的兼职师傅，严格按相应课程标准安排学徒的学习与工作。

3. 选聘师傅

校企共同制定了《专兼职师傅聘任标准》，并以此为依据选拔师傅。对于入选的师傅，颁发由校企共同签发的聘书，帮助师傅认同自己育人的身份；每学期为专兼职师傅下达相应的任课通知书，附上相应的课程标准，有效帮助师傅确认自身的教学任务；为每届学徒举办拜师仪式，且师徒之间签订有关协议，在明确彼此责任与权力的同时，也增加企业师傅对这一身份的自豪感。

4. 平台管理

校企双方建立满足学校、企业与学生（亦学徒）三类用户需求的校企学徒网络管理平台，让学生在平台上建立档案袋，及时收集与总结自身的企业实习实践活动的资料，完成自我证明式的评价；企业师傅与专业教师通过该平台发布教学任务、工作日志、学习资料等，考核、追踪与反馈学徒学习效果等。

上述方法，使得企业在岗学习和训练成为一个有计划、有目标、有指导、有评价、反复训练、练就技能、形成经验的教学过程，有效杜绝了学生成为廉价劳动力的现象。

（四）解决了工匠精神与创新能力相伴相生的问题

现代机械化与自动化技术与仪器的应用，虽可大大提高制表的水平与效率，但高档机械手表的制作与维修仍然取决于钟表技师双手的感知度与灵敏度。要练就这样一双"巧手"，需要一种对质量精益求精、对制造一丝不苟、对完美孜孜追求的"工匠精神"。与此同时，钟表领域新技术、新工具、新材料与新工艺不断出现。面对这些新鲜事物，制表匠必须具备转化性创新能力，才能在更高品质上实现钟表产品的高精度、高精细与高精密，并将自身实践转化经验反馈给研发人员，共同实现新技术、新材料、新工艺的成熟与稳定。所以从这个意义上讲，高端制表匠也承担着技术创新与改进的使命与责任,这一过程既需要工匠精神伴随,同时促进工匠精神提升。因此,工匠精神与创新能力是一对相伴相生的素质。为此,校企采用"讲堂铺垫、环境熏陶、平台搭建、空间切换、作品毕业"的策略,实现工匠精神与创新能力一体化培养。

校内设立钟表大讲堂,邀请国家级钟表大师、企业高管到校作专场报告,涉及钟表起源与发展历史,最新钟表技术、国内外钟表市场与品牌特征等,用生动精彩的专业报告促进学生对钟表行业的了解,并激发他们对钟表行业的认可与热情。

校内营造的钟表文化氛围,将丰富精美的钟表产品与制表图片、体现钟表文化与精神的文字,装点于校内近 1500 平方米的专用教学区域,以提升学生职业认同感;同时学生还要穿梭于海鸥沉淀的企业文化中,在耳濡目染与师傅的言传身教中感受制表匠特有的职业精神,不断强化职业认同感。

在校内建立的钟表专业阅览室,举办多主题的钟表文化沙龙;在校内钟表产品展销中心不定期展出学生的优秀作品,实现作品市场化的同时,也为学生提供交流展示平台。

在三年的校企系统培养过程中,学生要在校企两个空间科学合理地切换,既跟随师傅学习经验与技艺,还跟随教师系统学习专业知识,并在教师帮助下深刻反思在企业收获的工作经验与问题,积极利用校内大师工作室,通过与钟表大师亲密接触,或再次回到师傅身边,寻求技术创新的可能性。

校企将"毕业作品"作为毕业条件之一写入《人才培养方案》,学生毕业前必须独立完成由校企共同确立或由学生提议、校企认定的一件毕业作品,例如钟表某零部件的加工制作,或机构设计或组装等,这些作品都必须包含一定的创新度。

(五)解决了毕业条件与入职条件和薪资等级难以挂钩的问题

考取相应国家职业资格的高级证书是本专业《人才培养方案》规定的毕业条件之一。然而在海鸥人事管理制度中,却没有将国家职业资格的五个等级证书直接作为技术工人队伍的薪酬等级划分的依据,而是通过额外增设了公司内部的技术工人等级考试确定。为了化解这一矛盾，并检验、激励学徒学习，海鸥在第四与第六学期设立中期考试与出师考试，通过以工艺分析为主的理论考试和技能为主的实操考试，分阶段考察学生的综合职业能力，并以此作为最终是否录入学生为正式员工、是否进入该公司高端钟表装配车间并享受高级工待遇的依据。

（六）解决了钟表类教材陈旧匮乏与特殊教学难题的问题

20 世纪 90 年代，我国钟表行业萎缩导致其专业人才培养工作中断。这使得 2005 年以来重新恢复或建立起来的钟表专业人才培养机构仍然使用 20 世纪 80 年代的老教材开展教学工作。对此，我院专业教师联合海鸥工程师、高级技师，全面收集国内外钟表行业的相关专业文献，在尊重企业技术保密的前提下，融入海鸥及其他钟表公司的员工培训资料，公开出版了《机械手表装调技术》《数控雕刻技术》《手表造型设计技术》《自动车加工技术》《机械计时技术》等 5 门核心课程的专业教材，涵盖钟表零件与结构设计、钟表零部件加工制造、钟表装调与维修三大领域，填补了我国钟表专业类教材的空白，尤其是反映当前钟表发展水平的教材。

简单机械表由 100 多个零部件组成，而构成复杂机械表的零部件甚至达到 400 多个，由此可见其内部结构之复杂。同时为保证手表的轻薄，大多数零部件均细如发丝，所以无论观察这些精密细小零件，还是演示其加工、组装、检测和维修过程，都无比困难。对此，我校专业教师在海鸥的帮助下，开发了一系列生动的教学演示动画以及 1 款机械机芯整机虚拟装配软件。这些信息化手段使得钟表的微型世界得以清晰、生动地呈现，在节约教学成本的同时，也大大提供了学生机芯装配的精度。

三、成果的创新点

（一）建立了"三会共管"校企合作育人管理体制机制

作为行业办学单位，我校在国家骨干校期间建立了校企合作董事会、精密机械行业校企合作理事会和精密机械技术专业指导委员会这三个层级相互配合又各司其职的"三会共管"校企合作管理体制。其中董事会由渤海轻工集团主要领导任董事长,企业、行业、科研院所和学校负责人共同组成,负责从宏观层面确定学校人才培养的长远规划和近期发展重点,解决组织机构内部资源调配等;理事会由二级学院和相关企业负责人组成,负责协商解决中观层面的管理问题;专业指导委员会则由学院专业带头人和行业企业技术领军人才组成,主要从专业建设的角度出发,解决人才培养方案及其实施过程中的问题,属于微观操作层面。在这一层面主要依托如下所示的四维"校企交替、工学结合"教学运行机制实施校企全程式、全面化、交融性的"现代学徒制"育人模式。

在具体的运行过程中,校企双方通过"三会共管"校企合作管理体制,共同制定出台一系列制度文件,并就双方在校企合作及"现代学徒制"人才培养模式实施等方面签订了相关协议,充分保障校企共同育人深度的、可持续性发展,形成"校企共管、责任共担、资源共享、互利共赢"的管理机制。管理体制机制的完善使得现代学徒制实施有法可依、有章可循,每个利益主体的责权利都得到有效保障。

图 3 "三会共管"校企合作管理体制图

(二)形成了以"六双六定"为标志性特征和基本策略的海鸥学徒制

我院理论研究发现,作为"校企合作、工学结合"的高级形式,现代学徒制必须具备一些基本特质,但是不同国家与地区因经济基础、社会文化环境、人口结构等方面的差异,导致其呈现的形态又各具特色。在我院与海鸥集团的联合育人实践中,校企双方从彼此的需求与现实可能性出发,创造性地形成了以"六双"为标志性特征、"六定"为基本策略的海鸥学徒制,如下图所示。

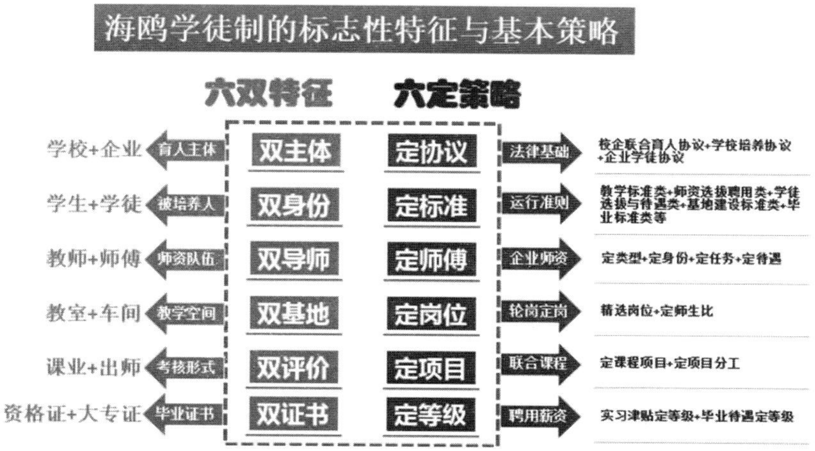

图 4　海鸥学徒制的标志性特征与基本策略

1."六双"特征

所谓"六双"特征,具体表现为学校与企业是具有相同责任的双育人主体;被培养人同时兼具学校学生和企业学徒的双重身份;师资是由学校教师和企业师傅组成的双导师队伍;教学场所包含学校的教室、实训室和企业的培训中心与生产车间两类基地;双评价则指由本专业所有课程成绩作为过程性评价和海鸥组织中期与出师考试得到的结果性评价;毕业时通过上述双评价与国家钟表维修职业资格考试(高级)即可获得国家职业资格证和大专证双份证书。这"六双"是海鸥学徒制通过实践形成的六大标志性特征。

2."六定"策略

所谓"六定"策略,具体表现为学校、企业与被培养人分别签订详细明确彼此责权利的《校企联合育人协议》《学校培养协议》《企业学徒协议》,以此作为联合育人的法律基础;校企共同确定了教学标准类、师资选拔聘用类、学徒选拔与待遇类、基地建设标准类、毕业标准类等系列标准规范,将它们作为联合育人的运行准则;定师傅指的是校企通过聘书、拜师仪式、任课通知书的形式,在海鸥形成四类承担不同教学任务的、享受相应待遇的、稳定的师资队伍;根据8周轮岗锻炼和18周定岗深化的课程标准,海鸥精选了公司内工作任务综合度高、技术含量较高的4个车间(机芯装配车间、成表装配车间、夹板车间、精密零件加工车间),并按1:3的师生比选配兼职师傅开展教学工作;所有采用校企联合授课的钟表类课程均采用项目化教学,由校企共同确立课程项目及教学分工;学徒在海鸥实习期间,依据绩效与考核标准分等级发放津贴,毕业生也根据其是否通过出师考试而决定是否享受海鸥高级工待遇。上述"六定"基本策略的实施,赋予了海鸥学徒制的"六双"标志性特征。

(三)构建了四维"校企交替、工学结合"教学运行机制

在"现代—海鸥"利益共同体下,校企以体现共同育人目标与理念的《现代学徒制下校企联合育人协议》为基础,建立了在教学内容上对接与补充、在教学空间上对偶与交融、在师资队伍上多元与协作、在教学时间上交替与衔接的四维"校企交替、工学结合"的教学运行机制。

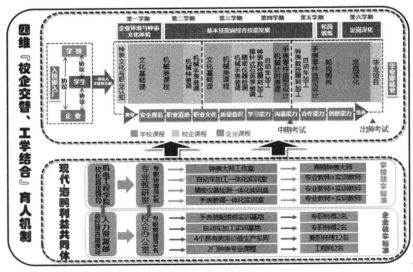

图5 四维"校企交替、工学结合"的教学运行机制

1. 实现了校企教学内容的对接与补充

基于广泛调研的结果与服务海鸥的宗旨,本专业按照工作过程系统化

课程开发思路,共形成了 21 门兼顾就业宽度和专业深度的专业课程,其中机械大类课程由在机械类专业办学基础好与经验丰富的学校承担;12 门钟表类课程中海鸥独立负责 4 门,校企联合课程 8 门。对于后者,校企共同确定了《一体化课程标准》,并按照学习认知规律、职业能力成长规律以及校企资源优势和可能性,规定了每门课程选取的项目、项目内容、课时分配、考核标准、教学衔接点、授课顺序与授课主体等,有效保障了 8 门课程在校企有序交替中相互补充、有效衔接。

2. 实现了校企教学空间的对偶与交融

围绕本专业培养高端制表匠的定位,学校在海鸥的帮助下,将原有实训车间布局与设置改造成一个迷你制表厂,建成了可实现钟表零部件制造的自动车加工一体化车间,零部件组装成表的手表装调一体化车间,钟表质量鉴定的精密仪器检测车间等,这些实训车间的建设标准与海鸥对等的真实生产车间基本保持一致。这使得采用项目式教学的 8 门校企联合课程, 基本可以实现在学校相应实训车间完成项目 1 中最基础产品的制作;随后去海鸥对等生产车间,借助其批量生产过程与师傅的经验,将学校项目 1 掌握的基本步骤反复内化于手,与此同时跟随师傅完成代表相对复杂产品的项目 2 经验层面的学习;再次回到学校后,由教师从理论层面帮助学生消化其在项目 2 中收获的经验, 并继续进入更为复杂的项目 3 的学习,如此反复。在此过程中,教学空间的对偶使得学生的学习更加连贯。与此同时,海鸥人力资源部专门设立了校企合作办公室,设专职管理协调员 1 名,并选派 1 名副总工每周一、三、五驻扎学校专业教研室,与专业负责人共同规划落实专业建设事宜,每周二、四返回海鸥,与校企合作办公室专职协调员沟通落实企业育人问题与工作。副总工在双育人主体之间的穿行,使得对偶的两个教学空间得到更好的交融。

3.实现了校企师资队伍的多元与协作

为高质量实现《企业专业教学标准》,海鸥配备了四类员工实施教学:高管和国家级钟表大师承担《钟表文化与职业认知》的讲座;2 名工程师各承担 1 门专业课程教学；4 名专职师傅在专设的 2 个教学基地中完成其他 8 门校企联合课程中的企业教学任务；12 名兼职师傅按 1:3 的师生比承担第三学年的轮岗锻炼和定岗深化的教学任务。同时在海鸥的推荐下，学校还为每个实训室选聘了 1 名来自企业技师级别及以上的实训教师，配合专业教师在校内高质量完成联合课程中的学校教学项目。校企两支多元化与互补性师资队伍，成功实现了系统、科学、合理的协作育人。新引入的校企学徒网络管理平台使得两支队伍的沟通协作更流畅与有效。

4.实现了校企教学时间的交替与衔接

在三年培养过程中，"校企交替、工学结合"的教学运行模式使得学生不是固守在学校象牙塔里，而是在校企有规律、有节奏地交替学习。第一学年倾听四场来自企业高管、行业协会专家和钟表大师等精彩专题讲座，走进海鸥、亨得利瑞表销售中心，在现场体验中建立职业认知；第三至六学期均采用校企交替式教学，即学生依次需要以 6 周、6 周、10 周和 18 周的频次，集中到海鸥跟随专职师傅或兼职师傅完成相应课程项目的学习。为保障校企在教学时间上的有序交替和顺畅衔接，学生在第二学期末 4 周集中实训中掌握一款简单机械钟和机械表的装配后，即刻进入企业直至第三学期第七周返校上课，而第四学期则从第 15 周起进入企业直至第五学期开学再返校，完成校内 7 周学习后，继续进入企业直至学期结束的最后一周返校完成毕业项目的选题、选双导师和定岗位，第六学期带着毕业项目进入确定岗位完成相应内容的学习和毕业项目，第六学期最后两周返校完成答辩和毕业事宜。

四、成果的推广应用效果

(一)"海鸥学徒制"成为中国现代学徒制试点工作的范式

自 2014 年 12 月，校企联合培养工作被教育部选拔为八个典型案例之一，在全国现代学徒制试点工作推进会上做经验分享，并被鲁昕副部长誉为"海鸥学徒制"起，这个称谓已经成为天津市乃至全国人才培养模式改革的一种靓丽名片，更成为我国构建中国特色现代学徒制的一种范式。

迄今为止,作为教育部首批现代学徒制试点单位与领头羊,校企构建的"海鸥学徒制"以新闻、纪录片、访谈等形式被中国教育台、天津卫视等电视媒体报道 5 次;被《中国教育报》《天津日报》《宁夏日报》《德国腕表杂志》《中国道路》等报刊类媒体报道 10 余次;在《中国职业技术教育》《职教论坛》等期刊发表相关论文 10 余篇;被搜狐网、新华网、北方网等网站报道 20 余次;2 次入选全国高职校长联席会议优秀案例;在全国现代学徒制试点工作推进会,教育部现代学徒制国际研讨会,广东、辽宁、四川、宁夏等教育厅组织的研讨会中做主题发言;2016 年 5 月,由天津市教委主办,我校与海鸥承办了一场全国现代学徒制经验交流分享会,与来自各省市科研机构、行业协会、职业院校、企业等 50 余家单位的 300 余名参会人员,分享了校企五年探索出的经验做法。

(二)在校生在国内国际舞台崭露头角

在校企多年的精心培育下,学生在专业技能和创新能力上崭露头角。2015 年底,瑞士某品牌老总来津考察海鸥作为其机芯机构供应商的生产线时,发现其产品居然是由两名师傅带着在校生装配完成。然而当他看到学生们如此娴熟地按照瑞士标准要求,灵活运用各种工具,严格按照工艺要求进行装配检验时,也由衷对学生的工作质量和职业素质给予了高度评价,更高度肯定了校企联合育人的做法。近年来,共计 23 名学生获得 CAXA 软件制造工程师证书,同时很多学生还在各类竞赛中屡屡获奖:在 2013 年全国职业院校学生技术技能创新成果交流赛中获二等奖,2014 年"TI 杯"全国大学生电子设计大赛(天津赛区)本科组二等奖,在全国三维数字化创新设计大赛天津赛区中分别获特等奖 2 个、一等奖 1 个、二等奖 2 个、全国总决赛三等奖 2 个。高玉设计制作的"ST3D10 秒盘旋转女表"荣获"2013 年全国职业院校学生技能作品展洽会"一等奖。学生范忠序、罗帅完成的作品"ST3D10·秒盘旋转系列表"获"2016·台湾国际发明设计比赛"金奖等,13级学生王娅楠在读期间还收获了自己的首个发明专利。

（三）实现专业内涵提升与外延拓展

与海鸥的合作育人，使得本专业建立了以高端钟表装调为重点，兼顾钟表零件与结构设计和钟表零部件加工制造两大领域的宽度，针对这些教学领域，专业教师联合海鸥工程师、师傅编写出版了 5 门核心课程的专业教材，解决了当前钟表领域教材陈旧与匮乏的问题；根据钟表制造流程改扩建实训室 5 个，新建钟表大师工作室 1 个，校企共同开发专业教学资源库与模拟仿真教学软件 3 个。校企共同开发与发布了精密机械技术专业的国际化专业教学标准，完成国家级课题《基于新型工业化背景下开展现代学徒制教育的实践探索》、市级重点课题《现代学徒制培养高端技能型人才的研究与实践》《关于校企合作开发钟（表）维修工"职业培训包"的研究》等，全面实现了专业内涵的提升。与此同时，伴随着海鸥品牌国际化战略的推进，2012 年校企双方还将钟表人才的专科层次的培养拓展到了本科层次。本科层次钟表工程师的培养，是由天津商业大学负责招生、颁发本科毕业证以及基础课程的教授，钟表类课程由我校与海鸥集团采用现代学徒制模式培养。

专业的提升实则是专业教师的提升。近五年来，专业带头人赵跃武主讲的钟表学概论入选"东西部高校共享课程联盟"的共享选课，成为天津市高职教师中首个通过智慧树平台面向全国授课的教师；获得全国职业院校信息化教学比赛三等奖；整个专业团队发表论文 21 篇，专利 3 个，指导学生专利 1 项；指导学生获国际发明设计金奖 1 个；国家级各类比赛一等奖 1 个，二等奖 1 个，三等奖 2 个。

（四）高端制表匠助力海鸥及钟表行业的腾飞

借助"校企交替、工学结合"的育人机制，每届学生不仅 100% 双证毕业，还都通过了海鸥的中期与出师考试，2014 级毕业生基本全面进入海鸥高端机械表装调车间。自 2015 年起，受经济下行影响，海鸥只吸纳了 20 名毕业生，而 2016 年在全面裁员的背景下，海鸥仍然吸纳了 10 名毕业生。进入海鸥的毕业生，有十余名在短时间内晋升为海鸥集团核心技术人员，多名毕业生获"天津滨海新区优秀外来建设者"等荣誉。海鸥最高领导层将储备的这些毕业生视为海鸥转型升级、再次实现新高度的潜在力量。未进入海鸥的毕业生,因扎实规范的专业技能,受到中国钟表协会的关注,经推荐进入北京手表厂、中国工程物理研究院等单位。本专业毕业生入职时间虽短,但是时间的磨砺将使他们成长为我国钟表行业,乃至高精尖科研院所的高端制表匠与工程师。

(作者单位:天津现代职业技术学院)

展现代学徒制"津彩" 育大爱慎独之操守

——老年服务与管理专业现代学徒制的探索与实践

丁建石　张　玮

2014 年教育部等六部门组织编制《现代职业教育体系建设规划(2014—2020 年)》,规划中正式提出"现代学徒制",规划指出"增加非全日制职业教育在职业教育中的比重,发展工学交替、双元制、学徒制、半工半读、远程教育等各种灵活学习方式的职业教育"。"在有条件的企业试行职业院校和企业联合招生、联合培养的学徒制,企业根据用工需求与职业院校实行联合招生(招工)、联合培养"。就其内涵,可以看出,现代学徒制是在联合招生的基础上,联合培养,进而达到满足企业对人才需求的目的。随着经济和社会的快速发展,现代职业教育也取得了突飞猛进的发展,"现代学徒制"作为一种新型的人才培养模式受到各职业院校的青睐,国内各职业院校对职业教育的发展模式进行了不同形式的探索与实践。

天津职业大学作为一所以培养高级应用性技能型人才为主的高职院校,创新实践了德国"双元制"到"现代学徒制"职业教育模式的本土化。天津职业大学老年服务与管理专业在"现代学徒制"的探索与实践道路上,通过引进、学习、消化、创新,初步构建了具有天津职业大学特色的、出彩的"现代学徒制"人才培养模式,展现了现代学徒制的"津彩"。

基于养老行业特点和人才成长规律,天津职业大学老年服务与管理专业既注重初始就业技术技能的培养,如老年护理能力、老年营养与膳食能力、按摩与康复保健能力、心理护理能力等;也注重可持续发展能力或从业潜能的培养,如老年机构管理能力。除了上述能力的培养,该专业更重视学生职业操守的培养。职业操守是人们从事职业活动中必须遵从的最低道德底线和行业规范,它具有"基础性""制约性"特点,凡从业者必须做到。老年服务与管理专业的从业人员必须遵从的职业操守是大爱、慎独。所谓大爱是指人道主义的爱,博大的爱,善心;所谓慎独是指人们在独自活动无人监督的情况下,凭着高度自觉,按照一定的道德规范行动,而不做任何有违道德信念、做人原则之事。只有与老人真实接触、为老人提供真实服务或参与真实服务、身处养老真实环境中才能培养出高质量的养老人才。高质量的养老人才需具有较高的人文素养、不能有丝毫差错的服务技能以及应急管理与经营的能力潜质。同医学专业相似,没有校企一体化育人,无法真正培养出高质量的养老人才。现代学徒制的培养模式有利于学生掌握老年服务与管理的职业能力,领会并习得大爱与慎独的职业操守。天津职业大学老年服务与管理专业在现代学徒制方面的成功,在于对现代学徒制现状的准确把握、对现代学徒制理论的深刻理解,基于这两点,该专业能够站在前人的功过簿上,取其精华去其糟粕,应用现代学徒制培养出既掌握职业能力又具备职业操守的老年服务与管理领域的从业人员。

一、国内现代学徒制的现状

国内职业院校在对"现代学徒制"实践探索的过程中,积累了一些经验,例如,2006年江苏太仓健雄职业技术学院与德国企业合作,形成了本土化的"定岗双元制"高职学历人才培养模式;2011年宁波北仑职业高级中学以协议的方式开始试行中职教育学历的现代学徒制教学;广州技师学院与企业合作探索非学历技工培训教育取得了一定的成效;2010年6月,新余市委、市政府拟投资60亿元规划建设江西职业教育园区,在园区内构建新余市现代学徒制实验基地。但是这些经验更多的是对国外"现代学徒制"的模仿,而没有针对国内情况的实质性的突破和进展。根据《教育部关于开展现代学徒制试点工作的意见》(教职成〔2014〕9号)要求,教育部组织各地开展了现代学徒制试点申报工作。经专家评议,决定遴选165家单位作为首批现代学徒制试点单位和行业试点牵头单位。教育部此举是希望通过这些试点单位和牵头单位的努力，探索出与中国国情相符的"现代学徒制"之路。2016 年 12 月 1 日在广州召开了首届现代学徒制试点工作总结会，从会议典型案例和全国情况介绍可以看出，我国现代学徒制的建设仍存在一些亟待解决的问题，主要表现在以下几个方面：

（一）现代学徒制的内涵问题亟待解决

现代学徒制起源于联邦德国的职业培训，二战后成为职业教育的主导模式，并形成了配套的国家制度、教育制度模型，推动了国内社会经济的快速发展。其成功的经验得到了世界许多国家的认可和借鉴。2006 年，在欧盟相关机构的支持下，来自 10 余个国家高校和研究机构的专家学者在德国成立了国际现代学徒制创新研究网络。该机构的调查研究显示，在不同的国家体制与背景下，现代学徒制的实现形式也不同。因此我国的现代学徒制，需要结合中国的体制，引进、消化、吸收并提升国外现代学徒制的做法，探索出一条适合中国国情的道路。在实践过程中，有些院校，没有深入了解现代学徒制的内涵，随意选择一些专业实施订单班、顶岗实习、旺入淡出、半工半读等办学形式，便误认为自己是在开展现代学徒制。

（二）现代学徒制的学徒身份问题亟待解决

现代学徒制是由企业和学校共同推进的一项育人模式，其教育对象是学徒。对他们而言，就学即就业，一部分时间在企业生产，一部分时间又在学校学习。教育部文件明确规定，现代学徒制工作内涵第一条就是招生与招工一体化，保证"招生即招工、入校即入厂、校企联合培养"。现代学徒制中的学徒应该具有双重身份。而从全国职业院校现代学徒制案例来看，学校与合作企业虽然签订现代学徒制协议，学徒还是在某个学期到企业进行实习，在实习过程中可能确定师徒关系，但学徒在学期间仅仅是一个身份——学生，实习过程中与企业仅仅是实习关系，企业并不会将学徒视为自有员工，企业没有积极性、主动性和责任心培养学徒。导致这一结果的原因有二：其一，学徒在学徒期间和毕业后不能成为企业员工，现代学徒制的实践案例中,很多学徒在实习结束后不在实习企业就业,会重新寻找其他工作;其二,实习过程中学徒只是在一个固定岗位工作,通过简单劳动的重复给企业带来效益,从而取得报酬。这样的现代学徒制仅仅是以前顶岗实习再包装,贴了一个新标签而已。

(三)现代学徒制的人才培养目标实现问题亟待解决

现代学徒制至少应具备两层含义,一是现代,一是学徒。所谓现代是指时间上的现代和内涵上的现代,至少应在企业实习过程中从重视生产性转向重视学习性,也就是说,在企业学徒期间主要目的是学习,其二是学习某一职业或某一职业群,而不是成为某个岗位的熟练工,也就是说,学徒在企业学徒期间必须轮岗,将专业所学知识技能都能够进行检验,进而达到学习提高的目的。反观现在的实践,学徒过程中学徒仍然被固定在某个岗位工作,不能全面涉及本专业面对的各个岗位学徒,仅仅在一个或两个岗位学徒,从事一些简单工作,没有体现现代的内涵。另外,从教育部现代学徒制的文件可以看出,现代学徒制必须有专兼结合师资队伍,企业师傅必须承担学徒期间的教学任务,教学形式、内容、时间必须相对固定,至少达到每周有一天的教学时长。限于企业工作安排和利润考核的限制,现在的现代学徒制,学徒在企业期间很少能够得到固定的教学,学徒边工作边学习已经是较好的形式,大部分企业,在学徒入职时对其进行操作培训,使其能够掌握一个岗位的简单操作技能,之后再也没有培训,只是让学徒在这个岗位上重复简单操作,没有达到学习的目的。

(四)现代学徒制的实践岗位选择问题亟待解决

所谓学徒,应该是某种较为复杂的技艺技能的传承,是工作本位上的学习,按照技艺难度高低有一定期限,这是学徒的属性,重点是学习,基础是有难度的技艺。在实际操作中,有些院校选择的是经过简单培训就可以胜任的岗位,例如超市收银等,这些岗位不需要师傅的传承,因此,选择这些岗位,或者说这些专业学生实习根本就谈不上学徒制,更谈不上现代学徒制。不是所有专业和岗位都适合采用现代学徒制的人才培养模式。

二、现代学徒制的认知

上述问题的解决,必须要从厘清现代学徒制的本质着手。现代学徒制是将传统的学徒培训与现代学校教育思想结合的一种企业与学校合作的职业教育制度,是一种新型的职业人才培养实现形式,校企合作是前提,工学结合是核心。双主体和双身份是现代学徒制的必要条件,支付企业讲课费和轮岗是现代学徒制的充分条件。

(一)双主体是基本特征

现代学徒制大力推进校企合作、工学结合,强调学校与企业合作制订人才培养方案,合作开发工作任务导向的课程,合作开展顶岗实习,实施订单式培养等。人才培养过程中可以由学校组织,主体是学校,企业只是参与。这种学校本位的人才培养模式,可以大批量地培养技术技能型人才,降低企业人力资源成本,但培养的人才是否学以致用,是否符合企业需要,是否达到企业要求,是否真正具有岗位职业能力,还值得深思。据麦可思研究院 2013 年大学生就业报告所做的分析,2012 届高职高专毕业生工作与专业的相关度仅为 62%,毕业生选择与专业无关工作的最主要原因是"专业工作不符合自己的职业期待"和"达不到专业工作的要求",分别占 38% 和 19%。分析其原因,一是学校职业教育与工作世界的脱离以及职业教育课程的"学问化"等根本性问题,不可避免地削弱了学生的对口就业能力;二是学校教育即使有顶岗实习的安排,大部分企业只是把学生当作一般劳动力使用,学生难以接触到企业的核心技术或核心工作,导致学生对未来职业的期望值不高。构建"学校本位"和"企业本位"相结合的"双主体"人才培养模式,一是可以让学生尽早进入企业,让学生在职业期待上有明确的定位,提高毕业生的专业对口率;二是企业是教育"产品"的使用者,"产品"的质量应该在使用过程中不断改进和提高;三是企业是职业教育的最大受益者,发挥教育的最大效益,企业具有主体功能。早在 1988 年劳动部办公厅下发的《关于印发〈学徒培训制度改革座谈会纪要〉的通知》中就指出:"招收学徒(或学徒培训生)的企业,应具备必要的培训条件(包括师资、教学计划、大纲、教材、教室和设备)。"国外成功的学徒制典型基本上可以分为两大类,Hilary Steedman 将欧洲的学徒制分为需求引导型和供给引导型两大类。需求引导型的学徒制也可以称为高企业合作与低学校整合型,其特点是雇主责任感高,企业培训强大,学徒制与全日制教育结构相分离,如德国、奥地利、瑞士的学徒制。供给引导型的学徒制也可称为低企业合作与高学校整合型,其特点是雇主责任感低,企业培训相对较弱,学徒制与全日制教育结构进行了较为密切的整合,如英国、荷兰、丹麦、法国的学徒制。根据我国的国情,后者更值得借鉴。分析我国高职教育现状,虽然学校在表面上与企业建立了紧密的合作关系,但是学校承担了育人的责任,承担了就业的风险,而企业只是对人才的选用,不承担任何风险。现代学徒制需要学校与企业共同承担育人责任、共同承担风险、共同培养人才,而不再是简单地参与。高职学生在企业实习主要还是一种教育行为,而不是简单的工作行为,企业更不能把学生当作劳动力使用。作为教育行为就应该工作与学习相结合,应该有严密的人才培养方案。因此,推行现代学徒制的教育模式重点需要解决的问题是如何开发企业人才培养方案。学校教育是为企业教育提供理论基础,训练可迁移的基本技能,培养职业素养的教育,在教学方法上突出理论与实践的结合,重点强调理论的针对性和实践的基础性,在学中做,突出具有普遍意义的职业岗位技术技能训练和规范;企业教育是以工作本位学习为主的人才培养模式,突出实践与理论的结合,重点强调实践的针对性和理论的应用性,在做中学,突出企业特定岗位的技术技能训练和职业素质养成。因此,现代学徒制"双主体"培养模式必须由学校与企业共同完成,力求建立相互衔接、相互融通的人才培养方案,诸如"2+1""1.5+1.5"和工学交替等多种形式。英国现代学徒制即是"学习—实践—学习"的工学交替的产教结合模式,学生一段时间在校学习,一段时间到工厂实习和工读交替进行。瑞士的现代学徒制,学生每周 1~2 天在职业学校接受通识教育和专业基础理论知识;每周 3~4 天在企业实习;每学期 1~2 周在行业培训中心学习专业的跨行业课程,以补充企业实践和职业学校学习内容的不足。

(二)双身份是重要特征

从教育部文件就可以看出,实施现代学徒制首要条件就是"招工即招生",招工招生并举。现代学徒制鲜明的特征是校企联合双元育人和学生双重身份(学校的学生、企业的员工),而学生双重身份是最重要的特征,是实施现代学徒制的必要条件,没有这个"双",其他的"双"对于现代学徒制都是空谈。莱夫用"实践共同体中的合法的边缘参与"的概念来解释学徒制的学习机制。合法,意味着对学徒在所参与的共同体中的身份的肯定,意味着共同体中的资源和实践对学徒的开放;边缘参与完全参与或充分参与相对,意味着多元化和多样性、或多或少地参与的状态。个体在共同体中有机会沿着从旁观者、同伴到成熟实践的示范者这个轨迹前进,即从边缘参与者一直到核心成员。合法的边缘参与,关键是它把参与作为学习"实践文化"的一种方式。长期的合法的边缘性为学习者提供了把实践文化纳为己有的机会。学徒们从广泛的边缘角度逐渐对共同体实践的构成汇集出一个总的观念。这些角度包括:谁参与;他们做什么;日常生活是什么样;师傅们是如何讲话、走路、工作的,以及总体上如何管理他们的生活;那些不属于实践共同体的人如何与之打交道;其他学习者在做什么;要变成一个成熟的从业人员,学习者需要学什么,等等。在边缘的观察和参与中,学徒逐渐理解前辈何时、如何以及在什么方面进行合作、共谋及发生冲突,理解他们的所爱、所恶、所敬以及所羡。而所有这些镶嵌在共同体的日常实践的情景中,构成了实践共同体的文化品性,这都是在正式的学习中难以表达和传授的隐性知识。而在合法的边缘参与下,它们都为新成员而"透明化",使得他们可以合法地进入这种潜在的文化语境中。与学校制度把认为重要的知识明确地、直接地以说教方式传授给学生的正式学习所不同的是,合法的边缘参与允许学习者在学习重要的知识之前,先从学习边缘的、琐碎的、看似不那么重要的事情开始。在各自学习的岁月中,他们就从周边的学习性课程中,不断向成熟的实践做着向心运动,直到最终进入到完全参与到成熟的日常业务中,在这个动态的参与过程中,逐渐地确认自己作为共同体成员的身份,并成为实践共同体再生产循环的一部分。基于莱夫的理论可以看出,现代学徒制的实施过程必须要确保学生的双重身份,否则学生在企业的学习只能流于形式,无法学习到岗位的核心知识。学徒除了具有学生身份外,还具有企业员工的身份,可以通过学徒与企业签订就业协议的方式,保障学徒至少在实习以及毕业后一段时间是企业员工,也就是双身份。学徒不仅享受企业员工的待遇,还必须接受企业的管理。基于就业协议的保障,使企业乐于接纳学徒学习,对学徒的培训实际也是对自己员工的培训,企业更倾向于安排学徒通过轮岗的方式实习,从而发现学徒对岗位的契合度,以便就业后将其安排在合适的岗位上。

(三)支付企业讲课费是明显特征

学徒制的显著特点是以师带徒培养学徒的技术技能。"导师"是引导、指导学徒学习、成长的师傅,重点是解决学徒在理论与实践中无法学到的"内隐性"知识与技能。培养技术技能型人才,既要有可向学徒传输的明确的、可表达的、可操作的知识与技能,又要注重学徒个体的默会认知,激活学徒个体的默会思维,后者才是学徒制建立"导师"机制的关键所在。打造学校导师、企业导师"双导师"专兼职师资队伍,是推行现代学徒制急需破解的难题。高职教育延续了长期的班级制教育制度,以致学徒在校内的实训环节中,由于教师数量和专业的限制,学校导师的配置和选择,已经成为学徒制校内导师来源的主要问题。应充分发挥校企深度合作的功能,建立企业导师经常性的来校机制,形成贯穿整个教育过程与学徒结对的体系,保证每位学徒在技术技能训练、职业成长中有专门化的导师指导。建立优化企业导师机制。1992年,劳动部下发了《贯彻〈国务院关于大力发展职业技术教育的决定〉的通知》,提出学习借鉴德国双轨制学徒经验,改革我国学徒培训制度,建立具有中国特色的新型学徒培训模式,重点强调在企业由生产实习指导教师或师傅指导学徒进行操作技能训练,充分说明了学徒制导师的重要作用。企业导师蕴藏着一种不善于用文字和语言表达的"默会知识",这种知识他是通过潜移默化的动作行为来传递给学徒(徒弟)的。在学徒制的实践中,需要探索一种企业导师的优化机制,完善导师的任务,制定导师(师傅)的职业标准,精选企业有责任心的技术技能和管理方面的优秀员工,担任学徒的导师,这才是学徒制中要解决的主要问题。另外学徒在企业学习期间,学校应支付企业讲课费,这一条在运行过程中往往难以被学校接受。学校总是感觉到学徒到企业工作,学徒在为企业服务,应当企业支付学徒工资,甚至还应该支付学校一定费用。殊不知,学徒到企业实习时,除在一个岗位上实习或者从事简单重复劳动外(出卖体力),他们还不具备在实际工作中独立完成一个需要一定岗位技能的工作, 也就是说,不能为企业带来利润,而且还要占用"机时"(生产设备使用时间),可能误操作还要浪费原材料,因此,企业很难支付学徒工资。再者,学徒在企业期间主要任务是学习,不是完成生产任务,学徒需要跟着师傅学习,需要师傅手把手授教学徒,训练学徒技能,因此,学校理所应当支付企业师傅一定的代课费用,这一特征就成了衡量学徒是学徒还是出卖劳动力,是否是真正现代学徒制的"试剑石"。

(四)学徒期间轮岗是核心特征

校企合作开发工作任务导向的课程,从某种意义上讲对学徒从事专业工作具有普遍意义,尤其是企业课程,在现代学徒制人才培养中具有不可替代的作用。企业课程实际上是基于工作本位学习的课程。这类课程的学习具有"合作教育,内容以工作任务为单位来组织,学习在工作现场进行,通过完成工作任务来构建与职业相关的知识和技能,学习的重点是学而不是教,强调个体参与实践过程,是一种有指导的活动"等特点。它的价值在于学习有利于提高学徒的实际工作能力,提高学徒的学习兴趣,减少学校对昂贵设备的投入,学以致用。开发企业课程,首先应该在校企合作"双主体"的教育模式下,发挥企业技术与管理人员、学校教师、课程开发专家等多方面人员的作用,开发有针对性的课程、教材。其次,开发的企业课程应该突出高职教育"高等性"和"职业性"的特点,考虑企业工作的技术本质要素来构建课程体系。同时，课程的内容还要考虑与学校课程的有效衔接。最后，企业课程应建立在灵活多样的学习方式基础上，根据学徒在企业的学习和工作特点，建立多样化的企业课堂，采用现场学习、合作学习、网络学习、师傅辅导等多种便于学徒学习的方式。特别要强调的是轮岗的学习方式，这是实施现代学徒制的充分条件。现代学徒制是一种人才培养方式，是一种手段，手段是为目的服务的，没有目的的现代学徒制，就像无水之源、无本之木，没有任何价值。所以在了解现代学徒制之前，必须要明确培养目标是什么。现代学徒制最终目标是要培养具有可雇佣性的技术人才，可雇佣性是一种能力，这一能力不仅仅局限于某一两个岗位，所以学徒的实习岗位不能只固定在某一两个岗位。美国的现代学徒制甚至不固定学徒的实习企业，学徒可根据子能力目标的不同，选择到能承担该子能力目标的育人企业学习。既然现代学徒制主要是在岗位上学习，而且学习的内容不仅仅是一个岗位上的技能，还包括一个专业应该具备的主要技能，因此，安排学徒到企业实习，必须结合专业定位与企业实际确定学徒实习岗位，这些岗位总和应该基本包含本专业的主要技能，并基于此确定每个岗位上实习的时长和技能检验标准，以及不同岗位的师傅标准。在学徒实习时，所有学徒应当在学徒期间将与专业相关的全部岗位轮流实习一遍，学习每个岗位上技能，这样才能达到培养学徒本专业基本技能的目的。轮岗时还应考虑到企业员工培训、晋级提高等多种需要。

三、天津职业大学老年服务与管理专业现代学徒制的探索与实践

基于对现代学徒制现状和理论的深度剖析，天津职业大学老年服务与管理专业在现代学徒制方面进行了如下探索与实践：

(一)政行企校联动，探索现代学徒制模式

1.招生即招工

该专业由天津职业大学、天津市民政局、天津市福老基金会、天津市养老机构协会合作(见图1)，联合招生。市福老基金会给予该专业学生三年学费总额二分之一的资助。市民政局协调市养老机构协会推荐学生在天津市养老行业就业。该做法由政府组织协调、行业协会参与、基金组织支持、辐射天津所有养老机构,避免了与单一机构合作的招工招生机制不畅、用人数量少、用人情况变化以及不可连续实施的弊端。

图 1　天津市民政局和天津职业大学合作办学协议

2.入校即入职

学生入校时,与学校、天津市福老基金会签订三方协议,上学期间接受市福老基金会资助,毕业后至少在市养老机构工作两年时间。该三方协议确保了学生的双身份。学生通过企业岗位课程考核,取得养老护理等职业资格证书,"出师"后,双向选择,进入天津市养老单位工作,实现就业。毕业后留在养老行业的学生比率达到100%,两年后留在养老行业的学生比率达到80%。

3.校企一体化育人

(1)优化培养方案。在学校与合作养老机构共同建设校内养老护理实训室基础上,学校与天津市养老院共同制订人才培养方案、培训计划、考核文本及一揽子制度文件,实施一体化育人(见图2)。

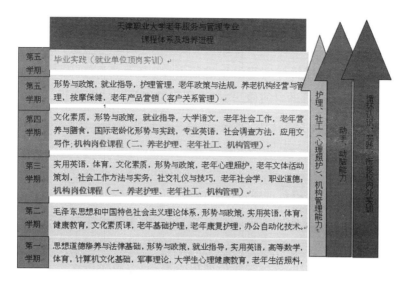

图 2　天津职业大学老年服务与管理专业课程体系及培养进程

学校与天津市养老院共同优化教学进程,充分考虑学生实际特点和学习认知规律,按照先侧重动手能力培养,后侧重动脑能力培养来设计教学进程,按照护理技术技能、老年社会工作技术技能及养老机构经营管理能力培养依次开展教学与实践, 强化学生专业基础知识和基础技术技能的学习和训练;在行业中和岗位上强化职业素养的培养和综合多要素解决实际问题的能力。

(2)优化双师队伍。教师和师傅以言传身教、亲力亲为的教育方式,在传授专业知识、技术经验的同时,对学生进行职业道德、行业规范、人际沟通等方面的教育和感染,突破学校教育对教育内容的过分分割的状况,通过走出去请进来付费用的方式,加强教育内容之间的相互联系和相互促进。

该专业的老师通过挂职锻炼,深入了解养老院运营过程中的实操内容,并通过亲身实践,将掌握的理论知识与实践有效结合,这一体验使得老师在课堂中的讲授更接地气。同时,该专业部分与专业相关的课程会请养老院的师傅来校讲授,师傅进课堂一方面可以为课堂教学内容增添更多的实践案例,另一方面可以精进师傅的理论知识,有利于师傅在工作中对徒弟的指导。另外,该专业的相关领导和老师会定期前往学生的实习单位回访,回访过程中,老师会与师傅进行交流,互通理论和实践方面的有无,同时,老师会在工作现场对实习学生进行指导,应用理论知识解答学生工作中的困惑。走出去请进来的做法,打通了理论知识和实践知识之间的隔断,使理论和实践有效地融合在一起。在这一过程中,学校为了确保师傅的积极性,会为师傅的投入支付相应的费用。

(3)优化学徒方式。学生在机构与学校间交替式学习,即该专业学生第一学年在校学习。学校负责通识课程的教学,并在学校实训室内对学生进行养老护理基础技术技能的训练,为第二学年实施交替式学习奠定必要基础;第二学年两个学期,即每学期10个教学周在学校学习理论与实践课程、10个教学周在天津市养老院进行岗位课程学习,两个教学班交替式进行;学生第三学年第五学期在学校接受经营管理类课程教育,第六学期在用人单位毕业实践。机构为每一名学徒提供不少于三大类岗位(1.老年社工类岗位;2.生活照料、基础护理、心理护理、康复护理等养老护理类岗位;3.有关科室经营管理类岗位)用于轮岗训练。每个大类的岗位训练时间不少于两周。

学徒在企业实行三个"三结合"的培养模式。第一个"三结合",即跟岗学习、轮岗学习与师傅培训相结合。一个企业师傅带一个学徒;学徒在自理、介助、介护、临终关怀、社工、基层管理等岗位轮岗学习;每周五下午,企业根据学徒一周工作与学习情况,安排资深师傅对学徒进行有针对性的培训。第二个"三结合",即岗位、师傅、课程按照技术技能由易到难逐级递进,学徒一般沿着自理→介助→介护→临终关怀→社工→基层管理等这样的岗位和课程学习与工作,每个岗位的师傅不同,师傅的技术技能也是递进的。第三个"三结合",学生在天津市养老院学徒期间,接受老人评价(见表1)、指导师傅评价、学生自评相结合的评价。三项评价加权汇总后作为学徒岗位课程的总成绩。

表 1　接受学徒服务的老人评价表

学徒姓名		年级					
班级		学号					
评价项目	学徒表现		学徒得分(在相应分数下划"√"号)				
			优秀	良好	中等	及格	不及格
职业道德	该学徒对您是否尊敬,服务是否热心、耐心、细心等		19	17	15	13	10
职业礼仪	在与您交往过程中,该学徒的言谈举止是否文明礼貌		19	17	15	13	10
工作能力	您对该学徒的服务能力、服务水平是否满意		57	51	47	39	30
合计得分							
老人签字:　　　　　日期:　　年　月　日							

(二)政行企校联动,现代学徒制试点取得显著成效

1.学生综合能力的增值程度显著提高

通过学徒制模式的交替学习,学生养成了较强的组织协调、沟通交流、团队合作等基础能力;学生为老人提供生活照料,基础护理、康复护理、心理护理等职业技能基本养成,能独立开展个体心理沟通、情绪疏导、文体活动组织与策划等工作,能独立开展机构档案管理、出入院管理、物品管理、养老办公文员等具体事务性工作,能协助开展老年人膳食管理、护理管理、行政综合管理等工作。在第三届全国职业院校民政职业技能大赛上,黎露露、许海辉同学分获老年服务与管理专业养老护理员职业大赛二等奖和三等奖,同时学校获优秀组织奖,大大提升了专业的知名度和社会影响力。

2.学生全部就业于天津市养老行业

截至目前, 天津市福老基金会已给予毕业生和在校生 80 余万元的学费资助,学生职业资格证书取证率达到 100%。毕业生全部就业于天津市中高端养老机构。

3.促进了校内教师专业实践能力的提升

学徒在企业培训期间,校内专任教师通过到工作现场对实习学生进行理论指导,通过与企业师傅的教研活动,通过担任班主任工作,深入了解了

养老院运营过程中的实操内容,获取了更多的企业实践案例,打通了理论知识和实践知识之间的隔断,使得老师在课堂中的讲授更加接地气。

4.促进了数字化课程教学资源的开发

为在学生学徒期间能够掌握必要的基础理论知识,解决工学结合的时空难题,学校与市养老院合作开发了养老护理员职业培训包和老年社工的系列数字化教学资源,为学徒线上学习创造了良好条件(见表2)。

表2 数字化教学资源一览表

项目 (岗位课程)	教学 课件	教学 案例	实训 项目	教学 视频	教学 动画	作业 (项)	试题库 (套)
社区养老服务管理	104	64	96	20	25	41	36
养老机构文秘	83	67	69	20	13	67	30
养老护理员职业培训包	34		44	35		34	15
老年社会工作	64	34	6	20	15	6	6
总计	285	165	215	95	53	148	87

5.向兄弟院校分享了现代学徒实践经验

学校专业教师边实践、边提炼现代学徒的实践经验。学校老年服务与管理专业教师曾在6期全国性现代学徒制培训会上介绍了学校经验,涉及300余所中高职职业院校,并赴陕西工业职业技术学院、合肥职业技术学院等院校举办专题讲座。专业教师赵学昌教授主讲的现代学徒制的实践与思考课程2016年12月入选国家教育行政学院、中国教育干部网络学院高等教育培训课程资源,用于全国高等教育网络培训。

四、思考和体会

现代学徒制是开启企业从单纯用人、订单培养转化到企业全程参与育人之门的金钥匙,是推动校企深度合作,实现双元育人的发动机。现代学徒制有"模式"而无"定式",可根据不同专业以及相应职业的特性探索不同的现代学徒制实践形式。基于天津职业大学老年服务与管理专业现代学徒制的探索与实践,有如下思考和体会:

（一）多方参与，资源支持是关键

现代学徒制对师生比、施训设备、施训环境、师资水平等都有较高的要求，为确保人才培养质量，需要突破传统学校教育的单一经费来源，探索政府、学校、行业、企业、学徒共同承担培养成本的机制，建立有效的管理机制。严格的就业准入制度和学历证书与职业资格证书相互融通的制度是现代学徒制的重要保障。通过天津职业大学老年服务与管理专业现代学徒制的探索与实践，可以发现实施现代学徒制的核心是处理好政府、行业、企业、学校和学徒之间关系的问题，政府、行业、企业、学校和学徒都应承担相应的责任，而责任的履行需要政策、法规的约束，通过相应的政策、法规将关系固定，并确保相互之间的良性互动，以形成长效机制。实施现代学徒制顶层设计是基础，要充分发挥政府和行业协会的作用，一方面利用政策制度的约束力推动学校和企业在现代学徒制的道路上实践，另一方面利用资源支持的吸引力拉动学校和企业在现代学徒制的道路上探索。

（二）把握内涵，模式创新是核心

实施现代学徒制合适企业与合适岗位的选择最为关键，要明确企业和岗位选择的标准；实施现代学徒制双重身份是基础，通过合法、合规的三方协议的签订保证学徒的双重身份；实施现代学徒制支付费用是保证，要转变对在企业学徒的看法，要为学徒在企业隐性知识的学习支付学费；实施现代学徒制课程设计是核心，需要学校和企业共同设计科学的培训方案、培训进程和课程体系；实施现代学徒制管理创新是保障，应实施刚柔相济的弹性教学管理制度，以满足校企在岗训教，学徒工学交替、岗位轮换的需求。

总之，在实施现代学徒制时，应考虑行业、专业的性质，准确把握合作企业的利益核心点，努力争取地方政府的政策扶持，积极推进校企深度合作，加强内涵建设，将职业教育植根于企业之中，这才能推进现代学徒制顺利实施。

（作者单位：天津职业大学）

基于"现代学徒制"下动车检修专业 "企中校"教学工作站培养模式的创新与实践

李志慧

动车组检修技术专业培养的是从事动车组检修的高端技术技能人才，其就业岗位是铁路企业最紧缺也是保障安全的最关键岗位。在高铁大力发展、高铁"走出去"作为"一带一路"建设中重要领域的背景下，针对专业与产业脱节这一主要问题，为提高学生的职业技能和职业素养，在企业建立校企共同投资、共同使用、共同管理的"企中校"教学工作站，实施现代学徒制人才培养模式，从构建校企合作育人机制、技术技能与职业素养融通培养、加强专兼结合师资队伍建设等方面进行了研究与实践，较好地解决了专业与产业对接问题。

一、问题提出

动车组检修技术专业是伴随着高速铁路发展而设置的新兴专业，由于师资、教学资源等有限，因此毕业生与企业的需求存在较大差距，表现在毕业后需要较长时间的岗前培训才能顶岗、学生的动手实践能力较弱、精益求精和开拓创新精神欠缺、转岗和持续发展能力不足等。为满足企业对人才的需求，迫切需要进行人才培养模式创新，解决目前专业培养过程中最大的教学与产业脱节、职业能力与岗位要求不匹配等问题，解决企业中高素质人才缺失问题。

长期以来，本专业在进行工学结合模式的探索与实践中遇到许多亟待解决的问题，如合作机制问题使校企合作缺乏有效的保障、工学结合流于形式、质量考核和安全无保障等问题。《教育部关于深化职业教育教学改革全面提高人才培养质量的若干意见》为解决上述问题开出了具体"药方"。通过学校、企业的深度合作，教师、师傅的联合传授，对学生以技能培养为主的现代学徒制人才培养模式，有利于促进行业、企业参与职业教育人才培养全过程，提高人才培养质量。

二、实施基础

飞速发展的高铁带来了旺盛的人才需求，同时速度提升和设备更新对从业人员的职业素质和职业技能提出了更高的要求，特别是中国高铁要持续突破日本制造的实用、德国制造的精细、美国制造的创新，更需要踏实务实、开拓创新、精益求精、精细精准、安全规范的职业精神。随着铁路企业用工制度的改革，从 2012 年开始，铁路为了解决迅猛发展带来的人员急缺问题，各铁路局在学生入学 1.5~2 年后就与学生签订就业协议，实施订单培养，近五年本专业订单培养学生占专业总人数的 90% 以上。

在 60 多年的办学历程中学院始终伴随我国铁路事业的发展，紧密依托并服务于铁路行业。动车组检修技术专业与十几家企业建立了良好的校企合作关系，在专业建设、资源共享、师资培训、顶岗实习等方面密切合作。其中在北京动车段、天津动车客车段等企业建立了教学工作站，进行工学结合、顶岗实习，并实施现代学徒制试点，为开展实岗育人提供了保障。

动车组检修技术专业开设于 2010 年，该专业因高铁而生，伴高铁而长，随高铁而兴，自开办以来招生持续火爆，最多年招生 438 人，学生就业率均为 97.5% 以上。2012—2013 年完成中央财政支持专业的建设，2013 年成为天津市 50 个开发并实践国际化专业教学标准的专业之一，2016 年成为天津市提升办学能力骨干专业建设项目。为适应高铁"走出去"战略需求，学院筹集近两千万元人民币建成目前国内唯一、世界领先的高铁综合实训基地。从教改理念、硬件设备、师资队伍为现代学徒制的实施打下了良好的基础。

自 2013 年以来，本专业与企业开展了不同形式的合作，进行了顶岗实习、工学交替、订单培养等模式的探索,完成了 10 余项课题研究,总结和积累了一些教改经验,具备了实施现代学徒制的教学研究环境。

三、实施途径

动车组检修技术专业的现代学徒制模式实施"2+0.5+0.5"教学方案,约 1/3 的时间在企业主要由师带徒完成教学,约 2/3 的时间在学校由校企共同完成理论知识和专业基本技能的教学,通过共同签署协议、共同制订方案、共同开发课程、共同实施教学、共同建设基地、共同考核学生等方式实现"双主体育人""双身份管理""双场所教学",达到"上学即上班,上课即上岗,毕业即就业"的目标。

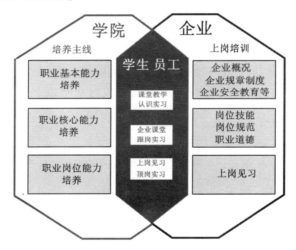

图 1 现代学徒制人才培养模式示意图

(一)2/3 的学校时间具体实施

1.创新了"三共同三递进式"校企合作育人模式

借助学院校企合作理事会平台,在天津动车段企业建立了由校企共同投资、共同使用、共同管理的"企中校"教学工作站,完成"2 年校企共育+0.5 工学交替+0.5 跟师顶岗"三递进合作育人,学生通过安全教育、集中军训等岗前培训,经考试合格后取得"准员工工作证",实行半军事化管理也享受企业对员工的福利。

从 2012 年开始,铁路为了解决快速发展带来的人员急缺问题,各铁路局在学生入学 1.5~2 年后就签订就业协议,校企共同制定"2+0.5+0.5"人才培养模式,即"2 年阶段"通过校企合作开发课程、企业师傅进课堂、校企共上一门课、大师进校园、现场教学等手段,完成基本素质教育和基本职业能力培养;最后一年在教学工作站,学生以"准员工"身份,前"0.5"阶段,在站段建立的教学工作站采用"企业课堂"、跟岗实习方式,专业教师与专业技术人员"同上一堂课",集中授课与跟岗实习交替进行,实施企业班组化管理模式,实现学习—实践—再学习—再实践,提高了专业学习的针对性和实践性,这种螺旋式学习中,逐步形成了驾驶与检修的职业核心能力,完成职业素养教育和职业核心能力培养;后"0.5"阶段,学生进入企业后,经培训、考核合格确定学生的具体岗位后,安排师傅并签订师徒合同,在师傅指导下,学生以车辆钳工、随车机械师等身份,实践检修、出乘等工作过程,顶岗学徒期间,学生在企业的实习与入职后的见习相结合,对学生按照企业员工的标准进行考核,学生真正参与到了企业的生产过程,体验企业文化、接受"6S"管理、感悟"工匠精神",完成企业精神教育和综合职业能力培养。通过三阶段校企共育,达到素质和能力的三递进,真正实现与企业零距离对接。

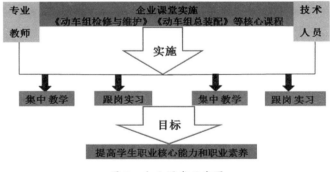

图 2　企业课堂示意图

图 3　顶岗学徒实施示意图

2.构建了项目载体化"素质教育+能力递进"的课程体系

遵循学生的认知规律和职业能力形成规律,通过对职业岗位典型工作任务分类,提炼出岗位核心能力,进行教学内容的整合、重组,以项目为载体设置专业基础课程和专业课程;同时按照岗位特殊性要求,设置心理健康、体能训练、安全、创新创业等课程,构建基于核心能力的"能力递进+素质教育"课程体系。该课程体系的构建以强化实践教学和提升专业素养为核心,实现了培养目标与岗位需求对接、课程内容与职业标准的对接、教学过程容与生产过程的对接,融"教、学、做"于一体,在培养学生专业技能和职业素养上发挥了重要作用。

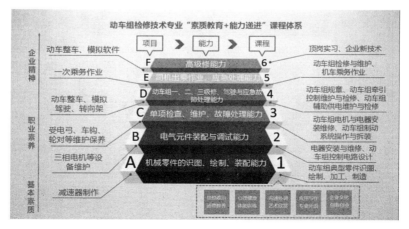

图 4　动车组检修技术专业课程体系

3.实施了职业素养与技术技能融通的项目化课程

依据驾驶与检修岗位的典型工作任务和核心岗位能力要求,选取转向架检修,动车组一级、二级检修,模拟驾驶等项目作为课程载体,以机车电工、钳工、动车组机械师职业资格标准与机车司机行业准入培训标准为依据制定课程标准。项目化课程以学生为主体,训练项目、作业流程、工单都与实际工作过程一致,实施过程每个环节、每个步骤、每个细节的行为习惯和作业规范都作为重要的考核指标,在潜移默化中养成优秀习惯,培养学生"工匠"的基本素质。另外,教学中开发创新创业项目,探索把学生创新实验、发表论文、获得的专利等属于自主创新创业的成果折算为成绩,注重培养学生的创新能力。为了配合项目化课程的实施,实训基地按照现场的设置实行班组管理,学生分组轮流在运用、检修等六个车间实训,依据动车段的岗位职责、工作流程以及"整理、整顿、清扫、清洁、素养、安全"6S管理要求,从学生着装、物品摆放、场地清洁、工具归类等注重学生职业素质和职业精神的养成,强化学生的安全意识、质量意识,实现与工作岗位对接。本专业8门专业课和2门专业基础课实施了项目化课程。

4.建设了目前国内唯一、世界领先与工作场景对接的"高铁4S店"

改变常规的按课程需要建设独立的实训室模式,克服单独实训室存在着实训功能单一、职业特征弱化、企业元素缺少、使用效率不高等问题,按照"系统设计、源于现场、虚实结合、学做一体"的原则,参照现场检修车间建设了目前国内唯一、世界领先的真实设备超过85%的高铁综合实训基地。占地1000多平方米的高铁综合实训基地,配有37米长CRH380B动车组、检修平台、检修地沟,从地面安全警戒线、墙壁的警示宣传、设备布局到实训设备、工具、仪表等全部参照现场布置,融入现代企业优秀文化,与中国铁路总公司动车段检修的环境、设备、流程对接,打造"教学—服务—共享"型"高铁4S店"。

教学:按照项目化课程教学的要求,开发了与职业岗位能力对接的实训项目,编写课程实训工单和实训指导手册,根据中国铁路总公司运用维修规程和动车组途中应急故障处理手册开展"三实、三真"班组化训练。"三实"就是内容实用、训练实景、效果实际;"三真"就是真实任务、真实流程、真实考核;班组化就是针对检修岗位技术性强、安全责任大的特点,实训基地以动车段车间命名,实施班组管理,学生以"准随车机械师"和"准地勤机械师"的身份在检修、运用等车间完成职业技能的学习和职业素养的提升,完成"高铁4S店"从初级工到高级工的职业能力。

服务:实训设备配备双语标识,采取中国标准培训和考核留学生,满足中国高铁走出去对动车组检修技术人员的技术与素养的要求;面向国内外轨道交通的行业企业开展职工培训和技能鉴定;举办动车组检修大赛和动车组技术师资培训班;依托实训基地的协同创新中心开展技术服务,解决了现场技术难题,发挥实训基地集教学实训、技能鉴定、社会培训、科研创新、技能大赛于一身的"五位一体"功能,提升专业服务产业能力。

共享:为适应铁路行业转型升级以及毕业生持续发展和转岗能力的提升,高铁综合实训基地能满足铁路运输、铁路通信、铁路工务等多专业岗位的认知与技能训练,培养复合型人才;同时满足企业新职工入职培训、老职工继续教育以及中小学生了解高铁发展的爱国主义教育。

5.打造了由"中国高铁第一人"李东晓引领的"双师双能"型团队

近几年先后从天津车辆段、北京动车段、天津机务段等企业引进高级工程师,他们都具有10年以上的企业经历,为"双师"队伍建设提供了保障。聘请从事制造、检修、工艺、设计、运用及管理不同岗位,有扎实的专业基础知识和丰富实践经验的企业人员,担任专业核心课程的授课任务以及指导学生实习。实施"青年—骨干—带头人—名师"培养计划,按照企业"精检细调、安全优质"的作业理念,成立了"中国高铁第一人"李东晓动车组检修大师工作室,通过实践锻炼、现场指导实习、校企共上一门课等培养10名教师的"双师"素质;通过参与专业建设、参与科研项目、参与校内实训基地建设、参加信息化竞赛等提升教师的"科研能力和创新发展能力"。实施"2+0.5+0.5"教学模式,在"0.5+0.5"阶段,专业青年教师规定要在企业的教学工作站工作一年,他们不仅负责学生的生活与管理还担任专业核心课程的教学,更主要的是要完成自身从"学徒"到"师傅"的转变;利用"动车组检修技能大师"工作室搭建青年教师成长平台,在"工匠精神"的引领下,培养教师精益求精的工作精神和一丝不苟的工作态度,致力打造一支由专业带头人引领、以"双师"素质骨干教师为主力的专兼结合、结构合理、校企互通、共同管理的专业教师团队。

(二)1/3 的企业时间具体实施

1.招生过程(以 2013 级为例)

2015 年 8 月份开始,全国各大铁路局陆续到学院招聘 2013 级动车组检修技术专业学生并签署三方就业协议,其中有 67 名学生与天津动车客车段签约,这些学生就相当于该企业"准员工",具有双重身份,既是学生,又是学徒。签约后组成天津动车客车段订单班,从第五学期开始在天津动车客车段实施现代学徒制人才培养。

2.签订协议

天津动车客车段订单班学生在学院与企业签署校企合作协议的大框架下,再与企业签署现代学徒制的培养协议,与企业师傅签署师徒培养协议来明确学校、企业、学生三方各自的职责。在企业期间学生的实际操作知识和技能训练由企业与学院共同制订考核标准,并由企业师傅完成对学生的考核,从而实现学生与学徒、教育与实习、考试与考核的"双主体"育人模式。此外还制定了实习安全协议、安全承诺书、实习学生一日常规等来保障企业生产和学生实习的安全以及满足企业半军事化管理和企业文化的要求。

3.教学过程

(1)前"0.5"跟岗实习过程:67 名学生分成了 2 个培训班,组织专业教师和天津动车所技术人员"同上一堂课",进行企业班组化管理。该过程分为三个阶段:①集中安全教育阶段:这一阶段主要由动车所监管安全生产的技术人员负责对学生进行顶岗实习前的安全教育和培训,包括观看铁路安全事故的录像教育片、学习铁路运输安全生产管理制度和天津动车所入库实习安全作业八不准等,最后只有通过面试和笔试的考核才算是取得了一名学徒工的基本资格,被允许进入车间参加跟岗实习。②工学结合的培训阶段:这一阶段在天津动车所的教学工作站实施,将实践性强的专业核心课程,如动车组检修与维护、机车乘务作业等课程调到企业教学,在"企业课堂"实施企业班组化管理模式,一名师傅带5名左右徒弟,动车所师傅对班组安全威胁源、作业标准、质量卡控项点进行重点讲解,其次班组长根据班组工位实际情况,将人员进行编排,合理安排人员进行观摩学习,学习专用维修设备的使用方法等,使课程的学习更具针对性和实效性。③评估考核阶段:这一阶段是对前"0.5"跟岗实习效果的考核。专业指导教师采用开卷方式对本学期所学专业课进行考核,并要求每名学生写出自己对"随车机械师的再认识"的跟岗实习总结;天津动车所的指导教师则负责动车所规章、制度、"四必"作业法、"五字"作业法和"合"字作业法的内容和工具、设备的使用方法进行考核,考试形式为学生学习汇报及实际操作等;最后的跟岗实习成绩,是校企双方权重各占50%,并最终记入实习考核档案。

(2)后"0.5"顶岗实习过程:针对教学安排、实习安全、实习纪律、实习管理等问题,学院组织学生学习文件,与每位学生签订《安全承诺书》,并发放《师徒手册》;企业对学生进行全面深入的安全教育,负责提供安全防护和安全保护用品,提供实习岗位,安排师傅并签订师徒合同,明确师徒双方的责任和义务。学生以一名准员工的身份参与企业的生产、跟班演练,师傅按照企业的规章制度进行管理,根据具体的实习任务和要求,负责考勤、考核、鉴定。该过程分为三个阶段:①以师带徒现场实作:即签"师徒协议"后,学生以徒弟的身份取得了劳动资格,学习动车组维护、保养和检修的整个流程,掌握探伤、旋轮等设备的操作技能。为避免动车组安全隐患的发生,确保顶岗实习学生的人身安全,师徒协议中还规定了在工作中严禁师徒分离,严禁学生独立操作等措施。②班组轮换:根据协议,天津动车所要定期进行轮换班组,学生在这期间要多次认师傅、当徒弟,通过轮岗力求让每一名学生都成为技术多面手,岗位竞争力得到提高。③综合验收:主要由天津动车所的指导老师和班组长负责,考核内容包括顶岗实习过程中是否按照天津动车所的作业指导书进行操作,是否严格执行了"四必"作业法、"五字"作业法和"合"字作业法等。考核的形式以过程考核为主,在实习结束后对学生顶岗实习的成绩统计结果表明,优秀率为92%。

4.管理过程

建立专门机构。工作领导小组由学院主管院长、教务处处长、系主任、站段主管段长、职教科长、车间主任组成,下设由专业带头人、企业兼职教师、专业教师等组成的办公室。领导小组定期或不定期研究现代学徒制试点工作中出现的问题和困难,学校和企业形成协调有力、快速高效的工作机制。现代学徒制试点办公室负责共同制订培养方案,确定相应的教学内容和合作形式,改革教学质量评价标准和学生考核办法,日常的管理及校企协同工作。学院要根据学徒培养的特点,实行学分制,建立由学校、企业共同参与的第三方评价机制,综合考核学生学徒阶段的各方面表现,作为学生毕业、企业录用的依据。

四、主要成果

(一)教学改革成效显著,人才培养质量不断提升

近五年发表相关论文16篇,出版教材12部(其中4部英文教材),开展8项课题研究,开发天津市职业培训包,联合完成2017年国家级专业资源备选库,师生获省部级各类比赛奖项15项。2016年获得天津市大学生服务企业实践"优秀实践团队"20强称号。本专业是天津市2016年骨干专业建设项目,是2018—2020年国内顶尖专业建设项目。

1.调研结果

实施现代学徒制的试点学生与未参加学徒制的学生相比:①双证率100%、就业率100%,专业对口率100%;②毕业后缩短6个月见习期提前定岗;③90%以上的学徒被安排到技术含量较高的岗位并且企业反馈职业技能普遍高于同期毕业生;④学徒毕业后表现出较强的转岗和继续学习的

能力;⑤优秀学徒中90%被列为企业后备干部的培养名单。

2.培养质量

学生连续多年在入校1.5~2年就有90%以上与铁路总公司等大型国企签订就业协议,就业率持续97.5%以上,对口率100%。麦可思数据:毕业生具备"理论层次高、职业素养高、技术水平高、工资薪酬高、晋升空间高"五高特征。近三年有17名毕业生获得局级以上技术比武奖,其中2014届李泽山在2016年获得"甘肃省技术标兵"称号、2016届毛奇在2017年获得铁路总公司技能比赛第一名,荣获"全路青年岗位能手"称号。

(二)创新了"企中校"教学工作站模式,破解铁路类院校校企合作难题

在天津动车客车段建立了校企共同投资、共同使用、共同管理的"企中校"教学工作站,工作站设立由校企双方教师组成的机构,负责签署协议、制订方案、实施教学。由于把学徒期和入职见习期相结合,采用"师徒制"顶岗,毕业生提前6~8个月见习期定岗,既解决了企业现岗缺员问题又破解了铁路院校顶岗实习、工学结合的难题,真正实现校企双方共赢。

(三)社会反响和推广应用效果良好

专业建设成效在《天津日报》、新华社、天津电视台等多家媒体以及搜狐网、北方网、人民铁道网等多家网站加以转载、报道,取得良好社会反响。同时推广到学院的铁道机车、城轨车辆等9个相关专业应用,超过5000名学生直接受益,有宁波职业技术学院、湖南铁道科技职业技术学院等20多所院校前来学习。

(作者单位:天津铁道职业技术学院)

深化现代学徒制 匠心电梯专业人

刘 勇 袁淑宁 马 涛 宋海强 毛 蕊

一、现代学徒制背景

《教育部关于开展现代学徒制试点工作的意见》(教职成〔2014〕9 号)中指出:"现代学徒制有利于促进行业、企业参与职业教育人才培养全过程,实现专业设置与产业需求对接,课程内容与职业标准对接,教学过程与生产过程对接,毕业证书与职业资格证书对接,职业教育与终身学习对接,提高人才培养质量和针对性。建立现代学徒制是职业教育主动服务当前经济社会发展要求,推动职业教育体系和劳动就业体系互动发展,打通和拓宽技术技能人才培养和成长通道,推进现代职业教育体系建设的战略选择;是深化产教融合、校企合作,推进工学结合、知行合一的有效途径;是全面实施素质教育,把提高职业技能和培养职业精神高度融合,培养学生社会责任感、创新精神、实践能力的重要举措。各地要高度重视现代学徒制试点工作,加大支持力度,大胆探索实践,着力构建现代学徒制培养体系,全面提升技术技能人才的培养能力和水平。"文件中阐明了现代学徒制人才培养模式在现代职业教育体系中的重要地位,也对现代学徒制人才培养机制提出了切实的要求。

现代学徒制是深化产教融合、校企合作,推动职业教育改革创新的一种重要形式。随着京津冀地区经济及房地产市场的不断发展,电梯作为国家规定的特种设备在国内电梯专业人才培养方面通常定位于电梯制造、销售、维保等岗位,而"电梯安装维修工"属于特种设备的特种作业人才,职业院校培养难度大,企业人才需求与日俱增。针对这类人才需求,天津机电职业技术学院于2012年建立了电梯特种设备专业,并携手世界500强德国合资企业——蒂森克虏伯电梯(中国)有限公司,推进校企深度融合,于2014年建立了现代学徒制的人才培养模式,以企业需求为导向,创新了人才培养体系,实现人才培养与市场需求无缝对接,通过"现代学徒制"育人模式,落实德育为先的理念,依托学院创建蒂森电梯"菁兵训练营",培养具有"匠心"的电梯特种设备作业的"菁兵",满足了京津冀地区急需的电梯安装维修工的用人需求,推进了天津国家职业教育改革创新示范区建设,提升职业教育发展水平。

二、现代学徒制人才培养模式的实施过程

(一)建立校企协同育人机制

构建产业、行业、企业、职业、专业"五业联动"的多维度合作模式,依托于职业教育集团、天津市装备制造业教学指导委员会,借助百利装备集团影响力,充分发挥多方优势,成立天津机电职业技术学院多维度合作共建工作领导小组。依托人才、设备等资源,建"人才共育、过程共管、成果共享、责任共担"的战略伙伴关系,共建共管教学及科研,互享人、财、物资源。校企共同制订现代学徒制人才培养方案,共同实施人才培养,各司其职,各负其责,各专所长,分工合作,从而共同完成对学生(也是企业员工)的培养。建立并持续完善合作管理制度、标准和运行机制,建立定期检查、反馈、奖励等形式的教学质量监控机制,进一步推进了校企的深度融合。

(二)建立"行业标准+岗位工作任务+职业能力"的"双证"融通人才培养体系,使人才培养与职业要求和行业发展接轨

现代学徒制以企业用人需求与岗位资格标准为服务目标,因此必须建立新的课程体系实现课程内容的企业化。学院与企业一同对岗位需求进行分析,进一步对电梯职业能力进行分析,校企共同开发了专业课程体系和实用教材,共同组织现代理论课与岗位技能实训实作课教学,共同制订学

生评价与考核标准,共同做好"双师"(教师与技师)教学评价与管理。

表 1　企业招聘核心岗位需求表

序号	核心工作岗位及相关工作岗位	岗位描述
1	机电产品生产现场操作岗位 (电梯制造企业)	利用生产设备或工具加工组装电梯相关部件。
2	制造类企业的机电设备维护与管理岗位	对企业机电设备进行维护、保养与管理。
3	电梯的安装与调试岗位	对机电设备故障诊断与排除、机电设备安装、调试与维护。
4	电梯日常保养与维护岗位 (小区驻点服务等)	对电梯进行调试、运行管理与设备维护、改造。
5	机电设备产品技术服务人员 (销售及远程服务)	对机电设备进行维护与维修及电梯远程监控等。

表 2　电梯职业能力分析

序号	名称	能力要素	对应课程名称
1	专业基础能力	1.具有基本的力学计算能力 2.具有金属材料的基本知识,具有正确选择材料使用材料的能力 3.具有选择通用零件的能力 4.具有正确使用电工、电子仪表的能力,具有建筑电工的基本知识 5.具有建筑和机械图的读图能力 6.典型机电设备安装与调试能力 7.具有维护设备电气控制系统运行的能力	1.机械基础 2.电工电子应用技术 3.机电设备安装与维修技术 4.电机及控制安装调试技术 5.可编程控制器应用 6.电气控制系统安装与调试
2	专业实践能力	1.电梯的运行与调试能力 2.电梯机械设备、电气设备及安全保护装置的安装与调试能力 3.自动扶梯的安装与调试能力 4.电梯电气设备安装与电梯机械设备安装能力 5.一般电梯的配置选型和简单设计,电梯图绘制能力 6.电梯专业施工图的解读;施工现场的布置; 7.电梯专业工程的维护及保养能力 8.具有机电施工安全防护能力	1.电梯技术 2.电梯安装与维修技术 3.电梯安全与保护 4.电梯电气控制与调试

续表

序号	名称	能力要素	对应课程名称
3	专业拓展能力	1.具备施工现场场平面布置与实施的能力； 2.具备专业工程人力、材料、机械设备使用计划及施工进度计划、编制施工方案能力。 3.具备电梯施工的工艺标准、质量要求、安全保护的能力； 4.能够按有关规范和标准完成电梯安装与维修保养，并能够填写、整理全套专业交工验收资料； 5.有能力分析和解决专业工程系统运行出现的常见问题； 6.能够参与工程的投标；熟悉施工合同文件。	1.校内实训 2.企业内部培训 3.电梯上岗证培训 4.企业顶岗实习

　　学院电梯专业将企业行业标准融入教学全过程，以行业组织制定的职业能力标准和国家统一的证书制度为依据，构建了基于现代学徒制的专业课程体系。该课程体系由通识课、专业课、职业拓展课三类组成，其中专业课包括专业理论课和专业实践课两部分。此外，校企共同设计《机电一体化专业电梯方向现代学徒制人才培养方案》，共同研制《机电一体化专业电梯方向现代学徒制人才培养协议》（简称"培养协议"），通过学院教师与企业师傅联合传授的方式，进行人才培养。

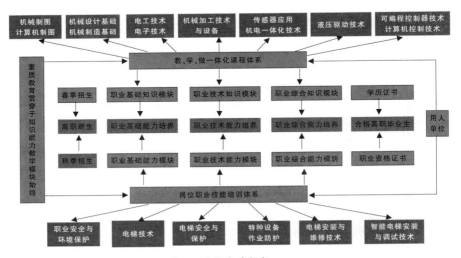

图 1　课程体系框架

学院参照企业行业相关标准，开发了5本电梯专业特色精品教材，其中《电梯技术》作为"十二五"精品规划教材正式出版发行，并将行业标准作为全国技能大赛的标尺，为电梯行业人才培养夯实基础。

表3 校企合作特色教材建设情况

序号	教材名称	最新行业标准、规范	出版时间	主编	合作企业	出版社
1	《电梯技术》ISBN 978756408757-9	GB/T 24803.2-2013 电梯安全要求	2013	刘勇/于磊	奥的斯电梯、蒂森电梯	北京理工大学出版社
2	《电梯安装与维修技术》ISBN 978756850102-6	GB/T 12974.2-2014 交流电梯电动机通用技术条件 GB/T 30559-2014 电梯、自动扶梯和自动人行道的能量性能 GB/T 30560-2014 电梯操作装置、信号及附件	2014	刘勇/于磊	蒂森电梯、浙江天煌公司	大连理工大学出版社
3	《电梯安全与保护》校本教材 JD-DQ061	GB 7588-2003（2015）电梯制造与安装安全规范 DT31/T 885-2015 在用电梯安全评估规范	2015	刘勇/马涛/宋海强等	蒂森电梯、奥的斯电梯	高等教育出版社 高雷数字化公司
4	《电梯技术》(第二版)ISBN 978756823573-0	GB/T 24803.2-2013 电梯安全要求	2017	刘勇/于磊	奥的斯电梯、蒂森电梯	北京理工大学出版社
5	《电梯安全与特种作业防护》	GB31094-2014 防爆电梯制造与安装安全规范	2018年（已审核）	刘勇/马涛/宋海强等	蒂森电梯/鑫宝龙电梯	机械工业出版社

考核评价体系遵循员工入职成长规律，借鉴企业用工考核制度，从"学习计划与实施""岗位操作规范与安全""工作绩效与创新""沟通与协作""社会承受力"5个维度，分"岗位认知""岗位适应""规范操作"和"工作胜任"4个阶段进行评价，形成学生综合能力评价网图，力求让学生每个阶段

都看到自己的进步,提升学生就业能力和职业素养。

开展课程与职业证书相融合的"双证书"一体化教学改革,建立学历证书和职业资格证书"双证"融通模式。将职业资格证书的标准和高职院校的教学内容融合,使学生在完成学历教育的同时取得电梯操作技能等级证书、特种设备电梯作业资格上岗证、维修电工技能等级证书,使其达到职业资格要求。

(三)建立以行业标准为依据的校内外实习实训基地、"菁兵训练营"项目,共享教学资源

校企共建符合行业技术标准、工作标准、管理标准的校内实训室、校外实训基地(见图 1),共同支撑专业教学、专业实训教学、师资培养。

为更好地开展电梯专业教学,实现校企协同育人,蒂森电梯将世界仅有 2 部的德国的专业培训大篷车引入校园,企业专家为师生们讲解了专业培训大篷车基本构造以及主要教学用途,为学院师生提供了理论和实践一体化教学。新颖的培训方式和先进的实训设备让师生对智能电梯产生了浓厚的兴趣,学习效果显著,受益匪浅。

深化校企合作,共建电梯维修工"菁兵训练营",采取实习合作、实训合作、战略合作 3 种合作模式,确保学生高质量的培养及良好实习机会持续供给。学院是蒂森电梯中国北区"菁兵训练营"所在地,企业把最新技术和设备放到训练营,实现多方共享、共赢。校企共建"菁兵训练营",旨在培养最杰出的人才,通过军事化的集训和技能竞赛,打造出了 14 届、15 届 103 名电梯领域的精兵良将,契合了企业用人需求,提升了人才培养质量。

通过采用"双主体"育人的培养模式,使学生订单班培养期间,在真实环境中操作真实设备、解决实际问题,通过"教师辅助考查""小班化""师傅带徒弟"式教学模式,学员轮流独立操作、互相挑错,技师现场分析问题、并逐一纠正,使学生深化了行业标准和操作规程,传承了"工匠精神",弥补了电梯特种设备在教学中学生未取得特种设备作业资格证不能进井道和机房等实操作业的问题,契合了企业需求,缩短了岗位适应时间,实现了教育

与就业无缝对接。

（四）以"匠心"为基础，建立了将职业素养和工匠精神多维度融入教学新的培养模式，提升特种设备作业人才的综合能力

将职业道德、工匠精神、创新精神、校训及蒂森公司的企业文化，以标准化的操作、案例启发、教师示范、激发和鼓励等多种形式，融入课程及教学环节，落实德育为先的理念，培养具有"匠心"的电梯特种设备作业的"菁兵"，即德技双馨高素质技能人才。实训室推行标准化操作和严格的"7S"管理，提升职场素养，提升学生岗位高效履职能力；开展电梯竞技社团活动，培养团队协作及创造性解决复杂问题的能力；定期开展"电梯安全进社区"社会服务活动，培养社会责任感，使学生做有担当的社会人；开展"菁兵训练营"活动，进一步强化了学校电梯专业的人才培养水平，弘扬了"工匠精神"；在校企"双主体育人"中传承"实事求是、开拓创新"的校训和蒂森公司"携手共赢、敬业担当、持续创新、诚信正直"的企业文化，培育工匠精神，共铸工匠"魂"，与企业一同"蒂造菁兵，森耕匠心"。

（五）推进招生招工一体化

实施招生与招工一体化，积极探索以政府为主导、企业为主体、学校为主办的职业教育人才培养机制，构建"招生即招工、上课即上岗、毕业即就业"的职业教育人才培训新体系。根据合作企业需求，与合作企业共同研制招生与招工工作方案，规范职业院校招生录取和企业用工程序，按照双向选择原则，学徒、学院和企业签订三方协议，明确各方权益及学徒在岗培养的具体岗位、教学内容、权益保障等，实现"招生即招工、入校即入厂、校企联合培养"。学校、企业和学生签订订单班三方协议，同时学校和企业协商制订课程置换方案。此阶段的学生既是高职的学生，也是企业的员工。

（六）建设校企互聘共用的专兼职师资队伍

施行现代学徒制，一定要将课堂搬到生产车间，将学生按到生产车间流水线，将生产车间技术人员请到课堂上来。

校企双方共同成立了由学校专业教师、企业高工和企业岗位工艺主管

组成的校企联合教师(师傅)团队,对教学工作和实习工作进行过程管理与质量监督。学院积极建设专兼结合师资队伍,推进校企人员互聘共用,双向挂职锻炼,横向联合技术研发和专业建业。从2014年起,蒂森电梯承诺每年为学院提供"电梯知识进校园"活动,该活动已开展多期,深受学生欢迎,参加活动的同学有机会获得蒂森电梯颁发的合格证书。

2017年学院开展了"能工巧匠"进校园技术培训系列活动,邀请各个合作企业技术专家进入课堂,为学校师生进行技术技能培训,传授工作中的经验教训,促进学生职业能力和职业素养的全面提升。

学院采用现代学徒制培养模式,将教学空间从校内延伸到校外,由课堂拓展到工厂,使学生在培养过程中真正地做到"在学中做,在做中学"。合作企业蒂森电梯选拔优秀高技能人才担任师傅,学生在企业实习基地学习过程中,师傅承担对学徒的全面培养工作,不仅要负责学徒的技能培养,还要承担其岗位职业素质的培养,包括制定有针对性的培训计划、目标和措施,监督检查学徒对计划的执行情况等。通过现代学徒制的真实的情境教学,师生和师徒处于同一教学情境下,相互促进,相互启发,学习者不再是知识和技能的被动接受者,而是具体任务和项目的设计者和执行者,学生置身于情境之中,可以最大限度地调动学习的兴趣,积极参与学习过程,使学习的意愿和学习的效果达到最强和最优。校企互聘互用师资队伍的建立,达到双师(教师和师傅)育人的目的。

为推动现代学徒制双师型师资队伍建立,健全双导师的选拔、培养、考核、激励制度,形成校企互聘共用的管理机制,学校选派优秀教师和业务骨干参与企业科研项目开发,技术援助,学术研讨和成果推广;企业同样选派中高层领导、技术人员、中高级技师担任学校客座教师、专业带头人或兼职教师,参与人才培养过程;同时学院借助校企合作平台,安排专业教师在校外实训基地实践,在企业专家的指导下,教师学习先进专业技术,了解企业生产、管理过程,掌握实践操作技能,专业能力不断提高,丰富了教师的企业工作经历。

建设校企互聘共用的师资队伍,要求明确导师、师傅的责任和待遇。学院采取过程考核和成果激励等措施,师傅承担的教学任务应纳入考核,并可享受相应的带徒津贴;学校专业指导教师的企业实践和技术服务纳入教师考核,并作为晋升专业技术职务的重要依据。这样便形成了"企业搬进学校、课堂设在车间"的特色现代学徒制模式。

(七)建立体现现代学徒制特点的管理制度

现代学徒制下,学生与教师、学徒与师傅之间的界限变得模糊和复杂。为了更好地管理"师徒关系"这一现代学徒制最核心的关系,需要形成与现代学徒制相适应的教学管理与运行机制。共同建立教学运行与质量监控体系,共同加强过程管理。与合作企业共同制定学徒管理办法,保证学徒基本权益;根据教学需要,合理安排学徒岗位,分配工作任务。

为积极完善学院学徒制管理制度,校企共同制定并完善了《天津机电职业技术学院现代学徒制教学管理办法》《天津机电职业技术学院现代学徒制学生(徒)转为员工(毕业)制度》,制定明确现代学徒制学分制管理办法、弹性学制管理办法、实习管理办法。建立适应现代学徒制的柔性化教学管理机制。此外,校企双方共同制定《天津机电职业技术学院现代学徒制考核评价与督查管理办法》。创新考核评价与督查制度,制订以育人为目标的实习实训考核评价标准,建立多方参与的考核评价机制。经校企同考评合格的学徒,将获得相应的学历证书和职业资格证书并取得企业入职资格。

企业制订了现代学徒制相关制度,基于工作岗位制订以育人为目标的学徒考核评价标准,建立多方参与的考核评价机制,明确师徒考核要求。企业安排每位师傅带顶岗实习1~2名学生,对师带徒期间的职责履行情况进行评价,师傅要及时总结学徒的进步和不足,完整保存活动期间教学计划、教案和工作记录等,以供考核验收。为激发师傅和学徒在教学互动中的积极性,企业给予师傅相应津贴和奖励措施;对于学徒的考核,主要采取"理论考试和实际操作/答辩"等多种形式进行考评,以学徒日志形式,每周提交,同时企业使用现代学徒制过程跟踪系统,对学徒(员工)的考勤进行考核评价。实习3个月后,企业对学徒进行综合评价,合格者可以转为正式员工,享受与企业员工相同薪酬待遇。师徒双方考核结果一并计入业绩考核。

为建立多方参与的考核评价机制,学校也会根据顶岗实习手册对企业学生及师傅教学能力进行考核,指导老师定期走访企业考查学生学习情况,了解企业培养进度,定时收取学生实践报告并进行打分,最终结合企业考核结果对学生实习期间表现进行综合评价,确认是否合格满足毕业条件。

落实学徒的责任保险、工伤保险,确保人身安全。为贯彻现代学徒制的管理制度,保障学生学习实训安全,积极与企业的管理模式靠拢,学院把企业7S管理模式引进校园,增强学生的自我管理、自我约束的理念,为学生步入企业做好准备。学院与蒂森电梯签订了《菁兵训练营订单班协议书》,按照协议要求师徒要同班、同岗工作。同时协议要求企业为学生购买实习保险,严格落实实习期间学生人身财产安全,并且根据公司奖罚制度进行相关处理和连带责任处理。

合作企业与学院建立奖学金机制,如蒂森电梯设立"蒂森克虏伯电梯奖学金",学生在校学习期间按学期进行综合测评,对成绩优良的学生进行相应奖励。

职业资格证书是学徒作为企业员工从事岗位工作的基本要求,学历证书是学徒作为学校学生提升学历与能力的根本凭证,所以双证融通是现代学徒制人才培养内涵的必然要求。在现代学徒制的制度框架下,建立以目标考核和发展性评价为核心的学习评价机制,有利于促进学生成长、成才。企业资助学生考取电梯特种设备上岗证和职业资格证书(全部费用约700元/人),并在顶岗实习阶段完成特殊工种体检(约300元/人)。其中国家特种设备作业资格证取证率达到100%。

表4 订单班学生岗位技能证书名称

序号	岗位技能证书名称	岗位技能等级	考核取证措施
1	维修电工技能等级证书	中级、高级	中级必考/高级选考
2	电梯操作技能等级证书	中级、高级	中级必考/高级选考
3	特种设备电梯作业资格证	上岗证	天津质检局组织(必考)

三、现代学徒制取得的效果

通过现代学徒制这一特色人才培养模式,学院和企业密切合作,以机电一体化专业电梯方向为典型案例,带动电力自动化、机械设备维修与管理、工业机器人等专业推广现代学徒制的培养模式,彻底改变以课堂为中心的传统培养模式,重构以能力为本位的人才培养模式。这一中国特色的育人机制,通过校企深度融合,逐渐形成了"共同招生、共制方案、共建课程、共育人才、共同评价"的合作新模式,并在实施过程中基于市场需求设置专业,培养目标根据相应职业岗位能力要求确立,注重行业、企业对人才的技能要求,吸收行业、企业专家参与和指导,产生了良好的社会效应和带动效应。

(一)该模式培养了高质量的电梯特种设备技能人才

该模式已培养3届电梯专业学生,招生人数连年递增。通过现代学徒制促进了将标准入大赛,提升了大赛的专业水准,提升了学生的综合能力。本专业学生多次在技能大赛上获奖;学生在校期间100%获得了电梯维修工中高级证书,全国电梯特种设备作业资格证从社会考生的65%通过率上升至96%以上,且有效地缩短了学生特种作业上岗证的取证时间近0.5年。经对毕业生跟踪考查,5年内安全事故率为"0",专业对口就业率达100%,一年后离职率不到8%,转正以后70%学生成为技术骨干,部分同学已成为经理级主管;在"菁兵训练营"活动中,2018年有28%的学生得到了蒂森奖学金。

(二)该模式能充分弥补电梯特种设备实操难的问题,对国内外高职院校具有示范作用和推广应用价值,得到企业和兄弟院校的肯定

"十二五"精品规划教材《电梯技术》不仅高职院校使用,同时也是企业

培训指定教材,2017 年 1 月再版。创作的微课《电梯故障救援一例》获全国机械行业协会微课大赛一等奖;微课《电梯困人救援》获全国高校教师微课大赛省赛一等奖,决赛优秀奖,网上点击率 3.7 万余次;该模式不仅服务了职业院校师生也用于企业培训,我校是蒂森电梯中国北区"菁兵训练营"所在地,企业把最新技术和设备放到训练营实现多方共享、共赢。

(三)该模式适应了职业教育专业技能教学改革的需要,得到国家和地方教育行政部门、国家质量技术监督局充分认可

专业带头人于 2014 年受聘国家特种设备作业培训专家和考评员,撰写的《开启校企合作新天地——学院与蒂森电梯校企合作典型案例》获得全国机械行业指导委员会全国优秀校企合作案例三等奖,同时《天津日报》《渤海早报》《天津工人报》等多家媒体也分别报道了该专业现代学徒制实践活动。此培养模式吸引中西部地区 30 多所院校前来交流,2015、2016 年我校电梯专业分别为国培项目、西部教师进行了培训 310 人次,2017 年在天津职教专家援疆项目中主讲报告 3 场,同时在印度"鲁班工坊"等项目中进行了宣传和推广,推进职教国际化步伐。

(作者单位:天津机电职业技术学院)

实施"一中七化"人才培养模式

李　军　张宏戍　刘　萍　李　鑫

王玉璋　史翠玉　孙　颖　李春旭

全国职业院校技能大赛开赛 10 年,已成为中国职教发展的航标之一。全国范围内形成的校、市、省、国四级赛事,取得了丰硕的竞赛成果。2010—2012 年、2017 年天津市东丽区职业教育中心学校承办 4 届全国中职汽修技能大赛,2017 年承办津京冀农民工和天津市青年汽车维修工技能大赛,2011—2017 连续 7 年承办天津市中职汽维技能大赛,在竞赛内容设置、评判标准、环境布局以及竞赛师资、学生的培养等方面积累了丰富经验,并形成可复制、可借鉴、可推广的成果经验——"一中七化"培养模式。

党的十八大提出加快发展现代职业教育。习近平总书记在 2014 年对职业教育工作作出重要指示,其中特别强调要"着力提高人才培养质量"。国务院、教育部和天津市人民政府先后下发了《关于加快发展现代职业教育的决定》(国发〔2014〕19 号)、《关于加快发展现代职业教育的意见》(津政发〔2016〕3 号)等文件,对职业教育人才培养提出了新的更高的要求。借助国家级示范性中等职业学校和天津市中等职业学校布局结构调整和基础能力建设项目,学校全面拓展"一中七化"人才培养模式改革、建设与实践工作。

一、"一中七化"人才培养模式内容

学校借助多年承办全国汽车维修技能大赛的经验,探索实践技能大赛资源转化工作,形成了"一中七化"的人才培养新模式。所谓"一中"指:围绕

"人才培养质量"一个中心。"七化"指:专业建设一体化、教学方法多样化、校本教材实训化、学生考核多元化、教学资源优质化、基地管理规范化、专业教师能力化。

(一)实施五方携手,构建专业建设一体化

通过"政、行、企、校、研"职教发展新机制,形成政府主导、统筹,行业企业参与、指导,职业院校培养、实践,研究机构支撑、服务,五方权责清晰、定位明确的共同体。借助承办技能大赛的契机和区位优势,先后聘请汽车维修行业协会、上海通用汽车公司、中国汽车技术研究中心和天津职业技术师范大学职业教育研究所等顶级专家,成立技能大赛资源转化中心(科研中心)。通过对技能竞赛内容、方式、评判等内容的研究与探索,开发了适应中等职业学校特点和社会需求的方向化专业建设新模式。即机修(机械)方向、机修(电工)方向、钣金方向、喷漆方向、汽车后市场服务方向等5个专业建设方向,形成了"能力主线、任务载体、实践主导、方向教学"的人才培养模式。

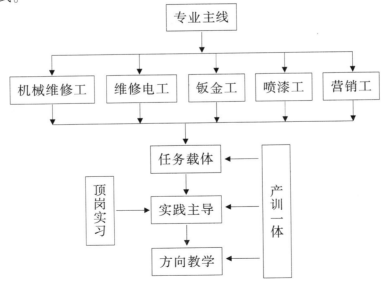

图 1 方向化人才培养体系

2014 年,学校申报了《转化技能大赛成果,助推中等职业教育教学改革》,荣获市教学成果二等奖。2016 年,学校又以专业优势强、人才需求量大和就业前景好的"汽车运用与维修"专业为引领,牵头申报了《中等职业教育"理实一体"高效教学模式探索》《校企共同育人的人才培养模式探索》天津市"十二五"重点课题并顺利结题。建设完成了发动机构造与维修、电器构造与维修、底盘构造与维修 3 门优质核心课程的开发任务并通过天津市的验收评审。2017 年,学校成为天津大学职业技术教育学硕士研究生培养基地,将在双导师培养、课程建设、科研等方面进行研究与实践。

(二)关注学生特点,形成教学方法多样化

结合几年来我校承办、参加全国汽修技能大赛经验,在选手训练过程中探索出了分解训练法、解压训练法、紧贴训练法、模拟训练法、对抗训练法、揣摩训练法和冥想训练法等 7 种训练方法,并将这些技能大赛的训练方法与日常的专业教学方法进行有机结合,通过计算机多媒体技术、信息网络技术和虚拟仿真技术等现代教育技术手段的灵活运用,提高了学生学习兴趣,强化了学生技能操作,提升了人才培养质量。

(三)针对岗位需求,推进校本教材实训化

大赛的竞赛内容来源于企业的生产岗位,这为校本教材的开发提供了依据、样本和途径。通过对大赛技术资料的学习、梳理和归纳,结合"JEM"对岗位需求分析,开发了"六步教学法"系列校本教材,即整车机械实训、车身涂装、车身修复等 6 本校本教材。内容上突出了加强专业技能训练和实际动手能力的培养,实现了教材内容与生产岗位的对接。

另外,根据"六步教学法"系列校本教材工作任务,与企业深度合作,联合开发了与实训任务配套的《汽车电器电路检测实验台》《全车电器故障诊断系统示教板》等教学设备并申请获得国家专利。

(四)注重职业素养,实施学生考核多元化

参考和借鉴技能大赛评价标准和方法,结合学生特点,创建了"四方三层五证"学生考核新模式。打破传统的试卷考试的方式,取而代之的是"教学过程考核"。在考核中,不同性质的课程采用不同形式的考核,原则上采用技能考核与理论考核相结合的方法,尽最大力量突出技能考核。同时,注重考核的过程化、多样化和灵活化,从出勤、作业、课堂提问、职业素养和学习态度等方面进行全面考核,客观对学生进行评价。

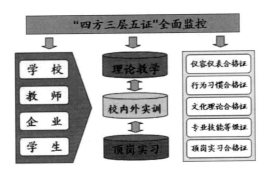

图 2 "四方三层五证"教学质量监控体系

"四方三层五证"教学质量监控体系运行以来,培养了学生良好的职业道德,提升了职业技能。几年来,我校学生参加市技能大赛取得了优异的成绩,先后荣获一等奖 18 个、二等奖 21 个、三等奖 16 个;同时还有 49 名学生入选全国技能大赛天津市代表队,并在全国技能大赛中获得一等奖 2 个、二等奖 6 个、三等奖 16 个。

(五)围绕共建共享,实现教学资源优质化

以技能大赛为支撑,以市场需求为主导,以培养能力为目标,实现资源优质化。与企业合作,开发建设汽车服务与营销教学素材资源库、汽车营销综合实训资源库、商务情境仿真系统资源库和汽车维修教学素材资源库,形成图片、视频、动画、仿真、案例、课件与题库等丰富素材资源。借助大赛资源转化中心的平台,组建微课课题研究团队,开展微课的开发与实践。先后开发了发动机构造与维修、整车综合化实训等课程的微课视频 100 余个。利用现代信息技术,与企业合作开发汽车发动机构造与维修、底盘构造与维修、电器构造与维修 VR 教学系统等 VR 资源。通过几年来的建设与积累,实现了课程、教材、视频、仿真和虚拟等多种资源介质的立体化融合,教学资源容量达到 1.08T。

(六)借鉴企业文化，形成基地管理规范化

大赛的承办，使我们对企业更加了解，校企合作更加紧密。通过大赛，我们将企业的"8S"管理模式引入到学校的实训基地管理中来。在管理中，实施整理(sort)、整顿(straighten)、清洁(sanjtary)、清扫(sweep)、素养(sentiment)、安全(safety)、节约(save)、学习(study)8 项内容。"8S"管理活动作为学校推行精细化管理的一项重要工作实施后，有效提高实训资源的利用率、学生职业素养和安全意识。"8S"管理深化了学校的精细化管理，取得了阶段性的成果，为我们建设节能、环保的绿色实训基地提供了一些思路和借鉴。

(七)优化师资队伍，提升教师能力常态化

为打造一支"双师—双能—双证"素质的教师队伍，学校坚持"走出去、引进来"战略，聘请一批学术水平高、教学能力强的行业企业专家、能工巧匠来校任教，形成稳定的外聘专家教学团队；积极选派教师出国进修、学历晋升、下企业实践、技能取证，为专业化建设培养一批理念先进、能力突出的教师团队。

借助承办全国技能大赛的平台，学校聘请全国汽车维修行业协会首席专家王凯明、天职师大关志伟、迈特汽车股份有限公司刘亮等知名专家、能工巧匠，组建外聘教师团队。实施"导师制"专业带头人培养制度，为每一位专业带头人对接一名外聘专家导师，指导专业建设、业务提升。与天津职业技术师范大学联合开发教育部、财政部职业院校素质提高计划汽车服务工程专业职教师资培养包，并顺利结题。

依托国家和天津市建设项目，学校制订了专业带头人、骨干教师、双师型教师等培养方案，建立了青年教师成长档案，成立了教师书吧，为教师能力提升奠定了良好基础；先后选派张宏成等 20 余名教师，下企业实践、参与技术革新，提升教师双师素质；李军等 8 名教师考取硕士和高级技师证书，双证书比例达 100%。几年来，专业教师发表论文 10 余篇，参与企业技术革新与专利申请 3 个,参加教师技能大赛获得国家级奖项 4 个,市级奖项 12 个,3 名教师先后到 12 所职业院校开展专业建设等方面讲座,形成了具有一定教育技术应用能力的"双师—双能—双证"型教学团队。

二、"一中七化"人才培养职业教育体系创新点

(一)创新"一体化"人才培养体系,助校企深度融合产教化

从中职基础出发,把专业的概念转化成方向的概念,有效解决了专业建设基础与社会岗位需求的矛盾。根据汽车维修专业岗位群的特点,形成了"一体化"人才培养体系。

根据方向化人才培养的规划,校企双方共同制定年度培养计划,确定师资及教学场所,理论课程和基本技能培训由专任教师在校内完成;企业深度介入人才培养全过程,配备专职培训人员进行专业技能训练,与学校联合建立质量监控机制;学生在学校与企业之间交替学习,直接参与一线操作实践。

与乐达长城、华北农机集团、东大二手车公司、ppg 工业集团和奔腾公司合作,各个方向累计培养 4780 余人,工作涉及职能管理、营销、机电维修、钣金和涂漆一线岗位。

(二)创新"四方三层五证"考核评价机制,助职业培养科学化

以人才培养质量为核心,把知识评分标准与能力检测标准有机结合,创建"四方三层五证"考核评价机制。依托学校、教师、企业和学生四方,针对理论、校内外实训和顶岗实习三个层次,根据学校学生考核评定实施细则,最终评定仪容仪表合格证、行为习惯合格证、文化理论合格证、专业技能等级证和顶岗实习合格证等五项证书。

三、"一中七化"人才培养模式取得新突破

(一)服务学历教育和社会培训,成果应用惠及众学员

成果自 2012 年实施以来,学历教育已涉及 2500 余人。依托天津市职业培训中心东丽分中心资源,实施了"4435"社会培训工程。面向下岗工人、企业新员工、现退役士兵以及残疾人等四类人群,累计培训 2280 余人。

（二）服务京津冀协同发展战略，成果应用辐射兄弟校

根据《"十三五"时期京津冀教育协同发展专项工作计划》《京津冀教育对口帮扶项目》《推进京津冀教育协同发展备忘录》，学校先后成为京津冀鲁汽车职教联盟理事单位，承办京津冀职工技能竞赛，与石家庄一职专建立对口帮扶院校，与肥乡职教中心等7所职业院校建立合作关系。

在天津市教委的组织下，面向河北省中等职业学校，开展《搭建培训立交桥　谱写共赢新篇章》宣讲。与兄弟院校启动了周期性的师资培训、联合办学和师徒结对等工作，先后为邯郸、肥乡、涿州等学校，在方向化人才培养、课程建设、考核评价、技能培训等方面，开展成果的辐射工作。几年来，先后培养河北涿州李健等20余名骨干教师；帮扶肥乡职教中心完成方向化课程置换；帮扶6所职业院校37名学生提高技能大赛训练水平，获得全国职业院校技能大赛二、三等奖。

（三）服务"一带一路"国家战略，成果应用输出国外

在"一带一路"的大背景下，学校充分利用专业优势、优质资源，加强对"一带一路"沿线国家的职业教育服务输出探索。依托学校"一中七化"的人才培养优质成果，在印尼东爪哇省建立"鲁班工坊"。工坊以"汽车维修技术"为核心理念和主线，分为汽车维修应用智能、工程实践创新、无人机技术、新能源汽车和空中课堂五个教学区，是集培训、教学功能于一体的现代化实训基地。通过师资培训、邀请参与技能竞赛和课程认证等途径，进一步推动成果在印尼的应用。以"鲁班工坊"为载体，邀请东爪哇省泗水市第五职业学校等十所学校来华，举办中国—印尼"产教融合"高峰论坛，拓展成果在印尼的影响，并将培训范围逐步辐射到东盟各国。

（四）再次承办中职全国汽车技能大赛，成果更上一层楼

继2010—2012年连续承办全国中职汽修技能大赛，时隔四年后，2017年学校再次承办此项赛事并将直至2019年。竞赛项目从四大类10小项增加到六大类12小项，参赛学校和选手数量逐年增加，学校"一中七化"的人才培养模式成果得到了全国肯定。随着成果影响不断扩大，先后

有内蒙古呼和浩特汽车工程学校、鄂尔多斯职业学校等30余所兄弟院校来校参观、学习。

党的十九大报告中明确提出完善职业教育和培训体系，深化产教融合、校企合作。学校将珍惜承办2017—2019年全国中等职业学校汽修技能大赛契机，深度转化大赛资源，大力弘扬劳模精神和工匠精神，与时俱进地提升"一中七化"人才培养模式。

（作者单位：天津市东丽区职业教育中心学校）

构建多元融通的职教体系的实践探索

天津市红星职业中等专业学校

2006年,红桥区政府率先执行《国家职业教育改革试验区建设实施方案》(津政发〔2006〕24号),经天津市教育委员会津教委职〔2006〕52号文件批复,由天津市红桥区北洋社区学院、天津市红星职业中等专业学校、天津市北洋职业中等专业学校、天津市育英职业中等专业学校整合区域职业教育资源,组建天津市红桥区职业教育集团(以下简称"职教集团")。职教集团在区政府的统筹下,不断加快实质性合并的进度,于2009年,成为红桥区唯一的职业教育单位——红星职专。

红星职专将集团内部和政行企研多种资源等进行有效融通,坚持面向社会、服务经济、打造品牌。坚持资源共享、优势互补,坚持学历教育与职业培训相融通、职前教育与职后教育相融通、职业教育与普通教育相融通、社区教育与继续教育相融通,不断强化骨干专业,发挥特色专业的优势,形成中职教育、高职教育、成人学历教育、职业培训及社区教育四大办学板块,各教育板块相互协作,成为特色鲜明、设施齐全、功能完善、内和外通、质量一流的职业教育集团。

一、构建多元融通的职教体系中取得的基本经验

(一)构建多元融通的职教体系应准确把握其根本目的

构建多元融通的职教体系的根本目的在于实现资源共同和协同工作。其精髓就是将分散的要素组合在一起,最后形成一个有效率的整体,让资

源通过融通发挥最大的价值,要使人才培养更具高效性、专业设置更具适应性、课程设置更具针对性、教学方法更有实效性、能力培养更重实践性、师资结构更具互补性、实训环境更具集约性,使职业教育真正成为一类"面向人人的全人生教育"。只有把握好这一点,才能为构建多元融通的职教体系有效路径找到方向。

(二)构建多元融通的职教体系应优化组合核心要素

职业教育资源的构成,包括学校要素和社会要素。学校要素是指校内各种有利于学生、教师与学校发展的显在与潜在的教育资源。它们包括由教师资源和学生资源构成的人力资源;由学校品牌、示范专业品牌、特色专业品牌、骨干教师品牌构成的学校品牌资源;由教师群体、教研中心、信息中心、班级构成的团队资源;由实习实训场地、设备管理构成的硬件设施资源;由物质文化、制度文化、组织文化、精神文化构成的文化资源。社会要素指政府、企业、行业、科研机构等相对独立而又关联的资源。它包括政府财政资源、企业技术和设备资源、培训基地资源、社区资源、联办学校资源、机遇资源,等等。只有优化组合核心要素才能使职业教育资源产生 1+1>2 的效果。

(三)构建多元融通的职教体系应解决好关系到资源融通的关键问题

关系到资源融通的关键有四个。即:通过畅通管理体系,构建"完整、优化、合理"的组织结构,通过融通文化资源,构建核心价值观,协调职教集团内部相关利益,形成职教集团内部凝聚力,是资源整合能走多远的关键;行业企业以人才、设备、智力、文化、资金、就业等资源参与的程度是资源融通的关键;是否能够通过构建"知识—能力—素质立交""学历提升—技能系统培养立交""课程—证书立交",贯通受教育者的生涯发展资源,是检验资源融通质量效益高下的关键;是否能够通过提升社会服务能力,吸引游离于集团外的机构与集团联盟,是资源融通社会效益最大化能否实现的关键。突破这四个关键问题,必须对要素资源进行立交体系化构建。

二、融通文化资源

融通时代气息、优秀企业文化的学校文化如同"环岛形立交桥",让处于十字路口的多种资源不再拥堵，而是让它们围绕它有序快速地流动与整合，并对学校师生进行着有意和无意的、显性和隐性的塑造，提升学校竞争软实力，激励学校师生永远不断前进，不断提高学生的职业道德及职业能力。

（一）融通核心价值提升竞争软实力

学校把文化资源融通作为资源整合的先导和学校发展、学生成才的决定性因素。职教中心充分挖掘优秀文化资源，以"金的人格，铁的纪律"为校训，以"为融入社会走进来，为服务社会走出去"为办学宗旨，确定了"全市领先，全国一流"的发展目标，以"内部和谐，外部通达"为共同愿景，实施"生源、管理、项目三点支撑稳固基础，内和外通两翼齐飞加速发展"的发展战略，每年组建优模报告团，召开弘扬崇高师德演讲会，树立身边榜样，通过"三风一训"构建引导集团发展的核心价值，提升集团的竞争软实力。

（二）融通优秀企业文化提升职业素养

为提高学校与行业和社会的融通度，将优秀企业文化通过校企合作共同制订人才培养方案、共同开发课程、共同编写教材、共享人力资源等方式，有机融通到教学的每一个环节。我们实施"12641"培养模式：一个主题——提升学生公民素养和职业素养；二个阵地——学校和合作企业；六项内容——校园环境塑造与企业环境相融合，习惯养成教育和安全法制教育与企业行为文化相融合，教育和管理制度与企业制度文化相融合，礼仪教育、诚信教育和责任教育与企业精神文化相融合，学科职业素养教育与企业核心价值体系相融合，学生评价标准与企业用人标准相融合；四个步骤——了解企业文化、体会企业文化、接受企业文化、融汇企业文化；达成一个目标——学生建立自信。创新与行业、企业接轨的育人模式，从学生的职业习惯、职业纪律入手，以职业理想和职业道德为教育重点，唤醒学生主体意识，实现自我发展，让学生享有人生出彩机会。为了促进提高职业技能和培养职业精神相融合，培养学生敬业守信、精益求精等职业精神，我们以社会主义核心价值观教育为引领，制订了《天津市红星职业中等专业学校

"职业生涯导航课程"实施方案》,结合中职生的身心发展特点,形成职业生涯导航课程体系,并付诸教学实践,变成教师开展职业生涯教育的可操作性工具,实现了理论观点、实践方法的有机结合。职业生涯导航课程把职业生涯规划贯穿于职业学校教育教学工作的各个环节,解决好职业生涯中的"四定"(定向、定点、定位、定心),有助于全面提高学生的综合素质,避免学习的盲目性和被动性;规划个人的职业生涯,可以使职业目标和实施策略能了然于心中,并便于从宏观上予以调整和掌控,能让学生在职业探索和发展中少走弯路;同时,职业生涯导航课程还能对学生起到内在的激励作用,使学生产生学习、实践的动力,激发自己不断为实现各阶段目标和终极目标而进取。现该成果已在学校教育教学实践中运行了五年,从学生入学就开始培养、引导和训练,为学生未来一生的职业发展打下坚实的基础。将职业生涯导航课程归纳为职业素养养成活动课程、专业教学中职业生涯导航课程、德育课及职业指导课。创新了职业素养养成活动"多元导航"课程体系,构建了以心理健康教育和自我才艺展示为主要内容的"我与自己"系列教育,以安全法制教育、5S标准化管理为主要内容的"我与规则"系列教育,以班级文化建设和社团活动为主要内容的"我与团队"系列教育,以见习实习、企业文化教育为主要内容的"我与专业"系列教育,以企业专家讲座、职业生涯规划校本课程为主要内容的"我与职业"系列教育,以社区青年志愿者活动、企业实践活动为主要内容的"我与社会"系列教育等六个活动课程教学框架,采取了听先贤声音、看楷模行为、问企业宗旨、思行业发展、训职业素养、行社会实践的多维渗透方式,调动学生多面感知,让学生切实形成劳动光荣、技能宝贵、创造伟大的思想观念。采取"目标引领,项目支撑,自我管理,展示个性,灵活多样,全面发展"的活动方式,开展"我的才能我展示""我的中国梦"征文比赛,举办"同铸复兴路,共圆中国梦"文艺展演、行业格言大家读、行业歌曲大家唱、行业楷模大家学、"课本剧展演"等活动,学校进行有关活动的顶层设计,各年级、班级通过项目化管理的方式以学生为主体独立设计活动特色、进行展示活动,形成年级展示有特色、班级展示有亮点、学生展示有风采的良好局面。我们将企业的 5S 管理引入到教室和学生宿舍的标准化管理之中,将日常生活规则、交往规则、学习活动规则、公共规则、基本道德规则融入其中,以 5S 标准管理考核为抓手,制订 5S 标准管理考核量化表,开展班级、学生双评考核。将班级 5S 标准管理成效与三好班集体评选挂钩,实施学生 5S 标准管理监督员初、中、高级证书制度,各级考核中学生在自我监督和班级督查中的现实表现考核成绩占60%,相关案例分析、班级 5S 管理提案等考核成绩占 40%。坚持发展性评价,证书频发实行动态管理,有重大违规违纪行为的,予以降级甚至取消等级证书,最终获得高级证书者优先推荐就业。在学生顶岗实习中,设置职业素质教育与训导课程,引入现代企业员工和管理人员培训内容,利用企业对学生的现场岗前培训、企业制度的管理、企业文化的熏陶等使学生养成良好的职业素质。实施双导师制,强化顶岗实习管理,实施关键点控制和过程控制相结合。通过完整的岗位技能训练项目、顶岗实习答辩和校企共同签发的《工作经历证书》等环节实行关键点控制,将毕业考核与顶岗实习岗位技能训练结合起来,制订顶岗实习课程标准,强化课程内涵建设要求。实施双导师制管理、多方位监控学生的实习过程与工作现状,实现顶岗实习全程管理,使学生在顶岗实习中完成综合技能与素质训练的预期目标,提高教学质量。

三、融通政校行企研多资源

职业教育作为"跨界"的教育类别,融通其资源也必然要以推动、牵引等方式,打破资源在界内的封闭性,促进资源的"跨界"联动。政校行企研多资源联动助推工学结合人才培养模式改革进入快车道,促进学生由"准职业人"向"职业人"快速转变。

(一)政府调控推进资源融通

天津市委、市政府对职业教育的高度重视为资源整合提供了机遇资源和政策资源,天津市教委按照《国家职业教育改革创新示范区建设实施方案》为资源整合提供了整体规划、发展策略及项目资源和资金资源,红桥区委、区政府和区教育局高度重视红星职专的建设及发展，建立了政府、学校、企业三方联动机制，完善产学研的协作对话机制。与红桥区科委共建共管的红桥科教产业基地，与天津中医药大学药学院共建的"健康产业产品研发基地"，将入驻企业和科研机构的多种资源有机融入学校发展之中。红桥区教育局，从调研、试点到整体推进，通过建立普职沟通工作联盟校进行试点、召开普职融通创新实训室建设及课程开发研讨会等方式层层具体指导，将普职沟通工作纳入年度区域教育工作计划狠抓落实。

(二)主动作为牵引资源联动

我们坚持以保持专业对产业发展的敏感度为目标，服务产业发展，各专业进行深入调研，以产业发展趋势和动态为"指针"，提升专业对接产业的"高度"。以保持专业对产业岗位的覆盖度为基础，服务产业发展，通过分析产业的岗位需求，形成了新的人才培养方案，提升专业对接产业的"广度"。以优势产业涌现的新技术、新工艺、新标准为"标"，由教师、企业技术骨干、课程专家组成课程建设组，及时将课程体系与优势产业标准对接，提升专业对接产业的"深度"。教学过程与工作过程对接，实施"学校评价+企业评价"的专业建设质量评价模式，提升专业对接产业的"精度"。学习环境与工作环境对接，从整体上提高人才培养的质量，提升专业对接产业的"准度"。强化专业对产业人力资源需求的贡献率，坚持校企合作，联合培养，以校企融合提升专业对接产业的"强度"。

学校确定了"坚持通过校企合作充分利用社会和企业的多种资源；坚持通过校企合作给教师提供专业实践和为企业服务、展示才能的空间；坚持通过校企合作为学生搭建实习、就业并融入社会的平台"，校企合作"三坚持"原则，形成以行业专家工作室、校企合作委员会、企业兼职督学为纽带的立体化校企合作机制。通过校企合作委员会对职教中心进行办学条件、项目建设实施方案等方面的可行性、时效性论证，掌握行业标准和质量标准细则，构筑具有行业特色的质量保证体系。我们创新性地聘请行业技能专家成立行业专家工作室，形成了新的校企合作机制。我们建立了看企业资质、看环境条件、看权益保障,比行业美誉度、比技术先进性、比师傅执教力的"三看三比"合作企业筛选机制,选择优质企业为开展工学结合人才培养模式改革创造基础性条件。坚持合作企业校企三级联合办公制度,创新"四个结合"管理办法,加强校外实习基地管理。将兼职教师职责与实习基地管理结合起来,充分发挥兼职教师校外实习基地管理的主体作用;将顶岗实习管理与做好服务工作结合起来,积极承担企业产品生产等任务,以服务企业促进实习基地管理;将教师的实习指导工作与挂职锻炼结合起来,使教师在顶岗实习的管理过程中得到生产实践锻炼,提高实习基地管理水平;将顶岗实习和学生就业工作结合起来,促进学生就业。建立教学质量的企业反馈机制,对学校专业设置、人才培养目标和规格、课程体系、课程标准、课程评价、教材开发、课程教学与考评、师资队伍建设等进行深入研究,为人才培养的路径设计、过程监控、规格质量全程把关。建立校企合作共同培养培训教师的长效机制。实施兼职教师的动态管理。

四、融通受教育者的生涯发展资源

(一)构建"知识—能力—素质立交"

我们长期坚持"按照天津市支柱产业发展要求,主动适应,超前建设,使人才培养与社会人力资源配置需求同步"的专业调整与设置原则,坚持根据市场需求设专业、根据企业要求定课程、根据岗位标准练技能、根据社会评价验质量。坚持"专家引领、企业融入、资源共享"的专业建设机制与路径,从教学方法、教学情境、教学技术、教学过程、教学管理、教学评价等方面进行广泛研究,建成以培养高水平职业素质和专业能力为核心的工作过程导向课程体系和课程标准。重点专业的专业核心课程全部开展项目教学或任务驱动教学方法改革和采用"教、学、做一体化"的教学模式,建立课程资源库,开展信息化教学,在核心课程建设中形成了"强化标准、多层次合作、突出课程的'复合性、交叉性'"顶层设计要求。加强课程教学标准建设,规范教学行为;多层次合作,创新课程建设路径;突出课程的"复合性、交叉性",创新立体化教学。这些工作理念与机制丰富了职业学校核心课程建设的内涵。开展考核方式改革,建立了过程性评价与形成性评价相结合的课程学习评价标准。学生的成长通过各种教育平台得以彰显。优良的教育教学资源,带动了学生就业及升学渠道资源建设。企业人才需求"订单"供不应求。

(二)构建"学历提升—技能系统培养立交"

职教中心以强化专业群建设为抓手,以专业融合为纽带,挖掘各办学板块之间存在的生源供求关系,各办学板块相互协作,通过整合所有形式的教育要素,科学地调配教育资源,充分利用内部优良资源及合作院校资源,通过"三二分段"中高职联读、中高职衔接系统培养技能型人才项目、五年一贯制高职、春季高考、成人高考、电大开放教育等形式,在使学生升入高职及本科学习渠道有效对接的同时,使核心技能从初级到高级、从掌握到熟悉得到系统培养,职业素养得到持续养成,使学历与职业能力得到同步提升。

(三)构建"课程—证书立交"

职教中心建立证书课程体系,将天津市紧缺人才培训融入高中后一年中职教育和电大学历课程改造,创建学历教育和非学历教育入学"双通道","一张文凭、多种证书",架构起两类教育之间的"课程—证书立交"。职教中心不断探索职业培训及社区教育新模式,形成了"纵向到底,横向到边"的三级网络体系。立足于"以社区居民的教育需求为导向,以动态的资源整合及合理布局为手段",构建多元、立体、网络化的"超市体系"职业培训及社区教育新模式,依托职教中心优质的学历教育资源,较宽口径、较大平台、较多接口地满足人才市场多样化、个性化、小批量的需求,实现人才培养与市场就业的有效对接。积极实施天津市百万技能人才培训福利计划,让学生的岗后培训及居民的终身学习实现全覆盖。优质资源叠加效应,使同类职业培训项目在不同规模、不同层次、不同目的之间相互联系,不同学历职业教育类型在不同等级、不同分工、不同功能之间相互补充,使职业教育成为"面向人人的全人生教育",让受教育者的生涯发展资源贯通起来。

(四)融通职业教育与普通教育

职普融通的根本目的,是通过普通教育和职业教育携手合作,实现资源共享,全面实施素质教育,弘扬劳动光荣、技能宝贵、创造伟大的时代风尚,让学生在学习的各阶段,通过不同层次的体验与综合实践,了解自己,逐步作出自己的人生发展规划,着力提高学生的学习能力、实践能力和创新能力,促进学生主动适应社会,培养创新型、实用型、复合型人才,最终让每个人都有人生出彩的机会。其实质在于提升职业学校的服务功能,其作用在于促进普、职两种教育类型间的互联互通,其硬件载体是职业学校的校内外实训基地,其软件载体是职业素养通识课程及综合实践课程。在实训基地的普职融通学习和体验中心建设中我校坚持"真实性、先进性、开放性、通用性、文化性"的原则。真实性:努力体现真实的职业环境,让学生在这一环境下按照未来专业岗位群对基本技术技能的要求,得到实际操作训练和综合素质的培养。先进性:紧跟专业发展前沿的综合性训练项目,使学生在实训过程中把握本专业领域先进的技术、工艺和实际应用的本领,使设备投入具有前瞻性、持续性。开放性:在环境和总体设计上要具有社会开放性。不仅可以为校内学生提供基本技能实训场所,也可以对外承担各级各类职业技能的培训任务,为社会提供多方位服务,成为对外交流和服务的窗口。通用性:充分利用有限资源,最大限度地节约资金,尽可能使所建设的实训基地适用性强,能进行本专业综合实训,并能在相关专业的基础课程或选修课实训中通用。文化性:注重真实的工作环境打造和职业文化氛围的营造,让实训基地见物见人。实施"阶梯递进式"建设路径,"夯实基础性实训基地建设,强化创新性实训室建设,拓展理实一体化实训室建设"。通过多年的基础建设及内涵发展已具备了创建职业素养、职业技术、职业技能的学习和体验中心的保障条件。现有的生物及制药实训基地、康复技术实训基地、电工电子及机械实训基地、汽车维修实训基地、现代服务实训基地可以满足围绕天津市生物医药产业、电子信息产业、养老与健康产业、现代服务产业发展需要和培养学生核心素养要求开展普职融通学习和体验实践课程需求。在职业体验及综合实践课程体系建设中,建什么、怎么建是必须要统筹规划的问题,必须要能够让中小学生通过参与体验活动,了解自己,发现自己的兴趣,规划生涯发展,还能学习日常生活中的一技之长,助推学生核心素养提升。目前,红星职专以优势专业为主体,开发了18门职业体验活动课程,以半天为一个活动单元,分为初、中、高三个学习梯度,通过参观及师生互动、生生互动的方式,让参加体验的不同学段学生动手动脑,体验职业乐趣。通过"走进职业学校、体验职业乐趣、感受职业魅力、领略职业文化",激发小学生对生产生活的兴趣,引导初中学生了解职业教育、体验职业乐趣,围绕高中的综合实践课程及创新实验设计和职业教育专业基础课程的"融合点"进行深入研究,形成"探究性课程",帮助高中生规划发展方向、展望职业前景、树立职业理想。对于普通中学学生而言,《天津市普通高中学生综合素质评价实施办法》明确提出:"高中毕业前,学生结合综合素质发展情况撰写自述报告,并由任课教师撰写评价意见。"包括实践课程在内的社会实践活动作为综合素质发展评价的重要内容,学生如何自评、教师如何作出评价意见的问题摆在了教育工作者的面前。就项目化或课题化的实践课程开发工作而言,是以参观参与为广度,还是以综合素质有效提升为重,也需要科学的评价体系为指导。为促进普职融通课程评价体系建设,红星职专开发了《分析性表现性评价量表》和《整体性表现性评价量表》。针对课题化的实践课程,在发现和提出问题、收集和处理信息、综合运用知识解决实践问题、规划与组织、合作与交流、沟通与表达、反思与自我管理等层面开发评价量表,通过起点评估、过程评价、结果评定进行综合评价。针对项目化的实践课程,在动手操作(使用工具、加工制作产品、科学实验研究)、日常生活实践、职业活动实践、人际交往实践(表达、合作、沟通、组织管理)等层面开发评价量表,通过起点评估、过程评价、结果评定进行综合评价。通过观察和提问法、观察量表法、口头报告法、项目计划和调查法、论文报告法、作品展现法、档案袋法,聚焦学生创新精神、实践能力的发展和职业意识、社会责任感的培养,涵盖发现和提出问题、收集和处理信息、综合运用知识解决实践问题等方面能力的发展,也关注了规划与组织、合作与交流、沟通与表达、反思与自我管理等非认知的结果。

(五)统筹谋划推进创新创业教育

我们设计了创新创业教育改革"31924"实施路径。明确创新创业教育改革三个阶段目标,2015 年起启动创新创业教育改革试点;到 2018 年创新创业教育全面开展,探索形成课堂教学、实践教学、自主学习、指导帮扶、文化引领多位一体的创新创业教育体系。到 2020 年形成一批可复制、可推广的制度成果和先进经验,在中职学校创新创业教育改革中发挥示范引领作用。构建一个创新创业教育培育立交桥,包括学校、政府、企业、家庭、学生等多个子系统,各子系统之间相互联系、相互作用、相互支撑,构成一个完整的创新创业教育培育立交桥。明确创新创业教育改革九项重点工作,更新创新创业教育观念、完善人才培养质量标准、推进人才培养机制创新、健全创新创业教育课程体系、改革教学方法和评价方式、强化创新创业实践、加强教师创新创业教育教学能力建设、改革学生创业指导服务、统筹校内外资源形成校内外联动体系。搭建两个平台,创建学生创新创业文化教育平台与创新创业实践平台。促进四个结合,即实现创新创业教育与专业建设、教育科研、校园文化、学生就业的有机结合。

实施创新创业教育改革,就是要培养学生在社会主义核心价值观引领下的吃苦耐劳、自力更生之"德",就是要通过实践让学生掌握生存之技、具备发展之能,成为全面建成小康社会的有用之"人",使学生自觉地把个人命运和国家命运、创新创业梦和中国梦紧密联系在一起。学生的创新能力主要包括创新思维能力、非智力因素、创新实践能力三个方面。创新创业人格的培养,即责任感、自信心、意志力等方面是最基础的内容,主要包括动机、兴趣、情感、意志、性格等五种基本的心理因素,这些非智力因素对于人们创新思维与创新实践的成功都具有很重要的意义。学生要在社会的创新实践中获得成功，还必须学会做人，正确处理好个人与社会、个人与他人、理想与现实、理论与实际等关系，形成良好的个性，保持健康的心理，做合格的社会公民，培养较强的创新实践能力。还需要认清国情，做一个适应时代需要的人。基于此，我们注重激发学生强烈的社会责任感，着力增强学生敢于梦想、勇于突破、脚踏实地、勤勉践行的创新精神、创业意识和创新创业能力，面向全体学生开展创新创业精神教育。我们建立了以校内劳模为基础的劳模工作室，聘请创业上有建树，品德高尚、乐于奉献、责任心强的成功企业家开设劳模讲堂，通过广泛宣传劳模的先进事迹及成功企业家和自主创业的先进典型，坚定学生创新创业的信心。建立以学生创新创业协会为龙头的社团活动体系，开展"身边的工匠精神"主题活动，强化了校园创业文化氛围。开发创新创业课程是深入推进创新创业教育改革的关键环节，要把创新创业教育融入人才培养体系，把激发学生的创新活力、挖掘创新潜能、提高创新创业能力作为改革的主要目标。创新思维能力是创新能力培养的关键，因为人的一切创新都来源于思维的创新。为此，我们围绕三方面内容进行创业课程开发：一是能力提升。解析并培养学生的批判性思维、洞察力、决策力、组织协调能力与领导力等各项创新创业素质，使学生具备必要的创业能力；二是环境认知。引导学生认知当今企业及行业环境，了解创业机会，把握创业风险，掌握商业模式开发的过程，设计策略及技巧等；三是实践模拟。通过创业计划书撰写、模拟实践活动开展等，鼓励学生体验创业准备的各个环节，包括创业市场评估、创业融资、创办企业流程与风险管理等。本着边开发边实施的原则，以学生创新创业协会社团活动为载体，以讲座的方式，成熟一部分开设一部分，在实施中注重启发式、讨论式、参与式教学，面向有较强创新、创业意愿和潜质的学生，旨在提高其基本知识、技巧、技能。培养学生创新创业能力，实践是关键。只有把课堂教学所学到的文化知识融入形式多样的课外活动，尤其是广泛的社会实践活动，才能使学生的创新创业能力真正得以提高。我们注重搭建多种平台，合理增加实验和实践的时间，培养学生的创新能力和动手能力，让学生的创意得以发挥和展示。学生在全国中学生科技创新示范竞赛、文明风采大赛、"京津冀"职业学校创新大赛、天津市"美境行动"中屡创佳绩。

红星职专的发展历程，是抢抓机遇的历程，在今后的发展中，我们把大力发展现代职业教育的国家意志、打造"大众创业，万众创新"经济社会发展新引擎的国家战略作为重大的战略资源。发挥一体化职业教育集团的办学优势，以满足社会技术技能人才需求和促进技术技能人才专业化发展为核心，以制度、标准、资金、师资等辅助系统为支撑，有效融入国际标准等国际化要素，建立政校行企研联动、行业有效指导、校企合作育人、与其他教育沟通协调、职业教育与培训统筹发展的体制机制，形成层次结构合理、要素配置科学、办学形式灵活、培养模式多样、社会广泛参与，并具有开放创新性、多元融合性、动态适应性、系统协调性和服务人本性特征的新型职业教育体系。顺应大众创业、万众创新的新常态，充分利用文化资源、政校行企研多资源、实训基地资源、人才资源的立交网络化的优势，开展创新创业教育，为经济社会发展新引擎提供人力资源保障。适应网络时代发展新趋势，高度关注、密切追踪健康云、药品福利云等与学校专业设置相关的"互联网+"产业发展动态。为职业教育的改革发展作出我们新的贡献。

加强内部控制体系建设
提升学校高效运行水平

白　蕊

　　为了全面落实《国务院关于加快发展现代职业教育的决定》(国发〔2014〕19号)、《职业院校管理水平提升行动计划》(2015—2018年)、《天津市人民政府关于加快发展现代职业教育的意见》(津政发〔2016〕3号)的精神,更新管理理念、完善制度标准、创新运行机制、改进方式方法、提升管理水平。按照国务院、教育部、天津市政府、天津市财政局、天津市审计局要求,全面贯彻财政部颁布的《行政事业单位内部控制规范(试行)》标准。自2016年4月份,在第三方专业机构的指导下,我校开展了内部控制体系项目建设。在建设过程中,学校分多层面广泛开展《内控规范》学习,营造了良好的《内控规范》建设环境。学校认真梳理各项制度,优化单位内部控制体系,分解岗位、落实责任,编制了《内部控制工作手册》,提升了信息化管理能力。内控体系项目的建设,保证了单位内部控制体系在意识和行为上的统一,提高了学校的风险防范能力,提高了单位安全高效运行水平。

一、更新理念,落实国家政策

　　2016年4月,天津市财政局、天津市审计局联合下发了《关于落实〈财政部关于全面推进行政事业单位内部控制建设的指导意见〉的通知》(津财会〔2016〕27号)。这一年,也是学校被天津市教委批准为提升办学能力建设项目学校的第一年,随着学校项目建设的逐渐增多,为进一步完善学校内部控制体系建设、规范学校管理,严格依法治校,自觉遵守国家的《行政事业单位内部控制规范(试行)》(财会〔2012〕21 号,以下简称《内控规范》)要求。同时,也为了全面落实《国务院关于加快发展现代职业教育的决定》(国发〔2014〕19 号)、《职业院校管理水平提升行动计划》(2015—2018 年)、《天津市人民政府关于加快发展现代职业教育的意见》(津政发〔2016〕3 号)的精神。自 2016 年 4 月份学校开始了内部控制体系的建设工作,全面更新管理理念、完善制度标准、创新运行机制、改进方式方法、提升管理水平。

二、精心设计,规范内控管理

(一)贯彻实施《内控规范》,提高内控管理观念

2016 年 4 月至 5 月,为内控推广准备阶段。在此阶段,学校加大宣传教育力度,在橱窗、网站上广泛宣传内控规范,宣传制约内部权力运行、强化内部控制的必要性和紧迫性。分别在校领导层、中层及各部门层面广泛开展《内控规范》培训学习,保证上至一把手、下至普通干部人人树立内控意识,营造良好的《内控规范》建设环境。同时,校领导强调,将落实《内控规范》作为当前和今后一个时期的重要工作,抓好抓实。

(二)全面梳理相关经济活动的规章制度和与之相关的业务流程

2016 年 6 月至 12 月,为制度梳理阶段。相关科室梳理与经济活动相关的规章制度,对照《内控规范》查找不足。在梳理过程中我们发现,学校针对经济活动的制度有 16 个,但大部分制度偏重于工作流程,对不相容岗位与职责的有效分离、个别方面的制度要求不明确。如资金管理制度中,对价格的确定、票据管理、支出范围与标准有明确的规定,但对资金的收缴、收支核算及审批权限等三个方面权责等内容说明不明确。经济合同管理办法中,对合同订立、合同履行、合同归档有明确的规定,但合同纠纷处理没有要求。再如,实际工作中发现个别岗位长期由一人担任,无法及时发现内部管理中存在的隐患。像这样,有制度但内容不全面,或者实际工作与制度要求不一致的情况比较多。

(三)细化部门管理,启动内控体系建设

2017 年 1 月至 6 月,为内控体系建设启动阶段。经过相关制度的梳理

及对学校实际运行情况的分析,对照国家相关政策,我们发现学校的有关制度有必要尽快完善和优化。另外,随着学校办学能力的不断提高,项目建设越来越多,涉及政府采购、资产管理、项目管理、合同管理等方面的工作也越来越多。明确业务环节、规范制度要求越来越显得很有必要。为此,2017年年初,学校成立项目投资管理办公室,明确部门职责,设置相关岗位,加强对项目建设、合同、资产等工作的管理。财务科增加专业人员,加强财务规范管理。由于《内控规范》涉及的管理内容专业性、政策性较强,学校自身开展内控建设缺乏专业知识和建设经验,2017年5月校长办公会决定,以招投标形式引进第三方专业机构进行内控体系建设,并强调做好招投标需求书的拟定,严格遵守招投标管理的相关规定及学校财务制度,保证资金使用安全。同年6月,学校成立内控体系项目建设小组,正式启动内部控制体系项目建设。

(四)广泛开展调研,确定建设内容

2017年7月至9月,为确定建设内容阶段。自内控体系项目建设小组成立后,小组成员积极开展工作。校外,广泛开展调研,与6家专业公司进行了沟通。一方面探讨内控体系建设的相关内容,一方面考察公司的业务实力。校内,一方面认真学习《内控规范》、财政部下发的《关于印发〈行政事业单位内部控制报告管理制度(试行)〉的通知》(财会〔2017〕1号)等相关文件,一方面开展各部门自查,从单位层面、风险评估方面、业务层面、评价与监督等层面认真自查,梳理问题,认真分析原因,找出解决问题的方法,为下一步内控体系建设规范工作流程积累相关数据。经过校内外的广泛调研,最终以招投标方式确定一家第三方专业机构在预算管理、收支管理、政府采购管理、资产管理、建设项目管理、合同管理等六大方面协助我校完成内控体系建设。

(五)编制学校《内部控制工作手册》

2017年10月至12月,为政策制定阶段。在第三方专业机构的指导下,通过与相关部门人员进行访谈、沟通,了解单位的预算业务、收支业务、政府采购业务、资产管理、建设项目管理、合同管理等各类经济活动的业务流程、特点,然后进行总结和归纳,明确各项业务的目标、范围和内容。按照业务实现的时间顺序和逻辑顺序,将决策机制、执行机制和监督机制融入业务流程中,细化业务流程中各个环节的部门和岗位设置,明确其职责范围和分工。对部门设置和岗位设置进行具体分析,找出可能造成单位经济利益流出的风险点,选择风险应对策略,在建立健全各项内部管理制度的基础上,完成《内部控制工作手册》。

《内部控制工作手册》由总则、风险评估与控制方法、单位层面、业务层面、决策机制、监督与评价等六个方面组成。其中,业务层面管理中包括预算管理、收支管理、政府采购管理、资产管理、建设项目管理及合同管理六个方面。每个业务层面的管理都设置了总则、管理机构及岗位、业务流程及风险矩阵、不相容岗位、政策依据及管理办法等内容。《内部控制工作手册》在确定总目标和经济控制目标的基础上,为保障受托责任目标的实现,根据不同业务对象分别绘制业务流程,明确关键控制点及要求,评估潜在风险,拟定应对风险措施,并根据权力主体、责任部门、关键岗位、重要经济业务活动等方面编制风险控制矩阵,形成系统完整的内部控制体系,为学校进一步提升管控效能、有序推动各项工作的开展提供管理标准。

(六)开展技术咨询,提升信息化管理水平

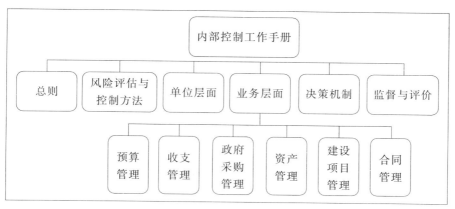

图1　内部控制工作手册结构

自 2016 年,学校在国家级示范校建设的基础上,更加重视信息技术的应用、重视信息化管理。近两年,广泛开展社会调研,在原有数字校园管理平台的基础上开发新的管理功能,增加新的管理系统。比如,新增项目管理系统,将项目建设单独作为一个管理项进行管理;新增专业的资产管理系统,更全面地进行资产管理,提高了学校管理的科学性。

三、加强管理,提高工作实效

(一)建立科学、合理、高效的决策机制

针对各项业务活动,每个环节授权、审批流程进一步科学、合理。如部门报销、合同的审批等流程,都采取了分事行权、分岗设权、分级授权等措施。制定《实施"三重一大"决策事项工作指引》文件,修订《校长办公会议事规则》,严格按照"三重一大"的制度要求对重大事项进行集体决议,相关岗位实现定期轮岗,这是制约权力运行、加强内部控制的基本要求和有效措施。《内部控制工作手册》的编制帮助学校实现控制目标,通过制度、实施措施和执行程序等手段,对经济活动的风险进行防范和管控,合理保证学校经济活动合法合规、资产安全和使用有效、财务信息真实完整、有效防范舞弊和预防腐败,提高公共服务的效率和效果。学校已根据《内部控制工作手册》要求,从 2017 年下半年起合理设置部门、岗位及权责,制定定期轮岗制度,规范学校权力运行,提高了学校的各项管理水平。

此外,学校还修订了工会慰问经费使用管理办法、差旅费管理办法、参加校外培训及会议审批流程、教科研奖励办法等新政策,进一步规范财务报销工作流程,加强学校各方面的管理。

(二)预算业务管理进一步规范

以前学校在预算管理方面存在诸多问题。如预算编制与业务部门脱节,编制基础数据不准确;在预算执行过程中,对预算执行情况的有效分析、沟通及预警不充分,有时导致预算执行进度偏快或偏慢,削减了预算执行控制的效果等问题。在第三方专业机构的指导下,经过内控体系建设,现在,我们将预算业务环节细化到预算编审、预算批复、预算执行、预算增加、预算修改、决算与绩效考评等主要业务环节,并确定了预算业务管理决策机构、工作机构和执行机构等,每个环节的权责明确、分工清楚。在预算执行过程中,定期召开预算执行分析会议,研究分析预算执行中存在的问题,科学选择预警指标,合理确定预警范围和标准,并能根据业务指标数据对业务活动进行预测和诊断,积极采取应对策略,避免了潜在的风险和问题。2018 年全面实现预算按计划管理,预算编制、管理比往年进一步规范、科学。

(三)项目管理不断规范,政府采购合理合规

项目投资管理办公室的建立、建设项目管理相关制度的制定,使学校在项目建设管理上更加规范化。近两年,政府采购的项目比较多,项目投资办能够统一按规定选择政府采购方式,严格审查并实施采购计划,在计划制定、项目申报、标书撰写等方面能够正确指导,招投标手续办理合理,一次中标率大大提高。项目投资办能及时解决政府采购业务中的问题,定期对政府采购业务信息进行分类统计, 与资产管理员和财会科定期核对信息,并在学校内部通报政府采购预算的执行情况、政府采购业务的开展情况等信息,政府采购业务的透明度大大提高。

为了做好项目管理,按照《内部控制工作手册》相关要求,学校在数字校园平台上增加了项目管理系统,实现了项目信息化管理,可以按过程、投资、文档等方面分类实施管理。在过程管理中能实现项目登记、项目组成员、授权情况、现场日志、问题反馈、项目进展、会议记录、文档审批、质量安全、项目考核、验收报告等功能,项目投资办能及时对投资项目的运作情况、效益情况、动作结果实时进行测算与监控,控制投资风险,确保了学校资金的安全使用。

(四)细化业务环节,标准更加明确

通过内部控制体系建设,学校在六大方面相关的制度更加完善,业务环节进一步细化,特别对一些薄弱环节重新设计了严格的控制措施,并对内部控制的执行进行了严格的监督与评价,加强了风险防范意识,提高了

风险治理水平,确保学校科学、规范、高效的管理目标的实现。以固定资产管理为例,我们看一下制度建设前与建设后的内容比较。见表1。

表 1　固定资产管理

原制度目录	新制度目录	新增内容
总则	总则	流动资产和非流动资产的分类;资产管理风险点分析;资产管理原则和基本业务流程
管理机构及其职责	管理机构及岗位	投资办及投资管理岗的职责;收支管理机构及岗位职责
	流动资产	货币资金、岗位设置、印章、报销、账户等方面的要求
	固定资产	固定资产的标准、计价方法
固定资产日常使用与管理	资产购置	购置原则、配置标准
	资产保管	保管权责
资产使用	投资办职能、资产清查、盘盈等办法	固定资产核算管理
	资产核算与处置	资产折旧、资产处置及工作流程
附则	附则	管理依据
	相关表单	固定资产的分类方法
	业务流程图及风险矩阵	货币资金、实物资产、资产调剂及调拨、资产清查、资产报废、低值易耗品领用等业务的流程、风险点及控制点分析
	不相容岗位	不相容岗位的设置
	政策依据	国家政策及相关要求

从上表里我们不难看出,内控体系建设后,对资产管理细化到流动资产和非流动资产分别进行管理的制度要求,增加了固定资产的标准、计价方法,使从事固定资产管理的人员能很清楚地掌握固定资产管理的范畴;流动资产的管理更加严谨、规范;针对固定资产的管理,不相容岗位设置及要求更加明确;相关业务环节、风险防范、政策依据都有明确的要求,管理内容更加规范、具体。

为了更好地进行资产管理,学校对原有固定资产管理系统进行了升级,选用专门的管理软件,按房屋、构筑物、土地、设备、家具、交通运输车辆、图书、低值品等方面进行分类管理,分类设置清晰、统计查询简单。在设备管理方面设置的功能较多,可实现设备入账、设备调拨、设备处置、账目修改、设备维修、设备审核、数据查询、统计报表、设备清查、打印等功能,大大地提高了学校资产管理的安全性。

(五)加强信息化管理,提升工作实效

在内控体系建设的过程中,学校积极开发信息化管理功能,规范内控管理要求。在协同办公系统中增加了车辆管理、请假管理、印章管理、教务科申请、信息中心申请、特殊考勤、用纸申请等功能,将原来的纸质事务办理转变为电子化,全面实现网上办公,更进一步提升了学校信息化管理水平,提高了工作实效。

学校继续加强监督部门和专职监督人员的培训,强化监督与评价的职能,提高管理人员的政治素质和业务素质,提高内部控制的有效性和执行力。

中国特色社会主义已进入一个新的时代,党的十九大提出"完善职业教育和培训体系,深化产教融合、校企合作",这对新形势下的职业教育提出了新要求。目前,我国行政事业单位内控制度仍不健全,普遍存在着控制意识淡薄,预算控制不力,财产保护制度不严,审计监督缺乏等问题。希望国家依据中等职业教育发展的特点,规范中等职业学校这个层次的行政事业单位内部控制管理要求,使广大中等职业学校规范管理,不断提高办学和管理质量,提升学校高效运行水平。

(作者单位:天津市经济贸易学校)

天津市"普职沟通"体系建设有效路径的实践综述

郭　荔　　庄建军

《国务院关于加快发展现代职业教育的决定》(国发〔2014〕19号)指出，发展现代职业教育的目标任务是："到2020年，形成适应发展需求、产教深度融合、中职高职衔接、职业教育与普通教育相互沟通，体现终身教育理念，具有中国特色、世界水平的现代职业教育体系。"在很多人看来，普通教育是升学教育，职业教育是就业教育，二者长久以来泾渭分明，如何实现职业教育与普通教育相互沟通？如何构建"普职沟通"体系建设有效路径？是我们作为职教工作者必须问答的问题。

天津作为国家现代职业教育改革创新示范区，在发挥职业学校服务职能，推进职业教育与普通教育相互沟通，推进职业学校职业素养、职业技术、职业技能的学习和体验中心建设，推进职业素养通识课程建设，推进普通初、高中学生综合素质评价有效开展，推进"普职沟通"体系建设的有效路径进行了深入研究，取得了一定的实践成果。

一、"普职沟通"架起全人生教育之桥

为深入贯彻落实《国务院关于加快发展现代职业教育的决定》(国发〔2014〕19号)精神，各地在推进职业教育与普通教育相互沟通上作了很多探索，例如，有的地市从普职融通的课程建设、学生互转互通、学校资源共享和探索高中阶段普职融通办学模式四个方面开展工作。但职业教育作为"面向人人的全人生教育"，如何通过职业教育与普通教育相互沟通在全人生教育方面有更大作为？天津职教界在思考在实践，天津市红星职业中等专业学校在思考在实践。

我们认为，推进"普职沟通"的常态实施、深度实施，必须要明确普职沟通体系建设的内涵是什么，既其实质、作用、载体及"沟通"什么、怎么"沟通"等基本问题。通过实践研究，我们以为普职沟通的实质在于提升职业学校的服务功能；其作用在于促进普、职两种教育类型间的互联互通，促进学习者更好地了解职业、了解社会、提升综合素养；其硬件载体是职业学校的校内外实训基地，其软件载体是职业素养通识课程及综合实践课程。职业教育与普通教育的相互沟通应是多元融通，即政校行企研的政策融通、信息融通、人才融通，实现资源共享及协同创新，其具体体现为"政府积极推进，注重顶层设计，普职融通联动，企业积极参与，共享优质资源，共建体验课程"。"普职沟通"体系建设应包括目标体系、支持体系、工程创新实训体系、职业体验及综合实践课程建设体系、评价体系。

二、"普职沟通"架起青少年人生出彩之桥

教育要创造这样一个机会，让人人有梦想，人人能有通过劳动圆自己梦想的途径，实现自己的"中国梦"。基于此认识，我们认为，职普沟通的根本目的，是通过普通教育和职业教育携手合作，实现资源共享，全面实施素质教育，弘扬劳动光荣、技能宝贵、创造伟大的时代风尚，让学生在学习的各阶段，通过不同层次的体验与综合实践，了解自己，逐步作出自己的人生发展规划，着力提高学生的学习能力、实践能力和创新能力，促进学生主动适应社会，培养创新型、实用型、复合型人才，最终让每个人都有人生出彩的机会。

为实现"普职沟通"的根本目的，天津的职业院校主动出击，打破了普职之间的藩篱，建起了青少年人生出彩之桥。本市各区中小学生走进职业院校，走进职业院校的实训课堂，进行真实的岗位体验，"小小工程师""未来课堂""互联网+"等一系列丰富多彩的体验活动为职教与普教沟通搭建起良好平台。中小学生们亲手操控无人机、拼装新能源车、与机器人互动交流、推拿按摩、书法篆刻、制作液氮冰激凌、学习心脏复苏术……职教体验活动,让青少年学生对自己未来的人生规划、职业岗位选择有了新的思考和启发。与此同时,职业院校师生走进中小学课堂,传授专业技能、宣传职教文化,开展技能讲座、科技体验等活动,展示职业教育创新发展的成果,让中小学生发现职业教育的乐趣,了解职业教育为社会进步带来的改变,感受职业教育特有的魅力,对职业教育有了全新的认识。

三、"普职沟通"架起普职协同创新之桥

在"2016 年天津中等职业院校技能大赛——普职融通 EPIP 国际挑战赛"上,天津地区经过遴选,来自仪表无线电工业学校、第一轻工业学校、东丽职教中心学校、天津市复兴中学、天津市咸水沽第五中学、天津市东丽区军粮城中学等 8 所参赛队,与来自渤海职业技术学院"鲁班工坊"国际预科班的英国、泰国选手同场竞技。

党中央、国务院和市委、市政府高度重视职业教育工作。习近平总书记对职业教育作出重要指示,李克强总理曾作出重要批示。国务院副总理刘延东强调提出,职业教育要围绕国家发展大局,主动对接创新驱动发展战略,适应供给侧结构性改革,服务民生发展、助力扶贫攻坚,为青少年人生出彩提供更多机会的重要要求,天津市委书记李鸿忠指出,做大做强天津职教优势,以用立业服务经济发展等,一系列重要精神是职业学校按照党的十八届五中全会提出的创新、协调、绿色、开放、共享五大发展理念要求,发展现代职业教育应坚持的指南及方法论,坚持用创新发展理念引领教育创新与创新教育,推动教育教学改革和德育工作创新;根据协调发展的理念,补齐发展短板,拓展职业教育社会服务功能;用绿色发展理念,让教育立足于生命的原点,使学生通过职业教育改变自己的生活状态、提升生活质量,拓展每一个生命,让社会更加和谐;用开放发展理念扩大教育资源供给,满足人民群众选择性教育需求;用共享发展理念,让全体社会成员"一个也不能少"地享受优质均衡的教育成果,实现优质职业教育资源的广泛共享。以开放体验的方式,让社会更好地了解职业教育和职业学校在经济

社会发展中的重要作用。所以,开展普职沟通工作是构建现代职业教育体系的必然要求,是职业学校应肩负的使命,要以开放创新的心态、多元融合的路径、动态适应的方法、系统协调的机制,主动作为,为提升青少年学生核心素养作出应有贡献。

核心素养培养的应以通识类和实践类课程,开阔学生眼界、转变思维方式,培养思维习惯和兴趣,让学生成为有理想、有大局、有才能、有责任感的人,学校课程应更加贴近学生的生活,未来将更加注重增加国家课程和地方课程的适应性,为适应这一变化,普通中小学也需要与职业教育相互沟通。同时,《天津市深化考试招生制度改革实施方案》〔津政发〔2016〕12号〕、《天津市普通高中学生综合素质评价实施办法》〔津教委〔2016〕18号〕等文件也为普通中学借助职业学校开展综合实践课程提供了内在驱动力。

四、"普职沟通"架起多元融通之桥

(一)多元融通的支持体系建设

红星职专在"普职沟通"的推进过程中,深刻体会到多元融通在"普职沟通"的常态实施、深度实施中所发挥的核心作用。天津市开展的国家现代职业教育改革创新示范区建设为推动职业教育与普通教育相互沟通提供了顶层设计和强大驱动力。作为学校办学主管部门的红桥区教育局,从调研、试点到整体推进,通过建立"普职沟通"工作联盟校进行试点、召开普职融通创新实训室建设及课程开发研讨会等方式层层具体指导,将"普职沟通"工作纳入年度区域教育工作计划狠抓落实。天津市胸科医院的专家与红星职专教师共同开发了急救技能训练课程,新道科技股份有限公司与红星职专共同举办"津冀携手、普职融通——沙盘模拟企业经营表演赛",同时,借助网络直播全国技能大赛——沙盘模拟企业经营赛项的方式让中学生更多、更直观地了解全国技能大赛,体验职业乐趣、感受职业魅力、领略职业文化。红桥区内所有中小学均采用请进来、走出去的方式,多形式组织青少年学生走进红星职专,参加职业体验和综合实践课程。学校和普通中小学联合成立协作组,普、职学校共同开发项目化或课题化的实践课程教学资源,开设人生规划与职业指导课程,建设与课程相配套的数字教学资源库。充分发挥职业学校校内外实训基地等资源的作用,根据专业特色建设适合义务教育阶段学生的职业体验项目,面向小学和初中开设适合年龄阶段的学习、体验、探究的职业启蒙和体验课程,为高中阶段学生提供综合实践课程和职业生涯规划指导。在普职融通课程体系、实施体系、评价体系和运行机制上深入调研,先行先试,积累普职沟通常态实施、深度实施的经验。我们在天津市人力社保局的支持下,建立职业资格鉴定站,为普通高校的大学生开展职业资格鉴定服务。

(二)多元融通的工程创新实训体系建设

在实训基地的普职融通学习和体验中心建设中我们坚持"真实性、先进性、开放性、通用性、文化性"的原则。真实性:努力体现真实的职业环境,让学生在这一环境下按照未来专业岗位群对基本技术技能的要求,得到实际操作训练和综合素质的培养。先进性:紧跟专业发展前沿的综合性训练项目,使学生在实训过程把握本专业领域先进的技术、工艺和实际应用的本领,使设备投入具有前瞻性、持续性。开放性:在环境和总体设计上要具有社会开放性。不仅可以为校内学生提供基本技能实训场所,也可以对外承担各级各类职业技能的培训任务,为社会提供多方位服务,成为对外交流和服务的窗口。通用性:充分利用有限资源,最大程度地节约资金,尽可能使所建设的实训基地适用性强,能进行本专业综合实训,并能在相关专业的基础课程或选修课实训中通用。文化性:注重真实的工作环境打造和职业文化氛围的营造,让实训基地见物见人。实施"阶梯递进式"建设路径:"夯实基础性实训基地建设,强化创新性实训室建设,拓展理实一体化实训室建设。"通过多年的基础建设及内涵发展已具备了创建职业素养、职业技术、职业技能的学习和体验中心的保障条件。现有的生物及制药实训基地、康复技术实训基地、电工电子及机械实训基地、汽车维修实训基地、现代服务实训基地可以满足围绕天津市生物医药产业、电子信息产业、养老与健康产业、现代服务产业发展需要和培养学生核心素养要求开展普职融通学习和体验实践课程需求。在"十三五"期间,我们将利用天津市中职学校提升办学能力建设项目资金建设:沙盘模拟企业经营及创新创业教育学习和体验中心、中药文化及种植技术学习和体验中心、虚拟现实技术学习和体验中心、电子鼠和工业机器人学习和体验中心。

通过建设普职融通教育示范中心,打造普职通用的区域性青少年学生创新能力培养平台,培养学生的多元化智能,实现职业学校学生技术技能及工程创新实践能力培养和青少年学生职业体验及核心素养培养的有机融合,培养青少年科技素养,创造快乐教育。配合小学科学及人文素养教育、初高中教学模式改革、课程体系建设和教师队伍建设,同时形成与之相适应的实验、实训建设制度,以服务教学、服务学生,通过理实一体化教学的方式培养和提高学生的综合素质,为学生的终身教育发展奠定良好基础。

(三)多元融通的职业体验及综合实践课程体系建设

在职业体验及综合实践课程体系建设中,建什么、怎么建是我们必须要统筹规划的问题。在此过程中,作为红星职专校长的郭荔,从自己儿子自幼时坚持阅读《恐龙》杂志,激发了研究恐龙的兴趣,最终将研究恐龙作为自己的学习方向和职业生涯的案例中得到了答案:职业体验及综合实践课程必须要能够让中小学生通过参与体验活动,了解自己,发现自己的兴趣,规划生涯发展,还能学习日常生活中的一技之长,助推学生核心素养提升。目前,学校以优势专业为主体,开发了电子产品装配与调试、单片机应用技术、电气安装与维修、血压测量法、康复医学平衡功能评定、心理宣泄及放松训练体验、中医针灸腧穴、急救技能、中药调剂、中药鉴别、中药炮制技术、茶艺、咖啡调制与服务、汽车维修等职业体验活动课程,以半天为一个活动单元,分为初、中、高三个学习梯度,体现"实际、实用、实践、实效"的原则及多元化、综合化要求,通过观参及师生互动、生生互动的方式,让参加体验的不同学段学生动手动脑,体验职业乐趣。通过"走进职业学校、体验职业乐趣、感受职业魅力、领略职业文化",激发小学生对生产生活的兴趣,引导初中学生了解职业教育、体验职业乐趣,围绕高中的综合实践课程及创新实验设计和职业教育专业基础课程的"融合点"进行深入研究,形成"探究性课程",帮助高中生规划发展方向、展望职业前景、树立职业理想。

缕缕茶香飘来。蕴藏着丰富中国传统文化内涵的精美艺术品内也包含着中职同学的精巧的手艺和超然于尘世的心境。茶叶冲泡之后,茶芽朵朵,叶脉嫩绿,似片片翡翠起舞,饮之唇齿留香,回味无穷。丝丝咖啡香飘来。从咖啡豆的研磨,到奶泡的制作和最后拉花的完成,这其中有等待中的期待,有制作中的小心翼翼,也有最后成功的惊喜。职业体验的乐趣也随之产生。一种中药混合香的味道传入鼻息,在药标馆,中医药的发展史,从古至今,其魅力无穷。这是人参、那是冬虫夏草…鉴别常见中药的课程,在体验职业乐趣的同时,也丰富了学生们的知识,开阔了视野。急救体验课程,教同学们如何在危急情况下自救;中药调制课程,教会了学生精益求精的精神,电子产品配置课程,让学生体会到了其在实际生活中的应用……"综合实践课程,不仅仅让同学们体验了在学习生活中未知的部分,也让学生对职业活动有了全新的认识。这是一次快乐的体验,更是一次有意义的实践。"天津第三中学的教师如是说。"回家后会为爱喝茶的父亲冲泡一杯高质量的香茶以报亲恩。"一名参加职业体验课的初二学生在课后感言。

(四)多元融通的评价体系建设

项目化或课题化的实践课程是普职沟通的重要"触点",打通这一重要"触点",既有利于素质教育的推进,也有利于学生的生涯发展。深入普职融通课程评价体系研究是打通"触点"的重要环节。对于普通中学学生而言,《天津市普通高中学生综合素质评价实施办法》明确提出:"高中毕业前,学生结合综合素质发展情况撰写自述报告,并由任课教师撰写评价意见。"包括实践课程在内的社会实践活动作为综合素质发展评价的重要内容,学生如何自评、教师如何作出评价意见的问题摆在了教育工作者的面前。就项目化或课题化的实践课程开发工作而言,是以参观参与为度,还是以综合素质有效提升为重,也需要科学的评价体系为指导。为促进普职融通课程评价体系建设,我们开发了多元评价的《分析性表现性评价量表》和《整体性表现性评价量表》。针对课题化的实践课程,在发现和提出问题、收集和处理信息、综合运用知识解决实践问题、规划与组织、合作与交流、沟通与表达、发思与自我管理等层面开发评价量表,通过起点评估、过程评价、结果评定进行综合评价。针对项目化的实践课程,在动手操作(使用工具、加工制作产品、科学实验研究)、日常生活实践、职业活动实践、人际交往实践(表达、合作、沟通、组织管理)等层面开发评价量表,通过起点评估、过程评价、结果评定进行综合评价。通过观察和提问法、观察量表法、口头报告法、项目计划和调查法、论文报告法、作品展现法、档案袋法,聚焦学生创新精神、实践能力的发展和职业意识、社会责任感的培养,涵盖发现和提出问题、收集和处理信息、综合运用知识解决实践问题等方面能力的发展,也关注了规划与组织、合作与交流、沟通与表达、发思与自我管理等非认知的结果。

(作者单位:天津市红星职业中等专业学校)

职教活动周与技能大赛

倾心聚力　共享职教成果
活动竞秀　彰显职教魅力
——从职教活动周看天津职教创新竞进发展

吕景泉　米　靖　刘彦洁　韩建勇　芮志彬

　　2018 年是中国改革开放 40 周年，天津职业教育也走过了创新竞进发展的 40 年。新中国成立之初，天津确立了职业教育新学制；20 世纪 50 年代末，天津"半工半读"教育形式领跑全国，创设了技术教育的示范模式；21 世纪之交，天津"工学结合、校企合作、产教融合"的职教办学实践，确立了职教办学的"天津模式"，引领全国职教改革；2005 年，天津市与教育部共建首个"国家职业教育改革试验区"；2008 年，全国职业院校技能大赛主赛区永久落实天津；2010 年，与教育部共建升级为唯一"国家职业教育改革创新示范区"；2015 年，再度升级为唯一的"国家现代职业教育改革创新示范区"。2016 年至今，连续作为职业教育活动周全国启动城市。一个具有时代特征和天津特色的高标准现代职业教育体系已然在天津形成，天津职教当好职教改革领头羊，成为职教的国家窗口、天津品牌。

　　2015 年 4 月，国务院批准将每年 5 月第二周设为"职业教育活动周"，至今已成功举办四届。2018 年 5 月 6 日，职业教育活动周全国启动仪式在天津隆重举行，这是天津市连续第三次举办职业教育活动周全国启动仪式。

　　2018 年天津市职业教育活动周于 5 月 6 日—12 日成功举办。本届职业教育活动周的主题是"职教改革四十年　产教融合育工匠"，活动周坚持

"天津搭台　全国唱戏"整体设计思路,通过高质量、全方位组织多项国家级职业教育活动周重要活动和全国职业院校技能大赛主赛区各项赛事,持续发挥国家现代职业教育改革创新示范区引领作用,充分展示了新时代示范区职业教育创新、改革和发展的丰硕成果。

一、精心筹划营造氛围　共享改革成果

2018年天津市职业教育活动周以展示新时代国家示范区建设成效为主旨,围绕"立德树人、德技并修;产教融合、五业联动;协同发展、助力帮扶;一带一路、服务支撑;先进文化、孕育工匠;筑底强基、师资先行"6大板块开展20项重点活动,充分展示改革开放40年国家职业教育发展的重要成果和国家示范区创新竞进的奋进之笔和得意之作。

在举办重点活动的同时,开放各职业院校、赛场、企业、院所等主体空间,邀请广大市民深入空间、体验职教,鼓励职业院校学生走进社区、走进乡村、服务社会,组织各职业院校广泛开展主题突出、内容丰富、形式多样的300余项特色活动。

全国职业院校技能大赛是我国新时期发展职业教育的一项重大制度设计和创新,在经历了十年的探索、发展,赛事由小到大,从国内走向国际,形成大赛理念、大赛标准和大赛文化,创建了一个具有中国特色、世界影响的职业教育品牌,也促进天津职业教育事业的快速发展。天津作为全国技能大赛永久举办地和主赛区,2018年共承办20项比赛,其中高职组10项,中职组9项,高职组行业特色赛1项。另外,全国优秀传统文化表演赛也在天津举办。

借职业教育红五月之机在津沽大地上掀起了"劳动光荣、技能宝贵、创造伟大"的职业教育热潮,营造了"崇尚一技之长、不唯学历凭能力"的良好社会氛围。

二、精彩活动亮点频闪　折射职教魅力

5月6日,2018年职业教育活动周全国启动仪式暨第十一届全国职业院校技能大赛开幕式在天津海河教育园区体育馆举行。中共中央政治局委

员、国务院副总理孙春兰发表讲话并宣布 2018 年全国职业教育活动周启动、第十一届全国职业院校技能大赛开幕。

孙春兰在讲话中指出：要坚持以习近平新时代中国特色社会主义思想为指导，认真贯彻党中央、国务院决策部署，加快构建现代职业教育体系，培养更多高素质技术技能人才，为建设现代化经济体系、加快实体经济发展、推动产业转型升级、促进就业创业、增进民生福祉提供有力支撑。

中共中央政治局委员、天津市委书记李鸿忠出席活动，活动由教育部党组书记、部长陈宝生主持，天津市委副书记、市长张国清致辞。来自教育部、中宣部、中央网信办、人力资源和社会保障部、农业农村部、共青团中央、中华职教社等单位的负责同志，以及世界各地前来观摩和参加比赛的嘉宾、以及职业院校师生代表共计 3000 余人参加了开幕式。

（一）"立德树人、德技并修"

深入落实党的十九大精神，把学习宣传贯彻习近平新时代中国特色社会主义思想引入新阶段，掀起新高潮，开启职业教育发展新征程。

1.京津冀职业院校思政课程教育成果交流展示

5 月 9 日，京津冀职业院校思政课程教育成果交流展示活动在天津市红星职业中等专业学校举行。作为 2018 年全国职业教育活动周的同期重要活动之一，来自京、津、冀三地教育行政主管部门、教学研究管理部门、京津冀职业教育教学协同发展联盟成员单位、天津市各职业院校、在天津挂职锻炼的云南和张家口地区的职教教师及相关媒体 200 余人参加活动。

活动中，京津冀三地职业院校专家、教师代表，分别作了思想政治课程教学改革成果方面的交流展示。交流活动后，全体与会人员还参观了红星职业专中华优秀传统文化体验基地。

与会专家表示，通过京津冀共研、共建、共用、共享、共赢，在职业院校意识形态阵地建设中，积极推动习近平新时代中国特色社会主义思想进课堂、进教材、进头脑这一战略工程、固本工程、铸魂工程，推动京津冀职业院校思想政治课程教育教学工作协同发展，分享京津冀三地思想政治课程改革成果。

2."安教乐道　现代职教之品"师德师风建设研讨会

5月11日，"安教乐道　现代职教之品"师德师风建设研讨会在天津城市建设管理职业技术学院举行。此次研讨会的主题是"明德　传道　立业"，天津市各中高职院校领导、教学部门负责同志、骨干教师代表等300余人参会。

"安教乐道　现代职教之品"是天津职业教育学习宣传贯彻习近平新时代中国特色社会主义思想和党的十九大精神，落实立德树人根本任务，创建国家现代职业教育改革创新示范区系列活动之一。天津作为现代职业教育改革创新示范区，五年携手职教改革四十年，"五业联动"深化产教融合，五风建设、安教乐道育工匠，彰显出天津特点、中国特色、世界水平现代职业教育体系建设的硕果。"安教乐道"是践行核心价值观和凝聚最美中国梦的融合；是弘扬工匠精神和推进五风建设的融合；是兴教之器、强教之基；是天津职教之"品"质；是现代职教之"品"牌。每位职教人都要坚守"安教乐道"，"不忘初心"培养创新人才，"知行合一"造就大国工匠。

3.中加职业教育论坛

为促进天津市职业院校与加拿大魁北克省职业院校在专业共建、教师培训、学生交换、文化交流等方面开展更加广泛深入的合作，促进中加职业教育国际交流与合作，由中加双方教育部门主办，加拿大蒙特利尔中加青年交流会协办，联合中加双方多所院校和机构共同举办的"中加职业教育论坛"于5月9日在天津举行。

天津市教育委员会、蒙特利尔加中青年交流协会、CEGEPS基金会国际事务部、加拿大维尼尔学院、阿盎斯克学院、加拿大道森学院的嘉宾代表出席了本次论坛。本次活动旨在促进中加职业教育国际交流与合作，加强双方在该领域的对话，提升职业院校的国际影响力，扩大双方的交流合作，加强师资力量，实现教育资源联合，共同推动职业教育的发展，打造面向全球市场的国际化职业教育人才培训网络。

（二）"产教融合、五业联动"

落实党的十九大深化产教融合、校企合作的精神，实施"产业、行业、企业、职业、专业"五业联动，实现职业教育助力实体经济转型升级。

1."中国制造 2025"先进装备制造业产教对接高峰论坛

5 月 8 日，"中国制造 2025"先进装备制造业产教对接高峰论坛在天津机电职业技术学院举行。来自京津冀现代制造业职教集团的 28 家理事单位以及天津市的 24 家高职院校、24 家中职院校、18 家企业的代表出席了本次大会。

本次活动以产教对接高峰论坛作为契机，充分发挥企业在实施职业教育中的重要办学主体作用，推动形成产教融合、校企合作、工学结合、知行合一的共同育人机制。促进政、行、企、校、研进行全方位的交流与合作。

"通过产业、行业、企业、职业、专业'五业联动'，着力推进职业教育与行业企业深度对接，大力培养具有工匠精神的高素质技能型人才。"天津市教育委员会副主任吕景泉教授表示，要立足"中国制造 2025"，以助力实体经济转型升级为目标，共话落实"五业联动"、持续深化先进装备制造业与职业教育产教对接、深度融合机制。

2.EPIP 国际教育联盟论坛

5 月 8 日，由中国职业技术教育学会、天津市教育委员会主办的 EPIP 国际教育联盟论坛在天津渤海职业技术学院召开。

EPIP 国际教育联盟成立一年多来，让更多的"一带一路"国家共享了我国职业教育改革发展四十年的成果。联盟正在不断扩大，职业教育国际合作正在向纵深发展，必将取得更为丰硕的成果。

EPIP 教学模式以实际工程项目为载体，以实践应用为导向，以创新能力培养为目标，以项目实践为统领的应用型技术技能人才培养新途径。EPIP 统领构建工程技术环境和载体，贯穿工程实践能力、沟通能力、创新能力、管理能力、团队合作、工匠精神等工程思维和素养培养，在人才培养目标、课程体系、教学内容、教学方法以及教学评价方面进行了整体性改革，反映了一种新教学模式的系统、要素、结构和功能关系。

通过"工程":分析对象特点、计划实施途径、选取工程材料;"实践":试验验证方案、分析试验数据、调试设计方案;"创新":更新工艺方案、革新技术工艺、创造新的产品,三层次递进式的 EPIP 训练,实现对接国际的高素质技术技能人才培养。EPIP 国际教育联盟成立使得中国的教学模式和手段得到了国际认同。

3.京津冀"现代物流"专业对接产业峰会暨智慧物流展示活动

5 月 11 日,由天津市交通行业职业教育教学指导委员会、京津冀沪宁晋川交通职业教育集团联盟主办,天津交通职业学院承办的京津冀"现代物流"专业对接产业峰会暨智慧物流展示活动在天津交通职业学院举行。天津市教育委员会、天津市交通运输委员会、天津市交通(集团)有限公司、中国物流与采购联合会、中国交通教育研究会职业教育分会、京津冀沪宁晋川交通职业教育集团联盟院校等单位领导及企业代表出席。会议还邀请了全国交通类职业院校领导、参加全国物流专业技能竞赛院校带队教师、在天津挂职锻炼的云南和张家口地区的职教教师,共计 400 余人。

本次活动以"五业联动 创新发展推进京津冀现代物流业产教融合"为主题,聚焦公路物流格局变化的京津冀物流一体化战略框架构建、现代物流产教融合成果进行分享,围绕物流专业"未来人"培养体系进行研讨,探索新时期高职教育物流管理专业高水平建设、高质量发展之路,为引领高职院校改革实践提供了经验和借鉴。

(三)"协同发展、助力帮扶"

落实党中央实施的区域协调发展战略,全面建成小康社会,脱贫攻坚、职教帮扶;推进京津冀协同发展,职教助力、大有可为;加快学习型城市建设,职继协同、双周推动。

1."脱贫攻坚·职教帮扶"职教东西协作成果展示

5 月 6 日—12 日,"脱贫攻坚·职教帮扶"职教东西部协作成果展在天津机电职业技术学院和天津轻工职业技术学院同时举行,吸引不少参加职业教育活动周和全国大赛的领导、老师、同学和社区居民前来参观。

天津市作为国家现代职业教育改革创新示范区,倾心、聚力、精准、重效开展职教帮扶,走出了一条职教精准扶贫的特色之路,取得了丰硕成果。

本次展览凸显了天津职业教育充分发扬拓荒牛的创新实干精神、千里马的高效快干精神、领头羊的示范引领精神,采取区域系统援建、品牌整体输出、专业结对共建、师资系统培训、学生订单培养等方式,与四川、贵州、云南、西藏、陕西、甘肃、青海、宁夏、新疆、广西、内蒙古、山西、吉林、黑龙江、安徽、江西、河南、湖北、湖南等中西部地区和东北地区开展结对职教扶贫,以及助推雄安新区职教建设所取得的丰富成果。

新时代天津"国家现代职业教育改革创新示范区",承载着职业教育改革发展的历史使命,将继续倾心聚力,问需施策,坚持使实劲、出实招,使帮扶更加精准,更加有效,促进职业教育优质资源共享,不断提升中西部职业教育发展水平,服务国家的脱贫攻坚战略。

2."职继协同·双周推动"构建学习型城市成果展示

5月6日—8日,"职继协同·双周推动"构建学习型城市成果展示在天津广播电视大学海河园校区举办。活动通过多种形式展示近年来天津学习型城市建设成果。教育部及全国各省市领导、教师、学生和社区居民三百余人参观展览并体验相关活动。

近年来,天津市委、市政府积极推进学习型城市顶层设计和规划,出台相关文件,构建了终身教育、老年教育体系建设的框架和思路,建设了服务市内六区的城市职教集团、服务环城四区的环城职教集团、服务城郊五区的城郊职教集团和服务滨海新区的滨海职教集团,实现了服务终身学习的区域型职业教育集团的全覆盖,为区域内职业教育、社区教育、老年教育、农民教育等终身教育提供了服务和强有力的支撑。完善了灵活开放、具有天津特色的终身教育体系和社区教育制度,提高了百姓的幸福感和获得感。

3."津雄"职业教育战略合作协议签字仪式

根据党中央、国务院和天津市、河北省关于支持雄安新区规划建设的精神,按照雄安新区高起点规划、高标准建设的要求,充分发挥天津市职业教育资源优势,更好服务雄安新区国家重大战略,5月8日下午,"津雄"职业教育战略合作协议签字仪式在天津机电职业技术学院举行。河北人民政府副省长徐建培,天津市人民政府副市长曹小红,天津市教育委员会主任杨庆山,雄安新区党工委委员、管委会副主任傅首清等领导出席活动,活动由天津市教育委员会副主任吕景泉主持。

合作协议内容主要通过开展终身职业技能培训深度合作,创建区域社会培训新机制。开展职业学校校际深度合作,探索区域校际合作新路径。开展职业教育数字资源应用深度合作,构建区域继续教育新方式。开展职业学校干部教师培养培训深度合作,建立区域培养师资队伍新范式。开展职业教育规划领域深度合作,构建雄安新区现代职业教育新体系。这为京津冀职业教育协同发展注入了强劲的动力,有力的促进京津冀三地职业教育协同发展、高质量发展。

4.京津冀职业教育教学协同发展天津论坛

5月9日,以"创新、质量、共赢"为主题的京津冀职业教育教学协同发展天津论坛在天津市仪表无线电工业学校举行。来自京、津、冀三地教育行政主管部门、教学研究管理部门、京津冀职业教育教学协同发展联盟成员单位、天津市非联盟单位高职中职学校、在天津挂职锻炼的云南和张家口地区的职教教师及相关媒体近三百人参加活动。

论坛分三大模块,来自北京、天津、河北三地的职业院校、科研研究所等单位的领导和专家,紧紧围绕党的十九大提出的深化产教融合、校企合作这一主线,分别展示和分享了各自所在地区职教研究部门在现代职业教育人才培养创新与发展实践中的经验与成果,必将对三地职业教育的协同发展产生积极影响。

天津市在构建具有中国特色、世界水准、服务现代产业体系、服务经济社会发展的现代职教体系过程中,为促进全国职业教育发展,尤其是京津冀职业教育协同发展做了很好的理论研究和实践探索。国际化、校企化、体系化、系统化、终身化和协同化是现代职业教育发展的必然趋势。

（四）"一带一路、服务支撑"

积极响应"一带一路"倡议，职业教育主动配合优质产能输出，协同中国企业走出去，在沿线国家建设"鲁班工坊"，增进国家间人文合作与交流，开启新时代职业教育国际化新模式。

1."一带一路"职业教育"鲁班工坊"建设纪实展

5月6日，"一带一路"职业教育"鲁班工坊"建设体验馆于天津轻工职业技术学院正式对外开放，中央政治局委员、国务院副总理孙春兰出席并参观场馆。中央政治局委员、天津市委书记李鸿忠，市委副书记、市长张国清，教育部党组书记、部长陈宝生等领导以及天津轻工职业技术学院等8个"鲁班工坊"参建院校校方领导、"鲁班工坊"外方合作学校代表陪同参观。

"鲁班工坊"建设体验馆融合中国和各"鲁班工坊"所在国家文化特色，将古老的"班墨文化"与现代信息技术相结合，以多元形式呈现"鲁班工坊"建设的历程和成效，让参观者真实感受新时代的匠气、匠心、匠技，展现出现代职业教育的风采和魅力。

"鲁班工坊"秉持"和平合作、开放包容、互学互鉴、互利共赢"的"一带一路"理念，探索实践，先行先试，服务中国企业走出，输出中国职业教育优秀成果，是独具中国特色的、具有国际影响力的现代职业教育品牌。

"鲁班工坊"是职业教育国际合作新模式的最新成果，是天津职业教育的创新之举，是培养当地合作国家熟悉中国技术、了解中国工艺、认知中国产品的技术技能人才的国际化服务项目。"鲁班工坊"的任务是服务国家"一带一路"倡议，配合中国装备"走出去"和国际产能合作，探索职业教育国际合作交流的新窗口。"鲁班工坊"采取学历教育与职业培训的方式，搭建起天津职业教育与世界对话及交流的桥梁，直接促进输入国对我国技术技能、企业标准的认知、理解与接纳，提升中国企业的国际竞争力。

截至目前，天津职业院校已建成泰国、英国、印度、印度尼西亚4个"鲁班工坊"，巴基斯坦、柬埔寨、吉布提、蒙古4个鲁班工坊正在建设中。

2."国赛"对接"世赛"第五届职业院校国际赛事合作交流活动

5月6日,"国赛"对接"世赛"第五届职业院校国际赛事合作交流活动在天津公共技能实训中心举行,共有来自全国各省、市、自治区和来自泰国、坦桑尼亚、吉尔吉斯斯坦等国近200名来宾参加活动。

本次活动依托高职组机电一体化赛项,进一步突出对接教学标准,注重专业核心技术技能,贯彻"以赛促教、以赛促学、以赛促改";进一步突出普惠性,扩大专业覆盖面,公开大赛题库,加快大赛资源转化,让更多学生参与和受益;进一步提升制度化水平,强化赛事管理,提高办赛质量;进一步突出接轨国际,服务"一带一路"倡议,融入更多的国际标准,有更多的国际代表队和国际选手参赛。

3.2018年职业教育国际研讨会

5月7日,2018年职业教育国际研讨会在天津职业大学海河园校区召开。来自联合国教科文组织、世界银行、印度、印度尼西亚、泰国、叙利亚、巴基斯坦、英国等国家和国际组织的代表与中国教育行政部门、行业企业、职业院校代表,围绕"产教融合与'一带一路'沿线国家职业教育合作"这一主题,就深化产教融合,更好地发挥职业教育在"一带一路"建设和人类命运共同体构建中的作用等问题进行了交流研讨。研讨会上,中外嘉宾就"一带一路"倡议与职业院校"走出去"的经验、问题与建议开展了对话交流。英国驻华大使馆高级教育经理弗雷泽·迪斯(Fraser Deas)介绍了英国职业教育国际合作及相关政策,对我国职业教育推进"一带一路"提供借鉴。

泰国大城技术学院院长哲仁(Jarun Youbrum)分享了鲁班工坊在泰国的三种建设模式以及成效。印度尼西亚必利达国民三语学校董事长饶兴生介绍学校与中国的合作,希望能在政府支持下搭建印尼中国职业教育合作交流平台,将中国职业教育教学体系引进印尼,促进印尼中国"民心相通"。

(五)"先进文化、孕育工匠"

弘扬工匠精神和敬业风气,落实立德树人根本任务,推进完善职业教育德技并修、工学结合特色育人机制。全面展示新时代职业教育先进文化育人成果。

1.中华优秀传统文化艺术表演赛

5月6日晚,以《放歌新时代》为主题的2018年中华优秀传统文化艺术表演赛,伴随着全面贯彻落实党的十九大精神的热潮和职教战线同仁的热情期盼,在天津大礼堂拉开帷幕。来自全国的11支参赛代表队、行指委、相关企业、职业院校师生、离退休教师代表及媒体近千人观看了表演。

表演赛中,来自首届全国职业院校技能大赛优秀代表、一等奖获得者、毕业于天津职业大学的"大国小将"王警为大家讲述了通过技能大赛获奖并进入企业重要岗位的成长成才经历。

作为弘扬和传承中华民族优秀传统文化,增强广大职业院校师生文化自信的一项重要活动,中华优秀传统文化艺术表演赛多年来始终坚持注重传承与发展,一大批高品位、高素质、高技能的艺术职业人才如雨后春笋、层出不穷地涌现出来,为中华优秀传统文化事业的发展持续贡献力量。

2."传承班墨文化"青少年职业生涯开蒙仪式

5月10日,"传承班墨文化"青少年职业生涯开蒙仪式在天津市红星职业中等专业学校体育馆举行。此次活动由天津市教育委员会、天津市红桥区人民政府、天津电视台少儿频道联合主办。红桥区中小学教师和学生代表近500人参加了活动。

此次活动的主题是"弘扬工匠精神 推进普职融通 传承班墨文化 导航职业生涯"。红桥区实验小学四年5班的张学璟同学作为中小学学生代表道出了孩子们的心声,她说,作为小学生一定会传承班墨文化,弘扬工匠精神,努力成为"中国制造"和"中国创造"的主力军!红星职专"小工匠师"代表柴姗姗同学发言,并带领"小工匠师"代表宣誓。他们用铿锵有力、坚定无比的声音,让我们感受到了职教学子的担当。

开蒙仪式上,红星职专把中华茶艺、咖啡调制、中医药、康复技术、电工电子、会计、计算机网络等7大类34项普职融通校本职业体验课程和安全教育课程,以及相关课程的配套课件,以光盘的形式赠与区内部分中小学校。接受赠课的学校根据授赠的课程及本校实际情况对小学及初、高中学生开展职业感知、职业体验、职业拓展训练。

3.全国技能大赛获奖选手就业洽谈会

5月12日,全国职业院校技能大赛获奖选手就业洽谈会在天津海河教育园区大学生就业创业指导中心举办,现场来自48家企业的招聘人员向获奖选手伸出了"橄榄枝"。本届就业洽谈会参加企业中80%以上都是制造类企业,招聘岗位共计300余个。

在洽谈会上,天津市公安局现场为大赛获奖选手开辟绿色通道,帮助他们快速办理天津户口。欢迎各类优秀技能型人才落户天津,并帮助他们解决后顾之忧,让他们愿意在天津落地生根。

本着育才、引才、聚才的理念,让"天下才"为"天津用",这也是响应天津市政府号召,为天津社会建设提供技能型人才保障。来自天津机电职业技术学院的外地学生张彦飞,获得了本届大赛高职组"智能电梯装调与维护"赛项团体二等奖,他是现场第一个成为"新天津人"的获奖选手。

全国职业院校技能大赛获奖选手就业洽谈会已经连续举办四届,为大赛获奖选手提供了择业就业的平台,使参与大赛成为优秀获奖选手职业生涯的起点和人生出彩的亮点。

(六)"筑底强基、师资先行"

加快构建新时代中国特色社会主义职业教育师资培养理念和体系,为职业教育筑底强基,全面提升"双师型"教师队伍建设水平。

1."姜大源教育名家工作室"揭牌仪式暨职业教育名家高峰论坛

5月7日上午,"姜大源教育名家工作室"揭牌仪式暨职业教育名家高峰论坛在天津中德应用技术大学举行。天津中德应用技术大学首个大师工作室"姜大源教育名家工作室"正式揭牌,展现了姜大源先生对根植于国家现代职业教育改革示范区发展的关爱和期待,进一步促进了示范区在探索建立应用型、技术技能型人才培养的课程标准的提升。

工作室将积极推进基于创新思维的工作过程系统化课程开发研究和

实践,以教学科研项目和改革项目为载体,以课程为抓手,有计划、分阶段、系统化地稳步推进本校的"课程—教学—评价(标准)"改革,强化制造业类及制造业服务类优质课程建设,拓展优质课程种类,形成示范性优质课程群;新建一批示范性强、辐射面广、影响力大的优质课程,带动课程建设水平的整体提高;不断提升师生的创新能力,提升应用技术大学的办学特色和培养质量。

2.职业教育国际化专业教学标准建设成果展示和体验

5月11日,幼儿发展与健康管理国际化专业教学标准建设展示与体验活动在天津城市职业学院召开。本次活动吸引了海峡两岸著名幼儿教育专家、校企合作单位、各主流媒体等近百人参加。

近年来,天津市作为国家职业教育改革示范区,在学前教育、老年教育、社区教育、终身教育和现代服务业终身技能培训等方面卓有成效,办出了特色。幼儿专业的国际化专业教育是大势所趋,国际化的过程就是要扎根中国、广收博览、学以致用,目标是促进幼儿的身、心、智、美、情协调发展。在建设过程中大力吸引社会力量参与,以质量取胜。

会议期间,与会嘉宾参观了天津城市职业学院幼儿发展与健康管理专业 VR 协同创新中心,体验了最前沿的 VR 技术和运用 VR 技术的课程资源。

3.全国职业院校信息化教学大赛获奖教师技艺技能展示

5月12日,全国职业院校信息化教学大赛获奖教师技艺技能展示分享会在天津机电职业技术学院举行。天津市各中职、高职院校,以及来自新疆和田、云南滇西、河北张家口和唐山近 400 名教师参加了活动。

活动现场,国家职业教育教学资源开发与制作中心负责人介绍了中心基础设施建设及虚拟演播室、非线编制作室、音频制作室和 VR 体验开发室四个场馆的功能,并对中心资源制作成果用于国家及天津市职业院校信息化大赛技术支持和天津市重点资源建设项目、师资培训课程制作等服务情况进行展示,深刻剖析信息化技术解决的问题和融入日常教学工作的必要性。

来自天津市职业院校的 5 位获奖选手，现场展示了信息化教学课程获奖作品和参赛体会。他们表示，参赛过程不仅是一次比赛，而是今后教学的一个风向标。

本次活动旨在推动职业院校信息化建设内涵发展，围绕职业教育供给侧改革，提升教师运用信息化教学的手段与服务学生需求的能力，展示信息化教学建设成果。

三、精准报道影响广泛书写职教新篇

在习近平新时代中国特色社会主义思想指引下，我国职业教育进入新时代，开启新征程。新时代首届职业教育活动周天津市教委在市委、市政府的正确领导下，按照教育部的工作要求，精心筹划实施、精彩活动纷呈，精准报道及时，受到各级领导及社会各界的广泛关注与好评。

全国各主流新闻媒体对各项活动与赛事进行了广泛及时的报道。围绕深入贯彻落实习近平新时代中国特色社会主义思想和党的十九大精神，宣传党和国家职业教育方针政策，展现改革开放 40 年职业教育发展成果，讲好每一个感人职教故事。新华社、中央电视台、人民日报、光明日报、中国教育报、天津日报、新华网、央广网、北方网、搜狐网等 40 余家新闻媒体的 140 余名专业记者参与了报道。

天津各职业院校遴选出来的，由 79 名教师所组成宣传工作团和教师摄影团、48 名学生组成学生记者团，他们对大赛以及同期活动进行了为期一周的全方位、立体化、内涵型的深度跟踪报道。制作新闻视频 20 余个，新闻报道稿件 60 余篇，报道成果共计 340 余项。极大地宣传展示了天津职业教育创新竞进的发展成果，进一步扩大了职业教育活动周的宣传力度和社会影响力。

2018 年天津市职教活动周的成功举办，为天津职业教育持续做大做强做优，品牌叫响叫亮全国，技术标准向世界输出起到了积极宣传和推动促进作用。

　　蓝图已绘就,奋进正当时。进入新时代,党的十九大明确提出完善职业教育和培训体系,深化产教融合、校企合作的任务要求。天津职业教育作为国家现代职业教育改革创新示范区将深入贯彻落实运用新发展理念,不断创新发展,续写职业教育发展新篇章。

　　　　　　(作者单位:天津市教育委员会　天津市教委职业技术教育中心)

求创新 谋发展 续写职教新篇章

——2017 年天津市职业教育活动周综述

刘彦洁　王晓宗　芮志彬

2017 年 5 月 8 日—15 日，天津市第三届职业教育活动周成功举办。本届职业教育活动周以"共筑职教梦，喜迎十九大"为主题，通过全国职业院校技能大赛和一系列高水准、全方位的职业教育主题活动，充分展示了天津市近年来职业教育创新、改革和发展的成果，在全社会进一步形成了"崇尚一技之长、不唯学历凭能力"的良好氛围，以高标准的工作和优异的成绩迎接党的十九大胜利召开。

一、职教活动周情况概述

天津市职业教育活动周以充分展现国家现代职业教育改革创新示范区的建设成果和发展成就为主旨，围绕职业教育与中国制造 2025、职业教育与精准扶贫、职业教育与"一带一路"、职业教育与京津冀协同发展、促进产教融合服务师生成长、职业教育与终身教育学习型城市建设等 6 个主题进行设计，设置了开放院校空间、开放赛场空间、开放社区空间、开放企业空间、开放众创空间、开放讲坛空间、开放合作空间以及开放其他特色空间等 8 个主体开放空间，开展了 984 项内涵丰富、形式多样的职教特色活动，其中，涵盖了 21 项重要主题活动。

（一）全国职业教育活动周启动仪式暨全国大赛开幕式

2017 年 5 月 8 日上午 10 时，第三届职业教育活动周全国启动仪式暨2017 年全国职业院校技能大赛开幕式在天津市海河教育园区体育馆隆重举行。中共中央政治局常委、国务院总理李克强作出重要批示。中共中央政治局委员、国务院副总理刘延东出席开幕式并讲话。

　　教育部部长陈宝生主持开幕式，天津市委书记李鸿忠出席，市委副书记、市长王东峰致辞。国务院副秘书长江小涓，市委副书记怀进鹏，教育部副部长李晓红，国家民委副主任陈改户，民革中央副主席、中华职业教育社副理事长傅惠民，共青团中央书记处书记傅振邦，市委常委、市委教育工委书记程丽华，副市长曹小红和市政府秘书长于秋军出席开幕式。

　　5月9日下午，天津市委书记李鸿忠主持召开天津市委常委会会议，及时传达学习了李克强总理关于职业教育的重要批示和刘延东副总理在津考察时的讲话精神。强调了职业教育在我国教育事业发展中的重要地位和在经济社会发展全局中的重要作用，对办好职业院校技能大赛、提升职业教育水平提出了重要要求；提出要全面推进职业教育改革创新，把天津职业教育优势进一步放大做强，着力构建现代职业教育体系，叫响天津职教品牌。

　　5月11日下午，天津市委副书记、市长王东峰主持召开市政府第95次常务会议，传达学习了习近平总书记关于职业教育重要指示和李克强总理关于职业教育的重要批示精神，认真落实刘延东副总理在津考察时的讲话和市委常委会会议精神，研究贯彻落实措施，推动天津职业教育创新发展。

　　(二)技能竞赛版块

　　1.中华优秀传统文化艺术表演赛

　　"中华风韵　桃李芬芳"2017年中华优秀传统文化艺术表演赛于5月8日晚在天津大礼堂精彩呈现。作为职教周的同期活动，由教育部、文化部、国家民族事务委员会、天津市人民政府共同主办的"中华优秀传统文化艺术表演赛"已成功举办四届。为更好体现今年"共筑职教梦、喜迎十九大"的职业教育活动周主题，2017年中华优秀传统文化艺术表演赛以创新的艺术理念、精湛的艺术技艺、昂扬的精神风貌、精心创作的艺术作品，充分表达了全国艺术职业院校师生迎接党的十九大的喜悦心情。

承办单位全国文化艺术职业教育教学指导委员会与天津艺术职业学院，根据艺术职业教育的特点，结合经典性、传承性和地域性，将表演赛分为"音乐艺术""戏曲曲艺艺术""舞蹈杂技艺术"三大板块，荟萃了全国近 20 所艺术职业院校的 16 个新创节目，涵盖了音乐、曲艺、戏曲、舞蹈和杂技五大门类，体现了中国艺术职业教育的鲜明特色，凸显了中华优秀传统文化的唯美韵味。

2. 第六届自动化生产线安装与调试国际挑战赛

第六届自动化生产线安装与调试国际挑战赛吸引了来自德国、西班牙、泰国、老挝、印尼、刚果(布)、坦桑尼亚、赞比亚、韩国、新加坡和巴基斯坦 11 个国家的 10 支参赛队，共计 25 名外籍师生参加。比赛于 2017 年 5 月 8 日上午同 2017 年全国职业院校技能大赛高职组自动化生产线安装与调试赛项在天津中德应用技术大学按照统一标准同时开赛，实现了国赛与国际赛项的同场竞技。

国内和国际选手同台竞技，所有参赛队员都竭尽全力展现自己的能力和风采。赛前和赛后，中国学生积极主动为国际队选手当导游、交朋友，国际队的领队和指导教师与我国职业院校教师进行技能探讨，开展了很多交流、研讨。整体活动达到了对接技术标准、增进了解交流的目的。

3. 电脑鼠走迷宫(IEEE)国际邀请赛

2017 年电脑鼠走迷宫(IEEE)国际邀请赛吸引了来自新加坡义安理工学院、泰国大城学院、南开大学、天津大学、北京交通大学、河北工业大学、河南安阳工学院、天津渤海职业技术学院等 11 所学院的 15 支代表队参赛。本届赛事迎来了曾多次荣获美国 APCE 电脑鼠大赛、全日本世界电脑鼠公开赛冠军，长期在教育第一线从事电脑鼠教学实训工作，被业界誉为"新加坡电脑鼠教父"的新加坡义安理工学院 Bengkiat NG 教授来津，现场展示了风靡全球的"半尺寸电脑鼠""自走车电脑鼠"比赛等特色项目。

(三)展示分享版块

1."精彩十年"——全国职业院校技能大赛成果展示

恰逢全国职业院校技能大赛举办第十年,由教育部和天津市人民政府主办,教育部职业教育与成人教育司、天津市教育委员会承办,天津商务职业学院协办的"精彩十年——全国职业院校技能大赛成果展"在大赛博物馆内呈现。十年来,大赛与中国职教共发展,通过成果展,对我国职业教育创新成果进行展示,对大赛发展历程进行回顾。

成果展以"精彩十年"为主题,在天津商务职业学院校园内建设了大赛的"景观大道",并在大赛博物馆建设的基础上进一步提炼精华、突出重点,设计为二十大展板内容,以现代化的展陈方式进行展示。

2017年5月7日,教育部副部长李晓红与天津市副市长曹小红在全国职业院校技能大赛博物馆共同为国家职业教育教学资源制作与开发中心、全国职业院校技能大赛成果转化中心揭牌。目前天津市已有全国职业院校技能大赛主赛场、全国职业院校技能大赛博物馆、国家中西部地区职业教育师资培训中心、国家职业教育教学资源制作与开发中心、全国职业院校技能大赛成果转化中心等5个国字号项目。

2."我与大赛的故事"——全国职业院校技能大赛获奖师生优秀事迹分享会

为充分发挥大赛获奖师生的引领带头作用,进一步引导学生自觉培育和践行"工匠精神",有力推动校风学风建设,广泛营造"大赛点亮人生,技能改变命运"的良好氛围,5月11日在天津职业大学举办了"我与大赛的故事"全国职业院校技能大赛获奖师生优秀事迹分享会活动,全市高职院校的师生代表、社会各界人士、媒体记者,共计500余人参加了此次活动。

潘婷等4名全国职业院校技能大赛获奖学生和4名大赛优秀指导教师通过演讲、访谈的形式,分别介绍了拼搏进取、勇于夺冠的心路历程,充分展示了获奖学生勤于学习、擅于思考、勇于实践、刻苦钻研、精益求精的"工匠精神"以及指导教师们热爱学生、技艺卓绝、勤勉付出、教法高超、不畏困难、刻苦钻研的"双师风采"。

(四)国际交流版块

1."一带一路"现代职业教育"鲁班工坊"国际交流活动

活动周期间,"一带一路"现代职业教育"鲁班工坊"建设纪实展览在天津轻工职业技术学院面向社会开放。

"一带一路"现代职业教育"鲁班工坊"建设纪实展览以"鲁班工坊"建设一年以来的成果为主线,旨在将"鲁班工坊"的缘起、内涵、建设布局、优质成果、未来展望向院校与社会开放,让兄弟院校了解"鲁班工坊",让社会大众认识"鲁班工坊"。

展览共有 6 个篇章,真实记载了天津职业教育勇于探索、扎实实践、富有成效的国际化发展历程。展览通过"一带一路,职教先行;顶层架构,引领示范;国际布局,创新发展;共建共享,提质增效"等篇章,为参观者清晰地勾勒了"鲁班工坊"的建设路径:开展顶层设计、组建研究团队、制订实施方案、首个"鲁班工坊"在泰国诞生,然后连续布点,英国"鲁班工坊"、印尼"鲁班工坊"、印度"鲁班工坊"、巴基斯坦"鲁班工坊"等"一带一路"国家的"鲁班工坊"建设相继启动。

展览生动地呈现了天津职业院校依托"鲁班工坊",协同校企合作企业,输出职业教育的优秀成果,培养具有国际视野、通晓国际规则的技术技能人才,开展"鲁班工坊"EPIP 师资培训,合作成立研究机构等服务输入国社会经济发展、服务我国企业的产能输出、服务职业教育国际化发展的丰硕成果。

2.2017 年职业教育国际研讨会

5 月 9 日,由教育部职业教育研究中心研究所、中国联合国教科文组织全国委员会秘书处、联合国教科文组织驻华代表处主办的质量、创新与可持续性发展为主题的 2017 职业教育国际研讨会在天津青年职业学院隆重开幕。

会议旨在分析国际职业教育面临的形势与挑战,分享中国与其他一些国家在职业教育方面的改革创新成果和实践经验，明确推进职业教育创新、提升职业教育质量的思路，充分发挥职业教育在实现《2030 年可持续发展议程》目标中的重要作用。

来自联合国教科文组织以及芬兰、德国、韩国、蒙古国、尼日利亚、南非、斯里兰卡等国家的职业教育专家和教育部、各省高职院校知名学者近二十人在会上进行专题发言；教育部职业技术教育中心研究所、联合国教科文组织驻华代表处、陶行知教育基金会的领导及工作人员参与筹备并参会；全国二十余个省、直辖市、自治区的近百名从事职教工作的领导、专家及企业代表参加了会议。

3.中泰职业教育活动周暨中国·东盟职业院校学生作品展

5 月 9 日，中泰职业教育活动周（渤海）在天津渤海职业技术学院启动。教育部职成司司长王继平出席并讲话，泰国大城省副省长皮谦、天津市教委副主任吕景泉等领导出席。

在中国首个海外"鲁班工坊"落成一周年之际，中泰职教活动周总结回顾了"鲁班工坊"的成功经验，推动 EPIP 教学模式与各国职业教育实践的有效融合，共同探索职业教育国际化的新模式、新路径。

活动周期间，成立了"工程实践创新国际教育联盟"，召开了"中国—东盟职业院校高峰论坛"，中泰两国职业教育领域携手同行美好见证的"中泰大城园"揭牌，"中国·东盟职业院校学生作品展"同时举办，来自中泰两国的学生在这里展示了他们亲手制作的 23 件手工作品。

4."国赛对接世赛"第四届职业院校国际赛事合作交流研讨会

"国赛对接世赛"第四届职业院校国际赛事合作交流研讨会于 5 月 12 日在天津市仪表无线电工业学校报告厅举行。本次研讨会旨在进一步提升我市职业教育国际化水平，了解国际化技能赛事，探讨"国赛"对接"世赛"对职业教育的影响，推动职业院校技能竞赛与职业教育专业建设的协同创新与发展。

本次研讨会的召开，对于提高全国职业院校技能大赛的国际化建设水平,引进和学习国际化办赛的技术、标准和规范,推动全国职业院校技能大赛走出国门,扩大国际影响力等方面具有重要意义。

5.国际化专业教学标准课堂教学竞赛交流展示

为进一步推动我市职业教育国际化发展,强化国际化专业教学标准在教学中的应用与完善,提升国际化专业教学标准课堂教学水平,5月15日国际化专业教学标准课堂教学竞赛交流展示在天津机电职业学院举行。

通过此次竞赛,各高职院校对于国际化教学标准、双语教学有了更深层次的理解。国际化专业教学标准开发对加强专业内涵建设具有重要意义,通过专业国际化教学标准的建设,引导学生掌握国际通行的技术规范、服务规范,增强学生的国际交往能力,逐步建立国际互认的专业教学标准。同时,培养了一批能够胜任国际化课程教学的教师,有效提升整体的师资质量,促进国际化专业教学的进一步推广。

(五)服务战略版块

1."中国制造2025"现代职业教育·装备制造业产教对接会暨京津冀现代制造业职教集团成立大会

在教育部职业教育与成人教育司、北京市教育委员会、天津市教育委员会、河北省教育厅指导下,由中国职业技术教育学会、全国机械职业教育教学指导委员会、京津冀职业教育协同发展研究中心主办,由天津百利机械装备集团有限公司牵头,联合京津冀三地知名大学、职业院校、机关、企业、行业、科研机构,以服务京津冀协同发展为宗旨,在自愿、协议的基础上组建了京津冀现代制造业职教集团。并由天津百利机械装备集团有限公司承办的"'中国制造2025'现代职业教育·装备制造业产教对接会——暨京津冀现代制造业职教集团成立大会"于5月8日在天津机电职业技术学院隆重举行。

京津冀现代制造业职教集团以建设现代制造业职业教育体系为引领,以提高技术技能人才培养质量为核心,以深化产教融合、校企合作,创新技术技能人才系统培养机制为重点,充分发挥政府推动和市场引导作用,鼓励京津冀地区的职业院校、行业、企业、科研院所加入职业教育集团,形成多层次、立体化办学体系,通过创新京津冀区域合作机制,全面增强京津冀现代制造业职教集团办学活力和服务能力。

2."脱贫攻坚·职教帮扶"协同创新发展论坛——国家示范区职业教育东西部协作行动计划建设展示

国家现代职业教育改革创新示范区建设以来,天津市对口帮扶疆、藏、青、陇、宁、内蒙古、冀等地职业教育,携手连心,扶智共赢,精准设计帮扶方案,积极调动天津各方优质职教资源,"脱贫攻坚、职教帮扶"工作在实践中形成了自己的模式。

天津市教委借活动周之际,开展了"脱贫攻坚·职教帮扶"协同创新发展论坛——国家示范区职业教育东西部协作行动计划建设展示活动。

论坛主题内容为推进精准扶贫,发挥、展示天津作为全国职业教育改革创新示范区职教帮扶的重要作用。论坛分享了天津职业院校对口帮扶中西部院校优秀成果;汇报了中西部地区教师在津培训学习的体会感受;探讨和交流了协同创新发展的体制和机制,参加论坛人数达120人。

活动展示期间,众多外地、本市职业院校到场观看纪实,每天接待参观者百余人次,受到各界好评。

3.京津冀烹饪文化传承与创新讲坛

为响应国家关于京津冀协同发展的战略,促进京津冀三地文化的交流传承与融合创新,由三地教育行政部门指导的"京津冀烹饪文化传承与创新讲坛"于5月11日在天津青年职业学院举办。本次活动目的是从文化融合与创新的角度为三地一体化发展作出贡献;弘扬中国传统烹饪文化,促进京津冀三地烹饪文化的交流;展现职业教育风采,激发学生的荣誉感、使命感,对学生进行潜移默化的爱岗敬业教育,促进学生发展。

活动受到了社会各界的高度重视,来自各职业院校、周边社区、老年大学等近200人聆听了讲座。活动还受到了《天津日报》、人民网天津频道等媒体的关注,并对相关内容进行了报道。

4.京津冀中职学校会计电算化教师技能比赛

由京津冀职业教育教学协同发展联盟主办的"京津冀中等职业学校会计电算化教师技能比赛",于 5 月 11 日在天津市红星职业中等专业学校圆满举行。

来自京津冀 21 个学校的 30 名教师参加了本次比赛,经过 3 个小时的激烈角逐,最终天津滨海新区塘沽一职专的赵睿、北京商贸学校的王悦、河北省涿州职业技术教育中心的爨方方等 6 名教师荣获一等奖,9 名教师荣获二等奖,15 名教师荣获三等奖。

此次活动,从赛前的异地同期培训、模拟考核;比赛中的交流竞争、展示风采;到赛后的切磋技艺、交流感情,体现了三地教师们良好的师德风范和对专业技能的无比追求。进一步加强了京津冀职业教育专业建设、合作和交流,更好地发挥了职业教育教研机构服务京津冀经济发展的功能,为促进教师共同提高专业技能水平提供了交流展示平台。

5."安教乐道"·现代职教之品——天津职业院校推进"五风建设"交流会

5 月 11 日下午,职教周同期活动"安教乐道·现代职教之品——天津职业院校'五风建设'交流会"在天津现代职业技术学院举行。我市 42 所职业院校教师及学生代表参加了会议。

"安教乐道"是国家现代职业教育改革示范区构建职业院校"立德树人"体系和品牌的重要指导思想。"安教"是对投身职业教育的坚实信仰,"乐道"是对培育大国工匠的倾情执着。

本次会议是"安教乐道"品牌系列活动的首场。会议充分展示了职业院校"五风建设"的主旨:"教风"是崇德尚能循循善诱的诲人不倦,"学风"是苦练技能面对千百次失败的坚持,"考风"是纸笔的交流、技能的比武与诚信的对话,"班风"是青春无悔、筑梦扬威的集体风貌,"校风"是学校发展的积淀、人文传统和治学理念的精神航标。

6.全国大赛获奖选手就业洽谈会

由天津市海河教育园区大学生就业创业服务中心承办的大赛就业洽

谈会于 5 月 15 日举行,50 余家企业携 800 余岗位到场揽才,到场企业月薪均在 5000 元以上,最高月薪达 7000 元。

招聘会上,大中型企业占 80%,还有很多迅速发展的科技型企业和民营企业求才若渴。据参会企业反映,对战略性新兴产业的高级技术型人才需求很大,而大赛选手专业对口,理论知识过硬,动手实践能力强,短期实训后就能上岗,符合企业需求。招聘负责人称,学习能力强、对自己定位准确,而且踏实肯干,这是他们中意职业大赛获奖选手的原因。

同时,此次活动还实现了与毕业生专业的精准匹配,有效提升了对接效率,专业对口率平均达到 80% 以上。其中加工制造、电子信息、能源与新能源、交通运输等专业赛项获奖选手专业对口率接近 90%。

(六)协同发展版块

1.“职继协同,双周推动”——服务终身学习职教集团十年建设推动会

5 月 11 日,天津城市职业学院职教集团主办的“职继协同,双周推动”——服务终身学习职教集团十年建设推动会在天津城市职业学院召开。会议以“职继协同、双周推动,服务终身学习”为主题,集中展现了天津城市职业学院职教集团服务终身学习的工作成效。

十年来,服务终身学习职教集团立足中心城区,以终身教育为重点,整合区域教育资源,为中心城区市民终身教育服务。将各种教育资源整合实行集团化办学,构建了区域终身教育、终身学习体系,在服务区域范围内,带动职业教育,推动社区教育、老年教育、老年服务、青少年活动成果显著,坚持立德树人,培养了大批服务区域发展的人才,在传播技术技能教育、德育教育的同时,特别注重弘扬中华传统文化,使中华礼仪深入人心,集团建设紧跟国家和天津市战略布局,通过十年的探索实践,起到了示范带头作用。

2.全国无人机应用技术军民融合安全发展论坛

全国无人机应用技术军民融合安全发展论坛于 5 月 10 日在天津现代职业技术学院成功举行。与会代表来自国家空管委、军事科学院、空军司令

部、中国成教协会、海军航空兵、空军场站空管室、中国科学院光电研究院、天津警备区、天津市公安局治安管理总队、中国空管杂志社、深圳无人机协会等单位,以及天津大学、上海交通大学、西安航空职业技术学院、长沙航空职业技术学院等院校,共计100多家单位、200余人参加了本次论坛。本次活动主要目的在于创新无人机职业教育事业,助力军民融合战略。交流探讨在军民融合等重大战略机遇下,加快无人机职业教育创新发展,开拓无人机职业教育新局面。

3.天津市创建国家级农村职业教育和成人教育示范县成果展暨天津市城郊职业教育集团成立大会

天津市创建国家级农村职业教育和成人教育示范县成果展暨天津市城郊职业教育集团成立大会,于2017年5月15日在天津市静海区成人职业教育中心举行。

天津市城郊职业教育集团是由静海、武清、蓟州、宝坻和宁河五区共同组成的推动区域职业教育和继续教育协同发展的重要合作体。以区人民政府为主导,以各区职业成人教育中心为龙头,以乡镇成人文化技术学校为骨干,以社区服务中心、村成校为支撑的教育网络,形成时时能学、处处可学、人人皆学的终身教育体系。

4."弘扬工匠精神、振兴民族品牌"津门老字号企业走进大赛产品文化展示活动

"弘扬工匠精神、振兴民族品牌"——津门老字号企业走进大赛产品文化展示活动,5月8日上午在天津现代职业技术学院开幕。参加产品文化展示活动的老字号有:飞鸽PIGEON、海鸥表SEL-GULL、鸵鸟、津酒、天女牌、起士林、山海关、春合、蜂皇、盛锡福等十个家喻户晓的津门老字号品牌。活动现场,众多津门老字号品牌企业纷纷表示,弘扬中华老字号品牌,推广中华老字号文化,为中华老字号和年轻人之间架起一座桥梁,正是津门老字号品牌企业所应尽的责任。今后要传承更要创新,要为消费者带来更多的惊喜和满足,争取为中华老字号的发展贡献更多的力量。

二、职业教育活动周成为津门一道亮丽风景

天津作为第三届职业教育活动周的全国启动城市和第十届全国职业院校技能大赛主赛区,按照教育部的要求,围绕今年活动周主题,在"服务重大国家战略、促进产教融合、京津冀协同发展、服务师生成长、提升国际化影响力和职继协同发展"等方面举办了众多高水准、全方位的内涵丰富、形式多样、成效显著的活动,彰显了天津职业教育的改革创新发展,在津门形成了强大的职教创新发展共识。

刘延东副总理在天津期间,先后考察了天津商务职业学院的"精彩十年"全国职业院校技能大赛成果展、天津机电工业学校和天津中德应用技术大学,观看了"脱贫攻坚·职教帮扶"东西部协作计划建设纪实展和"一带一路"现代职业教育"鲁班工坊"建设纪实展,与我市职业院校师生代表亲切交流,多次与大家进行合影,并对本次活动的成功举办给予了充分的肯定。

教育部副部长李晓红和天津市副市长曹小红共同为"全国职业院校技能大赛成果转化中心""国家职业教育教学资源开发与制作中心"启运揭幕。同时开展了虚拟现实技术(VR)互动展示、跨境电子商务体验、学生技能展示等系列活动,邀请部分职教老专家、中小学生代表、优秀大赛指导教师、优秀教育型企业代表和历年大赛获奖选手代表到场观展。

王继平司长一行在天津机电职业技术学院,出席了"中国制造2025"现代职业教育·装备制造业产教对接会——暨京津冀现代制造业职教集团成立大会、"脱贫攻坚·职教帮扶"协同创新发展论坛—国家示范区职业教育东西部协作行动计划建设展示活动。其间,领导们共同为京津冀现代制造业职教集团揭牌,随后共同触摸启动球,标志着"国家中西部地区职业教育师资培训管理与服务平台"正式开通上线。

随后,王继平司长一行来到天津轻工职业技术学院。出席了"一带一路"现代职业教育"鲁班工坊"国际交流——国家示范区职业教育国际化进程成果展示活动。

2017 年全国职业院校技能大赛共设置 77 大项 81 小项比赛。天津赛区的 15 所职业院校承办比赛 24 项(中职组 10 项、高职组 14 项),表演赛 1 项,国际赛事 6 项。来津参赛选手共计 3828 人(中职 1448 人、高职 2380 人),参赛指导教师共计 2885 人(中职 1158 人,高职 1727 人)。

天津市承办全国职业院校技能大赛比赛项目的 15 所职业院校,全面开放了比赛现场,设立了开放观赛、项目体验和成果展示区域,为企业设立了人才招聘洽谈区域,发挥了职教支撑产业发展、促进就业创业的重要作用。

活动周期间,天津市的 25 所高职院校、47 所中职学校全部开放校园,开展了职业体验观摩活动、校企合作成果展示活动、校园文化展示活动,开展了劳模、大师、技术能手和优秀毕业生进校园等活动,让社会更加了解了职业教育和职业院校。

与职业院校有良好互动基础的 60 多个街道、社区开展了社区型职业教育、终身教育、技能培训等活动,充分发挥了职业院校的专业优势,开展了紧贴百姓生活的多种服务性活动,让百姓感知现代职业教育服务现代美好生活的新气象。

三、职业教育受到社会各界广泛关注

天津市教委在市委、市政府的正确领导下,按照教育部的工作要求,顶层谋划设计、精心准备充分、安全保障有力、媒体报道及时、亮点成绩突出,受到各级领导及社会各界的广泛关注与好评,充分展示了天津市作为国家现代职业教育改革创新示范区近年来取得的成果和务实高效的工作,让天津百姓领略了职教风采,扩大了职业教育的影响,展现了现代职业教育的魅力。

天津市各职业院校和相关企业走进社区、走进中小学,宣传和展示职业教育发展的成果,同时,把中小学生、学生家长、社会人员和外国友人等请进我们的校园和企业,让全社会更加了解、支持和关注职业教育的发展。职业教育服务社会、产教融合、普职沟通的特色深入人心。

天津市 13 家与职业教育紧密联系的企业,积极参与职教活动周,开展了产教互动、社企互动型活动 15 项。企业现场展示了工作场景,介绍了产业发展和工作流程,展演了工匠(大师)们的技艺绝活,与职业院校共建并签署协议,进一步激发了全社会尊重劳动、崇尚技术技能,弘扬工匠精神,增强了百姓的职业意识、质量意识。

职业院校的 33 个众创空间,进行了职业教育创新创意展示、创新创业教育等活动。通过参与、互动和体验,让全社会更加了解职业教育创新创意的最新成果和发展方向。

职业院校组织的 29 个讲坛空间邀请了职业教育专家、学者,行业技术专家、能手、劳模、优秀创业人员、企业家等,面向职业院校师生、中小学师生和社会人员,开展了内容丰富的专题演讲活动,让全社会全方位、多角度感知职业教育的发展,得到积极响应。

18 个职业教育校企型、社企型、科研型合作空间和职业教育大师工作室等,也面向社会展示了技术技能前沿发展成果,校企合作、产教融合最新成果,院校与科研院所教学科研共建成果等,通过展示扩大了职业教育与社会各领域之间的合作,让职业教育合作成果惠及百姓。此外,还有 30 项其他特色空间活动迎接了来自社会的各界人士。

此外,全国职业院校技能大赛和一系列同期活动的成功举办,得到了新闻媒体的大力宣传报道。直接参与报道的人员,有来自于全国二十余家新闻媒体的百余名专业记者,还有从天津各职业院校遴选出来的,由 45 名教师所组成的宣传工作团和 130 名学生组成的学生记者团。他们对大赛以及同期活动进行了为期一周的全方位、立体化、内涵型的深度跟踪报道,制作新闻视频 20 余个,新闻报道稿件 160 余篇。特别是《天津日报》5 月 4 日正版,5 月 8 日、9 日、10 日头版,9 日—15 日特刊等主要位置连续发文,报道职教活动周盛况。极大地宣传展示了天津职业教育良好的发展势头,进一步扩大了职业教育活动周的宣传力度和社会影响力。

近年来,我市形成了较为完备的职教体系,职教事业取得长足进步,职业教育在推动新旧动能转换、经济结构调整中发挥了重要作用,形成了与经济发展紧密结合、相互促进的良好局面。职教活动周的成功举办,为把天津职业教育优势放大做强,着力构建现代职业教育体系,叫响天津职教品牌起到了进一步深入宣传推动作用。

(作者单位:天津市教委职业技术教育中心)

开启中国特色职业教育的创新之路

吕景泉　米　靖

第三届职业教育活动周全国启动式暨第十届全国职业院校技能大赛开幕式于 2017 年 5 月 8 日在天津隆重举行,中共中央政治局委员,国务院副总理刘延东出席并作重要讲话,在讲话中,她深情地说:"我回忆起 2008 年,我与时任市委书记,也就是现在的中共中央政治局常委、国务院副总理张高丽同志当时一起商量要在天津办职业大赛,因为当时天津发展的非常好,给我们留下了非常深的印象。以后就经过国务院批准同意,把天津作为每一年全国职业院校技能大赛的永久会场,2015 年国务院又决定将每年 5 月份的第二周作为职业教育活动周。所以把技能大赛和活动周联动举办,来展示职业教育蓬勃发展的态势和广大职业院校师生的良好风貌,也因此成为了我们国家职业教育亮丽的名片。"可以毫不夸张地说,2008 年 6 月首届大赛在天津的成功举办,开启了职业教育全国技能竞赛的建设与发展之路,刘延东为全国职业院校技能大赛这项中国特色职业教育重大制度的创新和发展倾注了巨大心力。这些年,大赛攻坚克难、前行不辍,经历了不平凡的历程,成为集中反映职业教育深化改革、发展创新的缩影和窗口,成为中国特色职业教育的亮丽品牌。

一、大赛成为国家职业教育制度的创新设计

2005 年,全国首个国家职业教育改革试验区落户天津,教育部和天津市人民政府议定,将举办全国职业院校技能大赛作为试验区的重要建设内

容,开启了试点先行、创新设计、全面推开的大赛制度构建之路。

经过系统谋划和整体设计,在刘延东同志的亲自推动下,2008 年 6 月 28 日到 30 日,首届大赛在天津举办。时任中共中央政治局委员、国务委员的刘延东出席了大赛开幕式、观看了部分职业技能项目比赛,并召开座谈会,重点就职业教育工作听取了有关方面意见。她强调要完善中国特色现代职业教育体系,培养更多高素质劳动者和高技能人才。大赛因此就必须发挥推进体制机制创新,广泛宣传职业教育的重要地位和作用,成为创造有利于职业教育发展的良好社会环境和舆论氛围的重要举措。

随后,国家在发布的一系列职业教育重要文件中,将技能竞赛置于提升职业教育质量、增强职业教育吸引力的重要位置,教育部将大赛列为年度工作要点,不断完善其制度设计,确保规范运行。经过十届,国务院相关部门、地方政府、社会组织、行业组织和职业院校协同并进、联合办赛机制形成;大赛制度实现了对赛事组织机构、赛事筹备、竞赛过程、赛后工作的全覆盖;由大赛组委会、执委会、赛区组织机构、赛项组织机构和承办院校构成的大赛工作体系的全套制度得以构建;赛项申报与遴选、参赛资格、组队方式、比赛奖励、分赛区设置等方面的制度确立并不断完善;各种监督保障制度也日益健全。可以说,完备的制度体系使历届大赛都"精彩、专业、安全、廉洁、公平、公正"。

历经十届,作为加快发展现代职业教育的重要制度设计,大赛丰富了我国职业教育的制度体系,使中国特色的职业教育制度日趋完善。

二、大赛推进国家职业技能竞赛体系的构建

国务院批准天津作为每年全国职业院校技能大赛永久主赛场,职业技能竞赛的国家体系建设之路正式开启。

2009 年大赛期间,中共中央政治局委员、国务委员刘延东在天津视察大赛,她强调职业院校技能大赛覆盖全国,很多专业的学生都参与,起点高、组织好、影响大,对职业教育发展意义重大。2011 年,刘延东同志在全国职业院校技能大赛闭幕式上发表重要讲话,她充分肯定全国职业院校技能大赛举办以来在促进职业教育改革、创新、发展、建设方面所起到的积极作用,并且殷切地鼓励选手们说参加全国职业院校技能大赛是人生中光彩的一页,接受职业教育的青年学生将迎来更加美好的未来。这对于进一步扩大大赛影响、全面推进大赛发展,可谓加注了充足的动力、更加明晰未来的发展方向。

之后,大赛的竞赛体系日益完善,在全国逐步发展形成"主—分赛区"的竞赛格局。自 2012 年起,大赛在天津主赛场以外增设分赛区,并建立分赛区公平竞争遴选机制,以充分发挥分赛区和承办院校所在地的产业、职教资源和政策优势,使大赛产生更加广泛的影响。伴随主—分赛区格局的建立,国家级大赛组织体系、地方竞赛组织体系和学校竞赛组织体系形成,构成覆盖全国、逐级组织的竞赛框架。

与此同时,大赛引领形成全国三级竞赛体系。全国大赛带动省赛,并且促进校赛,"校校有比赛,省省有竞赛,国家有大赛"的技能竞赛体系已经形成。这些年,大赛比赛地点从 2008 年的 1 个发展到 2017 年的 20 个,大赛承办学校从 2008 的 10 个发展到 2017 年的 65 个,而由此形成的辐射网络则使每所职业院校的每位师生都成为这个竞赛体系的精确节点,"人人都参与、专业大覆盖、层层有选拔",技术技能人才培养和选拔的"金字塔工程"蔚然成型。

三、大赛有效引领教学,培育德技并重的大国工匠

大赛弘扬"劳动光荣、技能宝贵、创造伟大"的时代风尚,不断营造人人皆可成才、人人尽展其才的良好环境,在培养数以亿计的高素质劳动者和技术技能人才进程中发挥着不可替代的引领作用。刘延东在 2013 年全国职业院校技能大赛闭幕式的讲话中对大赛高度评价,她说:"大赛展示了职业教育创新成果,深化了职业院校教育教学改革,有力推动了产教融合、校企合作,促进了人才培养与产业发展的结合,扩大了职业教育国际交流,增强了职业教育影响力和吸引力。大赛越办越好,已成为广大师生展示风采、追梦圆梦的广阔舞台,成为促进我国职业教育改革发展的重要抓手,对职业院校办出特色、办出水平的引领作用日益凸显。"大赛引领教学成为重要的发展导向。

"以赛促学、以赛促教"持续推进职业教育教学改革与创新,大赛成为教育教学改革的"风向标",专业建设和师资培养的"助推器"。职业院校立足大赛标准全面推进教学改革成为当代职业教育的发展趋势,而大赛资源转化的成果则持续促进专业建设和提高人才培育质量,优质的教学成果因之不断涌现。2014年,"开发技能赛项与教学资源推进高职机电类专业综合实训教学的改革与实践"荣获国家级职业教育类教学成果唯一的特等奖,与其他获奖成果共同对职业院校教学改革产生深远影响。

德育是大赛之魂。倡导"德技并修"的技能竞赛精神和"精益求精"的工匠精神,坚持培育知行合一、德技双馨的大国工匠是大赛一以贯之的核心,90%以上的赛项将职业素养纳入考核范围,而2013年以来50%以上的赛项又注重团队合作,职业院校的德育工作也因之增加了有力抓手。从2009年开始,每届大赛期间都有德育方面重要的同期活动,或工作会,或座谈会,或表彰会,或演讲会,切中职教育人规律,传承职教文化命脉,成为大赛期间的亮丽风景,"安教乐道"的职教之品致和追求也随着大赛而渗透到师生的心灵深处,为现代职教孕育大国工匠筑底发力。

2017年5月8日,刘延东副总理在天津亲切接见十位在历次大赛中获得一等奖的选手,了解了他们在岗位上的杰出贡献,欣慰地赞叹大赛培育了大国工匠!

四、大赛极大提升职业教育服务中国制造的能力

大赛支撑经济转型升级、提振中国制造实力,服务于造就源源不断的高素质产业大军,极大地推动中国品牌走向世界,不断促进实体经济迈向中高端。

2015年7月,刘延东副总理在天津调研并出席全国职业院校技能大赛闭幕式时强调,要深入落实创新驱动发展战略,围绕实施"中国制造2025""互联网+"等,加快科技创新步伐,努力取得更多原创性和颠覆性创新成果,为稳增长、调结构、惠民生增添动力。她说职业教育蓬勃发展,释放出巨大人才红利,有力促进就业创业,取得举世瞩目的成就。职业院校技能大赛充分展示职业教育改革发展的丰硕成果,已成为中国特色职业教育的亮丽品牌。

大赛"行业牵头,企业参与"的组织机制使产教结合、校企合作得到深度扩展。赛项设置紧贴产业需求,与国家三大产业的发展结构相匹配;现代服务业赛项比重稳步提升,占比稳定在一半左右;战略性新兴产业赛项占三成左右;现代农业、制造业赛项则更加关注产业升级的方向。竞赛内容密切对接行业标准和企业生产实际,行业、企业专家参与审定赛项规程,确保了大赛能够更好地引导职业教育对接产业转型、升级发展的迫切需求。云计算技术与应用、物联网技术应用、移动互联应用软件开发、工业产品造型设计与快速成型、工业机器人技术应用等赛项体现新产业、新技能、新业态的变化;智能家居安装与维护、电子商务技能、大气环境监测与治理技术、风光发电系统安装与调试、农产品质量安全检测等赛项则适应绿色环保的发展要求。

2016 年 9 月完成的《全国职业院校技能大赛自评报告》指出 80%以上的赛项有国内外知名企业深度参与,产业最新技术、先进设备和人才需求标准引入大赛,引领职业教育专业建设,有力地支撑着和服务于中国制造2025。

据初步统计,十届大赛,500 万以上的职业院校学生参与了各类技能大赛。其中,参加全国职业院校技能大赛的选手超过 7 万人,获奖选手超过 5万人,他们已经成为技术技能大军中的核心和骨干。

五、大赛成为具有国际影响的中国职业教育品牌

"一带一路"国家战略需要职业教育加快国际化,服务于国际产能合作。大赛不断提升自身的国际参与度与影响力,伴随中国职业教育走出去,有效地提升输入国的技能积累水平。

刘延东同志对全国职业院校大赛推进职业教育国际化有着充分肯定

和殷切期许。在 2013 年全国职业院校技能大赛闭幕式上的讲话中,她充分肯定说大赛扩大了职业教育国际交流,增强了职业教育影响力和吸引力;在 2016 年职业教育活动周启动仪式暨全国职业院校技能大赛开幕式讲话中,她要求职业教育和大赛要培育高质量技术技能人才,抢占国际产业链和价值链的制高点;今年,在第三届职业教育活动周启动仪式暨第十届全国职业院校技能大赛开幕式上,她进一步对职业教育和大赛提出要求,强调要扩大开放合作。通过加强国际合作,借鉴国际先进经验来提升我们职业院校办学水平,要适应"一带一路"建设,让职业教育"引进来,走出去",进行合作办学人才培养,参与制定职业教育国际标准,打造中国品牌,使职业教育成为中外人文交流的新能源。

从 2009 年开始,每年邀请国内外知名企业、国际竞赛选手、国际著名会展集团参与大赛,10 年间邀请观摩大赛的各国职业教育相关人士 5000 余人。"自动化生产线安装与调试"国际挑战赛已成功举办 6 届;国际化专业教学成果交流赛举办了 4 届;电脑鼠走迷宫(IEEE)国际邀请赛举办 2 届;大赛教学资源《自动化生产线安装与调试》双语教材,成为东盟国家技能竞赛和教学培训的重要支撑;大赛期间,举办"职业教育国际研讨会"、"国赛"对接"世赛"国际赛事合作交流研讨会等国际活动已经常态化。今年的第十届大赛期间,工程实践创新项目国际联盟在天津成立、中泰职业教育活动周暨中国东盟职业院校学生作品展等活动同期举行,来自世界多国的政府官员、主管部门、院校代表和学生参与感受中国大赛。

大赛注重"请进来"的同时,更重视将大赛优秀成果"输出去"。由天津职业院校牵头设计的大赛赛项、竞赛装备、教材资源成为东盟十国技能大赛的指定赛项,竞赛的标准、装备、教材率先走出国门;经过泰国"鲁班工坊"自动化装备训练的泰国大城学院师生代表队在 2016 年 11 月举行的第十一届东盟职业技能大赛中获得一等奖,中国职业教育大赛的"软实力"叫响海外。

时至今日,历经十届的大赛有其丰硕的资源需要转化。2017 年 5 月 8

日,全国职业院校技能大赛成果转化中心在天津正式揭牌成立,大赛资源转化的国家机制正式建立,今后,"以赛促学、促教、促改、促建"的成效必定更加显著。

2017年5月8日,在第三届职业教育活动周全国启动式暨第十届全国职业院校技能大赛开幕式上,时任副总理刘延东指出,作为加快发展现代职业教育的重要制度设计,全国职业院校技能大赛已经走过了不平凡的历程。大赛已经成为弘扬工匠精神和劳动风尚,推动产教融合与校企合作,促进职业教育教学改革发展重要的平台。技能大赛作为一个缩影和窗口,集中反映了职业教育深化发展改革的历程,一步一步地实现新的跨越。它所经历的不平凡的历程,展现了职业教育与经济社会有机融合,互动发展的协作之旅,绘就了一幅职业教育战线勇于承担使命、奋发有为的美丽画卷。

劳动创造精彩人生,时代呼唤大国工匠。李克强总理在给第十届全国职业院校技能大赛的重要批示中要求大赛贯彻新发展理念,充分发挥引领示范作用,努力造就源源不断的高素质产业大军。全国职业院校技能大赛在新起点继续承载使命、不断推进前行,必将是中国职业教育永远的亮丽风景。

(作者单位:天津市教育委员会　天津市教委职业技术教育中心)

技能大赛引领职业教育教学改革发展不断走向新高度

吕景泉　吴淑媛　汤晓华

5月8日至15日,2017年全国职业院校技能大赛天津主赛区各项比赛圆满落幕。十年来,大赛为学生搭建了切磋技艺、一显身手的平台,一批批优秀的工匠能手脱颖而出。

十年来,赛项设置不断服务产业升级。从2008年的企业网络搭建及应用、2009年的网络综合布线技术,到2015年的4G全网建设技术、2016年的嵌入式产品装配调试,再到2017年的大数据技术与应用,大赛成为行业发展的风向标。

十年来,大赛催生出一大批优秀资源成果转化并服务于日常教学。自2008年以来,共产生15项与大赛有直接关联的国家级教学成果。其中由天津职业院校申报的成果"开发技能赛项与教学资源　推进高职机电类专业综合实训教学的改革与实践"获第七届国家级教学成果特等奖,这是我国目前为止职业教育的第一个、也是唯一一个特等奖。

十年来,大赛作为联系职业院校与合作企业的纽带,不断拉近校企之间的距离,实现了专业与岗位、企业、产业的对接,将行业企业先进技术引入院校,又借助院校智力高地优势助推企业发展。

十年来,一大批赛项的先进理念、教学标准、竞赛装备、教程教材落地专业建设,落地课堂教学;一大批具有创新性的岗位技术标准、设备设施反哺企业;一大批技能精湛的获奖选手在职业岗位上创造出骄人业绩。

一、全国职业院校技能大赛的历史价值与现实意义

从 2008 年至今,全国职业院校技能大赛不断完善创新,给全国的职业院校的师生提供了展示自己才华的平台,进一步营造了"三百六十行、行行出状元"的社会氛围,促进、提高了职业院校的知名度、社会认可度。全国职业院校技能大赛永久落户天津,天津职业教育从改革试验区逐步成为改革创新示范区,天津职业教育不断发展,改革创新已经站在了新起点,并形成了具有特色的"天津模式"。全国职业院校技能大赛的一届届成功举办赢得了全国职教界的一致称赞,更成为全国职教人的盛会。

(一)助推职教发展的社会价值

全国职业院校技能大赛意义重大而深远。大赛具有宣传力:宣传人力资源开发与人才强国战略,宣传培养、使用及激励高端技能人才规划,宣传尊重劳动、尊重技能、重视职业教育的人才观和教育观;大赛具有号召力:号召全社会支持和参与职业教育,号召企业家关注新增技能人才的素质及其人力资本投入,号召各地把大赛作为展示技能、促进改革和提高人才培养质量的重要机遇;大赛具有影响力:国家各有关部门参与的热情越来越高,主办单位已达 38 个,这表明大赛的社会反响越来越大,职业教育的社会影响力也越来越大;大赛具有激发力:激发企业慧眼识真才,激发学校培养"信得过、挑得上、干得好"的优秀人才,激发全社会追捧技能人才之"星";大赛具有推动力:推动社会"重普轻职""重学轻工"观念的根本性转变,推动职业教育产学结合人才培养模式的变革,从而实现快速健康可持续发展。

(二)推动质量提高的教育价值

在赛项的设定上,大赛体现现代制造业、高新技术产业和文化创意产业的发展要求,突出技术技能含量的高与新;在设备的选择上,大赛具有民族性、主流性、先进性、兼容性、发展性等特点;在标准的制订上,大赛体现科学适用、理论联系实际、手脑并举、基础与创新兼顾、强调策略技能的培养等原则;在评委的挑选上,大赛选取行业企业的技术能手、德高望重的技

能大师、点石成金的能工巧匠、院校"双师"型的素质教师。这些宝贵资源通过大赛这个载体，无疑能形成质量品牌效应和质量推动效应。

（三）促进产教结合的平台价值

举办全国职业院校技能大赛，吸引了更多的行业企业参与，主办单位在研究比赛专业类别和项目的时候，一个重要的考虑就是要推动职业教育与产业的紧密结合，根据行业企业的实际设置比赛项目和比赛过程，大赛各个专业类别的比赛主要由各相关行业挑头，行业企业积极赞助各级竞赛，为各种比赛提供专家、行业企业技术规范，提供相应的设备，促进了职业教育与行业企业生产实际更紧密地结合。

技能大赛作为纽带，为行业企业深入参与职业教育的发展搭建了一个很好的平台，促进了产教结合、校企一体深入发展。技能大赛密切跟踪行业企业生产实际。如今，职业院校和技能大赛的实习实训设备已越来越能够与生产实际对接，在很大程度上做到了"真刀真枪"，解决了教育与生产实际相脱离的问题。

（四）助力人才培养、教学模式改革的推动器价值

十年来，通过全国职业院校技能大赛，形成了校校有比赛，层层有选拔的机制，突出了职业技能导向，推动了职业教育教学模式和人才培养模式的改革。

改革职业教育的教学模式和人才培养模式，从根本上说，要实现专业与职业岗位对接、教材与岗位技术标准对接，学历证书与职业资格证书对接。全国职业院校技能大赛对实现上述对接具有明显的促进作用。十年来，大赛都是根据职业岗位需求设置比赛项目的，大多赛项可以直接与职业工种和职业资格标准对接，比赛项目选自生产一线工作要项。技能大赛已成为创新职业院校学生实习实训途径的重要形式，成为提高学生技能水平的有效手段。通过各种形式的竞赛，学生的实际动手能力得以提高，职业教育的人才培养质量得以提升，从而使职业教育的培养方向更符合生产和服务第一线的实际，推动了职业教育教学模式和人才培养模式的改革。

二、技能大赛的内涵价值彰显,引领教学改革走向新高度

依托技能大赛平台,各职业院校在校企合作、专业建设与改革、课程建设与教学模式改革、实践教学应用、教材建设等方面开展了一系列教学改革与探索。

(一)促进了产教融合,校企合作的紧密度增强

大赛推进了产教结合与校企一体办学,实现了专业与产业、企业、岗位对接,建立健全了新机制,引导推动学校和企业创新校企合作制度,积极开展一体化办学实践。通过整合实训资源,共建产品设计中心、研发中心和工艺技术服务平台,在企业建立教师实践基地等方式,推动职业学校教师到企业实践,企业技术人员到学校教学,促进职业学校紧跟产业步伐,促进教育与产业、学校与企业深度合作。大连机床连续几年为天津举办的全国职业院校技能大赛提供加工中心、数控铣床、全机能数控车等设备。尤其是2011年为大赛提供了数控机床装配、维修专业提供专用机床。得到参赛单位及选手的一致好评。针对职业院校学生的特点,大连机床还与天津轻工职业学院合作开办了大连机床班,同时双方共同建立实验室、研发中心。

(二)促进了专业建设,专业设置对接产业发展

每年一届的全国职业院校技能大赛汇集了全国职教骨干、行业和企业专家开发的赛项,赛项及时反映了产业、企业及技术热点。按照赛项设置情况,组织院校和行业骨干,直接参与或主持赛项的设计;组织院校和企业人员团队,深入研究赛项设计理念、赛项考核内容和赛项技术要求,比对职业院校发展定位和专业布局,分析区域经济发展趋势和滨海新区"高端、高质、高新"企业需求,通过赛项设置感知产业需求,通过竞赛装备体悟教学支撑,通过竞赛内容了解核心技术,通过竞赛评价熟悉现场工艺,通过竞赛准备锻炼教师队伍,通过学生训练探索工程实践、制度化设计、项目化实施,将大赛作为校企合作、产教融合的重要平台,为职业院校设置新专业、改造老专业、调整现有专业提供导向,优化了专业布局、专业设置、专业调整和专业改造,为建立职教与行业、学校与企业长效合作机制提供保障。

赛项设置服务产业发展与文化传承。一是应对产业急需设置赛项。如2012年设置的智能电梯装调与维护赛项,2013年设置的风光互补发电赛项,2014年设置了煤矿瓦斯检查赛项;2015年设置的船舶主机和轴系安装赛项和大气环境监测与治理技术赛项等,均带动了职业院校相关专业建设,为行业企业培养了大批急需紧缺人才;服务产业发展,2016年设置了工业机器人技术应用赛项,通过多种机器人和工业互联网+技术的综合应用,实现了企业生产过程中数据的融通和实时采集。二是呼应产业升级设置赛项。如2012年设置了物联网技术应用赛项,2013年设置了移动互联网应用赛项,2014设置了云安全技术应用赛项,2015年将2014年的三网融合与网络优化升级为4G全网建设技术赛项,将行业企业的高新技术引入人才职业教育。如今,开发的竞赛平台已经成为电信企业员工培训的主要平台,被广东移动、广东电信、江苏电信等企业采用,促进了专业建设。三是面向重点产业设置赛项。如:对接先进制造业,设置了注塑模具CAD/CAE与主零件加工、工业机器人技术应用、三维建模数字化设计与制造、飞机发动机拆装调试与维修、船舶主机和轴系安装等赛项;紧贴互联网+新业态发展,设置了云计算技术与应用、4G全网建设技术、智能家居安装维护等赛项;关注健康生活、绿色环保,设置了农产品质量安全检测、大气环境监测与治理技术、风光互补发电系统安装与调试等赛项;四是注重中华优秀传统文化技艺传承。设置了艺术专业技能{含戏曲[京(剧)昆(曲)](地方戏)、民乐(二胡、板胡、高胡)(拉弦乐器)}、中药传统技能、手工制茶、中华茶艺等赛项。

(三)促进了课程建设,赛项转化丰富教学资源

全国职业院校技能大赛的赛项内容设计与企业生产实际保持了高度一致,学校、企业专家深度合作、共同设计的赛项载体和竞赛环境,集中反映了产业新技术、典型生产装备和现场工艺要求,体现了职业标准和岗位要求。

职业院校教师和行业企业工程技术人员,按照赛项序列,及时将技能

大赛的赛项内容、技术工艺、素质素养等要求纳入专业教学,嵌入课程体系,构建综合实践教学模块。引导专业基础课程、专业技术课程、专业核心课程的协同配套与改革。将竞赛考核点分解为专业教学的知识点、技能点、素养点,完善人才培养方案和专业教学标准。强化现场实际、工程实践和职业素养。职业院校专业带头人和骨干教师将赛项成果转化作为重要教改内容,组建跨院校、跨企业的专项工作团队进行教学资源建设,编写服务项目教学的教材,开发数字化教学资源,建设资源服务平台,优化了课程体系、课程标准、课程内容和课程资源,实现了职业院校的课程与职业标准、教学过程与生产过程的对接。

专门制定了《全国职业院校技能大赛赛项资源转化办法》,细化了资源转化的形式,明确了资源转化成果的技术标准。资源转化成果主要包括基本资源和拓展资源。基本资源包括风采展示、技能概要和教学资源。一是风采展示资源转化为学习素材;二是技能概要资源促进了技术技能的交流和学习;三是教学资源成果拓展了教和学的维度。如:计算机网络应用赛项,2013年以来,开发了33部评点视频、2部访谈视频、114套试题、316项案例和8.6G的素材资源库。竞赛中优秀选手的作品转化为教学案例,如:中餐主题宴会设计赛项,将竞赛作品编辑成《餐饮奇葩:未来之星——教育部高职中餐主题宴会设计摆台优秀成果选集2012—2015》,深得各院校及酒店企业的青睐。竞赛设备和工具器具转化为各职业院校日常实践教学的专用设备和器具,如:液压与气动系统装调与维护、农机维修、动物外科手术、化工仪表自动化等赛项,竞赛使用的设备、工具和器具等,引导了职业院校相应实训设备、器具配置的标准。

(四)促进了双师提升,优化双师型素质教学团队

职业院校参与赛项设计的骨干教师、参与技术服务的专业教师、参与竞赛指导的实训教师团队贴近行业企业、贴近竞赛装备、贴近赛项内容,全方位得到了锻炼。技能大赛广泛吸引了行业龙头企业直接参与,引入了当今最新专业技术,专业教师通过赛初接受技术培训,赛前指导学生训练,赛

中配合涉赛企业技术人员调试设备,赛后将竞赛成果嵌入日常教学,教师的教学实践能力和技术应用能力得到快速提升。大赛的实施,为行业、企业、学校三方搭建了信息、人员、技术、装备、管理充分交流共享的平台,行业企业人员深度参与职业教育改革实践,学校专业教师深度融入企业生产现场氛围,形成了良好的互动。

技能大赛的行业、企业、院校交流共享平台,为职业院校的高水平专兼职"双师型"结构的专业教学团队建设提供了新途径、新方法,大量的企业技术人员成为职业院校稳定的兼职教师,优化了职业院校"双师型"师资队伍建设途径。

(五)促进了基地建设,对接企业技术装备水平

通过大赛,学生的赛前训练及竞赛过程,按照企业操作规范、生产标准、评价标准进行,指导教师按照企业的工艺规程进行指导;学生使用的设备是典型生产过程"高仿真"设备,学生加工的产品是企业生产的真实产品,评价学生的标准是行业企业通用的标准。全国职业院校技能大赛的竞赛装备、技术内涵、竞赛氛围充分体现现代产业、典型企业、生产现场的要求,成为职业院校加强实训基地建设的明确导向和重要依据。

竞赛平台选用生产一线最新技术装备,赛项平台不仅选用德国西门子、日本三菱、德国DMG、美国NI、通用等国际通用先进技术,同时将民族品牌中兴通信、新大陆、苏州汇博机器人、汇川工控、北京昆态等最新一线技术、设备、标准融入大赛平台。大赛的竞赛装备、技术内涵、竞赛氛围充分体现现代产业、典型企业、生产现场的要求,成为职业院校加强实训基地建设的明确导向和重要依据。如:4G全网建设技术赛项,一方面促进职业院校为行业企业培养急需的4G职业技术人才;另一方面赛项开发的竞赛平台成为电信企业员工培训主要平台。高职工业机器人技术应用赛项,通过多种机器人和工业互联网+技术的综合应用,实现了企业生产过程中数据的融通和实时采集。

在实训场所建设实践中,职业院校以技能竞赛为引领,认真消化、吸收

竞赛成果,联合龙头企业,从"实训场所、氛围营造、装备选用、指导教师、实训耗材、场地管理、教学标准、课程教材、技能鉴定、培训服务、过程监控"等11个维度,本着"理论实践一体化、强化技能训练、职业资格培训鉴定、职业素质训导、对外技术服务、企业文化促进"六个主要功能建设原则,为专业组群搭建综合训练型实训基地,为专业学习搭建情景化技术训练场所,为学生专业认知搭建技术传承、文化体验、产业发展的体验中心,建设了集技能竞赛、实践教学、技能鉴定、社会培训、技术研发为一体的,与企业技术装备水平紧密对接的实训基地,优化了职业教育实训基地建设内涵。

(六)促进了学生发展,培养职业能力工匠精神

全国职业院校技能大赛的竞赛内容既涉及技术应用,也突出了对学生工程实施能力、团队协作能力、计划组织能力的检验,突出了对学生的职业素养、交流沟通以及效率、成本和安全、环保意识的考察,指明了职业院校教育教学改革方向,引导了现代教学组织方式和教学法的应用。

2008年以来,天津职业院校有计划、有步骤地开展教学改革,以"工程实践创新项目"为抓手,校企合作,实施竞赛引领的毕业设计实践、学生专业社团活动、工程化项目教学,提升学生的工程实施能力;以"跨专业、跨年级组队参赛"为抓手,团队协作,强化日常教学中的"小组工作法"运用,探索"基本技能单工位训练、专业技能团组训练、综合实践项目团队训练"的教学组织方式,强化学生计划组织能力、交流沟通能力、团队协作能力的培养;以"每年的赛项学生志愿服务"为抓手,注重职业素养、工作效率、奉献精神、安全规范、环保意识的培养和锻炼,并将其引入到教育教学各项活动中;以"自评、互评、教师评"为抓手,探索在竞赛项目准备中,广泛提升学生的质量意识,提升学生客观评价自己和别人的素质;以大赛倡导的"过程评价、工艺评价、功能评价、素养评价"为抓手,将多维度工作评价方式运用到教学中;以"行动导向教学法"为抓手,将现代教学方法和教学组织形式应用到教育教学各个环节,优化了学生综合职业能力培养方式。

29岁的臧成阳是天津市机电工业学校毕业生。在2008年和2009年分

别获得全国职业院校技能大赛中职组数控车工赛项一等奖和一等奖第一名。毕业后,他留校担任数控技术系教师,先后获得"天津市技术能手""天津市五一劳动奖章""全国技术能手"及"全国优秀指导教师"等称号。2011年和2016年,他指导的学生参加全国职业院校技能大赛现代制造技术数控车/加工中心组合赛项和数控车工赛项均获一等奖。去年,他指导的学生王孝森成功入围第44届世界技能大赛选拔赛国家集训队,并获得第八名,创造了天津市有史以来该项目的最好成绩。这些在大赛中已经开始崭露头角的"小匠们",正在用自己的智慧和汗水一步步成长为支撑"中国制造"走向"中国智造""精品制造"的生力军。大赛注重体现工匠精神,关注人才培养德技并重。大赛已有90%以上的赛项将职业素养纳入考核范围。随着大赛赛项的不断丰富,愈发要求参赛师生在加强综合实力的同时,提升职业素养,具备"工匠"精神。

(七)促进了国际交流,中国职教品牌对接国际

自从2008年大赛举办以来,全国职业院校技能大赛迅速在全国范围内产生了深刻而广泛的影响,并在迈向国际化的进程中取得了初步的成效。2012年至今,每年有全球近50个国家和地区的500多名外籍选手参赛和观摩比赛,通过现场体验、沟通交流、参加国际职业教育展等相关活动,使大赛逐步走向国际化。此外,全国职业院校技能大赛所使用的技术及评判标准、教材大纲、考核内容,不仅通行全国,还获得了国际上的广泛认可和复制;不仅被印度、巴西等新兴经济体直接采用,也成为欧盟、东盟、美洲、非洲等世界各地借鉴的职业技术竞技"金标准",中国职业教育开始输出"软实力"。2016年3月8日,由天津渤海职业技术学院在泰国大城府大城学院建立的"鲁班工坊"挂牌成立。这是中国职业教育院校在国外开设的第一个工坊,也是中国职业教育走出去的一次重要尝试。成立一年多来,已有319名学生在泰国"鲁班工坊"接受来自天津的职教培训。2017年5月18日,天津第二商业学校与英国奇切斯特学院共建的"中英"鲁班工坊""也建成并投入使用。"中英"鲁班工坊""的成立是为了向世界各地提供正宗的

中国中餐烹饪技术学历教育和资格培训,提高各地中国餐饮服务行业的水准,介绍中国历史悠久的饮食文化,传播天津的饮食文化,打造高端的中餐品牌、中餐体系。此外,天津在印度尼西亚、巴基斯坦、柬埔寨等海外"鲁班工坊"项目也在加快推进建设中。"鲁班工坊"的建设输出了国际化的优质专业、优质课程、优质教师、优质资源和通用性技术技能资源等,共享了国家现代职业教育改革创新示范区优质成果,拓展了海外职业教育市场服务,带动了中国企业、天津企业"走出去"。预计到 2020 年,天津要在境外建设10 个"鲁班工坊"。目前,天津职业教育正式启动"把优秀职业教育成果输出国门与世界分享"计划的实施,将继续服务"一带一路"沿线国家和地区,并将不断扩大规模、丰富内涵,构建出多种发展模式,搭建天津职业教育与世界对话、交流的实体桥梁,努力将"鲁班工坊"打造成为独具中国特色的、具有国际竞争力和影响力的职业教育品牌!

三、展望与思考

全国职业院校技能大赛具有展示、宣传、评价、激励、导向等多重功能,对学校、企业、社会影响广泛而深入、长久而有力。概而言之,全国职业院校技能大赛是职业院校改革与发展的助推器,是提升职业院校教育教学质量的有力手段,是培养双师型教师队伍的重要途径,是培养选拔优秀技能人才的重大举措,是校企深度合作的重要平台。全国职业院校技能大赛为高端技能人才系统化培养提供了目标与标准。进一步研究职业院校技能大赛在高端技能人才系统化培养中的定位和引领作用,将技能大赛赛项嵌入专业教学之中,系统研究技能大赛在人才培养方案制定、课程设置、课程标准、师资队伍、实训条件、教学资源、教学方法等方面的影响和促进作用,形成"以赛促教、以赛促学、以赛促改、教赛结合"的长效机制具有重大意义和价值,对推进我国职业院校技能赛项与国际接轨、推动赛项开发和赛项成果转化、扩大我国职业院校技能大赛在国际上的影响力、造就具有国际水平高端技能人才具有重要意义。

(作者单位:天津市教育委员会)

十年征程：技能大赛与天津职业教育发展

杨荣敏　李富森　武春平

一、引言

自 2008 年首届全国职业院校技能大赛在天津开幕以来，已历经十届。如今，大赛已成为我国职业教育领域规格最高、校企合作最紧密、专业覆盖面最广、参赛选手最多、社会影响力最大、联合主办部门最全的国家级技能赛事。

大赛发展的十年，也是天津职业教育飞速发展的十年。十年来，随着大赛不断发展壮大，天津的职业教育在深化教学改革、服务经济发展、助推产业升级、推动区域协调发展、促进国际交流合作等方面取得可喜成绩。大赛助推天津职教发展，形成天津职教品牌；天津为大赛提供了丰沃土壤和良性平台，使大赛成果遍地开花。伴随大赛的发展，天津职业教育不断开拓思路、创新理念、夯实基础、打造优势，完成一次次华丽转身，形成了一系列可复制、可借鉴、可推广的典型经验，走出了一条具有天津特色、叫响全国的职教创新发展之路。

二、大赛十年，奠定了天津大赛永久举办地和主赛区历史地位

（一）凸显了天津在大赛中的核心地位

2008 年至 2010 年，大赛所有赛项全部在天津举行。2011 年，大赛组委会率先在江苏试点举办了中职组会计技能类 1 个赛项和农业技能类 4 个赛项，在山东试点举办了中职组护理技能类 1 个赛项。试点成功后，2012 年

正式开始大范围推行分赛区制度,形成了天津主赛区和各地分赛区"一主多辅"的格局。但天津在大赛中的核心地位从未动摇。

十年来,作为大赛永久举办地和主赛区,与各分赛区相比,天津各职业院校承担了多数赛项的承办任务,并在大赛期间承办了多项丰富多彩的同期活动,向全国展示了天津职业院校的良好形象和天津职业教育取得的丰硕成果,进一步稳固了天津职业教育在全国的领先地位。

表1 天津承办赛项和同期活动情况

年份	总赛项数		天津承办赛项数		承办单位总数	天津承办单位数	天津承办同期活动数量
	中职	高职	中职	高职			
2008	20	4	20	4	10	10	2
2009	31	4	31	4	13	13	2
2010	35	7	31	7	16	15	5
2011	45	10	39	7	19	16	10
2012	57	39	29	16	39	16	4
2013	49	51	17	17	45	13	6
2014	46	48	17	17	42	13	4
2015	45	53	10	16	55	14	10
2016	44	50	11	15	56	14	19
2017	35	50	10	14	67	15	21

(二)形成了天津在大赛中的鲜明特色

每届大赛都安排了丰富多彩的同期活动。赛会结合、赛展结合以及赛演结合,是天津主赛区的一大突出特色。赛、展、会、演四大板块联动,交相辉映,全面展示了天津职业教育改革发展的新面貌、新成就。

十年来,大赛主赛区同期活动中的装备展、教材展、成果展等活动,充分展现天津职业教育校企合作、产教融合的改革成果。特别是自2010年起连续举办的全国职业学校学生技能作品展洽会,展出优秀作品数量达上万件。这些作品不仅具有一定实用价值,而且行业、专业特色鲜明,尽显地域风情、民俗风貌,其中有数百个项目享有专利权,有相当一批作品能与相关企业签署协议,推向市场。

十年来,大赛主赛区在同期活动中举办的各类会议,如高峰论坛、国际论坛、德育工作会、座谈会、报告会、主题演讲会、科研工作会等,是我国职业教育追求理论创新、理论指导实践、加强内涵建设的一种体现。它冲击、触动与会专家和代表的思想,引发人们更深入地思索、交流甚至争论,形成"百花齐放,百家争鸣"局面,展现了天津职业教育欣欣向荣的面貌,吸引了全社会对于职业教育的关注和研究。

十年来,大赛主赛区在同期活动中举办了文艺汇演、教学成果展演、中华优秀传统文化技艺表演、民族地区文艺展演等大型表演活动。各地师生带来的具有浓郁民族特色的精彩表演为大赛增添了无穷魅力,也成为大赛一个突出的亮点。显示出我国弘扬优秀的民族文化以及民族团结、和谐发展的氛围,展示了民族地区职业院校学生多才多艺、积极向上的精神风貌,更展示了民族地区职业教育发展和丰硕的教学成果。

三、大赛十年,见证了天津职业教育三个阶段跨越式发展历程

(一)建设职教改革试验区,尝试职教新模式

天津作为我国近现代工业和近代中国职业教育的发源地,为全国职业教育发展起到积极示范作用,肩负着职业教育先行先试排头兵的重任。2005年8月,教育部与天津市人民政府签订了《关于合作共建国家职业教育改革试验区的协议》,确定了"深化职业教育体制改革、创新工学结合教学模式、扩大职业教育对外开放"等试验内容,并决定在天津举办全国职业院校技能大赛。2008年,首届大赛在天津举行,天津成为大赛的永久举办地。大赛作为展示职业教育发展成果的重要平台,对深化天津职教发展作出了积极贡献,助力天津职教形成了规模、质量、结构、功能、特色、效益协调发展的新局面。

(二)打造改革创新示范区,建成大赛主赛场

2010年3月,教育部与天津市人民政府签署了《关于共建国家职业教育改革创新示范区协议》,自此,天津职业教育发展进入快车道。2011年,天津海河教育园区建成,成为创新示范区的标志性成果。园区致力于发挥规

模集聚效应,整合优质教育资源,打造规模办学新品牌,构筑内涵建设新体系,锻造服务发展新优势,成为天津向世界展示职业教育发展成就的窗口。同年,大赛主赛场在海河教育园区落成,深化了大赛的内涵,促进了天津职业教育改革的提速和质量的提升。

(三)升级现代职教示范区,建设八个国字号

2015 年 7 月 4 日,教育部与天津市人民政府签署《共建国家现代职业教育改革创新示范区协议》。协议明确提出要重点建设国家职业教育发展博物馆等八个"国字号"重大项目,从此,天津职业教育又迎来一个新的春天。2015 年,全国职业院校技能大赛博物馆作为现代创新示范区建设的"国字号"项目之一,在天津商务职业学院建成开馆,并见证了现代创新示范区的发展历程:2015 年在博物馆签署示范区升级版协议;2016 年 "国家中西部地区职业教育师资培训中心"在博物馆揭牌;2017 年"全国职业院校技能大赛成果转化中心"和"国家职业教育教学资源开发与制作中心"在博物馆揭牌。

四、大赛十年,扩展了天津职业教育发展平台和国内外影响力

(一)辐射京津冀,区域协同发展

推动京津冀协同发展是重大国家战略。天津率先谋划职教协同发展,构建三地行政部门协作机制,搭建三地教科研协同发展平台,首倡"五业联动""五方携手"大思路,建立三地院校共建共享机制,在共识的基础上,抓住协同要义,突破协同瓶颈,创新协同路径,着力构建京津冀职教协同发展的有效模式。

自 2014 年始,天津连续举办京津冀高等职业院校"护理技能""纯电动汽车装调与维护技术"等友谊赛或交流赛,依托全国职业院校技能大赛平台,尝试探索京津冀职业院校技能大赛的新模式,深化京津冀三地职业院校、相关企业的技术技能交流。2017 年,在天津主赛区同期活动中还安排了京津冀中职学校"餐饮服务"学生技能大赛、京津冀中职学校"会计"教师技能大赛,赛项设置更关注京津冀现代服务业的发展,关注京津冀三地职业

院校教师的互动交流。

从 2016 年开始,在全国职业教育活动周期间,以天津为基地,京津冀三地的政府部门、骨干企业、行业协会、职业院校齐聚津门,开展了"京津冀协同发展现代职业教育、现代服务业产教对接会""京津冀模具行业创新发展论坛""京津冀协同发展现代职业教育、养老服务业产教对接论坛""京津冀食品产业协同发展高峰论坛、产教融合对接会""中国制造 2025–现代职业教育、装备制造业产教对接会"等一系列合作交流活动,分享在现代职业教育人才培养创新与发展实践中的经验与成果,为进一步加强京津冀职业教育各界的合作,整合三地优质职业教育资源,促进京津冀职业教育教学改革与发展,从而全面提升职业院校的人才培养质量和内涵建设水平做好理论准备。

2016 年 2 月,在天津市教委的推动下,成立"京津冀职业教育协同发展研究中心",研究创新示范区新任务,指导三地职业教育实践。2016 年 10 月,成立京津冀职业教育协同发展联盟,启动了教学领域三地协同发展进程,深入推进现代职业教育教学体系研究与构建,实现了协同发展,科研先行。

此外,为进一步加强天津职业教育的服务和辐射功能,天津市教委依托天津国家现代职业教育改革创新示范区优质资源,借鉴天津中德应用技术大学办学理念和管理模式,整合承德技师学院现有办学资源和基础设施,与承德市政府共同建设天津中德应用技术大学承德分校。

(二)面向中西部,开展职教帮扶

在教育部指导下,天津敢于担当勇于作为,发扬拓荒牛的敢闯、实干精神,千里马的创新、快干精神,领头羊的示范、先行精神,倾心、聚力、精准、重效地开展了系列职教帮扶工作,走出了一条职教精准扶贫的特色之路。作为大赛永久主赛区,大赛资源同步支撑天津对口帮扶中西部地区,成为提升当地技术技能人才培养水平的重要依托。

自 2016 年以来,天津先后与新疆和田地区、西藏昌都地区、甘肃甘南地区、宁夏回族自治区、内蒙古鄂尔多斯、湖北省、河北承德地区等建立东中西部协作机制，在资源建设、成果分享、管理团队、教学团队、专业提升等方面精准帮扶。天津职业院校专业教师的对口支持全覆盖了宁夏 37 所职业院校。

2016 年 5 月 7 日，国家中西部地区职业教育师资培训中心启用仪式在全国职业院校技能大赛博物馆举行，师资培训中心以天津机电职业技术学院为总部服务平台，搭建"一主多辅"的集散式师资培养培训服务结构，为宁夏、新疆等 19 个省、市、自治区培训管理干部、师资达 10000 人次。

（三）走出国门外，传播职教成果

全国职业院校技能大赛是中国职业教育对外宣传和展示的重要平台和窗口。多年来，大赛始终致力于推进国际化建设，从顶层设计到要素设计都进行了诸多有益的探索和尝试，取得了丰硕成果。大赛通过国际交流引进先进经验，同时也向世界输出了天津职业教育的优秀成果，搭建了交流合作的国际化发展平台。

2008 年首届大赛中，"自动线安装与调试"赛项一炮走红。该赛项由天津高职院校负责赛项设计、技术策划和资源开发。按照技能大赛必须对接产业需求、必须引领教学发展的理念，天津高职院校教师下企业、钻技术、挖案例，直到把企业最核心的技术提取出来，最后抽象成生产线上的核心技术用于比赛，受到参赛院校和合作企业广泛好评，并逐渐名扬海外，受到国际性技能组织的青睐、借鉴和引进，纳入其自身竞赛体系。目前，该赛项竞赛标准已经被越南、菲律宾等东盟十国采纳，成为东盟技能大赛的正式指定赛项，并从 2010 年的第八届东盟技能大赛开始，至 2016 年第十一届东盟技能大赛，连续设置该赛项。中国教育报、天津日报等重要新闻媒体以"世界技能大赛有了天津标准"和"天津标准走进世界技能大赛"为题进行了报道。

2012 年，天津高职院校牵头开发了《自动化生产线安装与调试》英文版教学资源。这是中国第一本结合大赛赛项开发的国际化教学资源，获得了联合国教科文组织和德国国际继续教育与发展协会的高度赞赏,被东盟地区很多国家作为实践培训教材引进,成为东盟国家技能竞赛和教学培训的重要服务支撑。

2016 年 3 月 8 日,天津渤海职业技术学院在泰国大城府建立全国首家"鲁班工坊",其设备的技术水平与国内或国际相关项目的竞赛标准等同,借助"鲁班工坊",泰国大城技术学院在东盟第 11 届技能大赛"Industrial Automation(工业自动化)"赛项中获得有史以来的第一个一等奖,"鲁班工坊"因此成为泰国及其周边国家培养和选拔优秀技术技能人才的场所。可以说,"鲁班工坊"的建成及使用,对于日后中国与东盟国家进行技能大赛联赛,具有重要的"布点"意义。它的成立标志着天津开始把优秀职业教育成果输出国门与世界分享,并搭建起天津乃至中国职业教育与世界对话交流的实体桥梁。

五、大赛十年,引领了天津职业院校教育教学改革的不断深化

(一)教学科研水平不断提升

自首届大赛以来,各地职教工作者基于大赛开展了一系列的研究与实践,共产出 15 项与大赛直接相关的国家级教学成果。其中,2014 年由原中德职业技术学院申报的《开发技能赛项与教学资源,推进高职机电类专业综合实训教学的改革与实践》被评为第七届国家级教学成果特等奖,这是目前为止我国职业教育领域唯一一项特等奖。天津商务职业学院张援越副教授主持的课题成果之一《报关技能竞赛赛题编制标准》已被 2016 年报关技能大赛采纳。

(二)专业设置布局持续优化

历届大赛赛项布局都是建立在对区域经济发展趋势和"高端、高质、高新"企业需求进行准确分析和把握的基础之上的,确保能够及时反映产业、企业及技术热点。天津职业院校通过赛项设置感知产业需求,及时设置新专业、改造老专业、优化专业布局和专业设置,进行专业调整和专业改造,以提升人才培养水平。十年来,天津职业院校相继新增航空航天、现代制造、新能源新材料、物联网和移动通信等 8 个专业组群,新增或改造了 20 余个专业以适应产业结构升级转型。

(三)优质大赛资源得到转化

十年来,天津职业院校依托"物联网技术应用"赛项制作风采展示视频 83 部,竞赛方案和竞赛资料已转化为教学标准、考核标准和实训指导书等;依托机电类赛项,每年连续开发自动化技术类"立体化系列教材",并开发出立体化教学资源包;依托"报关技能"赛项,开发了报关与国际货运专业系列教材,使大赛的资源和成果充分转化到专业教学的每一堂课里。

(四)专业教学标准完成开发

大赛的赛项设置吸收了行业最前沿的技术和最先进的标准,以大赛考核标准为切入点,进行相关教学标准的开发与调整,可以更加严谨规范地将教学标准与行业岗位需求相统一。自 2012 年起,天津市以大赛标准对接教学标准,开展了以先进制造业领域专业为重点的 50 个国际化专业教学标准的开发试点,推动了国内外优质职业教育资源的互补与共享。

(五)实训建设水平明显提升

大赛使用设备是按照企业生产一线设备确定的。以大赛为引领,天津职业院校与企业深度合作,投入资源购置设备和教学用具,共建了一大批与企业技术装备水平紧密对接的校内实训基地,新增高效依托型校外实训基地千余个,优化了职业教育实训基地建设内涵,并在全国范围内形成了广泛的校际、校企共建,实训资源共享的良好氛围。

(六)校企深度合作共办大赛

大赛密切了校企关系,构筑了深化校企合作、产教融合、协同培养职业人才的崭新平台。知名企业纷纷主动与举办院校联系,参与技能大赛的举办。这些企业代表亲临比赛现场,充分感受职业院校近年来的教育教学改革成果,聘用参赛选手,共建实训设施,校企合作获得双赢。天津圣纳科技有限公司是一家教育型企业,自 2012 年起,该公司便积极参与大赛,曾参与设计赞助天津市中职"圣纳杯"新能源纯电动汽车维护与应用赛项、京津冀"圣纳杯"新能源纯电动装调与维护赛项、"圣纳杯"充电站运营与维护等赛项,是天津市近几年中高职院校技能大赛总冠名单位。该公司还深度参与职业教育教产融合,与天津轻工职业技术学院合作开展的《高职院校"融入递进式"创新创业教育体系的构建与实践》荣获天津市 2014 年度教学成果一等奖。

(七)互动作用模式成效显著

在教育部职成司、天津市教委的领导下,天津各职业院校、行业企业、政府部门多方协同,通过办大赛,把"校企合作、工学结合"的经验做法加以规范化和制度化,探索了一套独具天津特色、赛学良性互动的机制,在试验区升级为示范区,乃至现代示范区后,该模式依然持续不断地发挥着积极作用。

这种良性互动机制,既包括了"政府、行业、企业、学校、协会"之间的协同培育产业生态链,也包括了职教系统内部协同打造教育资源集群和行业企业间协同发展产业资源集群。在大赛这样一个共同平台上,企业与职业院校协作,形成良性互动协同关系。通过对大赛赛项系统分析,天津职业教育提出"以赛促学、促教、促改、促建"的教学改革路径:以岗位需求为"基准",大赛为"探测器","测量"学生职业能力的"偏差";以"示范区"为平台,"调控"专业布局、课程标准、实训条件等。二者间的互动协同,从实践层面深入探究了大赛与职教理念创新、制度设计、政策制定、人才培养、教学团队、人才评价和选拔的内在联系,进一步丰富了职业教育的理论内涵,实现了大赛作为职教发展助推器的设计目标。

六、结语

当前,我国正处于由制造大国向制造强国的嬗变转型阶段,迫切需要大批技艺精湛的高技能人才。让技能人才筑基中国制造,培育精益求精的工匠精神,成为全社会共同关注和推崇的时代气质。十年的努力,大赛已成为展示天津职业教育改革创新成果的重要窗口,成为推进天津职业教育校企合作、人才培养模式改革的重要抓手;十年的开拓,大赛已成为扩大天津职业教育社会影响和国际交流合作的重要平台，成为张扬职业教育魅力、弘扬工匠精神的精彩舞台。十年的办赛历程，是天津职业教育各界同舟共济、凝心聚力的过程，是天津职业教育文化丰富发展的过程，是天津职业教育质量飞速提升的过程，是天津职业教育走出区域走向世界的过程。如今，大赛不但成为全国职业教育的盛会，更成为天津的一道靓丽风景。借大赛发展的东风，天津的职业教育正迈向更加灿烂辉煌的明天！

(作者单位：天津市教育委员会　天津商务职业学院)

大赛 10 年：中国特色职业教育技能竞赛制度创新

狄建明　耿　洁

2005 年，全国首个国家职业教育改革试验区落户天津。2007 年试验区第二次领导小组会上，教育部和天津市人民政府商议决定，从 2008 年起举办全国职业院校技能大赛。2008 年 6 月 27 日—30 日，首届大赛在天津成功举办，开启了我国职业教育大规模、多项目、广覆盖、高规格技能竞赛的序幕。2017 年，试验区经过国家职业教育改革创新示范区建设已进入国家现代职业教育改革创新示范区新阶段，大赛也迈入第十个年头。一石激起千层浪，十年来，大赛秉承创新理念，砥砺奋进，影响不断扩大，波及全国职业院校、普通高等学校、中小学校，波及国家部委、联合会、协会、学会，波及产业、行业、企业、社区，波及德国、英国、泰国、印度等众多国家。如今，一个具有中国特色、世界影响的中国职业教育品牌——全国职业院校技能大赛已经形成。

一、从设想到实践，职业教育重大制度创新

全国职业院校技能大赛是我国新时期发展职业教育的一项重大制度设计，是教育部与天津市共建国家职业教育改革试验区、国家职业教育改革创新示范区、国家现代职业教育改革创新示范区的重大战略安排，是深化产教融合、校企合作的重大改革举措，是提升职业教育吸引力的重大推进措施。

（一）明确发展方向

习近平总书记指出，要弘扬劳动光荣、技能宝贵、创造伟大的时代风尚，营造人人皆可成才、人人尽展其才的良好环境，努力让每个人都有人生出彩的机会。李克强总理强调，要把提高职业技能和培养职业精神高度融合，不仅要围绕技术进步、生产方式变革、社会公共服务要求和扶贫攻坚需要，培养大批怀有一技之长的劳动者，而且要让受教育者牢固树立敬业守信、精益求精等职业精神。在第十届全国职业院校技能大赛举办之际，李克强总理又作出重要批示，强调要坚持工学结合知行合一德技并修努力造就源源不断的高素质产业大军。刘延东副总理多次亲临大赛，出席开（闭）幕式并讲话。2014 年 6 月，刘延东副总理在全国职业教育工作会上讲，"在天津举办的大赛已经成为中国职业教育的靓丽风景线"。

（二）服务国家战略

在党中央、国务院和各级领导的高度重视下、在教育部、天津市人民政府的统筹指导下，大赛经过十年发展，已成为服务经济社会发展的平台、技术技能人才选拔交流的平台、产教融合校企合作深化的平台、职业教育教学成果展示检验的平台、职业教育国际交流合作的平台。大赛加强了职业教育与行业企业的联系，健全了职业教育部门与行业企业组织的长效协作机制，丰富了我国职业教育的制度体系，使中国特色的职业教育制度日趋完善，不仅在国内影响广泛，而且世界影响力也在与日俱增。

举办全国职业院校技能大赛并把天津作为永久举办地，是在探索有中国特色的职业教育发展道路、推进职业教育教学改革创新，在天津市滨海新区开发开放纳入国家发展总体战略和设立国家职业教育改革试验区的背景下，由教育部和天津市人民政府共同决策产生的。

2005 年 10 月 11 日，中国共产党第十六届中央委员会第五次全体会议通过《中共中央关于制定国民经济和社会发展第十一个五年规划的建议》，把滨海新区开发开放纳入国家发展总体战略布局。2006 年 4 月 12 日，国务院常务会议批准天津滨海新区为综合配套改革试点。2007 年 10 月 15 日，党的十七大提出，要"更好发挥经济特区、上海浦东新区、天津滨海新区在改革开放和自主创新中的重要作用"。从滨海新区建设纳入国家总体发展战略规划，到写入国家国民经济和社会发展"十一五"规划和党的十七大报告，短短的两年时间，天津的城市定位从"北方重要的经济中心"一跃成为唯一的"北方经济中心"。

同时，为进一步落实《国务院关于大力发展职业教育的决定》(国发〔2005〕35 号)和全国职业教育工作会议精神，探索建立中国特色的职业教育体系和职业教育发展的新模式，服务于天津滨海新区建设和环渤海地区经济发展，2005 年 8 月 19 日，教育部与天津市人民政府共同签署《关于合作共建国家职业教育改革试验区的协议》。同年 9 月 10 日，联合印发《关于共建国家职业教育改革试验区的意见》。2006 年 3 月 23 日，在天津市职业教育工作会议上，双方又联合颁布《国家职业教育改革试验区建设实施方案》，国家职教改革试验区建设全面启动。《方案》中明确提出"扩大职业技能大赛的影响力，由天津市和教育部每两年共同举办一次全国职业院校学生职业技能大赛……引导职业院校强化对学生的技能训练"。2007 年 8 月 23 日，在天津市召开国家职业教育改革试验区领导小组第二次会议上，教育部和天津市人民政府共同决定，从 2008 年起，每年由教育部和天津市政府等共同在天津举办全国职业院校职业技能大赛，向全社会展示实用性技能型人才培养成果，让全社会追技能人才之"星"。

(三)精心筹划落实

教育部和天津市委、市政府将精心办好全国职业院校技能大赛这一工作分别写进了教育部、天津市委 2008 年工作要点和政府工作报告中。各级领导高度重视，教育部职成司、高教司和天津市人民政府办公厅、市委宣传部、市教委、市财政局、市劳动局、市公安局等部门以及南开区政府、和平区政府、团市委、电力公司等单位都投入到大赛的筹备工作中，为大赛提供有力保障。

为加强大赛的顶层设计，让大赛有一个高起步，2007 年年底，由教育部、天津市人民政府等 11 个主办单位组成大赛组织委员会,统一领导筹备和举办工作。天津市建立了由市政府办公厅等 23 个单位负责人参加的 2008 年全国职业院校技能大赛天津市组织协调委员会,下设 11 个工作组具体负责大赛的宣传、接待、安保、市容、交通等工作。天津市教委成立了技能大赛办公室等 6 个工作部门,开始筹划 2008 年全国职业院校技能大赛。同时,教育部还成立了 2008 年全国职业院校技能大赛专家技术咨询委员会。

为做好大赛筹备工作,教育部有关司局和天津市教委先后四次召开试验区领导小组办公室会议,就举办大赛具体工作进行研究磋商、协调部署。2008 年 2 月,教育部印发《关于举办 2008 年全国职业院校技能大赛的通知》(教职成函〔2008〕3 号)。在 3 月至 4 月间,教育部连续召开两次专家技术咨询委员会会议,专题研究大赛设备标准、奖项设立、企业赞助等事宜,并印发了《2008 年全国职业院校技能大赛突发事件紧急处理预案》《2008 年全国职业院校技能大赛仲裁工作规则》《2008 年全国职业院校技能大赛奖项设立方案》《2008 年全国职业院校技能大赛赞助商奖励优惠政策》等文件。

从 2007 年 11 月到 2008 年 6 月,经过半年多筹备,首届全国职业院校技能大赛于 2008 年 6 月 27 日–30 日在天津成功举办。此后,每年的 5 月–6 月,大赛都如期在天津举办。

设想启于需求。大赛落地天津,结束了技能竞赛断续办、分散办、随机办的窘境,开启了技能竞赛连续办、集中办、规范办的新纪元,促进了职业教育技能竞赛的转型、升级,从此大赛步入了创新技能竞赛的新阶段,踏上了打造中国职业教育技能竞赛品牌的新征程。

二、从初创到成熟,职业教育技能竞赛体系创新

十年探索,十年成长,大赛完成了由初创到成熟的成功转变。十年来,大赛坚持"以赛促学、以赛促教",形成了"校校有比赛,省省有竞赛,国家有大赛"的职业教育技能竞赛序列,形成了校级、省级、全国三级竞赛体系。以制度安排、体系构建来引领教育、引领企业、引领社会、衔接国际,成为我国各级各类技能竞赛中,尤其是我国职业教育技能竞赛中,规模最大、项目最多、覆盖面最广、规格最高的技能竞赛活动。

作为国家级最高层次、全国性大型赛事活动,大赛从创办之初就十分注重大赛体系的建立和完善。借鉴系统工程的理论和实践,加强顶层设计,以提升职教学生技能水平、培育工匠精神为宗旨,以促进职业教育专业教学改革为导向,统筹框架设计,健全制度体系,完善运行机制。经过十年实践,创建并完善了组织框架、制度框架和运行机制。

(一)创新组织框架

组织结构是大赛的核心,大赛经过十年完善,形成了立体、多层、多维的四级三层组织结构。一是四级组织,即大赛组织机构、分赛区组织机构、赛项组织机构、赛项承办院校组织机构四级,实行"统筹协调,分级管理"。其中,大赛组织机构包括大赛组织委员会和大赛执行委员会,分赛区组织机构包括分赛区组织委员会和分赛区执行委员会,赛项组织机构包括赛项执委会及下设的专家工作组,赛项承办院校组织机构包括学校成立的有关组织赛项落实赛项实施、保障的各个工作组。大赛组织机构是最高领导决策机构,分赛区组织机构、赛项组织机构、学校组织机构在业务上接受大赛相应机构领导。各级竞赛机构相互配合、分工合作,确保了大赛各项工作的高效和有序。二是三层架构,即国家级大赛组织体系、地方竞赛组织体系和学校竞赛组织体系,构成覆盖全国、逐层组织的竞赛框架。庞大的大赛组织体系犹如一个立体有形的网络,网络中的每个结点位置清晰、功能明确。

(二)创新制度框架

制度框架是大赛的根本,十年来,大赛由单项制度的制定到以规划为统领,全覆盖、多层次、明规范、定职责、可操作的技能大赛制度体系构建,实现了大赛制度上的创新和突破,创立了国内技能竞赛的制度范本。2012年,大赛制度仅有7项制度,到2017年短短的五年时间,就发展到21项,实现了赛事组织、赛事筹备、竞赛过程、赛后工作制度的全覆盖,提高了制度的完备性,强化了办赛的指导性,确保了大赛的规范运行和公平、公正、公开,提升了大赛的吸引力和影响力。连续四年发布《全国职业院校技能大赛制度汇编》从机构与职责分工、赛事安排及运行、赛事管理、赛项规则、赛事保障等几个方面,对机构组建与分工、赛项申报与遴选、赛项规程编制、赛项承办、参赛报名、赛题管理、成绩管理、专家和裁判工作管理、设备与设施管理、监督与仲裁管理、企业合作管理、安全管理、赛项经费管理、大赛标识使用与管理、资源转化、宣传与信息管理、奖励、赛后工作管理等进行了具体的制度安排。同时,从 2013 年开始,按照"统一规划、分类安排、年度计划"原则,《全国职业院校技能大赛三年规划(2013—2015 年)》《全国职业院校技能大赛实施规划(2017—2020 年)》明确了阶段性大赛的发展方向、主要任务和进度安排,为地方和职业院校组织比赛提供依据。

(三)创新运行机制

运行机制是大赛的指挥棒,大赛创设之初确立了"政府搭台,市场运作"的操作思路,逐步建立了"政府搭台、行业主导、企业支持、学校参与"的运行模式,广泛、积极协调有关部委、行业机构或组织参与共同主办大赛,同时吸纳行业学会或协会参与,鼓励企业以各种形式参加大赛。坚持"政府统筹、企业支持、院校参与"的原则,各主办单位加强赛前的沟通协调和统筹力度,就比赛项目、竞赛方式等深入协商,形成了"校校有比赛,层层有选拔,国家有大赛"的职业教育技能比赛序列,形成了"主—分赛场"的竞赛程序,整体形成了从赛项立项、大赛组织、大赛实施到资源转化的良性运行机制。为推进阳光公正办赛和廉洁办赛,大赛监督仲裁管理办法和经费管理办法,从制度设计和过程管理上保证了大赛的公平、公正。近三年,又建立完善了裁判准入机制(推荐入库)、质量管理机制(岗前培训与赛后评价)、抽选回避机制、监督仲裁机制等。同时,大赛搭建了"一网五平台",即大赛官方网站、赛项申报初评平台、网络报名平台、专家信息管理平台、国赛赛项评价平台、赛事信息管理平台。

(四)创新赛事结构

赛事结构是大赛的焦点,关系到大赛成果的效益,影响到职业教育教学的改革深度。十年来,大赛坚持与产业发展相同步,对接行业标准和企业技术水平,根据产业结构调整和技术革新,特别是战略性新兴产业、先进制造业、现代农业、现代服务业的技术变化,及时调整技能大赛的项目、内容和标准,协调解决好量大面广专业、行业特色突出小众专业和新兴专业的设赛要求,不断提高技能大赛的专业覆盖率。同时,建立了常设赛项与轮办赛项协调补充的机制,及时反映国家战略对新型专业人才培养的需要。如开设三网融合(4G 网络)、云安全、三维建模数字化设计与制造、水环境监测与治理等与产业结构升级和高新技术发展同步的赛项,体现了服务国家战略性新兴产业发展需求,促进了职业教育人才培养与产业发展相结合的办赛理念;竞赛内容与方式上,对接专业和职业标准,围绕岗位关键技能设计竞赛内容,注重岗位工作过程与实训教学对接。

十年来,随着大赛制度的成熟,赛事主办单位从 2008 年的 11 家发展到 2017 年的 37 家, 奠定了大赛的权威地位和高规格层次。比赛地点从 2008 年的 1 个主赛场发展到 2017 年的"1+19"一主多分的全国大赛场;承办学校从 2008 年的 10 个发展到 2017 年的 65 个;参赛选手从 2008 年的 2080 人发展到 2016 年的 12042 人;赛项从 10 个专业类别的 24 个赛项发展到最多的 14 个专业类别的 100 个赛项,赛项专业覆盖面达到了 80%。大赛吸引了联想、中兴、大众、通用、西门子、博世、大连机床等一批国内外著名企业的深度参与,使赛项平台直接与行业企业技术发展前沿对接,使赛项的技术标准走进职业院校技能训练的课堂。

三、从探索到收获,中国职业教育品牌创新

大赛十年发展历程是我国职业教育改革发展历程的缩影,经过十年努力,在探索中收获了成果,赛事由小到大、由点到面、从国内走向国际,形成了大赛理念、大赛标准和大赛文化,促进了职业教育事业发展,促进了职业院校师生成长,创建了一个具有中国特色、世界影响的职业教育品牌。

(一)形成了"五业联动"的大赛理念,推进产教校企深度融合

理念是行动的指南。大赛自创办之初,紧贴产业发展,坚持产教融合、

校企合作,在总体赛事设计、实施到每一个赛项设计、实施,始终贯穿产业、行业、企业、职业、专业"五业联动"。以产业结构调整、优化升级为主线,根据国家产业发展和重大战略规划,围绕第一、二、三产业设立赛项,并不断开发出与战略新兴产业、现代服务业对接的赛项,通过赛项将产业、行业、企业及职业有机地融合到专业建设和发展之中。如 2008 年设立动画片制作赛项,2009 年设立 3G 基站建设维护及数据网组建赛项,2010 年设置进出库作业(中职组)和储配方案的设计与执行等物流类赛项,2011 年设立新城疫抗体测定赛项,2012 年设立电梯维修保养和智能电梯装调与维护赛项,2013 年设立风光互补发电系统安装与调试赛项,2014 年设立煤矿瓦斯检查(煤矿安全)赛项,2015 年大气环境监测与治理技术赛项,2017 年设立虚拟现实 VR 设计与制作赛项。

"五业联动"的大赛理念还体现在大赛同期活动之中。2017 年"中国制造 2025"现代职业教育·装备制造业产教对接会——暨京津冀现代制造业职教集团成立,集团由京津冀三地教育委员会、全国机械职业教育教学指导委员会作为指导单位,以天津百利机电控股集团为依托,以京津冀知名大学、职业院校为支撑,以机关、企业、行业为平台,推进"政、行、企、校、研"五方携手,构建产业、行业、企业、职业、专业"五业联动"运行机制,探索制造业类"中高本硕博"双向贯通"立交桥",助力"中国制造 2025"。

(二)形成了国际共识的大赛标准,助力中国职业教育走出去

标准是共识的基础。十年来,众多赛项标准构成了可以跨越国界的大赛标准。这些标准成为学校专业建设、课程建设、实训设施设备建设的引领性标准,也成为评价参赛学生、评价参赛学校的标准,发挥巨大作用,产生显著效应。2014 年天津市"国赛—赛项设计—教学资源开发—综合实训教学"教学成果获得全国唯一一个国家级教学成果特等奖。2016 年由天津职业院校牵头设计的大赛赛项、竞赛装备、教材资源已成为东盟十国技能大赛的指定赛项,竞赛的标准、装备、教材率先走出国门,成为中国职业教育"软实力"的重要标志。

以大赛标准的基础,2016 年 3 月,天津首个"鲁班工坊"由天津渤海职业技术学院与泰国大城府大城学院在泰国建立,这是我国在海外设立的职业教育领域的"孔子学院",是天津现代职业教育改革创新示范区围绕国家"一带一路"战略,配合中国装备"走出去"和国际产能合作,把天津优秀职业教育成果输出国门与世界分享计划实施的开始,是职业院校通过国际化专业教育标准实施海外办学和国际合作办学的独特形式,是推进国际产能合作的技术技能人才当地化培养的重要抓手,为我国职业教育国际化合作探索可复制、可借鉴、可推广的经验和途径。同年 11 月,通过"鲁班工坊"自动化装备训练的泰国大城学院师生代表队在加第十一届东盟职业技能大赛中获得一等奖。截至目前,泰国"鲁国工坊"培训规模已达到千余人次,不仅泰国大成学院以及所在地的其他学校的学生获得了高质量的中国职业教育,而且还吸引了周边其他国家的学生慕名前来求学,有效提升了中国职业教育的国际影响力和话语权。印度、英国、巴基斯坦、印尼、柬埔寨、非洲等一批"鲁班工坊"也将在不久建成。

(三)形成了中国特色的大赛文化,构筑中国职业教育靓丽风景

文化是特色的符号。十年来,大赛形成了涵盖大赛徽标、海报、服装、奖杯、证书、纪念品、宣传手册、画册、赛项指南、标语口号、媒体宣传、同期活动、大赛博物馆等在内的物质层面文化和大赛价值观念、道德规范、行为准则、理念态度等精神层面文化。

2017 年大赛同期活动充分显示了大赛文化的魅力。"一带一路"现代职业教育"鲁班工坊"建设国际化成果展,通过图书、期刊、报纸、图片等多类型资源和新能源技术实训区、数控装调实训区、3D 打印技术实训区、机器人技术实训区,吸引了众多参观者,成为大赛期间一道靓线。

十年间,大赛精彩地展示出职业院校教师和学生精益求精的职业态度和职业精神,发挥出强大的育人功能。通过比赛,参赛学生践行了追求精准、精细、精致的职教理念,不仅获得了职业技能,并且提升了职业品质,张扬了向上、向真、向善的个性品质,增强了综合职业能力和团队精神。参赛

学生在大赛中发展、成长,历练了本领,显示了实力,张扬了精神,展示了青春。获奖选手成为全国相同领域职教学生群体中的佼佼者和学习榜样,成长为岗位技能的楷模,树立了职业技能、职业精神成才成功的范例,代表了职业教育人才培养的成果,反映了职业教育的国家形象。大赛同时提升了教师的专业技能,参与指导的教师从教学理念、教学方法、教学内容、教学效果评价等全方位得到了锻炼。

(作者单位:天津市教育委员会　天津市教育科学研究院)

回顾与展望：全国职业院校技能大赛发展研究

芮志彬　梁　群　田　玲　项　琳　崔秋英　郝天晓　高　威

党的十九大报告中指出：优先发展教育事业，要完善职业教育和培训体系，深化产教融合，校企合作。这是新时代对职业教育发展提出的最新要求。回首过去的五年，党和国家高度重视职业教育发展，特别是在 2014 年国务院《关于加快发展现代职业教育的决定》颁布实施后，各地区、各部门加强了对职业教育工作的领导和支持，在各方共同的参与和帮助下，职业教育不断提升自身发展动力，以国家发展战略需求为导向，不断进行优化升级资源配置和结构布局，同时在人才培养模式上进行了大胆的尝试和探索，逐渐摸索出了一条符合经济社会发展、具有中国特色的职业教育发展之路。其中，全国职业院校技能大赛（以下简称：大赛）作为职业教育一道亮丽的风景线，截止到 2018 年，已经成功举办 11 届，及时总结梳理 11 届大赛的发展历程，并以此为起点展望未来，对于在新时代贯彻新发展理念，加快推进我国职业教育改革和发展，更好发挥我国人力人才资源优势、推动中国品牌走向世界将起到重要作用。

一、大赛发展历程

（一）确立背景

2005 年 7 月，教育部与天津市人民政府签订共建国家职业教育改革试验区协议，该试验区是全国首个职业教育改革试验区，试验区的建立为天津职业教育提供了先行先试的政策优势和保障，同时也为天津职业教育改革和发展提供了难得发展机遇。此后,诸多职业教育改革政策在津门落地生根。经过两年的酝酿和准备,在 2007 年天津召开的国家职业教育改革试验区领导小组会议上,教育部和天津市人民政府为全面贯彻落实党中央、国务院大力发展职业教育的总体部署,议定从 2008 年起,每年举办一次全国性的由职业院校学生参加的技能竞赛,经反复斟酌协商定名为全国职业院校技能大赛,并将天津市确定为大赛的永久举办地。

(二)发展简介

2008 年起至今,大赛已经成功举办 11 届。纵观 11 届的发展历程,大赛从无到有、从小到大,已经成为展示广大师生风采和改革创新成果的重要窗口,成为推进产教融合、校企合作和人才培养模式改革的重要手段,成为扩大社会影响和国际合作的重要平台。

1.大赛规模逐年扩大

参赛选手已经从 2008 年的 2000 多人增加至 2018 年的近 16000 人,指导教师从 1000 余人增加至 11000 余人,主办单位由最初的 11 家增加到了 35 家,合作企业由最初的 10 余家增加到了 100 余家。赛项由 2008 年的 24 项最大增加至 100 项,从 2017 年开始,加入行业特色赛项,进一步丰富了赛项设置。赛区 2018 年增加至 23 个。关键数据的成倍增长,体现出全国各地区、各院校广泛参与,也体现大赛的扩展度、认可度在不断扩大,大赛的普惠性、辐射性得到了充分的展现。

2.体系制度日趋完善

经过多年的发展,大赛逐步构建起了"校赛、省(市)赛、国赛"三级选拔体系,形成了"普通教育有高考、职业教育有大赛"的人才选拔制度。以大赛为载体,一条职业教育院校内部"人人参与、专业覆盖、层层选拔"的人才培养选拔系统链条已搭建完成。在国家设计层面,大赛也经历了两个重要的发展期,即 2008 年至 2012 年的初创期,2013 年至 2015 年的三年规划期。现 2017 年至 2020 年大赛实施发展规划正在征求意见阶段。在制度设计层面,2018 年大赛前夕,教育部等 37 家主办单位正式印发《全国职业院校技能大赛章程》,同时教育部根据大赛章程和规划制定了大赛制度汇编,并每年征求意见及进行修改,保证大赛在制度规范下运行发展。

3.认可和影响显著提升

大赛自 2008 年成功举办以来, 得到了党和国家领导人的高度重视,2017 年第十届大赛前夕,中共中央政治局常委、国务院总理李克强对第十届大赛作出重要批示。在已举办的 11 届大赛里,党和国家领导人多次出席大赛相关活动并发表讲话,肯定大赛在职业教育改革和发展中所取得的突出成绩.通过 11 年的发展,大赛已经成为一张彰显我国职业教育特色的亮丽名片。特别是 2014 年全国职业教育工作会后,国务院印发了《关于加快发展现代职业教育的决定》,为大赛在新时期发展指明了方向。2015 年,国务院同意设立职业教育活动周;2016 年, 教育部结合实际情况将大赛作为重要板块整体并入职业教育活动周。整体并入后,大赛借助活动周的广阔宣传、展示、交流、分享平台得以进一步发展壮大,整体社会效应更加凸显,社会关注和参与度也随之大幅提升。

二、大赛发展特点

(一)赛项设置适应需求

1. 适应国家产业结构调整

大赛从设计伊始,赛项设计就紧贴国家产业发展,赛项设置的基本思路就是赛项设置对接产业发展。在 2013-2015 年大赛发展规划中明确提出,赛项设置须按照"加强农业基础地位,提升制造业核心竞争力,发展战略性新兴产业,加快发展服务业"的四个基本要求。基本要求的出台,为今后大赛赛项设置搭建了基本框架。2018 年印发的《全国职业院校技能大赛章程》中明确指出,大赛赛项设置需对接职业院校主要专业群,对接产业需求、行业标准和企业主流技术水平。章程的出台为新时代大赛赛项设置标准指明了方向。

从 2012 年起,大赛赛项数增加稳定至近百项,赛项设置基本符合国家三大产业发展的结构占比。结合国家产业结构调整,现代服务性产业赛项比重稳步提升,占比稳定在一半左右。智能制造、新技术产业赛项占四成左右。而现代农业、先进制造业赛项设置也更加关注其产业升级发展的方向。

2. 紧贴新时代经济社会发展

多年来,大赛赛项设置始终坚持适应经济社会发展需求,以提升产业发展核心竞争力和建设现代化体系的专业和技术为重点,结合新时代经济结构调整升级和技术工艺革新等特点,围绕互联网+,大数据云计算,节能环保、生物医药、高端装备制造、智能制造、新能源、新材料等设置赛项。如:机器人技术应用、通讯与控制系统(高铁)集成与维护、虚拟现实(VR)设计与制作、互联网+国际贸易综合技能、大气环境监测与治理技术、智能家居安装与维护、物联网技术应用、养老服务技能等赛项,都是紧贴新技术、新经济、新业态发展方向设置。

(二)行业企业广泛参与

1. 参与范围不断扩大

大赛经过 11 年的发展,从无到有、从小到大,发展的规模和影响不断扩大。作为与经济社会结合最紧密的一类教育,大赛的发展离不开行业企业的支持与帮助。大赛的主办单位由最初的 11 家增加到 37 家,2018 年随着国家政府机构改革,主办单位调整为 35 家,覆盖行业门类越来越多。在行业广泛参与的基础上,国赛的举办始终坚持产教融合、校企合作的原则,参与国赛的合作企业由最初的 13 家最多增加到近 150 家,企业参与基本做到了所有赛项的全覆盖。扩展到省赛、市赛及校赛层面,企业参与的数量还会更多。

2. 产教深度内涵融合

经过多年的发展,大赛已经成为落实产教融合、校企合作的重要载体,且融合程度与形式向着更加深度内涵型方向发展。行业企业在大赛发展过程中扮演越来越重要的角色,由最初的提供资金、竞赛设备到现在的参与赛项设计、制定标准、教学资源开发、师资队伍培养、竞赛成果转化等。大赛为职业教育产教深度融合寻找出了重要切入点,各职业院校也通过大赛这个平台深度了解行业企业发展现状，及时调整院校发展和专业设置方向，通过大赛的快速发展已经形成了产教良好互动的新局面。

(三)引领教育教学改革

1.强化师生实践动手能力

职业教育的发展和改革始终受到党和国家高度重视,劳动光荣、技能宝贵、创造伟大的时代风尚也在悄然形成。大赛作为职业教育的平台和窗口,对于教育教学改革素有改革风向标之称。大赛设计的宗旨就是为全国广大职业院校师生搭建展示技术技能的舞台,其目的就是通过大赛进一步提升广大师生的实践动手能力,并通过比赛的形式,让广大师生在实践动手的过程中建立一种"质量意识、精品意识",培养他们追求卓越、精益求精的职业素养和职业精神。通过强化师生实践动手能力,真正提升职业教育人才培养质量,为"中国制造"向"制造强国"过渡提供更多更优秀的技术技能劳动者。

2.促进教育教学质量建设

大赛与职业教育教学有着密不可分的关系。大赛是伴随职业教育发展应运而生,是检验职业教育改革发展质量的重要平台。同时随着大赛产教融合深度的不断加强,教学改革风向标的作用也日益凸显,不断正向促进日常教学中产教融合和教育教学质量的提升,每年一届的大赛都是检验院校教学质量的重要契机。从微观层面看,选手的技术技能水平往往代表其所在院校教育教学质量的高低,大赛已经成为检验职业院校技术技能育人水平的重要标尺。职业院校的专业质量、课程质量、教材质量、实训基地质量、师资队伍质量和学生质量等都逐一对应大赛的相关环节。通过多年的努力,大赛和教学之间逐渐形成了竞赛赛项对接专业建设、竞赛内容对接课程建设、竞赛标准对接教材编写、竞赛设备对接实训室建设、指导教师对接师资队伍建设、参赛选手对接学生培养的六大对接。

在大赛资源成果转化推动教育教学质量提升方面,以2014年全国教学成果奖(职教类)评选中,由原天津中德职业技术学院(天津中德应用技术大学）专家团队申报的《开发技能赛项与教学资源 推进高职机电类专业综合实训教学的改革与实践》获得教学成果特等奖为标志，多项大赛竞赛资源通过实践探索、理论研究，转化运用到实践教学及应用中，极大提升和支撑了职业教育教学工作质量的提升。

（四）同期活动成果丰硕

1.同期活动数量大幅增加

从大赛设计伊始，教育部就十分重视对大赛同期活动的统筹设计。始终坚持把大赛打造成为全国性职教年度盛会，为了最大限度地把大赛作为宣传和展示职业教育发展成果的重要窗口。配合2018年活动周，大赛同期活动数量达到21项，活动数量和活动规模都呈现出不断增长的态势。活动内容也越来越呈现出专业化板块设计，从2008年首届大赛"一会、一展、一论坛"3项活动起，逐步发展为"展示板块、交流板块、国际板块、成果板块、宣传板块"等大型综合板块，形成了同期"赛、会、展"的完整设计体系。

在国家层面举办大型同期活动的同时，各省市及职业院校在大赛同期还举办多项特色活动。特别是2015年，国务院同意设立职业教育活动周以来，大赛作为活动周重要板块整体并入活动周，各地更是围绕大赛及职业教育改革发展设计了开放展示活动，近三年来仅主赛区在大赛期间就举办2000余场职教特色活动。

2.更加注重活动内涵设计

随着大赛的影响力不断扩大，同期活动更加注重其设计的内涵和质量，活动设计思路始终坚持以立德树人、服务社会、促进就业为导向，融入了更多经济发展、产业发展、技术发展等特色元素，展示和举办方式也更加丰富多彩。2014年全国职业教育工作会后，国务院决定中明确提出"提升全国职业院校技能大赛国际影响"的发展要求，大赛同期活动发展进入了新时期，近年来，由主赛区积极谋划的国际活动板块质量和内涵不断加强，国际交流合作日益密切，开展内容丰富国际论坛、国际邀请赛、国际交流活动等。

2015 年 7 月大赛期间,全国职业院校技能大赛博物馆正式在主赛区落成,大赛的博物馆启用为大赛各项活动搭建了更加优质的展示平台,据不完全统计,4 年间已有 20 万人次参观了大赛博物馆, 极好地宣传和展示了大赛多年来取得的成果,2017 年大赛期间, 大赛数字博物馆也在中央领导的见证下启动, 借助网络强大的传播能力进一步丰富和拓展了宣传效应。为坚决贯彻中共中央关于精准扶贫的决定,2016 年 5 月大赛期间, 国家职业教育中西部地区师资培训中心在天津成立,本着扶贫先扶智的工作思路,充分发挥国家示范区的带动效应,针对中西部地区开展广泛师资培训交流活动。据目前统计,已为云南、贵州、甘肃、宁夏、青海、内蒙古、河北、新疆、西藏、湖北等省区近三千名职业教师进行培训。2017 年大赛期间,全国职业技能大赛成果转化中心和国家职业教育教学资源开发与制作中心在津启动运营,两个国字号中心组建将进一步促进大赛成果资源向日常教育教学转化应用。2018 年大赛期间,国家职业教育质量发展研究中心正式落户天津。

(五)国际合作不断加强

1.国际化环境逐渐形成

在《关于加快发展现代职业教育的决定》目标任务中,明确指出到 2020 年要建成中国特色、世界水平的现代职业教育体系,大赛作为职业教育发展重要组成部分同时也要完成决定中提出的各项具体要求。配合任务目标,11 年来,大赛邀请观摩的各国职业教育相关人士逾万人。同时,还举办了"国际职业教育论坛、中英影子校长论坛、国际化专业教学标准分享活动、现代学徒制国际研讨会、"鲁班工坊"交流活动、现代国际产教对接会、国赛对接世赛研讨活动"等大型同期活动。再有,各项邀请赛、挑战赛也在大赛期间成功举办,其中自动化生产线安装与调试国际挑战赛已经成功举办 7 届, 国赛对接世赛交流活动已经成功举办 5 届,"一带一路""鲁班工坊"交流活动已经成功举办 2 届。2018 年,国赛对接世赛项目"机电一体化项目"国际交流活动在天津举行,来自加拿大、泰国、英国、坦桑尼亚、吉尔吉斯斯坦等多个国家近 200 名来宾参加了活动。许多活动、论坛和竞赛都已经举办多届并形成品牌效应。以竞赛为支点,结合论坛、交流、研讨等活动的大赛国际化氛围正在逐步完善形成。

2.国际影响力不断提升

"提升大赛国际影响"是国家对职业教育发展提出的任务要求,多年来大赛不断加强与世界技能大赛及区域性组织的技能比赛的联系,拓宽交流渠道、增进了解互信、探索合作方式,主动向先进国家国际赛事的标准、规范、经验学习,加以转化,主赛区已经建设完成 100 个国际化专业教学标准,东盟地区部分国家已经开始使用由我国制定标准、翻译编写的教材。特别是,世界技能大赛组织主席杰克·杜塞多普先生曾经先后两次来到中国参观大赛,对于大赛的制度设计、中国大赛的设备水平和学生技能水平都给予了高度赞扬,并称赞大赛已经达到"赛事一流、世界水平"。

三、大赛未来展望

11 年来,大赛通过不断自我发展和革新,在引领教学、推动教改、服务师生、促进交流、扩大合作、打造品牌等方面都取得了突出的成绩,对完善构建职业教育体系起到了积极作用。站在新起点,展望未来,大赛将进一步完善各项功能,发挥其在服务职业教育发展及推广中更加积极和重要的作用。

(一)进一步完善规划和设置

1. 完善大赛机制设计

前11届大赛的举办已经形成了一整套较为完善的机制,展望大赛未来的发展,特别是党的十九大胜利召开之后,我国职业教育发展进入了新时代,大赛也将迎来新的发展机遇。面对职业教育体制机制深化改革的各项任务目标,教育部在 2016 年 7 月发布 2017—2020 年大赛实施规划,正在征求意见。意见旨在进一步完善大赛的规划设计,在组织机制、设赛机制、遴选赛区机制、提升大赛水平等方面要进一步细化完善,从根本上完善顶层制度设计,让大赛在阳光下公平运营,更好地服务经济社会、职教师生的发展。

2. 对接产业升级需求

在全面决胜建成小康社会的重要历史关口,我国经济社会发展进入了新时代,产业调整升级加速,供给侧改革持续深入,新概念新技术新产品横空出世,职业教育发展要紧跟新时代的变化和发展,就必须从提升和完善自身内部质量入手,伴随着职业教育不断改革和发展,大赛要更加与经济社会和产业发展的需求相匹配,要深入分析国家产业发展调整升级的各项要求,积极调整大赛各项规划和设置,完善动态遴选机制,对不适应发展的赛项及时进行调整,进一步发挥大赛引领作用,真正体现出职业教育服务需求的发展宗旨。

3. 拓展大赛辐射功能

大赛通过 11 届的发展,利用职教活动周、主赛区、各项同期活动、博物馆等重要辐射平台,通过多种宣传媒介形式扩大了自身的辐射范围,辐射效应得到显著提升。进入新时代,解决不平衡不充分发展成为社会发展的主要矛盾,面对职业教育各方对于发展的新要求,大赛作为职业教育的关键环节,要牢牢把握拓展辐射功能这个工作着力点,大赛是一项制度更是一项重要的标准,要通过大赛的举办,达到促进职业教育公平发展,促进各院校间的均衡发展,促进各地区间资源均衡配置,促进国家间交流与合作的目的。

(二)进一步促进改革和发展

1. 持续引领教学改革

经过多年的发展,大赛已经成为职业教育教学改革和发展的风向标。随着改革的不断深入,大赛将在职业教育教学改革和发展中承担更加重要的角色,在试政策、试制度、试方法的同时要出方向、出路径、出成果,不断为职业教育改革发展提供源源不断的动力,使大赛真正成为职业教育发展的引擎。

2. 持续深化产教融合

大赛发展是职业教育发展的缩影,其发展离不开行业企业的支持,产教融合得好则大赛兴,大赛举办以来始终坚持产教融合之理念。展望未来发展,应进一步在完善体制机制方面下功夫,改变职业教育发展长期以来产教融合"只融不深"的局面。教育主管部门应主动转变观念,进一步借助大赛平台,吸引更多行业企业参与,要进一步推动大赛的管办分离。将行业企业作为办赛的主体纳入到大赛发展的整体规划中。

3. 持续推动成果转化

大赛举办至今的 11 年间,取得的成绩是举世瞩目的。但在一些方面发展还比较薄弱,特别是大赛成果资源转化工作还有待进一步加强。伴随着对此问题的持续关注,竞赛工作委员会资源转化工作组正在全力推进大赛资源转化工作,标志性成果(教学成果特等奖)已经产生,同时在第十届大赛期间,全国大赛成果转化中心在津成立,未来将要更加关注资源成果转化工作的全面推动,增强资源成果转化的普惠性,使大赛成果惠及广大职业教育师生。

(三)进一步提升内涵和影响

1. 注重大赛理论研究

在举办大赛的同时,要进一步关注大赛的内涵和理论研究建设,特别是针对大赛发展的理论研究工作,要组建专业理论研究团队,深入探索与大赛相关的核心问题,以大赛的理论研究为突破口带动大赛的实践改革和发展,特别是大赛对职业教育改革与发展,对院校各项建设工作,对专业课程教学工作,对教师与学生动手能力,对产教融合等核心关键影响因素的探索。力争做到有的放矢,内涵提升与改革发展同步进行。

2. 增加赛项技术含量

德国已经提出工业发展 4.0 概念,我国也提出中国制造 2025 的发展目标,面对国际社会、经济、产业的变革,新经济、新技术、新工艺、新理念层出不穷。大赛发展是机遇与挑战并存,这就要求大赛要主动对接国际先进生产技术和标准,对接产业发展的需求,提升赛项的设置水平和增加赛项自身技术含量,不断促进大赛与时俱进发展的能力。

3. 提升大赛综合影响

职业教育是极为特殊的一种教育类型,从宏观层面看:社会、经济、政治、产业等都对其发展起到决定性作用;从要素层面看:资金、技术、劳动力、智力等都影响其正常发展;从教育层面看:招生、教学、培训、实习、就业等也都作用于职业教育。大赛作为职业教育体系中的重要组成部分,必须从宏观层面入手做好顶层设计,整合要素层面各项资源配置,以教育层面各要素为基本要求深化自身改革和发展,从而真正提升大赛的综合影响。

综上所述,伴随着我国社会发展进入新时代,大赛也开启了新征程,面对新的历史使命,发展机遇与挑战并存,大赛将不忘初心、继续前进,继续发挥好职业教育教学风向标的作用,服务广大师生,展示我国职业教育发展风采,为实现构建中国特色、世界水平的中国特色社会主义的职业教育体系贡献力量。

(作者单位:天津市教委职业技术教育中心)

描绘职教画卷　彰显职教梦想

——学生记者团工作回顾

王晓宗　赵嘉葳　刘凤刚　廖石泉　郭　静　唐朝元

为进一步做好 2017 年职业教育活动周暨第十届全国职业院校技能大赛期间的宣传报道工作,使全社会都了解职业教育、支持职业教育,全面展示天津作为国家现代职业教育改革创新示范区的建设成果,在天津市教育委员会和《中国职业技术教育》杂志社的精心部署下,由天津市教育委员会职业技术教育中心牵头,面向全市各中高职院校征召学生记者,成立了一支由 130 人组成的"中国职业技术教育学生记者团"。记者团连续对大赛、活动周及同期活动进行了为期一周的跟踪报道。

一、开幕式篇

2017 年 5 月 8 日,"2017 年职业教育活动周全国启动仪式暨第十届全国职业院校技能大赛开幕式"在天津海河教育园区体育馆举行。

陈鸿洋(宁波市教育局职教处处长)作为代表,应邀来参加此次开幕式,作为"职教人",他见证了天津作为中国职业教育改革创新示范区这十年来在职业教育领域所取得的巨大成就, 开幕式当天他早早地便来到了会场。

"您好,能占用您几分钟的时间吗?我们想就职教领域的一些相关问题,对您做一个简短的访问。"一个胸前佩戴记者证的青年人说道。当得知对方来意后,陈处长欣然接受了采访。陈处长就"职业教育与经济社会发展的相互关系"以及"对天津职业教育的印象"这两个问题,对提问者作出了耐心细致的回答。其间,"记者们"用心听、认真记,生怕错过受访者回答问题时的每一句话、每一个字,同时还不忘拍照并摄录下采访的每一处细枝末节。当访问进行到最后阶段,陈处长问道:"你们是哪家新闻媒体?""我们是报道此次活动周及大赛相关情况的学生记者团成员。"一直负责提问的"小记者"回答道。

一直与陈处长互动交流的"小记者"名叫陈晓梅,就读于天津广播影视职业学院新闻采编与制作专业,是一名大二的学生。与她一组的"小记者"另外还有 7 人,皆就读于天津本地中高职院校。而像这样直接参与开幕式相关情况报道的小组还有 3 组。统一着装的学生记者工作团队的出现,让人耳目一新,为开幕式增色不少。

"小记者们"在会场所表现出来的职责明晰、沉着淡定,离不开他们平时的学习与积累,更加离不开"老师们"对他们的悉心指导与鼓励。为了能够全景展现开幕式现场情况,更好地报到此次开幕式的盛况,特地对参与开幕式的学生记者团成员做了一次"岗前培训"。

二、"岗前"培训篇

2017 年 4 月 22 日,在天津机电职业技术学院图文信息中心举办了"2017 年职业教育活动周暨第十届全国职业院校技能大赛宣传工作团队和学生记者团成立暨培训会"。此次培训会由天津市教育委员会主办,天津市教育委员会职业技术教育中心、国家中西部地区职教师资培训中心承办,《中国职业技术教育》杂志社、《天津日报》、天津电视台、《今晚报》《天津教育报》、天津职业教育与成人教育网协办。本次培训会邀请了天津市教委领导,国内和天津市重要报刊、网站的主编、记者和专家。自天津市教育委员会副主任吕景泉教授将印有"2017 年职业教育活动周暨第十届全国职业院校技能大赛学生记者团工作证"字样的证件授予学生记者团代表的那一刻起,"2017 年职业教育活动周暨第十届全国职业院校技能大赛学生记者团"正式成立。培训期间,通过专题讲座等形式,对工作团队进行了全方位、多角度的培训。

2017 年 5 月 6 日, 在天津机电职业技术学院举行了"2017 年职业教育活动周暨第十届全国职业院校技能大赛开幕式学生记者团培训会"。

此次培训会邀请到了中国职业技术教育杂志社赵伟主编、席东梅副主编、李术蕊记者、刘红记者以及天津职业教育与成人教育网刘俊仁总编。培训会上, 各位"老师们"从寻找报道事件的切入点、构思到最终完成新闻报道稿件等一系列问题, 对 30 名参与开幕式报道的学生记者团成员进行了培训。

三、学生记者团工作全景篇

此次学生记者团成员均就读于天津本地中高职院校, 是现阶段职业教育发展的"亲历者"和"见证者", 较为了解本学校的实际情况, "特殊的身份"使得他们具备了得天独厚的先天优势——他们往往具有一定的亲和力、能够迅速拉近与受访者之间的距离;他们掌握第一手材料, 并以学生的视角寻找周边正在发生的"故事"。

2017 年天津职业教育活动周以充分展现国家现代职业教育改革创新示范区的建设成果和发展成就为主旨, 其间, 共开展超过 900 多项的特色活动, 这其中更是涵盖了"中国制造 2025"现代职业教育·装备制造业产教对接会——暨京津冀现代制造业职教集团成立大会、"一带一路"现代职业教育"鲁班工坊"国际交流研讨会——国家示范区职业教育国际化进程成果展示、"脱贫攻坚·职教帮扶"协同创新发展论坛——国家示范区职业教育东西部协作行动计划建设展示、"职继协同、双周推动"终身学习型城市建设研讨会——暨国家现代职业教育改革创新示范区建设推动会、"精彩十年"——全国职业院校技能大赛成果展示、全国职业院校技能大赛获奖选手就业洽谈会等 21 项重点活动。此外, 2017 年全国职业院校技能大赛共设置 77 大项、81 小项比赛。天津主赛区承办 24 项比赛, 其中, 高职组 14 项, 中职组 10 项, 共由 15 所院校承办。

如此丰富多彩的内容, 为学生记者们提供了大量的新闻点和采访素材。在平时的采访过程中, 他们有的深入到本学校, 采访院校、系部的相关领导、教师、学生，了解学校近些年来事业的发展成果；有的直接采访身边的教师、同学以及已经毕业的校友，听他们讲述自身的故事；有的深入到赛场，采访参赛选手，听取他们讲述备赛、参赛、获奖的艰辛与喜悦、光荣与梦想；有的采访参赛指导教师，了解他们指导学生参赛的经历，分享他们独到的指导理念和做法，讲述他们与学生之间难忘的故事和情感；有的深入到论坛、研讨会等大型活动现场，通过采访职业教育行政管理者、行业企业领导等，了解他们对大赛发展的认识和看法，请他们针对赛项设置的产业背景和对学生成才发挥的促进作用进行分析和点评；更有的深入到社区，采访身处职教周活动现场的社区居民，从而了解公众眼中的职业教育、技能大赛……

随着各项活动的相继开展和不断深入，学生记者团的小记者们充分利用"职教周"这一平台，用手中的纸和笔，用心中的无限激情，凭借对宣传工作的责任感和使命感，以百分之百的努力做好自己的本职工作。可以说，"职教周"期间的新闻事件发生在哪里，记者团的笔触和镜头就跟随到哪里。经过一周的时间，他们锻炼了写作能力、逻辑思维能力，塑造出沉稳、扎实的记者素质，有了更强的团队意识。45 封稿件、3826 张图片、17 段视频，就是他们勤于思考、笔耕不辍所交出的答卷，这其中包括有一定质量的优秀新闻稿件。

为了能够保证新闻的实效性，及时传播学生记者团对活动周以及大赛相关情况的报道成果，所有稿件在完成后均在第一时间审核、投稿。与此同时，天津职业教育与成人教育网设置"2017 年职业教育活动周暨第十届全国职业院校技能大赛专题"栏目，实时发布审核过的优秀文章、照片和视频，并在全国职业院校技能大赛网和现代职业教育网的相关栏目同时发布。

此次 130 人的学生记者报道团队中，有 63 人来自于天津广播影视职业学院，其中包括 36 个摄影记者、9 个文字记者和 5 个视频组，此外，还有美编组和新媒体编辑，这支"半专业化"的报道团队成为此次学生记者团的主力军。说他们是一支"半专业化"的报道团队是因为他们所学的专业虽然都与新闻媒体的制作与传播有关,但不是所有人都具备"实战"经验。此次对于活动周同期活动以及大赛相关情况的报道,既为他们提供了一次很好的"实战"锻炼机会,也是对于他们在专业技能方面学习成效的一次全方位检验。再加之专业媒体从业人员对他们的"岗前培训",甚至是现场的亲自指导,从而真正做到了"工学结合、知行合一"。

四、结语

活动周及大赛期间,学生记者团的文字记者们用手中的笔记录下了他们的所见、所闻、所感;摄影记者们更是用相机将一幅幅画面永久定格在了照片上,他们用辛勤的劳动为我们描绘出了一幅内容丰富、多姿多彩的职教画卷,与此同时,通过思考逐渐勾勒出了形形色色、不同"职教人"们的职教梦想,最后交汇成"中国的职教梦"。

学生记者团在报道活动周以及大赛相关活动的同时,不知不觉也融入其中,成为"2017年职业教育活动周暨第十届全国职业院校技能大赛"的"一部分",成为别人眼中的"一道亮丽的风景"。

(作者单位:天津市教委职业技术教育中心)

京津冀职业教育协同发展

运用五大发展理念 引领职教协同发展

——专访天津市教委副主任吕景泉

冷珊珊

2016年的2月26日，是习近平总书记提出京津冀协同发展两周年的日子。两年前，习近平总书记在北京主持召开座谈会，提出京津冀协同发展将作为一个重大国家战略。

近日，京津冀三地党委组织部召开的京津冀人才一体化发展部际协调小组第一次会议取得丰硕成果：审议通过了《京津冀人才一体化发展部际协调小组工作机制》《京津冀高级专家数据库管理办法》等文件，决定启动《京津冀人才一体化发展规划纲要》编制工作，为京津冀协同发展提供强有力的人才支撑。会议指出，推进京津冀协同发展，打破"一亩三分地"式的人才机制，实现三地人才一体化发展是关键一环。

京津冀协同发展首先是人才一体化。这些大胆的创新举措无一不让人赞叹。人才是生产力。国家发展靠人才，民族振兴靠人才。创新驱动实质上是人才驱动。改革创新是发展的不竭动力，对人才来说也是如此，于教育来说更是适用。

再次回到两年前的2月26日。当天，国务院总理李克强主持召开国务院常务会议，部署加快发展现代职业教育，会议认为，发展职业教育是促进转方式、调结构和民生改善的战略举措。以改革的思路办好职业教育，对提升劳动大军就业创业能力、产业素质和综合国力，意义重大。

2016年2月26日，由天津市教育委员会、教育部职业技术教育中心研究所等共同发起,天津市教育科学研究院主办,天津市商务职业学院承办,天津教委职教中心协办的"京津冀现代职业教育协同发展工作推进会"举行,会上成立了京津冀职业教育协同发展研究中心,发布了国家现代职业教育改革创新示范区重点课题概览等。

教育是发展的基础,人才是发展的根本。那么京津冀的教育如何协同发展?在协同发展中需要注重提升哪些内容?有什么模式和经验可供借鉴?针对诸多问题,特邀天津市委教育工作委员会委员、天津市教育委员会副主任吕景泉教授就此话题进行讨论。

记者:党的十八届五中全会提出"创新、协调、绿色、开放、共享"发展理念。从职业教育角度看,您对此有何解读?

吕景泉:2015 年,天津继国家第一个职业教育试验区、国家唯一的职业教育示范区之后,天津市政府和教育部又签署了国家职业教育示范区升级版协议。"国家现代职业教育改革创新示范区"建设将会成为天津市职业教育"十三五"发展建设的重要任务和光荣使命。

在新常态下,我们要贯彻落实发展新理念、扎实推进工作新实践。

天津市职业教育站在了新的发展起点,面临新机遇和新挑战。制定并实施好"十三五"职业教育规划和国家示范区升级版建设方案,将国家战略需求、示范升级契机、职教探索需要、天津职教实际、区域产业转型、资源优化集聚,以国际化、校企化、体系化、系统化、终身化、协同化"六化"为视野,从职业院校品牌建设、专业组群建设、课程资源建设、师资团队建设、基地条件建设、赛项平台建设"六项建设任务"入手,形成整体合力,推进国家现代职业教育改革创新示范区又好又快建设发展,转变思想观念,学习贯彻落实"创新、协调、绿色、开放、共享"五大发展理念至关重要。

记者:那么如何用协调发展理念引领天津职教自身与外部的协调发展?

吕景泉:党的十八届五中全会提出,坚持协调发展,必须牢牢把握中国特色社会主义事业总体布局,正确处理发展中的重大关系,在增强国家硬实力的同时注重提升国家软实力,不断增强发展整体性。增强发展协调性,必须在协调发展中拓宽发展空间,在加强薄弱领域中增强发展后劲。

协调是持续健康发展的内在要求,现代职业教育体系的建设要求从教育事业发展的总体布局出发,正确处理发展中的重大关系,推动职业教育自身与外部的协调发展,这包含三层含义:不同层次职业教育之间的协调发展,职业教育与经济社会发展之间的协调发展,职业教育与现代教育体系内部不同层次不同类型教育之间的协调发展。

记者:那么职业教育自身及其与各级各类教育之间如何协调发展?

吕景泉:《现代职业教育体系建设规划》提出,我国未来职业教育改革发展的目标是:形成适应发展需求、产教深度融合、中职高职衔接、职业教育与普通教育相互沟通,体现终身教育理念,具有中国特色、世界水平的现代职业教育体系。职业教育自身及其与各级各类教育之间的协调发展,关键是要明确不同层次职业教育的功能定位,搭建职业教育自身、职业教育与普通教育、职业教育与终身教育之间相互衔接与沟通的桥梁。

职业教育自身的协调发展。建立和完善从中职、高职、应用型本科到专业学位研究生教育的技术技能人才系统化培养体系,探索符合职业教育特点的学位制度和人才培养模式改革;深化招生考试制度改革,加快推进高等职业教育分类招考,探索和完善自主招生、中高职贯通培养等考试招生办法,以及多种模式的中、高、本、硕衔接培养机制,提高高等职业院校招收中等职业学校毕业生和本科高等学校招收职业院校毕业生的比例,使职业学校与普通学校毕业生拥有同等升学机会,打通职业院校学生从中职、专科高职、应用型本科到专业学位研究生的上升通道。

职业教育与普通教育协调发展。优化职业教育与普通教育比例结构,实现普通高中与中等职业学校招生规模合理配置。积极探索综合高中试点工作。通过建立弹性学制与学分转换制度,促进普通高中和中职教育学生的有序流动。

职业教育与终身教育协调发展。以开放大学为平台,以区县政府为责任主体,以社区型区域职教集团为骨架,以区县社区学院或职成教中心为骨干,以街道社区学校或乡镇街成人文化技术学校为支撑,形成时时能学、处处可学、人人皆学的终身教育体系。推动开放大学和职业院校向社会开放学习资源,与社区深度融合,建立职业院校与社区联动机制,促进职前教育和职后教育有效衔接。

记者:此外,您认为职业教育与经济社会之间如何协调发展,特别是在京津冀区域协调发展中,如何充分利用职业教育资源?

吕景泉:天津市职业教育与外部协调发展包含与天津市经济社会协调发展和与京津冀区域协调发展两个方面。

与天津市经济社会协调发展的重点在于,充分利用天津市的职业教育资源,围绕我市主导产业、现代服务业和战略新兴产业的发展,对接重大工程、重大建设项目,强化专业群对接产业群建设,为天津市优势主导产业培养高素质应用型技术技能人才。围绕天津市新的城市功能发展定位,优化职业教育的专业结构和布局,加强服务类专业建设,解决目前服务类专业建设不足问题。

与京津冀区域协调发展的关键在于,围绕京津冀协同发展规划纲要,加速推进京津冀三地职业教育在资源建设、人才培养、师资培训、质量评价和院校管理等方面的协同发展,有序承接北京的优质教育资源外迁,实现京津冀职业教育互利共赢、协同发展。主要任务包括:进一步完善和提升在天津构筑的京津冀协同发展装备制造业、现代服务业、养老健康业、新能源等 8 个现代职业教育产教对接平台,继续搭建区域间的文化产业、民族教育等 12 个产教对接平台;构建京津冀协同发展现代职业教育的对话交流合作机制、项目协同创新机制、校企合作联动机制,消除职业教育跨区域发展壁垒,推动三地在现代职教重大理论、发展战略、发展规划、关键举措和实践探索方面合作协商,建立共研、共建、共用、共享、共赢的协同机制和交流平台。

记者:在天津职教如何加快开放办学与国际化进程方面,您觉得怎样提升职业教育国际化水平？

吕景泉：职业教育作为与经济社会发展联系最为紧密的一种教育类型，人才培养目标、办学模式、教学内容等各个要素都要与经济结构、产业结构和职业结构的调整变化相适应，都要与技术进步、岗位升级、社会发展相协调，因此向全社会开放办学，建立广泛的国际交流与合作是职业教育的发展趋势和责任要求。

天津市职业教育经过国家职业教育改革创新试验区和示范区连续十年的建设，职业教育的国际化发展已走过了单纯借鉴引进、学习了解国外职业教育理念和教学经验模式的初级阶段，步入了从低水平国际交流与合作迈向高水平国际交流与合作的发展阶段，国际优质职业教育资源的输入和天津市职业教育优质资源的输出成为这一发展阶段的基本特征。

在输入方面，一是继续以提升国际化综合要素深度融入教育教学全过程为着力点，将国际先进工艺流程、产品标准、技术标准、服务标准等融入教学，推进国际化职业院校的建设。二是继续学习借鉴世界技能大赛、国际化技能赛事的比赛制度和运行模式，加强全国职业院校技能大赛国际化环境建设，把天津的全国职业院校技能大赛主赛场建设成为职业院校教学成果的展示中心、新技术新工艺新设备新技能的体验中心、产教融合校企合作的重要载体，提升大赛的国际参与度和影响力，并建设我国职业院校参加世界技能大赛的培训基地。到 2020 年，建设并实施 100 个国际化专业教学标准，培养大批具有国际竞争力的技术技能人才。

在输出方面，一是要围绕国家"一带一路"战略，配合中国装备"走出去"和国际产能合作，开发配套教学标准和教学资源，培养具有国际视野、通晓国际规则的国际化技术技能人才，为国家海外发展战略输送人才。二是以天津市职业教育资源为依托，通过合作办学等形式将天津的优秀职业教育技术和职业文化，采取学历教育与职业培训的方式输出国门与世界分享，搭建天津市职业教育与世界对话与交流的桥梁；同时，借助海外办学，使其成为天津市职业教育在国外的一种技术技能服务、技术文化传承交流合作的展示窗口,直接促进输入国对我国技术技能、企业标准的认知、理解与接纳,助推中国企业提升国际竞争力,服务国家"一带一路"发展战略。到2020年,通过鼓励有条件学校积极拓展海外职业教育市场,在境外建设10个左右"鲁班工坊"。

(作者单位:时任《求贤》杂志社记者,现为天津城市管理职业技术学院教师)

示范区引领 三地同下"一盘棋"

——京津冀职业教育协同发展中的天津作为

吕景泉　杨荣敏　狄建明　米　靖　耿　洁

在习近平总书记发表京津冀协同发展重要讲话三周年之际,2月25日,"京津冀职成教育协同发展·老年服务与教育推进会"在天津召开,京津冀养老专业人才培养产教协作会第三次会议也同期召开。来自京津冀三地政府部门、职业院校、科研机构和行业企业的160多人参加活动。

推动京津冀协同发展是重大国家战略,职业教育的协同发展既是京津冀协同发展应有之义,更是京津冀协同发展战略得以落实的重要支撑。天津率先谋划职业教育协同发展,在三地"一盘棋"思想的指导下,以区域整体定位为基础,以国家现代职业教育改革创新示范区建设为引擎,发挥区域职业教育的比较优势,聚焦协同发展亟待解决的现实问题,着力构建京津冀职业教育协同发展的有效模式。

一、构建三地行政部门协作机制

政府引导是三地职业教育协同发展的关键,天津率先谋划,联动京、冀,推进落实。

2014年暑期,受天津市教委邀请,北京市教委、河北省教育厅分管职业教育的领导、院校和教研团队来津沟通对接,协商制定三地职教战略合作框架,京津冀职业教育协同发展交流合作机制初步建立。在天津市教委的倡导下,三地教育行政部门"搭台",政府、行业、企业、高校、科研机构等140余家机构共同唱起"京津冀协同发展现代职业教育·现代服务业产教对接会"大戏。

2015 年 5 月,天津市教委与河北省教育厅签署框架协议,共同搭建产教对接平台,支持优质职业院校跨区域联合办学,组建跨区域职教集团。与此同时,天津市教委与河北省石家庄市商定,将石家庄作为天津国家职业教育改革创新示范区建设成果推广的合作区,在职业教育领域开展全方位合作。天津市教委还与邯郸市教育局签订协议,全面支持两地职业院校协同发展。

二、搭建三地教科研协同发展平台

实践探索、理论研究、经验总结、成果推广是京津冀职业教育协同发展的必然路径。因此,职业教育的协同创新要求科研、教研的协同创新先行。

2016 年 2 月,在天津市教委的推动下,天津市教科院职成教研究所、北京教科院职成教研究所和河北省职教研究所联合成立"京津冀职业教育协同发展研究中心",围绕国家现代职业教育改革创新示范区任务,在重大理论、发展战略和发展规划上,开展具有实证性、前瞻性、系统性研究,指导三地现代职业教育实践。

协同发展,科研先行,教研紧随。2016 年 10 月,京津冀职业教育教学协同发展联盟成立,启动了教学领域的三地协同发展进程,全面深入推进现代职业教育教学和课程体系的研究与构建。

三、"五业联动"推进产教深度融合

围绕三地产业布局,天津找准各方利益结合点,确立产业、行业、企业、职业与专业的"五业联动"大思路,推进政、行、企、校、研"五方携手",提升京津冀职业教育协同发展的水平。

在天津首倡的"五业联动"发展思路指导下,从 2014 年 8 月开始,天津市教委定期举办高端讲堂 16 期,研判产业、行业发展趋势,分析企业、职业人才需求,明确学校、专业建设规划,构建产教、校企、工学多元深度融合新机制。

"五方携手"的落实有效促进了三地多个产业的校企深度融合。2014 年

8月,以"京津冀协同发展现代职业教育·现代服务业产教对接会"的召开为标志,天津率先在现代服务业发出三地产教对接的先声。之后,"京津冀养老服务业产教对接活动""京津冀·晋甘蒙职业教育与新能源汽车产业对话高峰论坛"相继在天津举行,京津冀卫生职业教育协同发展联盟、京津冀模具现代职业教育集团、中国养老产教联盟(中国养老职教集团)相继在天津成立。

在天津市教委的大力推进下,京津冀相继构筑了装备制造业、养老服务业、新能源产业、石油化工产业、生态环保产业、健康卫生、交通运输等12个产教对接平台,初步形成三地协同发展现代职业教育的对话交流、项目协同、校企合作的联动机制,形成了共研、共建、共用、共享、共赢的合作格局和氛围,有效地推进三地之间实现产业、行业、企业、职业与专业的"五业联动"格局。

四、建立三地院校共建共享机制

天津高职院校发挥自身优势,面对河北输出优质培训资源。2014年11月,天津职业大学与唐山市教育局签署协议,在联合开展津唐职教发展研究、校际共建、教师培训交流的同时,建立津唐劳动力输转平台,在对唐山市富余劳动力和大中专院校毕业生进行岗前培训、技能培训和技能鉴定后,转移到天津就业。2016年4月,天津职业大学与石家庄市教育局签署了中职校长、骨干教师培养培训合作协议,对石家庄市教育局所属的中职学校校长、专业骨干近200人进行专项培训。

津冀两地中职学校构建紧密型共同体。天津市第一轻工业学校与邯郸市第六职业中学、峰峰矿区职教中心、馆陶县职教中心、磁县职教中心、成安县职教中心,天津市仪表无线电工业学校与邯郸市工业学校、邯郸市理工学校、武安市职教中心、永年县职教中心、鸡泽县职教中心,天津第一商业学校与保定市职教中心、邯郸市第二职业中学、保定市雄县职教中心等,相继建立了校际合作共同体,探索中职学校跨省联合培养人才和中高职衔接的创新模式。

京津冀职业院校技能大赛赛项建设工作启动。自 2014 年开始,在天津市职业院校技能大赛"护理技能""纯电动汽车装调与维护技术"等赛项中,连续举办京津冀院校师生交流切磋赛,探索三地职业院校技能大赛的新模式。

京津冀职业院校间互通、共建、共享机制的构建,实现了三地跨区域教师、学生与学校发展等多层次的融合,有效地推进了学校办学模式、师资培养、教育教学与评价方式等领域的内涵式互鉴。

五、抓住协同要义创新协同路径

在京津冀职业教育协同发展中,天津市率先启动、步伐坚定,推进了三地协同进行资源建设、协同实施人才培养、协同开展师资培训、协同改善院校管理。当前,京津冀职业教育协同发展面临更多的任务和挑战,需要三地在共识的基础上,抓住协同要义,突破协同瓶颈,创新协同路径。

协同发展的关键是持续。京津冀职业教育协同发展既是当务之急,又是长远大计,不仅关系到三地职业教育自身发展,而且关系到三地产业结构调整和产业布局,关系到三地技术技能人力资源的供给,将影响京津冀城市群建设。因此,要从国家层面统筹设计、整体规划,设立协调机构,建立协同机制,形成联动制度;要进一步厘清三地职业教育发展的融合点,明确协同发展的路线图,组织编制中长期发展规划,实现职业教育与产业转型升级发展的联动和同步。

协同发展的生命是质量。要加强质量监测,建立三地职业教育协同发展数据研究与监测中心,研制监测指标体系,对协同发展进程、发展质量、协同效益进行跟踪、监测、评估,形成协同发展年度报告。整合行业、行政部门信息资源,研究建立三地职业教育人才需求预测、就业预警管理信息系统,及时传递产业发展变化及岗位要求信息,预测产业发展对技术技能人才需求变化,提高三地职业教育人才培养的前瞻性。

协同发展的基础是共赢。要凝聚三地职业教育合力,深化"五方携手""五业联动"机制,加大职业教育与产业发展、职业院校与企业需求、职业课程与岗位要求的深度对接,在构建现代职业教育体系和完善终身教育体系方面持续创新。要充分利用已有协同平台、资源与联盟,加强三地科研、教研与职业院校教育教学的联动,探索三地职业院校间学分互认转换、联合招生等,使科研和教研真正成为三地职业教育协同发展的先导。

(作者单位:天津市教育委员会 天津市教委职业技术教育中心 天津市教育科学研究院)

京津冀职业教育协同发展之天津模式

冷珊珊

天津市委书记李鸿忠在谈到京津冀协同发展时说,习近平总书记亲自谋划推动的京津冀协同发展重大国家战略给天津带来了重大机遇,天津市正处在历史性窗口期,得之如宝、失之不再。

天津职业教育抓住了这个重大机遇,让天津模式领跑全国。

据天津市教育委员会副主任吕景泉介绍,"京津冀协同发展现代职业教育·现代服务业产教对接会"曾在天津中德职业技术学院(现天津中德应用技术大学)举行,来自京津冀三地的政府、行业、企业、高校、科研机构等140余家机构参与,并最终达成共识——通过五大举措、四项运行机制的实施,共同促进京津冀现代职业教育协同发展,由此拉开了京津冀职业教育协同发展的序幕。截至目前,天津的产教平台共搭建了12个,比如天津中德应用技术大学的现代服务业、天津现代职业学院的生态、天津渤海职业学院的石油化工、天津交通职业学院的汽车交通等平台。

吕景泉对本刊记者说:"《天津市人民政府关于加快发展现代职业教育的意见》中提到,推动京津冀现代职业教育协同发展,突出重点领域,构建和完善京津冀协同发展装备制造业、现代服务业、新能源、民族文化技能传承等现代职业教育产教对接平台,形成京津冀协同发展职业教育对话交流合作机制、项目协同创新机制、校企合作联动机制,建立共研、共建、共享、共用、共赢的协同机制和交流平台……"

两年来,在京津冀职业教育协同发展方面,天津一直在努力探索并实践着,这也为技能人才的培养提供了充足的空间。从举办京津冀技能友谊赛到开展相关产教对接论坛,从举行京津冀职业教育师资培训项目到科研课题研究,从梳理凝练京津冀职业教育的理论到实践研究成果,从推动京津冀现代职业教育的信息互通、成果共享到优势资源对接……

那么,天津职业教育在京津冀职业教育协同发展方面究竟有哪些值得关注的亮点和经验?本刊记者走访天津城市职业学院、天津医学高等专科学校、天津商务职业学院、天津轻工职业技术学院、天津市教育科学研究院、天津市教委职教中心,从养老服务业、卫生健康产业、现代服务业、模具行业、智力支撑、协同教学等6方面来分享天津在推动京津冀职业教育方面的模式经验。

一、国际交流、协同发展、合作共赢,培养京津冀养老服务业人才:天津城市职业学院举办养老服务产教对接国际论坛

2016年5月15日,京津冀三地政府、行业、企业、科研机构等单位代表与国内养老产业研究专家和养老人才培养专家,以及美国、日本养老专家齐聚天津,参加在天津城市职业学院举办的论坛。论坛以"国际交流、协同发展、合作共赢"为主题探讨现代职业教育与养老服务业产教对接,深化京津冀养老服务人才培养的协同发展。该论坛同时作为"2016年全国职业教育活动周和全国职业院校技能大赛同期活动"。

在为期半天的论坛中,参会人员围绕重大国家战略部署及京津冀协同发展的大背景,以"产教协作会"为载体,不断扩大"京津冀养老人才产教协作会"的声誉;着眼社会养老服务需求,探讨养老服务人才培养上的协同创新,倡导行业企业积极参与职业院校养老人才培养;实现京津冀职业院校、养老企业关于养老人才、智力、技术、设备等方面的资源共享和优势互补,充分发挥群体优势、组合效应和规模效应等议题进行讨论交流。

论坛对京津冀养老专业人才培养产教协作会成立一年来的工作进行了总结;审议了《京津冀养老专业人才培养产教协作会章程》;对京津冀养

老专业人才培养产教协作会校企合作,共建养老人员职业素养培养"十三五"教材编写等情况进行说明。来自美国和日本的养老专家,就"国外养老状况及居家养老照护人才培养"进行了经验分享;中国老年产业协会副会长张恺悌和全国养老产业与教育联盟顾问罗志教授,分别就"国内养老服务业发展状况"及"京津冀养老服务业与教育协同发展"做了专题报告。

《京津冀养老专业人才培养产教协作会章程》指出,京津冀养老专业人才培养产教协作会,是对京津冀各职业院校养老专业人才培养模式与产教融合模式,进行研究、指导、服务和质量监控的组织机构。天津城市职业学院作为产教协作会的办事机构,承担产教协作会的日常工作。

与会代表纷纷表示,要利用协作会平台,协同开展系列活动,吸引社会各界关注养老服务岗位需求,创新养老服务模式的机制活力,突出协同、突出融合、突出联动,提高人才培养质量和实用性。

天津市教委副主任吕景泉在讲话中强调,今后天津在养老人才培养工作中要做四件事:一要充分发挥平台作用,在相关行业指导委员会、专家指导下,开发适用性强的专业教学标准;二要加快开发课程教学资源,让标准落地;三要以天津国家现代职业教育示范区为载体,启动研发养老类教学仪器装备的项目;四要推动行业指导委员会指导的技能大赛在天津落地。他肯定了本届论坛的工作与成绩,希望论坛成为实现京津冀地区养老人才培养和养老产业共研、共建、共享、共用、共赢的重要平台。

加快推进养老服务业。不断满足社会日益增长的养老服务需求,是党中央、国务院保障和改善民生。全面建成小康社会的重要举措,也是现代职业教育人才培养需要研究和解决的重大现实课题。为落实《教育部等九部门关于加快推进养老服务业人才培养的意见》精神,2015年5月,京津冀相关政行企校研代表聚集在天津城市职业学院,以"汇集政、行、企、校、研多方力量,服务京津冀养老服务业人才培养"为主题,共同探讨"现代职业教育·养老服务业产教对接"任务要求和实现路径。这是一次围绕国家重要战略部署,融合京津冀多方资源,优势衔接,聚力攻关,积极主动推进养老服务业人才培养的积极尝试,也是现代职业教育服务社会、对接需求,走产教融合、校企融合之路的有益探索。与会同志作为这一改革和探索的践行者,感到责任重大、使命光荣,并为此形成以下共识:创新养老服务人才培养之路、着力提高养老服务人才培养质量、营造全社会关心支持养老服务业人才培养的氛围。

二、依托卫职教育协同发展联盟,提高卫生健康人才培养质量:天津医学高等专科学校开展联盟活动纪实

2015 年 5 月 31 日,由天津医学高等专科学校发起,联合京津冀三地 18 家卫生职业院校、医疗机构、企业,成立京津冀卫生职业教育协同发展联盟。联盟成立至今,逐步建立合作机制,开展系列活动,取得了显著成效,实现优势互补、资源共享,提高人才培养质量,促进区域卫生事业、健康产业和养老服务业发展。

天津医专从 2015 年年初开始着手准备,向京津冀三地的相关院校、医疗机构、企业发出成立"京津冀卫生职业教育协同发展联盟"的倡议,得到了各单位的积极响应。

2015 年 3 月 28 日,京津冀相关三地医专院校齐聚该校,召开了"京津冀卫生职业教育协同发展联盟"第一次筹备会,联盟的核心院校基本确立。经过几次会议的商讨,确立了联盟的章程,以"协同发展、资源共享、优势互补、合作共赢"为原则,全面整合卫生职业教育和行业优质资源,在人才培养、教育教学、专业建设、文化传承、校院(企)合作、社会服务和科教研等方面加强交流合作,为京津冀区域经济社会发展提供技术和人才支撑。5 月31 日,在该校举行了京津冀卫生职业教育协同发展联盟成立大会,至此"京津冀卫生职业教育协同发展联盟"建立。

2015 年 5 月 30 日上午,在该校举办了"人卫杯"京津冀首届护理技能友谊竞赛(友谊赛)。此次比赛,意在通过联合竞赛、友谊切磋,为学生提供更大的技能展示平台,为院校交流合作提供有效通道,总结成功经验,促进教育教学改革,而创新办学机制也是开展本次比赛的重要目的。

在联盟成立大会结束之后,现代职业教育——健康服务人才培养产教对接论坛揭开了序幕,三地院校和企业进行交流学习。

2015年11月3日—4日,在第五期国家级专业骨干教师培训期间,该校作为京津冀卫生职业教育协同发展联盟主席单位组织举办了联盟师资培训,联盟成员单位10余所本科、高职、中职院校30余位教师代表参加此次培训。

各联盟单位成员代表就联盟工作进行了座谈,各院校代表积极发言,就工作机制、人才培养、资源共享、教材编写等方面共商合作内容与方式。培训会议的顺利召开,为教师更新教育理念、提升教学水平搭建了平台。

2016年3月4日,由天津医学高等专科学校发起,经京津冀卫生职业教育协同发展联盟批准,京津冀地区10所院校口腔医学及相关专业成立"京津冀协同发展口腔职业教育合作共同体",为共同体院校40余位教师开展实训基地建设培训,提升教师专业建设水平,共建专业,共育人才。

2016年4月,共同体院校联合申报全国教育科学规划课题"京津冀口腔医学职业教育国际化专业建设研究"和天津市教育科学规划课题"'互联网+'在职业教育教学与评价中的应用研究",7月天津市教育科学规划课题批准立项建设。

2016年4月23日,共同体组织赴华西实训基地调研,学习华西实训基地建设、口腔医院建设和口腔博物馆建设成果,参加"虚拟仿真口腔医学教育国际研讨会",学习先进的教学理念,为开展实训基地建设拓展思路。

2016年5月13日,由该校承办的全国高职高专院校药学类食品药品类专业"十三五"规划教材编写会议暨京津冀药学类专业教学改革研讨会召开,中国台湾敏惠医护管理专科学校校长及内地40余所职业院校代表参加此次会议。会议针对新的专业目录,修订人才培养方案,通过京津冀地区在药学类专业共同建设核心课程,实现三地教学资源共享、合作共赢的局面。

2016年6月,共同体及全国19家院校与北京科学技术出版社合作在中华口腔医学会指导下,开发口腔医学专业、口腔护理专业、口腔医学技术专业数字化教学资源,立项建设全国卫生职业教育"十三五"规划教材,实现专业资源建设一体化。

三、专注现代商务服务,深化校企协同育人:天津商务职业学院助力京津冀现代职业教育纪实

(一)人才培养模式不断创新,学生综合素质显著提升

作为专注于区域现代服务业发展的天津商务职业学院,长期致力于发挥属地行业优势,为京津冀现代职业教育协同发展探索、助力。"十三五"期间,该校进一步探索自身在职业教育协同发展的定位,立足天津,面向全国,服务京津冀,为三地现代服务业的发展贡献自己的力量。为进一步提升人才培养质量,适应京津冀区域服务业转型升级,"十二五"期间,学校开展了多层次的教学改革。

首先,从学校层面,构建了"三能并举、两线并进、一体贯通"的具有鲜明商务特色的人才培养模式。其次,从专业层面,各专业经过几年的改革实践,形成了独具特色的专业培养模式,如商务英语专业的"2S3D"(双重身份、三层递进)工学结合人才培养模式,国际贸易实务专业构建的"四融合、三进阶"人才培养模式,物流管理专业实行的"订单引领、三段递进"人才培养模式,市场营销专业施行的"两进两出、工学交替"人才培养模式,会计专业采用的"课岗证融合、校企一体化"人才培养模式,商务经纪与代理专业建立的"工学双向培养,岗位套餐组合"的三明治式人才培养模式等。再次,从课程体系建设层面,学校实施了工学结合课程体系改革,形成了"重点专业—特色专业——一般专业"三个层次,"确定课程体系—整体教学设计—单元教学设计"三个阶段的改革模式,5个特色专业和近20个一般专业的课程体系改革工作全部完成,并进行了为期1—3年的验证性实践。最后,从课程建设层面,引进企业标准,广泛运用信息化教学手段,重构课堂教学,拓展校外实训项目,综合培养学生能力。

(二)筹建天津首家地方性行指委,深化区域校企协同育人

2016年1月,天津首家地方性行指委——天津商务行业职业教育教学

指导委员会成立,该行指委由天津市教育委员会和天津市商务委员会牵头组建和管理,天津商务职业学院筹建。商务行指委立足天津,辐射京津冀,积极发挥桥梁纽带作用,充分调动商务行业各级行政主管部门、商(协)会、企业、职业院校的积极性,加强对商务行业职业教育校企合作工作研究、指导、服务和质量监控,加强对商务行业职业教育和教学工作的宏观指导,推进职业院校加强内涵建设,突出办学特色,促进人才培养质量的全面提升。为不断适应经济社会发展的需求,强化专业建设的引领,2016年完成跨境电商专职委及会计专职委的成立,为专业建设标准提供智力支持。

2016年职教周期间,天津商务行业指导委员会主办了第二届"京津冀协同发展现代职业教育·现代服务业产教对接会",来自全国50余所中高职院校,23家知名上市公司、跨国公司,以及行业协会、教育研究机构的200余人参加会议,共同畅谈"十三五"期间现代职业教育与现代服务业产教对接。会议主题演讲紧扣时代主旋律;全国VBSE工程实践创新研究院授牌仪式,标志了京津冀职业教育的新里程;京津冀三地院校分享优秀且成熟的职业教育新模式、新成果。

(三)签订三地职教合作协议,成立职教协同发展研究中心

2016年2月,该校举办了"京津冀现代职业教育协同发展推进会"。河北省职业技术教育研究所、北京教科院职成教研究所、天津教科院职成教研究所共同签署《京津冀职业教育科研组织合作协议》,成立京津冀职业教育协同发展研究中心。该中心的主要职责是:充分发挥三地职业教育研究机构的作用,凝聚三地科研力量,协同探索有中国特色的京津冀现代职业教育发展思路,梳理凝练京津冀职业教育的理论和实践研究成果,推动三省市现代职业教育的信息互通、成果共享、优势资源对接,从国家战略的角度,更好地引导和促进京津冀职业教育的功能互补、错位发展和改革创新。

四、落实中国制造发展战略、推动模具产业协同创新:京津冀模具现代职业教育集团在天津轻工职业技术学院挂牌

5月12日,由天津轻工职业技术学院牵头筹备的京津冀模具现代职业

教育集团正式成立。该职教集团由 65 个理事单位组成,其中包括京津冀三地模具协会、三地院校及训练(培训)中心 24 所(个)、三地企业及科研院所 38 家,天津汽车模具股份有限公司为常务理事长单位,秘书处设在天津轻工职业技术学院。

京津冀模具现代职业教育集团成立大会,是职业教育活动周的"第二届京津模具行业协同、创新、发展论坛"板块的一项重要活动。

此会议以落实"中国制造 2025"战略为主题,用"协同、创新、发展"的理念来推进京津冀模具产业结构优化和转型升级,既符合中央实施的京津冀协同发展战略和两市一省的合作协议框架,又符合京津冀地区模具产业发展的实际;这次会议包括了"政、行、企、校、研"五个要素,有政府部门、有京津冀三地模具协会和多个地区的模具协会、知名的模具企业、三地院校和科研机构,这五个要素汇集到天津,进行京津冀模具行业的协同创新发展;"第二届京津模具行业协同、创新、发展论坛",是 5 月 8 日至 5 月 15 日国家设立的职业教育活动周中的一个重要板块,既是对京津冀的现代职业教育与现代模具产业的发展研究,又体现合作共赢,建立京津冀模具行业的职业教育集团。

天津市工业和信息化委员会副主任王景梁、天津市教育委员会副主任吕景泉、中国模具工业协会秘书长武兵书、泊头市常务副市长王炳林、京津冀三地模具协会的领导,以及其他省市模具协会的领导出席了会议。由京津冀三地模具协会秘书长代表本地理事单位签署了协议。王景梁、吕景泉、武兵书和天津汽车模具股份有限公司董事长常世平、天津轻工职业技术学院院长戴裕崴,共同为职教集团揭牌。

揭牌的职教集团具有行业型的特色和优势,行业龙头企业将发展理念、前沿技术、行业标准等与职业院校共享,职业院校汲取行业龙头企业的精华,利用整合的优质资源,用于专业人才培养;该职教集团还具有面向模具产业区域型的特色和优势,围绕模具的制造、使用,模具专业人才不同层次的系统化培养,形成教育链与产业链的有机融合。校企合作、校校合作,将产生巨大的集聚效应和规模效应;在创新集团化办学运行机制、校企共育人才的教育教学改革中,勇于先行先试,将使该职教集团充满办学活力和综合服务能力。

其中,天津汽车模具股份有限公司是京津冀模具现代职业教育集团的常务理事长单位,该职教集团秘书处设在天津轻工职业技术学院。天津轻工职业技术学院建有以模具设计与制造专业为核心的材料成型与先进制造专业群,在校企合作培养复合型人才、服务行业企业技术水平提升、扩大专业国际影响力等方面,作出了十分有效的探索与实践。京津冀模具现代职教集团,将成为学院模具专业及材料成型与先进制造专业群加速成长的沃土,而模具专业及材料成型与先进制造专业群,也将为京津冀模具现代职教集团作出应有的贡献。

天津市教委副主任吕景泉对京津冀模具现代职业教育集团的成立及天津轻工职业技术学院的筹备工作,表示充分肯定,并且希望京津冀模具现代职业教育集团今后在校企合作机制建设、京津冀三地院校共同为模具产业发展等方面作出示范性的实践探索。

该职教集团将聚合三地模具教育和产业力量,联手落实京津冀协同发展重大国家战略的科学实践,服务模具产业结构升级、优质资源共享、多方共赢的战略合作,共同培养三地模具产业链需要的技术技能人才。

五、充分发挥科研先进作用,推动三地职教跨越式发展:天津市教育科学研究院主办京津冀现代职业教育协同发展工作推进会

2016 年 2 月 24 日,在中央召开京津冀协同发展座谈会两周年之际,"京津冀现代职业教育协同发展工作推进会"在天津举行。此次推进会由天津市教育委员会、教育部职业技术教育中心研究所等共同发起,天津市教育科学研究院主办,天津商务职业学院承办,天津市教委职教中心协办。会议的主题是深入贯彻《京津冀协同发展规划纲要》,全面落实《关于加快发展现代职业教育的决定》和全国职业教育工作会议精神,进一步推进京津冀职业教育协同发展,推进国家现代职业教育改革创新示范区建设。

2014 年以来,天津市深入落实京津冀协同发展重大国家战略,着力提升京津冀职业教育人才培养质量,积极推进京津冀职业教育协同创新和发展,开展了一系列工作,取得了明显成效。

搭建"京津冀协同发展·现代职业教育产教对接平台"。近两年先后举办了以"京津冀协同发展和现代职业教育"为主题的装备制造业、现代服务业、养老服务业、健康服务业、新能源、石油化工、环保产业和交通行业等 8 场产教对接会,建立了京津冀协同合作"人力资源需求信息共用共享平台""产教融合校企合作区域性协作平台""现代服务业创新创业型人才共育平台""师资与学生交流交换平台""现代服务业区域性研究平台"等5 大平台,以及合作对话机制、协同创新机制、区域共研机制和区域联动机制等 4 大机制。

建立京津冀三地教育行政主管部门沟通机制。2014 年 7 月,天津市教委主动邀请北京市教委、河北省教育厅,联动三地分管职业教育的领导、院校和教研团队深入交流,协商制定三地职教战略合作框架,搭建了京津冀职业教育协同发展的交流合作平台。2015 年 5 月,天津市教委与河北省教育厅签署了《天津市、河北省关于加强津冀两地职业教育与职业培训合作协议框架》,确立了建立职业资格证书互认制度,共同开展职业技能竞赛、成果展示等技能交流活动,开展职业技能培训,建立职业院校和职业培训机构师资联合培养机制,搭建职业教育优质资源共享平台,建立职业教育国际合作交流平台,加强对口帮扶与支援工作等 11 项工作任务,全面推动两省市之间的职业教育协同创新。

深入开展三地交流合作。开展三地职业院校间的校际交流;借助北京职业教育优质的人才资源,聘请专家学者,参与天津市职教领域重大项目的论证;开展三地职业院校师生的交流活动,2015 年在天津市高职高专院校技能大赛"护理技能""纯电动汽车装调与维护技术"等赛项中,举办京津冀高职院校友谊交流赛,促进京津冀三地职业院校相互学习,实现共同提高。

会议期间,天津市教育科学研究院职业教育与成人教育研究所、北京教育科学研究院职业教育与成人教育研究所、河北省职业技术教育研究所联合成立了"京津冀职业教育协同发展研究中心",签署了《京津冀职业教育协同发展组织合作协议》,发布了"国家现代职业教育改革创新示范区研究课题"。中心下设"京津冀职业教育协同发展研究中心(北京)""京津冀职业教育协同发展研究中心 (天津)""京津冀职业教育协同发展研究中心 (河北)"三个分中心。中心立足三地经济社会发展,以提高职业教育质量为核心,以改革创新为动力,以服务三地职业教育为导向,充分发挥科研先行的作用,围绕"国家现代职业教育改革创新示范区""首都非核心功能疏解"及职业教育支持扶贫开发、助推产业调整升级等重大项目,优势互补,错位发展,开展深入的理论和实践研究,搭建三地职业教育信息互通互联平台,推动三地资源共建共享,协同创新京津冀职业教育发展新路径,探索具有中国特色的京津冀现代职业教育发展模式,推动三地职业教育跨越式发展。

六、探索职业教育教学创新,服务社会人才共同发展:天津市教委职教中心发起成立京津冀职业教育教学协同发展联盟

2016 年 10 月 26 日,京津冀职业教育教学协同发展联盟成立大会暨京津冀职业教育教学协同发展论坛召开, 来自京津冀三地教育主管部门、职业院校、职业教育研究机构、有关行业企业及媒体代表近 300 人出席了本次活动。

为积极响应京津冀教育协同发展战略,贯彻落实全国职教工作会议精神,提升职业教育服务区域经济能力,推动三地职业教育的协同发展,充分发挥职业教育教学研究机构优势和功能,北京教育科学研究院职成教研中心、天津市教育委员会职教中心、河北省职教研究所共同发起成立了京津冀职业教育教学协同发展联盟。

该联盟服务京津冀经济社会发展与人的发展,围绕核心业务,发挥联盟成员各自优势,搭建平台、协同创新,提高效益、共同发展,形成服务三地职业院校教学研究与改革、提升职业教育人才培养质量、促进经济、服务社会的格局。该联盟根据区域经济社会发展及职业教育教学需求,集职业教育人才、专业、科研三位于一体,构建京津冀职业教育教学协同创新与发展的大机制。服务京津冀经济社会发展与师生发展,发挥成员的各自优势,搭建共享平台,在专业建设、课程体系、教学资源、校企合作、实训基地、师资队伍、核心素养、质量评价、职成教一体化和技能大赛等方面开展协作,推进区域职业教育教学的协同发展。

该联盟在京津冀三地教育行政部门领导下开展工作,并设立秘书处负责日常事务,联盟秘书处实行轮值制度,每届当值一年。目前,已有来自三地的职教研究机构、职业院校、行业组织、企事业单位共计 135 家成为首批会员单位。

在接下来的论坛上, 发言嘉宾围绕着京津冀产业结构布局与未来发展、工业 4.0 背景下的职业教育发展、中高本一体化的人才培养模式等主题作了精彩的报告,以及来自三地一线院校教育教学成果的案例分享,使得本次论坛有着豪华的专家阵容、高端的研讨视角、精彩的主题报告、务实的案例分享,与会代表纷纷表示,学习了很多,收获了很多,感悟了很多,开阔了很多,充实了很多,颇受鼓舞。

天津市教育委员会中职处处长狄建明、天津市教育委员会职教中心主任孟志咸、天津市成人教育教学研究室主任米靖等专家出席了此次论坛。天津市教育委员会职业技术教育中心(以下简称天津市教委职教中心)为市教委直属事业单位,以贯彻落实市教委有关职业教育、成人教育方针、政策、规定为宗旨,以服务于全市各级职业教育、成人教育办学单位为己任,以促进各级职业教育、成人教育办学单位教育教学改革与教育质量为目标,树立全国现代职业教育改革创新示范区的大局观,以加强职业教育实践环节、技能培养为工作重点。主要职责是负责全市高等职业学校、中等职业学校、成人院校教育教学研究,总结推广教学改革经验,组织教学改革实验。负责为天津市职业学校、成人学校教育教学提供各项服务,承办行政部门委托的教育教学管理工作;参与天津市职业教育、成人教育院校教学评估、教学质量监测与分析;参与全市职业教育、成人教育院校管理人员和教师的培训工作；组织开展天津市职业教育、成人教育理论科研工作；组织开展全市职业教育、成人教育信息研究与咨询服务；指导天津市各级各类教育开展教育史志研究工作，负责《天津教育年鉴》编辑出版发行工作；配合天津市教委完成每年全国职业院校技能大赛的筹划、准备、组织实施、会务接待服务以及后期各项工作；协助天津市教委、市财政做好中央财政及天津市财政针对中高职院校投资项目的相关工作。几年来，天津市教委职教中心各项工作连创佳绩，圆满完成各项任务，在 2014 年荣获全国教育系统先进集体称号，多次受到教育部和市教委有关部门的表彰。

（作者单位：时任《求贤》杂志社记者，现为天津城市管理职业技术学院教师）

搭建产学研创新平台　助力京津冀协同发展

天津现代职业技术学院

　　京津冀职业教育协同发展是京津冀教育协同发展的重要组成部分,本市职业教育坚持三地"一盘棋"指导思想与"一体化"发展目标,以区域整体定位为基础,以国家现代职业教育改革创新示范区建设为引擎,发挥天津比较优势,聚焦职业教育协同发展亟待解决的现实问题,积极开展实践探索,着力构建京津冀职业教育协同发展的天津模式;同时,引导三地建立政(府)、行(业)、企(业)、校(职业院校)、研(研究机构)"五方携手"的合作机制和产业、行业、企业、职业与专业"五业联动"的运行机制,加快形成共研、共建、共用、共享、共赢的整体格局。

　　天津现代职业技术学院作为首批进入天津海河教育园区的国家示范性骨干高职院校,紧密结合轻工行业特色及京津冀地区区域经济的产业特点,秉承"对接产业、优化结构、协调发展、强化特色"的专业建设理念,主动对接京津冀区域经济社会发展和产业结构调整与升级的需要,紧扣结合行业企业人才需求,不断优化调整专业布局,优质专业与优势产业紧密对接。

　　为了深入贯彻京津冀协同发展国家战略,落实好市教委、市发展改革委制定的《天津市落实〈京津冀协同发展教育专项规划〉实施方案》,学校与京津冀三地政府、行业协会、龙头企业深度合作,发挥多主体参与的合作优势;升级校内外产学研基地功能,建立旨在服务京津冀优势产业的协同创新平台,在教学、培训、应用技术及产品开发等方面开展卓有成效的工作。

经过近三年的实践,服务京津冀职业教育、优势产业能力大幅提升,三地合作完成的教学、科研成果丰硕,为京津冀教育协同发展作出了显著贡献。

一、强化机制体制建设,为服务京津冀职教协同发展提供有力保障

(一)加强组织领导

学校将推进京津冀职业教育协同发展作为党政"一把手工程",主动融入国家大战略,确保京津冀教育协同发展工作落到实处。成立"京津冀职业教育协同发展工作组",设立工作组办公室,由校长直接管理和监督工作组的各项工作。各二级部门积极配合工作组开展工作,共同推进京津冀职业教育协同发展工作。

(二)制订实施方案

制订并出台《天津现代职业技术学院推进京津冀教育协同发展实施方案》。各二级部门紧密围绕方案,制定本部门重点任务,进一步细化本部门的工作目标,将推进京津冀教育协同发展工作纳入年度工作计划,按月编制进度表,全力推进方案中各项任务的有效落实。

(三)实行信息月报

实行京津冀协同发展工作月报制度。各二级部门每月按时向工作组提交京津冀职业教育协同发展工作进展情况,并由工作组向校长报送阅知,并对各部门的典型做法、阶段性成效进行通报。

(四)强化工作督导

按照工作部署,学院京津冀职业教育协同发展工作组针对实施方案中的重点任务、重大工程开展定期督查。确保学院推进京津冀教育协同发展工作取得实效。

二、政、企、校多主体参与,实现京津冀各方资源的有机结合

(一)与河北省三县市深度合作,完善服务京津冀协同发展布局

1.与河北省邯郸市邱县人民政府开展产学研深度合作

学校与河北省邯郸市邱县人民政府开展了多次友好互访活动,与邱县教育局、科技局、人社局、职教中心等部门进行了广泛交流,走访并参观邱

县河北省级经济技术开发区,与"马大姐"食品邱县分公司、邯郸市鑫泉啤酒有限公司等园区企业进行了深入交流。

在达成合作共识的基础上,学校与河北省邯郸市邱县人民政府于2017年3月签署《天津现代职业技术学院—河北省邱县人民政府产学研合作协议》,双方在职业教育人才培养、师资培训、联合研发等方面达成共识。

2.与河北省唐山市玉田县国家级农业科技园区开展产学研合作

为了推进京津冀农业现代化进程,学校与河北省唐山市玉田县政府、玉田国家级农业科技园区(示范区)开展产学研合作。双方在农产品深加工、农田环境监测、无人机大田应用、数字化农业开发等产业方向,开展员工培训、技术人员培养、农业技术开发等方面的合作;并就学校在科技园区内建设产学研示范基地签署合作协议。

3.与河北省张家口市沽源县政府达成技术合作意向

学校走进河北省张家口市沽源县,深入国家西蓝花之乡及十字花科作、胡麻等作物主产区,与沽源县农业局广泛交流,对主要农产品的深加工合作达成了意向。同时,深入坝上草原,对无人机草原监控、草原生态保护等方面达成了合作意向。

(二)依托行业协会,打通京津冀校企合作绿色通道

作为天津市食品学会、天津市食品工业协会、天津市环境科学学会的会员单位,学校充分利用行业协会的企业联盟效应,主动对接京津冀优势产业,精确把握专业发展方向,打通了京津冀校企合作的绿色通道。

1.承办京津冀产教融合对接会

2015年,由天津市环境科学学会主办,天津现代职业技术学院承办的华北五省市环境科学学会第十九届学术年会暨"京津冀环保产业协同发展产教对接会"成功召开。会议以"良好生态环境的科技创新支撑"为主题,倡导广大环保科技工作者在环境科技创新上下功夫,推动京津冀及周边地区环保产业协同发展。通过本次会议,环保产业发展与职业教育发展紧密结合,专业优势得以发挥,优化了校企共建模式,构建了产教协同发展机制;

为培养综合全面的环保产业人才提供了机制保障。

2016 年,由京津冀三地食品工业协会、学会、全国食品工业职业教育教学指导委员会主办,天津现代职业技术学院承办的"京津冀食品产业协同发展高峰论坛·产教融合对接会"成功召开。会议在京津冀协同发展上升为国家战略,三地食品产业面临结构调整和产业转移,京津冀在食品领域的跨地区合作成为解决问题的必然选择这样一个大背景下,汇集京津冀三地食品界的精英,为各级主管部门、科研机构、各级院校及国际组织提供交流沟通的平台,增进学校与企业之间、学校与学校之间、学校与食品工业协会之间、学校与政府之间、科研院所与企业之间的了解与合作,共同探讨京津冀及周边地区食品产业协同发展的方向和趋势,推进产教融合,共促职业教育发展,全面推进京津冀食品产业协同发展。

2.打通京津冀跨省市校企合作绿色通道

通过行业协会的企业联盟效应,天津现代职业技术学院开展了卓有成效的跨省市校企合作,将重点建设专业作为校企合作的试点和示范在学校进行推广。

食品营养与检测专业作为学校"十三五"期间首推的重点建设专业,将推进京津冀食品工业协同发展、推动京津冀农业现代化进程作为专业发展的核心战略。2016 年,通过河北省食品工业协会引荐,该专业同河北省最大的果蔬加工出口龙头企业——唐山市盛川农产品股份有限公司达成合作意向。

2017 年,在合作意向的基础上,学校生物工程学院受盛川公司的委托,开展农产品深加工、食品安全检测专业学生定向培养;同时根据企业需求,开展功能性食品原料提取、农副产品精深加工等方面的技术研发项目。同时,企业投资 20 万元,在学校建立"天津现代职业技术学院—唐山市盛川农产品股份有限公司 技术研发实验室"。同年,校企双方在河北省唐山市玉田县合作建立"天津市食品工业协会、河北省食品工业协会——现代、盛川产学研示范基地"。

通过重点建设专业京津冀跨地区校企合作的开展,带动了学校其他骨干专业校企合作的步伐。三年间,学校与北京好利来食品有限公司、天津创业环保集团股份有限公司、顶新国际集团、丹尼斯克(中国)有限公司等 12 家跨国企业及国内龙头企业开展深度校企合作,进一步提升了专业的影响力和竞争力,为争创国家优质骨干专业打下了坚实的基础。

三、搭建产学研创新平台,服务京津冀职教协同发展凸显成效

(一)搭建教育教学资源共享平台,提升京津冀职业院校教育教学水平

1.推广国赛成功经验,举办"京津冀"职业技能大赛

学校是全国职业技能大赛环境监测与治理赛项的主办院校,连续 4 年获得国赛 1 等奖。为了更好地推广大赛成功经验,提升环境工程专业人才培养质量,为京津冀环保产业培育能工巧匠,学校成功举办 2017 年度京津冀高职高专院校"圣纳·新道杯"技能大赛"大气环境监测与治理技术"赛项。除天津市 3 个代表队参赛外,大赛邀请了河北工业职业技术学院、北京电子科技职业学院两所京津冀外地院校。参赛队伍充分发挥水平,取得优异成绩。大赛充分锻炼了京津冀三地高职院校环保技能人才,为三地大气治理人才的储备作出了一定的贡献。

2.开发数字化教学资源平台,促进京津冀教学资源的共建共享

学校作为国家生物技术及应用专业教学资源库主持单位及无人机专业教学资源库主持单位,充分发挥教学资源库平台优势,将数字化资源无偿输出给京津冀职教院校。其中,学校与河北省邯郸市邱县职教中心就生物技术专业资源库的使用达成意向,资源库课程资源作为县内生物制药企业、食品生产企业员工培训的教学资源。

同时,在优质骨干专业建设过程中,依托京津冀产业优势,校企合作开发优质教学资源。达到良好效果。学校食品营养与检测专业与北京好利来食品有限公司共同开发食品安全与质量管理及焙烤食品加工技术 2 门课程。累计开发教学资源 800 余条,动画及视频资源共 60 余条。

(二)搭建应用技术研发平台,推进京津冀产业技术革新

1.瞄准京津冀优势产业,建设协同创新中心

学校食品营养与检测专业与京津冀三地知名高校、科研院所、行业协会深度合作,建成融教学改革、产品研发、成果转化和咨询服务功能于一体的,涵盖农产品(食品)、烘焙食品、功能食品、酿造食品检测及研发等领域,具有显著带动和辐射作用的综合性、开放式、具有国际先进水平的"食品营养与检测协同创新中心"。同时,学校无人机应用技术专业及环境工程专业,瞄准京津冀优势产业建设"无人机协同创新中心"及"环境工程协同创新中心"。

2.填补食品行业技术空白,助力京津冀民族品牌腾飞

山海关饮料有限公司是中华老字号企业、京津冀地区饮料龙头企业,长期以来与学校有着良好的合作关系。山海关饮料有限公司经过多年卧薪尝胆,升级传统工艺,开发了山海关橙汁果肉汽水新产品。但是由于果汁受地域、季节、气候的影响大,果汁中的各种成分的含量变化较大,很难找到一个能够准确反映果汁浓度的特征指标,目前国际上没有统一的果汁含量检测方法,发达国家根据本国的国情和水果资源的品种差异制定了各自的检测方法。中国目前缺乏大多数果汁饮料的国家检测标准。因此,原果汁含量作为汽水饮料中影响成本的最关键因素,并不能被准确测定,这直接影响了企业的生产成本及产品的质量监控。

针对上述问题,学校生物工程学院食品专业教师,在查阅大量国内外文献的基础上,利用高效液相色谱技术,开发并建立了一套果汁含量快速检测方法。研究成果解决了困扰企业多年的果汁精确含量的测定难题,填补了国内果汁饮料行业的空白。

山海关利用该项技术成果,改进果汁流失严重的生产工艺技术,大幅减少了生产成本。目前,该项目成功立项 2017 年天津市渤海轻工集团重点研发项目,并顺利完成验收工作。

3.突破节能环保领域核心技术,着力解决国家资源环境问题

由学校与河北永泰化工集团、中国科学院生态环境研究中心等单位联合开发的《污染土壤和污泥协同制备陶粒资源化技术及应用》项目,于2017年12月在北京参加了由中国循环经济协会举办的"2017年中国循环经济协会科学技术奖"的评审和答辩。此次评审专家组由"两院"院士和业界知名专家组成,共有来自全国各地的700多家企业、人才(团队)报名参赛。项目最终荣获"2017年中国循环经济协会科学技术奖三等奖",学校为该奖项中唯一参评并获奖的职业院校。

污染土壤和污泥协同制备陶粒资源化技术已成功应用于多家企业,产品广泛应用于建筑墙体材料和墙体保温材料等。该技术已被天津市高新技术成果转化中心鉴定为国际先进(登记号:津20170876)技术。

此外,该项目还参加了"首届中国节能环保创新应用大赛暨2017中国(徐州)绿色发展高峰论坛"。此次赛事是在国家环保部、工信部的指导下,由徐州市政府与中华环保联合会、中国节能协会、中国循环经济协会共同举办。大赛以"绿色发展、创新驱动"为主题,目的是搭建节能环保技术创新及产业化的社会化服务平台,掌握、发现并推广应用先进的节能环保技术及创新成果,着力解决国家紧迫的资源环境问题,促进绿色循环低碳转型发展,建设美丽中国。

(三)搭建社会服务平台,助力京津冀小微企业发展

1.为河北省小微企业开展技术服务工作

学校与唐山市盛川农产品股份有限公司联合申报2018年河北省农业共性技术攻关项目（河北省重点研发计划项目）:"池沼公鱼鱼油提取技术的研究与示范"。该项目由唐山市玉田县评审推选县内排名第5,进入唐山市审核。并由唐山市科技局成功推选到河北省科技厅。该项目的成功申报充分体现了学校应用技术开发能力。

此外,学校与河北省企业共同申报河北省财政厅农业开发项目1项,主要完成数字化农业建设。申报河北省农业厅项目1项,主要完成果蔬全

粉的制备工艺。

2.为河北省小微企业提供从业人员专业培训

学校与河北省邯郸市邱县职教中心合作,开展职教教师培训及企业技术工人培训工作。2017 年完成职教中心师资培训 37 人次、企业技术工人培训 320 人次,技术技能培训取得显著成效。

学校深入玉田县职业培训学校,为玉田县国家农业科技园区产业工人开展为期 2 天主题为"食品农产品保藏技术"和"食品加工企业质量认证体系"培训,培训人数达 200 人/次。2017 年共完成企业员工培训 457 人次,受到了园区企业的好评。

(四)搭建创新创业平台,提高专业人才培养质量

学校参加首届"京津冀"职业学校创新创业大赛。本次大赛由北京市团委、北京市教委、北京市科协、北京市科委、北京市学联共同主办,35 所职业学校的 218 份学生作品参加了竞赛。天津现代职业技术学院学生宋静的作品《郁美净品牌策划方案》、李文新同学的作品《津酒品牌策划及营销策划方案》分别获得了高职组社会调研类一等奖和二等奖的好成绩。

通过此次比赛,提升了学生创新创业能力,充分体现了"协调、创新、绿色、开放、共享"的发展理念,在"京津冀"协同发展的战略背景下,将"工匠精神"融入"大众创业、万众创新"的时代旋律中,彰显学校专业人才培养质量。

此外,天津现代职业技术学院学生参加"2016·中国台湾国际发明设计比赛"获得 2 项大赛金牌。本次大赛由世界发明智慧财产联盟协会主办,天津市派出由该校和天津中医药大学等 5 所院校的大学生组成的团队。该校学生王梓朝的作品《复合红酒素》和学生范忠序、罗帅的作品《ST3D10·秒盘旋转系列表》,均获得金奖。

本次大赛的获奖,是学校高度重视创新创业教育改革的集中体现。通过不断完善人才培养,探索学校教育与行业需求的有效对接机制,着力为大学生参加创新创业实践拓展渠道、搭建平台,取得了良好的收效。

职业教育与继续教育协同发展

"职继协同 双周推进"服务终身学习型社会建设综述

穆树发　李薪茹　李　娜

　　2017 年 5 月 11 日,在中国职业技术教育学会、天津市教委、全国职业教育集团化办学工作专家组办公室的指导和支持下,由天津城市职业学院职教集团主办的"职继协同,双周推动"服务终身学习职教集团十年建设推动会在天津城市职业学院举行。中国职业技术教育学会常务副会长兼秘书长刘占山,天津市教育委员会副主任吕景泉,天津市河北区政府副区长刘冬云,天津市教育委员会原副主任龙德毅,全国职业教育集团化办学工作专家组成员、办公室主任、中国职业技术教育学会对外合作与信息服务部主任许世杰,专家组成员、教育部职教中心研究所政策研究室副主任周凤华,河北省曹妃甸工业职业教育集团副秘书长崔发周,嘉兴职业技术学院副院长沈建根等出席。周凤华、崔发周和沈建根做了主旨报告。天津城市职业学院职教集团等五个成员单位做了典型发言。天津市市内六区政府主管部门领导、天津市相关中高职院校、职教集团代表、天津城市职业学院职教集团成员单位及合作企事业单位代表、职教集团成员单位教师代表约 150人参加了本次会议。目前,终身教育与职业教育的理念高度契合,世界范围内的职业教育早已突破了学校的边界,职前职后的职业教育活动越来越频繁地结合起来。近几年来,天津城市职业学院职教集团倡导并逐步形成的职继协同,集合各类教育资源,服务终身学习的理念,是一种新的尝试和创新,它用终身教育和终身学习的理念对职业教育进行终身化改造并取得了成功。天津城市职业学院职教集团的建设经验和发展模式不仅在天津区域性职教集团建设中发挥了引领、带动和示范作用,而且也被越来越多的兄弟省市同类和相关院校学习借鉴。

一、整合社区与职业教育资源,构建社区职业教育集团

社区职业教育包括的教育功能可以集中在一个或几个教育机构中完成,目前较为理想的教育机构应该是社区职业教育集团。因此,根据各自情况建设多功能社区性职业学院,联合几所社区学院组成社区性职教集团,有利于进一步整合资源。2006年,天津建立了全国第一个社区性职业教育集团——天津城市职业学院职业教育集团。它的基本特征是社区性、综合性和职业性。所谓社区性,即集团内学校均坐落在各社区,为社区的经济社会发展以及和谐社区建设提供优质的教育服务, 其教育资源和文化体育设施向社区全面开放。各学院以管理和推动本区社区教育为己任,是各区社区教育的重要载体和龙头。所谓综合性,即各学院紧紧围绕各区的政治建设、经济建设、文化建设和社区建设,为其提供多层次、多形式、多规格的各类教育服务。所谓职业性,即各社区学院以就业为导向开发职业教育,集团中不仅包含各类学校,更重要的是包含社区范围内的多家企业,使企业与学校形成紧密的互动关系。

10年来,它始终坚持为人民服务的宗旨,以服务终身学习型社会建设为出发点,逐渐形成了社区型高职学院服务终身学习的"双线并行、内外融合、龙头带动"模式,即通过功能定位,探索终身教育体制、机制运行模式及其在师生建设、专业建设、课程建设、实训基地建设和场馆设施等方面,服务社区教育、学习型城区建设和终身教育的互动、衔接与贯通的支持服务体系。天津城市职业学院职教集团的发展定位于立足区域发展,服务终身学习,其所提供的教育服务涵盖职业教育、成人教育、社区教育、老年教育及各类培训等多种形式。首先,借助集团地缘优势,提升中心城区终身学习资源供给水平。第一,构建覆盖中心城区的终身教育网络;第二,借助集团专业教育资源,提供多元化的社区教育。具体表现为:(1)面向社区开放办学,为社区发展提供专业服务;(2)建立青少年校外教育服务中心,为中小学生提供假期课外教育、职业体验教育服务;(3)建设覆盖全市的老年教育服务体系,拓展老年教育资源的内容与形式;(4)"职继协同",开展多类型多形式的社会培训。其次,搭建多种上升通道,构建学习立交桥。一方面,探索多种衔接方式,实现系统化人才培养;另一方面,建立学分银行,实施灵活开放的学习制度。最后,深化产教融合,服务经济社会发展。建立政校企(社)合作发展理事会,服务都市职业人才需求;成立京津冀产教联盟,服务国家发展战略。

近几年,天津城市职业学院职业教育集团办学力度进一步加大。2016年,以"推进全民继续教育,建设学习型社会"为主题,天津市教育委员会主办,天津城市职业学院职业教育集团、河北区社区教育工作委员会承办,各区教育局、天津广播电视大学、天津市教育委员会职业技术教育中心协办的天津市第十届社区教育展示周暨2016年全民终身学习活动周圆满落幕。2017年,第三届职业教育活动周全国启动仪式仍然在天津举办,与全国职业院校技能大赛开幕式合并举行。大赛期间,同期举办"职继协同,双周推动"服务终身学习职教集团十年建设推动会,展示天津市作为国家职业教育改革创新示范区积极构建终身学习体系,职业教育与继续教育齐头并进、两翼齐飞的发展建设成果。

近年来,天津市建设区域型服务终身学习的职业教育集团,创新服务区域终身教育的新途径和新模式。2017年,大力推进服务终身教育的职业教育集团建设,先后成立了天津市环城职教集团和天津市城郊职教集团,有效推进天津市区域职业教育、终身教育资源共享,已成立第四个服务终身学习的区域型职教集团,实现天津市全覆盖。

二、建立与各类教育相互支撑的终身教育学习体系

几年来,天津市深入贯彻党的十八大和十八届三中、四中、五中、六中全会精神和习近平总书记系列重要讲话精神,全面落实国家"十三五"规划和教育规划纲要关于"加快学习型社会建设"的战略任务。作为唯一的国家现代职业教育改革创新示范区,天津已经将"推进终身学习型城市建设"列入建设重点,并在《天津市国民经济和社会发展第十三个五年规划纲要》中提出"建设学习型社会,完善惠及全民的终身教育体系"。

天津市建设区域型服务终身教育体系打破了当前各种类型教育之间的壁垒,构建统一的、相互衔接的教育体系,将职业学校、企业职业教育、社区职业教育进行有效整合,使得所有类型的职业教育均得到社会承认。将实践中终身教育的各种办学体制、各种教学地点、各种学习时间、各种学历层次和各种职业教育内容集成统一的体系标准,用统一的体系来满足职业教育社会化、终身化、个性化的需求初露端倪。这样才能使不同年龄、不同岗位、不同需求的公民都有机会,比较容易地进出职业教育的大门,做到"学者有其校"。

(一)围绕国家的战略,紧跟国家经济发展战略布局

天津城市职业学院职教集团在开展全民终身学习活动中,依据天津市的功能定位、发展战略和职业人才需求,在活动设置、活动开展、活动改革中以国家发展战略为依据,更加关注天津市重点发展的现代服务业、先进制造业、电子信息产业等行业的人才需求,为经济社会发展和服务全民助力。

在"职继协同,双周推动"服务终身学习职教集团十年建设推动会上,天津城市职业学院院长、天津城市职业学院职教集团理事长李彦从职教集团的概况、工作成效、特点、经验与体会以及未来的工作等五个方面对职教集团成立 10 年来服务终身学习情况进行了详细汇报。随后,天津城市职业学院职教集团的五个成员单位做了典型发言。河北区月牙河街党工委书记刘元辉以"政校社联动 携手共前行"为主题,就职教集团在政校社联动,共同培育社区专业人才、共同推进社区教育和终身学习服务、共同搭建社区社会实践平台等方面的成果进行了分享;联想集团周小龙经理以"优势互补,协同发展,构筑中国职业教育的美好未来"为主题,针对联想 PC+"产教融合、校企合作"一体化人才培养示范基地的建设成果进行了汇报;新华

社区学院院长邵佳博以"立足职业教育 服务终身学习——终身教育体系下和平区社区教育的新发展"为主题,汇报了该校发展社区教育的情况,特别是"文化遗产课堂"、未成年人思想道德教育等品牌的创建;南开社区学院院长贺兰芳以"职继协同,构建区域终身教育服务体系"为主题,从创新老年教育办学模式角度重点分享了职教集团完善终身教育体系建设的成果;河东社区学院院长刘晓辉以"职继协同,普职融通,服务区域终身学习"为主题,以"3D打印技术实训中心"项目为例重点介绍了职教集团促进职业教育与普通教育融通发展的成效。

(二)强化服务社区导向,建设职业教育对接终身学习高地

职教集团在社区教育服务终身学习建设中,更加突出社区服务类专业的优势,这些专业面向社区老年服务与管理工作岗位、社区早教岗位,培养高素质技术技能人才,优化了社区服务类专业的结构,职业教育服务社区发展的作用更加明显。社区服务类专业的人才培养,紧密结合天津市社区服务岗位需求,按照适度、差异、示范的专业定位原则,体现服务终身学习建设的特点,制定了紧贴社区服务岗位的人才培养方案,政校共同培育社区专业人才,共同推进社区教育和终身学习服务。

职教集团在服务终身学习型社会的建设中,充分发挥了社区文化中心、教育中心的作用,加快培养服务社区工作、文化体育、环境卫生、老龄服务产业链的新型服务人才,成为区域学历教育、技术推广、劳动力转移培训和社会生活教育的开放平台;统筹各类学习资源,开发一批适应老年人需求的课程,积极开展老年教育,改善和提高老年人学习和生活质量;充分发挥社区学院在社区教育工作中的龙头带动作用,带动社区学校(分校)发展,为社区教育工作者搭建相互学习、共同发展的平台,提高服务天津学习型城市建设水平。

(三)整合利用社区职业教育资源,服务学习型城区建设

职教集团在推进天津六个中心城区社区教育实验中,发挥政策理论研究、评估督导、师资培训、课程开发和教学指导等核心作用,六所院校同时

又是各区的社区学院,其中四个区社区教育职能部门——社区教育办公室设在本区社区学院内。职教集团具有规划、设计社区教育工作的职能,将各社区学院建设成为各区社区教育三级(社区学院、社区学校、社区分校)办学网络的龙头校,使各社区学院承担这个区社区教育的理论研究、规划制定以及社区教育项目开发的推动和实施任务。目前,天津市内六区中有五个全国社区教育示范区,一个社区教育实验区,这在全国是少见的。职教集团除培养的高职、中职、成人学历生外,还有大量的以社区居民为服务对象的岗位技能培训,对残疾人的生存技能培训,对复转军人和农村转移劳动力的继续教育,同时,积极开展了面向居民的休闲培训,开办老年大学和老年人教育、幼儿早教,青少年校外教育等。天津城市职业学院职教集团立足现代都市发展,宣传社区教育、终身学习的理念,表彰百姓身边的学习典型,搭建百姓展示的平台,开放各类学习资源。使百姓在享受优质教育服务中,更加了解了终身学习的内涵,增强了居民的幸福感和获得感。

三、进一步构筑全民终身教育体系,奠定学习型社会基础

构筑全民终身教育体系是建设学习型城市的基础,建设学习型社会必须有坚实的教育基础和实际的学习载体。从长远来说,建设学习型社会应在大力推进教育现代化的同时,整合、优化各类教育文化资源,打破目前各类资源主体封闭、割据的局面,构筑社会化、开放式、多层次的全民终身教育体系。实现终身教育与终身学习双向强化、教育型社会与学习型社会双重组合。

中国职业技术教育学会常务副会长兼秘书长刘占山在"职继协同,双周推动"服务终身学习职教集团十年建设推动会上的总结发言,对进一步构筑全民终身教育体系,奠定学习型社会基础做了很好的诠释。

首先,他肯定了天津城市职业学院职教集团的设立非常有远见、非常有战略眼光,成立10年里取得了丰硕成果,其理念与意识具有超前性。形成了"立足区域(中心城区)、以终身教育理念为引领、整合区域教育资源、为中心城区市民终身教育发展服务"的特色。在全国职教教育集团中,天津

城市职业学院职教集团是唯一一种类型的职教集团,有特色地发挥了广义职教集团的功能,集团把学校与企业结合在一起,以职业教育为引领,把社区教育、成人教育、中职教育整合在一起,特色突出。这10年来在运作和实践中不断探索、不断积累、不断创新、不断发展,积累了很多丰富经验。其次,他概括了10年来职业教育集团发展的五个突出成果:一是将各种教育资源整合实行集团化办学是教育制度(体制)的创新,通过集团化办学形式,突破了教育体制中分割式、分片管理的体制。使职业教育、成人教育、终身教育和继续教育等突破管理体制,形成一个整体。二是构建了区域终身教育体系、终身学习体系,整合区域内的资源,服务区域每个人的终身学习,提升区域全体市民综合素质、专业素质等,是我国终身教育的一项重要实践,同时,终身教育法的完善也是一项重要的工作。三是10年的发展与成果在区域范围内不仅带动和推动职业教育的发展,更重要的是推动社区教育、老年教育、老年服务和青少年活动,成果显著。四是坚持立德树人,培养了大批服务和适应区域经济社会发展的人才,培养了适合每个人全面发展,适应区域劳动者生涯规划发展需要的人才。五是紧跟国家和天津市战略布局。通过10年的探索实践,职业教育集团有特色、有成果,在该领域起到了示范带头作用。

同时,他还指出,职业教育在传播技术技能教育、思想政治教育等方面之外,要更加重视弘扬中华传统文化,尤其是非遗文化的传承,使中华礼仪深入人心。他强调指出,职教集团在今后发展中,要更加重视社区教育,社区教育首先要求我们每一个市民了解中华文化,社区每一个人要讲礼仪、讲文明、讲规范。他还提议,要重视学校教育,只有把家庭教育、学校教育、社会教育三种教育融合在一起,才能塑造合格的优秀人才。他还提出,学校要开放、教育要开放、学校设施要开放,学校提供公民需要的课程以及学校设施向公民开放,扩大职业教育的功能。从广义的职业教育来说,应该在幼儿教育里面渗透职业教育、渗透生涯教育,并渗透认识职业、认识工作和认识社会的理念,并指出,小学里的启蒙教育也是职业教育。不能把个人教育分割和孤立起来,除了升学之外,应该扩大职业教育的功能,把广义职业教育的作用发挥出来。

他还进一步指出,职业教育集团化发展要具有中国特色,集团化办学的核心在于办学,在于校企共同育人,在办学的同时,资源共享,学校和企业合作育人,不仅是人才的需求,也是企业的需求,企业发展的需求,这样企业和机构就有了人才的支撑。他希望松散的带有联盟性的集团,在运行中更为紧密,真正成为办学的主体。他还指出,办学就要研究对象,职业教育要适应市场需求,办学集团很重要,面向区域,面向企业的大众,面向人民大众,甚至是个人生涯发展的需要,终身学习的需要,对知识的寻求,对技术的需求,对文化的需求,研究这些问题就要有针对性地开发课程,切实地开发资源是非常重要的,职业教育要办好服务好,就要开发课程、开发资源。他衷心祝愿职业教育集团在未来 10 年里做得更加辉煌,创造出更加引领整个未来终身学习、终身发展的成就。

回顾十年历程,着眼现实创建,展望未来发展,天津城市职业学院职教集团的开放与生态效应愈来愈显现,它不仅促进了天津市终身教育体系和学习型城市的建设,也必将对全国的职业教育、成人教育、社区教育、老年教育和终身学习起到极大的辐射和带动作用。

(作者单位:天津市教育委员会)

构建职业教育支持服务终身学习体系的"天津实践"

刘彦洁　　王建斌

习近平总书记在党的十九大报告中指出:"办好继续教育,加快建设学习型社会,大力提高国民素质",这为我国新时代加强终身教育和学习型社会建设指明了方向,明确了任务。加快构建终身教育体系,全面提升市民的整体素质是党和国家的重大决策,是我国经济社会发展的重要任务。

天津作为全国唯一的国家现代职业教育改革创新示范区,在职业教育领先发展的同时,协同促进继续教育和终身教育体系的发展。通过建立四个层级①、四大办学体系②的交叉,成立四个职教集团③,实现了我市服务终身学习的全覆盖。构建了具有天津特色的"职继协同"的体制机制,实现我市职业教育与继续教育齐头并进、两翼齐飞的发展建设目标。

一、政策引领、顶层设计,全力构建学习型社会

党的十九大提出"加快建设学习型社会,大力提高国民素质",这是继党的十六大、十七大和十八大提出建设、完善终身教育体系,建设学习型社会,《国家中长期教育改革和发展规划纲要(2010—2020 年)》确定到 2020

---

① 四个层级:市区乡村四级。

② 四大办学体系:开放大学"广播电视大学—分校—教学点";社区教育"社区学院—社区学校—社区学校分校";农民教育"职业成人教育中心—乡镇街成人文化技术学校—村成人文化技术学校";老年教育"市老年大学—区老年大学—街(乡镇)老年学校—学习点"四大办学体系。

③ 四个职教集团:天津城市职业学院职教集团、天津市环城职教集团、天津市城郊职业教育集团和天津市滨海职业教育集团。

年"基本形成学习型社会"后,又一次突出强调的国家重大战略决策,是我国实现全面建成小康社会和中华民族伟大复兴宏伟目标的根本保障。

国务院 1999 年 1 月批转的教育部《面向 21 世纪教育振兴行动计划》提出,到 2010 年基本建立起终身学习体系,终身教育作为一项规定和任务,已分别写入《中华人民共和国教育法》和《中国教育改革和发展纲要》中,并在面向 21 世纪教育振兴行动计划中作为一项行动目标提出来,全面实施终身教育。终身教育的目标,是使社会成员都能享有终身学习的条件和机会,要达到这样的目标,必须建立终身学习的社会。

天津市在"国家现代职业教育改革创新示范区"建设中,紧紧围绕滨海新区开发开放等国家发展战略,坚持把发展职业教育作为战略重点,积极落实"示范区实施方案"任务要求,示范区建设取得明显成效。天津努力成为职业教育制度创新的新高地、体系建设的新引擎、国际合作的新窗口、区域协同的新平台、质量提升的新支点。在健全职业教育体制机制、创新职业教育模式、完善职业教育制度、建设现代职业教育体系方面走在全国前列,并努力实现职业教育与经济社会同步规划、与产业建设同步实施、与技术进步同步升级,创造可复制、可借鉴、可推广的经验做法。

2016 年,天津市出台了《关于加快发展现代职业教育的意见》,提出"到2020 年,高水平建设国家现代职业教育改革创新示范区,形成与天津作为全国先进制造研发基地、北方国际航运核心区、金融创新运营示范区、改革开放先行区的城市功能定位相适应,以行业企业办学为主,产教深度融合,国际深度合作,中等职业教育与高等职业教育紧密衔接,职业教育与普通教育相互融通,继续教育和终身学习便捷畅通,具有天津特点、中国特色、世界水平的现代职业教育体系,为全面建成高质量小康社会提供技术技能积累、人力支撑和智力支持。"

近年来,天津市各级人民政府不断强化对职业教育、终身教育的统筹规划与管理。以服务终身学习的区域型职业教育集团为骨架,以区社区学院或职业成人教育中心为骨干,以街道社区学校或乡镇街成人文化技术学校为支撑,形成时时能学、处处可学、人人皆学的终身教育体系。推动开放大学和职业院校向社会开放学习资源,发挥院校服务支持终身教育体系功能,全面开展劳动力培训,与社区深度融合,建立职业院校与社区联动机制,促进职前教育和职后教育有效衔接。建设多层级终身学习公共服务平台和数字化学习中心,建立有利于全体劳动者接受职业培训的灵活、开放、全民学习制度,全面推进学习型社会的建设。

天津市充分发挥国家现代职业教育改革创新示范区的平台优势,突出"职继协同、双周推动"的特点;发挥天津广播电视大学和天津职业集团的资源优势,突出"继教共建,城乡同进"的特点;发挥职教集团服务终身学习的组织优势,突出"共享资源、老少同乐"的特点;发挥各区职教中心和属地学校的地域优势,突出"普职沟通,工程实践"的特点,弘扬社会主义核心价值观,学习宣传社区教育、老年教育和终身学习的理念,营造终身学习氛围,加快学习型城市建设。提高了职业教育服务社区教育、终身学习的能力,发挥了推进终身教育体系和学习型城市建设作用,形成了具有天津特点的发挥院校功能,构建职业教育服务终身学习体系的"天津实践"。

二、职继协同,资源共享,区域型职教集团服务终身学习

将职业教育、成人教育、社区教育和企业等方面的各种资源通过职教集团的形式进行整合,服务终身学习,是一种新的尝试和创新。2006 年,天津建立了全国第一个社区性职业教育集团——天津城市职业学院职业教育集团,服务市内六区。以集团的职业教育资源为载体,建立社区教育服务网络,为社区不同年龄、不同需求的居民提供中职教育、高职教育、成人教育、社区教育、老年教育以及各类社会培训等诸多领域的、多样化的教育服务是天津城市职教集团建设的重点,推动建设了河北区、河东区、和平区、南开区和河西区五个全国社区教育示范区,红桥区为全国社区教育实验区。

2017 年 1 月,天津环城职教集团成立。环城四区(东丽区、津南区、西青区、北辰区)包含海河职教园区、空港物流加工区、泰达西区、西青微电子城、中北镇工业园区、北辰开发区等教育园区和产业园区,拥有天津市电大主校区、中高职院校二十余所。这些职业院校所专业涵盖了装备制造、电子信息、交通运输、航空航天、财经商贸等专业群。环城四区职教集团整合区域内职业教育、成人教育资源，探索发展新模式，为环城四区终身教育服务。各区发挥自身优势，制定统一的人才培养目标、专业设置标准，打造重点项目，统一服务于四个区的企业，促进职成教育人才培养的规模化、标准化和规范化发展。

同年5月，天津市城郊职业教育集团成立。该集团主要包括本市城郊五区(静海区、武清区、宝坻区、宁河区、蓟州区)，以服务终身教育、构建终身教育体系为基本方向，以农民职业教育、成人教育为主要内容，是我国首个城郊职教集团。城郊职教集团的建立，为城郊五区搭建起一个职成教育优势互补、共同发展的平台。城郊五区职业教育集团网站的建立，实现了区际网络信息互融互通。此外，城郊五区精品专业、课程资源、实习实训设备共建共享，校际间的教师和技术人员的交流合作得到广泛加强。

同年11月，天津市滨海新区职业教育集团正式成立。集团将整合区域内职业教育、社区教育、继续教育、文化教育诸资源，实现"政、行、企、校、研"协调联动，区域教育资源共享，打造适应滨海新区快速发展要求的高水平、有特色的地区职业教育集团，满足人才培养和学习型城市建设需要。

实现服务终身学习的区域型职业教育集团全覆盖，为推进我市区域内职业教育和继续教育发展提供了更加便利的服务和强有力的支撑，进一步促进了我市区域经济社会发展和服务学习型城区建设。创新区域型与行业型服务终身学习的职业教育集团"天津实践"模式收到很好成效，并获得广泛赞誉，得以在全国推广。

【案例1】天津城市职教集团服务终身学习见成效

2017年，天津市职业教育活动周期间，职业教育与终身教育学习型城市建设主题板块中的"职继协同，双周推动"——服务终身学习职教集团十年建设推动会于2017年5月11日在天津城市职业学院隆重举行。会议以"职继协同、双周推动，服务终身学习"为主题，集中展现了天津城市职业学院职教集团服务终身学习的工作成效。

中国职业技术教育学会常务副会长兼秘书长刘占山参加了会议并讲话。在讲话中他首先肯定了天津城市职业学院职教集团"立足区域(中心城区)、以终身教育为重点、整合区域教育资源、为中心城区市民终身教育服务"的特色,概括了集团发展的五个突出成果:一是将各种教育资源整合实行集团化办学是教育制度(体制)的创新;二是职教集团构建了区域终身教育、终身学习体系,服务区域每个人的终身学习,提升了区域全体市民综合素质,是我国终身教育的一项重要实践;三是职教集团十年的发展在区域范围内,带动职业教育、推动社区教育、老年教育、老年服务、青少年活动成果显著;四是坚持立德树人,培养了大批服务区域发展的人才,在传播技术技能教育、德育教育的同时,特别注重弘扬中华传统文化,使中华礼仪深入人心;五是职教集团的建设紧跟国家和天津市战略布局,做得比较好。总之,职教集团的通过十年的探索实践,有特色、有成果,在该领域起到了示范带头作用。刘会长还指出,目前全国的职业教育集团共1220个,天津城市职业学院职教集团是唯一一种类型,有特色地发挥了广义职教集团的功能,以高职院校为引领,把社区教育、成人教育、中职教育融合在一起,特色突出。这是对天津职教集团工作的充分肯定。

三、"双周"推进,"五业联动",加快职教服务步伐

"职业教育活动周"和"全民终身学习活动周"是国家设立的职业教育与继续教育的重要活动,是推进职业教育融入终身教育、社区教育融入职业教育的重要抓手。天津市每年的"职业教育活动周"和"全民终身学习活动周"已然成为推动职业教育和继续教育发展、市民终身教育学习、学习型城市建设的特色品牌和重要载体。

近年来,天津市坚持以示范区建设为统领,以"职业教育活动周"和"全民终身学习活动周"为引擎,大力推进产业、行业、企业、职业、专业的"五业联动",在优质职业教育资源服务终身学习上用力,在职业院校开放资源服务市民学习需求上用力,真正体现职业教育服务社会、产教融合、普职沟通、职继协同的特色,加快推进学习型城市建设。

2017 年"职业教育活动周"期间,全市 16 个区展示了社区教育成果,"职继协同""普职融通"、市民学习体验成为亮点。2017 年"社区教育展示周暨全民终身学习活动周"期间,职业院校充分发挥服务社会教育资源和功能,进一步扩大继续教育的有效供给,全面推动优质教育资源对社区开放共享。

(一)"职业教育活动周"的天津实践

2015 年,首届全国"职业教育活动周"在北京举行全国启动仪式。中共中央政治局委员、国务院副总理刘延东出席启动仪式并讲话。她强调,要精心办好"职业教育活动周",让全社会了解、体验和参与职业教育,共享职业教育发展成果。

2016 年,第二届全国职业教育活动周启动仪式暨 2016 年全国职业院校技能大赛开幕式在天津举行。有近 50 万人次参与、观摩和体验了开放的 7 大类主体空间 450 个和举办的 6 类主题大型活动 48 项。"职业教育活动周"的举办,在全社会进一步弘扬劳动光荣、技能宝贵、创造伟大的时代风尚,形成"崇尚一技之长、不唯学历凭能力"的良好氛围。

2017 年,第三届职业教育活动周全国启动仪式仍在天津举行。此届活动周以"共筑职教梦,喜迎十九大"为主题,通过全国职业院校技能大赛和一系列高水准、全方位的职业教育主题活动,充分展示了天津市近年来职业教育创新、改革和发展的成果,取得了很好的社会影响。

【案例 2】2017 年"职业教育活动周"天津实践

2017 年 5 月 8—15 日,天津市第三届职业教育活动周成功举办。天津作为第三届职业教育活动周的全国启动城市和第十届全国职业院校技能大赛主赛区,围绕职业教育与中国制造 2025、职业教育与精准扶贫、职业教育与"一带一路"、职业教育与京津冀协同发展、促进产教融合服务师生成长、职业教育与终身教育学习型城市建设等 6 个主题,设置了"开放院校空间、开放赛场空间、开放社区空间、开放企业空间、开放众创空间、开放讲坛空间、开放合作空间以及开放其他特色空间"等 8 个主体开放空间,共开展了984 项形式多样的职教特色活动,其中,涵盖了 21 项重要主题活动。

活动周期间,天津市的 25 所高职院校、47 所中职学校全部开放校园,开展了职业体验观摩活动、校企合作成果展示活动、校园文化展示活动,开展了劳模、大师、技术能手和优秀毕业生进校园等活动,让社会更加了解了职业教育和职业院校;

天津主赛区 15 所职业院校承办的 24 项全国职业院校技能大赛项目全面开放比赛现场,设立开放观赛的区域,设立观赛通道、项目体验和成果展示区域,为企业设立人才招聘洽谈区域,让百姓充分领略职教学生风采,感受职教支撑产业发展、促进就业创业的重要作用;

与职教院校有良好互动基础的 60 多个社区、街道开展社区型职业教育、终身教育、技能培训等活动,充分发挥职业院校的专业优势,开展紧贴百姓生活的多种服务性活动,让百姓感知现代职业教育服务现代美好生活的新气象;

13 家相关企业开展了产教互动、社企互动型活动 15 项。企业现场展示了工作场景,介绍了产业发展和工作流程,展演了工匠(大师)们的技艺绝活,与职业院校共建并签署协议,进一步激发了全社会尊重劳动、崇尚技术技能、弘扬工匠精神,增强了百姓的职业意识、质量意识;

职业院校的 33 个众创空间,进行了职业教育创新创意展示、创新创业教育等活动,通过参与、互动和体验,让全社会更加了解职业教育创新创意的最新成果和发展方向;

职业院校组织的 29 个讲坛空间邀请了职业教育专家、学者,行业技术专家、能手、劳模,优秀创业人员、企业家等,面向职业院校师生、中小学师生和社会人员,开展了内容丰富的专题演讲活动,让全社会全方位、多角度感知职业教育的发展,受到积极响应;

18 个职业教育校企型、社企型、科研型合作空间和职业教育大师工作室等,也面向社会展示了技术技能前沿发展成果,校企合作、产教融合最新成果,院校与科研院所教学科研共建成果等,通过展示扩大了职业教育与社会各领域之间的合作,让职业教育合作成果惠及百姓。

此外,全国职业院校技能大赛和一系列同期活动的成功举办,得到了新闻媒体的大力宣传报道。直接参与报道的人员,有来自于全国二十余家新闻媒体的百余名专业记者,还有从天津各职业院校遴选出来的,由45名教师所组成的宣传工作团和130名学生组成的学生记者团。他们对活动周同期活动以及大赛进行了为期一周的全方位、立体化、内涵型的深度跟踪报道,制作新闻视频20余个,新闻报道稿件160余篇。特别是《天津日报》5月4日正版,5月8日、9日、10日头版、9—15日特刊等主要位置连续发文,报道职教活动周盛况,极大地宣传展示了天津职业教育良好的发展势头,进一步扩大了职业教育活动周的宣传力度和社会影响力。

活动周期间,职业教育与终身教育学习型城市建设主题板块中的"职继协同,双周推动"——服务终身学习职教集团十年建设推动会于2017年5月11日在天津城市职业学院隆重举行。会议以"职继协同、双周推动、服务终身学习"为主题,集中展现了天津城市职业学院职教集团服务终身学习的工作成效。天津市创建国家级农村职业教育和成人教育示范县成果展暨天津市城郊职业教育集团成立大会,于5月15日在天津市静海区成人职业教育中心举行。

(二)"全民终身学习活动周"的天津实践

2005年10月15日,由中国成人教育协会、中国教科文全委会发起,福建省和北京、上海、天津等十个城市共同举办的"全民终身学习活动周"在北京西城区德胜社区教育学校拉开序幕。活动的主题为"全民学习、终身学习、造就人生,振兴中华",旨在通过学习活动周这样的形式,大力宣传终身教育思想,提倡树立全民终身教育、终身学习的观念,促进更多的人和社会机构积极参与到全民终身学习中来,使学习成为人们生活的一部分。

多年来,天津市各社区学院及成人院校、各普通高校、职业院校、相关教育机构和企业、各区街道和社区共同参与全民终身学习活动周,充分体现"职继协同　双周推动"思路,成为"政府统筹,教育部门组织,相关部门配合,教育机构协作,多方参与,市民广泛受益"的社会性公益活动。形成了全民体验、全民阅读、全民参与、全民展示、全民品牌的高潮,产生了广泛的社会影响。

【案例3】2017年"全民终身学习活动周"天津实践

2017年11月26日,天津市第十一届社区教育展示周暨2017年天津市全民终身学习活动周启动仪式在天津市红桥区职教中心拉开帷幕。启动仪式上,播放了天津市积极完善终身教育体系的专题片,展示了推进学习型城市建设的丰硕成果。会上还对天津市社区教育指导中心进行了授牌,进行了市民学习卡的发放,来自政、行、企、校、研的代表共同进行了服务终身学习的访谈。对获得2017年全国和天津市的"百姓学习之星""终身学习品牌项目"和"优秀成人继续教育院校"的单位和个人进行了表彰。河西区早教中心小朋友的《稚子诵古诗》、天津市红星职专和天津市第五中学的普职融通课程、中医药大学的意大利留学生和社区居民共打太极拳等精彩环节讲述了百姓的终身学习故事,展示了天津社区教育风采。

活动周期间,围绕"津门乐学、老年享学、成果展示、协同发展、开放空间、走进社企"六大板块开展了22项主题活动,十六区与部分职业院校开展了600余项丰富多彩、形式多样的学习教育活动,展示了天津社区教育、终身学习的最新成果,向社会开放各类学校和相关机构资源,大力宣传终身学习理念,推动全民阅读,激发全民终身学习热情,营造全民终身学习的社会氛围,增强人民群众的获得感、幸福感。

本届"活动周"充分体现了"五个全民"的目标要求。

一是全民体验,开放各类学习场所活动。天津市14所普通高校、10所职业院校、6所成人高校、9所老年大学及有条件的学习场所、文化场馆积极参与各项活动,向社区居民开放,开展社区教育体验活动。活动组织单位紧密结合实际,发挥场地、设施、资源、师资优势,开展社区成员喜闻乐见的各类教育活动,资源共享,普惠百姓。

二是全民悦读,开展市民学习阅读活动。充分利用各级各类图书馆、社区书吧、图书室等设施以及各类网上学习资源,以弘扬社会主义核心价值观、传统文化等为内容,通过开展"海河书享""津门悦读""好书推荐""数字化阅读""书友会""书香之家"等活动,营造良好阅读氛围,推动全民阅读。

三是全民参与,组织普惠市民特色活动。全市各区和相关单位,结合各自实际情况自行组织各种形式多样的群众性活动,如:终身学习个人和集体评选表彰活动,市民终身学习体验和经验交流活动,社会公德、法治建设、安全防范、生活技能、劳动技能等社区教育培训活动与竞赛,邻里和谐、家庭和美、朋辈互助、孝悌关爱、祖孙同乐等特色活动。

四是全民展示,举办学习成果展示活动。"活动周"期间,各相关单位通过成果展、摄影展、展演、网络会展等形式,面向广大城乡社区居民,全方位展示老年教育、社区教育、职工教育等方面取得的成果,使百姓得到满足感、认同感,激发百姓参与热情,提高参与度,推动全民终身学习深入、健康发展。

五是全民品牌,推动学习品牌遴选活动。在全市组织开展"百姓学习之星"和"终身学习品牌项目"遴选活动,认真发掘全民终身学习的励志故事和典型人物,总结开展社区教育、老年教育、职工教育等各类成人继续教育的典型做法和经验,宣传发展老年教育、社区教育、职工教育、各类高校开展的继续教育、农村成人继续教育、各类学习型组织创建、优质资源开放共享等方面的优秀案例和发展成果。同时将优秀作品推荐参与全国"百姓学习之星"和"终身学习品牌项目"的遴选。

2017年天津市终身学习活动周期间,19所职业院校举办了涵盖"津门乐学、老年享学、成果展示、协同发展、开放空间、走进社企"六大板块的131项特色活动(见附表),成为全民学习活动周中一道亮丽的风景。

我市将进一步利用"职业教育活动周"和"全民终身学习活动周",宣传我市职业教育、继续教育,进一步完善普职融通、高校融入、校企融合、百万技能培训进社区等方式,促进职业教育和继续教育协同发展,吸引更多百姓参与终身学习,进一步激发全民终身学习的热情,推进我市学习型城市建设。

四、发挥院校功能,不断提升支持服务终身学习能力

多年来,天津市各职业院校利用现代职业教育改革创新示范区快速发展的平台,充分发挥充足优质资源的优势,积极支持投身"全民终身学习活动周"和服务终身教育体系中来,在构建职业教育服务于终身学习体系的道路上做了大量的探索和实践。

天津市各职业院校利用资源优势,开办社会急需专业,开展紧缺人才培训;让市民走进校园、走进课堂,提供服务;他们走出校园,走进社区,免费为社区居民发放学习资料,提供咨询服务,免费开展计算机、外语等各类培训。在课程建设上,发挥资源优势,通过"职继协同,社教合作",开发面向社区的思想道德、科学文化、养生保健、心理健康、生活技能、法律法规、家庭理财、闲暇生活、代际沟通、生命尊严等学习课程和培训项目,制作课件供网上开放学习。市民的参与使职业教育更具生气、更具影响力。

职业院校发挥支持服务终身学习的教育功能,是他们的社会职责。全民共享优质职教资源,是快速推进学习型社会形成的有效途径。

【案例4】天津市职业院校服务终身学习项目

天津市信息工程学校是一所地处天津蓟州区的中等职业学校,在服务终身学习体系中,结合区域经济社会发展定位,开展了多个建设项目的实践探索,发挥了职业教育服务社会的贡献力,提升职业教育办学能力和水平,收到很好的效果。

"构筑平台,帮助居民实现学业梦"项目。学校根据蓟州区实际特点和居民创业需求,创新办学思路,在原有专业的基础上增设了会展策划与管理和工程造价两个专业;为满足群众学习的需求弥补电大专业的不足,与西南大学、东北大学、吉林大学、四川农业大学等院校合作办学,建立了两个"奥鹏远程教育学习中心",实现优质资源互补、共享、共赢。截至目前,已为本地区输送学历教育毕业生15105人,奥鹏毕业生1217人。这些毕业生分布在蓟州区各行各业,正在为蓟州区经济社会发展发挥着重要的作用。

表1 2017年全民学习活动周活动(职业院校部分)

序号	院校名称	板块	活动名称
1	天津职业大学	津门乐学板块	参观我校特色实验室、实训中心
2		老年享学板块	茶文化讲座
3		成果展示板块	终身学习典型案例-周青松
4			职业技能培训服务社区成果展示
5		协同发展板块	社区教育管理讲座
6		开放空间板块	眼基础保健及验光展示
7			现代物流配送展示
8			艺工实训室开放
9			机械实训中心开放
10			3D打印开放
11			化工车间开放
12			图书馆电子资源开放
13		走进社区板块	宝玉石鉴定讲座
14	天津工程技术学院	津门乐学板块	英语口语交流体验
15		老年享学板块	离退休职工书法观摩体验
16		成果展示板块	终身学习成果展
17		协同发展板块	继续教育宣传体验
18		开放空间板块	图书馆开放
19			机房开放
20			实训室开放
21		走进社企板块	油田企业参观学习
22	天津轻工职业技术学院	津门乐学板块	我们身边的移动电子商务—现代生活新诠释
23			移动阅读 终身享用
24		老年享学板块	礼敬中华 终身学习—书法展览
25		成果展示板块	京津冀模具现代职业教育集团成果展
26		协同发展板块	京津冀模具行业协同创新发展论坛
27		开放空间板块	走进校园 体验职业教育
28			众创空间—感受大学生创新创业
29		走进社企板块	了解企业文化 熟悉生产过程
30			扮亮宜人环境 扮美精彩生活
31			服务企业 推广新技术
32			渤轻大讲堂
33			开展社区培训 共建和谐社区
34			发挥专业优势 共建和谐社会
35	天津交通职业学院	津门乐学板块	驾驶体验,乐享终身学习兴趣
36		成果展示板块	叉车比武,展示职业技能培养优势
37		开放空间板块	继教宣传,弘扬终身学习精神
38		走进社企板块	校企互动,展示职业教育特色

序号	院校名称	板 块	活 动 名 称
39	天津生物工程职业技术学院	津门乐学板块	"认识中医 体验中医"中医养生讲座
40		老年享学板块	"爱老敬老"我们在行动 走进龙福宫民族养老院
41		成果展示板块	"共享资源 服务社会"医药知识科普展
42		走进社企板块	走进国药,感受现代化药企绿色发展
43	天津冶金职业技术学院	津门乐学板块	学历继续教育升学之路(讲座)
44		成果展示板块	2016年"挑战杯——彩虹人生"全国职业学校创新创效创业大赛(团委)
45			2017年5月 "冶金青年创新创意创业大赛"作品展(就业办)
46		开放空间板块	就业创业中心(玑瑛青年创新公社)安排(讲座)(师生创就业相关政策及助力举措)相关区域开放、成果展示。
47		走进社企板块	社会培训及继续教育图片风采展示
48	天津现代职业技术学院	老年享学板块	关注老人身心健康宣讲
49		开放空间板块	"知茶韵,观茶艺"社区中老年中华茶艺体验学习交流会
50			手表装调体验
51		走进社企板块	健康、营养、环保职业教育进社区
52	天津海运职业学院	成果展示板块	国际交流成果展示
53			军事化素质教育成果展
54			技能大赛成果展示
55			"服务京津冀协同发展,助力打造北方航运中心"培训成果展示
56		协同发展板块	天津邮轮游艇协同创新中心项目活动
57			继续教育咨询服务周活动
58			全民阅读活动周暨图书馆开放活动
59		开放空间板块	星空体验暨天象馆开放活动
60			"走进创业基地,感受创业活力"主题活动
61	天津医学高等专科学校	津门乐享板块	液相色谱培训班
62			"小小牙医"职业体验
63			"慢性病"健康教育与促进
64			儿童零食"健康"选择
65			糖尿病饮食指导
66		老年享乐板块	老年常见病自我保健治疗方法
67			老年常见口腔问题健康教育
68			老年人慢性病营养指导
69		成果展示模块	细胞膜色谱技术在中药有效成分筛选中的应用(行业培训)
70			临床药学培训——老年用药
71			"众创空间"创新创业成果展示
72		协同发展板块	"京津口腔职业教育合作共同体"成果

序号	院校名称	板块	活 动 名 称
73	天津医学高等专科学校	开放空间板块	蓝墨云 "社区老年用药健康指导"793301 班和 859203 班
74			"口腔健康教育中心"面向公众开放
75			"颈椎病""腰椎病"按摩康复体验
76			学校历史文化宣讲
77			BLS 项目培训观摩
78			婴儿抚触、沐浴观摩培训
79		走进社企板块	"康宁津园"会员增值服务
80			"康宁津园"员工急救技能培训
81	静海成职教中心	津门乐学板块	升旗仪式展示、文艺展演、校园文化展示
82			大型团体操表演
83		成果展示板块	会计、商贸、机电、数控、汽修专业学生技能展示
84		协同发展板块	学校与企业签署校企合作协议
85			城郊集团研讨交流
86		开放空间板块	机电、数控、学前、汽修专业课堂开放
87		走进社企板块	汽修专业到企业实践学习
88	天津市仪表无线电工业学校	津门乐学板块	探秘金牌技师:世界技能大赛信息网络布线项目技能体验
89		成果展示板块	技能人才助力天津发展:学校技能培训成果展
90		协同发展板块	小工匠　大作为:中小学生技能体验行
91		开放空间板块	校企合作数控机床维修生产性实训基地展示
92			先进制造业创新技术展:智能制造教学工厂展示
93		走进社企板块	家电维修培训,助力社区服务
94	天津市第一轻工业学校	津门乐学板块	国家教学成果二等奖"大师工作室助推食品专业发展的探索与实践"项目展示
95			津乐园冠名焙烤创意比武大会
96			西餐品鉴展示会
97		老年享学板块	国家一级国画师单连辰老师绘画成果展
98		成果展示板块	学校终身教育成果展示
99			在失聪的世界里制作甜蜜与幸福的人
100		协同发展板块	社区羽毛球,三人篮球赛
101			社区舞蹈队启动仪式
102		开放空间板块	工程实践创新——从你他和娃娃开始
103			马云的无人超市体验——身边的物联网
104		走进社企板块	汽车使用与保养常识进社区活动
105			烘焙体验及食品营养与安全咨询活动
106			渤海轻工产品社区科普宣传展示会

续表

序号	院校名称	板块	活动名称
107		津门乐学板块	推进全民终身学习、老少同乐悦读活动
108			居民终生学习论坛
109		老年享学板块	"太平杯"家庭和美文化摄影展
110			社会公德、安全知识竞答
111		成果展示板块	终身学习成果展、《终身学习、提高内涵》课题组教材出版发布
112	天津滨海中专		社区书画展
113		协同发展板块	师生、居民征文:终身学习,加强师德、社会公德建设(教师、居民、学生)
114			去导弹部队、共建单位宣传终身学习理念——各学部
115		开放空间板块	社区老年党员两学一做技能展示
116		走进社企板块	带领师生走进润泽园社区、尊老敬老活动
117	天津市建筑工程学校	津门乐学板块	书香满校园
118		成果展示板块	最美校园摄影展
119	宁河区中等专业学校	津门乐学板块	家庭轿车的日常保养与维护
120		津门乐学板块	阅读 快乐 共享
121			职业教育与终身教育、学习型城市建设
122	天津市信息工程学校	成果展示板块	资源共享与活动展示
123		开放空间板块	职业教育新体验
124			互比互学求发展,共享共赢展特色
125			机电一体化操作体验
126	天津市南洋工业学校	开放空间板块	3D 打印操作演示
127			数控技术操作体验
128		津门乐学板块	职业技能人人行——全民职业教育实践活动
129	天津市第一商业学校	成果展示板块	了解职业教育,体验职业技能——学生社团展示活动
130		协同发展板块	"七五普法"宣传,共建法治社会——法制建设宣传讲座
131	天津市美术中等专业学校	开放空间板块	宝玉石知识普及

"优化平台,帮助居民实现就业梦"服务项目。学校紧贴区域发展,培养行业企业、新型农村建设急需人才,全力为本区三大产业园、现代服务业、现代农业提供专业人才保障。学校先后与北京博纳等 39 家企业建立校企合作关系,建立校企合作、订单培养、工学交替、顶岗实习的办学机制,拓展

了学员的实训和就业空间,逐步形成了校企资源对接、共享、互利、共赢的发展格局。学校以下营镇大平安村为合作试点,在校企合作的基础上积极探索职业学校与农村合作的新型模式,提升学校服务三农的广度和深度,搭建了"教育培训+基地+农户、联通大市场"的教育培训服务新平台。有效提升了为三大产业园区企业和大项目落户的本土化人力资源的服务能力。

"拓展平台,开展学历教育和非学历培训"项目。学校利用职教资源优势,广泛开展社会急需人员培训,他们先后对全区104所幼儿园300名教师进行培训;对在岗、下岗再就业人员及退伍士兵进行钳工、维修电工等技能培训;学校先后举办了"syb"(创办你的企业)电工、焊工等适合青年农民的职业培训,为农民工就业、在岗职工知识更新、退役军人就业提供培训共5000多人次;学校完成了汽车维修、电工、焊工、计算机、车床等相关培训项目的退伍士兵培训,共计69人;完成天津市百万培训计划的培训任务,356人汽车修理中级工和焊工中级工培训,考证合格取证率100%。几年来,累计培训20067人次,为当地百姓积极搭建创业、创新平台,为提升社区居民整体素质、助力本地区社会经济发展作出了重要贡献。

【案例5】天津城市职业学院职教集团优质专业服务终身教育项目

在职业教育优质专业对接优势产业群建设项目中,天津市教委开展了优质专业群对接优势产业群,服务天津经济社会发展建设项目试点工作。天津市将养老、社区服务等专业作为重点项目加以倾斜,同时设立服务终身学习专项经费,推进了我市社区教育健康发展。

天津城市职业学院是一所独立设置的高职学院,天津城市职业学院职教集团是全国首个社区型、区域型职教集团,服务天津市内河北区、河东区、和平区、红桥区、南开区和河西区六个社区。以天津城市职业学院为龙头,利用其优质的教育资源向其他5所社区学院(新华社区学院、河西社区学院、北洋社区学院、南开社区学院、河东社区学院)辐射,带动整个集团在队伍建设、专业发展、课程开发、实训基地建设、人才培养模式改革等方面不断深化,通过集团内部的资源共享和优势互补推动各社区学院在技术技能人才培养方面的支撑作用。项目建设更加有利于 6 个成员组织单位的相互助力,相互发展。

天津城市职业学院职教集团优质专业服务终身教育建设项目进一步提升职业院校立足社区,服务区域经济发展的能力,助力构建"从小到老"终身教育体系。该项目总体建设预算资金为 912.1 万元,其中,市财政投资 720 万元,配套资金 192.1 万元,截至 2017 年 5 月,实际支出资金 895.5 万元,分别用于实训室、课程资源、师资队伍、服务终身教育建设等内容。

建设期内,他们充分发挥立足区域的优势,以实训基地为依托,服务区域社会发展,不断拓展服务对象和服务领域,全面提升了社会服务水平。主要体现在:利用高素质的专业教学团队和实训基地的先进设备等资源优势,开展对社区工作人员及相关社会人员的继续教育和岗前培训;大力开展面向社会的职业技能培训,提供职业技能鉴定考评服务;积极发挥专业教师及学生的人才资源优势,面向社区开展多种形式的服务,达到 6900 人次/年,充分体现了社区型职业院校的特点。

各分院重点围绕建设集教学、社会培训等为一体的多功能实训基地,加强课程资源和专业共享教学资源建设,打造专兼互融的服务型教学团队,深化人才培养模式改革,提升专业服务社会能力等方面开展,旨在利用学校的优质教育资源,共享共建,满足成人教育、社区教育、培训等个性化需求,实现服务终身教育目标。

经过一年的项目建设,建设了一批技术先进、符合区域发展特色的集教学、培训、职业技能鉴定和技术服务为一体的多功能、高端实训基地,实训基地使用效益和水平明显提升,师资队伍双师素质得到提升,相关专业人才培养质量显著提高,职教集团内部资源共享机制不断深化、职教集团内优势专业群对接优势产业项目的能力不断增强,职教集团职业教育与终身学习对接更加紧密,实现了服务终身教育的目标:

一是借助集团专业教育资源提供多元化的社区教育。集团充分发挥各分院办学优势和主抓区社区教育工作的职能,将终身教育服务与优质专业建设紧密融合,以服务终身学习为重要责任,通过职业教育带动社区教育,服务终身学习。开展各种类型的职业资格培训,如退役士兵的岗位技能培训、职业资格培训等;设置社区工作者专业,积极援建、指导、推动社区工作职业化发展;开展社区早教、社区青少年素质教育、社区老年教育;与相关部门合作,共建社区学校、社区图书馆、数字化学习社区等。这些工作的开展,为社区居民提供了多样化、个性化学习服务,充分发挥了为终身教育服务的功能,为更好地实现项目有效服务终身教育搭建了多层次的服务体系。项目建设中,天津城市职业学院职教集团召开了"天津城市职业学院职教集团服务终身学习展示暨教养结合老年教育学习中心授牌仪式",组织了京津冀社区教育大家谈,发挥了社区教育引领作用,产生了广泛的社会影响。

二是构建了覆盖中心城区的终身教育网络。集团内各分院均是各区社区教育的重要载体和龙头,他们借助地缘优势,职教集团所属分院在区内建立了以社区学院、街道社区学校和居委会社区分校组成的三级社区教育网络;即以集团各个区的社区学院为主导,承担引领、推进全区社区教育工作业务指导的职责;街道社区学校通过建设街道示范学校,带动全区街道社区学校的发展;居委会的社区分校,利用多种载体开展教育活动。

三是创新管理体制创推进社区教育工作。区政府给予全力支持,专门成立区社区教育工作委员会,区委常委和主管副区长分别担任社区教育工作委员会正、副主任;区社区教育办公室就设在职教集团分院内部,与学院社区教育职能部门合署办公,区教育局局长任"社教办"主任,院长任"社教办"副主任,构建了以政府为主导、学院为主体、街道社区为中心的社区教育工作体系。职教集团在推进天津六个中心城区社区教育实验中,发挥政策理论研究、评估督导、师资培训、课程开发、教学指导等核心作用。

表 2 项目建设完成绩效表

建设内容		预期目标	实际完成	完成率
实验实训条件提升	校内实训基地	新增 14 个	新增 15 个	107%
		改建 5 个	改建 6 个	120%
	校外实训基地	新增 13 个	新增 13 个	100%
	本专业教学仪器设备总值	新增 743.52 万元	新增 769.31 万元	103%
课程资源建设	优质核心课程	12 门	13 门	108%
	校(社区)合作开发校本教材	10 本	17 本	170%
	专业教学资源	3 门	4 门	133%
		60 个微课	60 个微课	100%
	教学资源库(平台)	1 个	2 个	200%
师资队伍建设	专业带头人	5 名	5 名	100%
		培训 9 人次	培训 9 人次	100%
	"双师型"专任教师	20 人	22 人	110%
		培训 12 人次	培训 12 人次	100%
	骨干教师培训	37 人次	53 人次	143%
	骨干教师	新增 1 人	新增 1 人	100%
	其中来自行业一线兼职教师	9 人	9 人	100%
		480 学时	560 学时	117%
人才培养质量提升	人才培养模式改革		改革人才培养模式	100%
服务终身	社会培训	5200 人次	6900 人次	133%
	科研成果转换及推广	1 项	2 项	200%
	场地支持	162㎡	270㎡	166%

天津职业教育服务终身学习体系既有目标性,又有天津职业教育的特性,具有助推发展的功能。职业教育助推产业发展、助推企业发展、助推经济发展、助推区域经济社会发展,更是助推学习型社会的发展。经过多年来的不断探索,基本形成了职业教育服务终身学习体系的"天津实践"。

天津作为唯一的"国家现代职业教育改革创新示范区","推进学习型城市建设"已列入建设重点。发挥职业教育优势,促进继续教育和终身学习便捷通畅,完善终身学习支持服务平台,推进继续教育和老年教育深入开展,服务终身学习,服务民生,不断提升人民群众的幸福感和获得感。

到 2020 年,天津市将高水平建成国家现代职业教育改革创新示范区,形成与天津城市功能定位相适应的以行业企业办学为主、产教深度融合、国际深度合作、中等职业教育与高等教育紧密衔接、职业教育与普通教育相互融通、继续教育和终身学习便捷畅通,天津特点、中国特色、世界水平的现代职业教育体系。

(作者单位:天津市教委职业技术教育中心)

构建服务终身学习区域型职教集团的实践研究

李 霞

"集团"一词,源于经济学领域,是指将分散的、生产规模较小的经济实体,以集团的形式结合起来,形成规模较大的运行实体,以规模优势实现规模效益。该概念延伸到职业教育继续教育领域后,其外延拓展为"集团化"。所谓职业教育集团化办学,即通过多形式、多主体的联盟,实现职业教育的结构优化、资源共享和功能扩展,实现人才培养的集约化。长期以来,天津市作为首个国家职业教育改革试验区、国家职业教育改革创新示范区以及全国唯一的国家现代职业教育改革创新示范区, 在职业教育领域探索出"政府主导、行业主办、校企主体"的集团化办学的有效模式。

近年来,为了加快推进学习型城市建设,完善终身教育体系,天津创造性地提出"职继协同、双周推进"的工作思路,充分发挥职业教育的优势,借助职业教育的优质资源,服务于终身学习,创新地形成一种职业教育集团化发展的新思路、新模式。

一、构建区域型职教集团服务终身学习是加快推进学习型城市建设的必然选择

"办好继续教育,加快建设学习型社会,大力提高国民素质"是党的十九大报告中提出的重要要求。之前,于 2014 年 8 月 11 日,教育部、中央文明办、国家发展改革委、民政部、财政部、人力资源社会保障部、文化部等七部委联合发布《关于推进学习型城市建设的意见》,要求在全国开展学习型城市创建工作,形成一大批终身教育体系基本完善、各级各类教育协调发展、学习机会开放多样、学习资源丰富共享的学习型城市。教育部门要积极构建终身教育体系,统筹学校教育资源服务学习型城市建设。区域型职教集团因其在服务终身学习方面具有的特殊优势,成为加快推进学习型城市建设的必然选择。

(一)以集聚优势实现资源共建共享

区域型职教集团一般由地区教育行政部门牵头,具有形式统一、管理高效、服务区域等特点。实行区域型职业教育集团化办学,不但可以创新体制、增强活力,而且可以整合职业教育资源,实现共建共享。区域型职教集团内各成员单位,在推动学习型城市建设、开展社区教育等方面,承担大致相同的任务,无论是教学标准、教学管理、师资培训的高度统一,还是特色专业建设、实训基地建设、校企合作的错位发展,都可以在紧密合作过程中实现,其结果均是职业教育资源得到充分利用。

一般来讲,阻碍职业教育资源共享的原因大致如下:其一,在职业教育资源配置过程中,缺乏统筹规划,导致建设内容重复,浪费有限资源;其二,把有限的职业教育资金平均投入职业院校,以示公平,却导致资源配置分散;其三,专业设置重复,专业特色不明显,学校间互挖生源、无序竞争;其四,专业教师紧缺,尤其是专业规模小而全的职业院校,教学质量难以保证;其五,职业院校间沟通交流不足,职业教育资源闲置与缺乏并存,不能做到借力帮扶、共享资源,使职业教育资源效益最大化。

区域型职教集团则从根本上解决了上述问题。职业教育集团化办学不仅整合区域内职业教育的优质资源,而且整合区域内学前教育、老年教育、社区教育、涉农教育等各种资源;不仅整合校企合作、产教融合的资源服务终身学习,而且借助于教育行政部门的统筹协调,借鉴国际先进理念,实现区域内外的资源整合。

(二)服务民生奠定学习型城市基础

能否满足人民群众的终身学习需求、促进人的全面发展,是考察城市建设水平高低的重要指标。区域型职教集团除具有培养中职、高职、成人学历生的职能之外,还面向区域内居民施行各种岗位技能培训,如以农村转移劳动力和复转军人为对象的继续教育、以残疾人为对象的生存技能培训、以社区居民为对象的休闲培训,以及幼儿教育、青少年校外教育、老年人教育等等。

区域型职教集团突出社区服务类专业优势和服务终身学习的特点,开放各类学习资源,以适度、差异、示范为专业定位原则,紧贴社区服务岗位需求制订人才培养方案,加快培养服务于社区工作、文化体育、环境卫生、老龄工作的社区专业人才,大力推进社区教育和终身学习,成为区域学历教育、劳动力转移培训、技术推广和社会生活教育的开放平台,使居民在享受优质终身学习服务中,了解终身学习的内涵,增强获得感和幸福感。

(三)助推区域经济社会发展

区域型职教集团在服务全民终身学习过程中,依据城市功能定位、发展战略和人才需求,对接支柱产业和新型产业集群,以产教融合、校企合作为依托,产业、行业、企业、职业、专业联动,不断提高集团内职业院校办学能力和服务社会能力,助推区域经济社会发展。通过集团内职业院校与社区联合、与文化体育机构互动,致力于打造学前教育、职前教育、职后教育、老年教育链条,服务民生,服务社会,促进人与社会可持续发展。

二、国家现代职业教育改革创新示范区构建服务终身学习区域型职教集团的实践

近年来,天津充分发挥全国唯一国家现代职业教育改革创新示范区的优势,全面构建人人皆学、处处能学、时时可学的终身教育体系,创新搭建终身学习支持服务平台,建立覆盖全市城乡服务终身学习的区域型职教集团,在服务学习型城市建设中发挥了独特作用,取得了良好的社会效益。

(一)天津城市职业学院职业教育集团

2005 年 9 月 28 日,经天津市人民政府批准、教育部备案,天津市第一所多功能社区性职业学院——天津城市职业学院挂牌成立,设在该学院的天津市首家区域型职教集团同时成立。职教集团由该学院联合市内其他五区社区学院(职工大学)组成,集中了6所学院的教育资源,共同推进市内六区终身教育体系的构建。6所学院仍由各区政府主办、各区教育局主管,其独立法人、独立核算的办学体制不变。天津城市职业学院职教集团设立校务管理委员会,由市教委分管领导、相关处室负责人和6所学院院长组成,其职责是协调决定职教集团的发展规划、专业建设、资源开发利用、质量保证及资金使用等重大问题。

职教集团以促进人的全面发展,提升区域内居民道德修养、职业技能和文化知识为目的,实施灵活的办学机制,积极开辟培训渠道,面向不同人群、不同需求主动服务,年均培训5万人次以上,已对100万人次以上区域内居民实施了终身教育,在促进城市文明程度提高方面发挥了积极作用。

职教集团在服务终身学习实践中发挥理论研究、政策研究、课程开发、教学指导、评估督导、师资培训等龙头作用,整合共享各区办学资源,拓展各学院职业教育办学功能,带动了6所学院的改革与发展。各成员单位在稳定成人教育既有规模的同时,社区教育和老年教育快速发展,办学规模和办学效益显著提高。目前,天津市内六区中,有5个全国社区教育示范区、1个社区教育实验区。

(二)天津市环城职教集团

天津市环城四区(东丽区、西青区、津南区、北辰区)中,坐落着海河教育园区、泰达西区、空港物流加工区、北辰开发区、西青微电子城等教育园区和产业园区;区域内建有20余所中高职院校,开设的专业涵盖了航空航天、装备制造、电子信息、财经商贸、交通运输等专业群;同时,以北辰电大为代表的环城四区成人教育机构,教育资源亟待整合提升,因此组建服务于终身学习的环城职教集团势在必行。

2017年1月22日,天津环城职教集团成立。该集团由环城四区所属职能部门和企业、事业单位组成,以对接区域产业、服务区域经济建设为目标,以技能型人才培养为核心,以专业发展为纽带,在校际合作的基础上,依托校企合作,充分发挥企业单位、行业协会和职业院校独特优势,对职成教育资源进行有效整合,制定统一的人才培养目标和专业设置标准,在人才培养、资源利用、工学结合、招工就业等方面,不断深化环城四区院校间、校企间的合作,以实现政策共享、资源互补、连锁培养、科学发展的目的。与此同时,以市、区两级电大工作站为平台,以区域内职业院校为骨干,以社区学校和成人文化技术学校为支撑,实施内容丰富、形式多样的教育培训活动,满足居民时时学习、处处学习的终身学习需求。

环城职教集团以讲座、微课、课堂实录等为主要形式,依照专业类别推进资源平台建设,为区域内居民终身学习提供服务。环城四区内的职业院校均面向社区开放,实现师资队伍、教学场所、专业设备设施、基础服务设施共享。该集团以天津市百万技能人才培训福利计划项目为依托,积极整合区域内职业院校技能鉴定站(所)的培训鉴定资源,对区域内各类社会人员实施培训和鉴定,大大提高了培训、取证的实效性。该集团还针对老年人特点,对区域内职业教育、中小学校舍资源及艺术类师资资源进行整合,以市民学校为载体,为老年人提供书法、绘画及交谊舞、乐器演奏等优质服务,使老年人老有所学、老有所乐。

(三)天津市城郊职教集团

近年来,天津市武清区、静海区、宁河区、宝坻区、蓟州区等城郊五区的职成教育快速发展,形成各自的品牌和特色。为了实现上述地区职业教育、成人教育资源共享,天津市以组建职教集团的方式,搭建五区优势互补、共同发展的平台。2017年5月15日,国内首个城郊职教集团——天津市城郊职教集团成立。该集团由天津城郊五区组成,以构建终身教育体系、服务终身学习为目标,主要面向农民开展职业教育与成人教育。

天津市以城郊职教集团为依托,不断完善各区人民政府主导的以职成教育中心为龙头、以乡镇成人文化技术学校为骨干、以村成校(社区服务中心)为支撑的三级教育网络,构建时时能学、处处可学、人人皆学的终身教育体系。城郊职教集团积极促进区域内职校、成校及老年大学间的深度合作,建立网站,实现区际网络信息互融互通,精品专业、课程等资源共建共享。

(四)天津市滨海新区职教集团

2017年11月30日,滨海新区职教集团成立。该集团由滨海新区政府有关部门、职业院校、企事业单位、行业协会及科研机构等组成,首批成员单位约300家,其中近一半为企业。该集团服务于滨海新区学习型城市建设和终身教育体系构建,开展合作交流、人才培养,是探索创新、共同发展的联合体。区域内具有独立法人资格的职业院校、企业单位、事业单位、行业协会、科研机构均可申请成为职教集团成员单位。

该集团发挥成员单位优势,以职业院校为基础,以企业生产性实训条件为依托,开展中高职院校学生的实习实训、顶岗实践;利用职业院校教育资源,为企业职工培训提供支持服务,形成共建共享机制。同时,整合各类教育资源、集聚集团优势,构建区域内职业教育与培训网络,广泛开展各级各类教育和培训,直接服务于区域内企业职工与社区居民多层次、多类型的终身学习需求和终身教育体系建设。

该集团积极对接滨海新区支柱产业和新型产业集群,以产教融合、校企合作为依托,以"产业、行业、企业、职业、专业"的互动、联动,实现职业教育资源的共享和优势互补,提高区域内职业院校办学能力和社会服务能力,服务终身学习。

三、持续推进服务终身学习区域型职教集团发展的策略

通过区域型职教集团的形式,整合职业教育、继续教育及驻区企事业单位、科研机构等方面的各种资源服务于终身学习,是一种新的尝试和创新。前述4个区域型职教集团的建立与运行,使天津市实现了区域型职教集团服务终身学习的全覆盖。天津作为唯一的国家现代职业教育改革创新示范区,已将"推进终身学习型城市建设"列入重点建设项目,持续推进服务终身学习区域型职教集团的发展,是建设学习型城市的题中之义。

（一）坚持政府主导，形成"五方携手"推进新机制

区域型职教集团牵扯的利益诉求方多、涉及面广，若要持续推进其健康发展，须有强大而权威的推动力量，能担此责者，非政府莫属。在推动服务终身学习区域型职教集团发展的过程中，天津市教育委员会联合相关部门、行业和企事业单位，探索形成了"五方携手"（政府、行业、企业、院校、科研机构）推进新机制。该机制强调统筹协调，政府担当主导、统筹责任，行业和企业发挥参与、指导、评价作用，职业院校履行人才培养职能，研究机构具有支撑、服务功能。"五方"权责清晰、定位明确，形成了"资源共享、责任共担、过程共管、互利共赢"的联动育人模式，使相关利益诉求方实现共赢。

（二）强化政策引领，加大统筹力度

政府在区域型职教集团发展中，承担统筹、规范和引领职责。天津市人民政府依据区域经济社会发展对人力资源的需求，出台《关于加快发展现代职业教育的意见》，提出到 2020 年建起"中等职业教育与高等职业教育紧密衔接，职业教育与普通教育相互融通，继续教育和终身学习便捷畅通，具有天津特点、中国特色、世界水平的现代职业教育体系"。天津市强化区县人民政府对职业教育、继续教育的统筹管理职责，明确"以区县人民政府为责任主体，以区域型职业教育集团为骨架，以社区学院或职成教中心为骨干，以文化技术学校为支撑，形成时时能学、处处可学、人人皆学的终身教育体系"，全力推进优质职业教育资源面向社会开放共享。

（三）坚持"职继协同、双周推动"，促进全民终身学习

"职业教育活动周"和"终身学习活动周"，是国家教育部设立的推动职业教育和继续教育协同发展的重要抓手，天津市率先确立"职继协同、双周推进"的工作方略，大力推进"五业联动"（产业、行业、企业、职业、专业），持续扩大职业教育、继续教育有效供给，服务全民终身学习，推进学习型城市建设。

2017 年"职业教育活动周"期间，天津市设立协同发展、走进社企、津门

乐学、老年享学、成果展示和开放空间六大板块，全市 16 个区分别展示了校企融合、高校融入、普职融通、百万技能培训进社区等全民终身学习成果，成为学习型社会建设的重要载体。同期，天津市组织开展了"百姓学习之星"与"终身学习品牌项目"遴选展示活动，使终身学习融入百姓日常生活，共 30 余万人次参加活动，社区教育氛围日益浓厚。

区域型职教集团是顺应区域经济社会发展的新型办学组织模式，在服务终身学习过程中，不断完善政府层面的外部环境建设和区域型职教集团内部的制度建设，推动区域型职业教育集团改革与创新，实现职业教育、继续教育与区域经济的联动发展，是区域型职教集团持续稳定发展的必由之路。

(作者单位：天津市教委职业技术教育中心)

职业教育国际化

首个海外"鲁班工坊"
在泰国正式投入运营

冷珊珊

2016 年 3 月 8 日,由天津渤海职业技术学院在泰国大城技术学院建立的"鲁班工坊"正式投入运营。天津市相关部门负责人和泰国岱密中学孔子课堂泰方主席、泰国"一带一路"隆财基金会主席赵昆通猜博士,职业教育委员会秘书长查亚普鲁博士,大城府省长布拉雍、大城市市长等嘉宾,以及 21 所高职院校和马来西亚、印度尼西亚两个国家 3 所高职院校校长及师生代表、企业界代表出席活动。

"鲁班工坊"以工程实践创新项目为核心理念和培训主线,分为四个区域,分别是仿生机器人学习体验区、电脑鼠走迷宫学习竞赛区、POWERON创新套件实训区、自动化生产线教学区,另外还配置了两间中泰教师教研场所。"坊内"的设计充分反映中国职业教育改革创新示范区建设的现代教学组织理念,突出天津职业教育校企合作、国际合作内涵性成果,呈现"互联网+"现代智能制造的教学载体应用。同时,通过开展国际邀请赛、对抗赛和友谊赛等方式,培养和选拔优秀技术技能人才。

"坊内"的设计背景、摆件、音乐等也都充满中国元素,更加突出了中国职业教育的特色;"坊外"还配备了全国职业院校技能大赛主赛区使用的天津产新能源汽车和充电桩等整套服务装备。

在今后开展的教学中,该"鲁班工坊"将选用"工程实践创新项目教程"国际化双语教材,根据泰国大城技术学院专业特点共同开发教学项目并组织实施;遴选泰国职业院校专业骨干教师,由中国选派教师实施技术培训和现场指导,特别是通过视频教学系统和国际化微课程网站平台,双方师生的互动交流和教学研讨将成为常态;通过"鲁班工坊",还将培养出一批优秀的双语双师团队,努力提高教育教学管理国际化水平,并开发国际化培训课程。

该"鲁班工坊"是中泰双方共同选取的中国职业教育成果,是由天津市教委副主任吕景泉牵头历时 8 年完成的,也是我国首个职业教育领域国家教学成果特等奖在海外的推广应用。在揭牌仪式上,天津市相关部门负责人和布拉雍共同为"鲁班工坊"揭牌,并为"鲁班工坊"网站点击开通,通过视频还与天津渤海职业技术学院工程实践创新项目体验中心现场进行了实时互动,吕景泉向大城技术学院赠送了"工程实践创新项目"国际化双语教材,与会嘉宾还一同参观了"鲁班工坊"的教学设施。

天津渤海职业技术学院在泰国大城建设的"鲁班工坊",是我国在海外设立的首个职业教育领域的"孔子学院"。它的成立,标志着天津市作为国家现代职业教育改革创新示范区,围绕国家"一带一路"战略,配合中国装备"走出去"和国际产能合作,正式启动把自己的优秀职业教育成果输出国门,并搭建起天津职业教育与世界对话、交流的实体桥梁。同时,更标志着天津职业教育的国际化发展,已经从中低水平国际交流合作迈向中高水平国际交流合作的新阶段。

一、侧记:搭合作平台,育技能人才

经过 8 个小时左右的飞行,飞机终于抵达曼谷机场。我们走出机场大厅,热浪阵阵袭来,等候已久的泰国大城技术学院院长哲仁一行,为我们献上了用茉莉花、玫瑰花穿成的幸运花(当地招待客人的习俗)花环。

从曼谷机场驱车 70 多公里,便来到大城技术学院。大城技术学院具有悠久的历史和文化底蕴。它坐落于大城府大象营,原校址是玛哈玛拉公主的宫殿,而玛哈玛拉公主也是当时的学校领导。

"泰国大城技术学院坐落在具有深厚内涵和经典文化的古都城市,有着良好的教育传统和人文环境，是泰国职业教育院校中一颗璀璨的明珠；中国天津渤海职业技术学院也是一所具有 60 年办学历史的天津市示范高校，在职业教育集团化办学、师资力量、教育管理、教学设施、校园环境方面处于领先水平。"天津市教育委员会副主任吕景泉向本刊记者介绍道。

沿着大城技术学院的主路一直前行，左转 50 米便达到"鲁班工坊"所在地。3 个月前，这里还是一片杂乱的空地。如今，232 平方米的室内场地已成为拥有国际最先进设备的工程实践创新项目基地。

"鲁班工坊"是由两所学校本着"友好、尊重、互信、平等"的原则，共同建设的学生现代技术实践训练基地。这也是迄今为止，我国在国外建设的第一个"鲁班工坊"。天津渤海职业技术学院的专家团队经过近一年的时间，研究实施方案并安排专项资金支持该项目。两所学校通过近 6 个月频繁的沟通，结合双方专业特点共同开发确定了工坊的教学项目。双方组建了专业团队，经过 3 个多月的昼夜奋战，终于如期运营。

这个现代化技术培训基地，主要以工程实践创新项目为基础进行建设，选用国际最先进的设备，其中包括能力源创新课程套件、电脑鼠走迷宫、仿生机器人和物联网技术四部分，以培养和提高学生的动手实践能力和创新意识。

此外，通过"鲁班工坊"培训教师和学生参加国际相关竞赛，也为举办国际学生技能大赛创造了良好的条件。同时，通过"鲁班工坊"这个平台，实现了中泰教师教育资源共享、两国师生互换交流实习，推动两校之间的职业教育国际合作，培养具备中泰双语能力的工程实践创新人才，促进了中泰两国职业教育技能人才交流和教学经验的互通。3 月中旬，来自泰国 5 所职业院校的 27 名师生作为"鲁班工坊"第一批培训师生，到天津渤海职业技术学院开展为期 3 个月的培训。

教育部与天津市对此项活动也给予了高度重视。在揭牌仪式上，天津市领导、天津市教委领导为"鲁班工坊"揭牌并讲话，点击开通了"鲁班工坊"网站，为"鲁班工坊"赠书，并出席了天津渤海职业技术学院与东盟国家高职院校签订交流协议仪式等活动。

在泰国设立的"鲁班工坊"得到了泰方高度认可,泰方还邀请了泰国21家高职院校校长和马来西亚、印度尼西亚两个国家3所高职院校校长参加。

在现场的采访中,泰国职业教育委员会顾问斯提萨克对本刊记者说:"现在泰国的职业教育处在一个新的转型时期,以前泰国职业教育只是书面教学,很少有实践教学。以后将有更多技术人才到国外进修学习。'鲁班工坊'的设立并将这种方式引进,对于培养泰国高技能人才有很大帮助,比如培养和发展专业技师、酒店管理人员和旅游方面相关人员等。"

对此,吕景泉说:"希望两校密切合作,进一步完善体制机制,把'鲁班工坊'建设成经典项目和示范项目。同时,也希望有更多优秀的院校加强友好合作,共同建设更多的'鲁班工坊'工程实践创新项目实训基地,加强两国职业教育校际之间师生学习交流,增进两校永远友好,为促进两国经济发展培养更多的高素质技术技能人才。"

二、背景:拓国际视野,焕工匠精神

众所周知,鲁班是中国2000多年前的一位杰出工匠和发明家,凭借精湛的技术和钻研精神,发明创造了大量的劳动工具,极大地提高了生产效率,被誉为中国土木工匠的始祖,鲁班的名字已经成为中国人民伟大智慧的象征。

在泰国设立"鲁班工坊",就是以鲁班的"大国工匠"形象为依托,将天津现代职业教育改革创新示范区的优秀职业技术和职业文化,采取职业培训和职业竞赛的方式输出国门与世界分享,搭建起天津职业教育与世界职业教育交流的平台。

"今后,我们的技术技能教师和管理人员要定期到现场进行指导,我们还会通过'鲁班工坊'的空中课堂、视频微课,把天津的课堂跨区域地辐射到'鲁班工坊'。下一步,我们将以建设'鲁班工坊'为契机,积极探索职教国际化发展模式,努力培养具有国际视野和国际化思维的师资,提高教育教学管理的国际化水平,开发国际化培训课程,为两国经济的发展培养更多的本土化高素质技术技能人才。"天津渤海职业技术学院党委书记芮福宏向本刊记者介绍道。

"鲁班工坊"由以工程实践创新项目为支撑的硬件平台组成,内含四大部分:能力源创新课程套件,实现培养学生创新能力、动手能力、协作能力的综合训练;机器人部分,主要是安全生产、智能生产机器人的应用,救火机器人、防化工泄漏机器人、引导机器人、仿生机器人使用和调试等;电脑鼠走迷宫项目部分,将电脑鼠走迷宫项目融入单片机课程中或者相关课程中,培养学生自主创新意识和创新思维;将软件仿真、硬件仿真、实物制作多项功能融合在一起,为培养学生创新能力搭建硬件平台。

教学过程将以中方教师为主,选用优秀"工程实践创新项目"国际化双语教材,根据大城学院专业特点开发教学项目并组织实施。

通过"鲁班工坊",还要培养出一批中外优秀的双语双师团队,在于国内举办的中国—东盟工程实践创新交流赛中,邀请泰方教师参与评判,泰方也择机举办工程实践创新邀请赛,中方的教师也可以应邀参加裁判工作,争取在教育教学和大赛中展示合作成果。

谈及本次合作的契机和过程,芮福宏回忆道:"天津渤海职业技术学院和泰国大城技术学院有着良好的合作交流基础。近年来,双方进行了多次互访交流。泰国大城技术学院应邀于 2014 年 12 月 15 日至 19 日赴天津渤海职业技术学院参观访问;2015 年 11 月,天津渤海职业技术学院对大城技术学院进行了回访,共同研究探索双方交流合作和'鲁班工坊'建设意向;2016 年 1 月 11 日至 15 日,大城技术学院领导一行赴天津渤海职业技术学院,共同签署了合作意向书,两校将共同创办'鲁班工坊'。"

最后,芮福宏感慨地说:"在泰国'鲁班工坊'建设过程中,我们在天津市教委领导下,各方面专家给予指导和帮助,特别是长期以来支持学生技能大赛,为工程实践创新项目提供支撑的启诚伟业科技公司、圣纳科技公司、东方亨瑞公司和亚龙科技公司,为'鲁班工坊'提供了先进的设备和技术支持。"

三、收获：创天津模式，享职教经验

"鲁班工坊"结合输出产品和输出服务，采取多种方式，在输入地开展职业教育和技术技能培养培训，这将极大地提高当地的技术服务水平，促进我国企业的服务输出和产品输出。

"鲁班工坊"作为我国职业教育在国外的一种技术技能服务、技术文化传承的交流合作窗口，其建设与发展将直接促进输入国对我国技术技能、企业标准的认知、理解与接纳，提升中国企业在国际上的竞争力，服务"一带一路"国家战略，以及"中国制造2025"规划重点产业的国际化布局。

泰国大城技术学院院长哲仁在接受本刊记者采访时说："首先，我们非常荣幸地参与到中国政府提出的'一带一路'战略中。与此同时，泰国大城技术学院有幸成为第一个工程实践创新项目的'鲁班工坊'。我们承诺，将有效地利用'鲁班工坊'，对泰国和东盟国家的专业技术学生提供他们所需的工程技能和创新技能。"

天津职业教育经过连续10年的试验区和示范区建设，基础建设水平得到巨大提升，优势专业和特色专业众多，"十二五"期间开发了50个国际化专业教学标准，其中，天津渤海职业技术学院就承担了5个国际化教学标准建设任务，具备了一定的职业教育输出能力。

"鲁班工坊"项目是在教育部职成司指导和支持下，由国家级教学名师、天津市教委副主任吕景泉领衔，并组织天津渤海职业技术学院等组建专业团队研究实施方案。天津渤海职业技术学院高度重视、精心策划、周密部署，成立了项目建设领导小组，由书记、院长亲自担任组长，主管教学工作副院长任副组长，10余位教授、博士为成员，下设项目建设小组负责具体实施。项目领导小组经过为期一年的研究论证，明确了项目的建设基础、内涵、定位和发展战略，提出了项目建设的指导思想和目标，确定了项目的建设内容和预期成果，制定了项目建设的保障措施。此外，天津渤海职业技术学院深入开展中泰两国职业教育国际交流，也为首个"鲁班工坊"在境外设

立奠定了良好的基础。

对于天津渤海职业技术学院这支优秀的团队为"鲁班工坊"的付出,哲仁校长特别感激。他对本刊记者说:"'鲁班工坊'的建设恰逢中国传统节日春节期间,团队成员却依然辛勤地工作。我们虽然语言不通,但我们的想法是一致的。"针对在"鲁班工坊"建设过程中,语言不通这个交流中遇到的最大障碍,哲仁院长说:"我们现在建成了汉语教室,将来希望中泰语言有更多的交流。为了今后职业教育更好地发展,我们计划建立本科汉语教学,以便为中泰职业教育发展做更好的衔接。"

4天后,当我们再次来到曼谷机场,跟哲仁院长一行挥手告别,当他们消失于我们视线中,深深镌刻于我们脑海中的,是他们洋溢的热情和灿烂的笑容。

中泰两国职教人的汗水和笑容让我们清晰地看到美好的未来。我们看到,在这里,天津优秀职业教育成果已经成功输出;在这里,中泰职业教育合作已结出新的果实;在这里,天津职业教育国际化发展再上新水平;在这里,天津职业教育与世界对话交流的桥梁已搭建;在这里,将走出更多国际化职业技术技能人才;在这里,中泰友谊之花将更加灿烂地盛开!

(作者单位:时任《求贤》杂志社记者,现为天津城市管理职业技术学院教师)

"鲁班工坊"设计和建设者获
"诗琳通公主纪念奖章"纪实

天津渤海职业技术学院

在中泰两国有关方面的高度重视下,特别是在天津市教委副主任吕景泉教授的直接领导下,天津渤海职业技术学院在泰国大城府大城技术学院建立的"鲁班工坊"已顺利运营一年。在这一年的实践中,渤海"鲁班工坊"作为我国在海外设立的首个职业教育领域的"孔子学院",充分发挥了天津作为国家现代职业教育改革创新示范区,围绕国家"一带一路"战略,配合中国装备"走出去"和国际产能合作,把优秀职业教育成果输出国门与世界分享计划实施的载体功能,真正成为天津职业教育与世界对话、交流的实体桥梁,也为泰国职业教育的发展作出了积极的贡献。2017年2月3日,作为"鲁班工坊"的设计和建设者——天津市教委副主任吕景泉和天津渤海职业技术学院书记芮福宏被泰国公主诗琳通授予"诗琳通公主纪念奖章"。"诗琳通公主纪念奖章"作为泰国皇室诗琳通公主的重要标志,主要授予为泰国社会或人民大众作出贡献的人。

一、"诗琳通公主奖章"颁发仪式情况

2016年2月3日,访问团来到乌泰他尼府农业学院,参加"诗琳通公主奖章"颁发仪式。3月,天津渤海职业技术学院在泰国大城技术学院建立的"鲁班工坊",为泰国的职业教育作出了积极的贡献。天津市教委副主任吕景泉和天津渤海职业技术学院书记芮福宏获得诗琳通公主亲自颁发的纪念奖章。

在庄严隆重的仪式上,诗琳通公主发表了讲话,并亲自颁发了"诗琳通公主奖章"。仪式后,芮福宏向公主赠送了渤海"鲁班工坊"相册和礼物——天津风筝。同时出席仪式的还有泰国教育部和职业教育委员会的官员。

2013 年,诗琳通公主到天津考察中国现代职业教育,大力倡导中泰职业教育合作。2014 年,赵昆通猜博士(大和尚)和天津市教育委员会签订中泰职业教育合作备忘录,天津市教委牵头组织天津 11 所高职院校与泰国 11 所职业院校进行了交流,为渤海学院和泰国大城技术学院搭建了合作交流平台。随后,渤海学院与大城技术学院又通过四次深入交流访问,在 2016 年 3 月,"鲁班工坊"终于落户泰国大城。"鲁班工坊"占地 232 平方米,包括仿生机器人学习体验区、电脑鼠走迷宫学习竞赛区、POWERON 创新套件实训区、自动化生产线教学区等四个区域。同时,配备了新能源汽车和充电桩等整套服务装备以及两间中泰教师教研场所。这是我国在海外设立的首个职业教育领域的"孔子学院",对于我国职业教育走向世界意义重大而深远。

"鲁班工坊"项目是在教育部职成司指导和支持下,由国家级教学名师、天津市教委副主任吕景泉领衔,并组织天津渤海职业技术学院等组建专业团队研究实施方案。天津渤海职业技术学院党委书记芮福宏高度重视、精心策划、周密部署,组织 10 余位教授、博士进行研究论证,组建了专业团队进行"鲁班工坊"建设。

二、访问团受到泰国政府的高度重视

2017 年 2 月 1 日下午,访问团一行抵达泰国曼谷国际机场,大城技术学院哲仁院长亲自到机场迎接,并送上寓意美好祝福的花环。

泰国职业教育委员会(VEC)副秘书长出席了当日的欢迎晚宴。在晚宴上,泰国职业教育委员会(VEC)副秘书长对吕景泉和芮福宏获得"诗琳通公主奖章"表示了祝贺,他对近年来天津市教委对泰国职业教育的支持和帮助表示感谢,对天津渤海职业技术学院和大城技术学院的友好合作和"鲁班工坊"对泰国职业教育起到的推动作用给予了充分肯定。他希望泰国和天津继续加强合作,共同推进两国职业技术教育的发展。芮福宏介绍了此行的目的以及渤海学院和大城技术学院的合作情况。

2月2日,访问团一行还受到大城省管理组织和大城省政府的热烈欢迎。

大城省管理组织负责人(地方行政机构的民选省长)叟穆颂女士对天津市政府将连续5年为泰国大城技术学院每年提供20名全额奖学金的名额表示感谢,希望中泰双方的合作越来越好。芮福宏向叟穆颂省长对渤海学院和"鲁班工坊"的支持表示感谢,他说,叟穆颂省长亲自出席了2016年3月8日的"鲁班工坊"的揭牌仪式,是"鲁班工坊"诞生的见证人之一,并邀请叟穆颂省长在5月来天津,参加渤海学院举办的大赛同期活动和中泰职业教育作品展。他还介绍了天津市概况和渤海学院发展建设情况。哲仁院长汇报了天津市教委和渤海学院对大城技术学院的支持情况,与渤海学院短期交换生的情况,以及为迎接渤海学院寒假交换生的交流培训所做的准备情况。

大城省新任省长对中泰职业教育合作的做法表示支持和赞同,特别是新任省长也曾从事教育工作,经常被邀请去讲学,所以非常重视教育,特别是职业教育。他表示会大力支持中泰双方的合作。

芮福宏向省长赠送了渤海"鲁班工坊"相册和礼物,并诚挚邀请省长2017年5月来天津,参加渤海学院的大赛同期活动和中泰职业教育作品展活动。

哲仁院长向新省长汇报中泰职业教育合作的渊源和目前的状况。

三、中泰印尼三国技术学院的友好合作备忘录签约仪式情况

2017年2月4日上午,在乌泰他尼府技术学院举行了隆重的中泰印尼三国技术学院的签约仪式。天津渤海职业技术学院、乌泰他尼府技术学院和大城技术学院等11所泰国技术学院、10所印度尼西亚职业技术中学参加。

乌泰他尼府技术学院院长在仪式上对中泰印尼三国技术学院来到乌泰他尼府技术学院进行友好交流并签订友好合作备忘录表示欢迎。

在仪式上,芮福宏介绍了此次来泰国访问的目的和意义。还介绍了天津市的概况,他说天津是一个有悠久的文化和历史的城市,同时也是个有中西方文化融合的城市,以滨海新区开发开放为标志的天津是中国发展的第三级,天津又是中国职业教育重要的发祥地,同时又是新时期中国现代职教改革发展的创新示范区,欢迎各位领导到天津考察调研。

他还介绍了天津渤海职业技术学院的改革发展建设情况,并向与会嘉宾发出邀请,邀请在场的学院5月来天津参加天津渤海职业技术学院承办的全国技能大赛同期活动。

哲仁院长和印度尼西亚学院代表也分别发言。

在签约仪式中,天津渤海职业技术学院和泰国大城技术学院签署了《进一步深化建设渤海"鲁班工坊"合作备忘录》;和乌泰他尼府技术学院等9个泰国技术学院签署了《友好合作备忘录》;同3所印度尼西亚职业技术高级中学签署了《友好合作备忘录》;泰国和印尼学院也签署了《合作备忘录》。

四、访问团一行会见泰国岱密中学孔子课堂泰方主席(泰国"一带一路"隆财基金会主席)帕龙芒克拉攒–赵昆通猜博士(大和尚)

2017年2月4日下午,芮福宏率访问团一行在哲仁院长的陪同下,会见了泰国岱密中学孔子课堂泰方主席(泰国"一带一路"隆财基金会主席)帕龙芒克拉攒–赵昆通猜博士(大和尚)。

芮福宏向赵昆通猜博士介绍了此行的目的和收获,感谢他为了中泰职业教育所做的贡献,希望中泰双方取长补短,共同发展。

赵昆通猜博士高度肯定了渤海学院和大城技术学院的合作,是泰国职业技术教育同国外学院合作的成功案例和典范,"鲁班工坊"是示范点,推动泰国职业教育向更好的方向发展。相比中国的职业教育,泰国的职业技术教育还存在很大的差距,中国实行"一带一路"政策和"海上丝绸之路",渤海学院与泰国大城学院的合作,极大地提高了大城技术学院在泰国同类院校中的地位,渤海学院和大城学院合作取得了极大的成功,"鲁班工坊"取得了极大的成功,希望哲仁院长将与渤海学院的成功合作经验向泰国其他学院推广,促进泰国职业教育的发展。

哲仁院长向赵昆通猜博士汇报了天津市连续 5 年每年提供大城学院 20 个全额奖学金的情况,并汇报了选拔过程。

赵昆通猜博士表示这对泰国学生来说是难得的机会,督促哲仁院长建立健全选拔标准,完善选拔过程。他将关注并监督奖学金学生的选拔情况,务必要选拔出优秀的学生来天津渤海职业技术学院读书,希望其他的泰国职业院校向渤海学院和大城学院学习经验,以促进其他泰国职业技术学院的发展。

此次出访取得了极大的成功,接受了诗琳通公主颁发的奖章,与泰国大城技术学院签署了《进一步深化建设渤海"鲁班工坊"合作备忘录》,并与 9 所泰国技术学院和 3 所印度尼西亚职业技术高级中学签署了《友好合作备忘录》,为今后"鲁班工坊"的深化建设和中泰双方职业教育合作奠定了良好的基础。

"鲁班工坊"职业教育服务国际合作新支点

——天津渤海职业技术学院国际化办学的实践

天津渤海职业技术学院

提升职业教育国际化水平,创建职业教育国际合作的新窗口是天津国家现代职业教育改革创新示范区建设的重要任务。天津渤海职业技术学院在泰国建设的"鲁班工坊"是示范区建设的重大成果,是旨在服务国家"一带一路"发展倡议,助力中国企业走出去的创新型国际化职业教育服务项目,经过两年多的建设,"鲁班工坊"建设取得突破性成效。

一、"鲁班工坊"在泰国二期建设

2017年5月,在全国职业教育活动周期间,中共中央政治局委员、国务院副总理刘延东在教育部部长陈宝生、天津市委书记李鸿忠、市长王东峰陪同下参观了天津"一带一路"现代职业教育"鲁班工坊"建设国际化成果展。刘延东指出,"鲁班工坊"服务国家"一带一路"倡议,把大国工匠精神发扬光大,这件事干得好。"鲁班工坊"可以在东盟国家首先建设,下一步争取把"鲁班工坊"办到非洲去。

2017年5月,729创意文化体验中心在泰国"鲁班工坊"成立,同时,工程实践创新项目(EPIP)教学研究中心、天津职业院校师生海外拓展基地落户泰国大城技术学院。EPIP教学研究中心是EPIP国际教育联盟成立后在成员国中建设的第一个研究中心,旨在积极推广EPIP教学模式,实现优质教育资源的交流和共享,提升学生工程实践创新能力与水平。海外师生实践拓展基地为天津市各高校以及东盟国家的师生提供短期、中期和长期的技术技能学习、交流、竞赛和培训,增进友谊,加深了解,培养具有国际视野的技能人才。

2017年12月,"鲁班工坊"研究与推广中心落户天津渤海职业技术学院。该中心将在遴选、指导"鲁班工坊"建设的同时,开展基于工程实践创新项目(EPIP)研究和挖掘"鲁班工坊"内涵建设。

"鲁班工坊"是以中国本土化的教学成果"工程实践创新项目"建设为核心理念和主线建设的,致力于培养学生的职业素质、综合实践能力和创新能力。"鲁班工坊"占地232平方米,分为四个区域,分别是仿生机器人学习体验区、电脑鼠走迷宫学习竞赛区、POWERON创新套件实训区、自动化生产线教学区。"坊外"配备了全国职业院校技能大赛主赛区使用的天津产新能源汽车和充电桩等整套服务装备。所有项目的技术标准都达到了相关领域的国际先进水平。还配置了两间中泰教师教研场所。

"鲁班工坊"的教学是依托"工程实践创新项目"来进行设计的,课堂教学是选用天津职业院校开发的"工程实践创新项目教程"双语国际化教材,并根据泰国大城学院现有专业特点,由中泰两国的专业教师共同开发教学项目并组织实施教学。课程设置主要围绕机械化和电气工程,特别是自动化控制技术、新能源技术等,都是泰国当地急需发展的技术。在POWERON创新套件实训区,通过能力源创新课程套件,可以实现培养学生创新能力、动手能力、协作能力的综合训练;仿生机器人学习体验区主要是安全生产、智能生产机器人的应用,救火机器人、防化工泄漏机器人、引导机器人、仿生机器人使用和调试等;电脑鼠走迷宫学习竞赛区将电脑鼠走迷宫项目融入单片机课程中,培养学生自主创新意识和创新思维;自动化生产线教学区将软件仿真、硬件仿真、实物制作多项功能融合在一起,为培养学生创新能力搭建硬件平台。

"鲁班工坊"的设计采用人性化的设计和布局方式,坊内的背景设计、摆件和音乐都是中国元素,突出融入中国文化特色。"鲁班工坊"采用中国传统的大红色木制悬梁、雕花图案,泰国传统的金黄色的背板。中泰两国传统元素的环境设计与摆件在这里巧妙地融合到一起。

二、"鲁班工坊"初见成效

(一)促进中泰师生交流

"鲁班工坊"在泰国建立以来,渤海职院先后选派了3批骨干教师到"鲁班工坊"开展教学培训、技术培训和现场指导,组织80余名师生到泰国开展为期一个月的交流学访活动。

泰国大城技术学院、泰雅碧里技术学院、北标府职业学院、马哈拉杰工业和社区教育学院、鹄三廊工业和社区教育学院选派3名教师和45名学生,到渤海职院交流,分别在电气工程系、机械工程系、信息工程系接受为期3个月的培训,并在渤海职院工程实践创新体验中心进行实习实训。

(二)开展留学生教育

借助"鲁班工坊",渤海职院接收泰国大城技术学院20名留学生在学院的"机电一体化"国际化专业进行为期三年的学历学习。同时还有2名获得全额奖学金的学生主修"生产过程自动化技术"国际化专业。2016年,有20名学生获得全额奖学金到渤海职院学习。

(三)共建研究中心

中泰职业教育研究中心落户渤海职院,由天津和泰国的职业教育研究专家学者共同组成研究开发团队,开展中泰职业教育领域的研究,开发中泰职业教育国际化专业标准。为中泰职业教育国际化专业建设提供决策咨询、推广和宣传等服务,并通过组织开展中泰职业教育学术、教学交流活动等推广先进职业教育理念。

(四)建立国际产教对接平台

2017年,以"'一带一路'·国际合作·'鲁班工坊'"为主题,渤海职院组织召开了中国—东盟职业院校高峰论坛,教育部职成司司长王继平出席并讲话,泰国大城省副省长皮谦等中泰双方有关领导出席。论坛主要总结回顾"鲁班工坊"的成功经验,进一步推动EPIP教学模式与各国职业教育实践的有效融合,共同探索职业教育国际化的新模式、新路径,还达成渤海

"鲁班工坊"《"5.9"共识》。《"5.9"共识》提出要谋划建立国际化的国家资格框架体系,深化统筹各国职业教育资源,培育一支聚焦"一带一路"地区和国家的职业教育专家队伍,成立了工程实践创新国际教育联盟,将秘书处设在渤海职院。

(五)助力中国企业走出去

渤海职院立足服务"中国企业走出去战略",深入分析学校优势专业领域和天津市的科技创新国际合作需求,充分依托行业领域科技创新优势资源提出项目思路和设想,把中国企业先进的教学仪器设备输出国门与世界分享,提升中国企业在国际上的竞争力。

借助于"鲁班工坊",多家企业与泰国、越南职业院校签订了科技服务协议和工程实践创新项目协议,天津圣纳科技有限公司等企业与泰国大城技术学院签订了科技服务协议,天津启诚伟业科技有限公司与泰国大城技术学院、越南胡艺工业学院签署了工程实践创新项目(EPIP)合作协议。

长期以来支持学生技能大赛,为工程实践创新项目提供支撑的天津启诚伟业科技有限公司、天津圣纳科技有限公司、天津东方亨瑞科技发展有限公司和天津亚龙科技有限公司,都为"鲁班工坊"提供了先进的设备设施和技术支持。参加了"鲁班工坊"建设的天津东方亨瑞科技发展有限公司,承接了空中课堂项目,该公司提供交互智能平板为国内针对教学场景设计的最先进的互动课件工具,泰国方面对此设备非常认可,并于2016年10月份到该公司的工厂进行了实地考察及了解,达成初步合作协议。目前,该产品已经注册了国际商标"MAXHUB",下一步将进入泰国市场。

"729"创意文化体验中心也入驻泰国"鲁班工坊",成为"鲁班工坊"的标配设施之一。该中心由渤海职院、七二九体育器材开发公司和大城技术学院联合建设,集"729"文化体验、产品展示销售、技术研发实践、运动训练比赛为一体,旨在弘扬中国国球文化,助推民族品牌走向世界。

(六)形成国际影响力

泰国"鲁班工坊"得到了中泰两国政府和社会各界的高度重视,泰国诗琳通公主、泰国内政大臣布拉雍、泰国大城府省长皮谦等官员全力支持"鲁班工坊"的开发建设。泰国大城技术学院"鲁班工坊"除向泰国师生提供学习训练外,还对东盟国家职业院校师生开放,周边国家的师生纷纷到泰国"鲁班工坊"接受实训和实习,目前已经累计交流培训 319 人,且取得高水平的培训成果。如马来西亚和印度尼西亚学生专门来"鲁班工坊"学习电脑鼠和自动生产线技术,学生回国后参加国家自动化生产线技能大赛获得一等奖;另有两名来自泰国东部技术学院的学生在"鲁班工坊"培训之后,获得了 2016 年 11 月在马来西亚吉隆坡举办的第 11 届东盟技能大赛工厂自动化系统竞赛铜牌。目前,泰国"鲁班工坊"在整个东南亚地区都产生了巨大影响。2017 年,泰国政府向天津市教委领导和渤海职院领导颁发了"诗琳通公主纪念奖章"。2018 年,泰国政府再次向天津渤化集团领导和渤海职院领导颁发了"诗琳通公主纪念奖章"。

三、"鲁班工坊"建设意义深远

(一)服务国家"一带一路"

作为我国职业教育在国外的一种技术技能教育服务、技术文化传承的交流合作窗口,"鲁班工坊"的意义深远,其建设与发展直接促进了输入国对我国技术技能、企业标准的认知、理解与接纳。"鲁班工坊"把中国优秀职业教育成果输出国门,扩大与"一带一路"沿线国家的职业教育交流和技术合作,是探索与中国企业和产品"走出去"相配套的职业教育发展新模式,也是主动发掘和服务"走出去"中国企业的需求,助力优质产能走出去的新实践。

(二)创建职教品牌提升中国软实力

"鲁班工坊"是以鲁班的"大国工匠"形象为依托,采取学历教育与职业培训的方式,将中国优秀的职业技术和职业文化,输出国门与世界分享,搭建起的天津职业教育与世界对话与交流的实体桥梁。"鲁班工坊"集中了天津的优质职业教育资源,充分反映天津现代职业教育改革创新示范区的现代教学组织理念,突出天津职业教育校企合作、国际合作内涵性成果,呈现

"互联网+"现代智能制造的教学载体应用,努力形成独具中国特色的、具有国际竞争力的中国职业教育品牌。

(三)搭建企业国际合作平台

"鲁班工坊"的发展定位不仅在于为我国企业走出去培养人才,而且为中国企业开展国际合作提供机会,泰国"鲁班工坊"的实践证明,借助"鲁班工坊"自身的影响力,通过在输入地开展广泛职业教育和技术技能培养培训,可以有效地宣传中国企业与中国技术,为促进我国企业的服务输出和产品输出搭建平台。

(四)推动中国职业教育走出去

借助"鲁班工坊",开展多层次、高质量的职业教育国际交流合作,将中国职业教育的先进理念、教育教学模式、教学技术装备、国际化专业教学标准以及高水平师资培训向海外输出,将提升中国职业教育在国际上的影响力,形成中国职业教育的话语体系。

"鲁班"环游记
——"鲁班工坊"向世界输出中国职教品牌

高　靓

砥砺奋进的五年·教育新实践

近日,在天津渤海职业技术学院"电脑鼠走迷宫"国际邀请赛上,来自泰国的尹杰有条不紊地操作着,丝毫没有陌生和紧张。他说:"因为这里的设备、环境和我们学校的"鲁班工坊"一样。"

尹杰所说的"鲁班工坊",是天津渤海职业技术学院与泰国大城技术学院合作建立的海外职教基地,也是天津市作为国家现代职业教育改革创新示范区,探索职业教育国际化发展,向世界亮出的一张职业教育新名片。

中国不仅有孔子,还有鲁班

说起"鲁班工坊"的由来,天津市教委副主任吕景泉讲起了故事。他到东南亚国家走访时发现,10多年前风靡一时的中国摩托车几乎全被日本品牌取代。询问之下得知,由于懂得中国摩托车修理技术的人才缺乏,导致中国车的维修服务跟不上。他还发现,在当地很多职业院校里,都开设有日本品牌摩托车的维修专业。

"在'一带一路'的倡议下,中国企业要加快走出去的步伐,职业教育应全力助推。"吕景泉认为,"培养当地熟悉中国技术、产品、标准的技术技能人才,是助力中国企业走出去的关键。"按照这一理念,天津市职业院校开始了探索。

2016年3月,天津渤海职业技术学院与泰国大城府大城技术学院共同建立的第一家"鲁班工坊"正式揭牌。

"大城技术学院提供场地,中方企业提供实训设备,我们学校提供课程和教学标准。"渤海职业技术学院院长于兰平介绍,"中方教师并不直接给学生上课,而是用我们的标准培训当地教师,再由当地教师教授学生。"

很快,"鲁班工坊"引起企业关注。把设备卖到印度的大连机床集团主动找上门来,希望在印度设立"鲁班工坊"。2016年5月,天津轻工职业技术学院、天津机电职业技术学院同印度金奈理工学院签署了职业教育合作意向书,在1000平方米的场地上,建立了新能源技术、数控装调、3D打印技术、机器人技术等4个实训区。

""鲁班工坊"形式各异,但共同点是定位高,不再停留在师生互访,而是紧紧围绕国家重大战略出牌。"天津第二商业学校校长刘恩丽告诉记者,学校与英国奇切斯特学院合作建立的"鲁班工坊",首次把中餐烹饪技术标准纳入英国的职业资格认证体系,在英国开展中餐学历教育。更让人振奋的是,这个资格认证在美国、加拿大等国同样有效,这意味着中餐培训"走出去"有了"中国标准"。

"成熟一所,推出一所。'十三五'期间,天津计划建立10所"鲁班工坊"。"吕景泉说,"中国传统文化中不仅有孔子,也有鲁班所代表的技术技能和劳动智慧。"鲁班工坊"通过学历教育和职业培训等方式,搭建起天津职业教育与世界对话交流的桥梁。"

中国职教送出去的,不能是外国模式

"职教合作,你应该去德国,怎么来中国了?"当初,印度金奈理工学院院长考察行程还没开始,就被酒店里一个外国人给上了一课。

虽然是学校之间的合作,但是天津的校长们发现,在对方眼里,常常被泛化为"中国"。有什么理由让别人选择中国?这是开办"鲁班工坊"必须回答的问题。

吕景泉认为:"职教走出去,不是盲目自大,也不是空凭热情,而是有这些年国家和天津市职教改革发展的积累做支撑。"

据了解,首个建成的泰国"鲁班工坊",其整个教学活动均依托获得国家级教学成果奖的"工程实践创新项目"进行。在渤海职业技术学院,记者走进升级版的"鲁班工坊"——工程实践创新项目体验中心,这里的仿生机器人学习体验区、电脑鼠走迷宫学习竞赛区、能力源创新套件实训区、自动化生产线教学区等都被复制到泰国的"鲁班工坊"。"比如电脑鼠走迷宫,融合了检测技术、人工智能、自动控制等多项专业技术,致力于培养学生的工程思维、工程意识和工程技能。"于兰平说。

"过去,我们往往习惯学习别人,不管谁来都是专家。现在,中国职教走出去,不能再照搬德国模式、日本方法。"吕景泉说,事实上,天津作为国家职业教育改革创新示范区,已经在现代职教教学组织理念、教学方法、教学内容等方面形成了自己的特色。

在"鲁班工坊"里,不仅有来自中国的先进实训设备,也有来自中国的课程、教学标准和教学资源。近年来,天津市积极开展职业教育国际化专业教学标准开发试点工作,泰国和印度"鲁班工坊"的几个专业均采用国际化专业教学标准授课。"以工业机器人专业为例,我们引进世界著名机器人制造企业的认证标准,再结合中国实际,组织专家细化成课程,学生学习之后可获得国际认证。"天津机电职业技术学院院长张维津说。

"大连机床集团的天津区域服务中心就在我们学校,有问题的设备送到学校,作为教学案例,由师生一起维修,企业人员也参与教学。先期来培训的印度教师对这种双师型职业教育很认可。"天津轻工职业技术学院院长戴裕崴告诉记者,"我们学校承担建设的新能源类国家级职业教育专业教学资源库也用在了培训中。"

考察了德国、日本的职业教育后,印度金奈理工学院院长最终又回到了中国。他说:"中国的实训设备不逊于德国,教学理念方法有独到之处,形成了适合发展中国家的经济发展道路和职业教育发展道路。"

树立自信,倒逼自己做得更好

在"电脑鼠走迷宫"赛场外,泰国大城府副省长与天津市政府、渤海化工集团相关负责人正在洽谈。"泰国有很多三轮摩托车,我们希望将其改造为新能源车。"泰国"鲁班工坊"的新能源汽车展示,让大城府副省长有了新想法。

2017年2月,泰国政府向吕景泉和天津渤海职业技术学院党委书记芮福宏颁发了"诗琳通公主纪念奖章"。"'鲁班工坊'的辐射效应正在显现。"泰国大城技术学院院长哲仁说,"几乎每周都有其他国家的人来参观。印度尼西亚学生来培训两周,回国参加国家技能大赛获得了一等奖。"

张维津告诉记者,印度的"鲁班工坊"还没揭牌,合作企业就从4家增加到8家,他们将与"鲁班工坊"签订订单培养协议,毕业生优先就业。

"别人是跟着企业走出去,我们是带着企业走出去。"刘恩丽说,"天津二商集团的酱油、茶叶、红酒等优质产品都会随着中餐烹饪课程一起带到英国。中餐本身就蕴含着中国传统文化,我们的'鲁班工坊'还设置了'津门三绝'的永久展台。"

"我们的职业教育真好到非要去帮助别人了吗?并不是。"对此,吕景泉有着清醒的认识,"建'鲁班工坊',一方面是帮助职教树立自信的过程,另一方面也是倒逼自己克服不足,促进职教内涵发展的过程。参与'鲁班工坊'建设的学校在国际交流合作的过程中,在专业教育改革、师资队伍建设、产教融合深化等方面都取得了突破性发展。"

对此,刘恩丽感受很深。在和英国人打交道的过程中,她体会到英国职业教育的严谨和规范:"800个学时,哪些用于讲理论,哪些用于实践,一旦定下来,绝不能随意更改。这种严谨与质量密不可分。"

"要让接受培训的外国教师达到我们的要求,回国还能按照要求去授课,这比教普通学生难得多。我们的教师要做大量准备,对专业教学水平有极大促进。"戴裕崴说。据了解,天津渤海职业技术学院、天津轻工职业技术学院、天津机电职业技术学院都完成了相关专业的国际化专业教学标准和双语教材开发。

"鲁班工坊"带来的还有各国匠人的惺惺相惜和浓厚情谊。尹杰告诉记者:"我们的中文名字都是中国老师尹晓东给起的,私下里,我们叫他'尹爸爸'。我希望毕业后也成为一名职业学校的教师,把在中国学到的技能教给泰国学生。"

(作者单位:中国教育报社)

搭建天津职教与世界"对话"舞台

张雯婧

7月20日,""鲁班工坊"铁院中心"在泰国大城技术学院正式揭牌。该中心由天津铁道职业技术学院建立,是我国在海外建立的第一个高铁类技术技能培养中心,通过开展学历教育与培训、技能大赛与设备研发、师资培养与交流,服务泰国、辐射周边国家铁路建设。

随着该中心的揭牌,泰国"鲁班工坊"三期建设项目也正式启动。作为我国在海外建立的首个"鲁班工坊",从2016年3月8日成立至今,泰国"鲁班工坊"走出了一条坚实的发展之路。顺着这样一条特殊的路线,中国职教、中国标准、中国企业走出国门,走向世界……

位于曼谷北边72公里处的巴沙河畔,有一座历史悠久的古都,它的名字叫"大城府"。这里曾是泰王朝的古都,至今仍留有许许多多的历史遗迹。

泰国第一大河——湄南河在这里穿城而过。每一天,一艘艘满载货物的轮渡在湄南河上缓慢行驶,这种古老的运输方式仿佛也在诉说着这座古城的一个个美丽的传说。泰国第一条高速铁路——"中泰铁路"目前正在加紧施工。未来,这条高铁也将从这座古城穿过。古老文明与现代文明碰撞下的大城府正在散发着独特的魅力。

而在这座古城的"蜕变"中,由天津职业院校建立的"鲁班工坊"也留下了浓墨重彩的一笔。

一、"鲁班工坊"落户大城学院,在这里"中国技术"享誉泰国

2016 年 3 月 8 日,由天津渤海职业技术学院在泰国大城府大城技术学院建立的"鲁班工坊"正式挂牌。这是我国在海外设立的首个职业教育领域的"孔子学院"。

走进大城技术学院,"鲁班工坊"一期项目就设在校园深处的一栋 2 层教学楼里。在这间占地面积为 232 平方米的"教室"内,设有仿生机器人学习体验区、电脑鼠走迷宫学习竞赛区、POWERON 创新套件实训区和自动化生产线教学区四个教学区域。"在这里,无论是学生们使用的教材、实训设备还是教学模式,都来自于天津。授课的泰方老师也在天津接受过系统化的培训。可以说,我们在专业建设、标准制定、师资培养、课程开发、教材编写、实训条件等方面,对该'鲁班工坊'给予了整体解决方案支持。我们要培养的就是泰国当地熟悉中国技术、产品、标准的高端技术技能人才。"渤海职业技术学院院长于兰平介绍说。

就是在这间 200 平方米的"教室"内,中国技术走进了大城,又走出了大城,并开始享誉整个泰国,甚至东南亚。

今年 20 岁的 Patima Duenyos 是大城学院电气自动化专业的一名学生。出生于"工程师"世家的他,最大的梦想就是有朝一日自己也能成为一名工程师。两年前,品学兼优的他成为"鲁班工坊"的首批学员,在这里学习"机电一体化"。"中国的技术和机器设备,要比我之前学过和使用过的都要先进,而且这里的实训条件非常好,我特别珍惜在这里学习的机会。"经过两年的学习,Patima Duenyos 已完成所有学业,在为毕业做着最后的准备。"我马上要去一家发电厂实习了,在'鲁班工坊'学习的经历让我的就业之路走得更为顺畅,我希望所学都能用到今后的工作中,我也希望自己能够早日梦想成真。"Patima Duenyos 说。

采访中,天津渤海职业技术学院副院长申奕告诉记者,成立两年来,"鲁班工坊"不仅通过了泰国职业教育委员会(VEC)审评,成为泰国教育行政部门认可的学历教学标准,而且完成了二期建设,面积达到了 1000 多平

方米,并新增了物联网 EPIP 实训区、数控车床实训区、新能源汽车教学实训区、新能源汽车维修区 4 教学实训区和新增物联网技术、数控机床、新能源汽车技术 3 个国际化专业。

"在学校,学生们都以能够进入'鲁班工坊'学习而自豪。"大城学院院长哲仁说。同时他告诉记者,之所以会这样,是因为在过去的两年中,"鲁班工坊"捷报频传。"这两年,我们的学生在泰国全国性的技能大赛中,取得了十分突出的成绩。同时,学生在东盟第 11 届技能大赛'自动化生产线'赛项中获得有史以来的第一个一等奖。'鲁班工坊'让大城学院'名声大振',印度尼西亚、马来西亚、柬埔寨等国家的学生纷纷慕名而来,甚至有其他学校的学生通过'转学'来到大城学院,目的就是为了能够进入'鲁班工坊'学习。现在除了本国学生外,'鲁班工坊'已培训了上千名邻国学生。"哲仁说。

二、"'鲁班工坊'铁院中心"揭牌成立,在这里中国高铁技术"标准"走出国门

在完成前两期的项目建设后,7 月 20 日,泰国"鲁班工坊"正式进入到三期建设中。同时,由天津铁道职业技术学院建立的"铁院中心"正式落户大城学院"鲁班工坊"内。这是我国在海外建立的第一个高铁类技术技能培养中心,通过开展学历教育与培训、技能大赛与设备研发、师资培养与交流,服务泰国、辐射周边国家铁路建设。

据了解,"'鲁班工坊'铁院中心"位于两层教学楼的整个 2 楼,包括中国高速列车 CRH380B 教学区、空中课堂教学区、中国列车运行控制系统 CTCS 教学区、技能大赛及设备研发区以及高铁运营(沙盘)教学区。"该中心将致力于培养更多熟悉高铁技术、产品、标准的国际型技术技能人才,并逐步形成覆盖泰国全境、辐射东南亚国家的高铁类专业教育网络。"天津铁道职业学院院长于忠武说。

走进中国高速列车 CRH380B 教学区,可以看到 CRH380B 模拟操纵培训系统、高铁受电弓模型、动车组模型以及 CRH2 型动车组动力转向架模型等教学设备,"CRH380B 模拟驾驶仿真演练系统的操作台等设备,是按照中国高铁实际运行设备的 1:1 比例制造的。可满足(高铁)动车组检修技术专业动车组检查试验、行车安全装备使用训练、一次出乘作业标准化训练、应急故障处理模拟训练及非正常行车组织训练等教学需求。"于忠武介绍说。

而在空中课堂教学区，交互白板系统和视频会议系统都已经安装完毕，这是国内目前最先进的信息化教学设备之一。"其中交互白板一体机为 153 英寸，包含红外电子白板、智能中控、电脑主机、功放、音箱、高拍仪等功能模块，采用红外线感应触摸技术，支持 10 点触控，方便教师使用。空中课堂教学区可满足两地教学场景实时互联，实时直播教师的视频、语音、课件、板书等，实现双方同步教学。"铁道职业技术学院副院长赵学术说。

按照规划，今年 9 月底，该中心将建成(高铁)动车组检修技术、(高铁)铁道信号自动控制两个专业，以及中国高速列车 CRH380B 教学区、中国列车运行控制系统 CTCS 教学区、空中课堂教学区，10 月开始招生。未来还将规划建设(高铁)铁道交通运营管理、(高铁)铁道工程技术两个专业，技能大赛及设备研发区、高铁运营(沙盘)教学区、高铁线路维修与养护教学区(室外)。

"作为共建'一带一路'、开展产能合作的旗舰项目，正在施工中的中泰铁路建设对于促进东南亚沿线国家的经济可持续发展影响深远。高铁的建设和运营需要大量人才，'鲁班工坊'铁院中心的建立，将直接服务中泰铁路建设项目，正可谓恰逢其时。相信它也将为促进泰国及东南亚高铁技术及产业发展，促成中国与东南亚国家之间的铁路网络提供积极的帮助。"中国驻泰国大使馆教育组负责人宋若云说。

同时，随着铁院中心的揭牌成立，泰国"鲁班工坊"的占地面积从最开始的 230 平方米发展到现在的整栋 2 层教学楼 2000 多平方米，三期建设又新增了(高铁)动车组检修技术和(高铁)铁道信号自动控制两个国际化专业。以"'鲁班工坊'铁院中心"为平台，天津铁道职业技术学院与泰国大城技术学院、班派工业与社区教育学院等 8 所泰国院校共同组建"中泰高铁职业教育联盟"。"目前,泰国'鲁班工坊'已成为周边职业院校,甚至是邻国职业教育的资源中心。"大城技术学院院长哲仁说。

三、搭建与世界"对话"舞台,在这里中国企业走向海外

就在"'鲁班工坊'铁院中心"揭牌的这几天,天津圣纳科技有限公司总经理魏锁库冒着酷暑,奔走在大城的街道上,走访出租车司机,进行市场调研,"今年10月,我们公司生产的第一批电动汽车将进入大城出租车市场,这也是大城的第一批新能源汽车。未来,我们天津的新能源汽车有望取代大城甚至是泰国的传统出租车。"魏锁库说。

天津圣纳科技有限公司此次与大城的"联姻",正是得益于"鲁班工坊"的"牵线"。前年,"鲁班工坊"进入二期建设时新增了新能源汽车国际专业,并设立了新能源汽车教学实训区。而该专业的教学标准以及实训标准都是由天津圣纳科技有限公司与渤海职业学院共同开发完成。随着泰国当地对圣纳科技技术的逐步了解与肯定,最终圣纳科技成为泰国大城新能源汽车改造指定商。

其实,这两年来,通过"鲁班工坊"走出去的中国企业还有很多。天津渤海化工集团有限责任公司所属"七二九"乒乓球体育器材公司将国球装备整体输出与泰国分享,成为泰国国赛用品;承接了空中课堂项目的东方亨瑞科技发展有限公司,注册了国际品牌MAXHUB,目前已进入泰国市场;圣纳科技、启诚伟业等公司与泰国、越南的职业院校签订科技服务、工程实践创新项目协议……

"鲁班工坊"通过采取职业培训、学历教育等多种方式,在输入地开展职业教育和技术技能培养培训,有力地促进了我国企业的服务和产品输出,提升了中国企业在国际上的竞争力。可以说,在整个"鲁班工坊"建设中,中国企业一直参与其中。"'鲁班工坊'的成立,不仅为海外职业院校带去了先进的专业教学标准、教学装备、教育理念、教育模式,也把中国技术与中国企业推向了世界的舞台。"市教委副主任吕景泉说。

这一次,伴随中国高铁技术走出去的还有天津骥腾科技有限公司。在

"'鲁班工坊'铁院中心",CRH380B 型高铁模拟驾驶仿真系统、CTCS 仿真演练系统、行车组织模拟沙盘等设备均由"骥腾科技"提供,而且新增的两个专业,也是由该公司配合铁道职业学院、大城学院共同开发建设。"我们把中国最先进的高铁技术带到了泰国,希望可以服务泰国及其周边的产业发展。通过'鲁班工坊',世界也可以更加了解'骥腾科技',了解中国技术,了解中国企业的风采。"天津骥腾科技有限公司总经理崔鹏说。

泰国"鲁班工坊"是我国在海外建立的第一个"鲁班工坊"。"它的成立,标志着我市作为国家现代职业教育改革创新示范区,围绕'一带一路'倡议,配合中国装备'走出去'和国际产能合作,正式启动把自己的优秀职业教育成果,输出国门与世界分享计划实施,并搭建起天津职业教育与世界对话、交流的实体舞台。同时,更标志着天津职业教育的国际化发展已经开启从中低水平国际交流合作迈向中高水平国际交流合作的发展新阶段。"吕景泉说。

(作者单位:天津日报社)

职业院校教师队伍建设

职业院校教师职称评审新政解析

——专访天津市教委人事处处长王虹

冷珊珊

从 2016 年开始,天津的职业教育、成人教育之前沿用了 14 年的教师职称评审条件被新标准取代并实施。

这对天津职业教育、成人教育的教师来说,无疑是一个令人振奋的好消息,因为新的评审标准与时俱进,体现了国家新政策和天津市职业教育发展的实际情况,进一步增强了教师工作要求导向和业绩评价导向的协调一致。

2001 年制定的《天津市成人高等学校教师职务评审条件》和《天津市中等专业学校教师职务评审条件》迄今已有 14 年了。这期间,成人教育尤其是职业教育快速发展,对教师队伍建设提出了更高的要求,国家先后召开了四次职业教育工作会议,极大地促进了职业教育发展,特别是 2014 年全国职业教育工作会议,习近平总书记就加快职业教育发展作出了重要指示。

"职业教育是应用型、技术技能型人才培养。如果职业教育人才的评价导向不是围绕人才培养的工作能力来做的话,人才的评价导向有可能阻碍和束缚我们的工作。"天津市教育委员会副主任吕景泉说。

"天津市作为国家职业教育改革创新示范区,发挥着示范引领的作用。修订《天津市成人高等学校教师职务评审条件》和《天津市中等专业学校教师职务评审条件》的目的,旨在进一步加强职业院校教师队伍建设,推动职业教育事业科学发展,贯彻落实国务院《关于加快发展现代职业教育的决定》等有关政策,以及天津市《国家职业教育改革创新示范区建设实施方案》等文件要求,形成适应当前及今后一个时期天津市职业教育事业发展需要的教师职称评审标准。"提及此次评审标准的修订,天津市教育委员会人事处处长王虹娓娓道来。

将新修订的《天津市高等职业院校教师职务评审标准》和《天津市中等职业学校教师职务评审标准》与原条件对照时,你会发现,有120余处内容被修订,特别是增加了正高级职称的评审标准,改变了过去教授职务沿用普通高校教授的评审条件和中等职业学校不设置正高级职务的现状。

在天津市人力资源和社会保障局的大力支持下,市教委领导和相关处室的同志们积极努力、协调配合,历时半年多的时间,组织课题组成员及天津市职业教育专家、职务评审专家及一线教师参与调查研究,通过对国家、天津市有关政策的研究,兄弟省市经验做法分析,我市部分高、中职学校师资队伍建设管理文件分析、问卷分析、各类座谈会及征求意见情况汇总,形成了百万字的文字材料,为修订评审条件打下坚实基础。

那么,此次新修订的评审的总体依据和基本原则是什么?调研过程中有哪些曲折反复?主要修订了哪些内容?取得了怎样的反馈?针对诸多疑问,记者专访了天津市教育委员会人事处处长王虹。

记者:此次评审标准修订的基本原则是什么?

王虹:与时俱进。本次评审标准修订是在原文件基础上,根据提高职教师资队伍整体素质的要求,并借鉴其他省市职业教育教师职务评审改革的先进做法,对相关条款进行适当调整,不做整体结构性修改。

坚持标准。新修订评审标准注重原文件所体现的高职院校、成人高校、中职学校与普通高校之间评审标准的相对平衡,总体标准不降低。

兼顾特点。新修订评审标准既保证职业院校、成人高校原则不受影响,又能够充分体现职业院校教育教学特点。

只增不减。鉴于原有文件部分体现了职业院校教师教育教学特色,同时,考虑新旧文件执行的平稳过渡,本次修订内容原则上只适当考虑增项,不做减项。

增设正高级职称。按照《国务院关于加快发展现代职业教育的决定》"探索在职业学校设置正高级教师职务(职称)"的要求和人力社保部职称制度改革的方向,参照其他省市关于在中职学校设立正高级职称的做法,新增设正高级讲师职务。在中等职业学校设置正高级职称,可以完善不同层次职业教育教师职称晋升渠道,也是落实国家职业教育改革创新示范区重要任务的迫切需要,同时有利于增强中职教师从事职业教育的荣誉感和责任感,有利于充分调动广大教师的积极性,有利于提升人才培养质量,鼓励拔尖人才脱颖而出。

记者:那么,此次修订的总体依据是什么?

王虹:本次修订坚持"四结合",即结合国家政策、天津市精神、各职业院校管理经验和教师成长发展的需求,强化政策研究,重视经验总结,关注教师成长。修订的总体依据主要体现在两个方面,一是基于国家、省市及学校层面的 33 个高职、27 个中职政策文件等理论研究;二是基于部分教师问卷、各类座谈会汇总意见和 22 所高职、12 所中职学校院校对修改后评审标准的征求意见的实践研究,分别形成了中、高职 2 份问卷调查报告、2 份访谈调查报告和 1 份征求意见情况汇总分析。

记者:在修订的总体依据中,有哪些理论研究方面的脉络和要求?

王虹:基于职业学校师资队伍建设政策经验的理论研究,紧紧围绕"推动天津市职教师资队伍建设"的修订目的,遵循"国家层面—天津市及其他省市层面—学校层面"的研究脉络,贯彻国务院《关于加快发展现代职业教育的决定》的有关精神,结合《现代职业教育体系建设规划(2014—2020年)》以及天津市《国家职业教育改革创新示范区建设实施方案》有关职教师资队伍建设的要求,通过对津人专〔2001〕37 号和 38 号文件以及其他省市职业院校教师职务评审文件的解读,借鉴相关经验并初步确立天津市职业院校教师职务评审标准。

记者：此次修订主要内容有哪些？

王虹：为体现党的十八大以来的新精神及对职业教育工作的新要求，重点增加"立德树人，努力践行社会主义核心价值观"的基本条件要求。根据职业教育发展的相关要求，基本业务条件的修订主要体现在 6 个方面，(1)坚持校企合作、工学结合，强化教学、学习、实训相融合的教育教学活动；(2)重视教育质量，明确考核不合格的延迟申报年限；(3)推广教师团队化教学，学生合作式学习；(4)加强现代信息技术应用能力培训；(5)完善教师企业培训制度；(6) 增加承担教书育人和学生管理工作内容即承担班主任、兼职辅导员、学生社团等教育活动。业绩成果的修订主要体现在两个方面，(1)增加体现职业院校特色的成果要求，如"品牌专业、精品课程、教学资源库等教学质量工程项目""实训基地、科技平台、工程中心等建设项目"；(2)增加"教师个人获奖或团体获奖"，等等。

记者：最后，请您谈谈此次修订得到了来自哪些方面的重要支持？

王虹：天津市教委领导和相关职能处室高度重视，共同组织、参加各类研讨会、座谈会，直接听取各层面不同类型人员的意见建议。多次召开专题会议，结合近些年职称评审工作取得的经验和存在的不足，进行深入系统的研究分析，特别邀请到天津市人力资源和社会保障局专业技术人员管理处的同志们为评审标准修订提出很多很好的意见建议，为评审标准尽快出台提供了重要保障。

（作者单位：时任《求贤》杂志社记者，现为天津城市管理职业技术学院教师）

构建"双平台四融合"校企合作长效机制
实现校企高级人才"双向双聘"深度发展

吴家礼

一、从体制设计入手,建立校企合作"双平台"

学院从顶层设计入手,成立了校企合作发展委员会、天津中环电子信息职教集团,制定了校企合作制度,形成了"双平台四融合"的校企合作长效机制。

校企合作发展委员会由集团公司、学院、企业集团和行业组织代表组成,是学院发展战略决策指导机构,是学院实施校企合作的管理平台,其下设 7 个专业建设委员会,对外协调与政府、行业、企业、校际的合作事务,对内整合教学、科研、人事、资产、财务等方面校企合作资源,审定学院及专业发展规划,决策校企合作项目,推进校企合作向纵深发展。

天津中环电子信息职教集团由学校、企业、行业协会、科研单位组成。成立起始制定了《天津中环电子信息职教集团章程》,明确了"合作交流、资源共享、互利互惠、共赢发展"的合作原则,确定了各成员的权利与义务。职教集团积极探索规模化、集约化办学道路,以实现职业教育资源共享为目的,促进职业院校与企业优势互补,加快职业教育向特色化、品牌化方向发展,为学校、企业、行业搭建了相互沟通、协同发展的平台,在构建职业教育协同办学联合体、深化校行企三方紧密合作进程中发挥了协调指导作用。

依托两个平台,学院密切了与行业企业的关系,构建了校企利益共同体,形成了比较完善的校企合作长效机制,对推动学院教育教学改革,提升办学水平发挥了积极的作用。

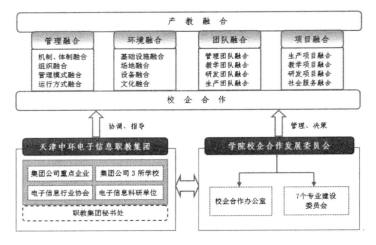

图 1 "双平台、四融合"校企合作长效机制示意图

二、构建校企"四融合"长效机制,实现高级人才"双向双聘"深度发展

(一)管理融合,形成校企合作、人才交流基础

学院与多家企业签订人才交流合作等协议,形成一种法定或近于法定的合作关系,界定各自的责任、义务和收益,明确双方职责。目前学院已经与 233 家企业签订了校企合作协议,建立了牢固的校企合作关系。

学院充分考虑行业企业意见建议,参考行业企业制度文件,建立完善了"企业有效参与教学""教师互聘互派,充实企业兼职教师队伍"等校企高度融通的 8 个方面的制度文件,落实了校企双方责权利,深化了利益共享的合作机制,为校企合作、产教融合奠定了坚实的基础。

学院改革人事评聘办法,将教师参与企业技术应用、新产品开发、社会服务等作为专业技术职务(职称)评聘和工作绩效考核的重要内容。

学院建立了校企人才交流中心及高级人才信息库,运用网络信息化资源手段搜集、整理、分析、发布校企合作信息;发布校企产学研合作项目、人才培训交流等方面需求意愿;提供校企科研、人才等优势资源信息。高级人才信息库已经建立了 462 名高级人才技术职称、专业方向、研究领域、主要成果等方面信息资源，为实现校企双方优势人力资源共享提供了坚实保障。

(二)环境融合,创新校企合作、人才交流模式

学院积极探索、营建"引企入校""职务互聘"等校企合作新模式,使试点项目取得了良好的效果。学院与东软慧聚、阿米德信息技术、中兴通讯等多家公司签订校企合作协议,将企业引入校园,营造企业文化范围,形成"校中厂"。"校中厂"由学院提供场地与基础设施,校企双方投入软硬件设备;企业选派技术人员担任相关岗位职务,与专业教师组成混编教学团队;按照企业管理模式全程组织科技开发、人员培训和实践教学;教师按照企业标准对研究课题进行检验;学生在真实工作环境中完成工作任务;工作成果直接用于生产实践中去。通过"引企入校""职务互聘"实现了教师科技研发与实际生产融通、学生校内生产性实训与校外顶岗实习融通。

(三)团队融合,建立校企合作、人才交流支点

学院与行业企业针对实际科技和实践教学项目,共同组建企业技术人员与学院教师混编的教学研发团队,彼此受聘双方技术岗位职务,相互学习借鉴知识、技术、技能、经验,充分实现人力优势资源共享,极大提升了科技研发、实践教学的效果。目前学院先后建成了"中兴电子教学团队""育杰网络教学团队""东软软件教学团队""机电教学团队""数字艺术教学团队"等 5 支混编教学研发团队,有 38 名专业教师和 8 家企业的 52 名工程师进入混编团队。工程化教学团队的建设,使相应专业的专业教师双师素质比均达到 95%以上,教师的技术水平保持与企业技术同步发展。目前在进入高级人才信息库的 462 名人员中,常年承担学院教学工作任务的行业企业技术人员已达 229 人,承担的专业课学时比例达到 50%以上。通过混编的教学研发团队建设,提升了学院教师实践教学能力,专业教师"双师"比例由原来的 81.2%上升到 86%,重点专业教师"双师"达到 95%以上。

目前,东软慧聚公司长期驻校技术人员已达 50 人,其中包括副总经理一名、事业部副总经理一名、事业部总监一名、人力资源经理一名、项目经

理 7 人、软件工程师 31 人、UI 工程师 3 人、测试工程师 5 人。学院教师参与企业项目开发人员由 4 人发展到 7 人，实习生规模由 20 人发展到 50 人。同时聘请蒋耀宇、吕端博等 5 位东软慧聚高级工程师为兼职教师，先后开展软件技术讲座 125 场，培训时长 9664 课时，培训校内师生 230 余人。

(四)项目融合,构建校企合作、人才交流平台

以项目为导向的各项合作已经成为校企合作、人才交流的重要平台，也是校企合作、人才交流的基本内容。为深化校企合作、产教融合,学院与中兴通讯、青青树动漫科技、东软慧聚等公司合作建立了 M-ICT 技术应用中心、数字媒体艺术中心和软件 3 个技术应用中心。技术应用中心以双方实际需要的项目为基础,共同成立研发部门,共同建立研发型实训基地,共同制定企业化规章制度及技术标准,共同开发实践课程,共同带领学生开发项目,共同享受技术开发成果。目前已经共同开发工程项目 43 项,开发了 88 个实训项目。通过建立技术应用中心,企业在合作中可以共享学校的场地、设施和师资等资源,节省了企业员工招聘、培训、生产等方面的支出,人力资源得到了保障,学院在合作中获得了先进的技术及生产方式,锻炼了师资队伍,提高了人才培养质量,专业与产业进一步得到了融合,校企双方互利共赢,形成了责任共担、成果共享的利益共同体。

由校企双方组成的混编开发团队先后开发和实施了包括双星集团 WMS 系统实施项目、江苏神通阀门股份有限公司 WMS 系统实施项目、南京高齿齿轮集团有限公司主数据管理项目、双星集团 MDM 系统实施开发项目、太平洋石英股份有限公司 Barcode 项目、南京埃斯顿自动化股份有限公司条码实施项目、江阴海达橡塑股份有限公司 WMS 项目、中国电子进出口总公司 MDM 建设项目、中国航天科技集团第九研究院第十三研究所 MDM 实施项目等 20 余个大型软件项目,总合同额超过 2000 万元。

三、依托"双平台四融合",建设世界先进水平高职院校

随着学院立项的天津市教育体制改革试点项目《依托行业建立高级人才"双向双聘"管理体制的研究与实践》不断深化,构建的"双平台四融合"

校企合作长效机制,已经为实现校企高级人才"双向双聘"深度发展,深化产教融合,全面提升办学能力产生了积极影响。

学院依托"双平台四融合"校企合作机制优势,充分运用校企高级人才"双向双聘"作用,积极与天津中环电子信息集团有限公司等单位及其下属企业合作,充分利用行业企业人才、技术研发、生产等资源优势,深化产教融合。根据教育部《高等职业教育创新发展行动计划(2015—2018年)》学院承担天津市教委下达的工作总量59个,其中任务44个,项目15项。学院以专业建设为主线,紧密对接天津市经济社会发展,利用学院在电子信息专业领域中的传统优势,将网络技术、电子技术、软件技术、动漫技术等优势专业开发运用到先进制造业、现代服务业以及新业态、新商业模式的专业发展需要,突出了学院办学优势与特色,形成更加合理的专业布局。

按照《天津市高等职业院校提升办学能力建设项目管理办法》具体要求,"十三五"期间,学院全面实施提升办学能力建设项目,已经建设完成紧贴产业发展、校企深度合作、产教融合紧密的通信技术、动漫制作技术、软件技术、计算机网络技术、计算机信息管理、机械制造与自动化、会计等7个骨干专业。建设完成电子信息教师培养培训基地建设、大师工作室建设、学生综合素质培养体系建设、国家现代学徒制专业试点、电子信息创新创业训练基地建设、构建质量保障体系提升办学活力等6项国内一流优质高职院校建设项目。2017年,经市教委会同市财政局组织天津市高等职业院校提升办学能力建设项目专家论证评审,学院被确定为"世界先进水平高职院校建设项目";通信技术、动漫设计与制作、软件技术3个专业被确定为"国内顶尖骨干专业建设项目"。学院将进一步积极运用《依托行业建立高级人才"双向双聘"管理体制的研究与实践》项目取得的经验成果,不断开拓进取,为学院建设世界先进水平高职院校作出贡献。

(作者单位:天津电子信息职业技术学院)

产业、行业、企业、职业和专业
"五业联动"

"五业联动"形成职教发展新模式, "中、高、本、硕"贯通构建现代职教新体系

——天津:当好职教改革"领头羊"

蔡继乐　李薇薇　樊　畅

一、砥砺奋进的五年·神州看教育

"构建现代职教新体系,天津职教既要做'拓荒牛',也要当'千里马',更要当'领头羊',在全国职教改革发展中起到引领和示范作用。"谈起职业教育,天津市教委副主任吕景泉掩饰不住自豪之情。

吕景泉之所以有这个底气,是因为天津职教一直"领跑"全国,职业教育始终是天津一道亮丽的风景线——

从中华人民共和国成立之初的"半工半读"技术教育,到 21 世纪初"产教融合、工学并举"的职业教育"天津模式";从 2008 年被确定为全国职业院校技能大赛永久举办地,到目前唯一的"国家现代职业教育改革创新示范区";从服务"京津冀协同发展",到创办"鲁班工坊"推进职业教育国际化;从深化职教办学机制改革的"五业联动",到构建"中、高、本、硕"贯通培养的现代职教新体系……

天津职业教育何以能取得如此成就?日前,中国教育报记者走进天津一探究竟。

二、创新"五业联动",形成职教发展多元合力

"声音落、文稿出",蒙着双眼,边听广播边敲打键盘记录,全国各地速

录高手"指尖对决"看得人目瞪口呆,这场景出现在今年全国职业院校技能大赛期间,天津职业大学承办的"文秘速录专业技能"赛项的比赛现场。

迄今已举办十届的全国职业院校技能大赛,成为我国职教改革的"风向标"。

十年大赛,极大促进了我国职业教育的发展。"作为大赛永久举办地,天津的职业教育受益颇丰。一方面,大赛直接促成海河职教园区的建成;另一方面,大赛也聚集了许多优质职教资源,使天津职教始终处于'领跑'者的位置。"吕景泉说。

凭借这些优势,天津职教瞄准"中国制造2025",延续"产教融合、工学并举"的改革成果,发挥行业企业办学的突出优势,探索形成了产业、行业、企业、职业、专业"五业联动"的发展新模式。

懂理论,又能在现场指导并解决问题的一线现场工程师,是企业和行业急需的人才。这样的人才如何得来?天津以在实践中不断深化的职业教育办学模式改革,很好地回答了这个问题。

一个根植于产业发展,服务行业、企业需求,对接职业岗位,落地于专业建设的产业、行业、企业、职业和专业"五业联动"职业教育办学新模式,在天津职业教育体系中悄然生发。

天津市探索形成的"政、行、企、校、研"五方携手职教发展新机制是这种办学新模式强有力的后盾。"这个新机制就是强调政府主导、统筹,行业企业参与、指导、评价,职业院校培养,研究机构支撑、服务,五方权责清晰、定位明确,形成共同体。"吕景泉说。

在实践中,天津市通过强化职业教育联席会议机制,推动由行业集团牵头的19个职业教育集团发展,调动各方参与职业教育的积极性和主动性,从根本上破解了多元主体合作办学的难题。

"五业联动"新发展模式,让职业院校办学如鱼得水,也催生出一批新项目、新现象。如对接空客A320、大推力火箭等一批大项目,建设一批如"大飞机""大火箭"订单班,启动优质专业群对接优势产业群试点工作等。

天津职业教育依据产业行业发展,将职业岗位的新要求快速转化为专业发展目标,将新工艺、新技术和新方法快速转化为教学内容。"五业联动"打通天津职业院校改革发展思路,贯通"政、行、企、校、研",五方携手形成天津职教发展的合力。

三、贯通"中、高、本、硕",构建现代职教新体系

"我从未想过有一天中职生也可以直接报考本科院校,甚至还能考硕士、博士。"天津市南开区职业中专学生郑钧鸿在天津中德应用技术大学举办的"春季高考"招生咨询现场得知,今后中职、技校或职业高中的学生都将有机会在中德应用技术大学实现读本科的愿望时兴奋不已。

2016 年 5 月 16 日,天津中德应用技术大学在天津海河教育园区挂牌成立,全国首所由高职院校升级为应用技术教育本科院校的高校由此诞生。

该校校长张兴会介绍,中德职业技术学院更名为中德应用技术大学,就是要贯通"中、高、本、硕",实现技术技能人才成长的有效衔接,让每个专业都能对接一个甚至一批产业。

何谓"中、高、本、硕"有效衔接?就是在职业教育体系中,搭建本科层次学习平台,打通从中职、高职到本科层次、专业型硕士的技术技能人才培养渠道。四层衔接、分段培养能够实现人才培养的充分协调。那么,到底该如何衔接?

"无疑,课程的有效衔接是四层贯通的接入点。"中德应用技术大学校企办处处长周泓说,"应用技术本科高校作为一个新生事物,会通过对教学大纲及课程内容的不断探索和调整,促进各阶段教育完美衔接。"

以高职与本科衔接为例,为增强学生动手能力,该校"订单班"实训课课时由 2700 余课时增加到 5000 余课时,理论课则要求比同类高职深,但可以不像普通本科那么广。应用型本科专业理论课程设置上更注重技术理论,而非传统学科理论体系。在专业基础技术技能教学上则采用项目制,通过训练载体或项目分离理论课和实践,围绕其做有效的教学设计。

近年来,天津不断深化办学体制改革,努力构建现代职业教育新体系,一批"中高本硕"衔接新体制应运而生。如"3+3 中高衔接培养""3+4 中本系统培养""3+2 高本衔接培养""3+4 高硕系统培养" 以及 "专业硕士联合培养"等。

截至 2016 年底,天津市已有 5 所高职院校和 5 所中职示范校开办了 15 个系统化培养试点专业,7 所职业院校与 6 所本科院校开展 12 个联合培养技术应用型、高端技术技能型人才培养试点。

"中高本硕"有效衔接,让职业教育与普通教育不再"分道扬镳"。

四、创办"鲁班工坊",推进职业教育国际化

2017 年 5 月,在天津渤海职业技术学院主办的"电脑鼠走迷宫"国际邀请赛上,来自泰国的尹杰熟练地操作着"电脑鼠"。他说:"这里的设备、环境和我们学校的'鲁班工坊'一样。"

提及"鲁班工坊",天津渤海职院院长于兰平非常自豪。早在 2016 年 3 月,天津渤海职院就与泰国大城府大城技术学院共同建立了第一家"鲁班工坊"。

"大城技术学院提供场地,中方企业提供实训设备,我们学校提供课程和教学标准。"于兰平说,"中方教师并不直接给学生上课,而是用我们的标准培训当地教师,再由当地教师教授学生。"

"在'一带一路'倡议下,中国企业正加快"走出去"的步伐,职业教育应发挥作用。"吕景泉说,"培养当地熟悉中国技术、产品、标准的技术技能人才,是助力中国企业走出去的关键。"

按照这一理念,天津市职业院校开始了积极的探索。目前,泰国"鲁班工坊"培训规模已达到千余人次,不仅向泰国当地学生提供了高质量的职业教育,周边国家的学生也慕名前往求学,中国职业教育的国际影响力由此不断拓展。

2017 年 2 月 3 日,作为"鲁班工坊"的设计和建设者,吕景泉和天津渤海职院党委书记芮福宏, 被泰国公主诗琳通授予 "诗琳通公主纪念奖章"

2017 年 5 月 18 日，天津市第二商业学校和英国奇切斯特学院合作建立的"鲁班工坊"正式揭牌运行，这是"鲁班工坊"首次落地欧洲国家。

目前在建的印度"鲁班工坊"以新能源汽车等新兴产业技术为主，印尼"鲁班工坊"重点为汽车维修，巴基斯坦"鲁班工坊"着力打造能源电力品牌。此外，柬埔寨、非洲等地的"鲁班工坊"也正在紧锣密鼓地建设中。

天津建设的"鲁班工坊"，把优秀职业教育成果输出国门与世界分享，成为"一带一路"上的技术"驿站"。如今，"鲁班工坊"已成为天津职业教育向世界亮出的一张新名片。

五、职教精准扶贫，坚守教育的社会责任

利用职教资源开展精准扶贫，也是天津职业教育的亮点之一。

2016 年 5 月，"国家中西部地区职业教育师资培训中心"在天津机电职院正式挂牌。一个多月后，中心就迎来了"黄埔一期"学员——来自鄂尔多斯市职业院校的 170 多名骨干教师在这里接受集中培训。

"这个中心的成立，将有助于提升中、西部地区职业院校师资和管理队伍能力水平。"吕景泉说，"天津市将集中资金和资源，精准帮扶中、西部地区发展职业教育，这也是我们应当承担的社会责任。"

全面脱贫攻坚阶段，中、西部地区的基础硬件设施基本得到完善，但能有效利用这些基础设施的人才却严重不足，形成了"木桶效应"。在精准扶贫工作中，天津职业教育将这种挑战变为机遇。

谈起在天津交通职院当学生的日子，西藏昌都职院教师刘明洋至今仍很兴奋。"专业课程的教学都是一对一指导，理论实践结合、虚实结合讲解汽车检测与维修专业知识，让我们受益良多。"刘明洋说。

解决"木桶效应"，补足短板最重要。不仅要让"刘明洋们"来天津职校挂职学习，而且要派天津的教师到中、西部职校"传经送宝"。

天津交通职院的专业课教师史懂深刚完成在昌都职院两个月的教学任务回到天津后不久，就又同学校教师田倩倩返回昌都，他要确保昌都市职业技术学院教学工作及时衔接。

　　"作为首批派驻昌都的专业课教师,我们要承担4门专业课程,每周人均14课时。"到校后,史懂深认识到,参与所帮扶学校的发展规划制定、专业建设、课程设置等工作,帮扶才能更精准。

　　经过实践的检验,"双向挂职全覆盖"职教扶贫策略在津门落地生根。

　　此外,面向中、西部地区构建区域系统援建、品牌整体输出、专业结对共建、师资轮岗培训及学生定制培养的职教扶贫"五模式"也在天津得到推广。

　　随着时间的推移,天津职教扶贫帮扶模式的"菜单"还将持续更新。

(作者单位:中国教育报社)

依托天津现代职教模式
创新"五业联动"战略发展

魏所库

"十二五"期间，基本公共教育服务体系和现代职业教育体系基本确立，但职业教育仍是教育体系中的突出短板，人才培养的类型、层次和学科专业结构与社会需求不够契合。因此，《国家教育事业发展"十三五"规划》明确指示职业教育的发展方针：推行产教融合、校企合作的应用型人才和技术技能人才培养模式，促进职业学校教师和企业技术人才双向交流。

天津作为国家现代职业教育示范区，对科技型企业和职业教育的产教融合进行总体布局，引导支持工学结合全面深入，具有天津特色的产业、行业、企业、职业、专业相互推动的"五业联动"。在天津教育主管部门的支持下，圣纳企业战略布局遵循《国家教育事业发展"十三五"规划》的要求——加快培养战略性新兴产业急需人才；在教学模式上，要推行产教融合的职业教育模式，推行校企一体化育人。

天津圣纳科技有限公司作为天津市教委职业技术教育中心的战略合作伙伴，连续多年对天津现代职业教育的技能大赛进行总冠名，从资金、资源、设备等多方面支持，为 2015 年、2016 年天津市中、高职院校新能源纯电动汽车维护与应用技术赛项提供竞赛平台，赛点设计合理，符合社会岗位技能要求，对于高技术技能人才的培养具有重要作用，真正达到了"以赛促教""以赛促学""以赛促训"的竞赛目的。大赛期间，各位选手发扬精益求精的大国工匠精神，在专业技能和职业素养方面接受检阅，充分展示了天津职业教育取得的良好成效。

一、产业：国家战略促进新能源汽车产业与职业教育

通过参与天津市中高职院校职业技能大赛，圣纳科技加速向国家战略性新兴产业——新能源汽车产业布局。

首先，天津市汽车产业，尤其是新能源汽车产业价值凸显。

天津市汽车产业起步较早，是中国最大的汽车产地之一，产业聚集效果明显，产业链日趋完善，加上其地理位置具有特殊的战略价值，对东北、华北产生强大的辐射、带动作用，汽车产业早已成为天津市的支柱产业之一。大力发展新能源汽车是加强大气污染治理、培育战略性新兴产业的战略之举。新能源产业将成为未来保证全球可持续发展的重要支撑产业，成为新一轮经济发展的竞争焦点和战略制高点。目前，天津市已基本形成新能源汽车产业体系，在整车开发、动力电池、控制系统、试验检测和推广应用等方面均取得了突破。在发力新能源汽车产业链建设过程中，天津对新能源汽车技术技能人才的需求急速增长。

其次，在区域协调上，加大"一带一路"建设的支持力度，构建面向东盟的战略合作新高地。

2016 年，由天津渤海职业技术学院在泰国大城府大城学院建立的"鲁班工坊"挂牌成立，圣纳科技作为项目校企合作单位、新能源工程实践创新实训平台的供应企业代表，赴泰国参与活动。一年以来，天津职业院校多个"鲁班工坊"项目走出中国，将大国工匠精神传播到海外。

作为天津现代职业教育改革创新示范区教育装备型企业，圣纳科技积极参与天津优秀职业教育成果输出国门与世界分享，围绕国家"一带一路"战略，配合中国装备"走出去"和国际产能合作，努力搭建起天津职业教育与世界对话、交流的实体桥梁。"鲁班工坊"项目标志着天津职业教育的国际化发展已经开启迈向中高水平国际交流合作的发展新阶段，在此过程中，圣纳科技坚守职责，对新能源工程实践创新项目不遗余力全力支持，赞助全国职业院校技能大赛主赛区使用的天津产新能源汽车和充电桩等整

套服务装备,参与国际化竞争,提升自身水平和国际化影响力。

2017年,圣纳科技为天津轻工职业技术学院与印度金奈理工学院的"鲁班工坊"项目、天津市东丽区职业教育中心学校在印度尼西亚东爪哇省建设的"鲁班工坊"提供新能源工程实践创新实训平台(包含新能源电动汽车、配套充电桩)。作为天津友好城市,印尼东爪哇省政府曾于2015年10月与天津市教委签订协议,推行两地区技能人才千人培训计划。作为天津市教育型科技企业,在市教委的引领下,圣纳科技非常关注对"一带一路"沿线各国的职业教育服务输出探索,除了教育装备的输出,格外重视对技术培训等实质性教育输出。圣纳科技为来自泰国、印度、印尼职业院校的教师提供应用培训,专业教师学成回国后,主要从事学生实际操作能力的教学培训。

另外,作为全国新一轮新能源汽车推广应用示范城市,为了满足推广应用车辆的充换电配套需求,为产业化发展和更大范围的示范推广奠定基础,必将在全市大力兴建充、换电站,充电桩。圣纳科技的主营产品从职业教育装备,延伸到充电桩产品。另外,随着新能源汽车产业链的延伸,配套基础设施建设亟待完善,充电站建设、运营服务也成为圣纳近几年的业务拓展方向,并因此产生大量的用人需求,需与职业院校对接完成人才储备及技术人才梯队的建设任务。

二、行业:发挥行业指导作用　推进职业教育改革

行业指导、企业参与的办学机制,推动职业教育适应经济发展方式转变和产业结构调整要求,根据区域优势加快培养战略性新兴产业急需人才,加大新能源汽车行业配套设施及教育装备的科研开发。

第一,行业指导、企业实践催化院校科研成果转化。圣纳科技作为新能源行业的企业代表,积极促进相关高校科研成果的转化和高新技术产业化,将高校优质科技、人才资源引入企业一线,开展行业共性关键技术攻关。圣纳科技邀请来自天津市多所职业院校的教学骨干、专业带头人,以"天津科委科技特派员"身份深入企业调研,帮扶企业科研创新。圣纳科技与天津职业大学合作共同开发汽车实训室建设，将汽车运用与维修技术专业李晶华教授的教学实践科技成果融入企业教育装备研发，实现落地产业化。

第二，行业领军技术人才助力企业效益提升。企业需要高端专业的技术人才支持，例如，为了解决充电桩产品及充电网络服务系统的关键技术问题，圣纳科技与天津工业大学、河北工业大学建立产学研合作，建立基于移动互联网的充电网络服务体系，开发分布式充电站智能运营管理系统，开发移动终端服务系统，完善充电网络服务平台和数据分析，为新能源电动汽车的应用推广提供充电设施的技术保证和示范作用。该"人车桩互联网融合的智能充电网络运营服务示范工程"获得了天津市新能源汽车的科技立项，获得政府扶持资金，加速科研开发及成果转化，同时带动企业业绩大幅提升。

第三，行业指导职业教育标准化的确立。圣纳科技对职业教育标准化确立的贡献主要体现在形成"四个标准化"，即行业标准化、课程标准化、实训标准化、人才标准化。

圣纳科技制定行业标准——天津市地方标准《纯电动汽车维护、检测、诊断技术规范》，这是企业战略实施的关键步骤，树立了行业领导品牌形象，企业的市场核心竞争力大幅度增强。

职业院校的课程标准化建设中，企业是专业教学标准建设的依据提供方，这是由职业院校的教育属性决定的，按照专业教学标准培养的人才是为产业、行业、企业服务的，企业最清楚职业标准，岗位能力要求是专业教学标准的依据。实训教学过程烦琐，设备及配件多，不安全因素存在不可预见性，教学及管理难度较大，所以，实训过程中对人员、设备、用具等要全盘考虑，建立标准化规程。在与行业、企业产品标准对接的教学标准、课程标准下，人才标准化由此而生。

三、企业：践行产教融合的职业教育模式

圣纳科技联合职业院校对职业教育模式的探索数不胜数。

第一,进行教育模式改革理论研究。圣纳科技与天津轻工职业技术学院共同完成的课题《高职院校"融入递进式"创新创业教育体系的构建与实践》获得国家级教学成果二等奖、市级教学成果一等奖。

第二,加强实训基地建设。圣纳科技与百余所职业院校共同完成了汽车电子、电子商务等不同专业的实训基地建设,在公司开设"理实一体"学习空间,为汽车维修、电气自动化等专业学生提供实习场地。例如,圣纳科技在天津市西青区职业中等专业学校设立"圣纳实训基地",加强对实训基础设施的支持。

2016年5月,圣纳科技"新能源汽车技术体验中心"在天津渤海职业技术学院工程实践创新项目体验中心建成并投入使用,该体验中心包含新能源汽车整车、实训设备、信息化教学资源等内容,可实现新能源汽车模块化教学实训,促进职业技能实训资源整合和共建共享,除了具有"教、学、做"为一体的教学实训功能,该体验中心还能够承担职业院校技能大赛的相关赛项。

第三,以科技力量为职业院校师生作指导。圣纳科技科协组织在推动企业技术创新,加快产品更新换代,提高核心竞争力方面发挥着不可估量的重要作用。圣纳科协组织职业院校的师生参与技术培训和产品体验,将多年的技术积累传输给学员,使教学相长与入企实践融会贯通、相得益彰。尤其在2016年、2017年天津市中高职院校技能大赛比赛之前,圣纳科技组织几十所中高职院校师生到公司参加新能源纯电动汽车赛项说明会和技术培训,共计指导教师、学生百余名,受到学员的高度好评。

第四,参与市级职业院校大赛,完善职业技能竞赛体系。圣纳科技在参与技能大赛过程中认识到,技能竞赛作为提升职业院校学生能力素质的载体,企业应该注意将竞赛与社会对技能人才的需求相互融通,在实施中整体规划和统筹,保证竞赛的实践性、时效性、先进性,并以此为契机激发企业研发人员的创新能力,提升企业培训教师的教学水平,使竞赛成为企业创新驱动力。

第五,整合科研单位、职业院校、企业资源,促进信息互通共享。2015年,天津圣纳科技有限公司作为牵头发起单位,成立中国北方科教科普仪器产业创新联盟（以下简称联盟）,成员为与科教仪器产业相关的科研院所、院校、企业等。联盟遵循国家法律法规和相关方针政策,加强汽车、机械、电子信息、自动化、新能源等行业领域之间的信息互通和优势互补,探索发展模式,充分整合资源,搭建校企联合、工学结合的产学研合作平台,构建院校、科研院所与企业之间沟通协作的桥梁,吸引行业和企业专家充分参与科教领域的项目建设,有效促进中国尤其是中国北方地区科教仪器产业的蓬勃发展。

联盟的成立有利于充分发挥联盟集体的优势,在国内科教仪器产业领域搭建完整的产业链,还能够吸引国际上相关院校、组织和企业的关注,从而建立联系和合作关系,为中国及北方科教仪器产业发展带来更多的发展机遇和先进技术;同时,联盟的成立有利于带动天津市及整个北方地区一大批科技型企业的发展,促进整个科教仪器产业链快速形成产业集群,促进市委市政府提出的产学研合作及科技成果转化。

2017年1月,该联盟组织京津冀、晋甘蒙职业教育与新能源产业对话高峰论坛,全面促进职业教育适应国家战略性新兴产业——新能源汽车的产业发展需求,使京津冀职业教育协同发展的重要成果得到推广应用,辐射带动更广大区域的汽车类职业教育更快更好地发展。此次论坛上,来自甘肃、内蒙古等西部省、自治区的职教新成员加入中国北方科教科普仪器产业创新联盟,部分学校与参会企业签订产教融合战略合作协议。此次签约合作主要是推动京津冀新能源产业和职业教育一体化建设,把天津职业教育的模式和成果复制到其他偏远省份。晋甘蒙三地的加入,将使院校间在信息流、技术流、专业流上形成点对点的交流模式,把天津的科技成果和偏远地区的需求紧密结合起来,实现无缝对接。

第六,参与职业教育集团,实现教育链和产业链有机融合。在《教育部2017年工作要点》第16条中提出:加快发展现代职业教育。建设一批示范性职业教育集团,引导支持社会力量兴办职业教育。天津圣纳科技有限公司作为天津城市职业学院职教集团和天津市环城职业教育集团副理事长单位,积极投入优势资源,企业科技研发实力接受院校的考验,同时也参与教育教学质量评估。职业教育集团对政府资源、院校资源、企业资源以及其他社会资源进行优化配置,拓展办学空间,增强人才培养合力。

四、职业:践行职业能力本位教学观念

职业教育的实质就是就业教育。职业院校在培养产业转型升级和企业技术创新需要的发展型、复合型、创新型的技能人才过程中,既要注重培养学生的职业技能,又要有效促进学生职业素养的形成。职业学院学生进入企业开展职业素养实践活动,在全真的职业环境中体验,有利于引导帮助其形成立德树人的价值观,树立正确的就业观、择业观。天津市电子计算机职业中等专业学校每年有一个年级的学生到圣纳科技进行职业素养实践培训,圣纳科技培训讲师从企业文化、心态教育、职业礼仪、职业生涯规划、社会实践、就业以及职场规划等方面进行系统讲解,使学生尽快认识职业环境,提前做好接受社会挑战的心理准备。

加强企业文化教育是提高职业院校学生职业素养的根本要求。企业文化的具体体现就是企业成员的整体精神、共同的价值标准、统一的行为准则、沉淀的职业习惯以及其他道德规范和文化素质。天津石油职业技术学院学生进入圣纳科技顶岗实习的第一阶段就是学习融入企业文化,第一堂课的模式就是贯以"军魂育人"精神的半军事化管理。每天早晨,圣纳科技的企业教官带领实习生在中北工业园区或公司厂区内进行军事拉练,强化学生爱国报国的意识,养成高度的自律性,服从管理制度,锻炼体魄。

天津石油职业技术学院的历届实习生加入圣纳的最初愿望都是:亲眼见见企业培养的同门师兄,天津市劳动模范邸盼虎。邸盼虎从石油学院毕业后进入企业,从车间技术工人到装配组长,后来被提升为生产制造中心主管、产学研管理中心主管、总经理助理、运营总监,职业生涯屡谱新篇。邸盼虎以其严谨的工作态度、务实的工作作风,连续多次被公司评为年度先进个人、优秀员工,他带领的团队也屡次被评为先进团队。2007,他获得红桥区委年度"青年标兵"称号,2009 年度"天津市五一劳动奖章先进个人""2010 年度天津市劳动模范"等荣誉。多年来,邸盼虎亲临生产一线,对公司每种产品从采购、生产组装、调试、检验到出厂及售后服务的每一个环节都能熟练掌握,为公司生产流程和工艺多次提出完善改进措施并被采纳。作为团队"领头羊",他做好技术上的"传帮带",为公司培养了生产技术骨干几十人。至今,由邸盼虎参与开发的新产品已有 19 项技术申请了专利,3 项已获得天津市科技立项,为公司产品迅速占领市场提升经济效益的同时还带来了社会效益。

"现代学徒制"是职业院校和企业共同推进的新型育人模式,有利于促进行业、企业参与职业教育人才培养全过程,实现专业设置与产业需求对接,课程内容与职业标准对接,教学过程与生产过程对接,毕业证书与职业资格证书对接,职业教育与终身学习对接,提高人才培养质量和针对性。作为全国唯一的国家级现代职业教育改革示范区,天津率先开放"人才订单班",职业院校开设哪种专业、培养哪方面的人才由企业需求而定,校企之间实现了精准对接。

圣纳科技与职业院校合力打通职业教育人才培养通道,对"现代学徒制"进行探索与实践,并取得丰硕成果。圣纳科技先后与天津城市职业学院、天津市西青区职业中等专业学校、唐山市第一职业中等专业学校等院校开设"圣纳班",不仅推动了人才在行业当中的推广输出,还为行业培养了大量应用型技能人才。

五、专业:"把专业建在产业链上"

"只有把专业建在产业链上,才能了解产业发展的现状;只有把学校建在开发区里,才知道开发区人才需求的动向……"2017 年"两会"期间,教育部部长陈宝生为"产教融合""校企合作"作了通俗易懂的注释。

圣纳科技一向关注合作院校的专业建设,主要表现在以下几个方面:

第一,产业转型升级指导专业建设方向。由新能源汽车产业发展带来的新能源专业人才缺口巨大,职业院校抓住这一机遇培育优秀人才不仅有利于解决新能源领域人才匮乏的严重问题,而且对于缓解毕业生就业压力大、薪酬低的现实情况有着至关重要的作用。因此,圣纳科技与天津职业院校合作加强新能源方向的汽车应用与维修、汽车电子、车辆工程、机电一体化等相关学科建设,培养一批技术研究、产品开发、经营管理、知识产权和技术应用等实用型人才。

圣纳科技联合院校进行新能源汽车专业慕课(MOOC)、微课的开发、设计、制作,重点讲述知识点与技能点,远程系统学习新能源汽车理论知识、维护保养、维修诊断、装配更换等。

第二,学校与企业建立信息定期融通机制。圣纳科技结合企业技能岗位需要,设置行动导向型教学计划,对照国家职业标准,以企业真实案例导入教学,在授课过程中体现工作流程和岗位技能要求,与职业院校制定相关专业职业教育的培养目标、教学要求,对相关专业的专业建设,包括专业标准、课程开发、课程设置、教学计划的制定、教师培训、学生技能培训内容与标准等事项制定培养方向。构建工作过程系统化的课程体系,使课程学习内容紧贴生产实际,实现了课程内容与职业标准对接。比如,圣纳科技参与天津城市职业学院商务贸易系电子商务专业建设研讨会,参与教材开发,推动专业设置、课程内容、教学方式与生产实践对接。

第三,广纳专家,加快实训设备研发应用。圣纳科技的企业导师——天津职业技术师范大学教授关志伟,同时也是天津市智能交通技术工程中心主任、天津市重点学科"交通运输工程"交通环境与安全技术学术带头人、教师教育国家级精品资源共享课"汽车学科教学法"课程负责人,十年来参与圣纳科技教育装备研发推广,带头开发汽车发动机 ECU 实训教学平台。

第四,完善"双师型"教师培养培训体系。目前,职业院校许多教师是从学校毕业后直接走进学校,缺乏企业工作经历、生产实践经验,对操作技能的掌握程度与企业实际需要尚有距离,再加上专业课教师由于教学工作压力较大,走出学校参加实践培训的机会有限,理论知识与实践能力脱节。因此,圣纳科技承接天津市中高职院校会计、电子技术应用、电气运行与控制、电子商务等专业青年教师入企顶岗实践,采取生产现场考察、专题讲座、小组研讨、技能培训、上岗操作和演练、参与产品开发和技术改造等形式进行。教师们重点了解了产业发展趋势、企业生产组织方式、工艺流程等基本情况,熟悉企业相关岗位职责、操作规范、用人标准、管理制度及企业文化等具体内容,掌握主要的岗位操作技能,并结合企业实践,探索改进实践教学的方法和途径,加快建设"理论与实际并行""知识与技能并重"的专业课教师队伍。

由圣纳科技主办、天津职业技术师范大学协办的新能源汽车专业建设培训已经举办了两期,培训学员为来自天津、河北、陕西、江苏等院校的骨干教师。培训内容包括纯电动汽车动力系统实训装置教学、纯电动汽车动力系统实训设置实操、混合动力汽车维修教学、新能源汽车专业建设方案及实训室建设、动力电池管理系统及维护技术、纯电动汽车维护与保养等。2016 年,天津轻工职业技术学院承办的新能源专业骨干教师国家培训班组织来自天津、河北、甘肃、江苏等 10 余个省份的教师学员到圣纳科技参观实践。

另外,圣纳科技公司高层管理人员和中层技术人员受职业院校聘请,兼职担任特定专业课或者实习指导课教学任务,参与教学改革。

第五,加大职业院校硬件设施投入。随着供给侧结构性改革措施的推进,深入实施创新驱动发展战略,创造更大人才红利,圣纳科技支持对职业院校的硬件设施资金投入,在天津市东丽区职业教育中心学校投资建设实训楼"圣纳楼"。另外,圣纳科技与天津市中山志成职业中等专业学校共同设立专项奖教金、奖学金,对在国家级、市级技能大赛获奖的教师、学生予以奖励。

近年,政府工作报告中屡次提到"工匠精神","工匠"来源于专业培养、职业引导、企业塑造,才能成为行业、甚至产业的中坚力量,形成生产力合力。

圣纳科技是伴随着我市职业教育的影响力快速成长起来的小微企业。

公司将始终坚持"用智慧点亮前程"的经营理念,长期与教育融合,不断学习新思想、新思维和新思路,实现从小微企业到科技"小巨人"企业的提升;始终坚持"善学、善悟,求真、求好"的学习态度,把老师们的知识、智慧转化成科技成果和生产力,形成自主知识产权、自主创新的"撒手锏"产品;始终坚持"专业、诚信、尊重、共赢"的企业核心价值观,长期与职业教育融合发展,协同发展,用实际行动回报社会、回报职业教育。正如圣纳企业使命所述——用创新科技,做贴心解疑,享奋斗财富。

(作者单位:天津圣纳科技有限公司)

"五业联动"助力产教融合发展

宋立红

一、"五业联动"：逆袭职教就业瓶颈

2012 年我国共有本科高等学校 1147 所，其中 1999 年以来升本的有 640 多所，教育部对 2012 年毕业生就业率统计排名的结果是，靠前第一是 985 高校，第二高职院校，第三 211 大学，第四独立学院，第五科研院所，第六地方普通高校。高职毕业生就业好，受到社会各界的普遍关注。真的是这样乐观吗？

在企业看来高职院校就业存在诸多问题，普遍存在两高两低现象：两高是就业数量高，流失率也高；就业质量低，满意度也低。

据中华职业教育社、中华职业网调查数据显示，职业教育毕业生就业后流失率很高，尤其是工业制造、商业服务、技术开发三个行业。员工平均流失高达 30%。

我们分析了流失主要原因：

就业目标同企业需求之间有差距，导致用工方和就业方都是剃头挑子一头热现象。进入企业后发展与上升的空间有限；职业院校学生掌握的技术相对单一，缺乏管理及相关经验，不适应企业对更高层次人才需求。培养的学生所学的专业与国家宏观产业、行业、企业、职业不能对接，导致两高两低现象重复发生。如何让高职培养的学生就业更顺畅，满足企业用人需求？"五业联动"将成为制胜法宝！

二、"五业联动":职教发展必由之路

2014 年在天津市教委提倡的"五业联动"发展思路指导下,建立一条专业与产业、行业、企业、职业相互对接的"五业联动"职教发展新路径,加快构建与国际接轨的现代职业教育体系。

天津市职业院校定期举办高端五业联动大讲堂 N+1 期。前不久,在天津轻工职业技术学院举办的五业联动大讲堂盛况空前,全国机械行职委陈晓明主任、天津市教委吕景泉副主任作为主讲专家出席会议。

研判产业、行业发展趋势,分析企业、职业人才需求,明确学校、专业建设规划,构建产教、校企、工学多元深度融合新机制。深化"五方携手""五业联动"机制,加大职业教育与产业发展、职业院校与企业需求、职业课程与岗位要求的深度对接。讲解天津现代装备制造业、现代服务业、现代化工产业、现代电子信息、航空航天制造业发展趋势及对技术技能人才需求情况分析,组织全市职业院校优势专业群对接优势产业群,努力做到专业调整与产业转型同步规划、课程开发与企业升级同步实施、教材建设与技术进步同步进行。职业教育已经成为经济转型的"助推器"。

三、产业链引领推动专业组群布局建设

(一)发展衍生新兴产业链

在"CCTV 央视财经论坛暨中国上市公司峰会"上,中央电视台财经频道联合国家发改委、财政部财政科学研究所共同发布了"寻找未来中国产业发展新引擎"报告,报告按照技术进步、发展潜力、带动作用等标准,遴选出未来中国产业发展的六大新引擎,它们将成为引领中国经济实现中高速增长的新动力!

新引擎之一:文化和旅游产业。

随着城乡居民收入水平提高、带薪休假制度深入落实、公共文化体系不断完善,到 2020 年产业总收入有望超过 14 万亿元,文化旅游产业发展潜力将持续释放。

新引擎之二：生物与健康产业。

年均增长超过 20%。预计到 2020 年产值规模将达到 14 万亿元，生物与健康产业将成为带动国民经济增长的重要支柱产业。

新引擎之三：新一代电子信息产业。

我国新一代信息技术产业市场规模年均增长超过 20%，2020 年将突破 10 万亿元。未来五年，云计算、大数据、物联网、集成电路等重点领域，将爆发出强劲的增长动力。

新引擎之四：节能环保与新能源产业。

节能环保产业以年均 20% 的速度持续增长，到 2020 年产业规模可达 10 万亿元。大力发展节能环保与新能源产业，是我国建设生态文明、实现可持续发展的必然要求。

新引擎之五：高端装备制造产业。

装备制造业是衡量国家工业实力的标志，随着《中国制造 2025》战略的进一步实施、高铁等装备"走出去"的强力推进以及智能机器人市场需求的爆发式提升，2020 年，我国高端装备制造业产值规模有望扩大至 10 万亿元。

新引擎之六：互联网新业态。

2015 年我国网络零售规模达 2.8 万亿元，居全球首位。互联网金融资产余额达 15 万亿元。随着"互联网+"战略的深入实施，新业态、新模式不断涌现，催生产业结构调整和经济增长的巨大动能。

报告认为，六大产业有望引领中国经济平稳渡过三期叠加，打造未来 3 年中国产业发展新引擎。从上述分析中大家不难发现新引擎之三：新一代电子信息产业，新引擎之五：高端装备制造产业，新引擎之六：互联网新业态，都生存在同一产业链之上。

为什么这样讲呢？首先我们来看看，工业物联网"云"平台这条新兴复合型产业链。在制造业领域，工业物联网的本质就是通信，包括机器与机器、机器与人、以及与管理执行系统互联，在这个过程中，将产生大量的工业数据,而且,随着柔性化生产的需求,未来设备上将内嵌功能越来越多的控制器,因此,毫无疑问,未来的工业数据将呈几何级增长,因此,传统的软件平台无法承载这些海量数据以及大数据分析,软件平台云端化已是大势所趋。

智物联 mixlinker 系统即是基于云平台的工业物联网解决方案,智物联 mixlinke 物联网系统采用分层结构设计,共分为三层:数据采集层(适配器)、数据支持层(Aards 云平台)及应用层(FIDIS 应用系统)。本系统主要以大数据、网络与海量计算为依托,通过核心的系列智能逻辑判断、分析、挖掘、评估、预测等技术手段,将计算、通信和控制这三大要素实现有机融合和深度协作,帮助企业从自动化、信息化向网络化和智能化过渡,来实现"智能制造 2025"的革命。随着"工业 4.0""工业互联网""智能制造"等热词的持续升温,以及云计算、大数据等新兴技术的迅猛发展,无疑推动工业物联网在工业领域的应用普及,从而形成新兴复合型产业链。

(二)新兴产业链引领专业组群布局

随着产业不断升级转型,对于职校人才的需求也会越来越"挑剔"。如今在天津,职业教育与本地的经济及产业发展很大程度上实现了"无缝对接"。在本地新兴产业飞速发展的现状下,各职校不断调整和优化专业结构,开设了"适销对路"的新专业,主动满足新兴产业快速发展过程中庞大的专业人才需求。职业教育的发展须与经济社会的发展相适应,产业的发展正在引领职业院校的专业布局。为服务国家战略,支持产业结构调整,为现代产业建设,提供充足的技术技能型人才支撑,天津市教委从 2014 年启动优质专业群对接优势产业群试点工作。按照高职、中职和终身教育 3 个类型,目前已经重点建设了 36 个优质专业群。

高职高专的专业设置与当下产业发展,密不可分相辅相成,有很多专业随着产业的发展而变化,近年来,合并了一大批专业,同时依据产业发展也新增了部分专业。

就拿我们前面讲过的 6 大产业新引擎为例:

1.新一代电子信息产业领域对应高职专业

比较有代表性的物联网应用技术专业，属电子信息大类，专业代码610119。它是合并了智能电网技术、传感网技术、物联网应用技术原有3个专业而诞生的。截止到2016年天津地区有9所高职院校开设这一专业，包括中德应用技术大学、电子信息职业技术学院、机电职业技术学院、滨海职业技术学院等9所高职院校。目前这个专业无论是招生还是就业都势头强劲。随着我国云计算产业的迅猛发展，2015年10月教育部将"云计算技术与应用"专业列入高职专业目录，专业代码610213，全国各高职院校，积极响应，开始筹划该专业建设的相关工作。

2.在高端装备制造产业领域对应高职专业

例如，工业机器人技术专业，专业代码5603009，这个专业应该属于时代发展的"新宠儿"，可以说关注度极高，影响力极大。截至2016年天津地区高职院校有机电职业技术学院、轻工职业技术学院、交通职业技术学院等5所院校，成功开设这个专业。

工业机器人应用最广泛的十大行业：汽车制造业、电子电气行业、橡胶及塑料工业、铸造行业、食品行业、化工行业、玻璃行业、家用电器行业、冶金行业、烟草行业。据有关数据统计，中国工业机器人产业人才缺口上百万。主要体现在：(1)机器人的制造厂商需求机器人组装、销售、售后支持的技术和营销人才；(2)机器人系统集成商需求机器人工作站的开发、安装调试、技术支持等专业人才；(3) 机器人应用企业需求机器人工作站调试维护、操作编程等综合素质较强的技术人才。而这三大类用人方向所对应的，完全是职业院校毕业生。

3.职业技能竞赛是引领专业发展风向标

每年的12月中旬，天津市教育委员会主办天津市职业院校学生技能竞赛暨全国技能竞赛选拔赛。它被誉为是引领专业发展的风向标，备受瞩目。每年天津启诚伟业科技有限公司都会携手行业龙头企业，支持赞助多项竞赛，为天津职教发展贡献一分力量。

2016 年天津市高职技能大赛"物联网技术应用"赛项,由天津轻工职业技术学院承办,启诚科技携手北京新大陆支持协办。来自中德应用技术大学、轻工职业技术学院、工程职业技术学院、滨海职业技术学院等 6 所高职院校,经过层层遴选,最终有 8 支代表队参加决赛。

比赛任务由物联网应用环境安装部署、物联网感知层开发调试、物联网移动应用开发、物联网 PC 应用开发、物联网行业应用知识、职业素养等六个部分组成,大赛的举办对推进专业教学内容更新,加强物联网专业技能人才培养,提高学生就业水平,深化校企合作,都具有非常重要的意义。

2016 年天津市职业院校技能大赛(高职组)云计算技术与应用赛项,紧密结合我国云计算产业发展战略规划和云计算技术发展方向,根据业务需求和实际的工程应用环境,实现云平台虚拟桌面、大数据分析、云存储、软件定义网络等各类云应用部署、运维和开发能力。大赛由天津石油职业技术学院承办,启诚科技携手南京五十五所支持协办。据悉天津教委首次举办市赛,中德应用技术大学、职业大学、石油职业技术学院、渤海职业技术学院、冶金职业技术学院 5 所高职院校,参加最终决赛。承办校天津石油职业技术学院,2016 年在天津首家申报"云计算技术与应用"专业。在努力拓展专业基础建设的同时,成功申办天津市云计算技术与应用赛项。

赛后石油职业学院韩福勇副院长表示,竞赛不仅检验了参赛选手,云平台搭建能力、存储能力、应用开发能力,还引领构建学校的专业与产业、行业、企业、职业密切联动,从而顺应职业教育发展需求。

四、"五业联动"加快职教国际化新进程

"十三五"期间,职业院校加强五业联动,整合资源,开拓国际视野,推动职业教育向国际化发展。天津市目前已与 20 多个国家和地区开展了多层次、多类型、多领域的职业教育交流与合作。启动实施了 50 个国际化专业教学标准的开发工作,将国际先进工艺流程、产品标准、技术标准、服务标准引入教学内容。天津高职院校依托国际化专业教学标准开设试点班 131 个,试点学生人数 4467 人,通过试点培养,一批具有国际视野、通晓国际规则的本土化技术技能人才正在成为各个技术岗位上的"中坚力量"。笔者所在企业,中国工程实践创新国际项目推广单位——天津启诚伟业科技有限公司,不断创新职业教育国际合作交流的新思路,坚持以"请进来""走出去"的方式,搭建起职业教育国际合作平台。

（一）请进来——邀约启诚·能力源工程实践创新国际挑战赛

从 2012 年至 2014 年,天津启诚伟业科技有限公司连续三届支持协办"启诚·能力源工程实践创新国际挑战赛",培养学生运用理论与技能,提高学生独立分析问题与解决问题和开发创造能力。来自德国、西班牙、韩国、新加坡、泰国、坦桑尼亚、印度尼西亚、老挝、中国等国家的代表队在火红 6月齐聚海河教育园,角逐国际挑战赛。将天津作为国家现代职业教育改革创新示范区的优秀职业技术和职业文化与世界分享,搭建起天津职业教育与世界对话与交流的桥梁,以及《中国制造 2025》规划重点产业的国际化布局。比赛中,国际选手采用中国的竞赛平台、竞赛标准、竞赛规程,应用中国的教学资源双语教材,最重要的是采用 EPIP 工程实践创新教育理念同场竞技。启诚科技为促进职业教育的国际交流、实现中国职业教育的"软实力输出"作出了一份贡献。

（二）走出去——参加 APEC 产教协同 IEEE 国际电脑鼠竞赛

2015 年 3 月 16 日,第 29 届 APEC IEEE 国际应用电力电子产教融合大会,在美国北卡罗来纳州夏洛特市隆重举行,这项盛大的国际产教融合协同发展学术会议已经成功举办了 29 届。作为会议最具亮点、最吸引眼球的部分当属第 29 届 APEC IEEE MICROMOUSE 走迷宫大赛。在这里要特别说明的是,这项竞赛是由 APEC IEEE 产业行业协会主办,整体活动包含产业行业新技术学术论坛和新硬件时代科技产品博览会,MICROMOUSE走迷宫大赛吸引了来自世界各国的师生,依据每年国际上产业软硬件发展趋势,IEEE 电脑鼠竞赛就会产生顺应发展的新技术新创意,从而彰显国际产教融合理念。也再次有力地证明了天津市教委提倡"五业联动"的先进性、前瞻性和引领性。启诚科技作为中国大学生联合代表队协调组织单位,带领天津中德应用技术大学、天津城市职业学院、天津大学、南开大学联合代表队远赴美国参加大赛。

众所周知，电脑鼠走迷宫竞赛在国际上是一项具有近 40 年历史的传统型大学生竞赛。它采用国际电工电子学会统一 IEEE 标准，国际上每年都有各种高水平的电脑鼠大赛举办，近年来这项竞赛在美国、英国、日本、韩国、新加坡、中国台湾等国家和地区颇为盛行。天津选手与来自美国、日本、英国荷兰、中国台湾、等国家和地区的选手们同场竞技，充分展现了中国学生的风采，同时与国际知名的电脑鼠专家进行了深入的交流切磋。美国麻省理工学院首席高级工程师、连续 29 届 IEEE 世界电脑鼠大赛组委会主席、国际 APEC 电脑鼠大赛创始人 David Michael Otten 教授特别为中国工程实践创新国际项目推广单位——天津启诚伟业科技有限公司颁发了荣誉证书。表示对今后中美大学生竞赛、交流与合作充满信心。并欣然接受诚挚邀请，2015 年 10 月到中国出席第五届启诚杯天津电脑鼠竞赛及同期学术交流活动。

2016 年 9 月，启诚科技率天津大学代表队及天津高校电脑鼠专家裁判团队出席 2016 年人工智慧电脑鼠国际邀请赛，本届大赛由中国台湾龙华科技大学承办。赛事有"人工智慧电脑鼠走迷宫""人工智慧竞速自走车""人工智慧半尺寸电脑鼠"等赛项，竞赛选手包含本科、大专、高中职学生组别，共计 252 队参赛，人工智慧电脑鼠比赛就是让同学们将课堂上学习的理论转换为实际技能。竞赛强调与国际接轨、产教融合的目标。大赛由美国 Microchip 公司、日本 MTL 编码器公司、日本瑞萨电子等国际级企业支持赞助，通过让大赛学生掌握更多的实践经验，引领应用技术大学专业对应产业、行业、企业、职业联动发展，从而做到产教融合、知行合一。

五、"五业联动"服务和支持产业转型升级

服务和支持产业转型升级是职业教育的根本所在。近年来，本市着力实施了以贴近产业转型、与企业技术升级相适应的职业院校专业布局调整工程，高职院校开设专业 730 个，中职学校开设专业 113 个，覆盖装备制造、航空航天、信息通讯、新能源、生物医药和航运物流、财贸商贸、文化产业、养老服务、社会管理等优势主导产业、战略新兴产业和现代服务业。实施了以贴近岗位需求、对接现代工艺流程的职业院校精品课程资源建设工程，建设了54门国家级精品课程、47门国家级精品资源共享课、6个国家职业教育专业教学资源库、169门市级精品课程，形成了围绕工作岗位、现代工艺、技术升级全新内容的现代课程体系。

科技型中小企业极具活力、潜力、成长力。扶持科技型中小企业发展，激活创业创新热情，促进经济提质增效，职业教育义不容辞。

为此，市教委出台政策推进职教科研与产业需求对接，支持校企共建产品研发中心和技术创新平台，鼓励职业院校把科研课题做到产业转型升级主战场，为企业技术改造、产品开发、成果转化提供有效服务。目前，本市行业企业已在职业院校建立技术创新中心17个。职业院校参与企业重大技术改造项目76个。一支具有科研创新、教学创新、文化创新能力的专、兼职师资力量，正在成为企业科技攻关的新兴支撑力量，全市94%以上新增技术工人来自职业院校。职业教育正在成为创新发展的"发动机"。天津启诚伟业科技有限公司作为天津滨海新区科技创新型企业，在"五业联动"大方向指导下，努力尝试寻求发展机遇。

打造经济升级版，推动新兴产业孵化。天津市"十三五"规划纲要中明确提出"着力创新发展，打造经济升级版"的发展建议，将美丽新天津建设成为高水平创新创业示范区。天津渤海职业技术学院领导重视在物联网、大数据、云计算等新兴产业，有效地服务实体经济发展和转型升级。包括以科技成果转移转化为重点，与"中国制造2025"等重大战略紧密结合，促进龙头骨干企业在研发、生产、营销、服务、管理等方面的改革创新；培育更多富有活力的中小企业，为经济发展注入新技术、新装备、新模式，培育新业态、催生新产业。启诚科技携手福建新大陆，在京津冀协同发展、自由贸易试验区建设、自主创新示范区建设、"一带一路"建设、滨海新区开发开放五大国家战略叠加之际与天津渤海职业技术学院校企合作建立 "IOT 物联网应用技术 EPIP 研究院"。

天津启诚科技携手福建新大陆研究院紧紧围绕中心任务,以需求为导向,按照"孵化成果、孵化企业"的工作思路,积极组织校内相关院系与企业、高校合作,优选和申报相关科技项目,进一步促进渤海 IOT EPIP 研究院与各类单位的科研合作,加速研究院科研成果实现产业化的进程,并孵育出有代表性的科技成果转化项目。

在职业技能型课程创新研发方面遵循校企共建原则:职业技能型课程,由学校与企业共同建设,从而实现"企业岗位技能需求"与"学校课程教学设计"有效对接与融合,并且在课程教学应用的过程中,企业人员参与课程的教学,实现课程在持续应用过程中的持续性动态发展。天津启诚伟业科技有限公司在参与职业技能型课程开发设计方面作出了新的尝试与探索。职业技能型课程由课程标准、课程建设方案、课程教材、课程教学支撑条件、配套教学文件,以及上述组成部分的动态发展与完善过程共同组成。

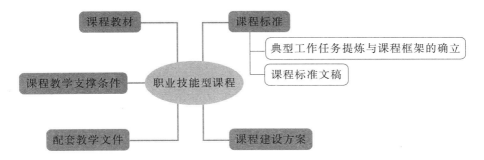

在笔者看来,职业院校学生所学专业何以能在竞争激烈的产业、行业、企业、职业大潮流中成为"香饽饽"?答案藏在天津"五业联动"的发展思路中。知识改变命运,技能立足社会。作为全国唯一国家现代职业教育改革创新示范区,职业教育围绕天津城市和产业转型升级对人才的需求,改革创新办学机制,加大技能人才高技能人才的培养力度,不断提升职业教育和技能人才培养的工作水平。天津还率先推出了普职融通、中高职衔接、技能竞赛一等奖免推等政策,吸引学生选择更适合自身发展的教育。以就业为

目标,着力培养学生的就业创业能力,是职业教育的出发点和落脚点;整合教育资源,改进教育方式,是职业教育改革发展的着眼点和着力点!

职业院校以"做强、做精、做特"为原则,按照"做强主体专业、拓展新兴专业、提升传统专业"的思路,结合所在区域的产业特点和学生就业情况,主动调整和优化专业结构,以专业为载体,以就业为导向,以创业为探索,以职业目标形成链条,通过多维引导,在职业院校学生螺旋式成长轨迹上,构建"五业联动"专业教学新模式。

(作者单位:天津启诚伟业科技有限公司)

发挥企业资源优势
推进城市轨道交通职业教育

崔 鹏

随着全国城市轨道交通行业快速发展，轨道交通运营管理从业人员的需求巨大，这对轨道交通职业教育提出了更高的要求。骥腾科技自2012年成立以来，不断克服困难，整合产业、行业、企业资源，创新品质，围绕职业实际需求，致力于为全国职业院校提供城市轨道交通专业教育咨询服务，包括专业人才培养方案开发、课程标准编制、核心课程和精品课程建设、专业骨干教师培训等，以及在专业人才培养方案的指导下，为合作院校量身打造虚拟与现实相结合、互通互联的整体性轨道交通实训体系。随着业务能力的不断提升，骥腾科技还努力为行业架构岗位职业资格等级认证体系，并且为运营公司提供系统化咨询服务。

2015年教育部与天津市政府签署合作协议，共建全国唯一的"国家现代职业教育改革创新示范区"。未来，作为"国家现代职业教育改革创新示范区"的天津，将成为职业教育制度创新的新高地、体系建设的新引擎、国际合作的新窗口、区域协同的新平台、质量提升的新支点。骥腾科技作为天津职业教育装备企业，已将国家现代职业教育改革创新示范区的重点建设内容融入公司发展战略中，积极整合产业、行业、企业、职业及专业资源，充分发挥公司自身具有的企业实践、职业教育经历及市场经验的团队优势，协助推进现代职业教育体系建设，加快应用技术高校转型，推动院校专业群对接产业群建设，加速职业教育信息化建设，提高职业教育国际化水平，提升学生创新意识和创业能力,推进终身学习型城市建设等工作。

2016 年是天津建设国家现代职业教育改革创新示范区的开局一年。骥腾科技在市教委政策引领下,在领导关心下,积极发挥自身企业、职业教育优势,推进天津地区城市轨道交通职业教育建设,以服务天津近年轨道交通行业的大发展。

一、发挥自身优势,整合企业资源,开展轨道交通专业师资培训,推动专业内涵建设

2016 年 7 月,骥腾科技与天津地铁、天津铁道职业技术学院联合承办了由清华大学天津高端装备研究院主办的城市轨道交通专业骨干教师能力提升培训班。此次培训班旨在为落实教育部"创新行动计划",加快发展城市轨道交通现代职业教育教学改革,全面提高职业院校专业教育教学质量,提升专业带头人及骨干教师的专业素质和实践能力,完善各院校城市轨道交通专业实训体系建设,以更好适应地方经济发展和产业结构调整对专业人才培养的需要。

开班前,骥腾科技与天津铁道职业技术学院一起充分调研了职业院校城市轨道交通专业建设现状,从专业和师资需求出发,结合地铁行业、企业的用人需求,制订了具有针对性、前瞻性的课程方案,并组建了由全国知名职业教育专家、企业资深实践专家、示范职业院校名师及公司具有地铁实践经验的技术人员组成的专兼职师资团队。

在培训过程中,注重理实一体化的教学方法,以解决教师实践技能提升的需求,为了更好地与企业对接,还安排了天津站地铁站及双林车辆段的现场考察学习。

此次培训得到了所有参培教师的高度认可,为学校人才培养方案制订、课程体系搭建积累了经验,后期我们还会不断收集专业老师们的培训需求,继续承办类似的培训工作。

二、依据行业、企业标准,校企合作,升级改造公司优质产品,协助开展高职高专院校学生技能大赛,促进发展院校专业水平及学生能力

骥腾科技自成立以来,一直致力于开发职业院校学生技能大赛产品,

2016 年 12 月,天津市首届"骥腾杯"高职高专院校电动客车检测与维修赛项学生技能大赛在天津交通职业学院轨道交通实训中心隆重开幕。本次大赛是由天津市教育委员会主办,天津交通职业学院承办,天津骥腾科技有限公司协办。中国职业教育学会常务副会长刘占山(原教育部职业教育与成人教育司司长)、天津市教育委员会副主任吕景泉等领导亲临比赛现场考察指导。

本次大赛分理论考试和实操考试两部分,每个参赛队要求有 3 名选手,重点考核学生的列车驾驶、运营中突发事件和故障的处理能力,并融入电动客车检测维修的企业技能要点。

本次大赛经预赛选拔,共有四队选手进入最后的决赛阶段。赛前比赛队员在指导教师的指导下,进行了为期一个月的赛前强化训练,最后的比赛质量非常高,通过理论上机测试,所有选手基本都掌握了列车驾驶和车辆检修的相关知识;实操比赛,所有选手基本达到了企业的操作规范,提高了熟练度,达到了技能大赛的比赛宗旨。

骥腾科技在这次比赛准备期间,不断深入地学习大赛宗旨和要求,优化我们的设备,融入了更多的教学点,细化设备操作流程,突出设备的教学实用性,从中也收获颇丰。

三、围绕专业核心课程体系,系统规划,校企合作协同创新城市轨道交通实训体系,促进院校专业培养能力和社会服务能力

2016 年,骥腾科技先后协助天津铁道职业技术学院和天津交通职业学院进行城市轨道交通综合实训基地的建设。基地建设初,骥腾科技与院校一起整合行业、企业资源,组织多次实训基地总体方案的论证会,最终形成了既满足职业院校在校生的专业技能实训,同时又满足企业在职员工岗位晋升能力培训及行业资格证的认证培训等。经深入调研企业岗位需求,实训基地主要针对职业院校城市轨道交通运营管理、城市轨道交通车辆技术、城市轨道交通通信信号技术等专业,培养地铁站务员、车站值班员、值班站长、运营调度人员、列车驾驶员、车辆检修工及通信信号维检工等岗位。同时,实训基地能够满足企业关于设备使用的四个层次要求,即第一层次满足单个设备、系统的正常操作;第二层次满足独立执岗作业;第三层次满足设备系统的故障处理;第四层次能够满足突发事件的应急联动演练。

实训基地硬件建设方面,公司根据院校场地实际情况,先作整体布局规划,原则上尽量与真实地铁环境保持一致,以提高学生实训的沉浸感,其中,模拟站台区设有综合演练模拟沙盘系统,能够从宏观上了解城市轨道交通系统构成及运营,同时能够进行行车组织和车站综合监控的实训;城市轨道交通自动售检票 AFC 仿真实训系统,能够满足车站站务员票务管理及操作核心技能的实操培训,车站控制室仿真实训系统,能够满足车站值班员进行综合监控、行车、FAS、BAS、PIS、PA 等系统的监视及操作实训;模拟站厅区设有电动列车模拟驾驶训练系统,该系统在企业专家的指导下,为便于实操教学,分为三个区域,一是实操区,学员可以按照有关标准进行电动列车驾驶、突发事件处理、车门及屏蔽门的操作及故障处理等实操培训;二是教学观摩区,其他学员可以在该区域观察实操区学员的实训情况,之后可以进行点评交流,强化理解;三是教员控制区,该区域教员可以设置有关课程,同时可以随时触发故障。模拟中央控制 OCC 区域有行车调度工作台、环境调度工作台及电力调度工作台,对全线的行车、环境控制及电力进行监视及操作。

为了能够将实训设备和教学软件很好地与课程实施相结合,公司还协助院校做实训体系的软建设,即围绕核心课程的授课计划,细化到课时,明确每个课时的实训资源,这样有机地将实训软硬件串联起来,便于教师的教学实施,也最大限度地发挥实训资源的功能。

四、深入调研企业人才需求,将专业群对接产业群,系统化设计专业教学资源库,加速职业教育信息化建设

2016 年,骥腾科技积极协助天津交通职业学院进行城市轨道交通专业群教学资源库系统化设计和开发工作,推进学院职业教育信息化建设。首先深入调研城市轨道交通运营管理、车辆技术及通信信号技术等专业人才培养目标及企业在职培训和继续教育需求，以及各专业技术发展水平，对课程体系、教学设计、教学实施、资源建设进行了顶层系统设计，构建了兼顾职前教育与职后教育、专业教育与教育指导、技能培养与技术更新的整体解决方案。

在模块化设计过程中，整合行业、企业资源，采取校校合作、校企结合模式，汇集城轨行业骨干企业和骨干高职院校的技术资源、社会资源和人力资源，与行业企业一起共同建立顺畅的资源收集渠道和开发整理基地，建设内容充实、形式多样、贴近工程实际，教学资源与行业企业的职业岗位知识、能力、素质要求紧密结合。根据行业企业技能人才标准，制定教学目标；根据行业企业的工作过程，设计教学过程。

在教学资源库的建设中，骥腾科技还针对专业的技术应用及岗位要求，建设普适性的教学资源，通过拓展模块兼顾不同区域和院校的特点，考虑学习者的个体差异，注重资源的多层次和多元化，不断丰富发展，积极营造灵活、自主、开放、个性化的学习环境，最大限度地满足不同层次、地域的学习者的个性化需求，体现共性和个性相结合。

借助骥腾科技开发团队的优势，自主开发专业教学资源平台，利用网络技术为全国高职院校、轨道交通企业和社会学习者提供资源检索、信息查询、资料下载、教学指导、学习咨询、就业支持、人员培训等服务，实现优质资源共享，推动专业教学改革，提高人才培养质量，增强社会服务能力。并且，随着教学内容和教学要求的不断更新与发展作出相应的变化。

此次与天津交通职业学院合作的项目主要任务是城轨运营、车辆及通信信号技术专业教学资源建设与集成、共享与服务。建设内容涵盖城轨运营、车辆及通信信号技术专业网络课程库、资源素材库、考试题库等，其中资源素材库是核心。

此次教学资源库的设计和开发，融入了先进的教学理念，代表了专业的改革方向，具有人才培养目标明确、定位准确，课程体系及教学模式理念先进，教学资源内容丰富、功能强大，紧跟行业发展随时更新的特点。既能体现国家标准又能涵盖不同学院的教学特点、不同地域的行业特点,将对天津地区城轨运营、车辆及通信信号技术专业教学改革的进一步深化及信息化建设,起到强大的促进作用。

五、围绕专业核心课程体系,以能力培养为本位,挖掘公司团队的企业实践资源,协助院校自主开发实训教材

骥腾科技是一支由拥有企业实践经验、职业院校职业教育经验、教育装备市场经验等人员构成的团队,自身在发展过程中,就不断地整合企业、职业、专业资源,并将其融入公司产品理念及设计中。2016 年,公司与天津交通职业学院合作开发了城市轨道交通综合实训基地一期工程,为了能发挥实训设备的最大功能,真正落实到课程实施中,骥腾科技还协助学院老师针对企业岗位技能需求,进行实训教材的自主开发。

本次实训教材开发涉及五个模块,包括电动列车模拟驾驶、地铁车站控制室训练系统、车辆结构认知、城市轨道交通自动售检票 AFC 仿真训练系统、综合控制行车调度模拟沙盘系统等,每个模块均以专业就业岗位的技能需求为主要依据,以工作过程为导向,进行教材大纲的设计,每个单元内容的编写,都要考虑到实际的教学组织过程,包括实训设备、实训准备、学生实训组织、实训步骤及实训考核等主要内容。

在实训教材开发过程中,天津交通职业学院的专业老师高度认可公司的专业软实力,通过教材的开发,也提高了院校教师的专业能力,从而促进专业发展水平。

2017 年,骥腾科技将紧抓天津市作为国家唯一现代职业教育创新改革示范区的历史机遇,在市教委政策引领下,在产业、行业、企业、职业、专业"五业联动"思想指导下,继续发挥自身城市轨道交通职业教育资源优势,不断整合"五业资源",大力推进天津职业院校城市轨道交通专业建设。

(作者单位:天津骥腾科技有限公司)

扎实推进校企合作　促进职业教育国际化发展
——国际邮轮乘务管理专业国际化人才培养探索与实践

武宝林　强　玲　单朝辉

一、国际化校企合作势在必行

在邮轮旅游业快速发展的过程中,国际邮轮人才培养不足成为制约产业发展的瓶颈。邮轮行业是典型的国际化行业,一方面,邮轮行业自身的特点造成了国际邮轮企业竞争与合作的国际化;另一方面,邮轮航线布局的国际化带来了就业岗位的国际化以及服务对象的国际化。因此,我们所培养的邮轮人才必须是能够参与国际竞争、并且得到国际行业广泛认可的国际化人才,这就给邮轮人才的培养过程和培养质量提出了更高的要求。

国际邮轮乘务管理专业是应对国际邮轮产业战略东移、国际邮轮人才匮乏而开设的新兴专业,主要培养适应国际邮轮企业基层服务与管理工作需要的国际化人才。天津海运职业学院在全国首家开设国际邮轮乘务管理专业（注:2007 年为酒店管理〈邮轮乘务〉,2012 年更名为国际邮轮乘务,2015 年按照教育部新颁布的专业目录将专业名称变更为国际邮轮乘务管理）,自专业开设以来就密切联系行业企业,先后对意大利歌诗达邮轮公司、美国皇家加勒比邮轮公司、丽星邮轮公司进行深入调研与考察,并最终确定与美国皇家加勒比邮轮公司展开深度合作。

美国皇家加勒比邮轮公司创建于 1968 年,是全球第二大邮轮集团,旗下拥有六大邮轮品牌,航线遍布于 160 多个国家和地区,占据全球邮轮旅游市场将近三分之一的市场份额,拥有目前世界上最大和最先进的豪华邮轮。自 2008 年进入中国市场以来,公司凭借旗下多艘旗舰船只迅速确立了在中国市场的领导者地位。2013 年 4 月,在中国交通运输协会邮轮游艇分会的支持、促进和见证下,天津海运职业学院(Tianjin Maritime College)与美国皇家加勒比邮轮公司(Royal Caribbean Ltd.)签署战略合作协议,共建国际邮轮人才培养基地——天津海运职业学院美国皇家加勒比邮轮公司人才培训中心(简称 RCCLCDTC),共同致力于国际化邮轮人才的培养。

二、国际邮轮人才培养标准的研发

(一)国际邮轮乘务管理专业国际化标准开发立项

2013 年 6 月,按照天津市教委《关于进一步推进职业教育国际化专业教学标准开发工作的通知》精神,天津海运职业学院正式启动国际邮轮乘务管理专业国际化专业教学标准开发工作,这是应对国际邮轮行业对国际化、技能型邮轮人才新要求的客观需要,也是固化国际邮轮乘务管理专业改革与建设成果、加强专业内涵建设、促进高职高专教育教学改革的重要途径。

(二)国际邮轮乘务管理专业国际化标准开发条件

天津海运职业学院美国皇家加勒比国际邮轮人才培训中心依托天津海运职业学院校内天津海邮国际邮轮酒店建立,总占地面积 11000 平方米,拥有 110 间客房,配备全套经营及培训设施,包括中餐厅、西餐厅、咖啡厅、酒吧、会议室、厨房、洗衣房等,美国皇家加勒比邮轮公司全程参与培训中心的设计与建设。培训中心的建立,承担商业运营、国际邮轮乘务管理专业在校生实训以及皇家加勒比邮轮公司船上未来雇员的人力供给与培训三大功能。在船员供给与培训方面,完成邮轮公司乘务员从招聘面试、培训考核到证件办理、劳务派遣等一站式程序。在校生实训方面,培训中心作为国际邮轮乘务管理专业校内实训基地,设有国际化标准的邮轮客舱实训室、邮轮餐饮实训室、邮轮前台实训室、邮轮酒吧实训室、邮轮洗衣房实训室、邮轮烹饪实训室等,满足国际邮轮乘务管理专业在校生课程实训以及顶岗实习环节的教学需要。

国际邮轮人才培训中心的建立,不仅开创了中国职业教育与世界先进企业深度融合的人才培养新模式,而且对于国际邮轮乘务管理专业国际化专业教学标准开发与实践起到积极的促进作用。

(三)国际邮轮乘务管理专业国际化标准开发内容

在国际邮轮乘务管理国际化专业教学标准开发过程中,凭借学院与美国皇家加勒比邮轮公司校企合作的战略优势与资源优势,对邮轮公司岗位需求与船员任职条件进行了深入调研,确定国际化邮轮人才培养目标、课程体系设置、师资配备标准以及实践教学标准等,以此形成《国际邮轮乘务管理专业国际化专业教学标准》。

1.国际邮轮乘务管理专业国际化课程标准开发

在与美国皇家加勒比邮轮公司深度校企合作的过程中,邮轮公司对国际邮轮乘务管理专业课程教学提供了持续性的支持和帮助。根据国际邮轮公司岗位设置与任职标准,国际邮轮乘务管理专业重新梳理了专业课程体系,按照从知识导向转向行动导向的理念确定了课程教学内容,明确了专业核心课程,将职业领域知识融合到课程体系中,形成国际邮轮乘务管理专业国际化专业课程标准。

2.国际邮轮乘务管理专业国际化实训标准开发

国际邮轮服务需要达到国际发达水平服务业的标准,因此国际邮轮乘务管理专业人才培养特别注重实训教学环节的开展。按照国际邮轮企业对岗位实训模拟环境的要求,国际邮轮人才培训中心建成国际领先水平的客舱实训室、餐饮实训室、前台实训室等,同时邮轮公司还将在培训中心协助建立与邮轮员工客舱一致的学生体验客房,使在校生更好地感受邮轮工作氛围与环境。按照国际企业的要求,实训室需要具备高仿真的邮轮工作环境,能够满足提升学生实践动手能力和分析解决问题的能力的需要,国际邮轮乘务管理专业国际化实训标准得以形成。

3.国际邮轮乘务管理专业国际化教材标准开发

国际邮轮人才培训中心在国际邮轮人才培养中引进了美国皇家加勒

比邮轮公司自主开发的具有知识产权的全英文教学资料,包括课程教学大纲、教师手册、培训讲义等。根据行业企业相关教学资料,并结合高职高专学生特点,确定国际邮轮乘务管理专业教材应该是更突出技能实训的更有针对性的双语教材,以此形成国际邮轮乘务管理专业国际化教材标准。

4.国际邮轮乘务管理专业国际化师资标准

为了更好地胜任国际邮轮乘务国际化专业教学需要,保证国际邮轮乘务管理专业人才培养质量,师资队伍的建设是关键环节。国际邮轮人才培训中心建成之后,学院与邮轮企业共同遴选出具备丰富的职业教育经验、较高的中英双语教学水平以及国际化视野和理念的优秀教师进入国际邮轮乘务培训师认证项目,以此培养专业教师具备国际化专业教学水准。

三、国际化人才培养取得新突破

天津海运职业学院美国皇家加勒比邮轮公司人才培训中心项目为国际邮轮乘务管理专业国际化专业建设注入了生机与活力,国际化的校企合作,在国际化专业建设、学生的顶岗实习、学生就业渠道的拓宽和专业在社会的影响上取得了较大的成效。

(一)对接国际邮轮行业标准,开发国际化专业课程体系

国际化的校企合作,为国际化专业建设奠定了坚实的基础,不断优化专业人才培养方案,明确专业核心课程,整合部分专业课程,增加了邮轮职业道德与素养等公共基础课程以及体现岗位要求的国际化交流课程的比重,形成了基于工作过程的与行业标准相对接的国际化专业课程体系,开发了国际邮轮乘务管理专业国际化课程标准;建成了国际领先的高仿真陆上邮轮的实训环境,开发了国际邮轮乘务管理专业国际化实训标准;引进了国际邮轮公司的全英文教学资料,开发了突出技能实训的更有针对性的双语教材,编写了《邮轮客舱服务管理》《邮轮旅游地理》《邮轮酒吧服务管理》《邮轮旅游市场营销》《邮轮英语视听说教程》等邮轮专业系列教材。

(二)构建高仿真邮轮经营环境,为学生实习提供优良场所

国际邮轮人才培训中心的建立,为学生企业顶岗实践提供了优良的场

所,其高仿真的邮轮酒店经营环境以及国际化标准的服务流程,缩短了学校与邮轮企业的距离,解决了国际邮轮乘务管理专业较难上船顶岗实习的困难,让学生在海邮酒店仿真邮轮环境的顶岗实践中实现学校与邮轮企业的良好对接,更好地体验真实邮轮工作环境。

(三)实现校企直接对接,提升学生的就业质量

国际化的校企合作,打通了学生直接到国际化企业就业的渠道,创建了院校与国际化企业直接对接的新型就业模式。国际邮轮人才培训中心建立以前,国际邮轮乘务管理专业学生就业主要通过国际邮轮公司委托具有对外劳务派遣资质的中介公司进行招聘和派遣,环节多费用高,在很大程度上制约了毕业生邮轮就业。美国皇家加勒比邮轮公司国际邮轮人才培训中心,创建了院校与企业直接对接的新型就业模式,实现邮轮公司从招聘、培训到考核、派遣等环节的便利化渠道,增加学生就业便利,满足国际邮轮企业人才需求。国际邮轮公司在院校范围内直接开展员工招聘,形成了健康有序的人才供给秩序。经过国际邮轮培训中心培养的学生发展潜力雄厚,在很短的时间内即会得到职务的晋升。2016 年,在第十一届中国邮轮产业发展大会上天津海运职业学院荣获邮轮就业率最高奖。2016 级毕业生李宏伟自成为美国皇家加勒比国际邮轮有限公司正式员工后,第三个月由助理服务员升职到服务员,工资由开始的 1000 美金上升到 1600 美金,且获得季度月奖,得到了美国皇家加勒比国际邮轮有限公司的一致认可。

(四)选派教师参加邮轮企业实践,推进国际化师资建设

国际化的校企合作,推进了教师培养的国际化进程。天津海运职业学院分三批组织 29 名教师参加美国皇家加勒比国际邮轮公司的培训师认证培训并获取培训师资质,在前往欧美航线的国际豪华邮轮顶岗实践中,了解邮轮文化和各部门运营的基本常识,熟悉和体验邮轮各部门岗位的服务流程和操作技能,通过真实工作场所的体验和经历创新教学思维模式,改进教学方法,指导教学工作的改革创新,真正成为双师型、国际型教师。其

中李艳老师在 2015 年天津市国际化专业教学说课竞赛中荣获一等奖;李宏娟老师在 2016 年天津市高职院校国际化专业教学成果交流比赛中荣获二等奖。

(五)扩大专业的社会影响,引领示范国际化专业建设

国际化的校企合作,扩大了专业的社会影响,增加了专业办学实力和知名度。与国际顶级邮轮企业开展校企合作符合职业教育发展的内在规律,符合企业人才培养的内在需求,符合学生职业生涯发展需要。学校在合作过程中有效提高了国际邮轮乘务管理专业的教学质量;企业通过积极参与人才培养有效促进人才战略的实施,降低人力资源开发与职业培训成本;学生在实训实习中初步具备顶岗能力,使毕业与就业有效接轨。天津海运职业学院组织发起成立了由 73 家高等院校、4 家企业组成的"中国高等院校邮轮人才培养联盟",并担任会长单位。连续三年成功举办了中国高等院校邮轮人才培养联盟年会,举办了三期联盟师资培训班。组织编写了全国首套邮轮乘务管理系列教材。截至目前,共接待相关院校来访 200余人次,为相关院校培养师资 10 余人次。该项目的实施在取得良好社会效益的同时,促使国际邮轮乘务管理专业国际化专业教学标准实践取得显著成效。

(作者单位:天津海运职业学院)

基于"五业联动"深化产教融合增强高职院校服务社会能力的实践

天津渤海职业技术学院

天津渤海职业技术学院积极贯彻党的十九大报告中提出的"优先发展教育事业……完善职业教育和培训体系,深化产教融合、校企合作……办好继续教育……提高就业质量……"精神,深化落实《国务院关于加快发展现代职业教育的决定》(国发〔2014〕19号)和《天津市人民政府关于加快发展现代职业教育的意见》(津政发〔2016〕3号)有关文件精神,积极推进现代化工职业教育改革,创新现代化工人才培养模式,实现了多方资源优势共享。经过多年实践逐步形成了产业、行业、企业、职业和专业"五业联动"办职教的新局面,学院服务社会能力显著增强。在支持天津经济建设,支持现代化工产业转型升级,支持京津冀一体化协同发展,支撑环渤海经济带建设,落实东西部对口帮扶,"一带一路"倡议实施等方面作出了显著成绩。在《2017中国高等职业教育质量年度报告》中,学院作为天津市唯一一所高职院校,入选全国高等职业院校"国际影响力50强"单位。

一、"五业联动"深化产教融合,积极践行现代职业教育人才培养模式

(一)"双栖制"师资队伍建设,打破了职教师资瓶颈

"双栖制"队伍建设工程是学院实现师资水平达到国内一流、世界水平的重要途径。

建立和完善"刚性"和"柔性"相结合的人才聘用机制,有效地整合与利用职教集团和社会资源,跟踪产业发展趋势和行业动态,结合专业发展方

向,聘用国内外、校内外、行业企业兼职教师壮大学院师资队伍。

学院先后聘请了一大批既懂教育又能掌握新工艺和新技术的行业、企业的能工巧匠为学院客座教授;依托职教集团资源禀赋,积极选聘和调用渤化集团所属大中型企业的技能大师、能工巧匠到学院兼职任教,目前总人数已达到近 300 名, 其中来自渤天化工有限责任公司 60 名进入学院实训指导教师和职业辅导员岗位。

以"名师"培养工程为龙头,提升青年教师素质的整体水平,目前有天津市级名师 2 名,中国化工教育协会化工职教名师 6 名。通过建立"青年教师"的培训制度和教师企业轮训制度,提升青年教师的生产实践和专业技术能力;优化教学团队的专业结构、专兼结构,进一步提高教学团队的知识结构和教学技能;充分发挥教学改革成果的辐射作用,激励教学水平高、学术造诣深、技能水平强的教师和企业技术能手发挥良好的带头示范作用;培养不同学缘、不同技能的优秀青年教师,有效丰富和提升了教学团队的知识结构和教学技能。

(二)围绕产业链构建专业链,实现了专业与产业、职业岗位标准的对接

学院按照集团产业总体发展目标,围绕海洋化工、石油化工、电力化工和煤化工产业的发展,做到专业调整与产业调整同步进行,同时,紧紧围绕化工产业链构建专业链,实现了化工专业群与化工产业的对接。

学院依据专业与产业、职业岗位标准的对接要求,不断调整和优化专业设置, 现有以化工为特色的校企联合办学本科专业 1 个, 高职专业 41 个,其中,"石油化工技术"和"生产过程控制"为中央财政支持特色专业,"精细化学品生产技术""环境监测与治理技术""生产过程自动化技术""化工设备维修技术"和"化学制药技术"为国际化专业,"精细化学品生产技术"专业为国家级教改示范专业,"环境保护与治理技术"为市级教改试点专业。根据化工产业链各岗位工作标准,整合资源,校企合作共建,建成全国同类院校一流、天津市高职院校规模最大的化工和化工仪表实训基地;建有校内实训室(场)76 个;建有化工机械加工维修中心、污水处理实训中

心等综合性校内实训基地 26 个;校外实训基地数 66 个。

"天津高等职业院校优质专业对接优势产业群——电力系统自动化技术专业建设项目"以电类自动化技术优质专业群对接天津化工、电力优势产业群,项目建设引领了电力系统自动化技术专业与化工、电力产业有效对接,促进了校企深度融合,推动专业群优秀教学团队建设、优质教学资源建设、优良教学环境的建设进程,提升了电类专业群办学实力、人才培养能力与人才培养质量,助推了国际化专业建设,全面提高了以电力系统自动化技术为中心的电类专业群品质与声誉。

按照对接化工电力行业、对接企业生产岗位、对接生产现场、先进实用高效的建设原则,深入化工、电力企业生产实际调研,通过政府采购投入资金提升实验实训装备条件,将变配电技术综合实训室、电力系统运行与智能管理实训室、电力设备生产综合实训室、电气控制技术综合实训室、电子技术综合实训室建设成为电力系统自动化技术专业核心能力训练体系。电力系统自动化技术专业核心能力综合训练体系建成后,提升了实验实训教学实力,保证了电力专业课程实训开出率达到 100%,保障了"供配电技术"等课程实训教学有效运行,惠及电气自动化技术等相关专业学生 1000 人。项目硬件建设为专业对接化工电力产业,支撑企业生产人才需求,服务企业职工培训,校企深度融合奠定了坚实基础,形成"产、教、研、学"一体化教育教学环境,贴近生产的实训教学环境吸引了北京邦振风电科技等多家京津冀企业来校签订校企合作协议。2016 年同天津理工大学等科技公司合作成立了科研工作室,为渤海化工集团、电力电气设备生产企业输送了 41 名专业毕业生;与天津平高智能电器有限公司计划签订 2017 年 20~35 人订单班。服务"百万技能人才培训福利计划",培训 231 人。

对接电力系统核心岗位,在凝练岗位技能的基础上构建了基于工作过程系统化的"能力型"课程体系。课程体系为适应"岗证单一体化"的人才培养模式需求,积极向"内容职业化,组织模块化、培养目标能力化"的方向延伸,建设专业优质核心课程。围绕专业核心技能建设资源共享课程,满足相关专业教学资源的需求,实施资源开放,为全国同类专业教学服务。建设专业教学资源库,满足学生实践教学需求,带动专业群内课程改革和课程建设。

通过详细调研形成专业需求报告,根据岗位群技能需求确定培养目标,依据行业发展的变化,调整和修订人才培养模式,建立"专业对接产业、课程对接岗位、教学对接生产"三对接的专业人才培养模式。

(三)围绕产业链构建课程链,实现了专业课程内容与职业标准对接

学院依托天津渤海化工职业教育集团和区域产教对接联盟资源禀赋,实现了专业课程内容与职业标准的有效对接;实现了学生教学过程和企业岗位工作的无缝衔接。把以学校课堂为主的教学与企业真实岗位有机结合,开展"职场化"教学,培养学生良好的职业道德、职业习惯和团队协作精神,提高学生技术技能水平。依托天津渤海化工职业教育集团合作企业,突出教学过程的实践性、开放性和职业性,通过"工学结合"的方式,按照基础知识、职业能力、综合素质等三个模块,融教、学、做为一体,推行"项目导向+任务驱动"的人才培养模式,将学生培养成具备较高的职业素养、专业技能和可持续发展能力,能够服务化工产业发展的高端技能型人才。积极引入行业、企业标准;根据岗位群实际,进行典型工作任务分析,构建"知识、能力、素质"三位一体,各模块教学融会贯通的课程体系。

学院积极开展国际化教学标准的制定,目前已实现"机电一体化"国际专业1个,"精细化学品生产技术""环境监测与治理技术""生产过程自动化技术""化工设备维修技术"和"化学制药技术"等5个国际化教学标准。国际化教学标准专业教学模式主要以国际化的教学内容和教学资源,引进全英文原版教材,使教学内容接近国际先进水平,使用全英文原版教材是课程建设走向国际化的重要途径,授课过程中搜集英文原版网络信息,广泛涉猎国际化教学资源;国际化教学方法和手段,建设国际化课程的目的是把国际化教学内容传输给学生,拓宽国际化视野,采用精讲泛讲相结合,"开放式课堂"尝试国际化教学手段,引入欧美大学的实践教学评价标准,

带领学生参与国际化教学项目;国际化的教学团队与教学研究,创建具有国际化视野的教学团队。

采用"融合国际化教学标准"的模式,紧密契合企业岗位能力的需求和入职条件,注重高职学生职业发展的特点,进行教学标准的开发。主要包括以下方面:第一,以详细深入的能力分析为基础的专业培养目标,以及人才培养规格的确立。第二,课程体系的设计,教学内容的确立与课程模块的衔接。在此项工作中,借鉴澳洲培训包及课程形式,参考其知识、技能、能力的归纳及培养标准,在教学标准制定中注重知识、技能、素质能力的培养。第三,建立具体的教学实施与运行的模式。主要研究高职学生顶岗实习过程的教学运行机制。以及外语教学和安全教育体系在教学过程中的全程引入等问题。第四,实训体系的支撑。主要针对教学过程中需配置的实训场地、实训设施进行标准化和量化工作。同时要注意体现实训体系的技术先进性,以及实训培养质量的指标化。第五,课程标准建设。结合目前教学的实践经验,进行课程标准开发工作。注重单一课程的模块化和闭合性,注重课程体系的系统性和教学内容的完整性。

(四)以"现代学徒制"教法为手段,实现了教学过程与生产过程的对接

现代学徒制的建设目标为全面提高学生专业对口率、提高学生岗位技能;培养具有良好的专业知识、岗位技能和职业素养,紧贴企业需求的高技术技能型人才;从单纯培养熟练技术工人发展为培养理论联系实际岗位的技术技能型人才。合作形式:

1.与天津渤化永利化工股份有限公司、天津渤化石化有限公司等合作企业共同成立"专业工作室"

化工设备维修技术专业与合作企业共同成立"专业工作室",以工作室为依托、以合作企业实际"工作项目"为内容、以完成"工作项目"的形式在工作室完成课程教学;教学中根据工作项目的进度、难易程度进入合作企业开展"校企"循环教学,聘请兼职教师采用"师傅带徒弟"的方式完成教学。

2."专业工作室"依据合作企业需求制定"招工"标准

根据"专业工作室"内企业的用人需求,签订用人和联合培养协议,发布"招工"计划,选拔若干在册的学生为学徒,企业参与整个"招工"过程,经录取的学生具备学校的学员和企业的学徒双角色,由学校和企业联合培养。作为学徒的学生在工厂实训参照新进职工待遇,给学徒缴纳人身意外伤害保险,按照实习工资标准发给学生实习补助,实现学生和学徒身份相互交替。

3."专业工作室"结合企业岗位标准制定人才培养目标

化工设备维修技术专业人才培养的目标就是直接面对企业设备进行维修、维护的操作人才,因此,在制订人才培养方案和课程标准时与企业充分沟通。以化工设备维修技术专业的岗位能力标准为依据,做到教学内容与生产内容对接,教学过程与生产过程对接。

4.课程体系开发

以岗位工作所覆盖的范围与技术水平要求为标准,按照工作岗位,开发模块化的教学课程,由多个能力单元组成一个模块化课程,再由一系列的岗位模块课程构成企业技术类工作需求的全部教学内容。

(五)以"四位一体"培养为手段,实现了学历证书与职业资格证书的对接

推行以就业为导向的双证书互融互通模式,以职业资格证书培训与学历教育所共同指向的专业实践课程、专业理论课程为基础,在课程实践中实现学历证书与职业资格证书之间的相互转换。学生通过在校学习、订单培养、轮岗培训、顶岗实习四个阶段,角色从学生、学徒、准员工、员工"四位一体"培养,由企业和学校双导师指导,逐个完成岗位技能模块课程,达到岗位技能要求,获取相应的职业资格证书,按照资格等级及种类上岗操作,然后进行顶岗实习,通过毕业前双导师的综合测评获得毕业证书并同时成为企业员工,实现学历证书与职业资格证书在联合培养过程中一站式获取。充分发挥渤化集团公司特有工种鉴定站的作用,加强在校学生和行业

企业职业技能鉴定工作,每年有4000多在校学生取得职业资格证书,其中取得高级工职业资格达1500余人。

结合每个岗位所对应的职业技术资格证书,确定中职、高职、应用型本科培养目标的层次,实现能力级别培养阶段化、连续化,达到职业能力级别与职业资格证书等级的科学衔接。中职、高职、应用型本科的人才培养宗旨是以培养学生的应用能力为主线,以实际够用为原则,培养"知识、能力、素质"三位一体的不同层次的技能型人才。为此在教学过程中推行"双证制",即学历教育和职业培训并举,学历文凭与职业资格证书并重,其中学历证书以知识为主,辅之以技能;而资格证书以技能为主,辅之以知识。在职业资格衔接方面,采取阶梯递进的形式,实现能力级别培养阶段化、连续化,即中职教育要求的相关资格证书定位于初级和中级,以初级为主,高职教育定位于中级和高级,以中级为主,应用型本科教育定位于高级和技师,以高级为主,使每一个高层次的教学在理论、知识与技能三条主线上都比其相应低层次的教学上更上一个台阶,达到职业能力级别与职业资格证书等级的科学衔接。

为了深入贯彻"双证制",中职、高职、应用型本科还应与专业培训机构合作,在各专业推行职业技术资格培训和考证。同时将考证科目全部纳入教学计划,所用教材全部采用考证教材,任课教师大部分为富有经验的双师型教师,或聘请生产第一线的工程技术人员作为兼职教师,其相关教学内容与行业、企业用人标准相符合,以满足职业岗位(群)对职业能力和职业素质的要求。

(六)通过搭建人才培养"立交桥",实现职业教育与终身学习对接

1.中、高、本、硕、留衔接行业职教集团化办学效应凸显

实施了中–高–本–硕–留"集团化"人才培养模式,构建了职业教育人才培养立交桥。

在天津市石油和化工教学指导委员会的指导下,学院始终坚持行业办学方向,深化校企合作、产教融合,构建了具有天津特点、中国特色、世界水

平的现代化工职业教育体系,实现了"一站式"人才培养模式,支撑了渤化集团乃至天津石化产业的人才需求,走出了一条具有行业特色的集团化办学创新之路。

学院根据企业用人需求,通过培养体系衔接,为学生构架中–高–本–硕–留"一站式"学习通道。与天津市化学工业学校等单位共同完成三二分段学制中高衔接;与天津理工大学、天津渤海化工集团有限责任公司共同举办应用化学技术与工程专业本科班;与天津大学,天津渤海化工有限责任公司博士后工作站共同探讨应用性硕士层次的人才培养模式;与泰国大城技术学院共同完成留学生培养;完善了职业教育办学层次,构建了职业教育人才培养"立交桥",成果转化期间实现中高职衔接近 2000 人次,高本衔接 600 余人次,本硕衔接 22 人,招收留学生 45 人。

2.学历教育与技能培训相结合

为贯彻教育部《关于以就业为导向深化高等职业教育改革的若干意见》(教高〔2004〕1 号)深化高等职业教育改革的要求。学院根据职教集团内企业对人才规格的要求,以就业为导向,以企业岗位对人才规格的要求,积极推进订单培养。使其作为校企联合办学的具体形式,弥补了课本知识落后于社会发展的不足;使企业参与了学院的人才培养过程,发挥企业资源在办学过程中的作用,实现校园与企业的"无缝对接",实现学生毕业与上岗"零过渡",累计完成各级各类培训 15000 余人次。

3.终身教育多措并举

学院秉承"终身教育"理念,实施了"资源共享、职普融通、职成融合"的职业与成人教育一体化发展模式,结合企业发展需求为渤化集团所属企业、科迈化工股份有限公司等企业的职工开展电大、成人等多种形式的职工继续教育。为深入实施人才强市和创新驱动发展战略,服务天津经济社会又好又快发展,学院在我市率先落实天津市人民政府《关于实施百万技能人才培训福利计划的意见》,并组织实施了"百万技能人才培训福利计划",累计培训 2000 人次。百万福利计划的实施为企业发展提供人才支撑,对提高企业技术创新能力,增强企业的竞争能力起到了重要作用。学院还积极为企业开展在职人员的岗位培训和就业学生的继续教育,设有化工特有工种职业技能鉴定站,并借此让学生和企业员工通过鉴定获得企业相关职业技术资格证书,为提升我市整体就业质量,促进经济转型升级作出了积极贡献,学院服务社会发展能力显著提高。

二、坚持行业特色,服务化工产业,兴文化创品牌

(一)体制机制不断创新

学院已经形成了规范化、科学化、现代化、集团化办学体制;形成了教育与产业、校内与校外相结合的质量评价机制;积极推进产教融合发展,服务社会能力明显。通过政、行、企、校、研的多方联动,构建了多项国际交流合作机制,指导职业教育区域化、国际化合作。牵头成立了京津冀石油和化工行业产教对接联盟,举办了现代职业教育国际产教对接会,成立了 EPIP 国际教育联盟。开展跨国界、跨文化的教育科技交流与合作活动,推动了职业教育事业发展,实现了"五业联动"办学的新突破。

(二)产教融合逐步深入

积极拓展境外合作办学渠道,开展国际合作交流,先后与泰国大城技术学院等 30 余家高校、科研院所开展了教育合作;聘请了法国图卢兹大学丹尼尔教授、美国麻省理工学院戴维教授、德国佛斯托公司培训部刘邦祥工程师等为学院客座教授。2016 年 4 月,天津渤海职业技术学院在泰国大城府建立"鲁班工坊"。目前,"鲁班工坊"已经由跨境培训上升到两国"机电一体化专业"学历教育的互认,为中资驻外企业培养本土人才奠定了基础,成为现代职业教育走出去的新支点。

(三)技能大赛形成品牌

学院连续五届在全国职业院校技能大赛工业分析检验赛项并荣获团体一等奖。通过主办大赛,逐步实现世界一流、国内领先的专业技术技能,培养和挖掘能工巧匠。重点加强大赛成果转化,引领教育教学改革。加强职业院校技能大赛国际化建设,把大赛建设成为学院教学成果的展示平台和新工艺新装备新技能的体验平台、产教融合的交流平台,学生技术技能学习成果的展示舞台。

(四)实训基地共建共享

通过资源整合建成了专业人才培养契合度高的校内外实习实训基地 168 个。实现了人才培养的"三化""四结合",即:能力培养专业化,教学环境企业化,教学内容职业化;人才培养目标与质量评价标准的制定要企业与学校相结合,教学过程要理论学习与实践操作相结合,学生的角色要与企业员工的角色相结合,学习的内容要与职业岗位的内容相结合。通过实训基地建设,师生深入企业、车间学习实践,精心设计工学结合过程中的典型工作任务,设计实施过程和方法步骤,广大师生的专业技能和综合能力得到显著提升。

(五)文化建设硕果累累

学院实施文化强教战略,全面打造了工匠文化、专业文化、实训文化、育人文化、团队文化和大赛文化品牌。将范旭东四大信条和"红三角"品牌文化引入校园,以"化工文化"的软实力教育和影响师生,培养职工和学生对化工行业的认同感和归属感,培养新时代侯德榜的传人;以"工匠文化"塑造学生高度的文化自觉和文化自信,学生对"工匠精神"的认同感得到有效提升。学院作为高职院校的唯一代表,被中国石油和化学工业联合会命名为"中国石油和化学工业企业(院校)文化建设示范单位"。

三、服务国家战略,服务经济发展,提升人才培养质量

(一)服务"京津冀协同发展"战略

2015 年 7 月,学院牵头成立了"京津冀石油化工行业职业教育合作联盟",达成了《京津冀协同发展现代职业教育·石油和化工行业产教对接天津共识》。建立了石油化工产业产教对接促进会;深化产教融合,共同探索石化职业院校人才培养新模式,建立了石化行业校企合作联盟。依托联盟广泛建立"行业内、院校外"高水平实习实训基地;通过科技合作、人才引进、信息服务等方式建立紧密的合作关系,形成京津冀区域发展中服务石化行业的生态链;与社会、政府共同构建规范、有效的服务区域和行业发展,服务经济的绩效评价新体系;打破人才培养的区域壁垒,实现办学资源共享,为京津冀区域发展提供优质人力资源;为京津冀区域发展提供强有力的科技支撑和智力支持。

(二)服务"东、西部对口支援"战略

深化天津与甘肃对口支援,为服务区域经济,服务行业,服务产业,服务地方提供更为有效的保障。学院与甘肃有色金属技师学院、白银矿冶职业技术学院、海西州职业技术学校、重庆化工职业学院、鄂尔多斯生态环境职业学院就东、西部高职院校深化产教融合,促进职业教育多元发展,在跨区域联合办学、专业共建、课程建设、师资建设、实训基地与就业等方面进行了深入合作。与甘肃省陇兴人力资源发展有限公司就学院甘肃生源毕业生在当地的就业服务、就业管理、档案接转以及社保、安置、政策落地等服务项目进行了有效对接。与白银国家高新产业园区管委会签订了《全面战略合作协议》,就发挥东部职业院校人才优势、资源优势,在校企合作、科研开发、人才培养、职工培训、就业服务、创新创业等方面达成了意向,为学院甘肃籍毕业生回原籍就业创业搭建了高质量的合作平台。

(三)服务"一带一路"倡议

学院始终坚持国际化办学方向,"鲁班工坊"开创了职业教育国际合作的新模式,成为职业教育国际合作新支点。依托"鲁班工坊",中泰共建"机电一体化技术"国际专业,以工程实践创新项目(EPIP)教学模式为理论依据,分别成立了(天津渤海)中泰职业教育研究中心和(泰国大城)EPIP教学研究中心,中国特色职业教育模式国际化得到了推广。通过"鲁班工坊"建设,学院与30多所东盟国家的职业技术学院签订了友好合作备忘录,在留学生培养、职业教育研究和技能大赛等多领域深化了合作。

为进一步发挥"鲁班工坊"在职业教育服务"一带一路"倡议中的积极作用,助力中国企业"走出去",实现国际化生产制造和国际化职业人才培养的有效对接,学院与玲珑国际轮胎(泰国)有限公司、福诺国际(泰国)有限公司、橡胶谷集团有限公司等"一带一路"沿线中资驻外企业就校企合作国际化职业人才培养建设形成了共同认识。双方合作招收泰国驻中国留学生、泰国本土学生进行技能培训和学历教育,服务"一带一路"倡议,共同建设一批落实合作单位国际化定位,加速实施合作单位全球化发展规划的实质性项目,实现资源共享,助力了中资企业海外发展,实现中国职业教育"走出去"。学院已经累计招收泰国留学生45名,第一批毕业留学生已入职玲珑国际轮胎(泰国)有限公司。

天津渤海职业技术学院通过"五业联动"深化产教融合,在体制机制创新、资源共建共享、校企合作、人才培养、职业教育"走出去"及重大项目合作等方面形成显著现代化工特色,学院将继续不断开拓创新,深入交流、深化产教合作,为进一步推进我市国家现代职业教育改革创新示范区建设,推动我市职业教育领先发展作出积极的贡献。

"三级贯通＋五共并举"育人模式的
创新与实践

天津轻工职业技术学院

图1　2017年全国职业院校技能大赛天津轻工业技术学院赛场

近年来,天津轻工职业技术学院紧跟国家重大战略发展步伐,紧贴区域经济和行业、企业转型需求,加快办学体制机制改革步伐,积极探索产教融合、校企合作的有效路径与方法。按照产业导向、行业引领、企业支撑的指导思想,在专业与产业、行业、企业、职业相互对接的"五业联动"路径下,创建了"三级贯通+五共并举"育人模式,走出了一条产教深度融合、校企合作共赢的创新之路。

一、创新育人模式的动因

(一)创新育人模式是解决产业人才结构性矛盾的迫切需要

2008年以来,全球金融危机爆发,劳动力、产品和需求的结构性矛盾相互叠加,失业率剧增,石油、钢铁等能源和资源类的大宗产品滞销,依托原有产业结构的价值链系统岌岌可危,限制了世界经济的繁荣和发展,世界范围内掀起了第四次产业升级浪潮,新型业态不断涌现,职业变迁日益加剧,产业人才的结构性矛盾凸显。在这种背景下,要求职业教育必须通过技术技能人才培养模式的变革,去适应世界性的产业升级和职业变迁需要。

(二)党和国家加快发展现代职业教育的部署是创新育人模式的助推剂

国务院《关于加快发展现代职业教育的决定》中指出:"当前职业教育还不能完全适应经济社会发展的需要,结构不尽合理,质量有待提高,体制机制不畅。加快发展现代职业教育,是党中央、国务院作出的重大战略部署,要深化体制机制改革,坚持以服务发展为宗旨,以促进就业为导向,适应技术进步和生产方式变革的需要。加快现代职业教育体系建设,深化产教融合、校企合作,培养数以亿计的高素质劳动者和技术技能人才"。《国家中长期教育改革和发展规划纲要(2010—2020)》指出:"发展职业教育是缓解劳动力供求结构矛盾的关键环节,探索部门、行业、企业参与的办学机制,实行工学结合、校企合作、顶岗实习的人才培养模式,满足经济社会对高素质劳动者和技能型人才的需要。"党和国家加快发展现代职业教育,深化产教融合、校企合作的战略部署,不仅为我国加快建成具有中国特色、世界一流的现代职业教育体系指明了方向,也为学院改革创新校企合作体制机制和育人模式提供了明确依据。

(三)创新育人模式是学院改变人才培养和校企合作状况的迫切要求

前些年,学院在人才培养、校企合作方面面临一些问题,难以适应国家、区域和行业发展的需要。一是校企协同育人的体制机制不畅,专业和产业之间的契合度较低。改革开放以来,企业通过产权制度改革,建立了现代企业制度,行业企业办学的体制机制发生变化,产业结构变迁和院校专业建设分轨运行,亟待重构市场经济体制条件下的校企协同育人的体制机制。二是职业教育育人主体单一,人才培养的结构性矛盾日益突出。经济体制改革以来,职业教育的举办主体主要是学校,限制了校企协同育人潜能的发挥,尤其是近年来产业经济升级和结构调整速度加快,导致校企合作育人的模式持续性较差,学校人才培养供给侧和产业需求侧的结构性问题日益突出。三是校企合作缺乏行业龙头企业深度参与,影响了高端技能人才培养目标的实现。行业龙头企业的规模、资金、技术、设备、效益、文化等诸方面处于同行业的领先地位,并具有很强的号召力和示范引领作用,应是校企合作培养高端技能型人才的主要依靠对象,但由于学院与龙头企业缺少深度沟通,龙头企业参与办学、深度合作的积极性不高,从而影响了高端技术技能人才的培养进程。因此,学院必须针对这些面临的问题,从专业和行业、产业、企业、职业"五业联动"路径入手,锐意进取,勇于创新,探索一条适合学院自身发展的人才培养新路。

二、创新育人模式的内容

学院先后派出 41 名专业骨干教师、教学管理和研究人员赴德国、美国、瑞士、新西兰等职业教育发达国家和地区学习先进的职业教育理念和国际领先专业技术知识,为育人模式的研究实践和高端技术技能人才培养提供了人员和智力保障。

(一)首创"三级贯通式"校企合作办学体制机制,从纵向促进"五业联动"

为突破办学主体限制,提升专业和行业、产业、企业、职业之间的契合度,学院首创了具有校企融合、贯通、对接特征的,由校企合作董事会、校企合作执行委员会和专业建设委员会组成的"三级贯通式"校企合作办学体制机制。一是学院与相关行业协会、国际知名或国内行业龙头企业,以及有重大校企合作项目的单位,在院级层面共建了"校企合作董事会",为行业企业参与办学育人、战略合作、共赢发展搭建了共同决策的平台。董事会作为校企合作的决策机构,主要是对校企合作办学事项进行指导、咨询和监督。二是在专业群层面共建了"校企合作执行委员会",为董事会决策的事项搭建了贯彻执行、具体落实的平台。三是在二级学院各专业层面共建了"专业建设委员会",为校企共同制订人才培养方案、共同参与教育教学全过程、共同评价人才培养质量搭建了具体操作的平台。校企合作董事会、校企合作执行委员会、专业建设委员会三级贯通,相互融合,形成了"人才共育、过程共管、成果共享、责任共担"的校企紧密型合作办学机制。

图 2 "三级贯通式"校企合作体制示意图

依托"三级贯通式"开放体制机制,将企业负责人、企业人力资源负责人、企业技术骨干分层融入校企合作董事会、校企合作执行委员会和专业建设委员会三级机构中。同时,学院还将三级贯通校企合作机制与学院内部常规管理有机融合。学院教学指导委员会、学术(科研)委员会、素质教育及就业指导委员会分别吸纳校企合作董事会、校企合作执行委员会、专业建设委员会三级机构中相关企业成员参加。通过融合,企业分别置身学院教学和管理各环节,从专业设置、培养方案制定、课程标准确定、专业教材编写、实训基地建设、实训课程教学到教育教学评价、奖学金设立、就业创业全程参与,使院企双方形成真正的合作共管关系。

"三级贯通式"校企合作制度体系形成了长效机制。在校企合作基础管理、运行管理、保障管理、协调管理等各方面建立并实施了《校企合作董事会章程》《校企合作执行委员会工作方案》《专业人才培养方案管理办法》《关于制定专业人才培养需求调研工作制度的意见》等 28 项制度,有效推动了各专业校企合作模式改革的深化、校企合作示范基地的运行、"双师"

教学团队教学能力的提升和校企先进技术的共享,使校企合作"三级贯通式"体制机制在教育教学管理中充分融合,形成了"五业联动"路径下学校与行业协会、龙头企业紧密合作的办学体制机制,使合作企业拥有与学校平等的话语权和决策权,与学校共同成为人才培养的主体。

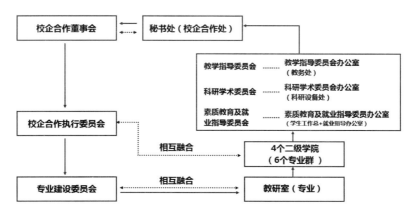

图3 "三级贯通式"体制融入学校内部治理体系示意图

(二)建立"五共并举"育人模式,从横向深化"五业联动"

在"五业联动"路径下,"三级贯通式"办学体制机制,从纵向奠定了校企协同"五共并举"培育产业人才的保障基础。"五共并举"的育人模式,即学校与行业龙头企业通过"标准共研、专业共建、资源共用、成果共享、校企共赢"的形式,共同培养能够与产业、行业、企业、职业需求相适应的高素质技术技能人才,进而,"五共并举"育人模式从横向进一步深化了"五业联动"。

"五共并举"育人模式的具体内容:一是"标准共研",即学院与合作企业共研教学标准和课程标准;将职业标准、企业文化、岗位要求、职业道德、工匠精神、创新创业教育贯穿于教学全过程,潜移默化地培养学生德才兼备并具有可持续发展的能力。二是"专业共建",即学院与合作企业通过课程改革共建专业组群及实训基地,根据区域经济转型升级和产业发展进程进行专业布局、专业建设和实训基地建设,有机衔接人才链与产业链。三是

"资源共用",即学院的教学、科研资源与合作企业的生产经营、技术设备资源合作共用,满足双方需要,发挥双方可利用资源的最大效益。四是"成果共享",即学院与合作企业共享技术研发及人才培养成果;毕业生由合作企业优先选招,满足合作企业对技术技能人才需求;双方各自的技术研发成果,互通共享;合作企业掌握的产业和行业前沿技术成果优先纳入学院课堂教学;学院有针对性地为合作企业提供技术研发、产品转型升级及员工培训服务。五是"校企共赢",即学院与企业通过上述共研、共建、共用、共享合作,深化了协同发展和相互融合,实现了双方社会效益和经济效益的"共赢"。"五共并举"育人模式立足"专业"建设对接产业发展和行业、企业需求,落地于学生毕业后的职业岗位,从而使"五业联动"内容得到了进一步深化。

三、创新育人模式的成效

(一)以企业需求为导向,树立服务理念,吸引众多企业与学院共谋发展

学院之所以能够以"五业联动"为路径,在"三级贯通"体制机制下,与合作企业顺利推行"五共并举"育人模式并取得成效,主要是学院"以企业需求"为导向,树立"为企业服务"理念,使合作企业感到合作有动力、发展有前景、事业有成效,解决了校企合作缺乏行业龙头企业深度参与的问题。学院秉持"以共赢为基础,以资源求合作,以服务获支持"的校企合作理念,在校企合作实践中逐步形成了"四中心一融入"的合作模式。"一融入"即学院人才培养目标、专业规划与行业龙头企业发展战略充分融合;"四中心"即通过为企业热情服务和双方深度融合,学院真正成为合作企业的"技能人才储备中心""技术与产品推广中心""协同创新中心"和"员工培训中心"。

一是学院通过"订单班""现代学徒制"和"顶岗实习"等培养方式,为合作企业量身打造兼顾符合行业要求和企业个性化需求的适用人才,切实发挥了学院为企业及企业产品客户储备技术技能人才的作用,成为名副其实

的"技能人才储备中心"。二是学院与合作企业共建的校内基地兼顾成为瑞士 GF 集团、三菱电梯、三菱电机、大连机床集团、德国卡尔蔡司集团、西班牙歌美飒公司等行业龙头企业的"技术和产品推广中心"。如 2018 年 4 月在学院召开的"中国模具工业协会会长会议",云集了中航迈瑞特、比亚迪、青岛海尔模具、中国北汽装备集团等知名企业,学院借此平台为瑞士 GF 集团、瑞士卡尔蔡司集团等合作企业进行产品宣传和技术推广并受到了良好效果。三是学院依托三个顶尖专业,与行业龙头企业共建"新能源""精密模具智能制造"和"电子商务"三个协同创新中心。这三个协同创新中心集中了双方顶尖技术力量进行技术研发,近年共获得专利 96 项。如"航天技术转化地面应用技术"的科研项目,现已经完成砷化镓激光电池的研制,将助力英利集团拓宽航天技术向民用转化的业务领域。

四是融入众多行业先进技术的学院内部实训基地,为瑞士 GF 集团、三菱电梯、英利集团等合作企业提供员工或产品客户的培训服务,真正成为"员工培训中心"。校内"三菱电梯华北大区电梯实训基地",已为企业培训员工 2000 多人。学院还联合 30 所院校和 24 家企业建成的"新能源类专业教学资源库"。资源库已包含专业教学标准、在线开放课程、职业培训包、新能源博物馆等 20000 多条资源信息,实现了线上为英利集团进行员工培训。

为此,吸引众多企业与学院共谋发展,学院"数字化设计与先进制造""智能装备自动化""新能源与节能技术"等五大专业群与产业链各类企业全面合作,创建了以 19 个龙头企业为核心、近 500 家企业为外围的校企协同大合作圈,形成了区域乃至全国性集团式校企合作运行格局。

(二)专业建设紧跟产业行业风向标,与企业深度融合,成果共享校企共赢

学院在"五业联动"路径下创建的"三级贯通+五共并举"协同育人模式,在专业建设上紧跟制造产业的风向标,紧贴机械加工、光伏发电等行业、企业的实际需求,实现校企"标准共研、专业共建、资源共用、成果共享、

校企共赢"的深度产教融合,从根本上解决了人才培养与行业、企业需求对接不畅、载体缺少、环节脱节等问题。

1.与"瑞士 GF 集团"携手走出了一条校企深度融合发展的"双赢"之路

经过前期深入调研,学院瞄准国际加工制造产业的先进技术设备,与国内外模具行业龙头企业"瑞士 GF 集团"紧密合作,走出了一条校企深度融合、共同发展的"双赢"之路。一是与该集团共同研讨开发了"模具设计与制造专业"国际化教学标准,融合了多方技术标准和模具职业培养标准,形成"多元整合、国际对接"的模具专业人才培养模式。二是学院牵头联合其他院校成立"GF 加工方案——职业院校智能制造联盟",并与该集团共同编写高速精密加工、五轴精密加工、电火花精密加工、线切割精密加工、智能制造系统等五门课程的教材,还共同参与模具专业建设,使模具专业发展向精密智能化方向转变。三是与该集团共同投资开发共建了具备世界尖端模具加工技术的国内高职院校首个"精密模具智能制造生产线",并将其作为校内实训基地;实训基地不仅为模具行业培养了高端技术技能人才,还为天津海鸥手表厂等企业研制了精密模具,使校企合作成果得到真实的体现。四是学院选派教师赴瑞士到 GF 集团总部进行培训,学院教师又将该集团先进模具精密加工技术成果纳入课堂教学中,使共同培养的精密模具高端技术技能人才满足产业和行业的需要。五是学院鼎力帮助该集团拓宽中国市场,承接企业客户培训,扩大了"精密加工智能制造解决方案"在中国模具行业的推广,实现校企共赢。

2.与国际新能源龙头企业"英利集团"共育"光伏发电专业"人才

学院与国际知名绿色能源行业龙头企业"英利集团"深度合作,共育"光伏发电专业"人才,实现了校企共赢。一是共同研制"光伏发电技术与应用专业"人才培养方案,合作创立了"五元协同(政、行、企、校、研五方面)、四段递进"新能源类专业建设模式。通过占领专业高地、夯实专业基础、形成专业优势、打造专业特色"四段"进行专业建设。二是共同编写了《光伏技术应用》《光伏发电系统安装调试综合实训》等多门教材,共建了"分布式光伏电站"校内实训基地。三是依据企业工艺过程、典型工作任务,将组件加工技术、光伏发电系统控制技术、光伏发电系统安装与调试技术等核心技术技能点融入专业课教学中,使校企资源得到充分结合。四是为企业输送了急需的新能源技术技能人才,与企业共享航天技术民用转化途径的研究成果。五是借助学院与印度金奈理工学院在印共同创办"鲁班工坊"的优势,帮助该集团拓展印度光伏发电产品市场,促成了中国建材集团印度分公司与英利集团的合作开发意向,推动了合作企业的国际化进程。

3.与国内知名企业"大连机床集团"共同培养的"数维专业"毕业生受到青睐

学院与国内知名企业"大连机床集团"紧密配合,深度融合,共同培养的"数控设备应用与维修专业"毕业生受到青睐。一是共同研究制订了数控机床机械结构、数控机床电气控制、数控机床故障诊断与维修、数控机床拆装等优质核心课程的课程标准,还共同编写了数控机床电气控制、数控机床故障诊断与维修、数控机床拆装等8门课程教材和讲义。二是学院与该集团以"双主体工学交替"人才培养模式,共建了"大连机床工程系",学院与该集团共同成为高职教育的"双主体"。三是学院与该集团共建的校内外实训基地,被确立为"天津市教育体制改革示范项目"。四是该集团在学院内建立"大连机床区域技术服务中心",满足企业大型数控机床售后维修的需求;同时,还将真实的维修过程现场视频转化为直观的专业教学资源,实现了与该集团资源的互融共用。五是"数控设备应用与维修专业"为该集团输送了大量毕业生,并在生产、维修、销售等岗位上发挥了主力军作用;很多的师生参与到机床实际维修工作中,解决了企业客户机床维护、维修的难题,实现与该集团教学成果的共享。六是学院还携手该集团一同走出国门,在印度"鲁班工坊",与印度金奈理工学院共同培养"数控设备应用与维修专业"技术技能人才,满足了国内企业在印度用工的需要,同时也实现了与该集团的"双赢"。

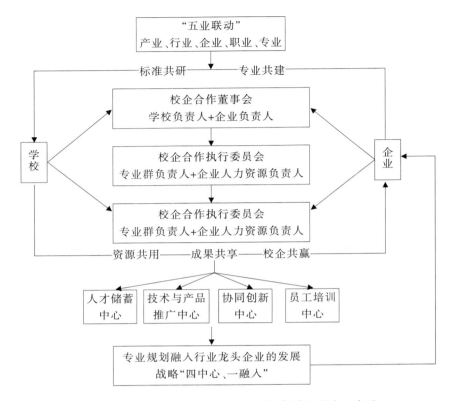

图 4 五业联动下"三级贯通＋五共并举"育人模式示意图

（三）创新实践育人模式提高了学院核心竞争力，使学生专业、职业和可持续发展能力显著增强

1.学院核心竞争力大幅提升

学院以优秀成绩通过"国家骨干高职院校"验收；主持完成国家级新能源类专业"教学资源库"；模具专业被教育部确定为"装备制造类示范专业及现代学徒制试点专业"；牵头组建了"全国新能源类专业共建共享联盟""京津冀模具现代职教集团"和"中国模具行业职业教育委员会"；被评为"全国就业竞争力示范校""天津市高校优秀众创空间"；并被教育部确定为"应用人才培养中心和开放式实训基地"；是天津市唯一入选"全国高职院校服务贡献 50 强单位"。

专业对接产业、行业、企业需求,最终落地于学生毕业后的"职业岗位"。近年来,学院将"创新创业教育"纳入课堂教学,并举办"创新创业大赛",成立"众创空间",对学生创业给予精准帮扶,打造了学生创新创业服务平台;学生有47人在国家级"创新创业大赛"中获奖。学院连续10年承办"全国职业院校技能大赛",涉及"模具——零部件3D测量与制造""工业产品数字化设计与制造""光伏发电系统安装与调试""物联网技术应用"等15个赛项,共有282名在校生在大赛中获奖。师生共获各类专利135项。

2.学生专业、职业和可持续发展能力显著增强

学院毕业生就业率连续多年达97%以上(仅以2017届毕业生为例:毕业生3083人,一次就业率达97.86%),在国家"降产能""去库存""国有企业优化转型升级"等布局调整对人才需求放缓的情况下,学院依然保持了就业的良好势头。用人单位跟踪调查结果反馈显示,学院2017年毕业生就业单位满意度达100%。用人单位普遍认为,学院毕业生对于提高本单位从业人员整体水平和竞争能力起到了重要作用。在英利集团、天津塑料研究所、中交一航局安装公司、天津汽车模具股份有限公司、天津津兆机电开发有限公司等大型单位,学院毕业生均成长为高端管理人员或技术人才,就业一年后工资水平均超过全国骨干校毕业生平均水平。

如,"光伏发电技术与应用专业"毕业生王艳越,在校期间参与学院与"英利集团"合作开发的滨海新区"新能源产业实训和研究基地建设"项目和新能源专业群仿真实训室施工建设工作。后进入"英利集团"实习。毕业后,以优异的工作业绩被该集团提升为项目经理。他先后承担了天津市发改委立项的"瑞新昌分布式光伏发电1.43兆瓦总额1144万元项目"设计及施工管理、"天士力集团分布式光伏发电4.5兆瓦总额3600万元项目"设计、"蓟县渔阳20兆瓦总额190万元光伏农业项目"施工管理等工作任务。被称为光伏发电系统的一匹"快马"。再如,"机电一体化技术专业"毕业生李伟,在校期间参加了全国职业院校技能大赛高职组"光伏发电系统的安装与调试"赛项,获得一等奖,被"中交一航局"当场录取。试用期间工资

5000 元。他认为，新能源新材料是天津市八大支柱产业之一，自己在这个领域工作，凭借在校学习的专业理论和操作技能，未来的发展空间一定会十分广阔。经过不懈努力，李伟毕业一年转正后，月薪由 6000 元逐步提高的 10000 元以上。

党的十九大报告中"完善职业教育和培训体系，深化产教融合、校企合作"的重要论断是对新时期我国职业院校发展方向的明确定位。学院将不忘初心，与时俱进，紧紧围绕天津市"深化示范区升级版建设，促进职业教育高标准领先发展"的工作部署，继续创新竞进、砥砺前行，为把天津轻工职业技术学院建成国内一流、具有世界先进水平高职院校而不懈努力。

"把企业搬入课堂"教学模式探索与实践

杜学森

　　天津滨海职业学院始建于 1958 年,是经天津市人民政府批准、教育部备案面向全国招生的独立设置的公办高等职业院校。是天津市"十二五"期间市级高职示范校和"十三五"期间优质校建设单位。占地 1000 亩,建筑面积 22 万平方米。学院教学设施先进,拥有机械加工与自动化、国际物流与现代服务、旅游与酒店管理、信息工程管理与服务、国际语言、艺术设计、国际商务、建筑工程技术与管理、园林等校内实训基地。校园网互联互通,有线、无线全覆盖;体育、文化、生活设施完善,绿草成茵、湖波澈滟,校园文化气息浓郁。

　　学院根植天津滨海新区,服务京津冀,面向全国,以现代制造业与现代服务业为重点,建有智能制造技术、现代信息技术、电子商务与现代物流、现代管理与服务、艺术创意设计、生态城市建设六大专业群,30 多个专业。

　　学院实行产教融合、校企合作、工学结合的人才培养模式,实习就业无缝链接。毕业生一次就业率常年保持在 95% 以上。

　　学院的发展目标是:立足滨海新区,围绕滨海新区的产业布局,服务"现代制造业、现代服务业";围绕和谐社会构建,服务学习型城市建设;坚持高等职业教育、继续教育和社区教育"一体两翼"全面可持续发展的办学定位。按照办学模式校企化、人才培养全人化、专业建设特色化、校园管理数字化、办学视野国际化、学院发展品牌化的总体思路,把学院建设成为与区域经济互动、协同发展,在理念上创新、在机制上灵活、在质量上精进,在特色上鲜明的国内知名、地区一流的现代职业院校,成为地区现代职业教育改革创新的主力军,高端技术技能人才的培养基地。

一、天津滨海职业学院"把企业搬入课堂"教学模式的缘起

天津滨海职业学院1987年开办全日制高职教育班,1999年成为全国首批"新"高职教育试点校开办高职教育,2000年实现转制。转制后确立了"立足高职、服务滨海、质量为本、突出特色"的办学方针;确立了"办学以市场为导向,服务社会;教学以就业为导向,服务学生"的办学理念。在专业建设上,2002年提出了"适度超前、主动适应、学校与行业发展互动"的基本思路。

适度超前是指:(1)预测行业发展,提前创办新专业;(2)考虑市场未来用人情况;(3)不盲目跟风"热门"专业;(4)养"短线专业"为"长线专业"。

主动适应是指:(1)主动适应用人单位的人才需求:需要什么专业就办什么专业,需要什么能力就培养什么能力,需要什么课程就开设什么课程。(2)主动适应人的可持续发展:适应就业需要、满足可持续发展,培养"综合素养+专门技能"协调发展的人才。

学校与行业发展互动是指:(1)人才供应与人才需求互动;(2)人才培养与人才使用互动,学校与企业合作共赢;(3)订单培养:量身定制、满足个性需求;(4)建立育人双向沟通机制、用人评价反馈机制。

2004年开始,以机电一体化、旅游管理(含酒店)、物流管理专业为试点,开展了"把课堂搬入企业"的教学改革,实行"2+1""柔性2+1"等学校企业双阶段教学、订单式培养模式。我们称之为"推式"模式,即把教学过程推向企业、推向岗位、推向生产经营一线。这样做的好处是充分运用了企业资源,包括设施设备资源、企业教师资源、企业环境资源、企业文化资源。因为学生在企业岗位上干的是真事、真动、真用,实现了学生就业的无缝对接,学生从个体到社会人的身份转变较快,学生成熟、成长、进步较快。但这种"把课堂搬入企业"的"推式"模式,存在以下问题,一是专业的普适性受到限制,如会计、工商企业管理、报关专业等,因企业项目、任务的特殊性要求,学生真正融进去有一定的难度。二是人才培养目标的主导性与可控性受到一定影响。主要是不同企业的工作性质、工作业态、工作内容各有特点,有一定的局限性。2005年开始,学院在会计、工商企业管理专业引进企业经营管理沙盘教学,在企业资源计划、企业经营管理等课程上应用。同年与企业合作共同研发了市场营销沙盘,并在市场营销课堂上成功运用。于是学院在现代管理、现代服务等类专业的实训教学上,又辟开一个新的思路,即"把企业搬入课堂"也就是"拉式"的教学模式。由一个单一沙盘、到综合性沙盘;由支撑一个课程运行的沙盘,到支撑多个专业核心课程的沙盘;由在一门课堂上运行的沙盘,到综合实训基地运行的沙盘;由单一沙盘,到系列沙盘;由沙盘应用到沙盘开发;由一个专业延伸到多个专业。于是,在天津滨海职业学院引发了"沙盘教学的革命"。课堂上,学生从单纯听课的被动学习状态,转为了动手操作、动脑思考、主动探究、团队讨论、反馈反思、自我调节、自我矫正的主动学习状态,使教师从自说自话的灌输状态,转变为引导、指导、评价的状态。学生真正成了课堂的主体,学生真正爱上了课堂。

"把企业搬入课堂"的沙盘教学,其实质是情境仿真教学模式。情境仿真教学模式是某一课程教学或综合实训环节的教学目标和内容创设接近真实环境或实际工作的不同情境,由学生在这种情境中分别担任不同角色,通过角色扮演来进行实践学习,实现知识迁移和能力提高,教师只进行引导、分析、评价和总结,旨在培养学生创新能力、综合分析能力、反应能力、思维能力、语言表达能力、团队协作能力以及言谈举止和风度气质等方面的综合职业素质。

情境仿真教学其主要特点是:(1)企业环境仿真。模拟企业的业务处理环境,对环境的设计和各个仿真工作流程的设计都会使学生仿佛身临真实环境,这种环境可使学生自觉调整自身的精神状态,促使学生积极主动去思考、规划自己的工作任务和步骤,运用所学的理论知识设身处地处理真实的情境问题。(2)职业岗位仿真。职业岗位仿真是由学生根据仿真情境设计需要,分别模拟企业不同部门、不同工作岗位的员工,独立完成业务处理的过程。不同的角色定位,在情境模拟过程中有着特定的工作内容。为了使学生适应更多的职业角色,学生在模拟实践中还可以互换岗位,熟悉了解不同岗位的业务处理流程和岗位职责。(3)业务流程仿真。主要包括真实业务流程、工作任务流程、管理流程等。

沙盘教学,可以做到"三盘"互动、"五流"连通。"三盘"即物理模拟沙盘、电子虚拟沙盘、物理真实工作场景(工作沙盘)。"五流",即物流、商流、资金流、信息流、任务流。通过沙盘教学,真正做到了任务驱动、项目管理、基于工作过程。

二、"把企业搬入课堂"教学模式的理论基础和逻辑起点

(一)理论基础

1.高职教育的人才模型

高等职业教育说到底,还是围着三个问题转,即为谁培养人?培养什么样的人?怎样培养人?这里涉及培养目标定位定向、培养规格、培养方式等具体而又重要的问题。

天津滨海职业学院多年的实践认为,高等职业教育的人才模型是"综合素养+专门技能"。综合素养是人的全面发展的基础,是用人单位接收毕业生的基础条件,综合素养是做人的本分,体现在知识基础性、心理稳定性、职业适应性、整体发展性等多方面,更重要的是职业道德、职业精神、职业责任。专门技能是毕业生核心竞争力的体现,是适应职业岗位的基本要求。专门技能是做事的本领。"综合素养+专门技能"的人才培养要求高职毕业生具有可持续发展的能力。

2.高职教育人才培养的实现方式(模式链)

那么,怎样培养这样的人才呢?其实现方式由一个模式链来决定。这个模式链包括教育模式、办学模式、人才培养模式、教学模式。

教育模式,这是国家层面的一种制度设计。一种教育模式的设计,必将涉及教育模式存在的环境背景、教育模式的本质、教育模式的运行规律以

及教育模式的社会效应等等。高等职业教育是高等教育的一个类型,写入《职业教育法》,这便是国家的制度设计。

办学模式是"兴办和经营管理学校的体制机制的特定样式。办学模式是由办学资源的特殊属性及特殊组织结构形式所决定。"广义上,可以把办学模式理解为,一个国家或地区为适应经济和社会发展的水平而建立起来的组织体系、领导体系、管理格局、教育结构形式等。狭义上,办学模式是指一所学校为适应当地的经济发展水平和人才需要而建立的一种人才培养的格式规范。我们这里讲的办学模式主要是狭义的。高职教育的办学模式就是体现为办学主体层面:"校企合作——合作办学、合作育人、合作就业、合作发展"。

人才培养模式是指在一定的现代教育理论、教育思想指导下,按照特定的培养目标和人才规格,以相对稳定的教学内容和课程体系,管理制度和评估方式,实施人才教育的过程的总和。人才培养模式的构成一般应该包括培养目标、培养过程、培养制度、培养评价四个方面。

高等职业院校人才培养模式是指在一定高职教育理念引领下,以社会需求和高职人才培养目标为导向,依托自身可利用的办学条件,在特定时限内为学生达到一定职业人才规格要求所预设的知识、能力和素质结构,以及实现这种结构的较为稳定的施行范式,主要解决高职教育"培养什么人"和"怎样培养人"这两个根本性问题。其内涵主要包括教育理念、培养目标、质量规格、系统设计和培养方式。人才培养模式针对的是专业层面,关键词是"产教融合、校企合作、工学结合"。

教学模式是教学载体层面的,包括教学过程、教学内容、教学方法。

1972年美国学者布鲁斯乔伊斯和马沙韦尔出版的《教学模式》一书中认为:"教学模式是构成课程和作业、选择教材、提示教师活动的一种范式或计划。"。"教学模式就是学习模式。在帮助学生获得信息、思想、技能、价值观、思维方式及表达方式时,我们也在教他们如何学习。事实上,教育的最终目的是将来能够提高学生更容易、更有效地进行学习的能力,因为他们不仅获得了知识技能,也掌握了学习过程"。

高职教育的教学模式落实在教学组织上,核心体现为"教学做一体化"。"教学做一体化"就是将教学场所直接设在实训室、生产车间等,师生双方边教边学边做,理论和实践结合进行,直观和抽象交诸出现,理论教学中有实践,实践过程中有理论教学,突出学生动手能力和专业技能的培养,充分调动和激发学生学习兴趣的一种教学方法。

陶行知先生视"教学做"为一体。"做"是核心,主张在做上教,做上学。他认为:先生拿做来教,乃是真教;学生拿做来学,乃是实学。不在做上下功夫,教不成教,学也不成学。

"把企业搬入课堂"的沙盘教学,便是一种仿真模拟的具有"教学做一体化"特点的教学模式。

这一教学模式,体现了实践引领性。实践引领教学的目标是形成劳动者完成职业任务所需要的技术实践能力,它的目标是"会做"。这一目标决定了:第一,以工作任务划分为课程门类划分的主要依据,以便让学生在学习课程的过程中获得工作结构。第二,以实践过程和实践知识的掌握为课程结构展开的起点,让学习者在一定程度实践的基础上,建构所需要的理论知识。第三,在课程内容上,强调应将多数学习时间放在实践知识的学习上,而不是理论知识的掌握上,因为实践过程顺利进行所需要的知识首先是实践知识。实践知识是这一模式的核心。第四,以实践任务为中心,而不是以学科本身的逻辑为中心来组织课程内容。即使是理论知识,也要围绕实践过程的需要来选择、组织。第五,以实践过程而不是以书本学习为学生学习的主要形式,坚信实践能力只有在实践过程中才能获得。第六,主要通过工作样本来评价学生的学习结果。

这一教学模式,体现了行为导向性。让学生的所有感觉器官都参与学习,即用脑、心、手共同参与学习。行动导向教学强调学生的学习动机的焕发和学习兴趣的培养,是建立在让学生熟悉周围环境的基础上,对所学的内容感到好奇,感到惊讶和能提出问题。

整个教学过程是一个包括获取信息、制订计划、作出决定、实施工作计划、控制质量、评定工作成绩等环节的完整的行为模式。

这一教学模式体现了环境互动性。通过创造某种特定的"环境"或称"情境",让学生在老师所设计的学习环境中进行学习,使每个学习者都有施展个性能力的机会和舞台。倡导学生参与教与学的全过程,这种教与学通常围绕某一课题、问题或项目开展教学活动,重视学习过程的体验。

这一教学模式,体现了职业任务驱动性。教学以职业活动为导向,以"学习任务"为载体,采用非学科式的以能力为基础的教学模式组织教学,它的教学内容具有跨学科的特点。

这一教学模式体现了能力为重。实质上是指在整个教学过程中,创造一种学与教、学生与教师互动的社会交往情境,把教与学的过程视为一种社会的交往情境,从而产生的一种行为理论的假设。具体就是在教师的精心设计下,引导组织学生心、手、脑并用,教、学、做结合,身体力行获取知识与技能,自行完成学习任务,自行进行反馈和评价,激发学生强烈的学习兴趣,培育学生的主动性,实现学习效果与发现问题、解决问题等综合学习能力同步提高。

这一教学模式,体现了以学生为中心。让学生以团队的形式进行学习,引导学生自主学习和探索;强调在团队学习中发挥每个学生的主体作用。不要求教师和学生是一个完美的人,而是一个会犯错误并能从错误中学习的人。教学中教师应该充分尊重学生的个性,注重学生的自信心和自尊心的培养,教学中要不断地启发和鼓励学生。

3.受教育者的智能模式

美国哈佛大学心理学家加德纳教授认为,人类智能是多元的。研究型、学术型、设计型人才(如本科生),他们的智能结构偏重抽象思维。技能型、技术型、技艺型人才(如高职生)他们的智能结构偏重形象思维。"把企业搬进课堂"的沙盘教学,这种模式是通过形象思维引导训练,拓展抽象思维训练。即通过有形(如公司,账册,单证)、有载体(组织,程序,流程,信息)、看得见、能运行、能操作、能推演等"形象"引发的认知能力,进而提高到"抽象"的思维能力(如预测、决策、判断等)。

(二)把企业搬进课堂教学模式的逻辑起点

1.为什么搬?

职业教育培养的人是职业人、是企业人、是社会人。那么,必须有一个职业的载体环境,在环境中训练、在环境中熏陶、在环境中习得,在环境中提升能力,在环境中养成习惯。要知道知识是通过学习、讲授、灌输得到的,而能力只有通过训练才能得到。工作情境和学习情境可以转化但不是截然分开的。

2.搬什么?

高职教育的毕业生是要进一个组织的(如企业),一个组织中的人应该具备的素质与能力包括:做事,解决问题;做人,处理关系。在企业组织中要有归属感、荣誉感,要懂得团队协作、交往沟通、行为规范、遵守秩序和法规、市场伦理、礼仪修养。而这些在传统的以书本知识为主的课堂上是做不到的。所以,要通过沙盘演练创设企业经营环境,把岗位标准、工作过程、工艺流程、管理规范、企业角色、经营活动、市场规则、竞争意识、组织意图、企业文化等要素搬入课堂。

3.搬到哪?

要将企业任务变成学习任务,实现企业情境到学习情境的转换,将企业要素搬到课程、搬到课堂、搬到教学环节、搬到教学过程。

4.搬的时间?

学生到企业实践,任务的执行时间、任务的有无都是不可预知的,如会计工作,年底要忙一些,别的时间可能闲下来。但是沙盘教学,是已经整理出的企业的全部工作任务,是真实案例,这个真实案例是可以在任何时间反复推演、反复运行的。

5.角色

"把企业搬入课堂"的沙盘教学,教师的角色是教练、导演、企业师傅;

学生的角色是运动员、演员、企业准员工。

6.怎么搬？

"把企业搬入课堂"的沙盘教学，一定要建立起以工作任务、工作项目为载体的案例数据库，任务明确、基本信息清楚，有比较充分的学生可以自主学习、自主检索的学习资源和学习工具，这是实践"把企业搬入课堂"的沙盘教学的必备条件。

7.如何评价？

可以依赖沙盘教学资源与工具，进行任务演练的结果测评，也可以通过企业专家测评，可以开展团队之间的博弈、校企互动竞赛等检验学习成果。

三、天津滨海职业学院"把企业搬入课堂"教学模式的发展与价值体现

（一）"把企业搬入课堂"教学模式的发展

天津滨海职业学院"把企业搬入课堂"教学模式经历了四个阶段：

第一个阶段：引进ERP实训教学（介入企业环境）。将企业资源（人力、财务、营销、生产）的全部要素及其运作方式，引进课程、引进课堂。使学生认知企业、熟悉企业优化的运作流程、现代管理方式。

第二阶段：引进沙盘教学（引入企业环境）。将企业的工作流程、经营活动全过程引进课堂教学。期间，学院引进了电子商务、物流管理、企业经营、项目管理、市场分销沙盘教学，并由此引发学院各系各专业"沙盘教学的革命"。与企业合作开发了市场营销沙盘。学院的专业带头人、骨干教师，总结沙盘教学的成果，通过调研、拓展，自主研发了酒店管理模拟沙盘、旅行社经营管理沙盘等沙盘，弥补了国内此类沙盘的空白。学院通过企业引进、合作开发、自主研发等方式形成了沙盘教学的体系特色。

第三阶段，合作共建校内实训基地，并利用实训基地，开展全国大学生职业技能竞赛。实现"教学练做一体，赛评考用结合"的教学模式（营建企业环境）。学院在物流管理、企业经营、电子商务、市场营销、会计等多个省级以上的沙盘运营竞赛项目中均取得较好成绩。

第四阶段:开展"虚拟商业社会环境"实训基地建设(把企业搬进校园)。主要面向会计电算化、工商管理等经管类专业的实训需求,营造了一个由现代制造业、现代服务业(商贸企业、事务所、服务公司)、商业银行、政府服务机构(工商、税务、社保等机构)组成的环境,让学生在此虚拟的市场环境、商务环境、政务环境和公共服务环境中,根据制造企业财务工作业务内容、管理流程、单据,结合教学设定的业务规则,将企业经营、财务核算、财务管理与现实工作接轨,进行仿真经营和业务运作,培养财务相关专业学生的综合职业能力与岗位胜任能力,突破财务类专业学生顶岗实习的瓶颈制约,真正实现了"把企业搬进校园"。VBSE 虚拟商业社会环境引动校企研发"以供应链为核心的物流商业社会环境"实训基地建设。搭建跨专业实习实训平台,真正实现了三个对接,即"专业与产业、企业与岗位对接;专业课程内容与职业标准对接;教学过程与生产经营过程对接"

(二)"把企业搬入课堂"教学模式的价值体现

一是,校企合作契合在课堂——双主体。把企业的岗位标准、工作过程、工艺流程、管理规范、企业角色、经营活动、市场规则、竞争意识、组织意图、企业文化等统统搬进课堂,将企业运行主体、学校教学主体有机地结合在一起。

二是,培养组织中的人——双身份。使学生由个体,成为组织当中的人,成为社会人。一个组织中的人应该具备的职业素质诸如敬业精神、集体感、归属感、荣誉感、团队协作、交往沟通、行为约束、市场伦理、礼仪修养等得到了培养。

三是,核心职业能力得以提升。"与人交流、数字应用、自我学习、信息处理、与人合作、解决问题、创新、外语应用"等职业核心能力都能够得到训练和提升。

四是,为学生建立起了能力训练的程序:"目标(Object)、任务(Task)、准备(Prepare)、行动(Action)、评估(Evaluation)",使学生的能力训练循序渐进。

　　五是,实现了翻转课堂。通过任务驱动、问题导向,改变了教师教、学生学教师主体的传统模式,使学生成为课堂的主体,成为解决问题的主角,成为运行企业经营活动的积极分子,成为收集信息、预测决策、并享受成果的喜悦和承担责任的有为者。

　　六是,教学相长,教师的实践能力、教学指导能力、课堂掌控能力都等到了提升,并且反哺给学生。教学质量互动增长。

　　　　　　　　　　　　　　　　　（作者单位:天津滨海职业学院）

校企协同实施"工学交替、分段递升"人才培养的创新与实践

韩福勇　赵　向

近年来,天津石油职业技术学院石油工程技术、油气开采技术、钻井技术等石油类专业,紧紧依托行业办学优势,深入探究人才成长规律,积极推进教育教学改革,校企协同实施"工学交替、分段递升"人才培养的创新与实践,取得了良好的育人效果。

一、"工学交替、分段递升"人才培养模式的由来

"工学交替、分段递升"人才培养模式肇始于天津石油职业技术学院前身——华北石油学校在 20 世纪 80 年代推行的校企合作 "2-1-1" 培养模式,即四年制中专的前两学年在校内学习基础课、技术基础课和部分专业课,第三学年到石油企业对口生产岗位顶岗劳动并进行现场教学,第四学年返回学校加深、拓宽专业知识并完成毕业设计。该模式曾在中石油人教部召开的专题研讨会上得到推广,并受到原国家教委职教司司长的杨金土的称赞,一度成为石油职业教育改革领域的"热词"。

学院升格高职后,在上级主管单位华北油田公司的帮助指导下成立了校企合作委员会,获得华北油田公司和天津市教委系列支持,通过建设发展跻身天津示范高职行列,软硬件办学综合实力显著增强,在校企合作"2-1-1"培养模式的基础上,完善推出的"工学交替、分段递升"人才培养新模式亦成为学院石油主干专业的校企合作协同育人新亮点。

二、"工学交替、分段递升"人才培养模式的内涵及理念

(一)内涵

"工学交替、分段递升"人才培养模式是工作与学习相结合、教学与生产实践相结合、学习与工作任务相结合的校企合作协同育人模式,主张"教学做"合一,提倡"做中学、学中做",强调学生、企业、学校互动。学生是受益人;企业接收学生实习,提供实践岗位和就业岗位;学校负责组织、管理和联络。

该模式把人才培养过程细化为校内学习和校外实习交替进行的四个学段,即基础理论和基本技能学习(校内)、跟岗实习(企业)、专业理论和专项技能学习(校内)、顶岗实习(企业)。通过"工学交替"的学习过程,完成职业基础教育、职业认知教育、职业专业教育、职业专长教育,分阶段逐步提高学生的职业素养和职业技能。学生在四个学段中被逐步培养成为企业所需人才。

(二)理念

1.工学交替

"工学交替、分段递升"人才培养模式强调能力本位、工学交替、知行合一的理念,以单项专业技能培养为基础,以综合实践能力培养为重点,以顶岗能力培养为目标,依据教学规律合理设计学生能力培养的分段递升式的工学交替。

2.协同育人

该模式的另一个基本理念是基于协同育人开展校企合作。因此,该模式既注重课程体系的构建,也注重实践体系、职业素质教育体系的构建,在培养载体上注重校中厂和厂中校的"双轨并进"。

3.就业导向

该模式在人才培养实践中,强调企业参与制订人才培养方案、教学计划与教学大纲及课堂教学过程,使学生能够更好地掌握基本技能,形成良好的职业道德素养,为实现"零距离"就业打下坚实基础。

三、"工学交替、分段递升"人才培养模式的实践

近五年,学院联合华北油田采油三厂、五厂、煤层气公司等企业,在石油类专业 21 个班次 897 名学生中推行工学交替,共同实施人才培养实践。

(一)运行方式

1.重订人才培养方案

校企双方根据产业发展需求,进行共同论证、共同开发、适时修订,形成新的人才培养方案:第一学年以校内教学和校内实训基地实践为主,第二学年以校内教学、厂中校跟岗实践和校中厂实践教学为主,第三学年以校内教学、企业顶岗实践为主。并且根据企业生产需要实时进行调整,充分体现行业和企业对石油工厂类专业技术技能人才能力培养的最新需求。

2.重构全新课程体系

体现在课程内容上,根据岗位职业核心能力培养需要,将石油类专业技术技能人才的能力培养分为基础学习、专业技术学习、专项技能训练及综合技能训练、专业素质拓展及顶岗学习等 6 大学习工作包。体现在课程开发上,由校企双方共同构建以能力培养为本、体现工学交替的课程体系,同时互派企业技术专家和专业教师,组成课程开发团队,共同研讨课程教学目标和教学计划大纲。体现在教学模式上,由校企合作团队共同开发适应现有高职生源的教学模式。

3.重组柔性教学环节

该人才培养模式的教学安排分为四个学段。第一学段(1~3 学期),学生在校内进行基本理论、基本技能学习,掌握油气开采技术领域专业基本知识以及石油工具及设备的使用、油气开采工艺流程的识别等专业基本技能。第二学段(第 4 学期),学生进行校外学习性实习,一是实施"师带徒"跟岗实习,熟练掌握初级工操作技能;二是将课堂延伸到生产一线,选择与生产结合最紧密的课程实施现场教学,由校外兼职教师进行专业技术培训,实现"做中教、做中学",学生初步达到专业中级工水平。第三学段(第 5 学期),进行校内专业课程学习,掌握专业理论,训练专项技能、关键技能和综

合技能,进行职业资格取证,能对今后工作中常见问题或故障进行分析和处理。第四学段(第6学期),学生到校外完成顶岗实习,强化理论应用,提高实践能力和岗位适应能力。学生全部被编入企业生产班组顶岗,由企业工程技术人员或具有高级职业资格的技术工人担任指导教师,按照实习教学安排指导学生完成规定的实习项目,学生由在师傅指导下顶岗逐步过渡到独立顶岗。

(二)保障措施

1.持续深化校企合作

"工学交替、分段递升"人才培养模式更加强调校企双方的密切合作、协同育人。企业的参与程度决定着"工学交替、分段递升"人才培养模式取得实效的关键,为达到校企之间的深度合作,保证这种合作的长期性、稳固性和有效性,建立了校企合作、协同育人的长效机制,保证了该人才培养模式的良好运行。

2.完善管理规章制度

校企逐步建立健全了工学交替教学和管理机制,施行学校、企业和家庭的三重管理,学校与学生签订实习协议、实习责任约定书(家长和学生签字),与企业签订师徒协议等,做到了"现场跟踪,教管并举"。强化了过程管理。进入企业跟岗实习之前,特别注重学生意志品质和道德素质的培养,全力做好动员、安全教育和职业道德教育;在生产一线学习阶段,注重学生职业素质养成教育,把学生职业道德表现纳入考核,借助新媒体搭建即时交流平台,及时解决突发问题;实习后,重视学生实习前后思想变化,引导学生加强专业学习和实现就业。

3.构建能力保障体系

为了确保学生职业核心能力得到有效的培养,校企双方加强了能力保障体系构建。一是校企共建"双师"教学团队,石油工程类专业教学团队都具有国家职业资格证书,具备在企业生产一线从事工程技术、管理的经历,充分发挥团队成员的自身特长,将多年的工程经验和教学相结合。同时,积极吸收企业技术专家、集团公司专家加入教学团队,共同参与实践教学任务。二是校企共建"专家工作室"(示范校建设项目),定期开展技术交流、研讨,共同开发教学方案。教学过程由校企双方共同主导实施。同时,学校专业教师和企业专家定期进行教学研讨,对教学方法和手段进行改革和创新。三是根据教学需要,校企双方开发、编制特色教材,从生产作业、案例分析、仿真训练等配套资源上都进行了大胆创新与实践。

四、"工学交替、分段递升"人才培养模式的育人优势

该人才培养模式育人优势源于工学交替的四学段教学设计,主要体现为学生专业操作技能和职业素养的螺旋式提高。特别是第二学段承上启下,在人才培养中发挥着尤为重要的作用。在第二学段,学生到专业对口工作岗位进行为期半年的跟岗实习,熟悉了现场工作环境,掌握了岗位操作规程,感悟了石油文化,积累了工作经验,获得了一定的职业认同感。另外,通过第二学段的实施,学生加深了对第一学段所学知识的理解消化,明确了后期专业技能训练和知识学习目标,树立了贴合自身实际的就业观。总体来说,校企协同实施"工学交替、分段递升"人才培养的创新与实践,促进了石油类专业的教学要求与石油企业岗位资格要求有机融合,实现了在校学习与到企业实习、工作有机对接。

五、"工学交替、分段递升"人才培养模式的成效

(一)硬件建设取得实效

1."厂中校"名不虚传

学院在校外建立了长期稳定的校外实习基地,并在有条件的企业建立了厂中校,如山西煤层气公司,专门成立了企业培训学习中心、专业教室,并配备了优质的校外兼职教师,最大程度满足了石油工程专业学生实习教学的需要,确保了工学交替实施的质量。

2."校中厂"别有洞天

学院将企业引入学校,建立了实训、教学、科研为一体的资源共享的校内生产性实训基地,在满足学生实训教学的前提下,也满足了油田企业新入职、转岗、再就业等员工技能培训的需要。近几年,学院上级主管单位华北油田公司共投资近亿元专项资金用于教学基础设施建设和设备购置,无偿调拨石油钻井、石油开采及油气储运生产设备 300 余台(套),为学院建设生产性实训室(场)8 个,形成了与校外实习基地功能互补的校内实训基地群,石油工程类专业校内实训项目开出率达 100%。

(二)软件机制形成长效

2007 年,学院成立校企合作委员会,华北油田公司主管领导担任校企合作委员会主任,定期研究学院办学和人才培养重大事项,并开始试行校企合作、工学结合人才培养模式改革与探索实践,油田公司所属企业均为学院校企合作委员会或专业指导委员会成员单位, 直接参与学院人才培养、基地建设,很好地保证学生实习要求。在校企合作委员会的指导下,创新与重点合作企业合作方式,学院与华北油田公司、中石化、中海油与滨海新区等建立了长期战略合作,为学院深化教育教学改革奠定了良好基础。

2010 年,华北油田公司出台了《关于天津石油职业技术学院师资队伍和校外实习基地建设的决定》,明确要求:公司各单位与学院配合,共同完成好学生校外实习任务,学生到企业半年顶岗实习的比例达 100%;积极接纳学院教师到生产一线挂职锻炼;积极选派工程技术人员和操作能手担任学院兼职教师,课时费由公司和学院各承担 50%,使下属企业接收学生顶岗实习和选派兼职教师常态化。

"十二五"期间,学院通过进一步落实校内外基地共建模式,使校内实训基地功能与生产现场设备功能更高层次互补,实现实习实训基地建设上紧密合作。通过落实"双向挂职"制度、兼职教师聘任制度和校企产学研互动机制,在师资队伍建设和为企业技术服务上紧密合作。通过建设,使该人才培养模式不断向纵深发展,搭建起了学校、行业、企业多方联动,推动了行业、企业与学校的合作办学、合作育人、合作就业、合作发展的态势向纵深发展。

(三)育人质量稳步提升

2007 年以来,已培养了近 3000 名毕业生,现大多已成为油田生产一线的技术骨干,10 余名毕业生因参加中石油集团公司井下作业工、测井工等技能大赛成绩突出,被评为中石油集团公司技术能手,为石油与天然气工业作出了突出贡献。根据麦可思对学院连续五年的人才培养质量年度报告显示,毕业生对就业现状的满意度持续上升,该专业的毕业生也是稳步提高。

受益于该模式的学院优秀毕业生可谓"层出不穷",以下仅列举几个典型案例,以供参考。

2008 届毕业学生郭洪胤,目前在新疆克拉玛依油田井下作业公司工作。2010 年,在西部钻探举行的井下作业工技能大赛中荣获冠军,创造了中石油员工佩戴正压式呼吸机用时最短纪录,被提升为作业队队长。2012 年,在新疆油田井下作业工技能大赛个人二等奖,在中国石油天然气集团总公司井控大赛中获团体第四名,被转为中石油正式员工。当学院向他表示祝贺时,他说感谢学院的培养,特别是在第二学段进行跟岗实践中,将理论与技能进行了很好的结合性学习,熟练掌握井下作业初、中级技能,对今后工作的意义重大,领先一步就是领先万步。

2009 届毕业生岳美健同学,现为新疆塔里木油田职工,在校期间刻苦学习,曾多次获得学院特等奖学金和国家奖学金。塔里木油田来学院举行毕业生双选会,岳美健一个城市长大的女孩子,放弃了家人给她安排好的工作,主动请缨服务西部,在"新疆大庆"的建设过程中,工作表现优秀,2010 年,由劳务用工转为合同制员工。她曾对班主任说,塔里木油田是一个优秀的油田企业,汇聚了大批北大清华等名校、高学历的毕业生,她之所以能迅速适应油田的工作,从一名普通的高职生到一名出色的石油工人,与在学校所受到的教育和第四学期在校外的跟岗实践是分不开的。她曾在华北油田公司第三采油厂实习了半年,由于是现场的兼职教师进行理论授课,现场的能工巧匠手把手传授技能,她在现场学习中遇到的问题,都能及时解决,而且现场的资料室拥有丰富的专业书籍,她每天坚持记专业日记,最后形成了三本厚厚的总计达 700 多页的笔记,毕业前她将笔记留给了学校作纪念。

2011 届毕业生宋宝顺、刘康乐等 6 名同学,现在华东石油局试油大队工作,由于工作能力强,宋宝顺被提拔为作业调度,其他同学均已成为技术员。现在在华东石油局 28 个作业队中,有 26 个队的技术员是我院油气开采技术专业毕业生。作为 08 开采班的班长,他说市级精品课《采油工程》课程对他现在的工作影响很大,因为当时该门课程采用"教、学、做"一体化的方式教学,培养了团队意识,提高了人文素质,增强了说和写的能力,拓展了专业知识;特别是"工学交替、分段递升"的教学模式让同学们受益匪浅,将一部分课程内容放到油田生产现场进行教学,是同学们提前接触现场,学以致用,多书本知识的领悟能力进一步增强,学到了真正能与实际工作想对接的知识和能力。

2012 届毕业生周武堂,在校期间,能说能写,是学院广播站的成员和演讲协会的会员,在中石化镇泾采油厂工作半年后即被破格提拔为井下作业监督,他说,在该采油厂,8 个技术监督中有 6 个是天津石油职业技术学院油气开采技术专业毕业生。他们刚开始工作时,由于生产任务比较重,抽不出人员专门教他们怎么干,完全是靠着在在校期间跟岗实习阶段的学习经历和老师们严谨、务实的教学态度及《采油工程》精品课的"教、学、做"一体化教学模式,使我们将所学的知识能在现场应用自如。到今天,我们每个人都成了独当一面的技术骨干了,井下作业的工作基本上就是顺手拿来就干,这种工学结合的人才培养模式会使同学们在工作岗位上比别人更有资本。我觉得这种"工学交替、分段递升"人才培养模式值得在所有的石油专业班级中进行推广。

该模式已先后被《天津教育报》等多家媒体报道;曾在 2015 年全国高职石油天然气工程类专业委员会工作会议上进行了典型经验交流发言;学院副院长韩福勇还在中国职业技术教育学会 2014 年学术年会上,代表天津市进行专题汇报,得到了与会专家的高度赞和充分肯定。

(作者单位:天津石油职业技术学院)

国家职业教育改革试验区
（示范区）联盟

国家职业教育改革试验区
（示范区）联盟成立侧记

李 霞

2015 年 7 月 4 日上午，在时任刘延东副总理的见证指导下，天津继国家第一个职业教育试验区、国家唯一的职业教育示范区之后，天津市政府和教育部又签署了国家职业教育示范区升级版协议。

下午，国家职业教育改革试验区（示范区）联盟在天津青年职业学院举行成立大会，并召开联盟理事会第一次会议。教育部职业教育与成人教育司司长葛道凯、巡视员王继平、办公室主任刘宝民、综合处处长刘宏杰出席，来自四川、广西、三峡、河南、沈阳、潍坊、安徽、宁波、黑龙江、重庆共 11 个国家职业教育改革试验区（示范区）的主管领导和有关部门代表 30 多人参加了成立大会。会议由天津市委教育工委委员、市教委副主任吕景泉同志主持。

葛道凯司长祝贺全国职业教育改革试验区联盟成立并提出了希望和要求。他说，成立试验区联盟是职业教育发展到新时期的必然要求，也是试验区历史使命使然，各联盟成员之间应该互相借鉴、互通有无、互相促进，敢于做别人干不了的事情，勇于探索和创新，形成你追我赶、齐头并进的态势，为我国职业教育改革发展及现代职业教育体系的建设负起应有的职责。

对于联盟今后一段时间的工作，他强调，联盟发挥以下作用：一是搭建平台。搭建一个职业教育改革创新的工作平台，同时，也是一个展示改革发展成果的平台。二是成为纽带。要成为教育部和各联盟成员单位、各联盟单位之间联系合作的纽带。三是做好桥梁。作为各联盟成员单位之间、各试验区之间、试验区与非试验区之间互通有无的桥梁。他指出,试验区应该建立一个退出机制,所以应该引进第三方评估、评价机制,同时,还应该利用现代信息技术,充分发挥职业教育互联网+的优势,尽快建设一个试验区联盟的信息管理和宣传平台,实时汇总发布有关信息,展示推广成果案例。

他要求试验区联盟的工作一定要突出一个"实"字,围绕着实践探索、理论研究、经验总结、成果推广等方面,要踏踏实实地工作,作出实实在在的成果。他希望试验区联盟应该在顶层设计、过程管理、工作规程、运行体制机制方面勇于改革、探索和创新,最终形成一套规范和制度体系。

王继平巡视员对联盟工作提出了明确希望,他指出,"联盟"是整个职业教育改革大棋局中的一步关键棋子,起到了非常重要的带头引领作用。勇于开拓,迎难而上,要敢于直接面对职业教育改革发展中遇到的问题,并找到解决问题的出路,成为职业教育改革举足轻重的开荒牛。要充分利用先行先试的历史机遇,自我鞭策、自我激励,成为职业教育改革万众瞩目的千里马。要发挥好试验区(示范区)集群的发展优势,作出表率,成为职业教育改革名副其实的领头羊。试验区(示范区)要以这次"联盟"成立为契机,开启今后工作的新开端。

按照会议议程,联盟全体成员审议通过了《联盟章程》,11个联盟成员单位代表分别发言,交流工作情况,介绍了各试验区的特色和主要的工作进展、成果和建议。

最后,刘宏杰处长总结发言,对接下来的工作作了具体部署。

附:国家职业教育改革试验区(示范区)联盟成员

1.国家现代职业教育改革创新示范区(天津)

2.国家职业教育改革试验区(四川)

3.国家职业教育改革试验区(河南)

4.国家民族地区职业教育综合改革试验区(广西)

5.三峡库区职业教育和技能培训试验区

6.国家装备制造业职业教育沈阳试验区(沈阳)

7.国家职业教育创新发展试验区(潍坊)

8.皖江城市带国家职业教育改革试验区(安徽)

9.国家现代农村职业教育改革试验区(黑龙江)

10.国家职业教育与产业协同创新试验区(宁波)

11.现代职业教育体系国家制度建设试验区(重庆)

12.国家职业教育助推城镇化建设改革试验区(甘肃)

注:国家职业教育改革试验区(示范区)联盟成立时,国家职业教育助推城镇化建设改革试验区(甘肃)尚未成立,因此,联盟成立时只有11个成员。

(作者单位:天津市教委职业技术教育中心)

国家职业教育改革试验区(示范区)创新发展

米　靖　杨公安　赵文平

2014 年全国职业教育工作会议后，全国 11 个国家职业教育改革试验区(示范区)认真贯彻落实全国职教工作会议精神和《国务院关于加快发展现代职业教育的决定》(国发〔2014〕19 号)，紧扣关键领域和薄弱环节，坚持问题入手、科研先行、理念创新、实践首创，加强制度设计和政策保障，推动试点工作取得了明显进展。特别是在制度建设方面形成了一批成果，为完善职业教育国家制度提供了实践案例和典型经验。

一、加强政府统筹协调，强化经费保障

落实政府发展职业教育的职责，通过部门合作、省部共建、省市共建、联席会议等方式加强统筹，把职业教育纳入经济社会发展规划。天津市起草了《天津市人民政府关于加快发展现代职业教育的意见》；宁波市起草了《宁波市人民政府关于加快发展现代职业教育的实施意见》；重庆市印发了《重庆市人民政府关于加快发展现代职业教育的实施意见》；河南省印发了《河南省教育厅关于进一步加强体制机制创新深化职业院校产权制度改革的指导意见(试行)》和《河南省财政厅 河南省教育厅关于印发省属职业院校财政经费核拨机制改革方案(试行)的通知》；黑龙江省印发了《黑龙江省财政厅 省教育厅 省人力资源和社会保障厅关于建立完善以改革绩效为导向的全省公办职业院校经费保障机制的实施意见》；安徽省制定出台《关于深化职业教育教学改革全面提高教学质量的意见》《中等职业教育质量提升工程实施方案》《开展现代学徒制试点工作实施方案》;四川省印发《关于开展现代学徒制试点工作的实施意见》《关于职业院校公开招聘工程类"双师型"教师、实习(训)指导专业技术人员的通知》;甘肃省印发了《甘肃省中高等职业教育衔接贯通培养方案(试行)》。

为推动职教园区建设,甘肃省批准成立兰州新区职教园区管理委员会;省发改委、财政厅下拨项目建设资金 10.3934 亿元,协调国家开发银行贷款(专项建设基金)0.62 亿元,争取世界银行贷款 0.9 亿美元,省政府办公厅协调减免"三校一区"报批规费 1.06 亿元;省属中等职业学校生均经费标准根据中职学校的专业类别, 按生均每年 8000 元、7500 元、7000 元拨付;全省高职院校生均财政拨款水平 2015 年不低于 10000 元。黑龙江省累计投入 3.292 亿元用于试验区建设, 其中投入试验区试点县建设资金 1.802 亿元,投入试点市 2400 万元,投入涉农类职教集团建设资金 5000 万元,投入涉农人才贯通培养试点项目资金 1000 万元, 投入优质特色职业院校建设资金 6500 万元;职业教育经费以年均增长 17% 的速度逐年递增。重庆市财政教育资金增量重点向职教倾斜,公、民办中职生均公用经费分别提高到 1500 元、500 元,高职平均生均拨款水平提高到 10000 元;投资 6000 万元,建设市级中职示范校 10 所;投资 7500 万元,建设重点(特色)专业 50 个;投资 28373 万元(其中中央财政安排 18500 万元),建设国家中等职业教育基础能力建设项目 23 个。沈阳市实现了全市包括技工学校、民办中职学校在内的学费减免和资助政策的全覆盖,每年的经费在 1.3 亿以上;近三年来,财政性职业教育发展支出累计达到 48.8 亿元,占教育总支出的 10%。

二、完善人才培养体系,提高人才培养质量

一是探索本科层次技术技能人才培养。天津中德应用技术大学获批,搭建了本科层次的"立交桥",打通了从中职、高职到本科层次、专业硕士技术技能人才培养渠道;在 7 所国家示范高职与 7 所本科院校开展"3+1"联合培养技术应用型、高端技能型人才试点。潍坊市利用"PPP"融资机制,在潍坊滨海海洋经济新区筹建山东海洋技术大学,探索创新应用技术型本科人才培养模式;山东(潍坊)海洋科技大学园与中国海洋大学在轮机工程、物流管理 2 个本科专业以"2+2"形式进行合作办学,招生人数 89 人;山东海事职业学院与中国海洋大学职业技术师范学院在港口与航运管理、国际邮轮乘务两个试点专科专业通过联合招生、联合培养的方式开展合作办学,2 个专业招生 104 人。重庆市遴选了 3 所应用本科与 9 所国家示范中职学校开展"3+4"中职与本科人才培养改革试点,录取人数为 2625 人。甘肃省实施了中职"3+4"升本科、高职"3+2"升本科等多种渠道的一体化人才培养模式。沈阳市在沈阳大学本科层次培养过程中增加职业技术教育内容,并与北方重工、沈阳远大等企业举办 12 个企业命名班。

二是进一步推进中、高职衔接。天津市在中、高职衔接"3+2"分段培养过程中,启动"3+3"中高职衔接培养的调研工作。宁波市绝大多数中职学校均开展了"3+2"、五年一贯制专业培养,校均 4 个中高职衔接专业;在杭州湾新区开工建设宁波 TAFE 学院新校区,为学生多样化选择、多路径成才搭建"立交桥"。重庆市 8 所高职与 14 所中职学校开展"五年制"高等职业教育人才一体化培养模式改革试点,共招收试点学生 1700 多人;完善"文化素质+职业技能"的考试招生模式,在 15 个专业大类实施职业技能实作考试,扩大高职对口招生和单招规模;对口招生考试录取 1.33 万人,比 2014 年增加 0.20 万人,增幅超过 20%。四川省推进实施高职院校面向中职毕业生"文化素质+职业技能"的单独招生考试办法;全省 39 所高职院校开展单独招生试点工作,录取学生 30600 名,其中,中职毕业生 12571 名,占学生总数的 41.08%;研究制定四川省中等与专科层次职业教育分段贯通培养试点专业转段升学考核管理办法,由高职院校牵头负责,中职学校参与,联合制订转段升学考试方案。黑龙江省开展涉农人才贯通培养试点,遴选确定三个批次、19 所高职学校、114 所中职学校、44 个专业和 52 个专业点开展中、高职衔接贯通培养试点工作,招生 4325 人。甘肃省积极推进"知识+技能"考试,组织 14 所高职院校开展 2013 级中、高职"2+2+1"试点学生转段工作,共有 3702 名学生通过考试、考核,顺利进入高职院校继续学习。安徽省对原有的高职院校自主招生改革试点、对口升学考试、专升本考试和初中起点五年制招生考试等 4 种考试模式进行"三级六类"改革整合和系统设计，实行分类考试、综合评价、多元录取，促进学生全面而有个性的发展。广西壮族自治区大力推进中、高职本科衔接，打通中职学生进入高等学校就读通道，继续实施"3+2""2+3"、五年一贯制高等职业教育，开展中、高职对口升本科试点，逐步完善课程、实训等衔接体系。

三、对接产业发展，深化校企合作

一是立足产业发展，助推经济转型升级。天津海河园区院校对接滨海新区开发区、空港经济区、临港经济区、中心商务区等功能区，对接空客 A320、大推力火箭、大众汽车变速箱等一批大项目，对接大连机床、天地伟业、天汽模等一批行业企业，建设了一批像大飞机大火箭订单班、"海鸥"现代学徒制、游艇驾驶培训基地、低空无人机操控实训基地等高端高新成功案例和典型经验；建设了航空航天、精密制造技术、新能源与新材料、移动通信技术、海运船舶技术、养老服务管理、国际报关等一批重点专业群；覆盖汽车与装备制造、航空航天、电子信息、生物医药、新能源、航运物流、文化产业、现代服务业等产业，与天津市八大优势主导产业对接度近 90%。宁波市围绕支柱产业、重点产业组建了建筑、园林、医药等 21 个以专业为纽带，由职业院校牵头，相关企业、行业组织多元主体参加的职业教育集团或联盟。安徽省举办第六届皖江城市带职业教育办学模式改革校企对接会，围绕装备制造业、原材料产业、现代服务业和现代农业四大产业组织产教对话专题论坛；推进大别山职教集团、国际商务职教集团等深化合作，强化协同育人。甘肃省围绕战略性新兴产业和技术技能型人才紧缺行业，组建 11 个省级职教集团，涵盖了 23 个业务部门、15 个行业协会、178 所大中专院校、381 户企业。黑龙江省组建了 6 个涉农职教集团作为集团化办学试点单位。

二是深化校企合作，培养企业紧缺人才。天津市建有 20 个现代学徒制市级试点项目，其中 5 家院校和企业入围教育部首批现代学徒制试点单位,联合开展 14 个专业的试点工作;天津现代职业技术学院与天津海鸥表业集团联合申报的"精密机械技术(钟表方向)"专业探索形成了"五双五定"高端手表制造人才培育的现代学徒制模式。宁波市在 24 所中高职院校的模具设计与制造、工业设计、电子商务等 57 个专业开展学徒制试点,试点学生高达 6100 余人;3 所职业院校被教育部列为首批现代学徒制试点学校。四川省确定首批 53 所中高职院校 89 个专业项目开展现代学徒制试点工作;开展成都市工业职业技术学校"四个一体化"、德阳汽修职教集团"36333"、成都市汽车职业技术学校开展基于企业真实环境等为代表的多种形式的现代学徒制探索和实践。重庆市遴选了 25 所学校、56 家企业合作开展现代学徒制试点;会同市人力社保局等市级部门,遴选 10 家企业、6 所中职学校开展新型学徒制试点;4 所中高职院校成为国家首批现代学徒制试点单位。安徽省 311 所中等职业学校、74 所高职院校开展了校企合作,涉及合作企业 1536 家;33 所中等职业学校为首批省级现代学徒制试点学校,4 所职业院校入围首批国家级现代学徒制试点学校;175 个企业参与现代学徒制试点工作。广西壮族自治区统筹资金 1300 万,重点支持 13 个示范性职业教育集团;统筹资金 390 万,支持国家及自治区现代学徒制试点单位 12 家。潍坊市启动混合所有制办学试点工作,由市政府参股、3 家企业出资组建山东海事职业学院,实行董事会领导下的校长负责制,成为山东省第一家混合所有制民办高职院校;高密市成立由豪迈集团控股、政府参股的高密凤城职业教育投资有限责任公司,共同建设豪迈职业教育园区,探索实行股份制办学;

四、推进布局调整,优化资源整合

天津海河教育园区按照"学校集中园区、学科集群发展、资源集约利用、学生集成培养"的发展理念,形成资源共享、教师互聘、课程互选、学分互认等办学特色,彰显示范积聚效应。四川省通过兼并重组、合作办学、关停转改等形式,调整优化布局结构;中职招生资格学校由 2014 年的 566 所减少到 542 所,校均规模由 2009 人增加到 2104 人,超过普通高中 2035 人的校均规模,改变了部分中职学校散、小、差的状况。沈阳市将 36 所中职学校上收并重组为 10 所,盘活闲余资源重点建设 6 所万人规模职业学校;整合 5 所院校组建为沈阳职业技术学院并实现易地建设,成为全国百所示范高职院校之一。安徽省对接地方区域经济发展,整合区域内学历教育和各类技能培训等要素资源,优化中等职业教育布局结构,共整合中职学校19 所。甘肃省撤销、合并办学规模小、服务能力不强的中职学校 16 所。

五、完善"双师型"教师培养体系,促进专业化发展

天津市建立职业院校教师与企业技能人才双向聘用机制,全面落实专业教师到企业轮训制度;每年有 1 万余人次专业课教师到企业锻炼,每年引进 500 名能工巧匠到学校兼课任教,"双师型"职教师资已接近 50%。宁波市成立"宁波市高校教师发展中心工作联盟",建立高校教师定期交流机制,强化"传帮带"制度,提升高职院校教师教学和科研能力;建有市级技能大师工作室 39 个,省级技能大师工作室 20 个,国家级技能大师工作室 1 个,中、高职院校"双师型"教师占专业课和实习指导教师比例分别达79.8%、80.9%。河南省实施职业院校教师素质提高计划,累计培训各级各类教师 4000 余人次;实施"金工计划",投入 600 万元支持一批职业学校聘请企业技能型人才和能工巧匠作为兼职教师;实施中等职业学校青年教师企业实践项目,25 家企业承接涉及 42 个专业的 430 位青年教师的企业实践。安徽省组建 35 个中、高职"双师素质"培训基地;以校企共建的方式遴选近20 个专业的高职高专教师企业顶岗培训基地,每年安排 500 人赴企业开展顶岗培训;定期到企业实践成为中职教师职称评审的必备条件。甘肃省实施中等职业学校校长能力提升和教师素质提升"双千计划",全省共有 1196 名中职教师赴企业学习实践,聘请 1326 名企业技术人员来校兼职任教;选派 205 名中等职业学校校长、762 名骨干教师参加各类培训,选送 82 名专业课教师和管理人员出国研修。沈阳市设立校企合作发展专项资金,用于教师进企业实践培训和企业技师进学校培训指导;每年专项经费 1000 万元以上,引进教师 50 余人。

六、实行扶贫攻坚,推动职业教育均衡发展

四川省在深入实施藏区、大小凉山彝区"9+3"免费教育计划的基础上,将"9+3"免费政策进一步扩展到省内集中连片特困地区,由省财政给予三年级在校生每人每年 1000 元的生活补助,以惠及更多贫困家庭学生;着力推进藏区"一州一校"建设,其中,基础能力建设资金 1600 多万元,指导帮扶建设实训基地 3 个,200 多名学生通过单招考试升入对口援建高校深造。重庆市推进都市功能核心区、都市功能拓展区对口帮扶渝东北和渝东南地区中职学校发展,14 所都市功能核心区、拓展区优质中职学校在队伍交流、专业建设、课程开发、教学研究、实训基地建设、行业联系、就业实习、人才引进等方面,对渝东北、渝东南 14 所被帮扶学校予以大力扶持,开展形式多样的合作。甘肃省按照"一县一业""一村一品"产业培育要求,在贫困地区县级职教中心开办涉农专业教学点,形成 8 所以"农"字头职业院校为龙头、80 所县级职教中心涉农专业教学点为补充的新型职业农民技能培训网络,每年开展城乡富余劳动力转移就业创业培训和劳动品牌培训 20 万人次,全部覆盖贫困家庭劳动力,实现"输出一人、脱贫一人";对接建档立卡的贫困村、贫困户和贫困人口,每年培养"两后生"6 万名、培训新型职业农民 1.5 万人次、培训中职教师 2000 人次;对贫困家庭学生就读中等职业学校免除学费,并每生每年发放 2000 元的助学金。广西壮族自治区统筹资金 1700 万元(其中 2015 年 1500 万元),支持 17 个基地开展坭兴陶、铜鼓、绣球、民族服饰、民族歌舞等领域的民族文化创新传承建设。

七、优化专业课程体系,深化教学改革

天津市为支持高端装备制造业、战略新兴产业和现代服务业的发展需求,启动了优质专业群对接优势产业群试点工作。按照高职、中职和终身教育三个类型,重点建设 36 个优势专业群;坚持校企合作共同举办大赛,行业企业冠名赞助了"渤化杯"工业分析检验比赛、"天物杯"现代物流技能比赛、"圣威杯"汽车维修技能比赛等一系列赛事,由行业企业专家参与赛项的设计、命题、裁判和器材提供工作,现场招聘技能高手,做到了技能比拼

与人才选拔的紧密结合;根据赛项内容新增和调整专业(点)113 个,结合技术标准开发课程 1542 门、教材 813 种,与教育部共建 7 个国家专业教学资源库,对职业院校专业、课程建设起到了引领作用。完成 50 个国际化专业教学标准建设项目,取得全国唯一一个国家级教学成果特等奖。

安徽省投入资金 260 万元,在中等与高等职业院校合作培养的 13 个主干专业中,择优遴选部分优质职业院校开展中、高职衔接的课程体系建设改革试点,每个专业的课程体系建设试点工作由 1 所中等职业学校以及合作办学的高等职业院校共同牵头负责;以行业为引领,组织中职、高职院校共同编制完成数控技术应用等 10 个中职骨干专业教学指导方案;立项建设省级精品课程 426 门,高职院校开发国家精品课程 11 门,中职学校建成省级精品课程 235 门;遴选 78 个与高职课程对接紧密的专业开展省级专业改革试点。河南省评审了 292 个申请结项的职业教育教学改革项目,鉴定为优秀项目 16 项、合格项目 229 项。评审确定了 332 项 2015 年职业教育教学改革项目立项,重点项目 78 项,规划项目 253 项,有效提升了中职学校教师的科研能力;根据学校需要制定了工程造价等 10 个专业的教学标准,进一步扩大了教学标准覆盖专业。

八、立足产业发展,强化社会服务

天津市积极推进"百万技能人才培训福利计划",围绕市产业转型发展需求,组织 19 所职业院校开发了近 500 个"职业培训包",将岗位需求和职业标准融入教育教学全过程,建成技能培训超市;职业院校年社会培训量超过 26.5 万人次,为实体经济发展和企业转型升级提供了源源不断的人力资源。宁波市卫计委、市旅游局、市经信委、市文广新闻局、市商务委和市民政局等部门合作成立了卫生、旅游、电子商务、影视动画、纺织服装、健康服务等 6 个职业教育行业指导委员会,充分发挥行业主管部门指导、评价和服务职业教育的作用;围绕宁波支柱产业、重点产业,全市组建了建筑、园林、医药等 21 个以专业为纽带,由职业院校牵头,相关企业、行业组织多元主体参加的职业教育集团或联盟。河南省组织开展了 15 个省级示范性乡镇成人文化技术学校评选活动和 400 余名新型农民培训试点工作,不断加强和完善县、乡、村三级培训网络建设,对新型职业农民培训培养工作进行了调研、论证、座谈、摸底,有效提高了农民素质和技能水平;组织开展 10 个省级社区教育示范区和实验区创建工作,并推荐平顶山市卫东区、郑州市金水区为全国社区教育实验区,平顶山市新华区、湛河区为全国社区教育示范区;在鹤壁市举办了"2015 年河南省全民学习活动周"开幕式,郑州市、平顶山市等城市和部分县(市、区)也相继开展了"全民学习活动周",并召开了"河南省社区教育研讨会"。

九、倡导科技创新,实现协调育人

宁波市在高职院校建立"宁波市新型面料研发与应用协同创新中心""宁波市园林绿化产业提升协同创新中心""宁波市健康养老协同创新中心"等 3 个市级高校协同创新中心,着力解决制约我市服装面料、园林绿化、健康服务等产业转型发展的一些重大技术问题;启动了杭州湾新区核心协同创新试验园和南高教园区大学科技创新创业园建设,入驻科技企业 21 家,入驻创业团队 17 个,整体入驻率达 52.28%;建成"宁波校企通平台",吸纳全市所有中高职院校和 200 多家培训机构、50 多个行业协会、6200 多家企业参加。潍坊市各高校均成立了创新创业教育领导机构和指导服务机构,实行持续帮扶、全程指导和服务;将创新创业教育作为必修课纳入人才培养方案,一般为 2 学分 36 课时,在不同学年开设,各校另外提供 10 多门各具特色的创业选修课;各高校共有校内创业指导教师 150 余人,兼职创业指导专家 400 余人;潍坊职业学院、潍坊工程职业学院、潍坊市技师学院 3 所市属高校孵化器已建成运营,入驻孵化项目 70 余个;构建机制灵活、协同服务的"1+17+N"大学生创新创业教育体系,打造从课程、培训、孵化到创业、加速、增值服务的全业态创新创业服务链。天津市将国家任务和项目全面分解,凝练成具体的建设目标与任务,即建设 12 所世界一流水平的高职院校;打造 120 个优质特色专业;建设 60 个市级示范性校外实习实训基地;重点培养 10 名左右"名校长"和 100 名左右"名师"等 16 个建设项目。

十、加强国际合作,提升办学水准

天津市完成了 50 个国际化专业教学标准的开发任务,出版发行《高等职业教育国际化专业教学标准开发与实践》(上下两册);高职院校依托国际化专业教学标准开设试点班 131 个,试点学生人数 4467 人;与德国、英国、美国、韩国、新加坡等 20 余个国家和地区,开展了多层次、多类型、多领域的职业教育交流与合作;天津铁道职业技术学院成为我国唯一一个培养境外铁路技术人才的国家级基地,先后为埃塞俄比亚、坦赞铁路和吉布提培养技术人才 2000 余人;由天津渤海职业技术学院在泰国大城技术学院建立的首个海外职业教育"鲁班工坊"正式落成,是我国在海外设立的首个职业教育领域的"孔子学院"。宁波市批准成立浙江纺织服装职业技术学院与英国索尔福德大学合作创办的中英时尚设计学院。黑龙江省开展了职业教育比较研究,注意引进、孵化国外先进农业职业教育理念和发展成果,推动院校人才培养模式、教学模式创新。

(作者单位:天津市教委职业技术教育中心 天津职业技术师范大学)

名校长话职教

"玉涛校长"话职教：一生奉献职教事业

——记天津铁道职业技术学院院长王玉涛

冷珊珊

天津市教委副主任吕景泉希望高职学院的书记、校长们，要有"功成不必在我"的长远眼光，关注学生、教职工的长期利益，培养师资队伍带头人，在做法、招法、方法、办法、手法上下功夫，探索符合职业教育规律的、广谱性的、有天津特色的教育模式，让学生真正学到本事，提升我们对社会的贡献能力和服务能力。

2017年1月7日，天津市教委举行了"玉涛校长话职教"座谈会，由天津铁道职业技术学院院长王玉涛主讲。会上，王玉涛分享了他从事职业教育42年的心得体会。

本次座谈会开启了天津职业教育"名校长话职教"的先河，会议内容有温度、有广度、有深度，它还标志着2017年天津名师名校长工程的开始。

王玉涛，天津铁道职业技术学院原院长。曾荣获全国职业教育先进教育工作者、天津市优秀教育工作者、全国劳动保障系统一等功等荣誉称号。

化学家路易·帕斯特说过："机会垂青有准备的人。"古语说：凡是过去，皆为序曲。然而，序曲就是一种准备。

——屠呦呦

一、工作，要做到极致

2017年1月27日，王玉涛就退休了。

他从事职业教育40多年，其中最大的经验就是：工作要和兴趣结合起来,要把工作做到极致。不管是当农民、乡村教师还是当工人、技工,王玉涛都尽自己所能,做到了极致。

在上山下乡的大潮中,高中毕业的王玉涛来到了河北省兴隆县的一农村当农民。平时在生产队中,他出色地完成着每件事情,以做事认真、精细闻名于村,村民对他赞赏有加:当时生产队选派他去火车站运煤,他一个人装了 24 吨煤,让乡亲们刮目相看;给乡亲们照看秋收的庄稼时,他尽职尽责,连续很多个夜晚都没有合眼。

做哪一行都可以成功,何况做农民?平时除了当好农民,王玉涛也努力完成生产队交给的文化和宣传工作。有一天,生产队长找到王玉涛,让他去一所七年一贯制学校当民办教师,他由此走上了讲台。在随后的三年乡村教师生涯中,王玉涛一直和农村学生进行着心灵沟通,因此深受学生的喜爱。2012 年的一天,有一名学生从深圳来到天津,经过多方询问,来到王玉涛工作单位,拉着他的手激动地说"老师,我一直牢牢记着您 30 年前讲的话,现在我在深圳的事业做得很成功!"另外,王玉涛也被推荐到多所学校给其他教师进行教学示范。

1979 年,王玉涛顶替母亲到天津长城机床厂当了一名工人,后来当了计量试验工。他的第一任师傅是北京大学毕业的高才生。师傅认真的学习态度和坚强的毅力潜移默化地影响着王玉涛:每天下班后,他都会留在办公室认真朗读英语、手抄世界名著;参加会后,他有时会创作出朗朗上口的长篇诗歌、声情并茂地做表演……王玉涛几乎天天跟着他学习英语、做计量研究题目、做实验、写报告,他不断启发着王玉涛思考,并给予他评价和指导。

在王玉涛写完 100 份试验报告后,师傅给他出了一个题——一个王玉涛从来没有在书本上看到过的题目:关于立体变形晶格的题目。他没日没夜地研究,最后终于把此题解答出来。当王玉涛看到师傅脸上欣慰的笑容时,他觉得所有的付出都值得。

王玉涛就这样在师傅的指导下,不管在学习和生活中,都获得了终身受用的经验和财富。

有一天,王玉涛上班后,找不到办公室的钥匙了,只好等着师傅来给开门。进办公室后,他发现钥匙在桌子上。

这时师傅说:"昨天我发现你的钥匙插在办公室的锁上,我就把它放在桌上了。我之所以没有告诉你,是想让你长记性:钥匙是非常重要的物品,国家财产等诸多机密都在办公室内,因此你要有安全意识,不管做什么事情都要想到它的最坏结果。"

从此以后,王玉涛养成了钥匙不离身的习惯。

每个人年轻的时候都亲手转动过命运的车轮,从这车轮里迟早都会转出一生中的大事件。

——瓦尔特·本雅明

二、教师,职责很神圣

讲台,是王玉涛始终热爱的地方。

从企业技术人员到职业学校教师、从教学到行政、从理论到实训,丰富的经历使王玉涛对职业教育有比常人更多的了解,对职业学校的学生有更深的感情。

从工人到技术员、助理工程师,从车间一线到研究岗位,王玉涛在机床厂度过了8年时光。8年后,机床厂的部分人被抽调组建天津市劳动和社会保障局高级技术学校(现天津市劳动保障技师学院),王玉涛也再次回到了讲台,他依旧怀着当年下乡时那颗真诚而热烈的心来对待他的学生。

在此期间,他主要教学生机械、电类等专业课。由于缺乏专业课教师,他有时也会去教授其他课程。面对一门全新课程,身为教师的他边学习边教课。其中他参加了天津大学组织的机电一体化自学考试,利用3年时间以优秀成绩通过了此项考试。

经过多年教学,他总结出自己的经验:"第一,任何人想要获得知识,必须要全身心投入其中;第二,教师只是引导学生对知识产生兴趣,最后怎样利用知识主要还是看学生对知识的渴望程度。"

那么怎样让学生对学习产生兴趣？对此，王玉涛说："教师要得到学生信任和尊重。比如在课堂上，教师要根据学生的不同采取不同的教学模式和要求。教师的职责很神圣，我们要'让学生好就业、就好业、稳定就业'。"

这也是担任校长一职后，王玉涛主张的一办学理念。

触动他提出此理念源于一位学生家长的"拜访"。

有一次，一位学生家长来到王玉涛的办公室，她向王玉涛哭诉："我本想孩子在学校学了烹饪专业后能当厨师，但是孩子现在毕业快一年了，每天的工作就是：宰鱼。冬天时，孩子不小心把手用剪刀给扎破了，手发炎了，但他老板发现后还是让他每天宰鱼。当时让孩子来学烹饪专业是想让他能掌勺，但是没想到孩子至今都没动过炒菜勺……"

烹饪专业毕业后的孩子一般得经过长期磨炼才能掌勺，但如何让学生真正掌握一门技能？如何让学生毕业后零距离就业？如何让每位学生有一个美好的前途？王玉涛陷入了深思。

"做教育得对得起自己的良心，不能骗人。"话虽简洁，背后付出的却是无数的汗水和心血。为了让学生好就业、就好业、稳定就业，王玉涛带领师生积极争取项目、自筹资金、加大投入，建立实训场地、调整专业设置，他依靠惊人的毅力和奋发拼搏，开拓创新的精神，带领全体教职工励精图治、艰苦创业，使学校的软硬件水平、办学综合条件、教学质量和就业质量等发生翻天覆地的变化，将 2002 年那个在校生不足 1000 人、校舍面积不足 2 万平方米的技工学校，建设成了一所在校生 5000 多人、校舍面积近 6 万平方米、拥有 5 个技能实训场地和几千万实训实习设备、3 个天津市品牌专业的国家中等职业教育改革发展示范校。

一个人生命中最大的幸运，莫过于在他的人生中途，即在他年富力强的时候发现了自己的使命。

——茨威格《人类群星闪耀时》

三、教育，要授之以渔

"在职业教育中工科学校的技能训练成本高，这是影响学校教学质量、培训质量的一个重要因素。"王玉涛坦言。

为此,2002 年王玉涛确立了 "校企共建""项目合作""共同培养""以产养教"等多种校企合作模式。

时过多年,当学生家长走进天津市劳动保障技师学院的校史馆,看到孩子通过在校学习掌握了真正的技能、拥有美好的前途时,他们脸上是欣慰的笑和希望的憧憬……这其中渗透着王玉涛无数的心血。

首先,学校加强校办工厂的建设,将其作为学校机电类各专业的综合性实训基地,通过厂内各工种、各项目的实际生产型任务,由教师带领学生体验、参与、实施,让学生在校内就有机会感受到实际的工作环境、工作状态,有机会参与到企业生产工作环节中来,真实体验企业的管理理念和职业状态。同时,利用校办工厂每年产生的利润来承担学校实训教学所有的费用,达到了"工学结合、以产养教"的目的。

其次,学校不断加大教学实训设备的投入,先后花费资金数千万元,增加现代化实训设备 50 余台, 其中购置的绝大多数实训设备均与企业生产用设备相一致,不惜成本为学生校内实习创造条件,让学生在学校就接触到各类企业的设备,在产教结合中体验到生产的全过程。

王玉涛说:"设备是让人用的,不是让人参观的,用的过程培养人,用坏了修理的过程也是培养人。"由此,学校的设备维修专业也发展起来了,不但在全国技能大赛获得一等奖,而且还承担了几个企业的设备维修任务并获得效益。

另一方面,学校通过承接企业生产加工任务、承揽企业设备检修及调试任务、部分负责企业产品售后维修服务、合作开展人才培训项目、签订人才培养订单等多种形式,与企业建立了广泛联系,不断充实了学校实训教学的具体项目和内容,将"工学结合、产教结合、以产养教"的理念落到了实处,不但提高了学生的学习兴趣,也为企业培养符合需要的技能型人才。

十年间,学校获得许多优异的成绩,大赛获奖学生也已达百余名。

"校企合作、工学结合、以产养教"不仅培养了学生,而且也培养和锻炼了一批教师,学校的"一体化"教师逐年增加,使学校的社会培训能力也有了很大的提高,年培训鉴定人数近万人。

征服自己的一切弱点,正是一个人伟大的起始。

——沈从文

四、自律,让学生成长

王玉涛用自身的魅力感染着周围的人。

他每天早早来到办公室,晚上很晚才回家,有时回家前他会在校园里转一转。学校里的每位学生都认识他,亲切地叫他:"王校长。"

一如既往,王玉涛坚守着最后一班岗。

他每天有记日记的习惯:40多年如一日。来天津铁道职业学院的一年多时间里,他记了六七本厚厚的日记本,其中有他的工作心得,也有他的治校理念。这种严谨和执着也许是他成功的奥秘。

他用自己严格自律影响着他人,也同时注重培养学生的自律精神。

众所周知,在职业院校——特别是中职院校中,学生早上迟到现象比较让教师头疼。不管从学生考勤上来制约学生还是去学生宿舍"逮"偷懒的学生、甚至开除学生,都不能从根本上解决这一问题。对此,王玉涛采取激励措施来让学生每天按时报到。

"针对一名学生迟到现象,也许不管教师对他采取什么方法,都不太可能扭转他的不自律行为。但是如果把学生的迟到和集体荣誉挂在一起,那么他就会有所顾虑了——因为学生离不开班级这一集体。如果某位学生因为迟到损害了班级荣誉,其他同学也许会用异样的眼神看他,他也因而感到内疚。"由此,王玉涛把学生的早上出勤和班级荣誉结合在一起,每天根据早上学生出勤率评出优秀班级。从那时起,每天早上6:30,学校操场上便出现整齐的队列。

对此,王玉涛说:"这一学期下来,我们可以统计下有多少学生每天都坚持下来不迟到。在跟踪过程中,我们就会发现,从来不迟到的学生取得成功的概率也会很大。"

对于退休后的打算,王玉涛坦言将继续从事和职业教育有关的工作,比如"职业培训包"。2011年天津市开展了"职业培训包"开发工作,王玉涛校长作为副主编参与编写《天津市职业培训包开发指导》,担任天津市"职业培训包"指导专家,指导30多个企业、职业院校"职业培训包"的开发工作。他积极与各企业、职业院校建立联系,指导各申报单位按照国家技能等级标准要求完成职业培训包的开发工作。这也是王玉涛退休后的主要工作。

希望你们年青一代,也能像蜡烛为人照明那样,有一分热,发一分光,忠诚而踏实地为人类伟大的事业贡献自己的力量。

——法拉第

五、光荣,职教的使命

在"玉涛校长话职教"座谈会上,王玉涛院长提到,作为一名高职学院的院长,首先要忠心于职业教育事业,要注重关心学生的成长,把一生的精力都用在学生身上,要把让学生"好就业、就好业、稳定就业"这个理念作为办学宗旨和做好职业教育的出发点和落脚点。其次,要大胆进行教育教学改革,提升培养学生的质量,使学生在未来就业岗位上能够发挥其才能,为中国特色社会主义建设做服务,让每一名学生都有人生出彩的机会。另外,要认真钻研业务,制定学院的办学方向,发展学院的特色专业。王院长担任天津铁道职业技术学院院长后,为津铁院的发展确定了非常明确的目标,确定天津铁道职业学院办学理念为"文化引领,质量立校,内涵建设,校企融合,特色发展",确定了专业发展目标,将铁路专业办成世界先进水平的专业,将城市轨道专业办成国内一流的专业。

在座谈会上,王玉涛说:"干什么事都要有一种精神,没有精神,什么事情也干不成。我们在自己岗位上作出不辜负时代的事情。"

王玉涛回忆道:"我爷爷是画家,从我小时候他就给我演示画画等,给我讲王阳明,所以我从小就深受传统文化的影响。我觉得人出生后一定要在社会上做些事情。我没有正式上过学,完全靠自学完成所有学业。从学历来讲,我不够资格当校长。""我特别热爱教师这工作。我觉得做教育就要发挥我们所有的智慧。"当他担任天津市劳动保障技师学院院长后,他在院会上发表讲话:"从今天开始,现在的王玉涛就和过去的告别了。我们一定要把天津市劳动保障技师学院打造成一个品牌。"当院长后,王玉涛就这一个心态。

每一代校长都有自己的难处。"我当时履职后,学校缺钱,生源也是问题。但上级对我的信任让我承担起这光荣的责任,我就得自己想办法完成任务,对每一位学生家长、学生和学校负责。"

有一次,王玉涛看见教育报纸上刊登的一张照片:一学校举行升旗仪式,一学生站在大门外举行升旗仪式,为什么呢?据说孩子家里很穷,他的校服和其他学生的校服不一致,所以不能和其他同学一起升旗。当时王玉涛的眼泪忍不住流了下来,他觉得咱们的教育不能搞这样的形式教育。

"凡是上技校的孩子,我们怎样让他们真正受到教育?这绝对不能给孩子模糊的答案,而是要真正为学生的就业负责。"多年来,王玉涛是这样说的,也是这样做的。

(作者单位:时任《求贤》杂志社记者,现为天津城市管理职业技术学院教师)

"福宏书记"话职教：半生职教一生情
——记天津渤海职业技术学院党委书记芮福宏

冷珊珊

2017 年 4 月 8 日上午，天津渤海职业技术学院与天津圣纳科技有限公司共建产学研基地签约揭牌仪式举行，随后召开了"福宏话职教"座谈会。

这是天津市教委第二次为即将退休的职业院校校长举行座谈会，充分体现了对职业教育领军者的关爱。天津市教委副主任吕景泉、天津市教委高职高专处处长杨荣敏、天津现代职业技术学院党委书记李国桢、天津电子信息职业技术学院院长吴家礼、天津铁道职业技术学院院长于忠武、天津机电职业技术学院院长张维津、天津城市建设管理职业技术学院院长张泽玲、天津市交通学校校长康宁、天津渤海职业技术学院副院长申奕、天津圣纳科技有限公司总经理魏所库等参加了座谈会并发言。

会上，芮福宏动情地说道："校领导是学校的风向标，全体师生都看着我们呢。身为学校负责人，一定要懂得奉献，要用感情、激情、热情这'三情'来对待工作，要为自己的一言一行负责，要全心全意为师生服务，要为人才创造良好的环境，要爱护员工并给予他们温暖，要用我们的真诚来留住人才。"

与会代表一致认为，芮福宏是位执行力强、敢担当、敢作为、具有大职教情怀的职教人，与会代表纷纷表示，这是一次难得的学习机会，将继续向职业教育优秀前辈学习，把天津职教精神发扬光大。

吕景泉给这次座谈会作了总结。他说，"校长（书记）话职教"要逐渐发展成为天津职业教育的文化品牌,成为职教人继续前行的动力。天津渤海职业技术学院已经成为一张职业教育的名片,这关键在于学校领导班子的作为。"芮书记站得高、望得远、行得深、跟得紧、干得实,他把方向、作决策、保落实、抓班子、带队伍、有作为、有担当、有号召力、有战斗力。只有像他这样满脑子都是职业教育的领军者,才能不断地想出发展职业教育的新招法。近些年来,他带领大家大刀阔斧地进行改革,把渤海职业技术学院发展成为全国石化同行业中的佼佼者。特别是'鲁班工坊',让渤海职业技术学院走向了世界。"

最后,吕景泉说,"职业教育要深入人心,需要继续走普职融合之路,比如和启蒙教育、中小学教育、高等教育融合发展,才能达到真正的目标。要达到这个目标,离不开学校和企业的密切合作。在此方面,学校要抓住机遇,充分利用资源。比如发展天津的职业教育,我们需要有更多的想法、做法、办法、招法和手法,要和企业互帮互助,达到共赢。我们要肯学能干,唯有实干才能让学校更强大,而让学校更强大的前提是做好服务,只有这样才能获得尊严感,才能在全国唯一的国家现代职业教育改革创新示范区——天津立足品牌、扎根生长,才能让更多的天津企业走出来,才能聚天下英才、整地上资源、汇八方能量。"

一、拓国际视野、焕工匠精神

众所周知,鲁班是中国 2000 多年前一位杰出工匠和发明家,凭借精湛的技术和钻研精神,发明创造了大量的劳动工具,极大地提高了生产效率,被誉为中国土木工匠的始祖,鲁班的名字已经成为中国人民伟大智慧的象征。

2016 年 3 月在泰国设立"鲁班工坊",就是以鲁班的"大国工匠"形象为依托,将天津现代职业教育改革创新示范区的优秀职业技术和职业文化,采取职业培训和职业竞赛的方式输出国门与世界分享,搭建起天津职业教育与世界职业教育交流的平台。

提到"鲁班工坊",我们首先会想起天津渤海职业技术学院。"今后,我们的技术技能教师和管理人员要定期到现场进行指导,我们还会通过'鲁班工坊'的空中课堂、视频微课,把天津的课堂跨区域地辐射到'鲁班工坊'。下一步,我们将以建设'鲁班工坊'为契机,积极探索职教国际化发展模式,努力培养具有国际视野和国际化思维的师资,提高教育教学管理的国际化水平,开发国际化培训课程,为两国经济的发展培养更多的本土化高素质技术技能人才。"芮福宏介绍道。

"鲁班工坊"由以工程实践创新项目为支撑的硬件平台组成,内含四大部分:能力源创新课程套件,实现培养学生创新能力、动手能力、协作能力的综合训练;机器人部分,主要是安全生产、智能生产机器人的应用,救火机器人、防化工泄漏机器人、引导机器人、仿生机器人使用和调试等;电脑鼠走迷宫项目部分,将电脑鼠走迷宫项目融入单片机课程中或者相关课程中,培养学生自主创新意识和创新思维;将软件仿真、硬件仿真、实物制作多项功能融合在一起,为培养学生创新能力搭建硬件平台。

教学过程将以中方教师为主,选用优秀"工程实践创新项目"国际化双语教材,根据大城学院专业特点开发教学项目并组织实施。

通过"鲁班工坊",还要培养出一批中外优秀的双语双师团队,在于国内举办的中国—东盟工程实践创新交流赛中,邀请泰方教师参与评判,泰方也择机举办工程实践创新邀请赛,中方的教师也可以应邀参加裁判工作,争取在教育教学和大赛中展示合作成果。

谈及本次合作的契机和过程,芮福宏回忆道:"天津渤海职业技术学院和泰国大城技术学院有着良好的合作交流基础。近年来,双方进行了多次互访交流。泰国大城技术学院应邀于 2014 年 12 月 15 日至 19 日赴天津渤海职业技术学院参观访问;2015 年 11 月,天津渤海职业技术学院对大城技术学院进行了回访,共同研究探索双方交流合作和'鲁班工坊'建设意向;2016 年 1 月 11 日至 15 日,大城技术学院领导一行赴天津渤海职业技术学院,共同签署了合作意向书,两校将共同创办'鲁班工坊'。"

最后,芮福宏感慨地说:"在泰国'鲁班工坊'建设过程中,我们在天津市教委领导下,各方面专家给予指导和帮助,特别是长期以来支持学生技能大赛,为工程实践创新项目提供支撑的启诚伟业科技公司、圣纳科技公司、东方亨瑞公司和亚龙科技公司,为'鲁班工坊'提供了先进的设备和技术支持。"

二、扎根职教一生、狠抓行业办学

一个普通的清晨。天津郊外,波光粼粼的思源湖内,金鱼在游动,湖边鹅卵石小路旁,清风拂过牵牛花,而盛开的蔷薇花在阳光下分外妖娆。一如既往,芮福宏走过这条小路,来到天津渤海职业技术学院(以下简称"渤海职院")行政楼的办公室里,开始一天忙碌的工作。

芮福宏开门见山地介绍:"渤海职院是隶属天津渤海化工集团(以下简称"渤化集团")行业办学的天津市首批示范性高等职业院校,也是天津市唯一一所以化工高端技能人才培养为特色的高等职业技术学院(化工各类专业占72%,其他专业也是重点为化工产业人才培养服务),渤海职院有着近60年职业教育办学历史。"

天津化工产业的兴起,为化工职业教育的诞生和发展奠定了坚实的基础。20世纪50年代,为了培养化工技能人才,渤海职院前身天津海洋化工学院成立,后调整为天津市化学工业学校。2001年与天津市职工化工学院合并转制为天津渤海职业技术学院。在校高职生9600余人。渤海职院因大化工而生,随大化工而发展,始终致力于化工技术技能和管理人才的培养,已经培养了3.5万余名高素质技术技能人才,素有培养化工高技能人才"黄埔军校"的美誉。

近些年来,从此所"黄埔军校"走出的人才一直为石油化工行业做贡献。渤海职院依托行业办学,培养了一批又一批深受企业欢迎的毕业生,学生们的优异表现也赢得了用人企业的赞誉。比如,多年来天津渤化永利化工股份有限公司(原天津碱厂)与渤海职院在学生就业、顶岗实习、师资培训、技术改造等方面有着紧密的联系,十多年来共引进渤海职院毕业生1000余名,目前都已成为企业一线管理、服务的骨干,使员工队伍的年龄结构、文化结构、专业结构得到了有效改善,为企业搬迁改造百亿工程的顺利开工、达产提供了人才保障。特别是学生进入企业工作岗位后,能快速胜任岗位工作,展现出扎实的专业基本功、较强的动手能力和良好的职业素养。

目前,天津化工生产一线主操、副操等主要岗位60%来自于渤海职院的毕业生。渤海职院能最大限度满足企业对招用技术人才的要求,一方面,渤海职院坚持紧贴市场,让专业与产业、职业岗位对接,专业课程内容与职业标准对接;另一方面,渤海职院让企业参与学院人才培养方案的制订,参与课程设置、教学内容与教学方法的改革,有效提高学生岗位适应能力,缩短培养周期,破解了教学"硬件"滞后于生产应用的"瓶颈",实现了"三个零距离",即专业设置与用工需求零距离,课程设置与职业活动零距离,教育内容与培养目标零距离,达到培养与就业的统一。校企合作紧密结合,使企业、学校、学生获得共赢。

芮福宏从事天津化工高职教育30年,始终保持旺盛的精力,把加快化工职业教育发展作为己任,以认账不服输、攻坚不畏难的精神,带领领导班子抢抓发展机遇,使渤海职院成为天津高职示范校,被全国石化行业协会、天津市政府等机关授予10个各类人才培训基地。在谋求渤海职院发展中,芮福宏积极倡导不断深化改革,始终把做优做大做强渤化职业教育与培训工作作为职业追求和履行职责的用力方向,狠抓行业办学特色,狠抓行业教育结构调整,实现了中职、高职、本科教育协调发展。同时,芮福宏狠抓职教项目建设、发展资金的筹集、校园环境建设的组织推动、教学改革的组织推动、全国技能大赛的承办、中高职协调发展,以服务为标志的市场开拓的组织推动、管理创新的组织推动、合作办学的组织推动和党建创新工程,实现了天津化工职业教育内涵式发展。

天津渤化职业教育取得了长足的发展,芮福宏也荣获了诸多荣誉:天津市劳动模范、全国化工职业教育名校长、"十五"渤化集团先进个人、"十五"渤化集团党员标兵、"十一五"渤化集团功勋人物等。这沉甸甸的荣誉更是一种责任,时刻激励着芮福宏在渤化职教事业发展中继续阔步前行。

三、培养化工人才、深化教学改革

多年来,渤海职院坚持"立足化工、面向社会、服务经济"的办学宗旨,坚持"市场运作、突出特色、开放办学、校企结合"的办学理念,在全院教职员工的不懈努力下,办学规模逐步扩大,办学实力稳步增强,实现了"校园典雅、特色鲜明、质量一流、效益显著"的目标。目前,全院上下正在围绕建设涵盖中职、高职、本科层次教育于一体,优势突出、特色鲜明的全国示范性职教集团的发展目标而努力。

渤海职院坚持不断深化教学改革,全面提高人才培养质量。

对此,芮福宏对记者阐述道:"一是坚持立德树人,把德育放在首位。加强文化基础教育、中华优秀传统文化教育,把提高学生职业技能和培养职业精神高度融合。大力加强社会主义核心价值观教育,帮助学生树立正确的世界观、人生观和价值观。二是不断优化服务渤化产业发展的专业布局。我们建立了专业设置动态调整机制,围绕渤化产业转型升级的需要,及时调整专业,形成了与渤化产业分布形态相适应的专业布局。三是加强中、高衔接,形成了适应发展需求、产教深度融合、中职高职优势互补的培养体系。四是不断完善教学保障机制,加强教师培养培训,提升信息化教学和科研能力,提高了实习实训装备水平。五是把工程实践创新作为推动教学改革的重要载体,在机械、信息、化工类专业进行了试点,取得了良好效果。六是以双语教学为支撑,狠抓国际化专业建设。七是以技能大赛为引领,实现教学改革新突破。八是深化校企合作,现代学徒制试点取得了新成效。"

"通过多年的实践探索,我们逐步形成了强化校企合作、基于工学结合的'两段三结合'人才培养模式。渤海职院将人才培养的全过程,按照培养时间和学习内容分为两个阶段。第一阶段以在校教育为主,根据教学内容选择参加校内实训,进行专业技能训练,理论与实践并重,教、学、做合一;第二阶段以在企业进行顶岗实习为主,做到'三个结合',一是专业教育与职业素养教育相结合,二是职业资格证书与毕业证书相结合,三是顶岗实习与就业相结合。"芮福宏言简意赅地说。

在此基础上，渤海职院与用人企业共同分析岗位能力与职业素质，把职业标准和职业岗位任职要求融入人才培养方案中，根据化工专业群特点，形成了全程订单的乙烯模式、两年定向就业的神华模式、一年定岗就业的天碱模式等多种工学结合人才培养模式。渤海职院坚持"教、学、做"一体化，大胆探索教学模式改革。依据"项目导向，任务驱动，教学做一体化"的教学理念，大胆探索教学改革，在教学模式上，渤海职院与企业共同开发，创新实施了 DOP 教学模式。

这种模式是与天津溶剂厂共同开发的，"DOP 生产车间"由企业设计、施工、调试完成。教学过程主要是通过模拟工厂生产一线真实作业环境，使学生全面了解和熟悉企业，通过实训锻炼，培养和强化学生的安全生产能力、化工操作能力、设备维修维护能力、化工识图绘图能力、化工仪表自动控制能力等各方面的综合能力，使学生毕业后真正地与企业"零距离"接轨。其内涵是"围绕一个中心、贯穿四个模块、完成三个环节、实施一个体系"。教学任务课题由企业工程技术人员和学院教师共同承担完成。

提及未来的工作规划，芮福宏说："经过五年左右的努力，着力提高技术技能型人才培养质量，建设一批具有优势和特色的专业，打造一批影响较大的领军人才，获得一批层次较高的科研项目与成果，多项核心办学指标位居全国同类院校前列，办学质量、办学效益和综合实力全面提高，为办成集中职、高职、本科层次教育于一体的，优势突出、特色鲜明的全国骨干性职教集团而奋斗。"

（作者单位：时任《求贤》杂志社记者，现为天津城市管理职业技术学院教师）

津门职业教育史话

天津工学结合职教模式的肇始、确立与发展

李　霞

教育,无论就其当代的自然科学和人文科学的崇高使命,还是传统的教课授业,都是为经济服务的,应社会所需而为的。中国职业学校之所以起源于天津,是由于还在"蹄铁砧镰为镇要"时,天津就出现了代表近代工业文明的机器制造业、化工业、制药业以及发达的商业、金融和贸易。

天津工学结合职教模式,伴随着一百多年的近现代工业发展进程,从历史中走来。

一、20 世纪初,周学熙倡导并实施"工学并举"

1902 年 11 月,清政府颁布的《奏定学堂章程》,确立了实业教育在学制上的独立地位。1904 年初,清政府颁布并实施的癸卯学制,进一步完善实业教育制度,形成实业教育系统。这个系统的建立,使中国职业教育完成了从师徒、父子相传为主的形式向近代学校职业教育制度的转化。

时任直隶工艺总局总办,有"北洋实业权师"之称的周学熙,在发展各项实业中, 十分重视发展实业教育。天津是中国近代工业发源地之一,在"西学东渐"思想的影响下,伴随着天津被辟为通商口岸,以及此后洋务运动的兴起,一些企业相继开设了实习工场传习工艺技术,启发工商知识,一种边工边学的职业教育模式开始在天津形成。

1903 年,周学熙受直隶总督袁世凯委派赴日本考察工商业,同时考察教育,特别是实业教育。此行对周学熙认识兴办实业教育的重要性,并付诸

于实践,起着关键性的作用。考察归来,他将在日本所见、所闻、所思、所感写成《东游日记》。他认为,日本的"富强"是由于搞"练兵、教育、制造"三事,中国如要"富强",也必须从"军事、教育、经济"三个方面得以振兴,走兴学办校的道路。周学熙主张:"国非富不强,富非工不张。"国家富强的基础在于发展工业,而发展工业必须有三个条件:一曰资本,二曰人才,三曰机器设备。他形象地把兴工必备的三个条件比喻为"鼎"之"三足",缺一不能"鼎立"。他还说:"方今商战之天下,各国以商战实皆以学战,每办一事必设一学",故"兴学"为"振兴工商之基"。据此,周学熙概括了一句十分有名的话:"工艺非学不兴,学非工艺不显。"

周学熙的主张得到了袁世凯的重视和支持。为了国富民强,他毛遂自荐,1903年9月任直隶工艺总局总办,主持、运营天津及直隶的实业建设和实业教育。自1903年至1907年四年间,周学熙在天津兴学办厂的过程中,先后创办(接办)了高等工业学堂、劝工陈列所、实习工场、教育品制造所、劝业铁工厂、图算学堂、种植园等;助办了初等工业学堂;倡办了艺徒学堂两处。

周学熙创办实业教育有明确的指导思想和显著的特点。他主张教育与实业如影随形,要"富强",必须"工学并举","工厂之设与工艺学堂联为一气"。周学熙:"以工场为工业学生试验、制造之所,而学堂各科教习,即可为工场工徒讲课之师,相辅而行,收效甚速。"鉴于过去工业学堂"理论多而实验较少","惟习其理,而不习其器",因而"可造之才"甚微,周学熙十分强调教学要"教""学""做"合一,在教学中坚持"既习其理,又习其器"的教学方法。周学熙这一办学指导思想,不仅从实践上改变了传统的脱离生产实际的办学形式,改变了传统教育培养出来的人才素质,而且也确实为当时培养出一批发展民族工业急需的人才。

1912年1月,第一任教育总长蔡元培主持制定了各种学校规程,总结成一个完整的学校系统,称为"壬子癸丑学制",把癸卯学制中的实业学堂改为实业学校。次年教育部公布了《实业学校令》,规定实业学校以教授农业、工业必需的知识和技能为目的。

1917 年 5 月 6 日,黄炎培、蔡元培等 48 人在上海创立的中华职业教育社,将实业教育改名为职业教育(这是中国最早研究和推行职业教育的民间团体)。

1922 年 11 月,"北洋政府"颁布实施"新学制"——壬戌学制。是年公布的《学校系统改革案》正式规定将"实业学校"改称为"职业学校",第一次确立了职业学校的名称;在形式上把职业学校系统与普通学校系统合并在一起。此时,职业教育才正式在学制上取得地位。

1928 年天津建市后,职业学校办学的数量明显增加,门类也有所增多,过去那种以商业和技工人才培养为主的格局在逐步发生变化,一些反映新的生活需求的职业学校应运而生,如护士学校、助产学校在这一时期相继创办。

学校办工厂,工厂办学校,早在一百多年前,周学熙就为我们探索了一条工学并举发展实业教育的捷径。"工学并举"的深入推行,促进了近代工业和近代教育的发展。

二、20 世纪 50 年代,"半工半读"教育在天津兴起

中华人民共和国成立初期,随着经济建设的快速发展和计划经济的逐步完善,天津经济蒸蒸日上,商贸发达,工业基础雄厚,与外地经济联系广泛。据有关资料统计,20 世纪 50 年代天津商品经营销售额,占全国销售额的 11% 以上,外贸出口额占全国的 22%,全国闻名的工业产品三大件,自行车、手表、缝纫机,都产生在天津。

正是基于此,50 年代后期,为了探索适合我国国情的教育改革新路子,实施毛泽东确定的"教育为无产阶级政治服务,教育与生产劳动相结合"的党的教育方针,保证产业工人的数量和质量,刘少奇来到了天津。

1957 年 11 月,刘少奇等中央领导阅读《参考资料》上刊载的《美国大学生有三分之一半工半读》的文章后,提出了"中国是否可以试办"的想法。三个月后,毛泽东在《工作方法》一文中,正式提出"一切中等技术学校","学生实行半工半读"。八大二次代表会后,刘少奇总结出著名的"两种教育制度,两种劳动制度"说。

1958年5月29日,《人民日报》发表题为《举办半工半读的工人学校》的社论,最终把它定格为这样三句话:"半工半读的工人学校是培养工人成为知识分子的主要形式,它代表着我国教育事业发展道路中的一个新的方向,是多快好省地培养工人阶级知识分子的一项重要方法。"

20世纪50年代后期,在天津崛起的半工半读教育,就是一场从工厂企业发端,后来铺向全面、享誉全国的在职和在学的职业教育。

1958年5月27日,天津国棉一厂工人半工半读学校举行开学典礼,全国第一所半工半读学校诞生。51名生产工人参加,每天坚持6小时生产,2小时学习,被称为"六二制"半工半读。随后,有些工厂全厂职工每天7小时生产,占用1小时生产时间和1-2小时业余时间进行学习,实行"七一制"半工半读。

职业教育走入工厂,知识激发的作用巨大,智力开发的效果明显。据当时报纸报道:春和织布厂开展半工半读半年后,产值和劳动生产率提高了30%。飞龙橡胶厂实行半工半读后的1959年第三季度,比上年同季度,劳动生产率提高60.7%。

天津的半工半读教育,在初始工厂试办的基础上,指定了15所普通中学试行半工半读,采用厂校合并、挂钩的方式办学。同时从全市范围,选择了10个1958年开始新建扩建的、属于当时技术"高、精、尖"的工厂,在招收新工人时,试办半工半读,成立了第一批半工半读中等专业学校。这类学校一般由厂长兼任校长,另配专职的副校长,参照全日制中等专业学校设置专业,安排教学计划。开始阶段,学生半天在课堂学习,半天在对口车间劳动,角色转换过快,后来改成一周学习,一周劳动,学生随工人倒班,确定师徒关系,本着"工种轮换,一专多能"的原则,在几个主要工种上基本达到能独立操作水平后,固定在一个工种上。

1958年底,教育部和团中央在北京举办全国教育与生产劳动相结合展览会,专门辟出两个综合馆展示天津的半工半读教育。天津在会上作了试办半工半读教育的经验介绍。

1959 年下半年,国民经济出现困难,工厂生产和工人生活不同程度出现问题,不少因上学扣除部分工资的半工半读学校,改成业余学校,与工厂合并或挂钩的半工半读学校,大部分改回普通中学,停止了试点。在此期间,唯有工厂企业招收初中毕业生的半工半读中等专业学校一种形式,因其适应需要,效果别具,得以继续发展。

1961 年至 1963 年,整个国民经济调整、巩固、充实、提高时期,天津试办半工半读教育的工作,处于低潮。1962 年,天津市人民委员会发出《关于调整青年学生半工半读的通知》后,全市仅剩下仪表机床厂、感光胶片厂、天津制药厂、化学原料工业公司、照相机厂、橡胶公司、塑料工业公司、印刷工业公司 8 所半工半读学校,是困难时期天津市半工半读教育留下的精华,成为至今为人们乐道的"老八校"。

1964 年,国民经济复苏,天津试办半工半读教育进入第二个高潮。这一年 7 月,国家主席刘少奇再次来到天津,高度评价了半工半读教育出来的毕业生和始终坚持下来的"老八校",再次倡导他曾经提出的两种教育制度、两种劳动制度。这种教育模式对培养有社会主义觉悟、有文化的劳动者产生了重大影响。一个月后,天津市第二教育局成立。1964 年 8 月,天津选择适宜的工厂,又新建了 32 所招收初中毕业生的半工半读中等专业学校,连同原先保留下来的"老八校",共有 40 所半工半读中等专业学校,在校生由 1963 年的 780 人,再次恢复到 4000 多人。与此同时,一大批技工学校和职业学校相继改为半工半读中等专业学校。天津的半工半读教育,不仅有了新的起步新的发展,而且成了体系:出现既有中专,又有大专;既有理工科,又有师范教育;既有工厂企业办学,又有教育行政部门办学的多元化的局面。

从 1958 年至 1965 年,天津市共兴办半工半读学校 119 所,在校学生计 24400 人。

三、21 世纪初,天津"工学结合"职教模式确立

改革开放以来,天津坚持走新型工业化道路,经济步入了快速增长期,正在成为面向世界的加工制造基地。

随着社会主义市场经济体制的确立和不断完善,许多地方将其所属职业学校收归教育行政部门管理。天津的职业教育部门秉承市委领导果断决策,实行了"依靠行业办学不变,教育经费渠道不变、额度不减";"教育行政部门加强统筹规划和宏观管理"。这种"两不变,一不减"和"一加强"的政策,不仅继续调动了行业企业办学的积极性,保持了天津职业教育与经济发展紧密结合的传统办学特色,而且使学校在人才培养方向、专业和课程设置等方面,紧跟经济大潮和企业结构调整的步伐,适应了更大面积的人才资源的需求。

曾经有过"工学并举"深厚历史积淀和开创过"半工半读"辉煌历史篇章的天津,始终作着这样一种思考:在当代经济快速发展的形势下,教育如何进一步同生产实践、社会实践相结合?如何把城市沉重的人口负担转化为充分的人力资源?我们应该怎样在减轻家庭和社会负担的情况下,运用自己的条件,适时培养适用的建设者和接班人?怎样运用工学并举、半工半读、产教结合、订单培养等这些现代的优势建立一个与普通教育体系并行的职业技术教育体系,把教育的步伐迈得更稳、更实。

在市委、市政府的领导下,市教委对传统的工学并举和半工半读进行了深入研究,结合经济发展的趋势和市场经济的特点,立足天津、面向全国,提出了"以就业为导向,加强专业建设;以能力为本位,加强课程体系建设;以技能为中心,加强实训基地和师资队伍建设;以职业道德为核心,加强思想道德建设。"的办学理念;形成了专业理论和实际能力相结合,课堂教学和工作实际相结合,瞄准培养目标高素质,增强培养过程灵活性的"工学结合"的职业教育人才培养模式;构建起规模适度、结构合理、特色鲜明、与本市主导产业和支柱行业紧密结合、与经济和社会协调发展的高标准职业教育体系。

工学结合人才培养模式,是大力推动职业教育内涵发展的一种新思维和新实践体系,一种课堂教学同工厂实践、顶岗工作分段或有序交替,学做相长的职教制度。其用意是具体引导职业教育走校企合作、内涵式发展道路,让学生专业技术能力、岗位能力和可持续发展素养,在学校与工厂两种育人环境和资源中得以强化提高。

工学结合人才培养模式,是观念层面,体制、制度、机制层面,方法层面的统一,有着鲜明的系统性特征。在内涵认识上,可以归纳为五个方面的属性:其一,工学结合首先是一种职教育人思想,体现了党的"教育与生产劳动相结合"的教育方针,体现了职业教育由封闭走向开放、从学科本位转向职业能力本位的新的价值取向。打破了课堂为中心这一反职教育人规律的落后观念,强化了实践育人过程。其二,"工学结合"是现代职业教育将"学"与"工"有机结合的一种新型学习制度。实现了学习者的劳动与学习两种行为之间的合作。模式中的"学"包括学生在校内的基础知识、专业知识、技术技能的学习,人文素质的培养以及在企业进行的技术与实践课程学习、职业素质的培养;"工"指学生在企业实践期间,作为企业员工,进行顶岗工作。其三,工学结合人才培养模式是职业院校和行业企业紧密合作,并利用企业和学校各自优长、可互补的育人环境和教育资源实施并完成应用型技术人才培养计划及过程的现代合作教育思想与范式。其四,"工学结合"人才培养模式给定了产业、行业、企业、职业和实践等要素融入职业教育教学运行过程中较确定性的比重。其五,理论与实践一体化课程与教学。"工学结合"人才培养模式须由学校根据社会需求和企业订单设置专业,并和企业共同制订工学一体化的人才培养方案,其人才培养过程包含系统的知识学习和系统的技能训练,将课堂学习与现场工作有机结合。

多年来,天津市职业院校坚持校内实训与企业实习相结合,实践教学环节一般都占总学时的 40% 至 50%。通过校企合作"订单式"培养,实训基地的实景式教学,一大批职业院校"双证书"毕业生实现"零距离"就业,职业院校毕业生就业率已达到 90% 以上,企业技术改造后充实的技术工人中

94%以上来自职业院校。校企联手、工学结合的新型培养模式,使职业教育成为调剂劳动力余缺的"蓄水池"。

2005年8月19日,教育部在天津召开职业教育工学结合座谈会,确立了工学结合职教模式。同年11月,温家宝总理在全国职业教育工作会议上的讲话中充分肯定了工学结合模式。他说:"要改变传统的以学校课堂为中心的做法,职业教育的课堂有些要设在学校,有些可以设在工厂车间、服务场所和田间地头。要加快职业院校实训基地建设。有条件的地方和学校,学生可以一面在学校学习,一面在企业工作,工学结合、半工半读。"

四、全面实施工学结合职业教育人才培养模式

自2005年教育部与天津市人民政府共建国家职业教育改革与发展试验区、2010年共建国家职业教育改革创新示范区、2015年升级为共建国家现代职业教育改革创新示范区以来,在国家的大力支持下,天津市紧紧围绕滨海新区开发开放等国家发展战略,坚持把发展职业教育作为战略重点,全面实施了工学结合职业教育人才培养模式,步入普及中提高、提高中创新的职教发展新时期。

实现了教育机构与市场的无缝人才对接,自觉把职业教育融入行业企业的生产经营过程,促进与生产实践、技术推广、社会服务的紧密结合,扩大了"订单式培养"范围,加大在岗职工培训。初步形成了具有中国特色的初、中、高等职业教育相互衔接,又与普通教育、成人教育相互沟通,学历教育和职业培训并举,以"工学结合"为重要特征的现代职业教育体系。职业院校普遍建立了产教结合委员会,在专业设置、课程建设等方面,形成了学校主动依靠企业、企业主动帮助学校的运行机制。

天津市组建了10个行业性、区域性或跨行业、跨区域的职教集团,形成以一所中心职业院校为核心,联合若干具有独立法人资格的职业学校和相关企事业单位办学联合体。依托行业办学,教师定期到企业参加生产实践,学校从企业引进专业技术人才到校任教,有了新平台和新机制。50%以上的中职院校和85%以上的高职院校,由行业企业担当办学主体;全市所有职业教育院校都建设了有效的校企合作教育工作委员会。专业设置、专业人才规格和质量标准,课程开发和课程计划与实施,以及实践课、核心技术课的师资主体来源均已实现办学机构与企业共同调研、论证,共同制定。许多院校的专业人才培养目标与本地区企业所需技工人才规格相统一,职业院校专业人才质量标准、职工专业技能培训标准和地方行业劳动准入制标准相统一,为企业用人和劳动准入证书的探索与改革播种了试验田、创造了新经验。天津创造了职业教育院校重点专业、特色专业与相关对应的核心企业共建校外实训基地的新经验。首批93个天津市职业院校校外实训基地,已形成院校重点专业、特色专业、紧缺技术人才专业与天津市最具产业竞争力的93个重点、特色、高新技术行业、企业的新式联盟。不仅创新了校企合作、工学结合人才培养新水平,也创造了学校专业群、专业链同行业、企业产业链的链接并轨。使全市职业教育院校工学结合人才培养模式运行质量进一步提升,就业率连续多年保持在90%以上。教育满意度、教育公平、职业教育尊严和吸引力进一步提升。

天津渤海职业技术学院致力于"打造一流专业,突出化工特色"的工学结合人才培养模式建设与创新。在专业建设中,紧紧围绕化工产业链,构建专业链。学院以化工为特色的专业有27个,重点建设精细化学品技术、环境保护与治理、工业分析、化学制药、过程控制和电气自动化等6个专业。其中,精细化学品技术专业为国家级教改示范专业,环境保护与治理专业为市级教改示范专业。通过重点专业建设带动相关专业建设。在课程建设中,紧紧围绕化工产品链,构建课程链,把新工艺、新产品纳入课程,引入课堂、引入教学。化工原理、定量化学分析、数字电子技术为市级精品课程。其课程教学,紧紧围绕职业特定技能、行业通用技能和核心技能,培养企业需要的技能型人才,实施双证书制,使该院的主体专业、特色专业的毕业生取得双证书率达到95%,其中取得高级技能资格证的比率已达到60%至70%,为天津化工经济实现又好又快地发展提供了有力的人才资源保障。

天津轻工职业技术学院,在工学结合、半工半读人才培养模式建设和创新上,率先由模具专业运行了"订单"培养、顶岗实习、半工半读、"双证"并举的方式。学院与天津汽车模具有限公司、天津市津兆机电有限公司、天津津荣天和机电有限公司等行业内外 20 多个企业签订了校企合作协议,安排不同类型的班级,试验了不同方式的工学结合、半工半读的人才培养模式。推行工学结合的人才培养模式,让学生在特定的环境中学习,接受良好的实习实训,可使学生增长工作经验,在毕业时能够顺利被用人单位录用;可使学生有效地提高实际工作能力,使毕业生快速实现由学生向职工的角色转换;可提前拿到工作合同,实现实习就业一条龙;可得到对社会的体验,即学生在毕业前就可以深入社会、融入社会,增加社会经验;实习期间还增加收入,补偿学费,缓解家庭经济负担。推行工学结合、半工半读人才培养模式,学校为企业提供了高素质的劳动者,企业为学校的发展提供多方面的支持,实现了学校和企业合作互惠、共同发展,学校、企业、学生三方共赢。

一个世纪前,中国的实业教育由天津开创;半个世纪前,中华人民共和国的半工半读由天津兴起;今天,一个高标准的职业教育新体系已经在天津形成。

(作者单位:天津市教委职业技术教育中心)

关于近代天津职业教育发展的几个问题

黄立志

1840 年鸦片战争以后,天津出现了我国最早的近代工业企业。职业教育随之得到了建立和发展,在全国占据着重要地位。

一、近代职业教育的先驱

虽然 1867 年福州船政学院的"艺圃"可以称之为我国近代职业教育的最早的教育机构,但是由于天津市是鸦片战争以后最早通商的五口岸之一,因而最早建立了我国的近代工业,随之建立了早期的职业教育。1867 年奕䜣提议创立的天津机器局在局内设立电器和水雷学堂。这可以称之为天津最早的职业教育机构。1880 年 10 月 6 日李鸿章设立天津电报学堂,生员32 人。后招收谙习英文学生 45 名。这是天津最早设立的正规的职业教育机构。在全国排第三,仅次于福州船政学堂和上海江南制造总局附设的机器学堂。

根据黄炎培的观点,1914 年前,电报学堂、实业学堂、工艺学堂等多承担职业教育的功能。之后,还出现"职业教育"的术语。1902 年冬天,凌福彭在天津贡院东草厂庵筹备建立北洋工艺学堂,招生 30 名,次年开学。因此,北洋工艺学堂是天津较早的职业学校。

1906 年,天津商会总理王贤宾奏请建立天津中等商业学堂。学监为李子鹤,在东门外南斜街长芦盐厂公所内,学堂分为完全和简易两科,学制分别为 5 年和 2 年,首届招生 120 人。1914 年更名为天津公立甲种商业学校,迁往东马路,学制改为四年,招收高小毕业生。1937年抗战前,改为"育才高级商科职业学校"。

另外,1906年,还设立了天津银行专修所,1910年设立了直隶水产讲习所。这是在辛亥革命之前建立的职业教育机构,扩大了天津职业教育的规模。

全国其他地方如江苏省在20世纪初在中小学开设职业科,同时,天津则反其道而行之,废除添设中学第二部,扩充甲、乙两种实业学校。天津武清设立了"乙种农业学校"农学科一个班,招生40人,全年费额1258元。天津商校一所。天津水产学校设立水产讲习所。

民国时期,1928年2月,直隶省改为河北省,省会是天津。当时成立了河北省第一职业学校,校址就在天津,由原来的省立工业专门学校附设之甲种染、织两科改办。还有天津公立商业学校。

1932年,中华民国颁布《职业教育法》,普通学校设立职业科。河北法商学院附设商职部,天津中学附设商科。

天津在职业教育展览方面堪称国内首屈一指。1903年,"直隶工艺总局"开设了教育品陈列馆,也就是职业教育展览馆。这对于职业熏陶具有一定的作用。这种做法得到了黄炎培的充分肯定。他认为"职业学校出品展览会"北方诸省"以天津为集中地"。

二、产学官结合的经验

1903年,袁世凯委派周学熙在天津创办了"直隶工艺总局"这样一个政府机构,主要职责是督办实业。它在产学官结合方面创立了很多很好的做法,其中设立了考工厂、实习工场、教育品陈列馆等机构。其中实习工场既是高等工业学堂的实习场所,又招收官费和自费工徒学习,考试合格者发给凭照。它设立了织染、木金、缝纫、制皂等12科。实际上属于政府设立的介于学校和企业之间的公共实训基地。这是我国职业教育工学结合方面的一大创举,具有世界先进的意义,是我国职业教育的宝贵经验。

1947年,河北省立工学院附设高级工业职业学校织染科一年级的课程设置:大代数 4 学时,化学 3 学时,机织学 2 学时,染色学 2 学时,纱线计算 1 学时,图案 3 学时,制图 3 学时,机织实习 6 学时等,共计 43 学时。职业学校教学中比较重视实习实验,其职业学科、普通学科和实验实习学科比例,一般为 3:2:5。

在产学官结合方面,周学熙(1866—1947 年)作出了突出贡献,是天津历史上第一位职业教育家。从 1903 年起他一直担任直隶工艺总局总办的职务。他在天津产学结合方面作出了杰出的贡献。他曾经说过:"工艺非学不兴,学非工艺不显。"他的这种"工学并举"的思想是我国职业教育产学结合思想的宝贵遗产。同时,他还提倡"工场之设与学堂联为一气。"这是今天我们职业教育生态学的重要内容,就是要把工厂和职业院校相邻设立,从地理位置上,有利于产学结合。1903 年,袁世凯曾经派周学熙赴日本考察。当前,日本职业教育的特点就是产学官相结合。可以说,天津早年产学官相结合的经验取自日本。

当然,在职业教育产学结合的方面,我们也不能否定袁世凯在这方面的积极作用。"直隶工艺总局"是袁世凯建立的,与他的思想有很大关系。1903 年,直隶总督袁世凯委派凌福彭创办北洋工艺学堂,1904 年,由工艺总局接办,周学熙任监督,更名为"直隶高等工业学堂"。这些行政任命,客观上加强了产学官的合作,实现了产权同一。

三、女子职业教育的兴起

清朝末期,封建思想严重,仍然秉承"女子无才便是德"的陈旧的教育思想。随着晚清新政的启动,女子教育也有开端,但是女子教育比较薄弱,女子职业教育更加孱弱。1908 年,我国最早的女留学生金雅妹创办了长芦女医学堂,开创了天津女子职业教育的先河。校址在东门外水阁大街。虽然号称女医学堂实际上是一所培养护士的专门学校。1916 年,更名为天津女医院附设护士学校。

(一)初级女子职业学校

1913 年,张铁生在鼓楼北户步街朝阳观后院创立天津补遗女子职业学校。开始之时,校舍简陋,设备很差,难以为继。后来由李世湘接办,王书云女士任校长。1920年,学校有一个职业班,2个初小班,共有学生90余人,教员8人。天津私立第一女子初级职业学校,建于1922年,校址在河东吉家胡同。这些学校的创办,开拓了职业教育的范围,壮大了天津女子职业教育的规模。

(二)中等女子职业学校

1929年,曹陈寒蕊女士提倡并捐资创办了"私立三八女子职业学校"。校址在日租界秋山街(今和平区锦州道20号)。该校的宗旨是"发展女子职业教育,增进女子职业技能"。校长为张人瑞女士,办学规模很大,社会影响很广。设初中一、二年级各一个班,后又增设小学一班。翌年,设职业班。开设的课程有新闻、应用文、珠算、商业簿记、打字等。1935年,学校迁到英租界广东路荣仁里。1936年迁到英租界19号(今河北南路),后又迁到河北区宙纬路,学校更名为"天津三八女子中学"。

女子职业教育十分强调技能的训练。天津市教育局要求女子职业学校:"凡附设之职业班主科,每校限设一门,以求技能娴熟。"也就是说,为了确保女子职业技能训练的时间,限制理论教学的科目和内容。固然,这种做法有失偏颇,但是重视实践教学的想法还是值得重视的。

从晚清开始,天津女子职业教育虽然有了开端,但是与全国相比,发展缓慢,规模不大,不及南京、上海等地的女子职业教育。同时,女子职业教育在时间上、规模上和层次上也逊色于女子教育。1904年,天津就已经成立了"天津公立女学堂"和"天津官立第一女子小学堂"等。1947年5月,天津市教育局还要求:"各女校及妇女团体酌量附设简易妇女职业班。现已饬各民教馆设妇女职业班。"

(三)高等女子职业学校

1921年日本人吉田房次郎在日租界明石街(今山西路)创办了一所私立的"天津高等女校"。1927年因经费困难改为公立学校。这是天津专门的女子高等学校。1941年,大平隆良在马场道166号建立了"宫岛日本高等女子职业学校"。1945年8月15日,接收日本人所办校馆时,在天津创办了

15 所学校,其中,还有"侨立高等女子职业学校"。日本的女子高等职业学校主要是为日侨子女进行的职业培训。客观地说,职业教育的层次有了很大的提升。

本科高校创办女子学院。1943 年 7 月,天津工商学院设立女子学院,简称女院,招收高中毕业女生。主要的专业就是家政学,第一任家政学系主任为留学美国的孙家玉女士。这种女子学院的开设,提高了女子教育的层次,扩大了职业教育的影响。

1947 年,天津市女子职业学校共有 3 所,占职校总数 27 所的 11.1%。这个数字与全国的女子职业教育相比基本处于中游的水平。1922 年,黄炎培认为"女校,仅占总数百分之一十强"。25 年过去了,女子职业教育的比例仅仅有些许增长。

四、职业教育比重增大

据统计,1901–1911 年间,天津市共建立具有职业教育性质的各种实业学堂、实习工场等 17 所,初级 6 所,中级 6 所,高级 5 所。这些艺徒学堂、图算学堂和电报学堂等等学堂的设立,扩大了天津职业教育的规模,实现了从小到大的转变。

抗日战争胜利后,天津的职业教育有了一个短暂的恢复。在各级各类学校中的比例有所增大。1946 年下半年统计,天津中等学校共有 44 所,其中职业学校共有 9 所,占总数的 20.5%。根据天津市教委提供的公开数据,2008 年,天津市普通中学共有 586 所;中等专业学校和职业中学,分别为 40 所和 37 所,小计 77 所。也就是说,中等职业学校占所有普通中等学校 663 所的 11.6%。这个数字低于抗战后天津职业教育的规模。

表 1　复员后天津市中等职业学校数量(1946 年下半年)

	校数	班数	学生数	教职工数
市立学校	3	19	626	47
省立学校	1	4	109	24
私立学校	6	30	1379	115
总计	9	53	2114	186

注:私立学校包括未备案的学校

职业学校中私立比重较大。由表 1 可见,这 9 所职业学校包括 3 所市立职业学校,1 所省立职业学校和 6 所私立职业学校。私立职业学校占了一半。北洋政府时期,私立职业教育的比重更大。1923 年统计,天津共有职业学校 18 家,其中私立职业学校 15 家,占总数的 83.3%。当前天津私立高职院校为 0,这需要我们大力发展民办高等职业教育。

表 2   1947 年天津市职业学校一览表

序号	学校名称	序号	学校名称
1	市立职业补习学校	15	捷华华文打字学校
2	启明商业补习学校	16	行素女子工读传习所
3	复兴职业补习学校	17	培华商职补习学校
4	峻德华文打字职业补习学校	18	崇□小学附设薄记专修义务夜校
5	杰仁打字职业补习学校	19	中医补习学校
6	天津市政府会计处会计补习学校	20	育文商职补习学校
7	东方电子职业补习学校	21	国际打字传习所
8	联华电影职业实习学校	22	精诚电子职业补习学校
9	华胜英文商业补习学校	23	家禽孵育职业传习所
10	立信高级会计职业补习学校	24	天津商业补习学校
11	新民女子刺织职业补习学校	25	兴华打字学校
12	慈铭女子工科职业传习所	26	天津国医学社
13	明明打字职业补习学校	27	众成商业职业学校
14	无线电夜校		

根据天津市档案馆 1947 年天津市政府提供的《天津职业教育一览》(档案号:401206800-J0002-3-006555-006)整理增补绘制了上表。由上表可见,公立职业学校只有 2 所,占总数 7.4%,其余全是私立职业学校。值得注意的,天津的职业教育在中华人民共和国成立前已经开始显现国际化端倪,譬如华胜英文商业补习学校和国际打字传习所。

1942 年,河北省公署颁布《河北省中等学校试行添授农业课暂行办法》。武清区杨村小学附设农业补习班。这种形式的职业教育在一定程度上也增加了职业教育在整个教育中的比重。

另外,其他各类学校和团体也开办了职业教育,于是职业教育在中华人民共和国成立前的一段时期蔚然成风。一方面正规高校举办职业教育，1933 年 9 月，私立天津工商学院开始招收夜读生，开夜大学之先河，招生对象为天津市企业事业和行政部门职员，利用晚上和星期天上课。另一方面，社会教育中还有一些职业补习学校，这些也加大了职业教育的规模和影响。

（作者单位：天津外国语大学）

天津市职业教育政策文本

天津市人民政府
《关于加快发展现代职业教育的意见》

津政发〔2016〕3 号

各区、县人民政府,各委、局,各直属单位:

为贯彻落实《国务院关于加快发展现代职业教育的决定》(国发〔2014〕19 号)精神,进一步推进我市国家现代职业教育改革创新示范区建设,现提出如下意见:

一、发展目标

到 2020 年,高水平建设国家现代职业教育改革创新示范区,形成与天津作为全国先进制造研发基地、北方国际航运核心区、金融创新运营示范区、改革开放先行区的城市功能定位相适应,以行业企业办学为主,产教深度融合,国际深度合作,中等职业教育与高等职业教育紧密衔接,职业教育与普通教育相互融通,继续教育和终身学习便捷畅通,具有天津特点、中国特色、世界水平的现代职业教育体系,为全面建成高质量小康社会提供技术技能积累、人力支撑和智力支持。

(一)规模结构更加优化

中等职业学校和高等职业院校在校生达到 28 万人左右, 本科层次职业教育和应用型本科及以上在校生达到 10 万人左右。形成 50 所左右中等职业学校、28 所左右高等职业院校、8 至 10 所应用型大学、一批普通本科院校应用型专业、若干个专业学位研究生学位点的基本格局。建设 10 个国家级示范性职业教育集团,新增 2 至 3 个服务终身学习的区域型职业教育集团,全市职业教育集团达到 30 个,带动形成 30 个教育型企业。

(二)办学实力持续增强

通过现代化建设工程,使全市大多数职业院校达到国内一流水平。重点打造 150 个优质特色专业,建设 1000 门优质特色课程,开发 800 种优质特色教材。重点建设 150 个示范性校外实习实训基地。重点培养 20 位名校长和 200 位名师。选聘 3000 名能工巧匠到职业院校任教。中等职业学校和高等职业院校专业教师中双师素质教师占比分别达 70%、80%以上, 兼职教师占专业教师比例达到 30%以上。

(三)国际水平显著提升

通过国际化提升工程,引进国际通用职业资格认证机构,扩大合作办学范围,建成 20 所具有世界先进水平的职业院校,建设并实施 100 个国际化专业教学标准,培养一批具有国际竞争力的技术技能人才。鼓励有条件的学校积极拓展海外职业教育市场,在境外建设 10 个"鲁班工坊"。技能大赛国际化环境建设成果显著。

(四)服务能力不断提高

提升职业教育服务经济社会发展的能力,职业院校优质专业群对接天津优势产业群的支撑能力进一步增强。加大职工教育培训,发展以都市农业为代表的现代农业职业教育,加强职业院校服务社区能力建设,完善终身学习支持服务平台。推进职业教育与普通教育相互融通,将职业院校建设成为职业素养、职业技术、职业技能的学习和体验中心,重点支持建设 1000 个职业教育体验项目和工程实践创新项目。加强职业院校应用型科研能力建设,科研成果转化率不断提高。加大对中西部地区职业教育的支持和辐射力度。

(五)重大建设项目圆满完成

重点建设国家职业教育发展博物馆、全国职业院校技能大赛主赛场,支持建设国家职业教育数字化教学资源开发与制作中心、国家职业教育质量监测评估中心、国家中西部地区职业教育师资培训中心、职业院校参加世界技能大赛培训基地等项目。

二、主要任务

(一)建设国家现代职业教育改革创新示范区

1.实施国家职业教育改革创新示范区升级建设

全面落实《教育部天津市人民政府关于共建国家现代职业教育改革创新示范区协议》,在职业教育健全机制、创新模式、完善制度、建设体系方面走在全国前列,为全国创造可复制、可借鉴、可推广的经验成果做法,成为国家职业教育制度创新的新高地、体系建设的新引擎、国际合作的新窗口、区域协同的新平台、质量提升的新支点。(责任单位:市教委、市发展改革委、市人力社保局、市财政局)

2.推动京津冀现代职业教育协同发展

突出重点领域,构建和完善京津冀协同发展装备制造业、现代服务业、新能源、民族文化技能传承等现代职业教育产教对接平台,形成京津冀协同发展职业教育对话交流合作机制、项目协同创新机制、校企合作联动机制,建立共研、共建、共享、共用、共赢的协同机制和交流平台。推动环渤海职业教育和成人教育协同发展。(责任单位:市教委、市发展改革委、市人力社保局)

3.提高全国职业院校技能大赛国际影响力

注重技术技能积累,培养和挖掘能工巧匠。重点加强大赛资源转化工作,推动大赛成果服务日常教学,引领教育教学改革。加强全国职业院校技能大赛国际化环境和要素建设,把大赛建设成为职业院校教学成果的展示中心、新技术新工艺新设备新技能的体验中心、产教融合校企合作的重要载体。引进国际知名竞赛品牌落户天津。建设职业院校参加世界技能大赛的培训基地。(责任单位:市教委、市人力社保局、市财政局)

4.提升职业教育国际化水平

以提升国际化综合要素深度融入教育教学全过程为着力点,将国际先进工艺流程、产品标准、技术标准、服务标准等融入教学,推进世界一流职业院校建设。服务"一带一路"战略,配合中国装备"走出去"和国际产能合作,参照国际先进专业建设标准、课程标准、资格证书标准,制定人才培养方案,培养具有国际视野、通晓国际规则的国内外技术技能人才。积极探索在海外设立"鲁班工坊"试点工作,配合"走出去"企业面向当地员工开展技术技能培训和学历职业教育。(责任单位:市教委、市人力社保局、市财政局、市外办)

5.加强职业教育信息化建设

实施职业院校信息化基础设施建设计划, 全面提升职业院校信息技术装备水平。开展职业院校数字化校园建设,引进国内外优质资源,建设10个左右专业群的优质教学资源库。加强区域性资源共建共享联盟,建立国家级数字化资源开发制作基地, 形成为国家现代职业教育改革创新示范区服务的数字化资源平台群。强化海河教育园区信息化共享机制,重点建设安全管理、资源共享、就业创业、校企合作四个平台,发挥集中集约办学的效应。建设职业教育信息化管理平台。开展校长和教师的信息技术应用培训,办好我市各级各类职业院校教师信息化教学大赛。(责任单位:市教委、市人力社保局、市财政局、市工业和信息化委、天津海河教育园区管理委员会)

(二)加快构建现代职业教育体系

1.拓展完善人才多样化成长渠道

建立和完善从中职、高职、应用型本科到专业学位研究生教育的技术技能人才系统化培养体系,促进中等、高等、本科层次职业教育和应用型本科、硕士、博士之间的纵向衔接,普通教育与职业教育间的横向沟通,以及终身教育的便捷通畅。提高高等职业院校招收中等职业学校毕业生和本科高等学校招收职业院校毕业生的比例,使职业学校与普通学校毕业生拥有同等升学机会,构建学生多样化选择、多路径成才的"立交桥"。探索集团化、区域化的现代职业教育协同培养体系建设。(责任单位:市教委、市人力社保局、各区县人民政府)

2.全面提升中等职业教育发展水平

优化职业教育与普通教育比例结构,稳定中等职业教育规模。调整中等职业学校布局结构,加强中职学校基础能力建设,提升中等职业教育办学质量和水平。积极探索职业教育与普通教育相互融通的综合高中试点工作。建立弹性学制与学分转换制度,促进普通高中和中等职业学校学生的有序流动。(责任单位:市教委、市人力社保局、各区县人民政府)

3.积极创新发展高等职业教育

促进高等职业教育内涵式发展。围绕我市主导产业、现代服务业和战略性新兴产业的发展,对接重大工程和重大建设项目,优化专业结构和布局。推进高等职业院校与本科院校联合培养应用类高层次人才,提升高等职业院校培养质量和水平。根据高等职业院校设置制度规定,将符合条件的技师学院纳入高等职业院校序列。(责任单位:市教委、市人力社保局)

4.大力推进本科层次职业教育与专业学位研究生教育

借鉴德国、瑞士、奥地利应用技术大学办学模式,整合优质资源,采取多种形式,积极探索建设若干所应用技术大学。以天津中德应用技术大学为重点,组织实施高端技术技能人才协同培养计划,推进应用技术大学人才培养模式创新。引导有条件、有意愿的普通本科高校向应用型转型发展,推动本科专业(群)、二级院系转型试点。建立以提升职业能力为导向的专业学位研究生培养模式。(责任单位:市教委)

5.积极构建终身教育体系

以开放大学为平台,以区县人民政府为责任主体,以服务终身学习的区域型职业教育集团为骨架,以区县社区学院或职业成人教育中心为骨干,以街道社区学校或乡镇街成人文化技术学校为支撑,形成时时能学、处处可学、人人皆学的终身教育体系。推动开放大学和职业院校向社会开放学习资源,与社区深度融合,建立职业院校与社区联动机制,促进职前教育和职后教育有效衔接。建设多层级终身学习公共服务平台和数字化学习中心,建立有利于全体劳动者接受职业教育和培训的灵活、开放、全纳学习制度,全面推进学习型社会建设。继续办好全民终身学习活动周,大力推进环渤海终身学习联盟建设。(责任单位:市教委、市人力社保局、市民政局、各区县人民政府)

6.坚持职业培训与学历教育并重

推进实施好百万技能人才培训福利计划,发挥职业院校职业培训的主体作用、企业职工培训的主导作用、民办职业培训机构的积极作用,建立并推行以"职业培训包"为基础的培训制度,提高培训质量和效率。大力开展新型职业农民培育工程,支持职业院校开展外来务工人员、农村劳动力转移培训,培养有文化、懂技术、会经营的新型农民。(责任单位:市人力社保局、市教委、市农委、各区县人民政府)

(三)加快实现职业院校治理能力现代化

1.深化行业企业主导的办学体制、管理体制

进一步完善以行业企业办学为主的办学体制,加强教育行政部门统筹管理。建立健全职业教育行业指导委员会。发挥好行业组织指导服务评价功能,加强行业指导能力建设,建立行业人力资源需求预测和就业状况定期发布制度。开展校企联合招生、联合培养的现代学徒制试点,推动和支持一批教育型企业发展。引导社会力量参与职业教育,通过公开招标、定向委托等政府购买公共服务的形式吸引企业参与职业教育与培训工作。(责任单位:市教委、市人力社保局、市财政局)

2.建立健全现代职业学校制度

推进职业院校章程的建立和完善,增强职业院校办学自主权。推进职业教育管办评分离改革,规范学校相关的责权利,建立和完善科学有效的治理模式。建立职业院校办学水平、教学质量、学校管理等方面的第三方评价机制,增强评估的客观性、专业性和权威性。(责任单位:市教委、市人力社保局)

3.推进现代职业教育集团建设

制定职业教育集团化办学指导意见,不断完善多元主体职业教育集团

发展,健全行业企业参与制度,指导建设一批行业影响力大、校企合作紧密的区域型、行业型和复合型的职业教育集团。发挥职业教育集团在促进京津冀区域教育链和产业链有机融合中的重要作用。(责任单位:市教委、市人力社保局、市国资委)

4.完善社会力量兴办职业教育制度

通过专项拨款、购买服务等方式,积极支持各类办学主体通过独资、合资、合作等形式举办职业教育,建立学校、行业、企业、社区等共同参与的学校理事会或董事会;探索发展股份制、混合所有制职业院校,允许以资本、知识、技术、管理等要素参与办学并享有相应权利;探索公办和社会力量举办的职业院校相互委托管理和购买服务的机制;切实保障社会力量举办的职业院校与公办职业院校具有同等的法律地位。(责任单位:市教委、市人力社保局)

5.深化招生考试制度改革

按照顶层设计、分类指导、积极探索、稳步推进的原则,加快推进高等职业教育分类招考,探索和完善自主招生、综合评价招生、技能拔尖人才免试、中高本硕贯通系统培养等考试招生办法,探索"3+3 中高衔接培养""3+4 中本系统培养""3+2 高本衔接培养""3+4 高硕系统培养" 等中高本硕衔接新机制,探索并实施高等职业院校及应用型本科院校通过"文化素质+职业技能"方式招收中等职业学校毕业生新途径。(责任单位:市教委、市人力社保局)

(四)深入推进教育教学改革

1.落实立德树人根本任务

坚持以德为先,加强社会主义核心价值观教育,增强学生法治观念,注重学生文化素质、科学素养、综合职业能力、创新创业能力和可持续发展能力培养。把中华优秀传统文化教育融入课程和教材体系。将提高学生职业技能和培养职业精神紧密结合,培养良好的职业道德。(责任单位:市教委、市人力社保局)

2.深化职业教育人才培养模式改革

重点推进校企合作办学、合作育人、合作发展平台建设,推动职业院校联合国际知名企业共建工程实践创新中心和创新创业孵化器,开展应用技术研究,校企共建应用技术研发团队、工艺与产品开发中心、高水平实训基地,探索建立技术技能积累创新联合体。推行项目教学、案例教学、工作过程导向教学和工程实践创新项目等教学模式,推进中等职业教育与高等职业教育在培养目标、课程内容、教学过程、实训载体、考核评价等方面相衔接。出台职业院校学生顶岗实习管理办法,完善学生实习责任保险制度,规范顶岗实习的管理。(责任单位:市教委、市人力社保局)

3.强化高标准专业建设和课程改革

以人才培养对接用人需求、专业设置对接产业需求、课程内容对接职业标准、教学过程对接生产过程、毕业证书对接职业资格证书为切入点,深化教学内容改革,形成对接紧密、特色鲜明、内容先进、动态调整的职业教育课程体系。建立由行业、企业、学校、社会组织等多方参与的课程开发和教材建设机制。制定并实施中等、高等职业教育质量年度报告制度。(责任单位:市教委、市人力社保局)

4.加强双师素质教师队伍建设

制定职业教育专业领军人物条件标准。加强国内外顶尖专家、专业骨干、新教师和兼职教师的引聘和培养,打造国内外专兼结合的教学团队。完善职业院校教师职务(职称)评聘办法,实施中等职业学校设立正高级教师职务(职称)制度。加强教师5年一轮次的全员培训,全面提升教师入岗、适岗、胜岗的专业能力和教学能力。建立职业院校教师与企业工程技术人员的双向聘用机制。完善职业院校教师定期到企业实践制度和中等职业学校教师到高等职业院校挂职培养制度。实施新一轮能工巧匠进校园工程。完善兼职教师管理办法,采取政府购买兼职教师岗位等方式,提高职业院校兼职教师队伍的绩效管理水平。(责任单位:市教委、市人力社保局、市编办)

三、保障措施

(一)落实政府统筹发展职业教育的责任

各有关部门要综合利用总体规划、政策引导等手段和税收金融、财政转移支付等杠杆,加强对职业教育发展的统筹协调、分类指导和经费保障,全力保障高水平完成国家现代职业教育改革创新示范区建设任务。各区县、各部门要进一步完善职业教育长效合作机制,加强部门协调配合,完善职业教育配套政策,切实形成推动职业教育发展的整体合力。强化区县人民政府举办职业教育的责任,加强对本区域职业教育、终身教育特别是中等职业教育改革发展的统筹规划与管理。市和区县教育、人力社保、发展改革、财政等部门及各行业主管部门发挥职能作用,共同推进全市现代职业教育发展建设。(责任单位:市发展改革委、市教委、市人力社保局、市财政局、各区县人民政府)

(二)加强职业教育发展的法律保障

推动我市率先构建和完善地方性职业教育政策法规体系,健全职业教育地方立法。加强现代职业学校制度、校企合作制度、经费保障制度、考试招生制度、督导评估制度建设,彰显国家现代职业教育改革创新示范区的引领作用。研究制定行业企业办学绩效考评办法,落实行业企业办学主体责任。(责任单位:市教委、市人力社保局)

(三)完善经费稳定投入机制

逐步建立起与社会主义市场经济体制相适应、基本满足事业发展需要的职业教育多元投入体系,健全政府、行业、企业及其他社会力量依法筹集经费的多元投入机制。进一步完善以改革和绩效为导向的职业院校生均拨款制度,在逐步提高生均拨款水平基础上,根据职业院校实际情况实行差异化生均拨款,形成激励相容、奖优扶优的机制,充分发挥财政资金的激励导向作用,防止出现吃"大锅饭"和盲目扩招等问题。城市教育附加费用于职业教育的比例不低于40%。发挥好企业职工教育培训经费以及就业经费等各类资金在职业培训中的作用。进一步健全职业教育资助政策体系,逐步建立职业院校助学金覆盖面和补助标准动态调整机制,落实中等职业教育免除学杂费政策要求。(责任单位:市财政局、市教委、市人力社保局、市国资委、市工业和信息化委、市中小企业局、各区县人民政府)

(四)落实税收和规费减免优惠政策

市和区县人民政府在制定经济社会发展规划、城乡建设规划、土地利用总体规划时,要把职业院校建设和发展纳入其中,依法保障职业院校建设用地。对职业院校经批准征收的耕地,用于教学用房、实验室、操场、图书馆、办公室及师生员工食堂宿舍用地,依法免征耕地占用税。经批准建立或筹建的职业院校基本建设项目,依照国家和我市的有关规定,城市基础设施配套费可按标准的70%收取。对职业院校举办的生产型实训基地所从事的生产经营活动予以税收减免。鼓励社会力量捐资、出资兴办职业教育。通过公益性社会团体或者县级以上人民政府及其部门向职业院校进行捐赠的,其捐赠按照现行税收法律规定在税前扣除。(责任单位:市发展改革委、市建委、市国土房管局、市规划局、市财政局、市地税局、各区县人民政府)

(五)健全就业和用人的保障政策

严格落实就业准入制度和职业资格证书制度,对从事涉及公共安全、人身健康、生命财产安全等国家规定的特殊工种的劳动者,须从取得相应学历证书或职业培训合格证书并获得相应职业资格证书的人员中录用。进一步加大劳动保障监察力度,我市各级劳动保障监察机构要把用人单位、职业介绍机构执行职业资格证书制度和就业准入制度的情况纳入日常监督检查的范围,对于违反国家和我市就业准入制度及职业资格证书制度的单位,按有关规定进行处罚。在符合条件的职业院校建设职业技能鉴定所(站),全面推行学历证书与职业资格证书并重制度,职业院校毕业生取得职业资格证书的比例达到90%以上。结合深化收入分配制度改革,促进企业提高技术工人待遇。不断提高职业院校毕业生就业率、稳定率、对口率和薪金水平。(责任单位:市人力社保局、市教委)

（六）强化督导评估

完善职业教育督导评估办法，加强对区县人民政府履行发展职业教育职责的督导评估。重点围绕职业教育体制机制创新、办学水平及特色、办学条件、经费投入等方面开展督导。强化督导评估结果的运用，完善督导问责机制，落实督导报告公布制度。（责任单位：市教委）

（七）营造良好氛围

做好职业教育先进单位和先进个人表彰奖励工作。充分发挥高校、科研单位和学术团体的引领作用，广泛开展不同层级的职业教育实践性课题研究活动，培育具有天津特色的现代职业教育实践与理论研究高地。大力宣传技术技能人才在技术革新、工艺改进、产品升级、管理优化等方面的先进事迹和重要贡献，弘扬"劳动光荣、技能宝贵、创造伟大"的时代风尚，打造"崇尚一技之长、不唯学历凭能力"的舆论环境，办好职业教育活动周和全国职业院校技能大赛，提高职业教育的社会吸引力和影响力，营造具有天津特色的现代职业教育文化氛围和良好职业氛围。

天津市人民政府办公厅转发市教委《关于推进我市职业院校在海外设立"鲁班工坊"试点方案》的通知

津政办函〔2018〕16 号

有关区人民政府,有关委、局,有关单位:

市教委《关于推进我市职业院校在海外设立"鲁班工坊"试点方案》已经市人民政府同意,现转发给你们,请照此执行。

天津市人民政府办公厅

2018 年 3 月 16 日

关于推进我市职业院校在海外设立
"鲁班工坊"试点方案

市教委

　　按照天津市与教育部共建国家现代职业教育改革创新示范区(以下简称国家职教示范区)任务部署,为做好新时代教育对外开放工作,推进我市职业院校在海外试点设立"鲁班工坊",全面提升天津职业教育服务"一带一路"建设的能力,特制定本方案。

一、重大意义

　　教育对外开放是我国改革开放事业的重要组成部分。随着"一带一路"建设的推进,一批重大工程和国际产能合作项目相继在沿线国家落地和发展,迫切需要中国职业教育走出去,支撑和服务"一带一路"建设对技术技能人才的需求。天津市作为国家职教示范区,本着先行先试原则,在创新职业教育对外开放方面走在全国前列。2016年以来,在教育部指导下,先后在泰国、英国、印度、印尼启动建设了4个"鲁班工坊",全方位探索并初步形成输出职业教育优质资源、服务"一带一路"建设的有效路径。

　　"鲁班工坊"是增进中外人文交流的重要载体。"鲁班工坊"在传播中国职业教育和工匠精神、共同提升技术技能人才培养质量、构建中国特色职业教育话语体系等方面承担重要使命。发挥"鲁班工坊"作用,深入实施"一带一路"教育行动,助推国际产能合作,必将产生良好的国际影响。

　　"鲁班工坊"是促进职业教育国际化的重要措施。围绕"一带一路"建设需求,在海外建设"鲁班工坊",输出天津职业教育优质资源和教学标准,将开启在职业教育国际合作交流中构建和打造"中国模式"的新时代。

"鲁班工坊"是放大做强天津职业教育优势的重要抓手。在海外设立"鲁班工坊",作为国家职教示范区的重要建设成果,坚持以用立业,汇聚职教优势,对接国家重大战略、服务国内国际、支撑城市品牌,必将叫响天津职业教育品牌。

二、总体思路和目标

(一)总体思路

全面贯彻党的十九大精神,以习近平新时代中国特色社会主义思想为指引,以习近平总书记对天津工作提出的"三个着力"重要要求为元为纲,围绕扎实推进"五位一体"总体布局、"四个全面"战略布局在天津的实施,牢固树立和贯彻落实新发展理念,秉持和平合作、开放包容、互学互鉴、互利共赢的精神,按照因地制宜、优质优先、强能重技、产教融合的原则,以所在国家产业和"一带一路"建设人才发展需求为导向,以天津国家职教示范区优质资源为支撑,以建立技术技能人才培养培训国际化机构为载体,以国际化专业教学标准为依据,以工程实践创新项目(EPIP)教学模式为主线,重点面向东盟区域、中巴和中蒙俄经济走廊、非洲和欧洲国家,聚焦先进制造业、现代服务业等领域,将中国优质职业教育资源和中国优质产品技术向合作国输出,培养当地熟悉中国技术、产品、标准的技术技能人才。

(二)建设目标

积极鼓励有条件的职业院校,配合中国产业走出去,协同相关行业企业,充分发挥专业建设和国际合作优势,到 2020 年,在海外试点建设 10 个"鲁班工坊";在应用并完善已有的 50 个国际化专业教学标准的基础上,结合"鲁班工坊"的建设需求,再开发 50 个国际化专业教学标准,为国际化技术技能人才培养提供依据。持续推进"鲁班工坊"的制度建设,加强"鲁班工坊"宣传与推广,建立"鲁班工坊"可持续发展的体制机制。

三、建设模式和要求

（一）建设模式

1.依托校际合作建设"鲁班工坊"

以天津职业院校国际合作办学、对外合作交流为基础，选择海外合作院校共同建设"鲁班工坊"。

2.依托校企合作建设"鲁班工坊"

与承揽海外工程或在国外办厂、收购的中国企业合作，在国外的适宜职业院校或机构共同建设"鲁班工坊"。

3.依托政府合作建设"鲁班工坊"

结合国家外交和地方政府间合作的战略规划，融入对外人文交流机制，中外双方共同建设"鲁班工坊"。

（二）基本要求

1.以鲁班的"大国工匠"形象为依托，大力弘扬工匠精神，采取学历教育与职业培训的方式，输出天津职业教育优质资源，在海外选择有影响力的院校合作建立实体性机构，传播中国职业教育优质的技术技能和职业文化。

2."鲁班工坊"定位于技术技能人才培养和职业文化推广交流，核心是国际化专业教学标准和人才培养模式的"输出"和"认同"，促进国家职教示范区建设成果的世界共享和国际认同；培养海外合作院校的教师，提供优质教学资源，实现教师自主依照输入的理念与模式实施教育教学与培训。

3."鲁班工坊"实行实地教学与"空中课堂"相结合的教学方式，天津课堂与海外课堂同步教研；以 EPIP 教学模式设计教学，着力培养海外学生职业素质、专业技术技能、综合实践能力和创新能力；市教委动员全市职业院校在教学设计、课程设置、教材开发、师资培训等方面给予保障与支撑。

4."鲁班工坊"建设立足于天津职业教育行业办学优势，借助产业、行业、企业、职业、专业"五业联动"职业教育发展模式，发挥政府、行业、企业、学校、科研机构"五方携手"作用，加强产教融合、校企合作，高标准、品牌化实施项目。

四、主要任务

（一）提升已有"鲁班工坊"建设水平

支持天津渤海职业技术学院做实做强泰国"鲁班工坊"，全方位探索"鲁班工坊"发展模式、路径，切实发挥其标杆作用。深化已有机电一体化技术专业，围绕当地经济发展需求，增加数控技术、新能源技术和物联网3个专业，建成满足4个专业人才培养需求的实训基地。充分发挥中泰两国EPIP教学研究中心的作用，将"五业联动"有效做法引入泰国大城技术学院，提升"鲁班工坊"为当地企业特别是入驻泰国工业园的中国企业的服务能力。进一步扩大来津的泰国留学生规模。（牵头单位：市教委；配合单位：市外办、渤海化工集团）

支持天津市第二商业学校巩固推广英国"鲁班工坊"建设成果，加大与英国奇切斯特学院的合作交流力度，扩大双方教师、学生互派范围。将已列入英国国家职业资格框架体系的专业和人才培养标准广泛应用于教育教学过程。借鉴英国职业教育经验，在输出中国职业教育成果的同时，将"鲁班工坊"建设成为转化发达国家职业教育成果的"中转站"。继续推进中英合作共建国际化专业课程和教学资源库，有效转化推广中国烹饪技术专业建设成果。（牵头单位：市教委；配合单位：市外办、食品集团）

（二）加快新建海外"鲁班工坊"

鼓励有条件的职业院校继续在海外探索建设"鲁班工坊"。支持天津轻工职业技术学院和天津机电职业技术学院联合国内知名企业，在印度金奈理工学院建立印度"鲁班工坊"，设置三维（3D）、数控、机器人和新能源4个专业。支持天津市东丽区职业教育中心学校联合科技企业，在印尼波诺罗戈市第二职业技术学校建立"鲁班工坊"。支持天津铁道职业技术学院联合轨道交通企业在非洲建立"鲁班工坊"。支持天津中德应用技术大学借助"澜湄职业培训中心"项目，在柬埔寨国立理工学院建立"鲁班工坊"。支持天津现代职业技术学院联合巴基斯坦旁遮普省技术教育与职业培训局

(TEVTA),在巴基斯坦建立"鲁班工坊"。支持在欧洲、非洲、美洲等地建立"鲁班工坊"。(牵头单位:市教委;配合单位:市外办、市工业和信息化委、市人力社保局、东丽区人民政府、渤海轻工投资集团、百利机械装备集团)

（三）拓展"鲁班工坊"服务功能

在海外建立的"鲁班工坊"中探索构建"中高本硕"贯通的国际化职业教育人才培养体系,为天津构建现代职业教育体系提供经验,搭建国内外技术技能人才培养交流与合作平台。服务全国职业院校技能大赛的永久主赛区,对接世界技能大赛,探索赛项国际化,使"鲁班工坊"成为中国职业院校技能大赛的延伸赛场,发挥全国职业院校技能大赛成果转化中心作用,提升技能大赛的国际影响。以"鲁班工坊"为载体,开发职业院校教师、学生海外实践拓展项目,使"鲁班工坊"成为提升天津职业院校师生国际化水平的重要基地。(牵头单位:市教委;配合单位:市外办、市人力社保局)

（四）建立"鲁班工坊"研究与评价体系

建立"鲁班工坊"研究与推广中心,构建以渤海职业技术学院为主体、以相关职业院校为支点、国内国际联动的政策研究、资源开发、指导评价机构,对"鲁班工坊"的需求与流程、规范与标准、模式与机制、质量与评价、宣传与推广等进行系统研究,持续优化建设机制。市教委聘请第三方机构定期对"鲁班工坊"建设情况和人才培养状况开展评价,确保"鲁班工坊"优质高效运行。(牵头单位:市教委;配合单位:市外办、市教育科学研究院)

五、保障措施

建立由分管教育工作的市政府领导同志牵头、相关部门参加的推进"鲁班工坊"建设工作协调联动机制,强化政府统筹。将"鲁班工坊"建设成效作为"双一流"建设中评价职业院校国际化水平的重要标志,并作为职业院校提升办学能力建设项目的重要绩效指标;为"鲁班工坊"建设院校提供一定数量的政府全额奖学金留学生名额;扩大职业院校教师对外合作和交流的规模,在人员派出、教学仪器设备输出等方面形成绿色通道。市财政统筹安排我市职业教育提升办学能力等项目资金,对参与建成"鲁班工坊"的职业院校给予资金支持,主要用于必要的教学设备购置、教学设计和课程开发以及师资培训等与教育教学相关的支出。利用各种媒体,加大舆论宣传力度,做好"鲁班工坊"试点经验推广,调动各方积极性,为天津职业教育国际化建设营造良好氛围。